錢鍾書集

錢鍾書集

談藝錄

生活·讀書·新知 三聯書店

圖書在版編目（CIP）數據

錢鍾書集：談藝録／錢鍾書著．—2版．—北京：生活・讀書・新知三聯書店，2007.10 （2022.8重印）
ISBN 978-7-108-02750-4

Ⅰ.錢… Ⅱ.錢… Ⅲ.①錢鍾書（1910~1998）-文集 ②社會科學-文集 Ⅳ.C52

中國版本圖書館CIP數據核字(2007)第086086號

書名題簽 錢鍾書 楊 絳

特約編輯 陸文虎
責任編輯 馮金紅 孫曉林
裝幀設計 陸智昌
責任印制 董 歡
出版發行 生活・讀書・新知 三聯書店
(北京市東城區美術館東街22號)
郵 編 100010
經 銷 新華書店
印 刷 北京新華印刷有限公司
版 次 2001年1月北京第1版
2007年12月北京第2版
2022年8月北京第4次印刷
開 本 640毫米×965毫米 1/16 全套總印張327.125
印 數 09,001-11,000冊
定 價 998.00元(全十冊)

出版説明

錢鍾書先生（一九一〇—一九九八年）是當代中國著名的學者、作家。他的著述，如廣爲傳播的《談藝録》、《管錐編》、《圍城》等，均已成爲二十世紀重要的學術和文學經典。爲了比較全面地呈現錢鍾書先生的學術思想和文學成就，經作者授權，三聯書店組織力量編輯了這套《錢鍾書集》。

《錢鍾書集》包括下列十種著述：

《談藝録》、《管錐編》、《宋詩選註》、《七綴集》、《圍城》、《人・獸・鬼》、《寫在人生邊上》、《人生邊上的邊上》、《石語》、《槐聚詩存》。

這些著述中，凡已正式出版的，我們均據作者的自存本做了校訂。其中，《談藝録》、《管錐編》出版後，作者曾做過多次補訂；這些補訂在兩書再版時均綴於書後。此次結集，我們根據作者的意願，將各次補訂或據作者指示或依文意排入相關章節。另外，我們還訂正了少量排印錯訛。

《錢鍾書集》由錢鍾書先生和楊絳先生提供文稿和樣書；陸谷孫、羅新璋、董衡巽、薛鴻時和張佩芬諸先生任外文校訂；陸文虎先生和馬蓉女士分别擔任了《談藝録》和《管錐編》的編輯工作。對以上人士和所有關心、幫助過《錢鍾書集》出版的人，我們都表示誠摯的感謝。

生活·讀書·新知三聯書店
一九九九年十二月一日

此次再版，訂正了初版中少量的文字和標點訛誤；並對《談藝録》、《管錐編》的補訂插入位置稍做調整。

生活·讀書·新知三聯書店
二〇〇七年八月二十日

錢鍾書對《錢鍾書集》的態度

（代　序）

楊　絳

我謹以眷屬的身份，向讀者説説錢鍾書對《錢鍾書集》的態度。因爲他在病中，不能自己寫序。

他不願意出《全集》，認爲自己的作品不值得全部收集。他也不願意出《選集》，壓根兒不願意出《集》，因爲他的作品各式各樣，糅合不到一起。作品一一出版就行了，何必再多事出什麽《集》。

但從事出版的同志們從讀者需求出發，提出了不同意見，大致可歸納爲三點。（一）錢鍾書的作品，由他點滴授權，在臺灣已出了《作品集》。咱們大陸上倒不讓出？（二）《談藝録》、《管錐編》出版後，他曾再三修改，大量增删。出版者爲了印刷的方便，《談藝録》再版時把《補遺》和《補訂》附在卷末，《管錐編》的《增訂》是另册出版的。讀者閱讀不便。出《集》重排，可把《補遺》、《補訂》和《增訂》的段落，一一納入原文，讀者就可以一口氣讀個完整。（三）儘管自己不出《集》，難保旁人不侵權擅自出《集》。

錢鍾書覺得説來也有道理，終於同意出《錢鍾書集》。隨後他因病住醫院，出《錢鍾書集》的事就由三聯書店和諸位友好協力擔任。我是代他和書店並各友好聯絡的人。

錢鍾書絶對不敢以大師自居。他從不廁身大師之列。他不開宗立派，不傳授弟子。他絶不號召對他作品進行研究，也不喜旁人爲他號召，嚴肅認真的研究是不用號召的。《錢鍾書集》不是他的一家言。《談藝録》和《管錐編》是他的讀書心得，供會心的讀者閲讀欣賞。他偶爾聽到入耳的稱許，會驚喜又驚奇。《七綴集》文字比較明白易曉，也同樣不是普及性讀物。他酷愛詩。我國的舊體詩之外，西洋德、意、英、法原文詩他熟讀的真不少，詩的意境是他深有領會的。所以他評價自己的《詩存》祇是恰如其分。他對自己的長篇小説《圍城》和短篇小説以及散文等創作，都不大滿意。儘管電視劇《圍城》給原作贏得廣泛的讀者，他對這部小説確實不大滿意。他的早年作品唤不起他多大興趣。“小時候幹的營生”會使他“駭且笑”，不過也並不認爲見不得人。誰都有個成長的過程，而且，清一色的性格不多見。錢鍾書常説自己是“一束矛盾”。本《集》的作品不是洽調一致的，祇不過同出錢鍾書筆下而已。

錢鍾書六十年前曾對我説：他志氣不大，但願竭畢生精力，做做學問。六十年來，他就寫了幾本書。本《集》收集了他的主要作品。憑他自己説的“志氣不大”，《錢鍾書集》祇能是菲薄的奉獻。我希望他畢生的虚心和努力，能得到尊重。

一九九七年十一月二十一日

錢鍾書（一九三四）

錢鍾書與楊絳

第 1 頁

談藝錄增訂本補正

315頁

《呂氏春秋·辯土》："是以先生者美米，後生者為粃。是故其耨也，長其兄而去其弟。……不知稼者，其耨也，去其兄而養其弟，不收其粟而收其粃。"原引《亢倉子》一節全出於此。

316頁

《全唐文》卷三二六王維《韋公神道碑銘》："君子為投檻之猿，小臣若喪家之狗"；杜甫《將適吳楚留別章使君》："昔如縱壑魚，今如喪家狗"；此二處"喪家"之"喪"亦即如夏侯文、黄詩之讀去聲。杜甫《奉贈李八丈判官》："真成窮轍鮒，或似喪家狗"，以"喪家"對"窮

作者手跡

引　言

一九四八年六月，《談藝録》由上海開明書店印行，明年七月再版而止。海外盗版勿絶，好事者嘗示二本，均誤脱百出，不堪思適，聊勝於無耳。自維少日輕心，淺嘗易足，臆見矜高；即億而偶中，終言之成理而未澈，持之有故而未周，詞氣通侻，亦非小眚。壯悔滋深，藏拙爲幸。故余後來論文有作，未嘗稍及此書。一九六五年，北京中華書局忽謀重印，二三京滬出版社亦相繼慫恿，余胥遜謝。暨乎《管錐編》問世，中華數接讀者來函，以《談藝録》罕覯爲言，因申前請。固辭不獲，乃稍删潤原書，存爲上編，而逐處訂益之，補爲下編；上下編册之相輔，即早晚心力之相形也。僧肇《物不遷論》記梵志白首歸鄉，語其鄰曰："吾猶昔人、非昔人也。"兹則猶昔書、非昔書也，倘復非昔書、猶昔書乎！援據漢籍，多請馬蓉女士、欒貴明君檢核，援據西籍，多請薛鴻時、董衡巽、馬力三君檢核。西班牙瑪麗亞·里維斯女士(Señora Maria Pérez Ribes)、西德莫妮克博士(Dr Monika Motsch)、美國汪榮祖教授皆遠貽新刻，濟吾所乏。審定全稿者，爲周君振甫。當時原書付印，君實理董之，余始得與定交。三十五年間，人物浪淘，著述薪積。何意陳編，未遭棄置，切磋拂拭，猶仰故人。誦“印須我友”之句，欣慨交心矣。

一九八三年五月

序

《談藝録》一卷，雖賞析之作，而實憂患之書也。始屬稿湘西，甫就其半。養疴返滬，行篋以隨。人事叢脞，未遑附益。既而海水羣飛，淞濱魚爛。予侍親率眷，兵罅偷生。如危幕之燕巢，同枯槐之蟻聚。憂天將壓，避地無之，雖欲出門西向笑而不敢也。銷愁舒憤，述往思來。託無能之詞，遣有涯之日。以匡鼎之説詩解頤，爲趙岐之亂思係志。掎摭利病，積累遂多。濡墨已乾，殺青匙計。苟六義之未亡，或六丁所勿取；麓藏閣置，以待貞元。時日曷喪，清河可俟。古人固傳心不死，老我而捫舌猶存。方將繼是，復有談焉。凡所考論，頗采"二西"之書，"二西"名本《昭代叢書》甲集《西方要紀·小引》、《鮚埼亭詩集》卷八《二西詩》。以供三隅之反。蓋取資異國，豈徒色樂器用；流布四方，可徵氣澤芳臭。故李斯上書，有逐客之諫；鄭君序譜，曰"旁行以觀"。東海西海，心理攸同；南學北學，道術未裂。雖宣尼書不過拔提河，每同《七音略序》所慨；而西來意即名"東土法"，堪譬《借根方説》之言。非作調人，稍通騎驛。附説若干事，則《史通·補註》篇固云："除煩則意有所恡，畢載則言有所妨；遂乃定彼榛楛，列爲子註。"蕭志離亂，羊記伽藍，遺意足師，祖構有據。余既自歎顓愚，深慚家學，重之喪亂，圖籍無存。未耄善忘，不醉多謬；蓄疑莫解，考異罕由。乃得李丈拔可、徐丈森玉、李先生玄伯、徐君調孚、陳君麟瑞、李君健吾、徐君承謨、顧君起潛、鄭君朝宗、周君節之，或録文相郵，或發篋而授。皆指饋貧之囷，不索借書之瓻。並書以志仁人嘉惠云爾。壬午中元日鍾書自記。

右序之作，去今六載，不復追改，以志一時世事身事耳。初稿既就，余時時筆削之。友好知聞，頗多借閲，且慫恿問世。今承王伯祥、葉聖陶兩先生索付開明書店出版，稿袛暫定，見多未熟。周振甫、華元龍二君於失字破體，悉心讎正；周君並爲標立目次，以便翻檢，底下短書，重勞心力，尤所感愧。余校閲時，見援據未備者數處。而排字已就，未宜逐處補闕。因附益於卷尾。民國三十七年四月十五日又記。

目　次

一　詩分唐宋…… 2

二　黄山谷詩補註　附論比喻…… 8

【附説一】山谷鉤章摘句…… 66

三　王静安詩…… 69

【附説二】説華山之華字…… 78

四　詩樂離合　文體遞變…… 79

【附説三】西人言詩樂離合…… 93

【附説四】八股文…… 93

【附説五】退之以文爲詩…… 96

【附説六】西人論以文爲詩…… 98

【附説七】西人論文體演變　評近人言古詩即史…… 99

五　性情與才學…… 107

六　神韻…… 108

【附説八】神…… 111

七　李長吉詩…… 114

八　長吉詩境…… 122

九　長吉字法…… 126

一〇　長吉曲喻 …… 133
一一　長吉用啼泣字 …… 135
【附説九】心與境 …… 137
一二　長吉用代字 …… 145
一三　長吉與杜韓 …… 150
一四　長吉年命之嗟 …… 151
【附説十】羲和扶馬 …… 152
一五　模寫自然與潤飾自然 …… 154
一六　宋人論韓昌黎 …… 158
一七　昌黎與大顛 …… 166
一八　荆公用昌黎詩　詩用語助 …… 173
一九　荆公詩註 …… 185
二〇　宋人論昌黎學問人品 …… 204
二一　朱子論荆公東坡 …… 206
二二　辨奸論 …… 209
二三　朱子書與詩 …… 211
二四　陶淵明詩顯晦 …… 217
二五　張文昌詩 …… 224
二六　趙松雪詩 …… 227
【附説十一】方虚谷主詩中用虚字 …… 231
二七　王漁洋詩 …… 232
二八　妙悟與參禪 …… 235
二九　竟陵詩派 …… 250
三〇　漁洋竹垞説詩　竹垞詩 …… 269
【附説十二】田山薑説詩 …… 275

目　次

三一　說圓 …… 277
三二　劍南與宛陵 …… 291
三三　放翁詩 …… 298
【附說十三】誠齋詩賞音 …… 308
三四　放翁與中晚唐人 …… 315
三五　放翁詩詞意複出議論違牾 …… 321
三六　放翁自道詩法 …… 329
三七　放翁二癡事二官腔 …… 334
三八　甌北論詩　甌北詩 …… 339
三九　龔定菴詩 …… 342
四〇　袁蔣趙三家交誼 …… 351
四一　蔣心餘詩 …… 355
四二　明清人師法宋詩　桐城詩派 …… 360
四三　施北研遺山詩註 …… 374
四四　遺山論江西派 …… 399
四五　金詩與江西派 …… 408
四六　劉靜修詩 …… 416
四七　靜修讀史評 …… 419
四八　文如其人 …… 425
【附說十四】以目擬文 …… 430
【附說十五】文如其人與文本諸人 …… 431
四九　梅宛陵 …… 432
五〇　賀黃公以下論宛陵詩 …… 447
五一　七律杜樣 …… 455
五二　錢籜石詩 …… 459

五三　學人之詩 …… 462
五四　擘石詩以文爲詩用語助 …… 466
五五　擘石言情詩 …… 471
五六　擘石七律對聯 …… 474
五七　擘石萃古人句律之變 …… 477
五八　清人論擘石詩 …… 492
五九　隨園詩話 …… 497
六〇　隨園非薄滄浪 …… 505
六一　隨園主性靈 …… 520
【附説十六】得心應手 …… 527
六二　隨園詩學於名家深而於大家淺 …… 533
六三　隨園深非詩分朝代 …… 540
六四　隨園論三都兩京賦 …… 546
六五　長干一塔一詩人 …… 548
六六　隄遠意相隨 …… 549
六七　王延年夢 …… 550
六八　春江水暖鴨先知 …… 551
六九　隨園論詩中理語 …… 554
【附説十七】説理詩與偈子 …… 574
【附説十八】釋老生死之見 …… 577
【附説十九】山水通於理趣 …… 579
七〇　隨園述方望溪事 …… 588
七一　孟東野吹角詩 …… 592
七二　詩與時文 …… 596
七三　周櫟園論詩雋語 …… 597

七四　王荆公改詩 …… 598
七五　代字 …… 606
七六　俗語出詩句 …… 615
七七　山谷午夢詩 …… 617
七八　摘茅朱聯 …… 620
七九　學問如居室 …… 621
八〇　詠始皇 …… 626
八一　摘曹史句 …… 627
八二　摘陳尹句 …… 629
八三　隨園推楊誠齋 …… 635
八四　以禪喻詩 …… 636
八五　祝芷堂絶句 …… 649
八六　章實齋與隨園 …… 651
【附説二十】六經皆史 …… 656
【附説二十一】言公 …… 660
八七　隨園記事之誣 …… 662
八八　白瑞蒙論詩與嚴滄浪詩話 …… 666
【附説二十二】神祕經驗 …… 683
【附説二十三】聲無哀樂 …… 707
八九　詩中用人地名 …… 709
【附説二十四】雪裏芭蕉 …… 718
九〇　庾子山詩 …… 721
九一　論難一概 …… 731

余雅喜談藝，與並世才彦之有同好者，稍得上下其議論。二十八年夏，自滇歸滬瀆小住。友人冒景璠，吾黨言詩有癖者也，督余撰詩話。曰：“咳唾隨風抛擲可惜也。”余頗技癢。因思年來論詩文專篇，既多刊布，將彙成一集。即以詩話爲外篇，與之表裏經緯也可。比來湘西窮山中，悄焉寡侣，殊多暇日。興會之來，輒寫數則自遣，不復詮次。昔人論文説詩之作，多冠以齋室之美名，以誌撰述之得地。賞奇樂志，兩美能并。余身丁劫亂，賦命不辰。國破堪依，家亡靡託。迷方著處，賃屋以居。先人敝廬，故家喬木，皆如意園神樓，望而莫接。少陵所謂：“我生無根蒂，配爾亦茫茫”，每爲感愴。因逕攘徐禎卿書名，不加標别。非不加也，無可加者。亦以見化鶴空歸，瞻烏爰止，蘭真無土，桂不留人。立錐之地，蓋頭之茅，皆非吾有。知者識言外有哀江南在，而非自比“昭代嬋娟子”也。

一

詩分唐宋，唐詩復分初盛中晚，乃談藝者之常言。而力持異議，頗不乏人。《蘇平仲文集》卷四《古詩選唐序》論楊士弘《唐音》體例不善，早曰："盛時詩不謂之正音，而謂之始音。衰世詩不謂之變音，而謂之正音。又以盛唐、中唐、晚唐，並謂之遺響。是以體裁論，而不以世變論。異乎十三國風、大小雅之所以爲正變者"云云。已開錢牧齋《有學集·唐詩英華序》之説。余竊謂就詩論詩，正當本體裁以劃時期，不必盡與朝政國事之治亂盛衰脗合。士弘手眼，未可厚非。

【補訂】楊士弘説實爲北宋以來常論。參觀《管錐編》論《全上古三代秦漢三國六朝文》第二七四"文弊與起衰"。俞文豹《吹劍録》曰："近世詩人好爲晚唐體。不知唐祚至此，氣脈浸微，求如中葉之全盛，李、杜、元、白之瑰奇，無此力量。今不爲中唐全盛之體，而爲晚唐哀思之音，豈習矣而不察也。"稱"中唐全盛"，正謂作者處世乃唐代之"中"，而作者成章則唐詩之"盛"。區别井然。葉横山《汪文糾繆·唐詩正序》曰："就初而論，在貞觀則時之正，而詩不能反陳隋之變"；亦此旨也。左仁、周貽樸同輯黄周星《九煙先生遺集》卷一《唐詩快自序》曰："唐之一代，垂三百祀。不能有今日而無明日，有今年而無明年。初、盛、中、晚者，以言乎世代之先後可耳。豈可以此定詩人之高下哉。猶之乎春、夏、秋、冬之序也。四序之中，各有良辰美景，亦各有風雨炎凝。不得謂夏劣於春，冬劣於秋也。況冬後又復爲春，安得謂明春遂劣於今冬耶。"則另明一義，而筆舌恣肆可喜。

詩自有初、盛、中、晚，非世之初、盛、中、晚。故姜西溟《湛園未定稿》卷四《唐賢三昧集序》，即詰駁牧齋，謂："四唐不可以作詩者之年月論。如毛詩作誦之家父，見於桓公八年來聘、十五年來求車，爲周東遷後人，而其詩不害爲小雅。黍離行役之大夫，及見西京喪亂，爲周東遷前人，而其詩不害爲王降而風"云云。斯言也，并足以上折平仲，惜尚未能明拈風格之分。唐詩、宋詩，亦非僅朝代之別，乃體格性分之殊。天下有兩種人，斯分兩種詩。唐詩多以丰神情韻擅長，宋詩多以筋骨思理見勝。嚴儀卿首倡斷代言詩，《滄浪詩話》即謂"本朝人尚理，唐人尚意興"云云。曰唐曰宋，特舉大概而言，爲稱謂之便。非曰唐詩必出唐人，宋詩必出宋人也。故唐之少陵、昌黎、香山、東野，實唐人之開宋調者；宋之柯山、白石、九僧、四靈，則宋人之有唐音者。《楊誠齋集》卷七十九《江西宗派詩序》曰："詩江西也，非人皆江西也。"《劉後村大全集》卷九十五《江西詩派小序》仍以後山、陵陽、子勉、均父、二林等皆非江西人爲疑，似未聞誠齋此論。詩人之分唐宋，亦略同楊序之恉。猶夫英國十八世紀女主(Queen Anne)臨朝，而其一代詞章，乃號羅馬大帝時代文學。按此名初見於 Goldsmith：*The Bee*，No. viii，第二篇"An Account of the Augustan Age in England"。當時文壇主監爲安迪生，而身後論定，竟被十九世紀女主時班首之稱。參觀 Bonamy Dobrée：*Essays in Biography*，第三篇"Joseph Addison：The First Victorian"。固知文章流别，初不拘名從主人之例，中外一理也。德詩人席勒（Schiller）有論詩派一文（Über naive und sentimentalische Dichtung），謂詩不外兩宗：古之詩真朴出自然，今之詩刻露見心思：一稱其德，一稱其巧。顧復自註曰："所謂古今之別，非謂時代，乃言體製"；（Daβ wenn hier die neuen Dichter den alten entgegengesetzt werden，nicht sowohl der Unterschied der Zeit als der Unterschied der Manier zu verstehen ist.）故有古人而爲今之詩者，有今人而爲古之詩者，且有一人之身攙合今古者。見 *Schillers Sämtliche Werke*，Säkular-Ausgabe，Bd. XII，S. 189. 按福樓拜亦分詩人爲二派（classes）；語意與席勒暗合，見 *Correspondance de Flaubert*，édition Louis Conard，1ère série，p. 385. 席勒以古詩人賦物之不著我相，比爲上帝創世，人見神工，而不覩帝相（Wie die Gottheit hinter dem Weltgebäude，so steht er hinter seinem Werk. S. 183）。福樓拜亦謂上帝無往不在，而無處可見；作者書中有我，端宜如此。（L'artiste doit être dans son oeuvre comme Dieu dans la création，invisible et tout-puissant；qu'on le sente partout，mais qu'on ne le voie pas.）語尤巧合。見 *Corr.*，IVe série，p. 164. 福樓拜書牘中屢申明斯意。是亦非容刻舟求劍矣。李高潔君（C. D. Le Gros Clark）英譯東坡賦成書，余爲弁言，即謂詩區唐宋，與席勒之詩分古今，此物此志。後見吴雨僧先生宓《艮齋詩草序》，亦持是説。夫人禀性，各有偏至。發爲聲詩，高明者近唐，沈潛者近宋，有不期而然者。故自宋以來，歷元、明、清，才人輩出，而所作不能出唐宋之範圍，皆可分唐宋之畛域。唐以前之漢、魏、六朝，雖渾而未劃，藴而不發，亦未嘗不可以此例之。葉横山《原詩》内篇卷二云："譬之地之生木，宋詩則能開花，而木之能事方畢。自宋以後之詩，不過花開而謝，謝而復開。”

【補訂】葉横山《原詩》外篇卷四論何大復與李空同書譏李詩“入宋調”曰：“李不讀唐以後書，何得有宋詩入其目中而似之耶。將未嘗寓目，自爲遥契脗合，則此心此理之同，其又可盡非耶。”即謂詩分唐宋，亦本乎氣質之殊，非僅出於時代之判，故曠世而可同調。聖佩韋好言“精神眷屬”（les familles d'esprit），近世德國談藝言“形態”（Morphologie）者别作家才情爲二類（intellectus archetypus，intellectus ectypus），亦有見於斯也。

蔣心餘《忠雅堂詩集》卷十三《辯詩》云：“唐宋皆偉人，各成一代詩。宋人生唐後，開闢真難爲。元明不能變，非僅氣力衰。能事有止境，極詣難角奇。”可見五七言分唐宋，譬之太極之有兩儀，本乎人質之判“玄慮”、“明白”，見劉邵《人物志·九徵》篇。按即 Jung：*Psychologische Typen* 所分之 Introvert 與 Extravert。非徒朝代時期之謂矣。乃尚有老宿，或則虐今榮古，謂宋詩時代太近，何不取法乎上；或則謂唐詩太古，宜學荀卿之法後王。均堪絶倒。且又一集之内，一生之中，少年才氣發揚，遂爲唐體，晚節思慮深沈，乃染宋調。若木之明，崦嵫之景，心光既異，心聲亦以先後不侔。明之王弇州，即可作證。弇州於嘉靖七子，實爲冠冕；言文必西漢，言詩必盛唐。《四部稿》中，莫非實大聲弘之體。然《弇州續稿》一變矜氣高腔，幾乎剟言之瘢，刮法之痕，平直切至。屢和東坡詩韻。《續稿》卷四十一《宋詩選序》自言，嘗抑宋詩者，“爲惜格故”，此則“非申宋”，乃欲“用宋”。卷四十二《蘇長公外紀序》於東坡才情，贊不容口，且曰：“當吾之少壯時，與于鱗習爲古文詞，於四家殊不能相入，晚而稍安之。毋論蘇公文，即其詩最號爲雅變雜糅者，雖不能爲吾式，而亦足爲吾用。”《讀書後》卷四《書蘇詩後》曰：“長公詩在當時，天下争趣之，如諸侯王之求封於西楚。其後則若垓下之戰，正統離而不再屬。今雖有好之者，亦不敢公言於人。其厄亦甚矣。余晚而頗不以爲然。”下文詳言東坡神明乎少陵詩法之處，可與早作《四部稿》卷百四十七《藝苑卮言》論東坡語參觀。然《卮言》以東坡配香山、劍南爲正宗而外之廣大教化主，又曰：“蘇之於白，塵矣”；此則逕以蘇接杜，識見大不同。《四部稿》卷四十六《醉後放言》云：“死亦不須埋我，教他蟻樂鳶愁”，全本東坡“聞道劉伶死便埋”一絶，則是弇州早作已染指蘇詩矣。雖詞氣尚負固矜高，不肯遽示相下，而乃心則已悦服。故錢牧齋《列朝詩集》丁集、周櫟園《因樹屋書影》卷一皆記弇州臨歿，手坡集不釋。要可徵祖祧唐宋，有關年事氣稟矣。按此特明弇州早晚年詩學之不同，非謂弇州晚年詩勝早年也。吴梅村《家藏稿》卷三十《太倉十子詩序》有“拯輓近詩弊者，芟抹弇州盛年用意之瓌詞雄響，而表晚歲頽然自放之言，詘申顛倒”云云，議論極公。弇州《續稿》中篇什，有意無韻，木强率直，實不如前稿之聲情並茂；蓋變未至道，況而愈下者也。近來湖外詩家，若陳抱碧、程十髮輩，由唐轉宋，適堪例類。唐宋詩之争，南宋已然，不自明起；袁子才《與施蘭垞書》、《隨園詩話》卷十六引徐朗齋語等調停之説，當時亦早有。如戴昺《東野農歌集》卷四《答妄論唐宋詩體者》云：“不用雕鎪嘔肺腸，詞能達意即文章。性情原自無今古，格調何須辨宋唐。”

【補訂】孫鑛《孫月峯先生全集》卷九《與李于田論文書》論王世貞曰：“鳳洲氣脈本出子瞻，稍雜以六朝，後乃稍飾以莊左及子長。俊發處亦彷彿近之，然終不純似。自謂出《國策》，正是子瞻所祖耳。”則王氏老去手《東坡集》不釋，晚歲之歸依，正敦少年之宿好耳。《文子·道原》所謂：“求之遠者，往而復返。”明承唐宋，法後王其事順，法先王其勢逆。前後七子始必順流從時，繼乃逆流復古。王九思《渼陂續集》卷中《康公神道碑》曰：“喜唐宋韓蘇之作，尤喜《嘉祐集》。”康海之初法老泉，猶世貞之本出子瞻矣。又按戴東野此詩亦見清初邵湘南陵《青門詩集》卷一，題爲《疎園集自題》，祇“不用”作“安用”，差一字而已。將無心之暗合，抑張胆之豪奪，“性情無今古”異，詞句遂人我共乎。

不知格調之別，正本性情；性情雖主故常，亦能變運。豈曰强生區别，劃水難分；直恐自有異同，摶沙不聚。莊子《德充符》肝膽之論，東坡《赤壁賦》水月之問，可以破東野之惑矣。

二

冒疚齋先生嘗示所爲《後山詩註補箋》。余以爲《山谷内外集》，雖經天社、青神疏通解釋，亦不無瑕隙，留爲後人著手餘地。方虛谷《瀛奎律髓》卷二十四已譏任註鹵莽，止能言山谷詩字面事料之所出，而不識詩意。舉《遊王舍人園》、《送顧子敦》兩詩爲證。兹復采鄙見所及者，略補數則，而評騭雌黄不以充數焉。○（一）《林夫人欸乃歌與王稚川》第二首云："從師學道魚千里。"天社註引《齊民要術》載《陶朱公養魚經》，略謂："以六畝地爲池，池中有九洲六谷，魚在其中周遶，自謂江湖。"按山谷此事凡四使。《追和東坡題李亮功歸來圖》有"小池已築魚千里"，天社註與此大同。《去賢齋》有"争名朝市魚千里"，《十月十五早飯清都觀》有"心遊魏闕魚千里"，則不在内外集二註中。張邦基《墨莊漫録》卷三曰："山谷詩'争名朝市魚千里'。《關尹子》云：'以盆爲沼，以石爲島，魚環游之，不知其幾千萬里不窮也。'"又龔頤正《芥隱筆記》曰："山谷用魚千里事，蓋出《關尹子》：'以池爲沼，以石爲塢，魚環游之，不知其幾千萬里也。'""千里"字有著落，説較天社爲長。○（二）《演雅》云："春蛙夏蜩更嘈雜。"天社註引《詩》："五月鳴蜩。"按《困學紀聞》卷十八謂出楊泉《物理論》:“虚無之談，無異春蛙秋蟬，聒耳而已。”是也。山谷《題淡山岩》第一首：“春蛙秋蠅不到耳”，天社未註，亦即用此。○（三）《演雅》云：“江南野水碧於天。”天社註引盧仝：“水泛碧天色。”按吴曾《能改齋漫録》卷八引温庭筠樂府：“春水碧於天”，皮日休《松陵集》:“漢水碧於天。”以此爲長。又按《演雅》云：“江南野水碧於天，中有白鷗閑似我。”明楊基《眉菴集·寓江寧村居病起寫懷》第七首云：“無數白鷗閑似我，一江春水碧於天。”疑即取此二語入七律爲一聯也。○（四）《演雅》云：“絡緯何嘗省機織，布穀未應勤種播。”天社註但釋蟲鳥名，并引杜詩：“布穀催春種。”按山谷詞意實本《詩·大東》:“睆彼牽牛，不以服箱。維南有箕，不可以簸揚。維北有斗，不可以挹酒漿”；《抱朴子》外篇《博喻》有“鋸齒不能咀嚼，箕舌不能別味”一節，《金樓子·立言》篇九下全襲之，而更加鋪比。山谷承人機杼，自成組織，所謂脱胎换骨者也。○（五）《贈鄭交》云：“草堂丈人非熊羆。”天社引《史記·齊世家》:“非龍非彲，非虎非羆”，而《六韜》以“非虎”爲“非熊”。按葉大慶《考古質疑》卷三略云：“吴氏《漫録》論豫章此詩及《漁父詞》用‘非熊羆’，據《六韜》、《史記》皆作‘非虎非羆’，無‘熊’字，恐豫章别有所本。大慶按李翰《蒙求》云：‘吕望非熊’，徐狀元補註引《後漢書·崔駰傳》註云：‘非熊非羆’；《史記》、《六韜》皆作‘虎’，唐人避高祖諱改。杜詩、白氏《六帖》、章懷註《東漢書》用《史記》之文，改‘非熊’之字。豫章亦本諸此而已。熊羆，世之常言，《書》、《詩》、《鹽鐵論》皆有之。善註《文選》，於《賓戲》引《史記》，《非有先生論》引《六韜》，實非原文，彷彿記憶而爲之註爾，不足爲據也。”此節甚精，可以補天社註。〇（六）《留王郎》云：“蟲鳥聲無人。”天社註引昌黎《琴操》：“四無人聲。”按樊宗師《絳守園池記》云：“蟲鳥聲無人，風日燈火之。”吴師道補趙仁舉註云：“黄魯直《送王郎詩》全用此”；師道作《吴禮部詩話》亦言之，應補。〇（七）《送王郎》云：“酌君以蒲城桑落之酒，泛君以湘纍秋菊之英，贈君以黟川點漆之墨，送君以陽關墮淚之聲。”天社未註句法出處。胡仔《苕溪漁隱叢話》前集卷二十九謂仿歐公《奉送原父侍讀出守永興》：“酌君以荆州魚枕之蕉，贈君以宣城鼠鬚之管”等語。孫奕《示兒編》卷十謂顧況《金璫玉佩歌》云：“贈君金璫大霄之玉佩，金瑣禹步之流珠，五嶽真君之祕籙，九天文人之寶書”，山谷仿作云云；晁無咎仿作《行路難》云：“贈君珊瑚夜光之角枕，玳瑁明月之雕牀，一繭秋蟬之麗縠，百和更生之寶香。”按胡孫二説皆未探本。鮑明遠《行路難》第一首云：“奉君金卮之美酒，瑇瑁玉匣之彫琴，七彩芙蓉之羽帳，九華蒲萄之錦衾”，晁作亦名《行路難》。歐黄兩詩又皆送人遠行，蓋均出於此，與顧歌無與。宋趙與時《賓退録》卷四謂黄詩正用鮑體，明謝榛《四溟山人集》卷二十三《詩家直説》及郭子章《豫章詩話》卷三亦謂本鮑詩而加藻潤，是矣。〇（八）《和答外舅孫莘老》云：“道山鄰日月。”天社註：“道山見上註。”然此詩見卷二，以前詩中未有“道山”字，亦無上註，天社蓋誤憶也。山谷屢用“道山”字。《和答子瞻憶館中故事》云：“道山非簿領”，天社註：“蓬萊道山，天帝圖書之府也”；《以團茶洮州石硯贈無咎文潛》云：“道山延閣委竹帛”，天社註：“道山見上註”；《送少章》云：“鴻雁行飛入道山”，天社註：“道山見上註。”姚範《援鶉堂筆記》卷四十云：“道山見《後漢書·竇章傳》。”按《章傳》云：“是時學者稱東觀爲老氏藏室、道家蓬萊山”，章懷註：“老子爲守藏史，并爲柱下史。四方所記文書，皆歸柱下。事見《史記》。言東觀經籍多也。蓬萊、海中神山，爲仙府，幽經祕録並皆在焉。”天社註未言出處，宜補。宋人多以“道山”爲館閣之稱，觀王暐《道山清話》跋可知。東坡《送魯元翰》之“道館雖云樂”，《次韻子由與孔常父唱和》之“蓬山耆舊散”；《老學菴筆記》載孫叔詣《賀祕書新省成表》云：“蓬萊道山，一新羣玉之構”；范石湖《送吴智叔檢詳直中祕使閩》詩云：“直廬須愛道家山”；皆用此事。〇（九）《送舅氏野夫之宣城》第一首云：“春網薦琴高。”天社註：“琴高、鯉魚也。《列仙傳》：琴高乘赤鯉。歐公亦有琴高魚詩。”按趙與時《賓退録》卷五云：“今寧國府涇縣東北，有琴溪，俗傳琴高隱處。有小魚，他處所無，號琴高魚。歲三月，數十萬一日來集，網取鹽曝；州縣苞苴，索爲土宜。舊亦入貢，乾道間始罷。前輩多形之賦詠，梅聖俞、王禹玉、歐陽公皆有和梅公儀琴高魚絶句云云。聖俞宣州雜詩又云云，聖俞、宣人也。汪彦章嘗賦長篇云云。蜀人任淵註山谷時，不知土宜，但引《列仙傳》，直云鯉魚，誤矣。”沈濤《匏廬詩話》卷上亦嘗引此以正任註。

【補訂】按李小湖《好雲樓二集》卷十四《雜説》亦言之。然似以何屺瞻爲最早，《義門先生集》卷五《與友人書》曰：“二十年前曾嘗宣城琴高魚，始知山谷‘春網薦琴高’之句善道土風，而已蒼駁之爲過。後見趙與時《賓退録》亦載之”云云。已蒼、馮舒也。

〇（十）《次韻劉景文登鄴王臺見思詩》云：“平原秋樹色。”天社註：“平原今德州，山谷時監德州德平鎮。”按《匏廬詩話》卷上謂“平原”二字，當讀如江文通《恨賦》：“試望平原”，不必指地名説。殊有理。○（十一）《懷半山老人次韻》第二首云：“樂羊終愧巴西。”天社註引《韓非子》。按此見《韓非子·説林》，《淮南子·人間訓》、《説苑·貴德篇》均載之。山谷以“秦西巴”爲“巴西”，談藝者引爲笑枋，與東坡之“儂家舊姓西”同成口實。梁玉繩《清白士集》卷二十二云：《抱朴子·良規》云：“樂羊以安忍見疎，秦西以過厚見親”，疑“秦西”是複氏，山谷詩恐是“秦西”之誤。

【補訂】按《好雲樓二集》卷十五《雜説》亦謂“巴西是秦西”之誤。張宗泰《魯巖所學集》卷九《書居易録卷十二、十三後》云：“《韓非子》作‘秦西巴’，《説苑》則作‘秦巴西’，魯直自用劉子政説，非趁韻。”是也。竊謂《豫章黄先生文集》卷二十《徐氏二子祝詞》曰：“得麑授秦巴西”，復曰：“巴西之罪，賢於樂羊之功。”散文初無韻須趁，愈徵其詩句之本《説苑》矣。

○（十二）《戲呈孔毅父》云：“校書著作頻詔除，猶能上車問何如。”天社註：“上車何如見上註。”按無上註。《援鶉堂筆記》卷四十謂“上車不落則著作，體中何如則祕書”，見《顏氏家訓·勉學》篇、《隋書·經籍志》。是也。○（十三）《詠李伯時摹韓幹三馬》云：“一雄可將十萬雌。”天社無註。《援鶉堂筆記》卷四十謂本《論衡·初稟》篇。按《初稟》篇論鳥別雌雄云：“骨節强則雄自率將雌”，山谷節取其字。○（十四）《次韻子瞻題郭熙畫山》云：“黄州逐客未賜環。”天社註引《荀子》曰：“反絶以環。”《援鶉堂筆記》卷四十謂“賜環”見《曲禮》大夫士去國疏。又《荀子·大略》篇、《詩·羔裘》箋疏。按天社引荀子語，即出《大略》，然“賜環”自本《禮》疏“賜環則還”語。○（十五）《觀伯時畫馬作》云：“徑思著鞭隨詩翁。”天社註引《晉書·劉琨傳》：“祖生先吾著鞭。”按王楙《野客叢書》卷十九謂劉琨語，“大綱言著鞭耳，非爲馬設。先此有《三國志》蜀何祇謂楊洪曰：‘故吏馬不敢馳，但明府未著鞭。’”可補。又此詩每句用韻，每三句一轉韻，三疊而止。《苕溪漁隱叢話》卷四十八謂其格甚新，《野客叢書》卷二十謂此體起於《素冠》之詩。按《素冠》之什，凡三章，章三句，每句用韻，王説極是。然王未舉七言古詩之用此體者。《全唐詩》僅存富嘉謨詩一首，曰《明冰篇》，即三句轉韻之體；岑嘉州《走馬川行》，亦純用此體。按汪瑔《松烟小録》卷一謂此詩起云：“走馬川行雪海邊，平沙莽莽黄入天”，一韻衹二句；蓋“行”字衍文無義，誤自題中羼入，削之則“川”“邊”“天”亦三押韻脚。是也。

【補訂】按吴仰賢《小匏菴詩話》卷一亦謂《走馬川》起句，“行”字是衍文，此詩逐句用韻，每三句一轉韻，通體一格；若加“行”字，不詞甚矣。

○（十六）《聽宋宗儒摘阮歌》，題下天社註引《唐書·元行沖傳》：“有人破古冢，得銅器”云云。按《援鶉堂筆記》卷四十引《舊唐書·音樂志》謂阮咸項長，十有三柱，武太后時蜀人蒯明於古墓得之。又《歌》云：“自疑耆域是前身，囊中探丸起人死。”天社註引《高僧傳》。按《援鶉堂筆記》卷四十引《耆域經》又《温室浴經》載耆域能醫衆病事。皆可補。○（十七）《戲答王定國題門兩絶句》之二云：“花裏雄蜂雌蛺蝶，同時本自不作雙。”天社引李義山《柳枝》詞云：“花房與蜜脾，蜂雄蛺蝶雌。同時不同類，那復更相思。”按斯意義山凡兩用，《閨情》亦云："紅露花房白蜜脾，黄蜂紫蝶兩參差。"竊謂蓋漢人舊説。《左傳》僖公四年："風馬牛不相及"，服虔註："牝牡相誘謂之風"；《列女傳》卷四齊孤逐女傳："夫牛鳴而馬不應者，異類故也"；《易林》大有之姤云："殊類異路，心不相慕；牝豭無猳，鰥無室家"；又革之蒙曰："殊類異路，心不相慕；牝牛牡猳，獨無室家"；《論衡·奇怪篇》曰："牝牡之會，皆見同類之物，精感慾動，乃能授施。若夫牡馬見雌牛，雄雀見牝雞，不相與合者，異類故也。"義山一點換而精彩十倍；馮浩《玉谿生詩詳註》於此詩未嘗推究本源，徒評以"生澀"二字，天社亦不能求其朔也。○（十八）《題小景扇》："草色青青柳色黄"云云。天社註引《文選》及太白詩。按此亦如《黔南十絶》之點竄香山，實唐人《春思》詩，非山谷作。陸放翁《老學菴筆記》卷四云：唐賈至、趙嘏皆有此詩，山谷蓋偶書扇上耳；至詩中作"吹愁去"，嘏詩中作"吹愁卻"，"卻"字爲是，蓋唐人語，猶云"吹卻愁"也。《楊誠齋集》卷百十四亦云：此賈至詩也，特改五字耳。○（十九）《甯子與追和岳陽樓詩復次韻》二首之一云："箇裏宛然多事在，世間遥望但雲山。"天社註引蔡文姬"雲山萬重"語。按此自用王摩詰《桃源行》："峽裏安知有人事，世間遥望空雲山。"按岑嘉州《太白胡僧歌》云："山中有僧人不知，城裏看山空黛色"，即此意。○（二十）《題王黄州墨跡》云："掘地與斵木，智不如機舂。聖人懷餘巧，故爲萬物宗。"天社註引《易·繫辭》："斵木掘地，萬民以濟。"按《困學紀聞》卷十八引孔融《肉刑論》云："賢者所制，或踰聖人。水碓之巧，勝於斵木掘地"，詩意本此。○（二十一）《次韻文潛》云："張侯文章殊不病。"天社註謂"無衰苶之氣"，按此承上文"君亦歡喜失微恙"來，註未覈。

○（二十二）《次韻文潛立春日》三絶句第一首云：“渺然今日望歐梅，已發黄州首重回。試問淮南風月主，新年桃李爲誰開。”天社謂是憶東坡，東坡謫於黄州；歐陽修、梅聖俞，則坡舉主也。按此詩乃崇寧元年十二月中作，時山谷已罷太平州。《外集》載崇寧元年六月在太平州作二首之一云：“歐靚腰支柳一渦，小梅催拍大梅歌”；又《木蘭花令》云：“歐舞梅歌君更酌。”則是歐梅皆太平州官妓。太平州古置淮南郡，文潛淮陰人，陰者水之南；時方貶黄州安置，黄州宋屬淮南路。故曰“淮南風月主”。蓋因今日春光，而憶當時樂事，與廬陵、宛陵，了無牽涉。南宋吴淵《退菴遺集》卷下《太平郡圃記》自言作揮麈堂，卷上《揮麈堂詩》第二首云：“歐梅歌舞悵新知”，亦其證驗。

【補訂】按李端叔與坡谷善，坐草范純仁遺表，編管太平州。其《姑溪居士前集》卷三十九《跋山谷二詞》，即《木蘭花令》也，尤資證驗。略云：“當塗自山谷留章句字畫，天下交口傳誦。如蘇小、真娘、念奴、阿買輩，偶偕文士，一時筆次賫緣，以至不朽。歐與梅者，又幸之甚者焉，皆當塗官妓也。”《能改齋漫録》卷一七載山谷此詞有自批云：“歐梅當時二妓。”方虚谷《桐江集》卷一《送白廷玉如當塗詩序》亦謂：“黄魯直作郡九日罷，爲大梅、小梅、歐靚賦風月詩。”

天社附會巾幗爲鬚眉矣。○（二十三）《題回文錦詩圖》云：“亦有英靈蘇蕙手，祇無悔過竇連波。”按樓鑰《攻媿集》卷七十三《跋蘇氏回文錦詩圖》云：“武氏及見晉史之成，不知何所據依，記載如此之詳。末云：‘因述若蘭之多才，復美連波之悔過。’山谷正用武氏記，而任子淵止以晉史註之，豈未考此記耶。”又按《困學紀聞》卷十八亦言此，翁氏集註未引《攻媿集》也。

○（二十四）《王充道送水仙花》云：“山礬是弟梅是兄。”天社註謂山礬即瑒花。按《淮南子·俶真訓》云：“槐榆與橘柚，合而爲兄弟。”山谷屬詞仿此。又《戲詠零陵李宗古居士家馴鷓鴣》云：“山鷓之弟竹雞兄。”

【補訂】爲卉植敍彝倫，乃古修詞中一法。其稱“兄弟”者，如王士元《亢倉子·農道》篇第八云：“是以先生者美米，後生者爲粃。是故其耨也，長其兄而去其弟；不知耨者去其兄而養其弟，不收其粟而收其粃。”

【補正】《吕氏春秋·辨土》：“是以先生者美米，後生者爲粃。是故其耨也，長其兄而去其弟。……不知稼者，其耨也，去其兄而養其弟，不收其粟而收其粃。”原引《亢倉子》一節全出於此。

【補訂】楊誠齋《菱》云：“雞頭吾弟藕吾兄。”楊无咎《水龍吟》賦木樨云：“友蘭兄蕙，輿桃奴李。”其不稱男而稱女者，如東坡《和陶和胡西曹示顧賊曹韻》：“寧當娣黄菊，未肯姒戎葵。”黄莘田《秋江集》卷三《夜來香》第二首云：“好個通家女兄弟，珍珠蘭蕊素馨尖”，反用元遺山《德華小女》詩之“好個通家女兄弟，海棠紅點紫蘭芽”。若吴夢窗《江南好》云：“好結梅兄礬弟，莫輕侣西燕南鴻”，則逕本山谷此詩矣。

○（二十五）《自巴陵入通城呈道純》云：“野水自添田水滿，晴鳩卻唤雨鳩歸。”天社註引歐公詩。按《甌北詩話》卷十二論香山《寄韜光》詩，以爲此種句法脱胎右丞之“城上青山如屋裏，東家流水入西鄰”。竊謂未的。此體創於少陵，而名定於義山。少陵聞官軍收兩河云：“即從巴峽穿巫峽，便下襄陽向洛陽”；《曲江對酒》云：“桃花細逐楊花落，黄鳥時兼白鳥飛”；《白帝》

云："戎馬不如歸馬逸，千家今有百家存。"義山《杜工部蜀中離席》云："座中醉客延醒客，江上晴雲雜雨雲"；《春日寄懷》云："縱使有花兼有月，可堪無酒又無人"；又七律一首題曰《當句有對》，中一聯云："池光不定花光亂，日氣初涵露氣乾。"此外名家如昌黎《遣興》云："莫憂世事兼身事，且著人間比夢間。"香山《偶飲》云："今日心情如往日，秋風氣味似春風"；《寄韜光禪師》云："東澗水流西澗水，南山雲起北山雲。前臺花發後臺見，上界鐘聲下界聞。"宋人如劉子儀《詠唐明皇》云："梨園法部兼胡部，玉輦長亭復短亭。"邵堯夫《和魏教授》云："遊山太室更少室，看水伊川又洛川。"王荆公《江雨》云："北澗欲通南澗水，南山正遶北山雲。"劉原父《小園春日》云："東山雲起西山碧，南舍花開北舍香。"梅宛陵《春日拜壟》云："南嶺禽過北嶺叫，高田水入低田流。"早成匡格。山谷亦數爲此體。如《雜詩》之"迷時今日如前日，悟後今年似去年"；《同汝弼韻》之"伯氏清修如舅氏，濟南蕭灑似江南"；《詠雪》之"夜聽疏疏還密密，曉看整整復斜斜"；《衛南》之"白鳥自多人自少，污泥終濁水終清"；《次韻題粹老客亭詩後》之"惟有相逢即相别，一杯成喜只成悲。"末聯又酷似邵堯夫《所失吟》之"偶爾相逢即相别，乍然同喜又同悲"也。

【補訂】按摩詰《送方尊師歸嵩山》云："山壓天中半天上，洞穿江底出江南"，較甌北所引摩詰一聯更切。原補舍引少陵、義山、香山及北宋數家而外，繁而贅，掛而漏，皆削去。

○（二十六）《子瞻詩句妙一世，乃云效庭堅體》云："我詩如曹鄶，淺陋不成邦；公如大國楚，吞五湖三江。"天社註引《詩譜》、《周禮》等書，明字面所出。按史繩祖《學齋佔畢》卷二謂："山谷此四句，陽若尊蘇，深意乃自負，而諷坡詩不入律。曹鄶雖小，尚有四篇之詩入《國風》；楚雖大國，而三百篇絶無取焉。黄嘗謂坡公文好駡不可學，又指坡公文章妙一世，而詩句不逮古人。信斯言也"云云。深文周内，殊不足信。蓋自江西詩成派以來，餘子紛紛以薄蘇爲事，史氏囿於風氣，遂作曲解。潘德輿《養一齋詩話》卷一嘗駁此節，謂以近世文人相輕之心，臆度古人。惜未引事實以折史氏。山谷讚歎蘇詩"能令人耳目聰明"等語，姑置不舉。史氏引黄第一語，見《答洪駒父》第二書，明言："東坡文章妙天下，其短處在好駡，慎勿襲其規"，絶非抹摋全體之謂。引黄第二語，則山谷僅言"蓋有文章妙一世，而詩句不逮古人者"，是否指坡公，尚有疑義；故《野客叢書》卷七謂爲曾子固而發，且曰："以坡公詩不逮古人，猶陳壽謂孔明不長將略也。"

【補訂】按李方叔《濟南集》卷二《德麟約遊西山》云："君詩如齊楚，凛凛兩大國；吾詩比邾滕，惴惴甘服役。"李趙皆蘇門，此篇正仿黄之頌蘇也。許月卿《先天集》卷五《暮春聯句》第六首云："楚詩無國風"，自註："山谷云云；十五國風無楚詩，蓋外之也。"與史繩祖之説合，觀此集《附録》下《山屋先生行狀》，史屢致書起許就官，則此説或亦契友之同聲歟。

按《廣雅碎金》卷四後附袁昶《小漚巢日記》五則，皆阿諛張文襄詩之言。有云："白不敢望蘇項背，而蘇詩又用偏鋒，非正宗，故山谷微言刺之。意謂曹鄶雖小，孔子列之國風，楚雖大邦，實爲化外。"蓋亦竊《學齋佔畢》議論，而不知辨正也。袁氏詩得山谷之襞積堅緻，故回護如此；然既推文襄詩律深得之陸、白、蘇，而又作爾許語，則遠不如今人媚達官詩者之圓到矣。〇（二十七）《寺齋睡起》第二首云："人言九事八爲律，倘有江船吾欲東。”天社註引《漢書·主父偃傳》：“所言九事，其八爲律。”按《容齋隨筆》卷十二云：“八事爲律令，一事諫伐匈奴”，謂八事爲律令而言，則“爲”字當作去聲。魯直以爲平聲，誤矣。〇（二十八）《記夢》詩。天社於題下引《洪駒父詩話》、《冷齋夜話》記山谷語云云。按張佩綸《澗于日記》光緒己丑三月十六日，略謂：“此皆山谷飾詞。據《續通鑑長編》元祐六年所載，此詩當是因得起居舍人，爲韓川劾罷，改祕書著作而作。靈君以況宣仁；衆真以況羣輔；雲牕霧閣以言天閽爲雲霧所翳蔽；窗中遠山二句對韓川劾詞而發，自解其少年綺詞非實迹；兩客争棋句指傅堯俞、許將；一兒壞局句指陳軒，謂如軒者，無人論列之耳”云云。説頗新穎。然按《續通鑑長編》卷四百十一，元祐三年五月趙挺之參山谷“操行邪穢”，遂罷著作郎，仍爲著作佐郎。與此事極相類。山谷是年有《情人怨戲效徐庾漫體》三首，東坡集有和作一首，皆豔詞渺旨，亦正可援此例索隱比事。而張氏讀山谷詩諸則獨未之及，豈亦自知鑿空周内，一之已爲甚耶。使山谷詩真寓此意，亦何必對其外甥諱哉。竊謂《駒父詩話》記山谷自言一貴游事，最近似；《冷齋夜話》本多揑造，此條坐實詩所言爲一枕遊仙，逐句較量，則類癡人説夢矣。〇（二十九）《次韻楊明叔見餞》云：“金石在波中，仰看萬物流。”天社註云：“金石見上註。”

【補訂】按外集《賦未見君子憂心靡樂八章》第七首“萬物逐波流，金石終自止”，青神註引《説苑·叢談》云：“水浮萬物，玉石留止。”

按《困學紀聞》卷十八云：“二句出趙岐《孟子·公行子》章註：‘萬物皆流而金石獨止。’”〇（三十）《次韻楊明叔見餞》云：“皮毛剥落盡，唯有真實在。”天社註引藥山答馬祖云：“皮膚脱落盡，惟有一真實”，又引《涅槃經》云：“如大村外，有娑羅林。中有一樹，先林而生，足一百年，其樹陳朽，皮膚枝葉悉皆脱落，惟真實在。”按天社説是矣而未盡。寒山子詩集卷上有“有樹先林生”一詩，與《涅槃經》意同，結句曰：“皮膚脱落盡，惟有真實在。”山谷蓋全用其語。《苕溪漁隱前集》卷四十八引《正法眼藏》藥山答石頭曰：“皮膚脱落盡，惟有真實在”，謂山谷全用藥山禪語，而不知藥山之用寒山語也。此喻佛典常見，如《雜阿含經》卷三十四之九六二別譯卷十之一九六等均有之。山谷好掇寒山、梵志及語録，未必求其朔耳。○（三十一）《夢李白作竹枝詞》云：“一聲望帝花片飛，萬里明妃雪打圍。馬上胡兒那解聽，琵琶應道不如歸。”天社註引傅玄《琵琶賦序》，以爲漢烏孫公主事，山谷認作明妃事，蓋誤。按《野客叢書》卷十引石崇《明君詞序》曰：“昔公主嫁烏孫，令琵琶馬上作樂，以慰其道路之思；其送明君，亦必爾也”云云，謂山谷正用《石崇詞序》，天社未考。

【補訂】按韓子蒼《陵陽先生詩》卷一《題李伯時畫昭君圖》，有《序》考論琵琶事當屬烏孫公主，與天社註同。詩一起云：“春風漢殿彈絲手，持鞭卻趁奚鞍走”，是畫中明妃未嘗懷抱琵琶，故“持鞭”曰“卻”。王民瞻《盧溪集》卷一《題羅疇老家明妃辭漢圖》，自註：“李伯時作豐容靚飾欲去不忍之狀”；則臨行惜别，亦未假四絃作離聲也。

按崔東壁《考信録提要》卷上謂自杜詩“千載琵琶”以後，詞人沿用，遂謂琵琶爲昭君所自彈，幸現有石崇詞可證云云。東壁此條論宋人尚知考辯，至明而衰，因舉韓退之、劉夢得誤以桃源爲神仙，杜少陵誤以昭君爲自彈琵琶；然知洪興祖能據淵明記以明桃源之非神仙，而不知宋人匪僅不以昭君爲自彈琵琶，且以昭君與琵琶本無係屬也。《湛園札記》卷一論《古事沿誤》條中，以昭君琵琶，爲石崇懸擬之詞，初非故實。此言最概括，可合《野客叢書》説以補。〇（三十二）《題驢瘦嶺馬鋪》云："老馬饑嘶驢瘦嶺。"天社無註。按《劍南詩集》卷五十五《雜感》第三首云："艱危寧度瘦驢嶺"，自註："瘦驢嶺在舒黔間，前輩或有作驢瘦嶺，蓋誤也"；卷六十七《季夏雜興》第二首亦云："巉巉瘦驢嶺。"

【補訂】韋子駿《韋先生集》卷九《瘦驢嶺》云："登嶺今朝歎瘦驢"；韋於山谷亦爲前輩，却未誤也。

〇（三十三）同首又云："病人生入鬼門關。"天社註引班超"生入玉門關"語。按唐沈佺期《入鬼門關》云："昔傳瘴江路，今到鬼門關"；楊炎《流崖州》詩云："一去一萬里，千知千不還。崖州何處在，生度鬼門關。"宜引此。

【補訂】按天社註山谷弟知命此句，引班超"但願生入玉門關"語，説之曰："此借用。"余引楊炎流崖州至鬼門關作詩正之，非徒以其字面爲"生度鬼門關"也。班語乃終得首邱之奢願，楊黄句則漸入瘴鄉之絶望；班謂殘生向盡，尚冀生還，楊黄謂忍死須臾，難逃死地。天社望文碎義，心知未安，曰"借用"者，爲知命解嘲而實自解嘲耳。宋之問在桂州《與修史學士吴競書》云："心憑神理，實冀生還；關號鬼門，常憂死别"；下八字可箋釋楊黄句。山谷《雨中登岳陽樓望君山》第一首："投荒萬死鬢毛斑，生出瞿塘灩澦關。"天社註復引班超"生入玉門關"語，則合稱矣。

〇（三十四）《病起荆江亭即事》第十首，天社註語焉不詳。按朱弁《曲洧舊聞》卷六備説山谷此詩本事，文長不録。又吴子良《林下偶談》卷四論此詩“鎸”字未穩，子豈應“鎸”父，惇夫亦不能“鎸”和叔。皆可補。〇（三十五）《贈米元章》詩第二首云：“我有元暉古印章，印刓不忍與諸郎；虎兒筆力能扛鼎，教字元暉繼阿章。”天社註引《漢舊儀》：“銀印龜紐，其文曰章”，元暉謂謝元暉。按張淏《雲谷雜記》卷三云：“任説非也。虎兒蓋米芾子友仁小字，曾慥《百家詩》引云：友仁少俊早成，魯直有元暉古印章，因以爲字。是山谷以古印偶有‘元暉’二字，故贈之，令字元暉；以芾字元章，故有‘繼阿章’之語。淵既不得其實，缺之可也。”竊謂天社註《黔南》十絶，已引曾氏《詩選》，何竟忽於此事耶。〇（三十六）《次韻中玉水仙花》第二絶云：“可惜國香天不管，隨緣流落小民家。”自註：“聞民間事如此。”天社註引高子勉《國香詩序》及高表弟王性之詩，著其本事。按《能改齋漫録》卷十一載高詩，洪邁《夷堅丙志》卷十八詳記此事，並引高王二詩，可補。〇（三十七）《次韻德孺惠貺秋字之句》云：“顧我今成喪家狗，期君早作濟川舟。”天社註引《史記·孔子世家》：“纍纍然若喪家之狗。”按黄東發《日鈔》卷六十五謂“喪家狗”之“喪”本平聲，山谷作去聲用。其説是也。《史記集解》引王肅及《韓詩外傳》，皆謂是喪事人家之狗，山谷誤以爲無家之狗。據《庭立紀聞》卷二引彭齊賦《東坡》詩。則宋人多讀去聲，後來沿襲其訛。《堅瓠二集》卷四嘲弔客詩，遂有“家風誤認喪家狗，不過當年讀去聲”之句矣。

【補訂】按《晉書·夏侯湛傳》載其《抵疑》一文，有云：“當此之時，若失水之魚，喪家之狗。”玩其屬對，“喪”與“失”互文同意，早讀去聲。

【補正】《全唐文》卷三二六王維《韋公神道碑銘》："君子爲投檻之猿，小臣若喪家之狗"；杜甫《將適吴楚留别章使君》："昔如縱壑魚，今如喪家狗"；此二處"喪家"之"喪"亦即如夏侯文、黄詩之讀去聲。杜甫《奉贈李八丈判官》："真成窮轍鮒，或似喪家狗"，以"喪家"對"窮轍"，則"喪"又似從《史記》本義讀平聲矣。

○（三十八）《書磨崖碑後》云："南内淒涼幾苟活，高將軍去事尤危。"天社註引《唐書·玄宗紀》，上皇還居興慶宫，李輔國遷之西内，興慶即南内也。又引《高力士傳》，隨上皇徙西内居十日，爲李輔國所誣，長流巫州。按《苕溪漁隱叢話》後集卷三十一、瞿佑《歸田詩話》卷中皆謂山谷詩宜作西内，作南内，誤。是也。天社以興慶當之，曲爲山谷文飾，與下句意不貫矣。

○（三十九）又同篇云："臣結春陵二三策，臣甫杜鵑再拜詩。安知忠臣痛至骨，世上但賞瓊琚詞。"天社註："'春陵'或作'春秋'，非是"，引元結《春陵行》序云云。按《苕溪漁隱叢話》前集卷四十七引此詩作"春陵"，後集卷三十一又引作"春秋"，謂《元次山集》但有《時議》三篇，指陳時務，無一言以及明皇、肅宗父子間；子美《杜鵑》詩正爲明皇遷居西内而作，則次山二三策，亦當如杜鵑詩有爲而言，若以《時議》三篇爲是，則事無交涉，乃誤用也。《匏廬詩話》卷下駁天社，謂山谷詩爲元結《中興頌》發，與《春陵行》無與，當作"春秋"，引范石湖《中興頌詩》："絶憐元子春秋法，卻寓唐家清廟詩"，楊誠齋《浯溪賦》："宜忠臣之痛心，寄《春秋》之二三策也"爲證。按石湖詩有序，謂"元子以魯史筆法，婉詞含譏"云云，語意尤顯；然《駿鸞録》二月九日引山谷此詩，又作"春陵"，何耶。又《歸田詩話》卷上已略明此悄，亦引范詩、楊賦爲説。其説甚長，天社、苕溪，皆失之固也。曾季貍《艇齋詩話》多載江西派先輩論詩語，聞見頗切，亦謂山谷詩意言元結《頌》用《春秋》之法，其首四句，即《春秋》書法也。《援鶉堂筆記》卷四十謂《容齋隨筆》亦作“春秋”，次山獻《時議》時，尚未爲道州，“二三策”者，或即指爲道州刺史時謝表兩通中語云云。信如姚氏所言，則“世上但賞瓊琚詞”一句無著落，“瓊琚詞”斷非爲謝表而發，自以匏廬之説爲近似。袁文《甕牖閒評》云：“親見山谷手書作‘春秋’”，尤足以息諸家之争，惜匏廬未引。〇（四十）《和王定國詩聞蘇子由病卧績溪》云：“朝趨去天咫”，天社註引“天威不違顔咫尺”。按《容齋四筆》卷七云：“《國語》楚靈築三城，使子晳問范無宇，無宇不可。王曰：是知天咫，安知民則。韋昭曰：咫者少也，言少知天道耳。《酉陽雜俎》有《天咫》篇。黄詩正用此。”〇（四十一）《叔父釣亭》云：“影落華亭千尺月，夢通岐下六州王。”青神註引東坡詩：“世間亦有千尋竹，月落空亭影許長”；又《帝王世紀》、《詩正義》“文王平六州”云云。按《墨莊漫録》卷四亦説此聯，下句引《毛詩・漢廣疏》，與青神略同；上句引華亭船子和尚偈：“千尺絲綸直下垂，滿船載得月明歸”云云。其解較確。山谷有自書《船子和尚歌跋》，極致讚歎，墨莊胡不引此作佐證。〇（四十二）《招吉老子範觀梅花》云：“及取江梅來一醉，明朝花作玉塵飛。”青神註引何遜《雪詩》“玉塵”云云。按《野客叢書》卷二十謂此二句出潘佑詩：“勸君此醉直須歡，明朝又是花狼藉。”〇（四十三）《蕭巽葛敏修和食筍詩答之》。題下青神引吴氏《漫録》，山谷南還，至南華，見葛題詩版云云。按劉昌詩《蘆浦筆記》卷三駁《漫録》此則曰：“南華在韶州，屬廣東；山谷謫宜州，屬西路，且卒於宜，而曰南還，何耶。”所駁甚是。青神以此詩編入元豐六年，山谷尚在太和。葛聖功，廬陵人，與山谷同鄉，《漫録》所載，不可信也。

【補訂】按劉美中《槲溪居士集》卷十《跋葛聖功詩》云：“某聞之耆舊，元祐中，聖功試南宫，論周秦强弱不變之弊。東坡奇其文，置之高列；山谷曰：‘此某爲太和令時，所與唱酬進士也。’因相慶得人。聖功由是名聞諸公間”云云。尤可糾《漫録》之誤，和答《食筍詩》正所謂爲太和令時唱酬也。《漫録》引聖功《竹軒》：“獨拳一手支頤卧”，則逕取昌黎《題秀禪師房》之“暫拳一手支頤卧”耳。

◯（四十四）《立春》云：“看鏡道如咫。”青神註引杜詩：“勳業頻看鏡。”按《困學紀聞》卷十八引《汲冢周書》云：“遠人來驩，視道如尺。”山谷蓋使此語。◯（四十五）《百花洲雜題》云：“神理不應從此盡，百年草樹至今青。”青神註引謝靈運《述祖德詩》：“龕暴資神理。”按此用《世説》第十七、戴公過林法師墓語：“冀神理綿綿，不與氣運俱盡。”青神註誤。【附説一】◯（四十六）《弈棋》云：“湘東一目誠甘死，天下中分尚可恃。”蓋借王偉代侯景草檄語，以喻棋眼。《瀛奎律髓》卷二十七批云：“梁元帝盲一目。引用此事，謂棋兩眼而活，一眼而死；天下中分或作三分，此又謂救棋各分占路數也。皆奇不可言。”按棋眼之説，最先見於漢桓譚《新論》，嚴可均《全後漢文》卷十三輯《言體》篇云：“世有圍棋之戲，或言是兵法之類。下者守邊隅，趨作罫目。不能防衛，而令罫中死棋皆生。”葛常之《韻語陽秋》卷十七引王無功佚詩《圍棋》長篇云：“雙關防易斷，隻眼畏難全。”王荆公《贈葉致遠》五古亦云：“或撞關以攻，或覰眼而壓”；覷者，徐鉉《圍棋義例》所謂“可斷不斷，先以子視之”也。山谷之“一目甘死”，即無功之“隻眼難全”，青神註殊疏略。

【補訂】按元微之《酬孝甫見贈》第七首：“無事抛棋侵虎口，幾時開眼復聯行”；即指棋“眼”。皇祐中張靖撰《棋經》，其《洞微》篇第十云：“路虛而無眼”，《雜説》篇第十三云：“大眼可贏小眼。”張書在兩宋當甚流行，故俗書如《事林廣記》續集卷四即收之。棋“眼”亦必爲宋時常語，而青神註似憒憒，可怪也。

○（四十七）《次韻答張沙河》云：“親朋改觀婢僕敬，成都男子寧異今。”青神註上句引孟郊詩，是也。下句引《漢書·蕭望之傳》：“杜陵男子”，大誤。按《三國志·張裔傳》，裔、成都人，北詣孔明咨事，送者數百，還與所親書曰：“人自敬丞相長史，男子張君嗣附之，疲倦欲死。”沙河令亦張姓，故用其語。山谷爲張文潛、晁無咎作詩，已屢用此傳中假鬼教語矣。○（四十八）《和陳君儀讀太真外傳》第二首云：“扶風喬木夏陰合，斜谷鈴聲秋夜深。人到愁來無處會，不關情處總傷心。”青神註引太白詩。按《艇齋詩話》謂全用樂天詩意：“峽猿亦無意，隴水復何情，爲到愁人耳，皆爲斷腸聲”，所謂奪胎换骨也。○（四十九）《次韻奉送公定》云：“醇朴乃器師。”青神註：“器師”疑是“吾師”。按《困學紀聞》卷十八謂出《荀子·解蔽》篇：“不可以爲器師。”

【補訂】按光聰諧《有不爲齋隨筆》丁所補二註，與（四十九）、（五十）補引《困學紀聞》闇合。

○（五十）《呈吉老縣丞》云：“鮭䲡今無種。”青神註：“此兩姓今無人。”按《困學紀聞》卷十八引《太玄》難十九云：“角觟觽”，二字與“解豸”同。

【補訂】按光聰諧《有不爲齋隨筆》丁所補二註，與（四十九）、（五十）補引《困學紀聞》闇合。

《論衡·是應》篇云：“一角羊也。”註誤。〇（五十一）《壽聖觀道士快軒，庭堅集句詠之》。青神註引《冷齋夜話》而駁斥之，謂覺範妄加評品，不知山谷實集古人詩成篇；因逐句註其原作者。按覺範此評見《冷齋夜話》卷五，當是見山谷文不加點，遂誤以爲自作；然卷三明載山谷論集句，“貴拙速不貴巧遲”，亦失於照顧矣。青神於“安得青天化作一張紙”一句，闕而不説。此爲唐裴説《懷素臺放歌》中句，《詩話總龜》卷十六引《零陵志》載之。何谿汶《竹莊詩話》卷十三引山谷《跋懷素邊衣詩》曰：“説詩句甚麗，喜作卓爾奇怪。《零陵總記》敍述僧懷素草書，載説詩一首，尤詼詭也。”《苕溪漁隱叢話》後集卷十七亦節引山谷跋。蓋山谷確覩此詩，故賦快軒，遂摭取之。

【補訂】按參觀《管錐編》論《全上古三代秦漢三國六朝文》第二三三“海墨樹筆天紙”。

按青天作紙張之語，西方各國詩中皆有之，常以碧海化墨水爲對(If all the sky were parchment and all the sea were ink)。其源甚遠，Irving Linn 撰文，蒐羅略備，上溯至梵文之 Atthāna，Jatāka，見 PMLA Vol. LIII，no. 4。〇（五十二）《快軒集句》云：“一粒粟中藏世界。”青神註引吕洞賓詩云：“一粒粟中藏世界，二升鐺内煑乾坤。”按夏元鼎編吕純陽《金丹詩訣》上卷七律第二十七首作“二升鐺内煑山川”；《詩話總龜》卷四十四引楊文公《談苑》載洞賓詩，有此聯，亦同。青神微誤。《四庫提要》據《詩訣》下卷《窯頭坯歌》中富鄭公、趙閲道等語，定爲宋人所託。今以楊文公、山谷所引定之，則《詩訣》中篇章有在北宋以前行世者矣。○（五十三）《過家》云：“繫船三百里，去夢無一寸。”宋無名氏《愛日齋叢鈔》卷三云：“此當用范史楊倫語：‘有留死一尺，無北行一寸。’外集註於此略之。”○（五十四）《宫亭湖》云：“左手作圓右作方，世人機敏便可爾。一風分送南北舟，斟酌神功宜有此。”青神註引《韓非子》等書，説“左手”句。按東坡《泗州僧伽塔》詩云：“至人無心何厚薄，我自懷私欣所便。耕田欲雨刈欲晴，去得順風來者怨。若使人人禱輒遂，造物應須日千變。”山谷此四句，乃翻案也。○（五十五）《題槐安閣》云：“白蟻戰酣千里血，黄粱炊熟百年休。”按《次韻子瞻贈王定國》云：“百年炊未熟，一垤蟻追奔”，即此聯意。又《次韻王荆公題西太一宫壁》云：“雨來戰蟻方酣”，與此聯上句，皆用錢昭度《野墅夏晚》詩第四句：“白蟻戰酣山雨來。”○（五十六）《題陽關圖》云：“斷腸聲裏無形影，畫出無聲亦斷腸。”青神註引樂天“一聲腸一斷”。按《能改齋漫録》卷七謂用義山《贈歌妓》詩：“斷腸聲裏唱陽關。”

【補訂】按史吴兩註，均局束字面。陽關三疊，有聲無形，非繪事所能傳，故曰：“斷腸聲裏無形影。”然龍眠畫筆，寫惜别悲歌情狀，維妙維肖，觀者若於無聲中聞聲而腸斷，故曰：“畫出無聲亦斷腸。”即聽覺補充視覺之理也（參觀《管錐編》論《老子王弼注》第一四）。但丁詩言石壁上雕刻歌唱隊像，人巧奪天，觀賞時自覺眼耳兩識相争，一言：“唱聲無”，一言：“唱聲有”（a due miei sensi/faceva dir l'un “No,” l'altro “Si,canta” ），見 *Purgatorio*, X. 59-60。正抉剖此境。王從之《滹南詩話》卷二云：“東坡題陽關圖：‘龍眠獨識殷勤處，畫出陽關意外聲。’予謂可言聲外意，不可言意外聲也。”東坡語意與山谷同，王氏未解詩旨。曹子建《七啟》所謂“造響於無聲”，可以斷章焉。太白《觀元丹丘坐巫山屏風》云：“寒松蕭瑟如有聲。”樂天《畫竹歌》云：“舉頭忽看不似畫，低耳静聽疑有聲。”介甫《純甫出釋惠崇畫要余作詩》云：“暮氣沉舟暗魚罟，欹眠嘔軋如聞櫓。”東坡《韓幹馬十四匹》云：“後有八匹飲且行，微流赴吻若有聲。”放翁《劍南詩稿》卷八十一《曝舊畫》云：“翩翩喜鵲如相語，洶洶驚濤覺有聲。”樓大防《攻媿集》卷一《題龍眠畫騎射抱球戲》云：“静中似有叱咤聲，墨淡猶疑錦繡眩。”湯垕《畫鑒・高僧試筆圖》云：“一僧攘臂揮翰，傍觀數士人咨嗟嘖嘖之態，如聞有聲。”攻媿“墨淡”句别寫一境，非聽覺補充視覺，而視覺自力補充。張彦遠《歷代名畫記》卷二《論畫工用搨寫》節云：“是故運墨而五色具，謂之得意。”鄭毅夫《鄖溪集》卷十八《記畫》云：“純淡墨畫竹樹黄雀者，雖墨爲之，如具五彩。云僧貫休畫。”李曾伯《可齋雜稿》卷三十四《滿江紅・甲午宜興賦僧舍墨梅》云：“猶賴有墨池老手，草玄能白。”王元美《弇州四部稿》卷一百三十八《題石田寫生册》云：“以淺色淡墨作之。吾家三歲兒一一指呼不誤，所謂妙而真者也。‘意足不求顔色似’，語雖俊，似不足爲公解嘲。”蓋陳簡齋《和張規臣水墨梅》第四首云：“意足不求顔色似，前身相馬九方臯”；弇州進一解，謂意足自能顔色具，即張彦遠之説也。荷馬史詩描摹一金盾上，彫鏤人物衆多，或戰陣，或耕耘，有曰：“犁田發土，泥色儼如墨。然此盾固純金鑄也，蓋藝妙入神矣。”（and the earth looked black behind them,/as though turned up by plows. But it was gold,/all gold — a wonder of the artist's craft.)見*Iliad*,XVIII,630-32.美學論師贊歎爲得未曾有，審美形似（aesthetic semblance）之旨已發於此兩句中。參觀 B. Bosanquet,*History of Aesthetic*,2nd ed.,1904,12。竊謂攻媿、可齋等詩詞斷句，正復同耐玩索；墨梅之“草玄能白”，與古希臘人（Philostratus）言白粉筆能畫出黑人肖像（a negro face drawn in white chalk）,*ib*., 110；cf. E. H. Gombrich,*Art and Illusion*,5th ed.,1977,154-5,尤相映成趣。

〇（五十七）《以虎臂杖送李任道》云：“八百老彭嗟杖晚。”青神註引《神仙傳》、《論語》老彭云云。按《困學紀聞》卷十八謂出《莊子釋文》：“彭祖至七百歲，猶曰悔不壽，恨杖晚而吐遠。”〇（五十八）《別集·送人赴舉》云：“送君歸去明主前，若問舊時黄庭堅，謫在人間今八年。”史季温註：“詩最多體製，三句者蓋亦罕見。周詩則有《麟趾》、《甘棠》等篇，山谷此詩蓋舍近例而援古法。由是推之，山谷不特平生句法奇妙，早年詩格已高古矣。”按方濬師《蕉軒隨録》卷三云：“‘青衫烏帽蘆花鞭，送君直至明君前。若問舊時黄庭堅，謫在人間十一年。’此山谷送鄉人赴廷試詩，見宋吴坰《五總志》。今山谷詩《別集》據《西清詩話》，截去首句，十一年訛今八年；季温不考其訛誤，而誇三句詩爲高古。頗疏陋。”〇（五十九）《題養浩堂畫》第二首云：“陳郎浮竹葉，著我北歸人。”季温未註。按此用唐薛照《幻影傳》所載陳季卿事，見《太平廣記》卷七十四。季卿下第不得歸，終南山翁折竹葉，命季卿註視壁上瀛寰圖，遂得縮地歸也。任史二註，久號善本。大體詳密，實符其名。方東樹《昭昧詹言》卷十乃謂任註甚疏漏，史更劣。而一無舉例，殆以編定姚薑塢《援鶉堂筆記》，見補註山谷詩若干事，遂臆必武斷耶。薑塢所補如道山、賜環、幘溝婁諸則，天社皆發厥端，特未精審耳。其説《次韻子瞻以紅帶寄王宣義》詩，所舉宣義名字里貫，及與東坡姻婭，均見天社此詩原註；而方氏按語謂出史青神註。即斯一端，張冠李戴，可見渠儂胸中，初不了了。以余寡陋，則見他書中有説山谷詩出處者，求之二註，往往赫然已備。如《楊升菴外集》卷七十八云："山谷'蕨芽初長小兒拳'，以爲奇語。然太白有'不知行徑下，初拳幾枝蕨'。已落第二義。"按山谷語出《外集補》卷三《觀化》七絶第十一首："竹笋初生黄犢角，蕨芽已作《精華録》作"新長"小兒拳"，不見内外集，故註所不及。太白語出《憶秋浦桃花舊遊》詩，而天社爲《内集・贛上食蓮》五古作註，已引山谷此詩及太白語，升菴未之見也。《能改齋漫録》卷三論山谷《黔南絶句》襲香山，卷六論"思親十二時"句本朱晝詩；《容齋隨筆》卷一論《畫睡鴨詩》出徐陵《鴛鴦賦》，《黔南十絶》用香山詩，卷十二論《宿觀音院》詩用"夔"字，《續筆》卷三論《和張文潛》八詩用"郢書燕説"；《朱子大全集》卷八十三《跋山谷詩》亦論用"夔"字；天社所註，皆能閉門造車，出而與諸家合轍。《淵于日記》光緒己丑三月初七日論山谷於荆公始終無貶詞，《次韻西太一》次章"啜羹不如放麑"云云，天社註太迂，詩意衹言吕惠卿發私書太忍，子由彈之是也。然所據者，即天社註中已引之文，特就而别作解釋耳。又如曾裘甫《艇齋詩話》釋山谷詩十餘事，舍前所采二事外，任史註多與相合。有論《謝送宣城筆》詩一則云："'宣城變樣蹲雞距，諸葛名家捋虎鬚。'親聞徐師川口誦作：'宣城諸葛尊雞距，筆陣王家將鼠鬚。’雞距、鼠鬚皆筆名；曰蹲曰捋，則無意義，曰尊曰將，則有理”云云。此固可補青神之註，以備一説。然青神又參山谷手書本，“捋”一作“援”，自較傍人轉述爲長。無意義之評，則殊可笑。夫“蹲”字與“雞距”雙關，“捋”字與“虎鬚”雙關，又借“虎鬚”以喻鼠鬚筆；山谷用字法固如是。白香山《雞距筆賦》即言“假名而善喻”，有曰：“紺趾乍舉，既象乎翹足”，猶山谷之用“蹲”字也。例若“青州從事斬關來”，“管城子無食肉相，孔方兄有絶交書”，“王侯鬚若緣坡竹，哦詩清風起空谷”，“湘東一目誠甘死”，“未春楊柳眼先青”，“蜂房各自開户牖”，“失身來作管城公”，“白蟻戰酣千里血”等句，皆此類。酒既爲“從事”，故可“斬關”；筆既有封邑，故能“失身食肉”；鬚既比竹，故堪起風；蟻既善戰，故應飛血；蜂窠既號“房”，故亦“開户”。均就現成典故比喻字面上，更生新意；將錯而遽認真，坐實以爲鑿空。《大般涅槃經》卷五《如來性品》第四之二論“分喻”云：“面貌端正，如月盛滿；白象鮮潔，猶如雪山。滿月不可即同於面，雪山不可即是白象。”《翻譯名義集》卷五第五十三篇申言之曰：“雪山比象，安責尾牙；滿月況面，豈有眉目。”即前引《抱朴子》《金樓子》論“鋸齒箕舌”之旨。慎思明辨，説理宜然。至詩人修辭，奇情幻想，則雪山比象，不妨生長尾牙；滿月同面，儘可妝成眉目。

【補訂】宋吴沆《環溪詩話》卷中謂：“山谷詩以物爲人一體最可法。於詩爲新巧，於理未爲大害。”正亦此類。雪山比象，不妨生長尾牙；滿月同面，儘可妝成眉目。即所謂初民思辯之常經，以偏概全(pars pro toto)也（參觀《管錐編》論《毛詩正義》第五六)。以文滑稽，每復如是。匹似古相書云：“婦人手如乾薑，定配侯王”；

【補正】《猗覺寮雜記》卷上引相書：“手如薑芽者貴。”

【補訂】指手形言，猶劉夢得《酬柳州》詩之“薑芽斂手”。明汪廷訥《獅吼記》第二十一折陳季常懼内，諢云：“我娘子手不是薑，怎麽半月前打的耳巴，至今猶辣。”則由薑之形而引申薑之味。參觀 William K. Wimsatt Jr. and Cleanth Brooks, *Literary Criticism*, 1957, 357 “the cliché-extended”。華兹華斯曰：“語已有月眉、月眼矣。復欲以五官百體盡予此等無知無情之物，吾人獨不爲己身地耶。”（We have had the *brow* and the *eye* of the moon before; but what have we reserved for human beings, if their features and organs are to be lavished on objects without feeling and intelligence?）見 *Letters: Later Years*. ed. E. de Sélincourt, I, 436。諾瓦利斯（Novalis）曰：“比喻之事甚怪。苟喻愛情滋味於甜，則凡屬糖之質性相率而附麗焉。”（Seltsame Ausführung eines Gleichnisses—z. B. die Liebe ist süβ, also kommt ihr alles zu was dem Zucker zukommt.）見 *Fragmente*, III, § 138, *Schriften*, hrsg. J. Minor, 1923, II, 211。蓋每立一譬，可從而旁生側出，孳乳蕃衍。參觀 George Lakoff and Mark Johnson, *Metaphors We Live By*, 1980, 7 ff. “the systematicity of metaphorical concepts”；151 ff. “metaphors create similarities”。猶樹有本根，家有肇祖然。通乎此意，詩人狡獪，或泰然若假可當真，偏足概全，如義山之“鶯啼如有淚”、山谷之“白蟻戰酣千里血”，是也；或爽然於權難作實，隅不反三，如香山《啄木曲》云：“錐不能解腸結，綫不能穿淚珠，火不能銷鬢雪”，是矣。雖從言之路相反，而同歸於出奇見巧焉。

英國玄學詩派（Metaphysical Poets）之曲喻（Conceits），多屬此體。吾國昌黎門下頗喜爲之。如昌黎《三星行》之"箕獨有神靈，無時停簸揚"；東野《長安羈旅行》之"三旬九過飲，每食惟舊貧"；浪仙《客喜》之"鬢邊雖有絲，不堪織寒衣"；玉川《月蝕》之"吾恐天如人，好色即喪明"。而要以玉溪爲最擅此，著墨無多，神韻特遠。如《天涯》曰："鶯啼如有淚，爲濕最高花"，認真"啼"字，雙關出"淚濕"也；《病中遊曲江》曰："相如未是真消渴，猶放沱江過錦城"，坐實"渴"字，雙關出沱江水竭也。《春光》曰："幾時心緒渾無事，得及游絲百尺長"，執著"緒"字，雙關出"百尺長"絲也。他若《交城舊莊感事》曰："新蒲似筆思投日，芳草如茵憶吐時"，亦用此法，特明而未融耳。山谷固深於小李者。後山詩如"打門何日走周公"，按此本玉川《謝孟諫議新茶》詩："將軍打門驚周公"，後山添一走字，愈坐實矣。"風吹蛛網開三面"等句，亦得此訣。曾氏從徐師川、吕本中遊，吕伯恭亦尊之爲父執，見《吕東萊文集》卷三《與艇齋曾先生書》。而其言瞶瞶如是。《朱子語類》卷一百三十九謂"曾裘父文字澀，説不去"；蓋不工於詩文者，註釋詩文亦終隔一塵也。

【補訂】山谷詩補註又增數事。〇新補一、《送王郎》："江山千里俱頭白，骨肉十年終眼青。"天社註引杜蘇詩句而論之曰："工拙各異。"按《外集·寄忠玉提刑》："讀書頭愈白，見士眼終青。"青神註引《王立之詩話》，與天社註僅數字異。蓋天社實摭取王氏詩話，青神隱發其覆也。青神註《外集》，每若欲陵加天社《内集》註。如《内集·慈孝寺餞子敦席上》："日永知槐夏，雲黄喜麥秋。"天社註引歐陽公《詩話》載趙師民句："麥天晨氣潤，槐夏午陰清。"而《外集·奉送劉君昆仲》："平原曉雨半槐夏，汾上午風初麥清”，青神註先引杜詩：“麥秋晨氣潤，槐夏午風涼”，然後引歐公《詩話》載趙句。此與《寄忠玉提刑》註，似均意在出天社一頭。光聰諧《有不爲齋隨筆》壬駁歐公《詩話》，謂趙聯襲杜詩，未省青神註已拈示之。又如《内集・效王仲至少監詠桃花》第四首：“海牛壓簾風不開。”天社註引杜牧詩：“金槃犀鎮帷。”而《外集・二月二日曉夢》：“海牛壓風簾”，青神註：“海牛、犀也。《前集》有詩云：‘海牛壓簾風不開。’蓋用張君房《脞説》，蕭學士夢中賦曉寒歌云：‘海牛壓簾風不入。’前註偶不及此。”則明補天社註之闕也。天社引牧之句出《杜秋娘詩》，東坡《四時詞》之四：“夜風摇動鎮帷犀”，正用其語。“海牛”即“犀”，“壓簾”即“鎮幃”，山谷避熟取生耳。〇新補二、《柳閎展如蘇子瞻甥也，作詩贈之》第三首：“霜威能折綿。”天社註未道來歷。按吴景旭《歷代詩話》卷五十九引《潘子真詩話》記山谷自言本庾肩吾詩：“清威正折棉”，復引《大人賦》等。竊謂合觀張玉田《甘州》：“寒氣脆貂裘”，可悟點化。〇新補三、《詠雪奉呈廣平公》：“夜聽踈踈還密密，曉看整整復斜斜。”天社註引牧之《臺城曲》：“整整復斜斜。”按竊意山谷或因劉叉《雪車》詩：“小小細細如塵間，輕輕緩緩成樸簌”，觸機得法。前人此類疊字聯，如義山《菊》：“暗暗淡淡紫，融融冶冶黄”，初不多見。山谷斯篇以後，祖構迭起，唐眉山、陳簡齋、曾茶山、范石湖等名家皆屢爲之。據《瀛奎律髓》卷二十一徐師川《戊午山間對雪》方虚谷批語，似徐亦好作此類律句。〇新補四、《題竹石牧牛》：“牛礪角尚可，牛鬬殘我竹。”天社註引《左傳》、退之《石鼓歌》等。按語型仿《獨漉》篇：“泥濁尚可，水深殺我。”參觀《管錐編》論《毛詩正義》第五三“咨之字義與句型”。○新補五、《寄上叔父夷仲》:“百書不如一見面。”天社註引《漢書》:“百聞不如一見”,又世傳退之《與大顛帖》:“所示廣大深迥如此,讀來一百遍,不如親面而對之。”按似都不切。前者謂聞名不如見面,所同五字,非主意所在。後者謂百讀不解,須待口授,亦非親朋闊別、相思相望之忱。歐陽永叔《蝶戀花》云:“望極不來芳信斷,音書縱有爭如見”,下句正山谷之旨也。歐詞黄詩皆道出心同此理。嘗見英國文家蘭姆(Charles Lamb)與友(Thomas Manning)書云:“得與其人一瞥面、一握手,勝於此等枯寒筆墨百函千牘也。噫!”(O! one glimpse of the human face,and shake of the human hand,is better than whole reams of this cold,thin correspondence,etc.)見 *Works*,ed. E. V. Lucas,VI,175。○新補六、《再次韻楊明叔·引》:“蓋以俗爲雅,以故爲新,百戰百勝。此詩人之奇也。”天社無註。按《後山集》卷二十三《詩話》云:“閩士有好詩者,不用陳語常談,寫投梅聖俞。答書曰:‘子詩誠工、但未能以故爲新,以俗爲雅爾。’”聖俞答書似已失傳,賴後山援引,方知山谷所本。葛常之《韻語陽秋》卷三稱山谷與楊明叔論詩此語,蓋南宋初人早徵古而忘祖矣。《中州集》卷二引李屏山爲劉西嵓詩序亦以此爲山谷詩法,更無足怪。

【補正】《東坡題跋》卷二《題柳子厚詩》之二:“用事當以故爲新,以俗爲雅;好奇務新,乃詩之病。”亦如山谷之隱取聖俞語,而專爲“用事”發,似遜原語之通方也。

【補訂】近世俄國形式主義文評家希克洛夫斯基(Victor Shklovsky)等以爲文詞最易襲故蹈常,落套刻板(habitualization, automatization)，故作者手眼須使熟者生(defamiliarization)，或亦曰使文者野(rebarbarization)。參觀 Robert Scholes, ed., *Structuralism in Literature*, 1974, 83-4; Robert C. Freeman, ed., *Linguistics and Literary History*, 1970, 43-4; R. Wellek and A. Warren, *Theory of Literature*, 1963, 236。竊謂聖俞二語，夙悟先覺。夫以故爲新，即使熟者生也；而使文者野，亦可謂之使野者文，驅使野言，俾入文語，納俗於雅爾。

【補正】(canonization)。見 V. Shklovsky, *A Sentimental Journey*, tr. R. Sheldon, 1970, 233。

【補訂】《六一詩話》記聖俞論詩所謂"狀難寫之境，含不盡之意"，數百年來已熟掛談藝者口角。而山谷、後山祖述聖俞論詩語，迄無過問者，故拈出而稍拂拭之。抑不獨修詞爲然，選材取境，亦復如是。歌德、諾瓦利斯、華茲華斯、柯爾律治、雪萊、狄更斯、福樓拜、尼采、巴斯可里等皆言觀事體物，當以故爲新，即熟見生。(Goethe: "einem gewöhnlichen Gegenstande eine interessante Seite abzugewinnen"；見 Eckermann, *Gespräche*, 18. Sept. 1823, Aufbau, 62。Novalis: "Die Kunst, auf eine angenehme Art zu befremden, einen Gegenstand fremd zu machen und doch bekannt und anziehend, das ist die romantische Poetik"；見 *Fragmente*, III, § 404, *Schriften*, hrsg. J. Minor, 1923, II, 304。Wordsworth: "Ordinary things should be presented to the mind in an unusual aspect"；見 "Preface" to the Second ed., *Poems*, Oxford, 935。Coleridge: "so to represent familiar objects as to awaken the minds of others to a like freshness of sensation concerning them"；見 *The Friend*, "General

Introduction", Essay XV, *Complete Works*, ed. G. W. T. Sheed, II, 104。Shelley："Poetry makes familiar objects be as if they were not familiar"；見 " A Defence of Poetry", *Prose Works*, ed., R. H. Shepherd, II, 19。Dickens："So getting a new aspect, and being unlike itself. Any *odd* unlikeness of itself"；見 *Memorandum Book*, quoted in J. Hillis Miller, *Charles Dickens*: *the World of His Novels*, 1959, p. xv。Flaubert："Il s'agit de regarder tout ce qu'on veut exprimer assez longtemps et avec assez d'attention pour en découvrir un aspect qui n'ait été vu et dit par personne"；見 Maupassant, *Pierre et Jean*, "Le Roman", ed. Conard, p. xxiii。Nietzsche：" *Original*... man das Alte, Altbekannte, von jedermann Gesehene und Übersehene *wie neu* sieht"；見 *Menschliches, Allzumenschliches*, Bd. II, Abt. i, § 200, *Werke*, hrsg. K. Schlechta, 1954, I, 814。Pascoli："La poesia é nelle cose. Il poeta presenta la visione di cosa posta sotto gli occhi dit utti e che nessuno vedeva"；見 *Il Sabato*, quoted in *Momenti e Problemi di Storia dell' Estetica*, Marzorati, 1959, IV, 1637；cf. John Dewey, *Art as Experience*, 267："When old and familiar things are made new in experience, there is imagination".）聊舉數家，山谷《奉答聖思》所謂"觀海諸君知浩渺"也。且明此諦非徒爲練字屬詞設耳。〇新補七、《次韻答斌老病起獨游東園》第一首："蓮花生淤泥，可見嗔喜性。"天社註引《維摩經》："高原陸地，不生蓮花，卑濕淤泥，乃生此花。"按是也。《次韻中玉水仙花》第二首："淤泥解作白蓮藕"，天社無註。《贛上食蓮有感》："蓮生淤泥中，不與泥同調"，天社註亦引《維摩經》。蓋前兩詩謂花與泥即，後詩謂花

與泥離；言各有當，同喻而異邊之例也。天社引語見《維摩詰經·佛道品》第八，不切後詩之意；當引《高僧傳》卷二鳩摩羅什自説："譬如臭泥中生蓮花，但採蓮花，勿取臭泥也"，或《大智度論·釋初品中尸羅波羅蜜下》："譬如蓮花，出自淤泥，色雖鮮好，出處不淨。"

【補正】淮南王序《離騷經傳》，稱屈原"皭然，泥而不滓"，太史公《屈原、賈生列傳》取其語。然以蓮揣稱高潔，實爲釋氏常談。《四十二章經》即亦云："吾爲沙門，處於濁世，當如蓮花，不爲泥所污。"宋陸佃《陶山集》卷二《依韻和雙頭芍藥》第六首至云："若使覺王今識汝，蓮花寧復並真如"，蓋以兹花爲釋氏表志矣。蘇軾《答王定國》："謹勿怨謗讒，乃我得道資。淤泥生蓮花，糞土出菌芝"；亦如黄詩之用釋語。周敦頤《濂溪集》卷八《愛蓮説》："予獨愛蓮之出淤泥而不染，……花之君子者也"；名言傳誦，而有拾彼法牙慧之嫌。故牟巘《陵陽先生集》卷四《荷花》詩序謂此花"陷於老佛幾千載，自託根濂溪，始得儕於道"，詩有云："唤醒佛土從前夢。"足徵道學家嚴儒釋之坊，於取譬之薄物細故，亦復煞費彌縫也。此喻入明，漸成妓女之佳稱，如梅鼎祚著録妓之有才德者爲《青泥蓮花記》，錢謙益《列朝詩集》閏四讚王微云："君子曰：'修微青蓮亭亭，自拔淤泥'"（參觀同卷評楊宛），又《初學集》卷一八《有美一百韻》讚揚柳如是亦云："皎潔火中玉，芬芳泥裏蓮。"道學家必謂蓮花重"陷"矣。

【補訂】〇新補八、《又和斌老第二首》："外物攻伐人，鐘鼓作聲氣；待渠弓箭盡，我自味無味。"天社註引《傳燈録》："僧問巖頭：弓折箭盡如何？師曰：去。"按此言用字來歷也。詩意即《傳燈録》卷四壽州道樹禪師所謂：“老僧只消不見不聞，伊伎倆有窮，吾不見不聞無盡。”〇新補九、《又戲題下巖》：“未嫌滿院油頭臭，蹋破苔錢最惱人。”按句法隱同《題竹石牧牛》；放翁《劍南詩稿》卷六十二《夏秋之交小舟早夜往來湖中戲成絶句》第八首云：“荷花折盡渾閑事，老却蓴絲最惱人”，仿山谷此首而洩露文脈矣。曾慥《類説》卷五十二《祕閣閑談》：“油頭汙繡枕。”〇新補十、《次韻高子勉第二首》：“行布佺期近。”天社註謂“行布”字本釋氏華嚴之旨，解《楞伽經》者曰：“名者是次第行列，句者是次第安布”，而山谷論書畫數用之。按釋志磐《佛祖統紀》卷三上曰：“華嚴所説，有圓融行布二門，行布謂行列布措。”《豫章黄先生文集》卷二十七《題明皇真妃圖》曰：“故人物雖有佳處，而行布無韻，此畫之沉痾也”；即用以論書畫之例。范元實《潛溪詩眼》記山谷言“文章必謹布置”，正謂“行布”。曾季貍《艇齋詩話》記人問蘇子由，何以比韓子蒼於儲光羲，子由答曰：“見其行鍼布線似之。”著語酷類，用意倘亦似耶。竊謂“行布”之稱，雖創自山谷，假諸釋典，實與《文心雕龍》所謂“宅位”及“附會”，三者同出而異名耳。《章句》篇曰：“夫設情有宅，置言有位。章句在篇，如繭之抽緒。原始要終，體必鱗次，跗萼相銜，首尾一體。搜句忌於顛倒，裁章貴於順序”；《附會》篇曰：“附辭會義，務總綱領。衆理雖繁，而無倒置之乖，羣言雖多，而無棼絲之亂。”《文鏡祕府論》南卷《定位》篇亦曰：“凡製於文，先布其位，猶行陣之有次，階梯之有依也。”范元實親炙山谷，《苕溪漁隱叢話》前集卷十載其《潛溪詩眼》發揮山谷“文章必謹布置”之旨，舉少陵《贈韋見素》詩作例，謂："有如官府甲第，廳堂房室，各有定處不亂。最得正體，爲布置之本。其他變體，奪乎天造，不可以形器矣。"夫"宅位"、"附會"、"布位"、"布置"，皆"行布"之别名。然《文心》所論，衹是行布之常體；《潛溪》知常體之有變矣，又僅以無物之空言了事。兹引而申之，以竟厥緒。何谿汶《竹莊詩話》卷九引《詩事》曰："荆公送人至清涼寺，題詩壁間曰：'斷蘆洲渚薺花繁，看上征鞍立寺門；投老難堪與公别，倚崗從此望回轅。''看上征鞍立寺門'之句爲一篇警策。若使置之斷句尤佳，惜乎在第二語耳。譬猶金玉，天下貴寶，製以爲器，須是安頓得宜，尤增其光輝。"《古詩歸》卷八陸雲《谷風》結句："天地則爾，户庭已悠"，鍾伯敬評："此二語若在當中，便不見高手，不可不知"；又謝混《遊西池》起句："悟彼蟋蟀唱，信此勞者歌"，鍾評："此中二句常語，移作起便妙"。他如卷十一謝靈運《登池上樓》、謝惠連《西陵遇風獻康樂》、卷十四劉孝威《望隔牆花》，《唐詩歸》卷六《玄宗送賀知章歸四明》等篇評語不具舉。

【補正】《國朝詩别裁》卷一六梁佩蘭《秋夜宿陳元孝獨漉堂，讀其先大司馬遺集，感賦》五律發端云："至今亡國淚，灑作粤江流"；沈德潛批語："以中間語作起步，倍見其超。"即謂其能變"行布"之"常體"（deviation）也。

【補訂】賀子翼《詩筏》曰："詩有極尋常語，以作發句無味，倒用作結方妙者。如鄭谷《淮上别故人》詩云：'揚子江頭楊柳春，楊花愁殺渡江人；數聲羌笛離亭晚，君向瀟湘我向秦。'蓋題中正意，只'君向瀟湘我向秦'七字而已。若開頭便説，則淺直無味；此却倒用作結，悠然情深，令讀者低徊流連，覺尚有數十句在後未竟者。”紀曉嵐《唐人試律説》曰：“陳季《湘靈鼓瑟》：‘一彈新月白，數曲暮山青。’畧同仲文‘曲終人不見，江上數峯青’。然錢置於篇末，故有遠神，此置於聯中，不過尋常好句。西河調度（入聲）之説，誠至論也。此如：‘大江流日夜，客心悲未央’，‘悵矣秋風時，余臨石頭瀨’，作發端則超妙，設在篇中則凡語。‘客髩行如此，滄波坐渺然’，‘問我何所適，天台訪石橋’，作領聯則挺拔，在結句則索然。”《瀛奎律髓》十九陳簡齋《醉中》起句：“醉中今古興亡事，詩裏江山摇落時”，紀曉嵐批：“十四字之意；妙於作起，若作對句便不及。”試就數例論之。倘簡齋以十四字作中聯，或都官以“君向”七字作起句，猶夫荆公以“看上”七字作第二句，皆未嘗不順理成章，有當於劉彦和所謂“順序”、“無倒置”，范元實所謂“正體”。然而“光輝”、“超妙”、“挺拔”之致，蕩然無存，不復見高手矣（參觀《管錐編》論《全上古三代秦漢三國六朝文》第一五“末句方著題”、一三八“警策”）。即如山谷自作《和答元明黔南留别》曰：“萬里相看忘逆旅，三聲清淚落離觴。朝雲往日攀天夢，夜雨何時對榻涼。急雪脊令相並影，驚風鴻雁不成行。歸舟天際常回首，從此頻書慰斷腸。”一、二、三、四、七、八句皆直陳，五、六句則比興，安插其間，調劑襯映。苟五、六與一、二易地而處，未爲序倒而體乖也。然三、四而下，直陳至竟，中無疏宕轉换；且雲、雨、雪、風四事，分置前後半之起處，全詩判成兩截，調度失方矣。故劉范順序正體云云，僅“行布”之粗淺者耳。山谷標“行布”之名，初未申説。顧觀其自運，且參之《詩事》、《詩歸》等評隲語，則歷來名家，得於心而成於手者，固昭晰可徵。因不憚煩而疏通證明之。古人立言，往往於言中應有之義，蘊而不發，發而不盡。康德評柏拉圖倡理念（Idee），至謂：作者於己所言，每自知不透；他人參稽匯通，知之勝其自知（daβ es gar nichts ungewöhnliches sei, durch die Vergleichung der Gedanken, welche ein Verfasser über seinen Gegenstand äuβert, ihn sogar besser zu verstehen, als er selbst verstand），可爲之鉤玄抉微（den Sinn ausmachen）。見 *Kritik der reinen Vernunft*, hrsg. B. Erdmann, 1923, 281。

【補正】希萊爾馬訶亦昌言，説者之知解作者，可勝於作者之自知親解（Auf dieser neuen Anschauung vom Schaffen beruht der kühne Satz Schleiermachers, es gelte, einen Autor besser zu verstehen als er sich selbst verstand.）。見 W. Dilthey, *Entwürfe zur Kritik der historischen Vernunft*, I. ii. 6, *Gesammelte Schriften*, ed. W. Misch *et al*, VII, 217。Cf. K. Mueller-Vollmer, *The Hermeneutics Reader*, 1985, 83, 86。

【補訂】談藝者亦足以發也。又古希臘、羅馬文律以部署（dispositio）或配置（collocatio）爲要義。參觀 H. Lausberg, *Handbuch der literarischen Rhetorik*, 1960, I, 241-7。有曰："詞意位置得當，文章遂饒姿致（Grace of style comes from arrangement）。同此意也，置諸句首或句中，索然乏味，而位於句尾，則風韻出焉"。見 Demetrius, *On Style*, The Loeb Classical Library, 389。或論歐里庇得斯（Euripides）悲劇中一句（*Hercules Furens* 1245）曰："語本傖俗（indubitably vulgar），而安插恰在好處，頓成偉詞"（sublime by being apt to the setting），見 Longinus, *On the Sublime*, Loeb, 329。正亦言行布調度爾。○新補十一、《再用前

韻贈子勉》第四首："鳥語花間管絃。"天社註引劉禹錫詩："蘿密鳥韻如簧音。"按《山谷外集補》卷三《觀化》第一首亦云："柳外花中百鳥喧，相媒相和隔春煙。黄昏寂寞無言語，恰似人歸鎖管絃。"苟徵前人詩句，似當引庾信《奉和趙王隱士》："野鳥繁絃囀，山花焰火燃"，或崔湜《春日幸望春宫》："庭際花飛錦繡合，枝間鳥囀管絃同。"翁洮《春》："林間鳥奏笙簧月，野外花含錦繡風"，則有管無絃，同劉句矣。西方舊日亦以鳥囀管絃同爲詩中套語。參觀 E. R. Curtius, *Europäische Literatur und lateinisches Mittelalter*, 2. Aufl., 1954, 825, die Metapher "Zitherspiel für Vogelsang"; J. Rousset, *La Littérature de l'Âge baroque en France*, nouv. éd., 1954, 184-6, le "violon ailé", les "luths animez"。〇新補十二、《荆南簽判向和卿用予六言見惠次韻奉酬》第三首："安排一字有神。"天社註："前輩詩曰：吟安一個字。"按盧延讓《苦吟》云："吟安一個字，撚斷數莖鬚"；又《全唐詩》載無名氏句云："一個字未穩，數宵心不閒。"前者"行布"，句在篇中也；此之"安排"，字在句内也。《文心雕龍・練字》篇曰："善爲文者，富於萬篇，貧於一字。一字非少，相避爲難也"；避重免複，卑無高論。《風骨》篇曰："捶字堅而難移"，則可爲安穩之的詮矣。昌黎《紀夢》曰："壯非少者哦七言，六字常語一字難"，其亦謂一字之難安穩歟（參觀《管錐編》論《全上古三代秦漢三國六朝文》第一四一"一字難"）。夫曰"安排"，曰"安"，曰"穩"，則"難"不盡在於字面之選擇新警，而復在於句中之位置貼適，俾此一字與句中乃至篇中他字相處無間，相得益彰。倘用某字，固足以見巧出奇，而入句不能適館如歸，却似生客闖座，或金屑入眼，於是乎雖愛必捐，别求朋合。蓋非就字以選字，乃就章句而選字。儒貝爾(J. Joubert)有妙語曰：“欲用一佳字，須先爲之妥覓位置處”（Avant d'employer un beau mot,faites-lui une place）。見 *Pensées*,Tit. xxii,§16。正斯之謂。江西派中人侈説鍊字，如范元實言“句法以一字爲工”，方虚谷言“句眼”，皆主好句須好字。其説易墮一邊。山谷言“安排一字”，乃示字而出位失所，雖好非寶，以其不成好句也。足矯末派之偏宕矣。宋次道《春明退朝録》卷上記宋子京曰：“人之屬文，自［有］穩當字，第初思之未至也。”强行父《唐子西文録》曰：“等閒一字放過則不可。作詩自有穩當字，第思之未至也。”《朱子語類》卷一百三十九曰：“蘇子由有一段，論人做文章，自有合用底字，只是下不著。又如鄭齊叔云：做文字自有穩底字，只是人思量不著。横渠云：發明道理，惟命字難。要之做文字，下字實是難。因改謝表曰：作文自有穩字，古之能文者，纔用便用著這樣字，如今不免去搜索修改。”錢澄之尤有味乎言之。《田間文集》卷八《詩説贈魏丹石》曰：“造句心欲細而句欲苦，是以貴苦吟。情事必求其真，詞義必期其確，而所争祇在一字之間。此一字確矣而不典，典矣而不顯，顯矣而不響，皆非吾之所許也。賈浪仙云：‘吟安一個字，撚斷數莖髭。’”又同卷《陳官儀詩説》曰：“見三唐近體詩，設詞造句，洵是良工心苦。未有不由苦吟而得者也。句工只有一字之間，此一字無他奇，恰好而已。所謂一字者，現成在此，然非讀書窮理，求此一字終不可得。蓋理不徹則語不能入情，學不富則詞不能給意，若是乎一字恰好之難也。”異域評文，心契理符。如古羅馬佛朗圖(Fronto)諄諄教人搜索(quaerere)妥當之字，無他字可以易之者(Verbum adeo proprium est ut eo sublato aliud subdi euisdem usus pon possit)。見 *Correspendence*,"Loeb",I,96-8;cf.I,10;II,54。古天竺論師以卧榻(śayyā)之安適,喻一字之穩當(repose,perfect fitness)不容同義字取替(the word cannot be replaced by synonyms)。參觀 S. K. De,*Sanskrit Poetics as a Study of Aesthetics*,1963,21,41-2。法國布瓦洛(Boileau)有句云:"一字安排深得力"(D'un mot mis en sa place enseigna le pouvoir)。見 *Art poétique*,chant I,vers 133。近世福樓拜倡言行文首務,以一字狀難寫之境,如在目前(Faites-moi voir,par un seul mot);字無取乎詭異也(Il n'est besoin du vocabulaire bizarre),惟其是耳;屬詞構句,韻諧節雅(pleines de sonorités et de rythmes savants)。即援布瓦洛之句爲己張目。見 Maupassant,*Pierre et Jean*,"Le Roman",Conard pp. xxiii-iv。復云:"意義確切之字必亦爲聲音和美之字"(un rapport nécessaire entre le mot juste et le mot musical)。見 Flaubert,*Correspondance*,Conard,VII,294;cf.I,186-7;III,142-3;V,250;VI,481。蓋策勳於一字者,初非隻字偏善,孤標翹出,而須安排具美,配合協同。一字得力,正緣一字得所也。兹字狀物如覩,匪僅義切,并須音和;與錢澄之所謂:"必顯,必確,必響",方得爲一字之安而恰好,寧非造車合轍哉。澄之談藝殊精,識力在並世同宗牧齋之上,此即嘗鼎之一臠。然竊自笑食馬肝未爲知味耳。又按《文心雕龍·練字》已標"重出"、"同字相犯"爲"近世"文"忌",唐以來五七言近體詩更斤斤於避一字複用。進而忌一篇中用事同出一處。如王驥德《曲律》卷三《論用事》第二十一云:"用得古人成語恰好,亦是快事,然只許單用一句。要雙

句須别處另尋一句對之。”吴天章雯《蓮洋集》卷六《斐然納姬》：“清秋誰和杜秋詩，寂寞樊川惱鬢絲。漫言春到花盈樹，遥看陰成子滿枝”，翁覃谿批：“三用小杜事，於章法似可商。”方植之《昭昧詹言》卷一謂“用事忌出一處、一書”，舉“荆凡”對“臧穀”爲例。法國古典主義祖師馬雷伯評詩，力戒同字重出（les répétitions de mots）之弊；參觀 F. Brunot, *Doctrine de Malherbe*, 198。並時作者（Robert Garnier, Philippe Bertaut）亦頗化於其説。晚近福樓拜尤慘淡經營，刻意不犯同字，而復深歎斯事之苦（Je ne sais plus comment m'y prendre, pour éviter les répétitions. La phrase la plus simple comme “il ferma la porte”, “il sortit”, etc. exige des ruses d'art incroyables）；見 Flaubert, *op. cit.*, IV, 36。不啻作法自困，景附者卻不乏其人。參觀 F. Dumont, *Les petits romantiques français*, 176, Alphonse Rabbe; A. Vial, *Guy de Maupassant et l'art du roman*, 90, Léon Cladel。後來鄧南遮（D'Annunzio）大言譁衆，至謂一字在三頁後重出，便刺渠耳（I have such a sensitive ear that the repetition of a word irritates me three pages away）。見 A. Rhodes, *The poet as Superman*, 46。《雕龍》所拈“練字”禁忌，西方古今詩文作者固戚戚有同心焉，并揚搉之。〇新補十三、《贈高子勉》第三首：“拾遺句中有眼，彭澤意在無絃。”天社註：“謂老杜之詩，眼在句中，如彭澤之琴，意在絃外也。”按《後山詩註》卷六《答魏衍、黄預勉予作詩》：“句中有眼黄别駕”，天社註：“魯直自評元祐間字云：‘字中有筆，猶禪家句中有眼’；又六言詩云：‘拾遺句中有眼’。”即指贈高子勉此首。《瀛奎律髓》卷四山谷《送舅氏野夫之宣州》，方虚谷批：

“明、簇、豊、卧，詩眼也。後山謂‘句中有眼黄别駕’，是也。”猶後山之以山谷贊少陵者，回施於山谷。南宋虞壽老《尊白堂集》卷二《贈潘接伴》云：“句中有眼人誰識，弦上無聲我獨知”；獨不畏人“知”其全襲山谷句耶。眼爲神候心樞(參觀《管錐編》論《太平廣記》第八六“傳神阿堵”、第一五八“眼睛爲魂”)。《維摩詰所説經·佛國品》第一寶積以偈頌佛，僧肇註至曰：“五情百骸，目最爲長。”蓋亦古來通論。參觀 M. Heidegger, *Sein und Zeit*, I Hälfte, 1927, 170-1, “Vorrang des Sehens”; M. H. Abrahms, *The Mirror and the Lamp*, 1953, 160-1, “despotism of the eye”; J. H. Hagstrum, *The Sister Arts*, 1958, 13-4, “primacy of the sense of vision”。釋典遂以眼目喻要旨妙道，如釋智昭彙集宗門語句、古德唱説成編，命名曰《人天眼目》。徐文長《青藤書屋文集》卷十八《論中》之五曰：“何謂眼。如人體然，百體相率似膚毛，臣妾輩相似也。至眸子則豁然，朗而異，突以警。文貴眼者，此也。故詩有詩眼，而禪句中有禪眼”云云。山谷曰：“拾遺句中有眼”，意謂杜詩妙處，耐人討索探求。而宗派中人如參禪之死在句下，摭華逐末，誤認獨具句眼爲不外近體對仗錬字。甚矣其短視隘見也。賀子翼《詩筏》，譏宋人“空鑿一二字，指爲古人詩眼，乃死眼而非活眼”，有以哉。如吕居仁《童蒙詩訓》記潘邠老言：“七言詩第五字要響，如‘返照入江翻石壁、歸雲擁樹失山村’，翻、失是響字。五言詩第三字要響，如‘圓荷浮小葉、細麥落輕花’，浮、落是響字。所謂響者，致力處也。”張子韶《横浦心傳録》卷上記聞居仁論詩，“每句中須有一兩字響，響字乃妙指。如‘身輕一鳥過’、‘飛燕受風斜’，過、受皆句中響字”。《老學菴筆記》卷五記曾致堯評李虛己詩曰“工”而“恨啞”，虛己漸悟其法，以授晏元獻，元獻以授二宋，後遂失傳；“然江西詩人每謂五言第三字、七言第五字要響，亦此意也。”

【補正】《老學菴筆記》載曾致堯教李虛己以“響字”訣，可與方回《瀛奎律髓》中評語合觀。《律髓》卷四二選虛己《次韻和汝南秀才游净土見寄》詩，方評亦記致堯授以詩訣事，申言曰：“予謂此數語詩家大機括也。工而啞，不如不必工而響。潘邠老以句中眼爲響字，吕居仁又有字字響、句句響之説；朱文公又以二人晚年詩不皆響責備焉。學者當先去其啞可也。抑揚頓挫之間，以意爲脈，以格爲骨，以字爲眼，則盡之。”邠老衹言“響字”，“句中眼”之説乃出方氏附益。卷一六杜少陵《九日藍田崔氏莊》：“老去悲秋强自寬，興來今日盡君歡”；評：“‘强自’與‘盡君’二字正是着力下此，以爲詩之骨、之眼也。但低聲抑之讀五字，却高聲揚之讀二字，則見意矣。”蓋謂句中字意之警策者方是“句眼”，故宜“響”讀；若一字音本響亮者，如“敲”音之響於“推”，非即“句眼”。其言與曾氏戒“啞”之旨，未必盡同。卷四二陳後山《贈王聿修、商子常》：“貪逢大敵能無懼，强畫修眉每未工”；評：“‘能’字、‘每’字乃是以虛字爲眼；非此二字，精神安在？善吟詠古詩者，點綴一二好字，高唱起而知用力着意所在矣。”夫此二句“用力着意所在”，爲句首之“貪”、“强”二字，“能”、“每”賴以策勳；方氏墨守潘邠老“七言詩第五字要響”之説，遂舍本逐末，摘“句眼”而如紅紗蔽眼矣。卷一少陵《登岳陽樓》，評語開宗明義：“凡圈處是句中眼。”然即若同卷陳簡齋《渡江》：“摇楫天平［圈］渡，迎人樹欲［圈］來”；宋之問《登越臺》："地濕烟常［圈］起，山晴雨半［圈］來"；楊公濟《甘露上方》："雲捧［圈］樓臺出天上，風飄［圈］鐘磬落人間"；皆圈第四或第二字爲"句眼"，又乖邠老"五言詩第三字、七言詩第五字要'響'之論。進退失據，方氏有焉。

【補訂】觀潘、吕論"響"所舉似，非主字音之浮聲抑切響，乃主字義之爲全句警策，能使其餘四字六字借重增光者，與曾氏戒"啞"之意，未必盡同。《竹莊詩話》卷一引《漫齋語録》："五字詩以第三字爲句眼，七字詩以第五字爲句眼。古人錬字，只於句眼上錬。"則是潘吕之説矣。方虚谷尤以此明詔大號，賀黄公《載酒園詩話》卷一嗤其《律髓》標舉句眼之妄，以荆公五律爲例，八句有"六隻眼睛，未免太多"，蓋"人生好眼只須兩隻，何必盡作大悲相"。紀曉嵐《律髓刊誤》更詳駁虚谷。竊觀《冷齋夜話》卷五引荆公"江月轉空爲白晝，嶺雲分暝與黄昏"，"一水護田將緑遶，兩山排闥送青來"，東坡"只恐夜深花睡去，高燒紅燭照新粧"，"我携此石歸，袖中有東海"，而記山谷語曰："此皆謂之句中眼。學者不知此妙語，韻終不勝。"夫荆公兩聯中"轉"、"分"、"護"、"排"、"送"五字，尚可當漫齋、虚谷所言句眼；然多在七言詩中第三字，第五字之"將"，殊不見致力。若東坡四句，絶非以一字見警策者。《容齋續筆》卷八記山谷詩："歸燕畧無三月事，高蟬正用一枝鳴"，"用"字初曰"抱"，又改曰"占"，曰"在"，曰"帶"，曰"要"，至"用"字乃定，今本則作"殘蟬正占"。則所錬又在第四字（此聯見《山谷外集補》卷三《登南禪寺懷裴仲謀》，"正"作"猶"）。故山谷言"句中眼"，初不同而亦不限於派中人所言"句眼"，章章可識矣。《律髓》卷十四少陵《曉望》，虛谷批："五六以坼、隱、清、聞爲眼"；曉嵐批："馮云：'尋常覓佳句，五字自然有一字用力處；虛谷每言詩眼，殊憒憒。假如"池塘生春草"句，句眼在何字耶。'""池塘"句與山谷所稱東坡四句，足相輔佐。范元實著書，名《潛溪詩眼》，泛論詩事，尚未乖山谷語意。僞書《雲仙雜記》卷三、卷八引《鍾嶸句眼》（卷五、卷六引《續鍾嶸句眼》），片言隻語，指歸難究。然南朝鍾記室拾取北宋黄別駕牙後慧，洵如顧歡所嘲："吕尚盗陳恒之齊，劉季竊王莽之漢"已。〇新補十四、《次韻向和卿與鄒天錫夜語南極亭》第二首："坐中更得江南客，開盡南窗借月看。"天社註："孟郊詩：'借月南樓中。'"按句有"看"字、方能得"借"字力。天社僅覩"借月"字，掇皮而未得髓矣。香山《集賢池答侍中問》云："池月幸閒無用處，主人能借客遊無"；又《過鄭處士》云："故來不是求他事，暫借南亭一望山。"朱慶餘《潮州韓使君置宴》詩（一作李頻《答韓中丞容不飲酒》）云："多情太守容閒坐，借與青山盡日看。"貫休《晚望》云："更尋花發處，借月過前灣。"無遊字、望字、看字、過字，則借字之用不著。後來如陳簡齋《至董氏園亭》云："簾鈎掛盡蒲團穩，十丈虛庭借雨看。"《梅磵詩話》卷中引葉靖逸《九日》云："腸斷故鄉歸未得，借人籬落賞黄花"；又趙愚齋《清明》云："惆悵清明歸未得，借人門户插垂楊。"《列朝詩集》乙集卷五瞿宗吉《清明》云："借人亭館看梨花。"《匏廬詩話》卷上引唐子畏《墨菊》云："借人籬落看西風。"黄莘田《秋江集》卷一《閒居雜興》之八云："借人亭館看烏山。"作者殊列，均以看字、賞字、插字暢借字之致，山谷手眼亦復爾耳。劉須溪評點《簡齋集》，于“十丈空庭借雨看”句評曰：“借字用得奇傑”，似并山谷句忘卻矣。〇新補十五、《題李亮功戴嵩牛圖》：“韓生畫肥馬，立仗有輝光。”天社註引老杜《丹青引》。按山谷《次韻子瞻和子由觀韓幹馬》云：“曹霸弟子沙苑丞，喜作肥馬人笑之”，天社註亦引《丹青引》。少陵譏韓幹畫馬“不畫骨”，唐人以爲不解事之失言。張彦遠《歷代名畫記》卷九斥之曰：“杜甫豈知畫者”，因謂玄宗好大馬，故幹畫馬肥大。顧雲《蘇君廳觀韓幹馬障歌》亦曰：“今日披圖見筆跡，始知甫也真凡目。”宋人揣摩情事，袒韓諍杜，如山谷此句以天子儀仗爲解。同時張文潛《右史集》卷十一《題韓幹馬圖》、卷十五《讀蘇子瞻韓幹馬圖》、卷十六《蕭朝散惠石本韓幹馬圖》又謂太平無戰事，馬閒空食粟，故皆“圓腓豐膺”。《宣和畫譜》卷二云：“世謂周昉畫婦女，多豐厚態度者。此無他，昉貴游子弟，多見貴而美者，故以豐厚爲體。此與韓幹不畫瘦馬同意。”《説郛》卷十二賈似道《悦生堂隨鈔》引《石渠録》：“八舅王彦丹侍郎常隨（疑是論字之訛）周昉韓幹畫人馬云：天厩無瘠馬，宫禁無悴容，宜乎韓馬、周人皆肥。”亦可參觀。張彦遠斥少陵不知畫，米元章《海岳名言》評薛稷書慧普寺額，因歎曰：“信老杜不能書也。”蓋少陵雖詩名塞天破，而技藝各有專門名家，張、米不受虚聲恫嚇也。〇新補十六、《次韻文潛》：“水清石見君所知，此是吾家祕密藏。”天社註：“水清石見具上註。《西清詩話》載（疑是論或言字之訛）杜少陵詩云：‘作詩用事，要如釋語：水中着鹽，飲水乃知鹽味。此説、詩家祕密藏也。’”按詩作於崇寧元年。山谷元祐元年《奉和文潛贈無咎》第二首云：“談經用燕説，束棄諸儒傳。濫觴雖有罪，末派瀰九縣。

張侯真理窟，堅壁勿與戰；難以口舌爭，水清石自見。”天社註：“古樂府《艷歌行》：‘語卿且勿眄，水清石自見。’”所謂“具上註”者，指此。山谷蓋重提十六年前舊語耳。世故澒洞，人生艱窘，拂意失志，當息躁忍事，毋矜氣好勝；日久論定，是非自分。其《贈送張叔和》云：“我提養生之四印：百戰百勝，不如一忍；萬言萬當，不如一默”；又《和斌老》第二首云：“外物攻伐人，鐘鼓作聲氣；待渠弓箭盡，我自味無味。”皆即“口舌難爭，堅壁勿戰”之旨。《金剛經》所謂“無諍三昧”，亦猶後來陳簡齋《葆真池上》名句所謂：“微波喜摇人，小立待其定”也。蓋山谷昔在王氏新學大盛之時，嘗向文潛進此言；今二人投老同爲逐客，遂復申前誡，豈論詩法哉。然誤會不僅天社。李似之《筠谿集》卷二十一《跋趙見獨詩後》早云：“山谷以水清石見爲音（吾字之訛）家祕密藏，其宗派中人有不能喻”；後來袁起巖《東坡集》卷一《題楊誠齋南海集》第二首：“水清石自見，變定道乃契。文章豈無底，過此恐少味。”是不乏錯認處世之無上呪爲談藝之祕密藏者。幸其不能曉喻，否則强作解人，必如天社斯註之郢書燕説矣。夫山谷詩所言“祕密藏”，着眼於水中石之可得而見，諺云：“水清方見兩般魚”也（外集《賦未見君子，憂心靡樂》八韻第二首：“水清魚自見”）；《西清詩話》所言“祕密藏”，着眼於水中鹽之不可得而見，諺云：“釀得蜜成花不見”也。天社等類以説，聞鼠璞之同稱，而昧矛盾之相攻矣。“水中鹽”之喻，卻具勝義。兹因天社之註，稍闡發之。相傳梁武帝時，傅大士翕作《心王銘》，文見《五燈會元》卷二，收入《善慧大士傳録》卷三，有曰：“水中鹽味，色裏膠青；決定是有，不見其形。心王亦爾，身内居停。”《西清詩話》所謂“釋語”昉此。鹽著水中，本喻心之在身，兹則借喻故實之在詩。元裕之本之，《遺山集》卷三十六《杜詩學引》云：“前人論子美用故事，有著鹽水中之喻”云云。後世相沿，如王伯良《曲律·論用事》第二十一云：“又有一等事，用在句中，令人不覺。如禪家所謂撮鹽水中，飲水乃知鹽味，方是好手”；袁子才《隨園詩話》卷七云：“用典如水中著鹽，但知鹽味，不見鹽質。”蓋已爲評品之常談矣。實則此旨早發於《顔氏家訓·文章》篇，記邢子才稱沈休文云：“沈侯文章用事不使人覺，若胸臆語也。”劉貢父《中山詩話》稱江鄰幾詩亦云：“論者謂莫不用事，能令事如己出，天然渾厚，乃可言詩。江得之矣。”特皆未近取譬，遂未成口實耳。瑞士小説家凱勒(Gottfried Keller)嘗言：“詩可以教誨，然教誨必融化於詩中，有若糖或鹽之消失於水内”(das Didaktische im Poetischen aufzulösen wie Zucker oder Salz im Wasser)。見 Brief an B. Auerbach, 25 Feb. 1860, quoted in Hermann Meyer, *Der sonderling in der Deutschen Dichtung*, 1963, 196。拈喻酷肖，而放眼高遠，非徒斤斤於修詞之薄物細故。然一暗用典實，一隱寓教訓，均取譬於水中著鹽，則雖立言之大小殊科，而用意之斬嚮莫二。即席勒論藝術高境所謂内容盡化爲形式而已（參觀《管錐編》論《全上古三代秦漢三國六朝文》第一七五“若無毛質”）。既貌同而心異（《史通》第二十八《模擬》），復理一而事分（《河南程氏遺書》卷十四“明道語”）。故必辨察而不拘泥，會通而不混淆，庶乎可以考鏡羣言矣。法國詩人瓦勒里(Paul Valéry)言：“詩歌涵義理，當如果實含養料；養身之物也，祇見爲可口之物而已。食之者賞滋味之美，渾不省得滋補之力焉”(La pensée doit être cachée dans les vers comme la vertu nutritive dans un fruit. Un fruit est nourriture,mais il ne paraît que délice. On ne perçoit que du plaisir,mais on reçoit une substance)。見“Littérature”,*Oeuvres*,Bib. de la Pléiade,II,547-8。正亦此旨。較水中著鹽糖，詞令更巧耳。言之匪艱，三隅可反。不特教訓、義理、典故等崇論博學，即雕鍊之精工、經營之慘淡，皆宜如水中之鹽，不見其形也。○新補十七、《秋冬之間，鄂渚絶市無蟹，今日偶得數枚；戲成小詩》第一首：“雖爲天上三辰次。”天社註：“陰陽家以井鬼之分爲巨蟹宫。”按《有不爲齋隨筆》乙曰：“沈括《筆談》卷七論蝕云：‘西天法，羅睺、計都皆逆步之。’據此，則宋時已有西法。山谷此詩謂十二辰中有巨蟹，亦是西法，即中國之鶉首也。明周恭肅《十二宫辰歌》：‘秋風綱巨蟹螯肥’，作歌在嘉靖時，西士尚未來。”○新補十八、同題第四首：“東歸卻爲鱸魚鱠，未敢知言許季鷹。”天社註引張季鷹思菰菜蓴羹鱸魚鱠事。按唐彦謙《詠蟹》七古云：“西風張翰苦思鱸，如斯風味能知否”，已發山谷詩意。後來如方巨山《秋崖小稿》卷三十六《滿庭芳》云：“草泥行郭索，横戈曾怒，張翰浮誇；笑鱸魚雖好，風味争些。”嗜蟹而又善畫蟹之郎蘇門《桃花山館吟稿》卷七《題蟹》之六云：“橙黄橘緑稻花疎，杯酒雙螯小醉餘；若使季鷹知此味，秋風應不憶鱸魚。”幾成此題中應有之義矣。○新補十九、《李宗古出示從蔣彦回乞葬地頌，作詩奉呈》，天社無註。按復有《玉芝園》並序：“蔣彦回喜太守監郡過其玉芝園，作詩十六韻，次其舊韻”；又《游愚溪》並序：“入朝陽洞，蔣彦回及余徘徊水濱久之。”據《楊誠齋集》卷一百十七《蔣彦回傳》，彦回名暐，零陵人；山谷謫居，士大夫畏禍，不與往來，彦回日從之遊，山谷臨終，託付以後事。葉調生《吹網録》卷四引明刻《山谷集》附周季鳳所爲《别傳》，道彦回與山谷交誼，又引周聖楷《楚寶·獨行門》中《蔣湋傳》，深怪《宜州家乘》中隻字不及彦回。蓋葉氏未求之《誠齋集》，不知明人撰傳之所本也。〇新補二十、《薛樂道自南陽來入都餞行》："霜風獵帷幕。"青神未註。按《有不爲齋隨筆》丁謂《國語·吴語》："興其衆庶以犯獵吴國"之"獵"。〇新補二十一、《弈》第一首："簿書堆積塵生案，車馬淹留客在門。"青神未註。按《有不爲齋隨筆》丁云是櫽括韋曜《博弈論》："人事曠而不脩，賓旅闕而不接。"〇新補二十二、《次韻裴仲謀同年》："交蓋春風汝水邊，客牀相對卧僧氈。舞陽去葉纔百里，賤子與公皆少年。白髮齊生如有種，青山好去坐無錢。烟沙篁竹江南岸，輸與鸕鷀取次眠。"青神註："裴官於潁昌之舞陽，山谷尉汝州葉縣；時年二十四。"按李小湖《好雲樓初集》卷二十八《雜識》駁外集編此詩入熙寧二年之非，謂："前二聯乃追敍傾蓋以來，地相近而年皆少。三聯乃言今時。四聯乃言今地。有離合盛衰之感。蓋元豐三年庚申作。時山谷年三十六，故言白髮。改官太和縣，自汴京歸江南，次年乃赴太和，故言青山，且明云江南岸也。若熙寧二年，公年二十五，與裴俱少年，何又云白髮齊生耶。葉與舞陽豈江南耶。"李氏多事强解。夫正以少年不當生"白髮"，而二人華鬢星星，竟早於嵇含，故曰"如有種"；正以葉與舞陽非"江南"，而二人又無錢買山而隱，故曰"輸與鸕鷀"也。〇新補二十三、《呻吟齋睡起》第三首："姤蘖長春木。"青神無註。按山谷父亞夫《伐檀集》卷下有《妬芽説》，畧云："人有以桃爲杏者，名曰接。其法斷桃之本，而易以杏。春陽既作，其枝葉與花皆杏也。桃之萌亦出於其本，蓊然若與杏争盛，其主人命去之，曰：妬芽也。"梅聖俞《宛陵集》卷五十六《次韻奉和永叔謝王尚書惠牡丹》云："偏惡妬芽須打拉"；曹公顯《松隱集》卷九《治圃》亦云："妬芽盡删除。"蓋宋治圃習語也。〇新補二十四、《次韻奉送公定》："唯恐出己上，殺之如弈棋。"青神註引《左傳》："甯子視君不如弈棋。"按此句得力在"殺"字，借手談慣語，以言嫉賢妬能者之排擠無顧藉也。馬融《圍棋賦》早云："深入貪地，殺亡士卒。"張文成《朝野僉載》卷二記梁武帝"方與人棋，欲殺"一段，"應聲曰：'殺卻'。"元微之《酬孝甫見贈》第七首詠"無事抛棋"，有云："終須殺盡緣邊敵。"北宋張擬《棋經・斜正》篇第九云："棋以變詐爲務，劫殺爲名"；又《名數》篇第十一歷舉用棋之名三十有二，其二十七至三十云："有征，有劫，有持，有殺。"後世相沿，如《儒林外史》第五十五回王太曰："天下那裏還有快活似殺矢棋的。我殺過矢棋，心裏快活極了。"寫圍棋時用"殺"字，因陳落套，當然而不足奇也。移用於朝士之黨同伐異，則有醒目驚心之效矣。

【補正】史籍所載弈道"殺"字雙關之例，似莫早於《晉書・載記・吕纂傳》："纂嘗與鳩摩羅什棋，殺羅什子，曰：'斫胡奴頭！'羅什曰：'不斫胡奴頭，胡奴斫人頭。'超小字胡奴，竟以殺纂。"山谷"殺之如弈棋"句倘無"如弈棋"三字斡旋，便是"胡奴斫人頭"之"殺"，而非"斫胡奴頭"之"殺"矣。

【補訂】丁耶諾夫(J. Tynjanov)嘗謂：行業學科，各有專門，遂各具詞彙，詞彙亦各賦顔色(Lexical colouration)。其字處本業詞彙中，如白沙在泥，素絲入染，廁衆混同；而偶移置他業詞彙，則分明奪目，如叢緑點紅，雪枝立鵲。故“殺”字在棋經，乃是陳言；而入此詩，儼成句眼。斯亦修詞“以故爲新、以俗爲雅”之例也。然“殺”字倘無“如弈棋”三字爲依傍，則真謂處以重典，死於歐刀；以刑法常語，述朝廷故事，不見精彩。斯又“安排一字”之例焉。〇新補二十五、《次韻題粹老客亭詩後》：“客亭長短路南北，衮衮行人那得知。惟有相逢即相别，一杯成喜只成悲。”青神註引韋應物詩：“此日相逢非舊日，一杯成喜亦成悲。”按僅道末句來歷，未明詩旨。《豫章黄先生文集》卷二六《跋胡少汲與劉邦直詩》，引其詩有曰：“夢魂南北昧平生，邂逅相逢意已傾；同是行人更分首，不堪風樹作離聲”，可以參印。客亭乃旅途暫歇止處，《楞嚴經》卷一所謂：“譬如行客，投寄旅亭，或宿或食。宿食事畢，俶裝前途，不遑安住。”亦有素昧平生，忽同投止，雖雲萍偶遇，而針芥相親，如王子淵《四子講德論》所謂：“非有積素累舊之歡，皆塗覯卒遇，而以爲親者。”羊胛易熟，馬足難停，各趁前程，無期後會，逢真草草，别愈依依。山谷詩即其意。胡詩似反用唐長孫佐輔《别友人》：“誰道同衾又分手，不如行路本無情。”〇新補二十六、《謝張泰伯惠黄雀鮓》：“醢以羊、彘、兔。”自註：“俗謂亥、卯、未餛飩。”按山谷《宜州家乘》：“正月二日，作未酉亥餛飩”；則是醢以羊雞彘耳。《清異録》卷四云：“魏王繼岌每薦羹，以羊兔猪臠而參之，厨官遂有王羹亥卯未之語”；又云：“韋巨源家食帳有卯羹，以純兔爲之。”

將無僞書流布，而成俗謂耶。○新補二十七、《贈答晁次膺》："野馬橫郊作凝水。"青神註引《莊子》："野馬也、塵埃也"，《文選·連珠》："沈寒凝水。"按二事邈不相承，截搭無理。青神知"野馬"之爲塵埃，而未知塵埃之爲釋書所謂"陽燄"也。如《大智度論》卷六《初品中喻釋論》第十一云："如燄者，以日光風動塵故。曠野中見如野馬，無智人初見謂水"；《超日明三昧經》云："譬如野馬，夏行曠野無人之處，遥見大河，水流駛疾。近走有里數，都不見水。乃解野馬，無有水也。"即山谷句意。白香山《讀禪經》云："空花豈得兼求果，陽燄如何更覓魚"；正謂野馬凝水，故覩花思果，見水羨魚也。

【補正】《藝文類聚》卷七六引梁武帝《十喻詩》，詠"如炎"即"陽燄"也。有云："亂念矚長原，例［疑訛］見望遥炯［'坰'之訛］。遥迤似江漢，泛濫若滄溟。金波揚素沫，銀浪翻緑萍。遠思如可取，近至了無形。"約斂即山谷之七字，敷陳則梁武之四十言。

【補訂】○新補二十八、《池口風雨留三日》："水遠山長雙屬玉，身閒心苦一舂鋤。"青神註引《爾雅》："鷺、舂鋤"，皮日休詩："舂鋤煙雨微。"按《辛酉憩刀坑口》云："舂鋤貌閒暇，羨魚情至骨"，青神註引《鵩鳥賦》："貌甚閒暇"，董仲舒云："臨川羨魚。"兩註均支離而不凑泊。太白《白鷺鷥》云："心閒且未去，獨立沙洲傍。"樂天《池上寓興》之二云："水淺魚稀白鷺飢，勞心瞪目待魚時；外容閒暇心中苦，似是而非誰得知。"盧仝《白鷺鷥》云："刻成片玉白鷺鷥，欲捉纖鱗心自急；翹足沙頭不得時，傍人不知謂閒立。"羅隱《鷺鷥》云："不要向人誇素白，也知常有羨魚心。"來鵠《鷺鷥》云："若使見魚無羡意，向人姿態更應閒。”山谷采擷唐人賦此題之慣詞常意耳。明馮惟敏《海浮山堂詞稿》卷二《玉江引·閲世》云：“外貌清廉，生來只愛錢。好一似鷺鷥兒毛色鮮，素質無瑕玷，包藏吞噬心，兩脚忙如箭，零碎魚兒嗉裏攢。”則心苦而不身閒矣。又按山谷此詩以“翁從鄰舍來收網，我適臨淵不羡魚”一聯，承“水遠身閒”一聯；“我適”句詞與“翁從”句對照成聯，而意與“翁從”一句及“水遠身閒”一聯對照作轉，蓋“翁”與“屬玉舂鋤”，皆羡魚者也。章法錯落有致，不特對仗流行自在。〇新補二十九、《題落星寺》第三首：“小雨藏山客坐久。”青神註引《莊子》：“藏山於澤。”按僅標來歷，未識手眼。勝處在雨之能藏，而不在山之可藏。賈浪仙《晚晴見終南諸峯》云：“半旬藏雨裏，今日到窗中”，庶可以註矣。坐久者，待雨晴而山得見；山谷《勝業寺悦堂》詩所謂：“苦雨已解嚴，諸峯來獻狀”是也。韓致堯《丙寅二月二十三日撫州如歸館作》云：“好花虚謝雨藏春”，元遺山《晴景圖》云：“藏山只道雲煙好”，用“藏”字亦可參觀。〇新補三十、《題息軒》：“萬籟參差寫明月。”青神註：“萬籟見上。”按《有不爲齋隨筆》丁云：“用王羲之蘭亭詩：‘羣籟雖參差，適我無非親。’”是也。“寫”指月中竹影言（參觀《管錐編》論《史記會註考證》第四“寫放”）。此句一、二字指聲，五、六、七字指影，三、四字雙關聲影言之，兼逸少之“羣籟參差”，與柳子厚《南磵》之“迴風一蕭瑟，林影久參差。”〇新補三十一、《再次韻寄子由》：“風雨極知鷄自曉，雪霜寧與菌争年。何時確論傾樽酒，醫得儒生自聖顛。”自註：“出《素問》。”青神註引《國風》：“風雨凄凄，鷄鳴喈喈”；《莊子》：“朝菌不知晦朔”；小杜詩：

“蟪蛄寧與雪霜期”；《難經》：“狂、顛之病，何以别之。自高賢也，自辯智也，自貴倨也，妄笑好歌樂也。”按山谷整聯實點化晉唐習用儷詞，青神未識其全也。《風雨》詩當引末章之“風雨如晦，雞鳴不已”，《鄭箋》云：“雞猶守時而鳴，喻君子雖居亂世，不改變其節度。”是以劉孝標《辯命論》云：“詩云：‘風雨如晦，鷄鳴不已。’故善人爲善，豈有息哉。”較“雞鳴喈喈”，更切山谷用意。陸機《演連珠》末章云：“是以迅風陵雨，不謬晨禽之察；勁陰殺節，不凋寒木之心。”《文選》李善註：“冒霜雪而松柏不彫。雞善伺晨，雖陰晦而不輟其鳴。”《晉書·載記吕光傳》載吕光遺楊軌書云：“陵霜不彫者，松柏也。臨難不移者，君子也。何圖松柏彫於微霜，而雞鳴已於風雨。”又《晉書·桓彝等傳》史臣曰：“况交霜雪於杪歲，晦風雨於將晨。”蓋兩事相儷久矣。曰“雞鳴已”，曰“晦風雨”，皆以《風雨》末章爲來歷。山谷同時人曾子開《曲阜集》卷四《次後山陳師道見寄韻》亦云：“松茂雪霜無改色，鷄鳴風雨不愆時。”與山谷此聯淵源不二。山谷不明言松柏，而以菌作反襯耳。自註誤以“狂”爲“顛”，青神引文附和之，而未糾正。“自聖”乃《難經》五十九所謂“狂疾始發之候”，若夫“顛疾之作，患者意不樂，直視僵卧”，初不“自高賢，妄笑樂”。今世術語言“躁”（manic）與“鬱”（depressive），略當“狂”與“顛”之别矣。〇新補三十二、《招吉老子範觀梅花》：“及取江梅來一醉，明朝花作玉塵飛。”青神註引何遜《雪》詩，謂“玉塵”喻梅片。按《野客叢書》卷二十謂山谷句出於潘佑詩：“勸君此醉直須歡，明朝又是花狼藉。”似未悉此乃古詩詞中一窠臼，何待潘佑哉。好景不常，良會不易，及時行樂，每以來朝未卜爲言。如淵明《諸人共遊周家墓柏下》云：“今日天氣佳，清吹與鳴彈。未知明日事，余襟良以殫。”太白《擬古》十二首之二云：“今日風日好，明日恐不如。”少陵《贈衛八處士》云：“今夕復何夕，共此燈燭光。明日隔山岳，世事兩茫茫。”香山《花前歎》云：“欲散重拈花細看，争知明日無風雨。”張文昌《譙客詞》云：“明朝花盡人已去，此地獨來空繞樹。”李涉《春晚遊鶴林寺》云：“野寺尋花春已遲，背巖惟有兩三枝。明朝携酒猶堪賞，爲報東風且莫吹。”孫明復《八月十四夜月》云：“清尊素瑟宜先賞，明夜陰晴未可知。”東坡《月夜與客飲杏花下》云：“洞簫聲斷月明中，惟憂月落酒杯空。明朝捲地春風惡，但見緑葉棲殘紅。”稍後於山谷如朱希真《西江月》云：“片時歡笑且相親，明日陰晴未定。”李易安《玉樓春・詠紅梅》云：“要來小酌便來休，未必明朝風不起。”曾茶山《雪外梅花盛開折置燈下》云：“迨此暇時當把酒，明朝風雨恐傷神。”機杼如一。羅棱佐美第奇(Lorenzo de' Medici)舞曲(Trionfo di Bacco ed Arianna)名句云：“欲樂當及時，明日未可知”(Chi vuol esser lieto, sia：/Di domani non c'è certezza)。心所同感，遂如言出一口耳。〇新補三十三、《過冢》、《上冢》。按二題下青神無註。《後漢書・岑彭傳》：“有詔過冢上冢”，《吴漢傳》：“詔令過冢上冢”；《宋均傳》：“光武嘉其功，令過冢上冢”；《韓棱傳》：“遷南陽太守，特聽過冢上冢，鄉里以爲榮。”山谷假借古語，未可膠執。不然，卑官移監，冒僭寵榮，得無類《王直方詩話》所譏陳後山纔獲一正字，而賦詩曰“趨嚴詔”乎。〇新補三十四、《觀王主簿家酴醿》：“露濕何郎試湯餅，日烘荀令炷爐香。”青神註：

“詩人詠花，多比美女，山谷賦酴醿，獨比美丈夫；見《冷齋夜話》。李義山詩：‘謝郎衣袖初翻雪，荀令薰爐更换香。’”按引語見《冷齋夜話》卷四，義山一聯出《酬崔八早梅有贈兼示》，《野客叢書》卷二十亦謂此聯爲山谷所祖。

【補正】《猗覺寮雜記》卷上亦謂山谷賦酴醿一聯師法義山之詠早梅。

【補訂】《冷齋夜話》又引乃叔淵材《海棠》詩：“雨過温泉浴妃子，露濃湯餅試何郎”，稱其意尤佳於山谷之賦酴醿；當是謂兼取美婦人美男子爲比也。實則義山《牡丹》云：“錦幃初捲衛夫人，繡被猶堆越鄂君”，早已兼比。《全唐文》卷二百七宋璟《梅花賦》，乃南宋人竊取李伯紀《梁溪全集》卷二《梅花賦》，潤削之而託名於廣平者。廣平原賦久佚，皮日休及覩原賦，仿之作《桃花賦》，見《全唐文》卷七百九十六，比花於鄭姬、嫦娥、妲己、息嬀、西子、驪姬、神女、韓娥、文姬、褒姒、戚姬，莫非美婦人。僞《梅花賦》中則有“是謂何郎”，“是謂韓壽”，“又如通德”，“又如緑珠”，男女當對，伯紀原賦所未及。蓋作僞者已寖潤於冷齋之説矣。又按賀黄公《載酒園詩話》卷一《詠物》謂山谷此聯上句“言其白”，下句“言其香”；可補宋人所未道。〇新補三十五、《以潞公所惠揀芽送公擇》：“慶雲十六升龍様。”青神註引《前漢志》言“慶雲”。按《有不爲齋隨筆》丁云：“此言茶也，不當泛引。”即劉夢得《西山蘭若試茶歌》所謂“白雲滿碗”，吴淑《茶賦》所謂“雲垂緑脚”，蔡君謨《蔡忠惠公集》卷二十《茶録》引謝宗所謂“浮沫雲騰”；山谷借用“慶雲”之詞，而又以“雲從龍”傅會耳。〇新補三十六、《老杜浣花谿圖引》。按此詩亦爲四庫館臣誤輯入蘇泂《冷然齋詩集》卷二。“故衣未補新衣綻”，青神註引《内則》。按《有不爲齋隨筆》丁云用古詩：“故衣誰當補，新衣誰當綻。”〇新補三十七、《老杜浣花谿圖引》：“落日蹇驢馱醉起，兒呼不蘇驢失脚。”青神註引杜詩“蹇驢破帽隨金鞍”。按《誠齋集》卷一百十四摘後句爲山谷詩樣。宋人畫李杜，皆有《騎驢圖》（參觀《宋詩選註》論陸游《劍門道中遇微雨》）。晁以道《嵩山文集》卷四有七言古二章，題署云：“三川言十數年前，嘗有一短帽騎驢之士，半醉徘徊原上久之，曰：‘三川非昔時矣。’恍惚失其人所在。有收《杜老醉遊圖》者，物色之，知爲老杜再來也。”山谷詩句即切“醉遊”情事。觀梅聖俞《宛陵集》卷四《詠王右丞所畫阮步兵醉圖》：“獨畫來東平，倒冠醉乘驢”，又卷四十七《觀邵不疑學士所藏名書古畫》：“首觀阮與杜，驢上瞑目醉”，自註：“阮籍、杜甫”；則古畫尚有阮籍醉騎驢圖，後來獨傳杜甫圖。吴師道《吴禮部集》卷十六《跋跨驢覓句圖》：“驢以蹇稱，乘肥者鄙之，特於詩人宜。甫旅京華，白遊華陰，島衝尹節，浩然、鄭綮傲兀風雪中，皆畫圖物色。第不知此卷所寫何人。”吴文苟增阮嗣宗此圖及陸務觀入劍門詩，便於詩家故事大備。葛常之《韻語陽秋》卷十四記親覩僞託王右丞畫《孟浩然馬上吟詩圖》，是浩然亦“跨馬覓句”也。〇新補三十八、《戲贈曹子方家鳳兒》：“莫隨閩嶺三年語，轉却中原萬籟簧。”按恐此豸居閩習其方言，而忘卻中原音吐也。東坡《次韻王鞏》：“勸把鉛華記宫樣，莫教絃管作蠻聲”，亦此意，并囑其仍須京樣梳粧，時王定國謫賓州也。〇新補三十九、《平原郡齋》：“生平浪學不知株。”季温無註。按意謂不知學之根本或首要所在也。《後漢書·崔駰傳》記崔烈入錢五百萬買官，靈帝少之，程夫人曰："賴我得是，反不知姝耶。"章懷註："言反不知斯事之美也。姝或作株，株、根本也。"山谷正用章懷註。《藝文類聚》卷九十一引《莊子》逸文："羊溝之鷄，三歲爲株"，司馬彪曰："株、魁帥"；義相發明。〇新補四十、《送莫郎中致仕歸湖州》："滔滔夜行者，能不愧清塵。"季温註引《朱買臣傳》："富貴不歸故鄉，如衣錦夜行。"按《有不爲齋隨筆》丁云："非是。此用《三國志》田豫《答司馬宣王書》：'年七十而以居位，譬猶鐘鳴漏盡，而夜行不休。'"〇説山谷他詩語已見《管錐編》者，不復附益，最目於此。《睡鴨》、見論《全上古三代秦漢三國六朝文》第二二九"鴛鴦"。《王秋澗大全集》卷二十九《桃花鸂鶒圖》云："桃花鸂鶒滿春江，睡暖晴沙夢亦香。何處秋風南去雁，斷雲寒影不成行。"亦此機杼。《六月十七日晝寢》、見論《列子張湛註》第四"夢"。《詠高節亭邊山礬花》、見論《史記會註考證》第三五"正用此時"，又論《太平廣記》第一九四"料理"。《過平輿懷李子先》、見論《楚辭洪興祖補注》第一一"九章三"。《奉和王世弼寄上七兄先生》、見論《全上古三代秦漢三國六朝文》第八一。《阻風銅陵》、見論《焦氏易林》第一六"言如鼈咳"。《薄薄酒》、見論《全上古三代秦漢三國六朝文》第三一"搔背痒"。《大雷口阻風》、見論《全上古三代秦漢三國六朝文》第一三五"雉媒"。《長句謝陳適用惠送吴南雄所贈紙》、見論《史記會註考證》第五六"獻鵠事"。《送徐隱父宰餘干》、見論《全上古三代秦漢三國六朝文》第一四七"孔方兄"。《題畫鵝雁》、見論《全上古三代秦漢三國六朝文》第一〇八"書法觀物取象"。《答王道濟寺丞觀許道寧山水圖》、見論《全上古三代秦漢三國六朝文》第一七〇“不誣方將”。

【附説一】山谷熟於《世説》，爲作詩漁獵之資，此宋人之公言也。魏泰《臨漢隱居詩話》云：“黄庭堅喜作詩得名，好用南朝人語，專求古人未使之事，又一二奇字，綴葺而成詩。”沈作哲《寓簡》卷八云：“黄魯直離《莊子》《世説》一步不得。”方回《桐江集》卷五《劉元暉詩評》云：“黄專用經史雅言、晉宋清談、《世説》中不要緊字，融液爲詩。”翁方綱《復初齋文集》卷二十九《跋山谷手録雜事墨迹》，略謂所録皆漢晉間事，預儲爲詩文材料；昔在《永樂大典》中見山谷《建章録》，正類此。按《山谷老人刀筆》卷三《答曹荀龍》云：“要讀左氏、前《漢書》精密。其佳句善事，皆當經心，畧知某處可用，則下筆時源源而來。”宋無名氏《南窗紀談》謂黄魯直作小簡始專集取古人才語以敍事，朱弁《曲洧舊聞》卷九論宋人尺牘，亦謂山谷專集取古人才語以敍事。按《澗于日記》光緒乙酉四月十五日論似雅實俗，因謂山谷致句宗禼尺牘，聯篇謎語廋詞，閱之噴飯。蓋山谷恥干乞，故以文滑稽云云。尚未知其全也。山谷狐穴之詩，兔園之册，無可諱言。

【補訂】《建章録》見今存《永樂大典》卷七千九百六十二“興”字下所引最多，卷一萬二千四十三“酒”字、一萬四千五百三十七“樹”字，下亦引片言隻語。

【補正二】蘇象先記乃祖頌《丞相魏公譚訓》卷四：“祖父言：吾少在洪州，假黄庠《建章集》百餘卷，所謂‘千門萬户’者。後曾祖爲三司判官，晏元獻爲使，每剪牋簡之餘置案上，得異事，聞奇字，即鈔之貼於大册，或以籤貼之，每用一事即除去；後積甚多，次第編入鈔類，謂之《類選》云。晏乃邀黄至門下，他客尚數十，使鈔節史書，黄去取之。晏公出於一手編定。”則《建章録》早有之，出山谷同姓者手。然《永樂大典》卷七九六二《興》字、卷一二〇四三《酒》字、卷一四五三七《樹》字下皆引《黄山谷建章録》云云，翁方綱誤繫主名，非無故也。書名蓋本漢武帝建章宫“度爲千門萬户”語，借喻類書之門目繁多。晏殊所編當即是名爲《類要》者，今亦佚。

【補訂】《容齋四筆》卷九《書簡循習》條指摘當時筆札之奇儇而“求雅反俗”，山谷或難辭作俑之咎耶。山谷散文每有此病。《朱子語類》卷一百三十云：“山谷使事，多錯本旨。如作人墓誌云：‘敬授來使，病於夏畦。’本欲言皇恐之意，卻不知與夏畦闗甚事。”竊揣山谷心事，當以“夏畦”必“鋤田日當午，汗滴禾下土”（聶夷中《田家》），大可借之道“戰戰皇皇，汗出如漿”（《世説・言語門》鍾毓語）。不徒使事運古，亦復曲喻旁通。詩或駢文中對仗韻脚苟如是，信屬牽强迂遠，卻未得遽斥謂“錯”。作古文碑版，乃撏撦割裂，以歇後之隱語，代敍事之直書，則非止“不闗本旨”，幾於不通文理。蓋詩文各體之修詞律令（register），彼此寛嚴不齊也（參觀《管錐編》論《毛詩正義》第五四）。劉會孟《須溪集》卷七《答劉英伯書》云：“歐蘇坦然如肺肝相示。柳子厚、黄魯直説文最上，行文最澀。”夫黄文不能望柳文項背，然二家均刻意求工，矜持未化，會孟品題，不中不遠。“澀”之一字，并可評目黄詩耳。余十六歲與從弟鍾韓自蘇州一美國教會中學返家度暑假，先君適自北京歸，命同爲文課，乃得知《古文辭類纂》、《駢體文鈔》、《十八家詩鈔》等書。絶尠解會，而喬作娱賞；追思自笑，殆如牛浦郎之唸唐詩。及入大學，專習西方語文。尚多暇日，許敦宿好。妄企親炙古人，不由師授。擇總別集有名家箋釋者討索之，天社兩註，亦與其列。以註對質本文，若聽訟之兩造然；時復檢閱所引書，驗其是非。欲從而體察屬詞比事之慘淡經營，資吾操觚自運之助。漸悟宗派判分，體裁別異，甚且言語懸殊，封疆阻絶，而詩眼文心，往往莫逆闇契。至於作者之身世交游，相形抑末，餘力旁及而已。孤往冥行，未得謂得。游學歐洲，都抛舊業。歸舶邂逅冒君景璠，因以晉見其尊人疚齋先生，并獲讀所著《後山詩天社註補箋》。其書網羅掌故，大裨徵文考獻，若夫劉彦和所謂“擘肌分理”，嚴儀卿所謂“取心析骨”，非所思存。余謂補箋洵善矣，胡不竟爲補註耶。景璠嗤余：“談何容易。”少年負氣，得閒戲別取山谷詩天社註訂之。多好無恒，行徧不至，補若干事而罷。出乎一時技癢，初不篤嗜黄詩也。《談藝録》刊行後，偶與潘君伯鷹同文酒之集。伯鷹盛歎黄詩之妙，渠夙負詩名，言下幾欲一瓣香爲山谷道人，云將精選而詳註之。頗稱余補註中歐梅爲官妓等數則，余雖忻感，然究心者固不屬此類爾。

論者以魏道輔立身險鄙，與蘇黄黨派不同，遂因人廢言，謂其語不足信。然則朱少章、方虚谷，皆推尊山谷者，將何以解其説耶。少章《風月堂詩話》卷下稱山谷以崑體工夫，造少陵境界，虚谷《瀛奎律髓》卷二十六批簡齋《清明詩》，列山谷於一祖三宗，上繼少陵。

三

近人論詩界維新，必推黄公度。《人境廬詩》奇才大句，自爲作手。五古議論縱横，近隨園、甌北；歌行鋪比翻騰處似舒鐵雲；七絶則龔定盦。取逕實不甚高，語工而格卑；傖氣尚存，每成俗豔。尹師魯論王勝之文曰："贍而不流"；公度其不免於流者乎。大膽爲文處，亦無以過其鄉宋芷灣。差能説西洋制度名物，掎摭聲光電化諸學，以爲點綴，而於西人風雅之妙、性理之微，實少解會。故其詩有新事物，而無新理致。譬如《番客篇》，不過胡稚威《海賈詩》。《以蓮菊桃雜供一瓶作歌》，不過《淮南子·俶真訓》所謂："槐榆與橘柚，合而爲兄弟；有苗與三危，通而爲一家"；查初白《菊瓶插梅》詩所謂："高士累朝多合傳，佳人絶代少同時"；公度生於海通之世，不曰"有苗三危通一家"，而曰"黄白黑種同一國"耳。凡新學而稍知存古，與夫舊學而强欲趨時者，皆好公度。蓋若輩之言詩界維新，僅指驅使西故，亦猶參軍蠻語作詩，仍是用佛典梵語之結習而已。

【補訂】評黄公度詩一節，詞氣率略，鄙意未申。吴雨僧先生頗致不滿，嘗謂余曰："'新學而稍知存古'，亦大佳事。子持論無乃太苛乎。"先生素推崇公度，曩在清華大學爲外語系講授中國舊詩，以公度之作爲津梁。余事不掛心，鬼來擘口，悚謝而已。錢君仲聯箋註《人境廬詩》，精博可追馮氏父子之註玉溪、東坡，自撰《夢苕盦詩話》，亦摘取余評公度“俗艷”一語，微示取瑟而歌之意。胡步曾先生命余訂其《懺盦詩》，因道及《談藝録》，甚許此節。先生論詩，初與胡適之矛盾相攻，後與雨僧先生鑿枘不合，二人之所是，先生輒非之；余未渠以其言自壯也。余於晚清詩家，推江弢叔與公度如使君與操。弢叔或失之剽野，公度或失之甜俗，皆無妨二人之爲霸才健筆。乾嘉以後，隨園、甌北、仲則、船山、頻伽、鐵雲之體，匯合成風；流利輕巧，不矜格調，用書卷而勿事僻澀，寫性靈而無忌纖佻。如公度鄉獻《楚庭耆舊遺詩》中篇什，多屬此體。公度所刪少作，輯入《人境廬集外詩》者，正是此體。江弢叔力矯之，同光體作者力矯之，王壬秋、鄧彌之亦力矯之；均抗志希古，欲迴波斷流。公度獨不絶俗違時而竟超羣出類，斯尤難能罕覯矣。其《自序》有曰：“其鍊格也，自曹、鮑、陶、謝、李、杜、韓、蘇訖於晚近小家”，豈非明示愛古人而不薄近人哉。道廣用宏，與弢叔之昌言：“不喜有明至今五百年之作”（符兆綸《卓峰堂詩鈔》弁首弢叔序，參觀謝章鋌《賭棋山莊文集》卷二《與梁禮堂書》），區以别矣。梁任公以夏穗卿、蔣觀雲與公度並稱“詩界三傑”，余所覩夏蔣二人詩，似尚不成章。邱滄海雖與公度唱酬，亦未許比肩争出手。余稱王静菴以西方義理入詩，公度無是，非謂静菴優於公度，三峽水固不與九溪十八澗争幽蒨清泠也。觀《人境廬集外詩》，則知公度入手取逕。後來學養大進，而習氣猶餘，熟處難忘，倘得滄浪其人，或當據以析骨肉而還父母乎。輯者不甚解事。

如《春陰》七律四首，乃腰斬爲七絶八首；《新嫁娘詩》五十一首自是香奩擬想之詞，“閨艷秦聲”之屬，乃認作自述，至據公度生子之年編次。此類皆令人駭笑，亟待訂正。《日本雜事詩》端賴自註，櫝勝於珠。假吾國典實，述東瀛風土，事誠匪易，詩故難工。如第五十九首詠女學生云：“捧書長跪藉紅氍，吟罷拈針弄繡繻。歸向爺娘索花果，偷閒鈎出地球圖。”按宋芷灣《紅杏山房詩草》卷三《憶少年》第二首云：“世間何物是文章，提筆直書五六行。偷見先生嘻一笑，孃前索果索衣裳。”公度似隱師其意，扯湊完篇，整者碎而利者鈍矣。

嚴幾道號西學鉅子，而《瘉壄堂詩》詞律謹飭，安於故步；惟卷上《復太夷繼作論時文》一五古起語云：“吾聞過縊門，相戒勿言索”，喻新句貼。余嘗拈以質人，胥歎其運古入妙，必出子史，莫知其直譯西諺 Il ne faut pas parler de corde dans la maison d'un pendu 也。

【補訂】“過縊門勿言索”之諺，意、法、西、德、英各國都有。參觀 A. Arthaber, *Dizionario comparato di Proverbi et Modi proverbiali*, 1952, 322-3。《堂吉訶德》中主僕各引之。見 *Don Quijote*, I. xxv; II. xxviii, “Clásicos Castellanos”, 1956, II, 312; VI, 194。乞斯特非爾德(Lord Chesterfield)《誡子書》爲英語，而引此諺亦如余書所引爲法語。見 *Letters*, ed. B. Dobrée, 1932, IV, 1752。

點化鎔鑄，真風爐日炭之手，非“喀司德”、“巴立門”、“玫瑰戰”、“薔薇兵”之類，恨全集祇此一例。其他偶欲就舊解出新意者，如卷下《日來意興都盡、涉想所至、率然書之》三律之“大地山河忽見前，古平今説是渾圓。偪仄難逃人滿患，炎涼只爲歲差偏”；“世間皆氣古嘗云，汽電今看共策勳。誰信百年窮物理，反成浩劫到人羣。”直是韻語格致教科書，羌無微情深理。幾道本乏深湛之思，治西學亦求卑之無甚高論者，如斯賓塞、穆勒、赫胥黎輩；所譯之書，理不勝詞，斯乃識趣所囿也。老輩惟王静安，少作時時流露西學義諦，庶幾水中之鹽味，而非眼裏之金屑。其《觀堂丙午以前詩》一小册，甚有詩情作意，惜筆弱詞靡，不免王仲宣“文秀質羸”之譏。古詩不足觀；七律多二字標題，比興以寄天人之玄感，申悲智之勝義，是治西洋哲學人本色語。

【補訂】静安論述西方哲學，本色當行，弁冕時輩。如《静菴文集》中《論近年學術界》一篇，評嚴又陵“所奉爲英吉利之功利論及進化論，不解純粹哲學”，評譚復生之“形而上學出於上海教會譯書，幼稚無足道”。皆中肯綮。惟謂馬良講哲學課程，“依然三百年前特嘉爾之獨斷哲學”，則失之毫釐。特嘉爾（即笛卡爾）號近代哲學始祖，而淵源於中世紀哲學者不淺，尤得聖奥古斯丁心印。參觀 Henri Gouhier, *La Pensée religieuse de Descartes*, 287 ff.。馬相伯則天主教會神甫耳，其所講授，必囿於中世紀聖托馬斯以還經院哲學范圍，豈敢離經叛道，冒大不韙而沾丐於特嘉爾哉。王氏遊學日本時，西方上庠名宿尚匙發揚傳播中世紀哲學者；東海師生，稗販膚受，知見不真，莫辨來牛去馬，無足怪也。竊所獻疑，尚别有在。王氏於叔本華著作，口沫手胝，《紅樓夢評論》中反復稱述，據其説以斷言《紅樓夢》爲“悲劇之悲劇”。賈母懲黛玉之孤僻而信金玉之邪説也；王夫人親於薛氏、鳳姐而忌黛玉之才慧也；襲人慮不容於寡妻也；寶玉畏不得於大母也；由此種種原因，而木石遂不得不離也。洵持之有故矣。然似於叔本華之道未盡，於其理未徵也。苟盡其道而徹其理，則當知木石因緣，徼倖成就，喜將變憂，佳耦始者或以怨耦終；遥聞聲而相思相慕，習進前而漸疏漸厭，花紅初無幾日，月滿不得連宵，好事徒成虚話，含飴還同嚼蠟（參觀《管錐編》論《毛詩正義》第三四“含蓄與寄託”、論《史記會註考證》第三三“色衰愛弛”、論《全上古三代秦漢三國六朝文》第二五九“不去恒飛”）。此亦如王氏所謂“無蛇蝎之人物、非常之變故行於其間，不過通常之人情、通常之境遇爲之”而已。請即以王氏所徵《意志與觀念之世界》一書明之。有曰：“快樂出乎欲願。欲願者、欠缺而有所求也。欲饜願償，樂即隨減。故喜樂之本乃虧也，非盈也。願足意快，爲時無幾，而怏怏復未足矣，忽忽又不樂矣，新添苦惱或厭怠、妄想，百無聊賴矣。藝術於世事人生如明鏡寫形，詩歌尤得真相，可以徵驗焉。”（Denn Wunsch, d. h. Mangel, ist die vorhergehende Bedingung jedes Genuβes. Mit der Befriedigung hört aber der Wunsch und folglich der Genuβ auf. Daβ alles Glück nur negativer, nicht positiver Natur ist, daβ eben deshalb nicht dauernde Befriedigung und Beglückung sein kann, sondern immer nur einem Schmerz oder Mangel erlöst, auf welchem ein neuer Schmerz, oder auch langes, leeres Sehnen und Langweile folgen muβ; dies findet einen Beleg auch in jenem treuen Spiegel des Wesens der Welt und des Lebens, in der Kunst, besonders in der Poesie.）見 *Die Welt als Wille und Vorstellung*, IV, § 58, *Sämtliche Werke*, hrsg. E. Grisebach, I, 413–4。叔本華好誦説天竺古籍，姑以佛典爲之張目。《大智度論》卷十九《釋初品中三十七品》云：“是身實苦，新苦爲樂，故苦爲

苦。如初坐時樂，久則生苦，初行立卧爲樂，久亦爲苦”；卷二十三《釋初品中十想》云：“衆極由作生，初樂後則苦。”古羅馬大詩人盧克來修論人生難足，早曰：“一願未償，所求惟此，不計其餘；及夫意得，他欲即起。人處世間，畢生燥渴，蓋無解時，嗷嗷此口，乞漿長開。”（sed dum abest quod avemus，id exsuperare videtur/cetera；post aliut，cum contigit illud，avemus/et sitis aequa tenet vitai semper hiantis.）見 Lucretius，*De rerum natura*，III. 1082-4，Loeb，244。叔本華所憎鄙之黑格爾嘗曰：“如願快欲，不能絶待至竟。新欲他願，續起未休。今日得飽食酣眠，無補於事，明日仍不免復飢餒勞弊耳。”（Die Befriedigung ist nicht absolut und geht auch zu neuer Bedürftigkeit rastlos wieder fort；das Essen，die Sättigung，das Schlafen hilft nichts，der Hunger，die Müdigkeit fangen morgen von vorn wieder an.）見 *Ästhetik*，I Teil，“Einleitung”，Aufbau，1955，135。

【補正】《世説·文學》支道林在白馬寺講《莊子》則劉孝標註引支《逍遥論》：“若夫有欲，當其所足，足於所足，快然有似天真。猶飢者一飽，渴者一盈，豈忘烝嘗於糗糧，絶觴爵於醪醴哉?”即盧克來修所謂：“嗷嗷此口，乞漿長開”，或黑格爾所謂：“今日飽食，無濟於事，明日仍不免復飢餒耳。”聖奥古士丁有要言：“凡大樂均以更大之苦爲先導”。（ubisque maias gaudium molestia maiore praeceditur.）見 *Confessions*，VIII. iii，Loeb，I，416-7。約翰生博士亦慨：“人生乃缺陷續缺陷，而非享受接享受。”（Life is from want to want，not from enjoyment to enjoyment.）見 Boswell，*Life of Johnson*，ed. Birbeck Hill，

III,53。又可爲叔本華主張之提綱挈領也。

【補訂】意大利魏利(Verri)撰《苦樂論》，謂樂自苦出，本乎虧欠(Il piacere non è un essere positivo)；康德極賞斯語。見 *Anthropologie*, § 60, *Werke*, hrsg. E. Cassirer, VIII, 120-1；cf. Nietzsche, *Aus dem Nachlaβ der Achtzigerjahre*, in *Werke*, hrsg. K Schlechta, III, 419。若夫饜即成厭（參觀《管錐編》論《老子王弼註》第一七“不厭”)，樂且轉苦，心火不息，欲壑難填，十六七世紀哲士詩人亦多體會。(Guicciardini：“Molto maggiore pracere si truova nel tenersi le voglie oneste che nel cavarsele；perchè questo è breve e del corpo, quello—raffredo che sia un poco lo appetito—è durabile e dell'animo ecoscienza.”見“Appendice ai *Ricordi*”, § 10, *Opere*, Ricciardi, 145. Pascal：“Quand nous arriverions à ces plaisirs, nous ne serions pas heureux pour cela, parce que nous aurions d'autres désirs conformes à ce nouvel état.”；見 *Pensées*, II. 109 *bis*, ed. V. Giraud, 99。Chassignet：“La vie est du future un souhait agréable, /Et regret du passé, un désir indompté/De gouster et taster ce qu'on n'a pas gousté, /De ce qu'on a gousté, un dégoust incurable”. 見 “Le Mespris de la vie”, in J. Rousset, *Anthologie de la Poésie baroque française*, I, 38。)十九世紀名小説《包法利夫人》實揭示此義，至明且清(Emma retrouvait dans l'adultère toutes les platitudes du mariage)。見 *Madame Bovary*, III. vi, Conard, 401。叔本華横説豎説，明詔大號耳。吾國嵇叔夜《答難養生論》有曰：“又飢飡者，於將獲所欲，則悦情注心。飽滿之後，釋然疏之，或有厭惡”，亦微逗厥旨。史震林《華

陽散稿》卷上《記天荒》有曰："當境厭境，離境羡境"（參觀卷下《與趙闇叔書》），尤肅括可亂釋典楮葉矣。苟本叔本華之説，則寶黛良緣雖就，而好逑漸至寇仇，"冤家"終爲怨耦，方是"悲劇之悲劇"。然《紅樓夢》現有收場，正亦切事入情，何勞削足適屨。王氏附會叔本華以闡釋《紅樓夢》，不免作法自弊也。蓋自叔本華哲學言之，《紅樓夢》未能窮理窟而抉道根；而自《紅樓夢》小説言之，叔本華空掃萬象，斂歸一律，嘗滴水知大海味，而不屑觀海之瀾。夫《紅樓夢》、佳著也，叔本華哲學、玄諦也；利導則兩美可以相得，强合則兩賢必至相阨。此非僅《紅樓夢》與叔本華哲學爲然也。西方舊謔，有士語女曰："吾冠世之才子也，而自憾貌寢。卿絶世之美人也，而似太憨生。倘卿肯耦我，則他日生兒，具卿之美與我之才，爲天下之尤物可必也。"女卻之曰："此兒將無貌陋如君而智短如我，既醜且愚，則天下之棄物爾。君休矣。"吾輩窮氣盡力，欲使小説、詩歌、戲劇，與哲學、歷史、社會學等爲一家。參禪貴活，爲學知止，要能捨筏登岸，毋如抱梁溺水也。

佳者可入《飲冰室詩話》，而理窟過之。如《雜感》云："側身天地苦拘攣，姑射神人未可攀。雲若無心常淡淡，川如不競豈潺潺。馳懷敷水條山裏，託意開元武德間。終古詩人太無賴，苦求樂土向塵寰。"此非柏拉圖之理想，而參以浪漫主義之企羡(Sehnsucht,Nostalgie du pays et du temps)乎。《出門》云："出門惘惘知奚適，白日昭昭未易昏。但解購書那計讀，且消今日敢論旬。百年頓盡追懷裏，一夜難爲怨別人。我欲乘龍問羲叔，兩般誰幻又誰真。"此非普羅太哥拉斯(Protagoras)之人本論，而用之於哲學家所謂主觀時間(Duration)乎。參觀 A. Wolf：*Correspondence of*

Spinoza, p. 119。“百年頓盡”一聯，酷似唐李益《同崔邠登鸛雀樓》詩之“事去千年猶恨速，愁來一日即知長”；宋遺老黄超然《秋夜》七絶亦云：“前朝舊事過如夢，不抵清秋一夜長”；皆《淮南子·説山訓》“拘囹圄者，以日爲修；當死市者，以日爲短”之意。張茂先《情詩》即曰：“居歡惕夜促，在戚怨宵長”；李義山《和友人戲贈》本此恉而更進一解曰：“猿啼鶴怨終年事，未抵熏爐一夕間。”然静安標出“真幻”兩字，則哲學家舍主觀時間而立客觀時間，牛頓所謂“絶對真實數學時間”者是也。(absolute, true, and mathematical time.)見 Newton：*Princ. of Philos.*, V, I。句如“人生過後唯存悔，知識增時轉益疑”，亦皆西洋哲學常語；宋儒林之奇《拙齋紀聞》曰：“疑字悔字，皆進學門户”，用意無此曲折。所撰《紅樓夢評論》第五章申説叔本華人生解脱之旨，引自作“生平頗憶挈盧敖”一七律爲例；可見其確本義理，發爲聲詩，非余臆説也。丙午以前詩中有《題友人小像》云：“差喜平生同一癖，宵深愛誦劍南詩。”今觀所作，平易流暢，固得放翁之一體；製題寬泛，亦近放翁。若《五月十五夜坐雨》之“水聲粗悍如驕將，山色淒涼似病夫”，則尤類朱竹垞《書劍南集後》所指摘者。修辭時有疵累，如《曉步》一律，世所傳誦，而“萬木沈酣新雨後，百昌蘇醒曉風前，四時可愛唯春日，一事能狂便少年”，中間四句皆平頭以數目起，難免算博士之誚。

【補訂】韓致堯《三月》頸聯云：“四時最好是三月，一去不回唯少年”，静安此聯似之。而“一事能狂便少年”，意更深永。謂老成人而“能狂”，即不失爲“少年”，即言倘狂態尚猶存，則少年未渠一去不回也。

又如前所引《雜感》頸聯："馳懷敷水條山裏，託意開元武德間"，即仿放翁《出遊歸鞍上口占》："寄懷楚水吴山裏，得意唐詩晉帖間"句調。不曰"羲皇以上"或"黄、農、虞、夏"，而曰"開元武德"，當是用少陵《有歎》結句："武德開元際，蒼生豈重攀。""敷水條山"四字，亦疑節取放翁《東籬》詩："每因清夢遊敷水，自覺前身隱華山"，以平仄故，易"華山"爲"條山"。【附説二】然"敷水華山"乃成語，唐于鄴《題華山麻處士所居》即云："冰破聽敷水，雪晴看華山。"

【補訂】王建《贈華州鄭大夫》亦云："少華山雲當驛起，小敷溪水入城流"；然"華"字讀仄聲。

静安語跡近雜湊，屬對不免偏枯。"路歧"一典，三數葉内屢見不一見，亦異於段柯古之事無複使者也。静安三十五以前，詩律尚不細如此。然静安博極羣書，又與沈乙菴遊，而自少至老，所作不爲海日樓之艱僻，勿同程春海以來所謂學人之詩者，得不謂爲深藏若虚也哉。

【附説二】陸友仁《硯北雜志》卷下曰："張説《華山碑》云：太華山者，當少陰用事，萬物生華，故曰華山。然則不當爲去聲也。"按《水經注》卷十九早言："遠而望之若華狀，故名華山。"可爲陸氏説佐證。杜荀鶴詩中"華山"之"華"即讀平聲；如《費徵君墓》云："不知三尺墓，高卻九華山"，又《送李明府》云："惟將六幅絹，寫得九華山。"然今詩人敢用作平聲者，尟矣。又按陸氏所引，出《西嶽太華山碑銘》序中，實唐玄宗語，張燕公僅作銘耳。

四

焦理堂《雕菰集》卷十四《與歐陽製美論詩書》略謂："不能已於言，而言之又不能盡，非弦誦不能通志達情。可見不能弦誦者，即非詩。周、秦、漢、魏以來，至於少陵、香山，體格雖殊，不乖此恉。晚唐以後，始盡其詞而情不足，於是詩文相亂，而詩之本失矣。然而性情不能已者，不可遏抑而不宣，乃分而爲詞，謂之詩餘。詩亡於宋而遁於詞，詞亡於元而遁於曲。譬如淮水之宅既奪於河，而淮水匯爲諸湖也"云云。按《通志》卷四十九《樂府總序》謂："古之詩，今之詞曲也。若不能歌之，但能誦其文而説其義理可乎。奈義理之説既勝，則聲歌之樂日微，章句雖存，聲樂無用"；《正聲序論》復申厥説。理堂宗旨實承漁仲，而議論殊悠謬。近有選詞者數輩，尚力主弦樂之説，隱與漁仲、理堂見地相同。前邪後許，未之思爾。詩、詞、曲三者，始皆與樂一體。而由渾之劃，初合終離。凡事率然，安容獨外。文字弦歌，各擅其絶。藝之材職，既有偏至；心之思力，亦難廣施。强欲并合，未能兼美，或且兩傷，不克各盡其性，每致互掩所長。即使折衷共濟，乃是别具新格，並非包綜前美。匹似調黑白色則得灰色，以畫寒爐死灰，惟此最宜；然謂灰兼黑白，粉墨可廢，誰其信之。若少陵《詠韋偃畫松》所謂“白摧朽骨，黑入太陰”，豈灰色所能揣侔，正須分求之於粉墨耳。詩樂分合，其理亦然。理堂遽謂不能弦誦即非詩，何其固也。【附説三】程廷祚《青溪集》卷二《詩論》第十五力駁鄭漁仲説，以爲“詩之切學者二，義理、聲歌，而樂不與。徒以詩爲樂之用，則詩與樂皆失其體。”雖程氏旨在申孔子“詩教”之説，主以四始六義，救三風十愆，而其言殊可節取。曰義理，則意義是也；曰聲歌，則詩自有其音節，不盡合拍入破，所謂“何必絲與竹”者也，亦所謂“拗破女兒嗓”者也。參觀《養一齋詩話》卷四詩樂表裏條駁李西涯，又 David Daiches: *The Place of Meaning in Poetry* 一書。理堂“詩亡”云云，又拾明人唾餘。

【補訂】此説非昉自明。元孔見素《至正直記》卷三載虞伯生云：“一代之興，必有一代之絶藝，足稱於後世者。漢之文章、唐之律詩、宋之道學、國朝之今樂府，亦關於氣數。”明尚有如葉子奇《草木子》卷四上云：“傳世之盛，漢以文，晉以字，唐以詩，宋以理學。元之可傳，獨北樂府耳。唐之詞不及宋，宋之詞勝於唐，詩則遠不及也。”李伯華《中麓閒居集》卷五《改定元賢傳奇序》云：“南宫劉進士濂嘗知杞縣事，課士策題，問：漢文、唐詩、宋理學、元詩曲，不知以何者名吾明。”李卓吾《焚書》卷三《童心説》亦云：“詩何必古、選，文何必先秦。降而爲六朝，變而爲近體，又變而爲傳奇、變而爲院本，爲雜劇，爲《西廂曲》，爲《水滸傳》，爲今之舉子業，皆古今至文。”袁中郎《錦帆集》卷二《諸大家時文序》云：“今代以文取士，謂之舉業。優於漢謂之文，不文矣。奴於唐謂之詩，不詩矣。取宋元諸公之餘沫而潤色之，謂之詞曲諸家，不詞曲諸家矣。天地間真文澌滅殆盡，獨博士家言，猶有可取”；其《瀟碧堂集》卷十一《郝公琰詩序》亦謂時文之“變態，常百倍於詩”。清初如孔東塘《湖海集》卷九《蘅皋詞序》稱唐以後無詩，宋以後無詞。焦廣期《此木軒文集》卷一《答曹諤庭書》云：“李唐詩學，宋元沿其支流，漸以不振。而宋人之填詞，元人之曲子、小説，小道可觀，竟能與六籍同其不朽。明三百年詩道之衰，仰睎宋人，未敢以季孟相許，而况於唐人乎。其力能與唐人抵敵，無毫髮讓者，則有八股之文焉。”焦氏詩雖見歸愚《國朝詩别裁》卷十七，而清以來談者尠及其人，故頗徵引，欲稍發潛闡幽耳。

金劉祁《歸潛志》卷十三始言：“唐以前詩在詩，至宋則多在長短句，今之詩在俗間俚曲。”明曹安《讕言長語》卷上亦曰：“漢文、唐詩、宋性理、元詞曲。”七子祖唐祧宋，厥詞尤放。如《李空同集》卷四十八《方山精舍記》曰：“宋無詩，唐無賦，漢無騷。”《何大復集》卷三十八《雜言》曰：“經亡而騷作，騷亡而賦作，賦亡而詩作。秦無經，漢無騷，唐無賦，宋無詩。”胡元瑞《詩藪》内編卷一曰：“宋人詞勝而詩亡矣，元人曲勝而詞亦亡矣”；又曰：“西京下無文矣，東京後無詩矣”；又曰：“騷盛於楚，衰於漢，而亡於魏；賦盛於漢，衰於魏，而亡於唐。”卷二曰：“五言亡於齊梁。”即不爲七子流風所鼓者，亦持此論。如郎仁寶《七修類稿》卷二十六曰：“常言唐詩、晉字、漢文章。此特舉其大略。究而言之，文章與時高下，後代自不及前。漢豈能及先秦耶。晉室能草書，至如篆隸，較之秦漢，古意遠不及也。唐詩較之晉魏古選之雅，又不可得矣。至若宋之理學，真歷代之不及。若止三事論之，則宋之南詞，元之北樂府，亦足配言耳。”陳眉公《太平清話》卷一曰：“先秦兩漢詩文具備，晉人清談書法，六朝人四六，唐人詩小説，宋人詩餘，元人畫與南北劇，皆自獨立一代。”王損齋《鬱岡齋筆麈》卷四曰：“唐之歌失而後有小詞；則宋之小詞，宋之真詩也。小詞之歌失而後有曲；則元之曲，元之真詩也。若夫宋元之詩，吾不謂之詩矣；非爲其不唐也，爲其不可歌也。”陳士業《寒夜録》卷上記卓珂月曰：“我明詩讓唐，詞讓宋，曲讓元，庶幾吴歌掛枝兒、羅江怨、打棗竿、銀鉸絲之類，爲我明一絶耳。”尤西堂《艮齋雜説》卷三曰：“或謂楚騷、漢賦、晉字、唐詩、宋詞、元曲，此後又何加焉。余笑曰：只有明朝爛時文耳。”然李空同爲是説時，王文禄《文脈》卷二已條駁之。夫文體遞變，非必如物體之有新陳代謝，後繼則須前仆。譬之六朝儷體大行，取散體而代之，至唐則古文復盛，大手筆多舍駢取散。然儷體曾未中絶，一線綿延，雖極衰於明，參觀沈德符《野獲編》錢枋分類本卷十《四六》條。而忽盛於清；駢散並峙，各放光明，陽湖、揚州文家，至有倡奇偶錯綜者。幾見彼作則此亡耶。復如明人八股，句法本之駢文，作意胎於戲曲，【附説四】豈得遂云制義作而四六院本乃失傳耶。詩詞蜕化，何獨不然。詩至於香山之鋪張排比，詞亦可謂盡矣，而理堂作許語，豈知音哉。即以含蓄不盡論詩，理堂未覩宋之姜白石《詩説》耶。亦未聞王漁洋、朱竹垞、全謝山之推白石詩爲參活句、有唐音耶。按謝山語見《鮚埼亭文集》外編卷二十六《春凫集序》，許增《榆園叢刻·白石道人詩詞》評論未收。《白石詩説》獨以含蓄許黄涪翁，以爲“清廟之瑟，一唱三歎”，其故可深長思也。“詩亡”之歎，幾無代無之。理堂盛推唐詩，而盛唐之李太白《古風》第一首即曰：“大雅久不作，吾衰竟誰陳。正聲何微茫，哀怨起騷人。揚馬激頹波，開流蕩無垠。廢興雖萬變，憲章亦已淪。我志在删述，垂暉映千春。希聖如有立，絶筆於獲麟。”蓋亦深慨風雅淪夷，不甘以詩人自了，而欲修史配經，全篇本孟子“詩亡然後《春秋》作”立意。豈識文章未墜，英絶領袖，初匪異人任乎。每見有人歎詩道之窮，傷己生之晚，以自解不能作詩之嘲。此譬之敗軍之將，必曰：“非戰之罪”，歸咎於天；然亦有曰“人定可以勝天”者矣。亡國之君，必曰“文武之道，及身而盡”；然亦有曰“不有所廢，君何以興”者矣。若而人者，果生唐代，信能掎裳聯襼，傳觴授簡，敦槃之會，定霸文盟哉。恐衹是少陵所謂“爾曹”，昌黎所謂“羣兒”而已。而當其致慨“詩亡”之時，並世或且有秉才雄鶩者，勃爾復起，如鍾記室所謂“踵武前王，文章中興”者，未可知也。談藝者每蹈理堂覆轍，先事武斷；口沫未乾，笑齒已冷。愚比杞憂，事堪殷鑑。理堂執著“詩餘”二字，望文生義。不知“詩餘”之名，可作兩說：所餘唯此，外别無詩，一説也；自有詩在，羨餘爲此，又一説也。

【補訂】况夔笙《蕙風詞話》卷一云：“詩餘之餘，作贏餘之餘解。詞之情文節奏，並皆有餘於詩。世俗之説若以詞爲詩之賸義，則誤解此餘字矣。”倚聲家自張門面，善於强詞奪理。

詩文相亂云云，尤皮相之談。文章之革故鼎新，道無它，曰以不文爲文，以文爲詩而已。向所謂不入文之事物，今則取爲文料；向所謂不雅之字句，今則組織而斐然成章。謂爲詩文境域之擴充，可也；謂爲不入詩文名物之侵入，亦可也。《司空表聖集》卷八《詩賦》曰：“知非詩詩，未爲奇奇。”趙閑閑《滏水集》卷十九《與李孟英書》曰：“少陵知詩之爲詩，未知不詩之爲詩，及昌黎以古文渾灝，溢而爲詩，而古今之變盡。”【附説五】蓋皆深有識於文章演變之原，而世人忽焉。今之師宿，解道黄公度，以爲其詩能推陳出新；《人境廬詩草·自序》不云乎："用古文伸縮離合之法以入詩。"寧非昌黎至巢經巢以文爲詩之意耶。推之西土，正爾同揆。【附説六】理堂稱少陵，豈知杜詩之詞，已較六朝爲盡，而多亂於文乎。是以宗奉盛唐如何大復，作《明月篇》序，已謂"子美詞固沈著，調失流轉"，實歌詩之變體。《甌北詩集》卷三十八《題陳東浦敦拙堂詩集》復云："嗚呼浣花翁，在唐本别調。時當六朝後，舉世炫麗藻。青蓮雖不羣，餘習猶或蹈。惟公起掃除，天門一龍跳。"陳廷焯《白雨齋詞話》亦以太白爲"復古"，少陵爲"變古"。何待至晚唐兩宋而敗壞哉。漁洋《論詩絶句》嘗云："耳食紛紛説開寶，幾人眼見宋元詩"，堪以移評。經生輩自詡實事求是，而談藝動如夢人囈語。理堂不足怪也。詩情詩體，本非一事。《西京雜記》載相如論賦所謂有"心"亦有"迹"也。若論其心，則文亦往往綽有詩情，豈惟詞曲。若論其迹，則詞曲與詩，皆爲抒情之體，並行不悖。《文中子·關朗》篇曰："詩者、民之情性也。情性能亡乎"；林艾軒《與趙子直書》以爲孟子復出，必從斯言。蓋吟體百變，而吟情一貫。人之才力，各有攸宜，不能詩者，或試其技於詞曲；宋元以來，詩體未亡，苟能作詩，而故靳其情，爲詞曲之用，寧有是理。【附説七】王静安《宋元戲曲史》序有"漢賦、唐詩、宋詞、元曲"之説。謂某體至某朝而始盛，可也；若用意等於理堂，謂某體限於某朝，作者之多，即證作品之佳，則又買菜求益之見矣。元詩固不如元曲，漢賦遂能勝漢文，相如高出子長耶。唐詩遂能勝唐文耶。宋詞遂能勝宋詩若文耶。兼擅諸體如賈生、子雲、陳思、靖節、太白、昌黎、柳州、廬陵、東坡、遺山輩之集固在，盍取而按之。乃有作《詩史》者，於宋元以來，衹列詞曲，引静安語爲解。惜其不知《歸潛志》、《雕菰集》，已先發此説也。顧亦幸未見《雕菰集》耳。集中卷十尚有《時文説》，議論略等尤西堂，亦謂明之時文，比於宋詞元曲。然則斯人《詩史》中，將及制藝，以王、薛、唐、瞿、章、羅、陳、艾，代高、楊、何、李、公安、竟陵乎。且在國家功令、八股大行之世，人終薄爲俳體。

【補訂】古代取士有功令，於是士之操術，判爲兩塗。曰舉業，進身之道也；曰學業，終身之事也。苟欲合而一之，以舉業爲終身之學業，陋儒是矣；或以學業爲進身之舉業，曲儒是矣。人或偏廢，而事常並行。請徵八股，以反三隅可乎。明清兩朝制義必宗朱子；明人爲陸王之學者，入科場則謹守紫陽，清人爲許鄭之學者，應程試則力闡集註。楊升菴在明人中要爲通經學古，甚薄宋儒，而言八股，卻主程朱。《升菴全集》（從子有仁編）卷五十二《文字之衰》條云："今世學者失之陋，惟從宋人，不知有漢唐前説也。高者談性命，祖宋人之語録，卑者習舉業，鈔宋人之策論。"而同卷《詞尚簡要》條云："近時舉子之文，冗贅至千有餘言，不根程朱，妄自穿鑿。"袁中郎歸嚮禪宗，厭薄儒門，而言八股文，則奉朱註爲三尺法。《未編稿》卷二《陝西鄉試録序》云："夫紫陽註疏，載在令甲，猶爰書之有律，禮例之有會典也。時義而廢註疏，此奸紀之大者。故洛閩之學窮，則高皇帝之法意衰。"王辰玉《緱山先生集》卷二十一《學藝初言》云："紫陽先生傳註非必盡是；理欲、知行，動輒分爲兩截，正如好座堂房，零星夾斷。我皇祖解經測天，初未嘗純用宋儒，而卒以取士；蓋以爲人有異學，則國有異政。乃今日綱弛俗庬，而文亦如之。"

【補正】馮開之《快雪堂集》卷二《刻〈首楞嚴經〉序》至明斥朱子《集註》之"支離汗漫不可讀"。

【補訂】馮開之學問由道入釋，觀《快雪堂集》卷一《莊子郭註序》即知，而卷三十二《與李君實》、卷三十六《與繆當時》、卷四十五《與錢湛如》諸書皆誡其爲公車應舉文字，必守先輩矩矱，剪裁經術，毋以子史雜言，强爲容冶。顧亭林《日知録》卷十八《破題用莊子》條引艾千子語曰："嘉靖中，姚江之書盛行，而士子舉業尚知謹守程朱。自興化、華亭兩執政尊王氏學，於是隆慶戊辰《論語》程義首開宗門。"鄭禹梅出黄梨洲之門，宗陽明、蕺山之學，而《寒村雜録》卷二《歷科詩義序》附《選意》十則之一云："誰謂四始六義，盡之集註。然今科場取士，非此不録。則時文一道，斷須奉之爲聖書。予嘗笑世之坐井者，往往向時文中播弄唇舌，便自命爲講學。故是選專從集註者，專論時文也。"陸稼書《三魚堂日記》卷上戊午六月廿九日："左襄南極言仇滄柱之非，講舉業則宗朱，講學則從梨洲、山陰之學，分作兩截，此心便不可對聖賢。"持論嚴正，而不知滄柱得免爲陋儒，正緣兩截而非一本。否則必如《儒林外史》第十三回馬静上之以舉業爲無所不概，唐人詩賦、宋人理學均不外乎做官之舉業矣。其兩行二諦（參觀《管錐編》論《老子王弼註》第九"充老子之道"一段），蓋如第四十九回遲衡山所謂："講學問的只講學問，不必問功名，講功名只講功名，不必問學問"，知二事之難一貫也。紀曉嵐申漢絀宋，非毁程朱，清儒爲宋學者病之。而《紀文達公文集》卷八《丙辰會試録序》云："國家功令，《五經》傳註用宋學，而《十三經註疏》亦列學官。良以制藝主於明義理，固當以宋學爲宗，而以漢學補苴其所遺，糾繩其太過耳。如竟以訂正字畫，研尋音義，務旁徵遠引以炫博，而義理不求其盡合，毋乃於聖朝造士之法，未深思乎。”（參觀同卷《甲辰會試録序》、《壬戌會試録序》。）梁茝林《制藝叢話》卷十一云：“王惕甫試嘉慶丙午，場後余決其必售，乃同報罷。首藝《雖曰未學》，用古註而不用紫陽集註，爲河間紀師所黜，有‘以此嚇老夫、老夫不懼’之批。”官私異學，有如此者。自來談士，若罔聞知，當以其無關弘恉耶。既《集註》而外無學問，亦制藝而外無詩文。故詞章懸爲厲禁。袁伯修《白蘇齋類集》卷十《送夾山母舅之任太原序》云：“余爲諸生，講業石浦。耆宿來，見案頭攤《左傳》一册，驚問是何書，乃溷帖括中。一日偶感興賦小詩，題齋壁，塾師大罵。通邑學者號詩文爲外作，外之也者，惡其妨正業也。”董玄宰《容臺別集》卷一《雜記》云：“王弇山先生戒子弟勿攻詩，恐爲舉子業病。即弇山舉子業無稱也。王文恪、瞿文懿聖於舉業，皆不能爲詩。”周櫟園《尺牘新鈔》卷九梅喦客《與兒耘》云：“客有過余，問詩與制藝孰佳。余曰：‘制藝佳。詩能窮人，制藝能富人。’”陳卧子《陳忠裕全集》卷首姚希孟《壬申文選序》云：“今則以帖括生涯，浸漬於老生之宿唾。其好爲詩文者，猶是夙生結習未忘，竊其塾師肄習之餘，以代紙鳶棘猴之戲。否則謝去訓詁，乃從事焉。如閨中之秀，既操井臼，始習粉朱，風華韶令，半銷亡矣。故曰暮氣也。”李鄴嗣《杲堂文鈔》卷五《戒菴先生藏銘》云：“自海内不尚古學，學者治一經、《四書》外，即能作制義，中甲乙科。後生有竊看《左氏傳》《太史公書》，父兄輒動色相戒，以爲有害。”吴修齡《答萬季野詩問》

云："明代功名富貴在時文。全段精神，俱在時文用盡，詩其暮氣爲之耳。"蒲留仙《聊齋文集》卷三《郢中社序》云："當今以時藝試士，則詩之爲物，亦魔道也，分以外者也。"鄭禹梅《五丁集》卷一《野吟集》序云："三四十年來，人士之没溺於科舉者，不知何故以詩爲厲禁。父兄師友，摇手相戒。往往名登甲乙，而不識平平仄仄爲何物。"又《寒村息尚編》卷三《和周藹園黄門高秋感事原韻》第一首云："兒輩辭官表就矣"，自註："舉業人作詩，昔人謂之辭官表。"黎媿曾《託素齋文集》卷三《莆田方翊霄稿序》云："今天下葢羣習制舉之書矣。至於賦頌、詩歌、箴銘、詔誥，古人所稱爲經國大業者，率舉而名之曰外學。"又《仁恕堂筆記》自記少時受知陳士奇，陳視學蜀中，賦五古二十韻送之，"陳大言：'詩非不好，此宦成之事，秀才家便做他，將何功夫去辦舉子業。'余乃感而欲泣。"邵子湘《青門旅稿》卷三《贈王子重先生序》云："進士之名猶古也。古者學成而爲進士，後世成進士，始可以爲學。兢兢守四子一經之説，一切經史子集、兵農禮樂、天文律曆象數諸書，相戒屏斥，以是爲不利於科舉。"戴田有爲時文高手，《南山全集》卷五《三山存業序》亦曰："當明之初，以科目網羅天下之士，已而諸科皆罷，獨以時文相尚，而進士一途，遂成積重不反之勢。自其爲諸生，於天人性命、禮樂制度、經史百家，茫焉不知爲何事。"顧圖河《雄雉齋詩選》汪蛟門序云："方今制科取士，専試時文，士皆斤斤守章句，習程式。非是則目爲外道，而於詩尤甚，曰傍及者必兩失。"

【補正】袁簡齋《隨園詩話》卷三："近今士人先攻時文，通籍後始學爲詩，俗所謂'半路上出家'者"（參觀卷七引梅式菴言"古文人儒者。皆"少年科甲"一則)。

【補訂】章實齋《文史通義》外篇三《答沈楓墀論學》:"僕年十五六時,猶聞老生宿儒自尊所業,至目通經服古,謂之雜學,古詩文詞謂之雜作。士不工四書文,不得爲通。"郝蘭皋《曬書堂文集》卷三《新製書衣序》:"數十篇腐爛時文,不徒作隨時竿木,並奉爲傳家衣鉢。至於經史諸書,務囚鎖深室中類怪物,不則散置破簏,飽蠹魚腹。意若恐子弟一見,遂荒其務時文之業者。"均慨乎言之。周讓谷天度少從其表兄陳句山兆崙讀,《十誦齋集》弁以兆崙序,有云:"余以時文授受,無甚高論,禁諸少年毋得泛覽。一日案頭《文選》忽失所在,索之急。羣指讓谷,讓谷果首服。余恚甚,罵曰:吾不令若曹業此者,以時未至耳,奈何不聽余約。"更現塾師身而說法。通俗小説,如《照世盃》第一種《七松園弄假成真》云:"原來有意思的才人,再不肯留心舉業。那知天公賦他的才分,寧有多少,若將一分才用在詩上,舉業内便少了一分精神"。《儒林外史》第三回魏好古自稱"童生詩詞歌賦都會",周學道"變了臉"訶斥其"雜覽"曰:"當今天子重文章,足下何須講漢唐"(參觀陳大士《已吾集》卷八《陳氏三世傳》引此語,"講"作"誦");第十一回魯小姐憎薄蘧公孫吟詩不作八股,曰:"自古及今,幾曾見不會中進士的人可以叫做名士的";第十八回衛體善譏馬純上"雜覽"。《紅樓夢》第八十一回賈代儒訓寶玉曰:"詩詞一道,不是學不得的,只要發達了以後再學不遲呢。""時未至"、"外學"、"暮氣"、"辭官表"、"宦成之事"等語,可以稗官爲外傳也。雖然,制舉取士,其失惟均,固不必程文體之爲八比焉。即徵之宋金舊聞也可。强幾聖《祠部集》卷三十三《送邵秀才序》云："余官泗，四方之學者與其州之士，凡遇余，不言其他，而輒及賦。余之於賦，豈好爲而求其能且工哉。偶作而偶能爾。始用此進取，既得之，方捨而專六經之微，鈎聖言之深，發而爲文章，行而爲事業。所謂賦者，烏復置吾齒牙哉。譬嘗爲盜者，今既爲良民，有人道向時之爲，必頸漲面赤，惡人之許也。"葉正則《水心集》卷二十九《題周簡之文集》云："長老語謂詩爲外學，乃致窮之道。幾稍進於時文爾。"《江湖後集》卷一鞏仲至《送湯麟之秀才》云："君今濯秀雙溪水，下語不凡真可喜。若使循爲舉子文，定自棘門兒戲耳。古來妙技如屠龍，不療飢餒徒爲工；不如高科取富貴，如一棗葉持針鋒。"彭子壽《止堂集》卷一《乞寢罷版行時文疏》云："經史子集，將覆醬瓿。"許忱父《融春小綴·送旦上人序》云："今人自時文之外，無學不仇。"《劉後村大全集》卷一百九《跋李光子詩卷》云："士生叔季，有科舉之累。以程文爲本經，以詩古文爲外學，惟才高能兼工"；又卷一百十《跋傅渚詩卷》云："國家設三場拔士。士謂程文爲本經，他論著爲外學。"元裕之《遺山文集》卷二十三《故河南路課税所長官兼廉訪使楊公神道之碑》云："入仕者惟舉選爲貴科，榮路所在，人争走之。程文之外，翰墨雜體，悉指爲無用之技。尤諱作詩，謂其害賦律尤甚"；同卷《郝先生墓銘》云："先生工於詩，嘗命某屬和。或言：'令之子欲就舉，詩非所急，得無徒費日力乎。'"劉京叔《歸潛志》卷八云："金取士以詞賦爲重，故士人往往不暇習爲他文。嘗聞先進故老見子弟讀蘇黄詩，輒怒斥。故學者止工於律賦，問之他文，則懵然不知聞。有登第後始讀書爲文者，諸名士是也。"蓋與明清八比，如五十步與百步耳。畢公叔《西臺集》卷一《理會科場奏狀》論北宋王氏新學云："以經義爲科舉者，欲尊經術而反卑之；使舉人求合有司，而爲利禄之具。"陳安卿《北溪全集》第一門卷一《似學之辨》亦謂"科舉之學似聖賢之學而非，於經史子衹以綴緝時文之用。"明清爲八比之學者，爛熟孔孟之經，饜飫朱子之註，而於儒家之言，未嘗箸乎心而布乎體，儼如金石之處水不流，非同沙礫之在泥俱黑。

【補正】方苞《望谿集》卷二《書〈儒林傳〉後》斥公孫弘之"興儒術，則誘以利禄，使試於有司，由是儒污。"與畢公叔論王氏"新學"所謂"欲尊經術而反卑之，爲利禄之具"，殊事而同揆。

【補訂】吕新吾《實政録》卷一《弟子之職》一云："而今把一部經史當作聖賢遺留下富貴的本子"（此據道光丁亥刻本，李中孚《二曲集》卷二十《讀四書説》引吕氏語作"一部經書"，於義較長）。陳蘭甫《東塾集》卷三《太上感應篇序》曰："世俗讀《四書》者，以爲時文之題目而已；讀《五經》者，以爲時文之詞采而已"；又《東塾先生遺詩·讀書》八首之七云："《論語》二十篇，束髮即受讀。古人讀半部，謂治天下足。今人誰不讀，讀者誰不熟；非讀聖賢語，讀試場題目。"（參觀明余紹祉《元邱素話》："士子經書看爲題目，沙彌内典認作科儀。"）官學功令，争爲禽犢；士風流弊，必至於斯。即使盡舍《四書》朱註，而代以漢儒之今古文經訓，甚至定商鞅韓非之書、或馬遷班固之史、若屈原杜甫之詩騷，爲程文取士之本，亦終淪爲富貴本子、試場題目、利禄之具而已，"欲尊而反卑之"矣。

錢泳《履園叢話》卷二十一至以時文之不列品，比於豬之不入圖畫。

【補訂】豬不入畫，其説非昉自錢梅溪。張山來《幽夢影》卷上已記龔半千云："物之不可入畫者：豬也，阿堵物也。"蓋謂畫圖無以豬爲主者，不類李迪《風雨歸牧圖》之畫牛、王凝《子母雞圖》之畫雞、趙孟頫《調良圖》之畫馬、明宣宗《一笑圖》之畫狗也。至若畫巨幅故事，則所圖畜獸，或一及豬。如郭若虛《圖畫見聞志》卷五記唐明皇召吴道子、韋無忝、陳閎同製《金橋圖》，"狗馬牛羊豬豝之屬，無忝主之。"薛季宣《浪語集》卷十一《跋蜡虎圖》七古有云："歲云暮矣露爲霜，枯條脱葉衰柳黄，郊原寂歷無人鄉。豶牙之豕充稻粱，含膔以遊神氣揚。有斑者虎蹲在傍，低頭妥尾不大忙。豕行過之不虎防，虎往搏之搤豕吭，豕亡故步聲唤長。虎如抱兒未渠央，豕形雖在身命亡，不如安之充虎腸。"是此圖中亦有豬，然祇爲賓而虎乃主也。戴敦元《戴簡恪公遺集》卷五有《畫豬》七古云："成家何如養春豕，惜墨不嫌多肉似。烝涉心忘獻白頭，負塗名誤儕烏鬼。董龍雞狗亦可憐，幾見鳴吠登雲天。性皁甘伴拖腸鼠，終始陬維配玄武。"嚴元照《柯家山館遺詩》卷四題《畫豬》、小引云："爲歙縣程秀才洪溥作也。秀才生於亥，故畫以乞題。"詩云："平生意氣程公子，不畫龍鸞犀虎兕。眼前突兀大蘭王，九錫文成説彼美。畫師自是通神者，能以彭亨見蕭灑；戴嵩之牛韓幹馬，紛紛盡出此豬下。"嚴氏集中爲戴所作詩詞甚多，投分不淺，所題當是一圖。則豬不特見諸繪事，抑且意氣居然籠罩全幅矣。

明清才士，仍以詩、詞、駢散文名世，未嘗謂此體可以代興。然則八股即家誦人習，而據理堂所云“通志達情”言之，亦雖存實亡而已。後體盛而無以自存，前體未遁而能不亡；按之事實，理堂之説豈盡然耶。

【附説三】此即西方美學家所謂利害衝突是也。L. A. Reid: *A Study in Aesthetics* 中“Competition of Interests and their Fusion”一章，論此最善。以爲詩樂相妨者，有 Croce: *Aesthetic*, Eng. tr. by Douglas Ainslie, p. 115 on “The Union of the Arts”; Santayana: *Interpretations of Religion and Poetry*, pp. 253 ff; Roger Fry: *Transformations*: “Some Questions in Aesthetics”。以爲詩樂同源，皆聲之有容（Lautergebäude），而詩後來居樂上者，有 A. Schmarsow，參觀 Max Dessoir 所編 *Zeitschrift für Ästhetik und allgemeine Kunstwissenschaft*, Bd. II, S. 316 ff.。

【附説四】八股文實駢儷之支流，對仗之引申。阮文達《揅經室三集》卷二《書文選序》後曰：“《兩都賦》序白麟神雀二比、言語公卿二比，即開明人八比之先路。洪武永樂四書文甚短，兩比四句，即宋四六之流派。是四書排偶之文，上接唐宋四六，爲文之正統”云云。余按六代語整而短，尚無連犿之句。暨乎初唐四傑，對比遂多；楊盈川集中，其製尤夥。汪隨山《松烟小録》卷二謂柳子厚《國子祭酒兼安南都護御史中丞張公墓誌銘》中駢體長句，大類後世制藝中二比云云，即是此意。宋人四六，更多用虚字作長對。謝伋《四六談麈》謂宣和多用全文長句爲對，前人無此格；孫梅《四六叢話》卷三十三論汪彦章四六，非隔句對不能，長聯至數句，長句至十數字，古意寖失。《四庫提要》明胡松編《唐宋元明表》條云：“自明代二場用表，而表遂變爲時文。久而僞體雜出，或參以長聯，如王世貞所作，一聯多至十餘句，如四書文之二小比。”言尤明切。皆可與阮汪説印證，惜均未及盈川。至於唐以後律賦開篇，尤與八股破題了無二致。八股古稱“代言”，蓋揣摹古人口吻，設身處地，發爲文章；以俳優之道，抉聖賢之心。董思白《論文九訣》之五曰“代”是也。宋人四書文自出議論，代古人語氣似始於楊誠齋。及明太祖乃規定代古人語氣之例。參觀《學海堂文集》卷八周以清、侯康所作《四書文源流考》，然二人皆未推四書文之出駢文。竊謂欲揣摩孔孟情事，須從明清兩代佳八股文求之，真能栩栩欲活。漢宋人四書註疏，清陶世徵《活孔子》，皆不足道耳。其善於體會，妙於想象，故與雜劇傳奇相通。徐青藤《南詞敍録》論邵文明《香囊記》，即斥其以時文爲南曲，然尚指詞藻而言。吴修齡《圍爐詩話》卷二論八股文爲俗體，代人説話，比之元人雜劇。袁隨園《小倉山房尺牘》卷三《答戴敬咸進士論時文》一書，説八股通曲之意甚明。焦理堂《易餘籥録》卷十七以八股與元曲比附，尤引據翔實。張詩舲《關隴輿中偶憶編》記王述菴語，謂生平舉業得力《牡丹亭》，讀之可命中，而張自言得力於《西廂記》。亦其證也。

【補訂】董思白《論文九訣》不見《容臺集》中，李延昰（古文“夏”字）《南吴舊話録》卷四記董行書《制舉文九法》手卷，佳絹二十餘丈，舊藏李氏，爲馬士英勒索以去。備載其文，説“代”曰：“代當時作者之口，寫他意中事。如《逍遥遊》代鷽鳩笑大鵬，説曰：‘我決起而飛’云云。太史公稱燕將得魯連書曰：‘與人刃我寧自刃’”（參觀《管錐編》論《左傳正義》第一“《左傳》之記言”）。《容臺集·文集》卷二《俞彦直文稿序》亦云：“往聞之先輩云：嶺南廖同野爲孝廉時，以行卷謁吾鄉陸文裕公。公謂之曰：‘曾讀西廂、伯喈否。’廖博雅自命，不讀非聖書，頗訝其語不倫。以經月，復以行卷謁公。公曰：‘尚未讀二傳奇何也。’廖始異其語，歸而讀之。”倪鴻寶有《孟子若桃花劇序》，見其弟子鄭超宗所選《媚幽閣文娱》中，未收入《倪文貞公文集》，略云：“文章之道，自經史以至詩歌，共稟一胎，要是同母異乳，雖小似而大殊。惟元之詞劇，與今之時文，如孿生子，眉目鼻耳，色色相肖。蓋其法皆以我慧發他靈、以人言代鬼語則同。而八股場開，寸毫傀舞。宫音串孔，商律譜孟；時而齊乞鄰偷，花唇取諢；時而蓋驩魯虎，塗面作嗔；浄丑旦生，宣科打介則同。”賀子翼《激書》卷二《滌習》略云：“黄君輔學舉子業，遊湯義仍先生之門。每進所業，先生輒擲之地，曰：‘汝能焚所爲文，看吾填詞乎。’乃授以《牡丹記》。閉户展玩，忽悟曰：‘先生教我文章變化，在於是矣。’由是文思泉湧。”袁子才《小倉山房尺牘》卷三《答戴敬咸進士論時文》云：“從古文章皆自言所得，未有爲優孟衣冠，代人作語者。惟時文與戲曲則皆以描摩口吻爲工，如作王孫賈，便極言媚竈之妙，作淳于髡、微生畝，便極詆孔孟之非。猶之優人，忽而胡妲，忽而蒼鶻，忽而忠臣孝子，忽而淫婦奸臣，此其體之所以卑也。”李元玉《人天樂》第十七折亦云：“昔年諸理齋負笈遨遊，囊中惟携《西廂》一卷，説道：‘能活文機。’”何屺瞻《何義門先生集》卷十《書塾論文》反復於八股須“順口氣”，正董、倪所謂“寫他意中事”、“以人言代鬼語”耳。陶世徵《活孔子》梗概見唐鑑《國朝學案小識》卷八、余未得而讀也。

此類代言之體，最爲羅馬修辭教學所注重，名曰 Prosopopoeia，學僮皆須習爲之。見 Quintilian：*Institutiones Oratoriae*, Lib. III. viii, 49－52。亦以擬摹古人身份，得其口吻，爲最難事。*Ibid.*："Personae difficultas... uniuscujusquae eorum [Pompey and Ampius] fortunam, dignitatem, res gestas intuitus omnium quibus vocem dabat, etiam imaginem expressit." Cf. VI, i, 25. 馬建忠《適可齋記言》卷二有《上李伯相言出洋工課書》，記卒業考試，以臘丁文擬古羅馬皇賀大將提都征服猶太詔等，參觀 D. Mornet：*Histoire de la Clarté française*, p. 114 所舉十九世紀法國中學作文課題。即"洋八股"也。

【補訂】古羅馬修詞學論代言（*sermocinatio*, *fictio personae*），詳見 H. Lausberg, *Handbuch der literarischen Rhetorik*, 1960, I, 407－13。普羅斯特（Marcel Proust）名著小説中一女郎（Gisèle）學校卒業，文題有《擬索福克勒斯慰拉辛院本覆演失意書》（Sophocle écrit des Enfers à Racine pour le consoler de l'insuccès d'*Athalie*）等，見 *A l'ombre des jeunes filles en fleurs*, in *A la recherche du temps perdu*, Bib. de la Pléiade, I, 911。正與馬建忠所試"洋八股"同科。意大利大詩家列奧巴爾迪（Giacomo Leopardi）論詩，尚抒情詩而薄戲曲；謂戲曲以借面擬人爲本，無異學僮課作之代言，特出以韻語而已，其可嗤鄙等也。（L'estro del drammatico è finto, perch'ei dee fingere... Così delle Orazioni di finta occasione. Or che altro è la drammatica? meno ridicola perché in versi?）見 *Zibaldone*, Mondadori, 1957, II, 1182。雖旨在排抵，而以二事通類齊觀，則猶夫明清文學之士從《西廂記》、《琵琶記》、《牡丹亭》參八股法脈矣。聊發其端，待好學深思者抉根究柢焉。

【附説五】吕惠卿首稱退之能以文爲詩。魏道輔《東軒筆録》

卷十二記治平中，與惠卿、沈括等同在館下談詩。沈存中曰："韓退之詩，乃押韻之文爾"；吕吉父曰："詩正當如是。詩人以來，未有如退之者"云云。吉父佞人，而論詩識殊卓爾。王逢原《廣陵集》卷六附有吉甫《答逢原》五古一首，學韓公可謂嚌胾得髓，宜其爲昌黎賞音矣。朱竹垞《曝書亭集》卷五十一《太原縣惠明寺碑跋》謂碑文書丹皆出吉甫手，"雖當時能文善書者無以過之"。余按《東軒筆録》、《清波别志》卷中皆載吉甫結怨於荆公，上啟自解，荆公曰："終是會做文字"；《四六話》卷下亦記吉甫貶建州，上表云云，東坡曰："福建子終會作文字。"竹垞所謂吉甫與荆公文字知契者，揆之於理，當也。北宋學韓詩者，歐公、荆公、逢原而外，不圖尚有斯人。南宋劉辰翁評詩，尋章摘句，小道恐泥，而《須溪集》卷六《趙仲仁詩序》云："後村謂文人之詩，與詩人之詩不同。味其言外，似多有所不滿。而不知其所乏適在此也。文人兼詩，詩不兼文。杜雖詩翁，散語可見，惟韓蘇傾竭變化，如雷霆河漢，可驚可快，必無復可憾者，蓋以其文人之詩也。詩猶文也，盡如口語，豈不更勝。彼一偏一曲，自擅詩人詩，局局焉，靡靡焉，無所用其四體"云云，

【補訂】劉會孟論詞，與其論詩一揆，若一反《後山詩話》評韓"以文爲詩"、蘇"以詩爲詞"之"非本色"者。《須溪集》卷六《辛稼軒詞序》云："詞至東坡，傾蕩磊落，如詩如文，如天地奇觀，豈與羣兒雌聲較工拙。然猶未至用經用史，牽雅頌入鄭衛也。自辛稼軒前，用一語如此者，必且掩口。乃稼軒横豎爛漫。乃知禪家棒喝，頭頭皆是。"

頗能眼光出牛背上。與金之趙閑閑，一南一北，議論相同。林謙之光朝《艾軒集》卷五《讀韓柳蘇黄集》一篇，比喻尤確。其言

曰：“韓柳之别猶作室。子厚則先量自家四至所到，不敢略侵别人田地。退之則惟意之所指，横斜曲直，只要自家屋子飽滿，不問田地四至，或在我與别人也。”即余前所謂侵入擴充之説。子厚與退之以古文齊名，而柳詩婉約琢斂，不使虚字，不肆筆舌，未嘗如退之以文爲詩。艾軒真語妙天下者。《池北偶談》卷十八引林艾軒論蘇黄之别，猶丈夫女子之接客，亦見此篇。《隨園詩話》卷一論蘇黄，引艾軒語，疑即本之《池北偶談》，未見林集；故《小倉山房尺牘》卷十《再答李少鶴》復引此數語，而歸之於宋人詩話。漁洋則確曾見《艾軒集》；《香祖筆記》記其門人林石來曾有《艾軒詩鈔》相寄，又嘗向黄虞稷借閲《艾軒全集》，《偶談》卷十六復有艾軒駁《詩本義》、用《法語》二則。《艾軒集》卷一尚有《直甫見示次雲乞豫章集數詩、偶成二小絶》，亦致不滿於山谷；有曰：“神仙本自無言説，尸解由來最下方。”蓋即斥“學詩如學仙”、“脱胎换骨”之説也。

【附説六】西方文學中，此例綦繁。就詩歌一體而論，如華茨華斯(Wordsworth)之力排詞藻(poetic diction)，見 *Lyrical Ballads*：Preface。即欲以向不入詩之字句，運用入詩也。雨果（Hugo）言“一切皆可作題目”(Tout est sujet)，見 *Les Orientales*：Préface。希來格爾(Friedrich Schlegel)謂詩集諸學之大成(eine progressive Universalpoesie)，見 *Athenaumfragmente*，Nr. 116。即欲以向不入詩之事物，采取入詩也。此皆當時浪漫文學之所以自異於古典文學者。後來寫實文學之立異標新，復有别於浪漫文學，亦不過本斯意而推廣加厲，實無他道。俄國形式論宗(Formalism)許克洛夫斯基(Victor Shklovsky)論文謂：百凡新體，祇是向來卑不足道之體忽然列品入流(New forms are simply canonization of inferior genres)。誠哉斯言，不可復易。竊謂執此類推，雖百世以下，可揣而知。西方近人論以文爲詩，亦有可與表聖、閑閑、須溪之説，相發明者。參觀 John Bailey：*Whitman*（English Men of Letters,N.S.）："Poetry often finds a renewal of its youth by a plunge into an invigorating bath of prose," etc.. 又 T. S. Eliot：*Introduction to Johnson's "London" and "The Vanity of Human Wishes"*（Haslewood Books Edition）："The originality of some poets has consisted in their finding a way of saying in verse what no one else had been able to say except in prose," etc.。

【附説七】《易餘籥録》卷十五有一則，亦同答歐陽書之説。竊謂理堂此類議論，西方人四十年前，奉爲金科玉律者也。文章辨體(Gattungskritik),德國人夙所樂道。参觀 F. Gundolf：*Goethe*,S. 17-20. 謂古代論文，以人就體；近代論文，由人成體。有云："Während im Altertum die Gattung das Maβ des groβen Menschen war,ist seit der Renaissance der Mensch das Maβ,der Richter oder der Vernichter der Gattung." 法國 Brunetière 以强記博辯之才，采生物學家物競天演之説，以爲文體沿革，亦若動植飛潛之有法則可求。所撰《文體演變論》中論文體推陳出新（Transformation des genres）諸例，如説教文體亡而後抒情詩體作，

【補訂】時人評伯吕納吉埃爾之《文體演變論》，亦舉其謂"法國十七、八世紀説教文(pulpit oratory)遁入十九世紀抒情詩"爲武斷强詞之例。參觀 R. Wellek,*Concepts of Criticism*,1964,44-5。余觀德昆西(Thomas De Quincey)著作中，早逗伯氏此意，特爲英國文學而發耳。(When both Browne and Taylor were gone, the great oracles of rhetoric were finally silenced. Since then great passion and high thinking have either disappeared from literature altogether, or thrown themselves into poetic forms which, with the privilege of a masquerade, are allowed to assume the spirit of past ages) 見 "Rhetoric", *Collected Writings*, ed. D. Masson, X, 110。

戲劇體衰而後小説體興，見 *L'Evolution des genres dans l'histoire de la littérature*, pp. 22-28。與理堂所謂此體亡而遁入彼體云云，猶笙磬之同音矣。然説雖新奇，意過於通。André Lalande：*Les Illusions évolutionnistes*, vii："L'Assmilation dans l'art" 及 F. Baldensperger：*Études d'histoire littéraire*, t. I, Préface，一據生物學，一據文學史，皆抵隙披瑕，駁辨尤精。按 Lalande 論文學作品與科學研究不同一節，Brunetière 未嘗不知，且即以此意攻 Fontenelle 之言進步，見 *L'Evolution*, p. 118；惜 Lalande 未遑以其矛攻其盾也。顧知者不多，故習論尚未廓清耳。比見吾國一學人撰文，曰《詩之本質》。以訓詁學，參之演化論，斷言：古無所謂詩，詩即記事之史。根據甲骨鐘鼎之文，疏證六書，穿穴六籍，用力頗劬。然與理堂論詩，同爲學士拘見而已。夫文字學大有助於考史，天下公言也。Niebuhr 羅馬史（*Römische Geschichte*）自序，至推爲史學使佐（die Hülfswissenschaften）之魁首。然一不慎，則控名責實，變而爲望文生義。《論語・八佾》：哀公問社，周人以栗，宰我曰："使民戰栗"，孔子斥之。按之孔訓、皇疏，即斥宰我之本字面妄説而厚誣古人也。故 Whately 論思辯，以字源爲戒（fallacy of etymology）。見 *Logic*, p. 118。吾國考古，厥例綦繁。謂直躬非人名，《羣經誼證》、《論語古訓》。以蒼兕爲獸稱；《經義雜記》。會稽之山，禹嘗會計，朝歌之邑，民必朝謳；《論衡・道虚》篇。槐名"玉樹"，後人譏曰虚珍；《訂譌叢録》。書曰《金樓》，時輩傳言真鍛；《金樓子・雜記篇》。重華殛鮌，本爲玄魚；《路史·餘論》。懿公好鶴，誤認白鳥。《重論文齋筆録》。乃至幹黄能蠱之禹，亦即卵生；悲素絲染之翟，竟復身墨。學人新論，下士大笑。昔行人拒侯辟疆，《韓非子·外儲説》右下。屠者解公斂皮，《尸子》下。客不過康衢長者之門，吏欲逮莊里丈人之子。《尹文子·大道》下。命狗曰"富"，叱則家毁，名子曰"樂"，哭亦不悲。《劉子·鄙名》。識趣拘迂，與斯無異。夾漈《通志·謚略》序五雖謂禹名取獸，湯名取水，當亦不料及此也。求之談藝，則荆公《字説》謂"詩"爲"寺人之言"，取《詩經》："寺人孟子，作爲此詩"，用圓厥説，亦其倫比。

【補訂】參觀李端叔《姑溪居士後集》卷十五《雜題跋》，云："詩須有來歷，不可亂道。舒王解字云：'詩從言從寺，寺者法度之所在也。'"羅璧《羅氏識遺》卷九云："王臨川謂'詩'制字從'寺'；九寺、九卿所居，國以致理，乃理法所也。釋氏名以主法，如寺人掌禁近嚴密之役，皆謂法禁所在。詩從'寺'，謂理法語也。故雖世衰道微，必考乎義理，雖多淫奔之語，曰：思無邪。"晁説之《嵩山文集》卷十三《儒言·詩》："不知禮義之所止，而區區稱法度之言，真失之愚也哉。"亦隱斥荆公解字。

夫物之本質，當於此物發育具足，性德備完時求之。苟賦形未就，秉性不知，本質無由而見。此所以原始不如要終，窮物之幾，不如觀物之全。蓋一須在未具性德以前，推其本質(behind its attributes)，一祇在已具性德之中，定其本質(defined by its attributes)。參觀 *Works of Aristotle*, edited by W. D. Ross, vol. VIII, *Metaphysics* 1015a, 1072b。若此士文所云，古本無詩，所謂詩者，即是史記。則必有詩，方可究詩之本質；詩且未有，性德無麗，何來本質。皮之不存，毛將焉傅；此與考論結繩時之書法、没字碑之詞藻，何以異乎。或曰：吕紫微贈吴周保詩曰："讀詩再到新删後，學易仍窺未畫前"，子太似裴頠之"崇有"矣。應之曰：未畫有易，説本伊川語録所謂"有理然後有象"。朱子集易圖所謂："有天地自然之易，有伏羲、文王、周公、孔子之易"；王伯厚《玉海》易所謂："有未畫之易，易之理；有既畫之易，易之書。"易理與天地同始，而卦象則後世聖人所爲。理寓氣中，易在畫先。故可求已周宙合而尚未落圖象書契之理。若此士之説，則太初無詩，詩在史後。豈得相提並論。厥物本無，而謂其質已有，此佛所斥"撮摩虚空"，詩人所嘲"宵來黑漆屏風上，醉寫盧仝《月蝕》詩"者也。復次，詩者、文之一體，而其用則不勝數。先民草昧，詞章未有專門。於是聲歌雅頌，施之於祭祀、軍旅、昏媾、宴會，以收興觀羣怨之效。記事傳人，特其一端，且成文每在抒情言志之後。參觀 R. Wallaschek：*Anfänge der Tonkunst*，S. 257 論 Drama 最早，Lyrik 次之，Epos 又次之。賦事之詩，與記事之史，每混而難分。參觀 E. Grosse：*Anfänge der Kunst*，S. 239。此士古詩即史之説，若有符驗。然詩體而具紀事作用，謂古史即詩，史之本質即是詩，亦何不可。論之兩可者，其一必不全是矣。況物而曰合，必有可分者在。謂史詩兼詩與史，融而未劃可也。按此即 Vico 論荷馬之説，參觀 Croce：*Aesthetic*，Eng. tr.，pp. 233-5；Croce：*Philosophy of Vico*，Eng. tr. by R. G. Collingwood，ch. xiv & xv。謂詩即以史爲本質，不可也。脱詩即是史，則本未有詩，質何所本。若詩並非史，則雖合於史，自具本質。無不能有，此即非彼。若人之言，迷惑甚矣。更有進者。史必徵實，詩可鑿空。古代史與詩混，良因先民史識猶淺，不知存疑傳信，顯真別幻。號曰實録，事多虚構；想當然耳，莫須有也。述古而强以就今，傳人而借以寓己。史云乎哉，直詩(poiêsis)而已。故孔子曰："文勝質則史"；孟子曰："盡信則不如無書，於武成取二三策。"王仲任《論衡》於《書虛》之外，復有《語增》《儒增》《藝增》三篇，蓋記事、載道之文，以及言志之《詩》皆不許"增"。"增"者，修辭所謂夸飾(hyperbole)；亦《史通》所謂"施之文章則可，用於簡策則否"者。由是觀之，古人有詩心而缺史德。與其曰："古詩即史"，毋寧曰："古史即詩。"此《春秋》所以作於《詩》亡之後也。且以藝術寫心樂志，亦人生大欲所存(Kunstwollen)。儘使依他物而起，亦復顯然有以自别。參觀 Alois Riegel：*Stilfragen*，S. 20，24；Dewey：*Experience and Nature*，p. 78 (on useful labor)，*Art as Experience*，p. 327 (on the aesthetic strand)。譬如野人穴居巖宿，而容膝之處，壁作圖畫；茹毛飲血，而割鮮之刀，柄雕花紋。斯皆娱目恣手，初無裨於蔽風雨、救飢渴也。詩歌之始，何獨不然。豈八識田中，祇許"歷史癖"有種子乎。初民勿僅記事，而增飾其事以求生動；即此題外之文，已是詩原。論者乃曰："有史無詩"，是食筍連竹，而非披沙揀金。以之言"詩史"一門，尚扞格難通，而況於詩之全體大用耶。即云史詩以記載爲祈嚮，詞句音節之美不過資其利用。然有目的而選擇工具，始事也；就工具而改换目的，終事也。此又達爾文論演化之所未詳，而有待於後人之補益者。參觀 Wundt：*System der philosophie*，S. 325 ff.："Heterogonie der Zwecke"；Vaihinger：*Philosophy of As If*，Eng. tr.，p. xxx："The law of the preponderance of the means over the end"；Charles Bouglé：*Leçons de sociologie sur l'évolution des valeurs*，p. 89 *et scq.*："Polytélisme"。三家不期而合。然黑格爾已略悟斯旨。見其 *Geschichte der Philosophie*，S. 30. 近世價值論者，有所謂價值方嚮下移，即此是也。參觀 Ch. von Ehrenfels：*System der Werttheorie*，Bd. I，S. 132ff.：“Zielfolge nach abwärts”。世之作文學演變史者，盍亦一窮演化論究作何説，毋徒似王僧虔家兒之言“老子”也。

【補訂】此節當時有爲而發。忽忽將四十年，浪淘人物，塵埋文字，不復能憶所指誰作矣。流風結習，於詩則概信爲徵獻之實録，於史則不識有梢空之巧詞，祇知詩具史筆，不解史藴詩心（參觀《管錐編》論《毛詩正義》第二三“詩文中景物”、第二六，論《左傳正義》第一“《左傳》之記言”，論《全上古三代秦漢三國六朝文》第一七一“詞賦主客酬對多假託”）。學人積功不舍，安素重遷，立説著書，滿家名世，物論固難齊也。希克洛夫斯基論普希金敍事名篇，因笑文學史家誤用其心，以詩中角色認作真人實在，而不知其爲文詞技巧之幻象（Kljuchevskij's error consists in regarding a “type” as a real-life entity，while in fact it is a stylistic phenomenon）。見“Pushkin and Sterne：*Eugene Onegin*”，in V. Ehrlich，ed.，*Twentieth-Century Russian Literary Criticism*，1975，80。竊謂小説、劇本固爾，史傳中恐亦不乏弄筆狡獪處（playing with），*ib.*，72，73，78. 名以文章著者爲尤甚。雖在良直，而記言記事，或未免如章實齋《古文十弊》之三所譏“事欲如其文”而非“文欲如其事”。聊舉一例。平景蓀《樵隱昔寱》卷十四《書望谿集左忠毅公逸事後》云：“篇中自‘史前跪’以下數行文字，奕奕有生氣。然據［史可法］《忠正集》崇禎乙亥十一月祭忠毅文云：‘逆璫陷師於獄，一時長安摇手相戒，無往視者。法不忍，師見而顰蹙曰：爾胡爲乎來哉。’忠正述當日情事，必不追諱，豈易以一言哉。《龍眠古文》一集左光先《樞輔史公傳》亦祇云：‘予已至此，汝何故來死。’”按《戴南山全集》卷八《左忠毅公傳》記此事云：“光斗呼可法而字之曰：‘道鄰，宜厚自愛！異日天下有事，吾望子爲國柱。自吾被禍，門生故吏，逆黨日羅而捕之。今子出身犯難，殉硜硜之小節，而攖奸人之鋒。我死，子必隨之，是再戮我也！’”又與史、左兩文所記不甚合。然《望谿文集》卷九《左忠毅公逸事》中此節文自佳：“史前跪，抱公膝而嗚咽。公辨其聲，而目不可開，乃奮臂，以指撥眥，目光如炬。怒曰：‘庸奴，此何地也，而汝來前。國家之事，糜爛至此。老夫已矣，汝復輕身而昧大義，天下事誰可支拄者。不、速去，無俟姦人構陷。’”無愧平氏所稱“奕奕有生氣”。蓋望谿、南山均如得死象之骨，各以己意揣想生象，而望谿更妙於添毫點睛，一篇跳出。

【補正】《望谿集》卷二《書〈刺客傳〉後》論太史公“增損”《國策》本文，不啻金針度人。讀其《左忠毅公逸事》時，當解此意。參觀《管錐編》論《左傳正義》第一則末“增訂”。

【補訂】史傳記言乃至記事，每取陳編而渲染增損之，猶詞章家伎倆，特較有裁制耳（參觀《管錐編》論《毛詩正義》第三八“詩之象声”，又《宋詩選註》論范成大《州橋》）。劉子玄讀史具眼，尚未窺此，故堅持驪姬“牀笫私”語之爲紀實，祇知《莊子》、《楚辭》之爲“寓言”、“假説”而不可採入史傳（參觀《管錐編》論《左傳正義》第一“《左傳》之記言”、論《全上古三代秦漢三國六朝文》第一七一“詞賦主客酬對多假託”）。於“史”之“通”，一間未達。譬如象之殺舜、子産之放魚，即真有其事，而《孟子·萬章》所記“二嫂使治朕棲”、“鬱陶思君爾”、“圉圉焉、洋洋焉”、“得其所哉、得其所哉”等語，斷出於懸擬設想。如聞其聲，如得其情，生動細貼，堪入小説、院本。儒宗“傳記”（參觀趙岐《題辭》），何減“園吏”“騷人”之“僞立賓主”哉。當吾國春秋之世，希臘大史家修昔底德自道其書記言，早謂苟非己耳親聆或他口所傳，皆因人就事之宜，出於想當然而代爲之詞（Therefore the speeches are given in the language in which, as it seemed to me, the several speakers would express, on the subjects under consideration, the sentiments most befitting the occasion）。見 Thucydides, I. xxii. 13, Loeb, I, 39。信不自欺而能自知者。行之匪艱，行而自省之惟艱，省察而能揭示之則尤艱。古希臘人論學談藝，每於當時爲獨覺，於後代爲先覺，此一例也。

五

王濟有言：“文生於情。”然而情非文也。性情可以爲詩，而非詩也。詩者、藝也。藝有規則禁忌，故曰“持”也。“持其情志”，可以爲詩；而未必成詩也。藝之成敗，係乎才也。才者何，顔黄門《家訓》曰：“爲學士亦足爲人，非天才勿强命筆”；杜少陵《送孔巢父》曰：“自是君身有仙骨，世人那得知其故”；張九徵《與王阮亭書》曰：“歷下諸公皆後天事，明公先天獨絶”；趙雲松《論詩》詩曰：“此事原知非力取，三分人事七分天”；林壽圖《榕陰談屑》記張松寥語曰：“君等作詩，只是修行，非有夙業。”雖然，有學而不能者矣，未有能而不學者也。大匠之巧，焉能不出於規矩哉。

六

余嘗作文論中國文評特色，謂其能近取諸身，以文擬人；以文擬人，斯形神一貫，文質相宣矣。舉證頗詳。鄭君朝宗謂余：“漁洋提倡神韻，未可厚非。神韻乃詩中最高境界。”余亦謂然。拙文中已引宋張茂獻《文箴》、方虛谷《瀛奎律髓》評許渾《春日題韋曲野老村舍》詩語、明唐順之記《李方叔論文》，而説明之矣。

【補訂】唐氏引語出李廌《濟南集》卷八《答趙士舞德茂宣儀論弘詞書》。參觀《管錐編》論《全上古三代秦漢三國六朝文》第一八九“韻由論畫推而論詩”。

人之骨肉停勻，血脈充和，而胸襟鄙俗，風儀凡近，則傖父堪供使令，以筋力自效耳。然尚不失爲健丈夫也。若百骸六臟，賅焉不存，則神韻將安寓著，毋乃精氣遊魂之不守舍而爲變者乎。故無神韻，非好詩；而衹講有神韻，恐併不能成詩。此殷璠《河嶽英靈集·序》論文，所以“神來、氣來、情來”三者並舉也。漁洋“三昧”，本諸嚴滄浪，不過指含蓄吞吐而言，《池北偶談》卷十八引汾陽孔文谷所説“清遠”是也。而按《滄浪詩辯》，則曰：“詩之法有五：體製、格力、氣象、興趣、音節。詩之品有九：

高、古、深、遠、長、雄渾、飄逸、悲壯、淒婉。其大概有二：優遊不迫、沈著痛快。詩之極致有一：曰入神。詩而入神，至矣盡矣，蔑以加矣。惟李杜得之”云云。可見神韻非詩品中之一品，而爲各品之恰到好處，至善盡美。選色有環肥燕瘦之殊觀，神譬則貌之美而賞玩不足也；品庖有蜀膩浙清之異法；神譬則味之甘而餘回不盡也。必備五法而後可以列品，必列九品而後可以入神。參觀《莊子·天運》篇論柤梨橘柚，《論衡·自紀》篇論美色、悲音、酒食。優遊痛快，各有神韻。放翁《與兒輩論文章偶成》云：“吏部、儀曹體不同，拾遺、供奉各家風。未言看到無同處，看到同時已有功。”竊謂倘易“已”字爲“始”字，則鑑賞更深一層，譬如滄浪之論“入神”是也。滄浪獨以神韻許李杜，漁洋號爲師法滄浪，乃僅知有王韋；撰《唐賢三昧集》，不取李杜，蓋盡失滄浪之意矣。故《居易録》自記聞王原祁論南宗畫，不解“閒遠”中何以有“沈著痛快”；至《蠶尾文》爲王芝廛作詩序，始敷衍其説，以爲“沈著痛快”，非特李、杜、昌黎有之，陶、謝、王、孟莫不有。然而知淡遠中有沈著痛快，尚不知沈著痛快中之有遠神淡味，其識力仍去滄浪一塵也。明末陸時雍選《古詩鏡》、《唐詩鏡》，其《緒論》一編，標舉神韻，推奉盛唐，以爲“常留不盡，寄趣在有無之間”。蓋隱承滄浪，而於李杜皆致不滿。譏太白太利，爲才使；譏少陵失中和，出手鈍，病在好奇。《詩病在過》一條中，李、杜、韓、白胥遭指摘，獨推尊右丞、蘇州。一則以爲摩詰不宜在李杜下，再則以爲詩貴色韻，韋兼有之。斯實上繼司空表聖《與王駕評詩》之説，而下接漁洋者。後人因菲薄漁洋，而亦歸罪滄浪；塗説亂其阜白，俗語流爲丹青，恐古人不受此誣也。翁覃谿《復初齋文集》卷八有《神韻論》三首，胸中未盡豁雲霾，故筆下尚多帶泥水。然謂詩“有於高古渾樸見神韻者，有於風致見神韻者，有在實際見神韻者，亦有虚處見神韻者，神韻實無不該之所”云云，可以矯漁洋之誤解。惜未能爲滄浪一白真相。胡元瑞《詩藪》内編卷五曰：“作詩大要，不過二端：體格聲調、興象風神而已。體格聲調，有則可循；興象風神，無方可執。故作者但求體正格高，聲雄調鬯；積習之久，矜持盡化，形迹俱融，興象風神，自爾超邁。譬則鏡花水月：體格聲調，水與鏡也；興象風神，月與花也。必水澄鏡朗，然後花月宛然；詎容昏鑑濁流，求睹二者。”竊欲爲胡氏更進一解曰：詎容水涸鏡破，求睹二者。姚薑塢《援鶉堂筆記》卷四十四云：“字句章法，文之淺者也，然神氣體勢皆由之而見。”其猶子惜抱本此意，作《古文辭類纂·序目》云：“所以爲文者八，曰：神理、氣味、格律、聲色。神理、氣味者，文之精也；格律、聲色者，文之粗也。然苟舍其粗，則精者亦胡以寓焉。”此滄浪説之註脚也。【附説八】古之談藝者，其所標舉者皆是也；以爲舍所標舉外，詩無他事，遂取一端而概全體，則是者爲非矣。詩者，藝之取資於文字者也。文字有聲，詩得之爲調爲律；文字有義，詩得之以侔色揣稱者，爲象爲藻，以寫心宣志者，爲意爲情。及夫調有弦外之遺音，語有言表之餘味，則神韻盎然出焉。《文心雕龍·情采》篇云：“立文之道三：曰形文，曰聲文，曰情文。”按 Ezra Pound 論詩文三類，曰 Phanopoeia，曰 Melopoeia，曰 Logopoeia，與此詞意全同。參觀 *How to Read*，pp. 25–28；*ABC of Reading*，p. 49。惟謂中國文字多象形會意，故中國詩文最工於刻劃物象，則稚騃之見矣。人之嗜好，各有所偏。好詠歌者，則論詩當如樂；好雕繪者，則論詩當如畫；好理趣者，則論詩當見道；好性靈者，則論詩當言志；好於象外得懸解者，則謂詩當如羚羊掛角，香象渡河。而及夫自運謀篇，倘成佳構，無不格調、詞藻、情意、風神，兼具各備；雖輕重多寡，配比之分量不同，而缺一不可焉。

【附說八】西洋談藝，Walter Pater：*Appreciations*："Style"篇中，論文格有 Mind 與 Soul 之殊。近來 Henri Brémond：*Prière et Poésie* 第十二章分別 Animus ou l'esprit 與 Anima ou l'âme，所謂 Soul 若 Anima，其詞其意，即中土所謂神也。體會極精。Maupassant：*Pierre et Jean*：Préface 記 Flaubert 論文語亦以神（l'âme）爲主，可參觀。西洋文評所謂 Spirit，非吾國談藝所謂神。如《新約全書》名句"Not of the letter，but of the spirit；for the letter killeth，but the spirit giveth life．"2 Corinthians，iii，6. 文家常徵引之。Spirit 一字，即"意在言外"、"得意忘言"、"不以詞害意"之"意"字，故嚴幾道譯 *Esprit des lois* 爲《法意》。Mind 與 Soul 之別，在西方哲學實爲常言。Plotinus 六書九章（*Enneads*）以 Nous 別於 Psyche；詩人 Lucretius 物理篇（*De rerum natura*）卷三以 Animus 別於 Anima。近如 Lotze《人極二字出周子《太極圖說》論》（*Mikrokosmus*）第五卷第一章亦專講 Geist 與 Seele 有異。Nous 也，Animus 也，Geist 也，Mind 也，皆宋學家所謂義理之心也。Lucretius，III，140 之 consilium 及 menten。而 Psyche 也，Anima 也，Seele 也，Soul 也，皆宋學家所謂知覺血氣之心，Lucretius，III，121 之 vita。亦即陳清瀾《學蔀通辨》斥象山、陽明"養神"之"神"是也。然而"神"有二義。"養神"之"神"，乃《莊子·在宥》篇："無摇汝精，神將守形"之"神"，絶聖棄智，天君不動。至《莊子·天下》篇："天地並，神明往"之"神"，並非無思無慮，

不見不聞，乃超越思慮見聞，别證妙境而契勝諦。《易》所謂“精義入神”，《孟子》所謂“大而聖，聖而神”，《孔叢子》所謂“心之精神謂之聖”，皆指此言。故 Plotinus 略本柏拉圖别 Noesis 出於 Dianoia 之意，又拈出一未定名之功能，謂是 Nous 之充類拔萃。按 W. R. Inge：*Philosophy of Plotinus*，Lecture ix 名爲 Spirit，又 I. A. Watkin：*Men and Tendencies*："Plotinus。"引 Clement 謂爲精（Pneumatica sperma）。後來 Boethius 於知覺（Sensus，imaginatio）、理智（Ratio）外，另舉神識（Intelligentia）。見 *Consolationes philosophiae*，v. 4. 德國哲學家自 Wolff 以下，莫不以悟性（Verstand）别出於理性（Vernunft），謂所造尤超卓；Jacobi 之説，更隱與近人 Bergson 語相發。按 Jacobi 説見 *The Logic of Hegel*，tr. by W. Wallace，p. 401，note 引，参觀 Coleridge：*Biographia Literaria*，ed. by J. Shawcross，vol. I，p. 109；pp. 249-250，notes。Bergson 亦於知覺與理智之外，别標直覺（Intuition）；其認識之簡捷，與知覺相同，而境諦之深妙，則並在理智之表。蓋均合神之第二義。此皆以人之靈明，分而爲三（trichotomy）。《文子·道德篇》云："上學以神聽之，中學以心聽之，下學以耳聽之。"《金樓子·立言篇》上一條全同。晁文元《法藏碎金録》卷三亦謂："覺有三説，隨淺深而分。一者覺觸之覺，謂一切含靈，凡有自身之所觸，無不知也。按即文子所謂"下學"。二者覺悟之覺，謂一切明哲，凡有事之所悟，無不辨也。按即中學。三者覺照之覺，謂一切大聖，凡有性之所至，無不通也。"按即上學。皆與西説脗契。文子曰"耳"者，舉聞根以概其他六識，即知覺是，亦即"養神"之"神"，神之第一義也。談藝者所謂"神韻"、"詩成有神"、"神來之筆"，皆指上學之"神"，即神之第二義，Pater 與 Brémond 論文所謂神是也。略爲穿穴爬梳如右。

【補訂】白瑞蒙(H. Brémond)區别 animus 與 anima,同時法國詩人克洛岱爾(Paul Claudel)亦撰寓言("Parabole d'Animus et Anima"),見 *Positions et Propositions*, I, *Oeuvres en Prose*, Bib. de la Pléiade, 27ff.。謂"心"爲夫而"神"爲婦,同室而不相得;夫智辯自雄,薄婦之未嘗學問,實不如婦之默識靈悟也。德國古宗教詩人(Quirinus Kuhlmann)則喻心如火之熱而烈,神如光之明而静(Der Geist wird voller stärk in seiner Feuersmacht; /Die Seele leuchtet sanft aus ihrer Lichtesstill)。見"Kreis der Trinität", in M. Wehrli, *Deutsche Barocklyrik*, 3. Aufl., 1962, 186。要皆不外於中世紀經院哲學判分兩者之旨。參觀 C. Spearman, *Psychology Down the Ages*, I, 141 and II, 297。雅可比(F. H. Jacobi)所謂"超感覺之感覺"(der Sinn für das Übersinnliche)即柏格森之"直覺",近人考論綦詳。參觀 A. O. Lovejoy, *The Reason, the Understanding and Time*, 2-10。十四世紀德國神祕宗師愛克哈特(Meister Eckhart)以學爲有上中下三等(three kinds of cognition):下學以身;中學以心知;上學以神,絶倫造極,對越上帝。(The first is physical. The second is intellectual and is much higher. The third signifies a nobler power of the soul which is so high and so noble that it apprehends God in His own naked being.)見 *Sermon* XIX, in James M. Clark, *Meister Eckhart*, 220, cf. 62。與文子契合矣。

七

自杜牧之作《李昌谷詩序》，有“牛鬼蛇神”之説，《塵史》卷中記宋景文論長吉有“鬼才”之目。

【補訂】齊己《酬湘幕徐員外見寄》云：“詩同李賀精通鬼，文擬劉軻妙入禪。”錢希白《南部新書》丙載世以“李白爲天才絶，白居易爲人才絶，李賀爲鬼才絶。”元遺山《論詩絶句》中“燈前山鬼淚縱横”一首，宗廷輔《古今論詩絶句》亦謂“當指長吉”。後來陸時雍《詩鏡·總論》至云：“李賀其妖乎。非妖何以惑人。故鬼之有才者能妖，物之有靈者能妖。”

説詩諸家，言及長吉，胸腹間亦若有鬼胎。潘彦輔《養一齋詩話》至謂好作鬼語，乃夭壽之兆。即力爲長吉辯護者，皆不得不恨其奇詭。清初姚羹湖《昌谷詩註》凡例始謂：“世間安得有奇，即有亦安得有不可解者。昌谷無奇處，無不可解處。世人耳食無定識，遂如夢中説夢”云云。故其註悉取時事附會。自序曰：“元和之朝，内憂外患。賀懷才兀處，慮世道而憂人心。孤忠沈鬱，命詞命題，刺世弊而中時隱。倘不深自弢晦，則必至焚身。斯愈推愈遠，愈入愈曲，愈微愈減，言者無罪，聞者不審”云云。朱軾《箋註長吉詩》自序謂：“《十二月樂詞》，《豳風·七月》也。《章和二年中》，《豳雅》、《豳頌》矣。《夜來樂》、《大隄曲》諸篇，其采蘭贈藥之遺乎。讀平城雁門之章，如見《東山》、《采薇》之意焉。善讀者可以興觀，可以羣怨”云云。陳本禮《協律鉤元》自序謂：“長吉集中如《箜篌引》、《銅駝悲》、《北中悲》、《假龍吟》、《崑崙使者劍子歌》、《貴公子夜闌曲》、《老夫採玉歌》、《洛姝真珠》等篇，咸感切當時，目擊心傷。託於詠物寫景，使人不易窺其意旨”云云。三家之旨略同。張簣齋《澗于日記》嘗謂考據家不足與言詩，乃亦欲以本事説長吉詩。不解翻空，務求坐實，尤而復效，通人之蔽。將涉世未深、刻意爲詩之長吉，説成寄意於詩之屈平，蓋欲翻牧之序中“稍加以理，奴僕命騷”二語之案。皆由腹笥中有《唐書》兩部，已撑腸成痞，探喉欲吐，無處安放。於是併長吉之詩，亦説成史論，雲愁海思，化而爲冷嘲熱諷。學士心目，限於世法常理，初不知韋宗所謂“《五經》之外，冠冕之表，復自有人”也。夫言者未必無罪，而聞者或知所戒，斯詩有美刺；苟聞而不審，何以刺爲。此譬如既信孔子作《春秋》，所以“正人心，抑邪説，使亂臣賊子懼”，而復稱述何休《公羊解詁》，謂孔子懼禍，隱晦其文；不自知前後之矛盾也。長吉同時元白《諷諭》具在，幾見喪元而焚其身乎。牧之與長吉，年輩差接，聞知見知，作序明言《騷》有感怨刺懟，言及君臣理亂，賀則無是。姚氏生千載之後，逞其臆見，强爲索隱，夢中説夢之譏，適堪夫子自道耳。

【補訂】汪穰卿《莊諧選録》卷二載一笑柄。某富人子好游蕩，富人偶以事遠行，招子之友數人至，屬以隨時規諫。富人去後，子飲博狹邪，大喪家資。富人歸，懲責其子，且召所屬數人至，怪其相負。皆慚悚不能對，惟一人奮然曰：“吾嘗深言其不可，奈郎君不省何。”子曰：“吾實未聞汝言也。”其人曰：“君試追憶之。我曾語君曰：‘君此等豪舉，信今世所罕有。’斯非反言諷諫而何。”富人曰：“感君苦心，豚兒魯鈍，不能解會。然恨君進言時不自加註脚耳。”讀姚羹湖、陳本禮輩發明長吉刺時隱衷，輒憶此謔。説詩解頤，古來美談，竊謂笑林中解頤語，説詩者亦聞之足戒。如董若雨《西遊補》第五回、孫行者化身爲虞美人，與西施、緑娘等聯句，脱口而出曰：“拜佛西天。”諸女譁怪，行者强顔文飾曰：“文字艱深，便費詮解。天者夫也，西者西楚也，拜者歸也，佛者心也；蓋言歸心於西楚丈夫也。”《兒女英雄傳》第三十三回，支著者以“一桿長槍”爲“啞謎”，勸下棋者“下馬”；下棋者茫然不解，支著者不憚煩而引申之，下棋者“低頭想了半天”，喟然曰：“明白可明白了，我寧可輸了都使得，實在不能跟着你繞這大彎兒。”讀詩而察察於遮詮者，以爲言言必影射，深文穿鑿；蓋不可不聞此二謔。《孤本元明雜劇》中闕名《破風詩》寫白樂天遊寺賦詩，賈浪仙爲沙彌侍側，進而言曰：“大人好則好詩，都偷着古人的詩”，因逐句捉其贓證。《唐摭言》卷十三《矛盾門》嘗記長安沙門“善病人文章，尤能捉語意相合處”，此沙彌似傳衣鉢，而口角鄙倍，杜撰厚誣，至謂樂天預“偷”薛能、吕洞賓等之句。讀詩而斤斤於表言者，以爲字字有來歷，望文牽合；亦不可不聞此謔。余爲爾許語，亦正所以自戒而自嘶笑耳。

長吉穿幽入仄，慘淡經營，都在修辭設色，舉凡謀篇命意，均落第二義。故李賓之《懷麓堂詩話》謂其“有山節藻棁，而無梁棟”。雖以黎二樵之竺好，而評點《昌谷集》，亦謂其“於章法不大理會”。喬鶴儕《蘿藦亭札記》卷四至斥昌谷“餖飣成文，其篇題宜著議論者，即無一句可采，才當在温岐之下。温猶能以意馭文藻，昌谷不能”。與李黎二家所見實同。

【補訂】牧之“稍加以理”一語，後賢諍論，尚有一端。如劉會孟《須溪集》卷六《評李長吉詩》謂牧之“不知賀所長，正在理外”；胡元瑞《少室山房類稿》卷一百五謂：“‘加以理’且併長吉俱失之，而胡《騷》之命也。”舒白香《古南餘話》卷三云：“長吉才情哀艷過於少陵。如《榮華樂》一篇，怨而不怒，風人之旨，旁敲隱刺，妙不容指。善學《楚辭》；試將《招魂》、《大招》中些只語助一一點去，以七字斷句，不全似長吉樂府之聲乎。樊川謂其少理，蓋不能讀騷。騷正越理攄情，貴聲情而略詞理者。有娀之女可求乎。鴆可爲媒乎。魚可塍乎。天可沖乎。水中可築室而芙蓉可爲裳乎。其理安在，而以少理議賀。”姚、陳、張輩謂長吉之詩、妙在乎有理而猝不能解，劉、胡、舒輩謂其妙在乎無理而正不須解；二説相反，而均一反牧之“少加以理”之説，大類外禦其侮者乃鬩於牆之兄弟矣。舒氏論《騷》，見識稚淺。情事不妨荒誕而詞意自有條理（參觀《管錐編》論《楚辭洪興祖補註》第二“前後失照”）；牧之議長吉“少理”，即黎二樵評長吉所謂“於章法不大理會”也。王琢崖《李長吉歌詩彙解》於《昌谷詩》末引宋吴正子語而申之曰：“妍媸雜陳，天吴紫鳳。”馬星翼《東泉詩話》卷一謂長吉詩“篇幅稍長，則詞意重複，不可貫注。如《惱公》長律重見者四十餘字，花開、露飛、金蛾等字皆三見”，亦頗中其失，而未勘入深處。《惱公》如第三聯以下云：“注口櫻桃小，添眉桂葉濃。曉奩妝秀靨，夜帳減香筒。鈿鏡飛孤鵲，江圖畫水荇。陂陀梳碧鳳，腰裊帶金蟲。杜若含清露，河蒲聚紫茸。月分蛾黛破，花合靨朱融。髮重疑盤霧，腰輕乍倚風。”入手出場，便費如許筆墨，描寫其人，幾佔全詩七之一，以下敍述情事波折，已相形而繁簡失當矣。且此七十字中，行布拉雜。“月分蛾黛破”二聯當承“注口櫻桃小”一聯，皆寫體貌也，而忽爲“香筒”、“鈿鏡”、“江圖”三句寫陳設語隔斷。“陂陀”喻高髻也，此聯寫頭髮腰肢，亦當緊承寫口眉語，而同遭横梗；四句之後復有“髮重”、“腰輕”一聯，則既苦凌亂，復病重疊。“杜若”一聯猶《離騷》之言“荷衣”、“蓉裳”、“蘭佩”，形容衣著，與“陂陀”一聯之言“梳”、“帶”，雖尚可銜接，而插在“注口”云云與“月分”云云之間，終如適從何來，遽集於此。“靨朱融”四十字前又有“妝秀靨”，非善忘即不憚煩耳。皆“不可貫注”、“章法欠理會”之顯例也。《惱公》一篇奇語絡繹，固不乏費解處，然莫名其器者亦無妨欽其寶。鄙心所賞，尤在結語：“漢苑尋官柳，河橋閡禁鐘。月明中婦覺，應笑畫堂空。”“漢苑”一聯即蕭郎陌路、侯門如海之意。乃忽撇開此郎之悵然，而拈出他婦之欣然。“中婦”猶上文“黄娥初出座，寵妹始相從”之“黄娥”，指同曲或同適而稍齒長色衰者；其人應深喜勝己之小婦一去不返，莫予毒也，清夜夢回，啞然獨笑。冷語道破幸災争寵情事；不落絃腸欲斷之窠臼，出人意表，而殊切蛾眉不讓之機栝，曲傳世態。如哀絲豪竹之後，忽聞清鐘焉。《樂府詩集》卷三十五陳後主《三婦豔》第一首：“大婦避秋風，中婦夜牀空。小婦初兩髻，……可憐那可同”；第九首：“大婦怨空閨，中婦夜偷啼。小婦獨含笑，……夜夜畫眉齊。”皆言三婦寵愛專在小者一身，大、中均索寞如房老。長吉用“中婦”字，意中當有此等落套語，力破陳言而翻舊案，“啼牀空”者卻“笑堂空”。豈非與古爲新、脱胎换骨哉。長吉《謝秀才有妾縞練改從於人》詩第一首：“月明啼阿姊，燈暗會良人”，情景適相對照。“阿姊”正如“中婦”，然其“良人”别有歡“會”，則自傷棄置，不喜而悲矣。良宵好月，“阿姊”“中婦”，一戚一欣，猩啼狒笑，正如古謡所謂“月子彎彎照九州，幾家歡樂幾家愁”也。《昌谷詩》初云：“光露泣幽淚”，而繼云：“風露滿笑眼”，似亦“章法”欠“理會”之例。歌德論卉植生成，拈出“直立傾向”(Vertikaltendenz)與“盤旋傾向”(Spiraltendenz)；近世德國談藝者(Günther Müller)本之以論文，謂著作才分“挈領之才”(Führkraft)與“鋪張之才”(Schwellkraft)，人尠兼美。參觀 Manon Maren-Grisebach，*Methoden der Literaturwissenschaft*, 8. Aufl., 1982, 75。“梁棟”、“章法”、“意馭文藻”胥屬“挈領”、“直立”邊事，長吉才質殆偏於“鋪張”、“盤旋”者歟。

余嘗謂長吉文心，如短視人之目力，近則細察秋毫，遠則大不能覩輿薪；故忽起忽結，忽轉忽斷，複出傍生，爽肌戛魄之境，酸心刺骨之字，如明珠錯落。與《離騷》之連犿荒幻，而情意貫注、神氣籠罩者，固不類也。古來學昌谷者多矣。唐自張太碧《惜花》第一第二首、《遊春引》第三首、《古意》、《秋日登岳陽樓晴望》、《鴻溝行》、《美人梳頭歌》，已濡染厥體。按張碧自序詩云：“嘗讀李長吉集，春拆紅翠，霹開蟄户，奇峭不可攻。及覽李太白詞，天與俱高，青且無際。覩長吉之篇，若陟嵩之顛觀諸阜者”云云。然此數篇則學長吉。孟東野有《讀張碧集》詩，稱爲“先生今復生”，則碧之年輩，不在長吉後。學長吉者，當以斯人爲最早矣。同時莊南傑《樂府》五首，稍後則韋楚老《祖龍行》、《江上蚊子歌》，亦稱殆庶。按胡元瑞《詩藪》内編卷三謂韋楚老《祖龍行》，雄邁奇警，長吉所出。大誤。長吉殁於元和中；楚老長慶時始成進士，至開成猶在。杜牧之有送其自洛陽歸朝詩。皆窠臼未成，語意易曉；詞新而非澀，調急而不險。惟李義山才思綿密，於杜韓無不升堂嗜胾，所作如《燕臺》、《河内》、《無愁果有愁》、《射魚》、《燒香》等篇，亦步昌谷後塵。按温飛卿樂府，出入太白、昌谷兩家，詭麗惝怳。然義山奥澀，更似昌谷。宋自蕭貫之《宫中曉寒歌》，初爲祖構。金則有王飛伯，元則有楊鐵崖及其門人，明則徐青藤，皆撏撦割裂，塗澤藻繪。青藤尤雜駁不純，時有東坡鸜哥嬌之歎。按黄之雋《㝩堂集》卷五有《韓孟李三家詩選序》，自言以謝皋羽、楊鐵崖、徐青藤詩，鈔附三家之後，所以由源竟委。黄氏能以東野與退之、昌谷齊稱，可謂具眼。然謝、楊、徐三人，實不關韓孟事，祇可配饗昌谷耳。黄氏於昌谷用力甚深，集中卷二十一《雜著》論昌谷有七言律，尤爲創論；又考定昌谷賦《高軒過》，當在十九歲、二十歲之間，陳本禮《協律鉤元》即取其説。惟謝皋羽《晞髮集》能立意而不爲詞奪，文理相宜，唱歎不盡。皋羽亡國孤臣，忠愛之忱，洋溢篇什；長吉苟真有世道人心之感，亦豈能盡以詞自掩哉。試以長吉《鴻門宴》，較之宋劉翰《鴻門宴》、皋羽《鴻門宴》、鐵崖《鴻門會》，則皋羽之作最短，良由意有所歸，無須鋪比詞費也。蓋長吉振衣千仞，遠塵氛而超世網，其心目間離奇俶詭，尠人間事。所謂千里絶迹，百尺無枝，古人以與太白並舉，良爲有以。若偶然諷諭，則又明白曉暢，如《馬詩》二十三絶，借題抒意，寄託顯明。又如《感諷》五首之第一首，寫縣吏誅求，樸老生動，真少陵《三吏》之遺，豈如姚氏所謂“聞之不審”者乎。李仁卿《古今黈·補遺》論作詩天才，謂“若必經此境，始能道此語，則其爲才也隘矣；如長吉《箜篌引》：‘女媧煉石補天處’云云，長吉豈果親造其處乎”。李氏考據家解作此言，庶幾不致借知人論世之名，爲吠聲射影之舉矣。

八

牧之序昌谷詩，自“風檣陣馬”以至“牛鬼蛇神”數語，模寫長吉詩境，皆貼切無溢美之詞。若上文云：“雲煙綿聯，不足爲其態；水之迢迢，不足爲其情；春之盎盎，不足爲其和；秋之明潔，不足爲其格。”則徒事排比，非復實録矣。長吉詞詭調激，色濃藻密，豈“迢迢”、“盎盎”、“明潔”之比。且按之先後，殊多矛盾。“雲煙綿聯”，則非“明潔”也；“風檣陣馬”、“鯨呿鼇擲”，更非迢迢盎盎也。

【補訂】賀貽孫《詩筏》評牧之此序亦云：“唐人作唐人詩序，亦多夸詞，不盡與作者痛癢相關。此序中春和秋潔二語，不類長吉，似序儲、王、韋、柳五言古詩。而雲煙綿聯、水之迢迢，又似爲微之《連昌宫詞》、香山《長恨歌》諸篇作贊。若時花美女，則《帝京篇》、《公子行》也。此外數段，皆爲長吉傳神，無復可議。”唐人序誄之文，品目詞翰，每鋪陳擬象，大類司空表聖作《詩品》然，參觀《管錐編》論《全上古三代秦漢三國六朝文》第一四八。且即以之作詩，少陵之“翡翠蘭苕，鯨魚碧海”；昌黎之“攬龍角”、“拔鯨牙”；劉夢得《翰林白二十二學士見寄詩一百篇》之“玉琴清夜人不語，琪樹春朝風正吹，郢人斤斲無痕跡，仙人衣裳棄刀尺”；均佳例也。

【補正】以“詩品”作詩，可上溯《詩·大雅·烝民》：“吉甫作頌，穆如清風”；少陵“翡翠蘭苕”、退之“鯨牙龍角”，濫觴於是矣。

【補訂】鋪張揚厲，則有如僧鸞《贈李粲秀才》七古稱其詩云：“大郊遠闊空無邊，凝明淡緑收餘煙，曠懷相對景何限，落日亂峰青倚天。又驚大舶帆高懸，行濤劈浪凌飛仙，回首瞥見五千仞，撲下香爐瀑布泉。駿如健鶻鶚與鵰，拏雲獵野翻重霄，狐狸竄伏不敢動，卻下雙鳴當迅飆。愁如湘靈哭湘浦，咽咽哀音隔雲霧，九嶷深翠轉巍峨，仙骨寒消不知處。清同野客敲越甌，丁當急響涵清秋，鸞雛相引叫未定，霜結夜闌仍在樓。高若太空露雲物，片白激青皆彷彿，仙鶴閑從浄碧飛，巨鼇頭戴蓬萊出。”七律題詩文卷多用此法，如章孝標《覽楊校書文卷》云：“情高鶴立崑崙峭，思壯鯨跳渤澥寬”；殷文圭《覽陸龜蒙詩卷》云：“峭如謝桂虬蟠活，清似緱山鳳路孤”；羅隱《和禪月大師見贈》云：“秀似谷中花媚日，清如潭底月圓時”；陸龜蒙《謝人詩卷》云：“談仙忽似朝金母，説艷渾如見玉兒”；《王荆文公詩》卷三十二《和宋大博服除還朝》第四首云：“美似狂酲初噉蔗，快如衰病得觀濤。”山谷尤好爲之，如《外集》卷十五《吏部蘇尚書、右選胡侍郎皆和鄙句、次韻道謝》：“清如接筧通春溜，快似揮刀斫怒雷”；《外集補》卷三《和答任仲微贈别》：“清似釣船聞夜雨，壯如軍壘動秋鼙”；卷四《謝仲謀示新詩》：“清於夷則初秋律，美似芙蓉八月花。”後來祖構，不復覼縷。竊謂義山《錦瑟》，實即此製，特詞旨更深妙耳。人嘗稱柯律治(Coleridge)《呼必賚汗》以詩評詩，爲英語中此體絶羣超倫之作（“Kubla Khan”, surely the greatest triumph in English of “the Critical Muse”）。見 George Watson, *The Literary Critics*, 1962, 120；cf F. Schlegel, *Literary Notebooks, 1797–1801*, ed. H. Eichner, 1957, 223, note：“Schlegel conceives of criticism as ‘Poesie der Poesie’”。《錦瑟》一篇借比興之絶妙好詞，究風騷之甚深密旨，而一唱三歎，遺音遠籟，亦吾國此體絶羣超倫者也。司空表聖《詩品》，理不勝詞；藻采洵應接不暇，意旨多梗塞難通，衹宜視爲佳詩，不求甚解而吟賞之。吾鄉顧蒹塘翰《拜石山房詩鈔》卷四有仿《詩品》之作，題云：“余仿司空表聖《詩品》二十四則，伯夔見而笑曰：此四言詩也。因登諸集中，以備一體。”表聖原《品》，亦當作“四言詩”觀耳。道光時，金谿李元復撰《常談叢録》，村學究猥陋之書，惟卷六《詩品》一條指摘表聖，令人刮目異視。有云：“《詩品》原以體狀乎詩，而復以詩體狀乎所體狀者。是猶以鏡照人，復以鏡照鏡。”即以《詩品》作詩觀，而謂用詩體談藝，詞意便欠親切也。“以鏡照鏡”之喻原出釋典（參觀《管錐編》論《毛詩正義》第三七），道家襲之，如《化書・道化》第一云：“以一鏡照形，以餘鏡照影，鏡鏡相照，影影相傳；是形也、與影無殊，是影也、與形無異。”西方神祕家言設譬，有相近者。（Meister Eckhart, *Sermon*, XII：“I take a basin full of water, place in it a mirror and put it below the sun's disc. The reflection of the sun is the sun within the sun, and yet the mirror remains what it is.”）見 *op. cit.*, 183–4. 後世詩人評詩，亦每譏“以象擬象”、“以鏡照鏡”。（Hebbel：“Bilderpoesie”：“Setzt ihr aus Spiegeln den Spiegel zusammen? Warum denn aus Bildern/

Eure Gedichte? An sich ist ein Gedicht ja ein Bild! ”；見 *Werke*, hrsg. T. Poppe, I, 187。W. B. Yeats to the Editor of *The Nation*：“Your correspondent quotes me correctly as having said that Mr Synge's work was too literary, too ‘full of images reflected from mirror to mirror’.”）見 *Letters*, ed. A. Wade, 1954, 528。李氏斯言，殊可節取；村塾老儒固未許抹摋也。吾國評論表聖《詩品》著作中似無徵引李氏書者。

《閲微草堂筆記》謂“秋墳鬼唱鮑家詩”，當是指鮑昭，昭有《代蒿里行》、《代挽歌》。亦見《四庫總目》卷一百五十。頗爲知言。長吉於六代作家中，風格最近明遠，不特詩中説鬼已也。蕭子顯《南齊書·文學傳論》稱明遠曰：“發唱驚挺，操調險急，雕藻淫豔”；鍾嶸《詩品》論明遠曰：“俶詭靡嫚，骨節强，驅邁疾。”與牧之“風檣陣馬、時色美女、牛鬼蛇神”諸喻，含意闇合，諒非偶然矣。

九

戈蒂埃(Gautier)作詩文，好鏤金刻玉。

【補訂】近世歐美詩人中，戈蒂埃之名見於吾國載籍甚早，僅視美國之郎費羅稍後耳（參觀拙作《七綴集》中《漢譯第一首英語詩及有關二三事》)。張德彝《再述奇》同治八年正月初五日記志剛、孫家穀兩“欽憲”約“法人歐建暨山西人丁敦齡者在寓晚饌”，又二月二十一日記“歐建請志、孫兩欽憲晚饌”。歐建即戈蒂埃；丁敦齡即 Tin-Tun-Ling，曾與戈蒂埃女(Judith Gautier)共選譯中國古今人詩成集，題漢名曰《白玉詩書》(*Le Livre de Jade*，1867)，頗開風氣。參觀 Ingrid Schuster，*China und Japan in der deutschen Literatur 1890-1925*，1977，90。張德彝記丁“品行卑汙”，拐誘人妻女，自稱曾中“舉人”，以罔外夷，“現爲歐建之記室。據外人云，恐其作入幕之賓矣。”戈氏之友記丁本賣藥爲生，居戈家，以漢文授其兩女，時時不告而取財物。(Émile Bergerat：“Je n'ai pas connu d'homme ayant l'emprunt plus silencieux que ce Céleste”. quoted in W. L. L. Schwartz，*The Imaginative Interpretation of the Far East in Modern French Literature*，1927，21；cf. 22-3.)其人實文理不通，覩譯詩漢文命名，用“書”字而不用“集”或“選”字，足見一斑。文理通順與否，本不係乎舉人頭銜之真假。然丁不僅冒充舉人，亦且冒充詩人，儼若與杜少陵、李太白、蘇東坡、李易安輩把臂入林，取己惡詩多篇，俾戈女譯而孴其間。顏厚於甲，膽大過身，欺遠人之無知也。後來克洛岱爾擇《白玉詩書》中十七首，潤色重譯(*Autres Poèmes d'après le Chinois*)，赫然有丁詩一首在焉。Tin-Tun-Ling；“L'Ombre des feuilles d'oranger” in Paul Claudel,*Oeuvre poétique*；la Pléiade,1967,947；cf. Judith Gautier,*Le Livre de Jade*,ed. Plon,1933,97.未識原文作底言語，想尚不及《東陽夜怪録》中敬去文、苗介立輩賦詠。此雖祇談資笑枋，亦足以發。詞章爲語言文字之結體賦形，詩歌與語文尤黏合無間。故譯詩者而不深解異國原文，或賃目於他人，或紅紗籠己眼，勢必如《淮南子・主術訓》所謂：“瞽師有以言白黑，無以知白黑”，勿辨所譯詩之原文是佳是惡。譯者驅使本國文字，其功夫或非作者驅使原文所能及，故譯筆正無妨出原著頭地。克洛岱爾之譯丁敦齡詩是矣。

其談藝篇(L'Art)亦謂詩如寶石精鏐，堅不受刃(le bloc résistant)乃佳，故當時人有至寶丹之譏(le matérialisme du style)。見 Petit de Juleville 主編 *Histoire de la langue et de la littérature française*, t. VII, p. 689引 A. A. Cuvillier-Fleury 語，又 *Journal des Goncourt*, 27, décembre 1895 亦云“ La matérialité du style de Gautier”。近人論赫貝兒(F. Hebbel)之歌詞、愛倫坡（E. A. Poe)之文、波德萊爾（Baudelaire）之詩，各謂三子好取金石硬性物作比喻。見 Gerhard Wagner：*Komplex, Motiv und Wort in Hebbels Lyrik*；D. H. Lawrence：*Studies in Classic American Literature*：“Poe”；J. M. Murry：*Countries of the Mind*：“Baudelaire。”竊以爲求之吾國古作者，則長吉或其倫乎。如《李憑箜篌引》之“崑山玉碎鳳凰叫”，“石破天驚逗秋雨”；《殘絲曲》之“縹粉壺中沈琥珀”；《夢天》之“玉輪軋露濕團光”；《唐兒歌》之“頭玉磽磽眉刷翠”；《南園》之“曉月當簾掛玉弓”；《十二月樂詞》之“香汗沾寶粟，夜天如玉砌”；《秦王飲酒》之“羲和敲日玻璃聲”；《馬詩》之“向前敲瘦骨，猶自帶銅聲”；《勉愛行》之“荒溝古水光如刀”；《春歸昌谷》之“誰揭赬玉盤，東方發紅照”；《江南弄》之“酒中倒卧南山緑，江上團團貼寒玉”；《北中寒》之“山瀑無聲玉虹寒”；《溪晚涼》之“玉煙青濕白如幢”；《將進酒》之“琥珀濃，小槽酒滴珍珠紅”等等。此外動字、形容字之有硬性者，如《箜篌引》之“空山凝雲頹不流”；《憶昌谷山居》之“掃斷馬蹄痕”；《劍子歌》之“隙月斜明刮露寒”；《雁門太守行》之“黑雲壓城城欲摧”，“塞上胭脂凝夜紫”，“霜重鼓寒聲不起”；《唐兒歌》之“一雙瞳人剪秋水”；《十二月樂詞》之“老景沈重無驚飛”，“釭花夜笑凝幽明”“戰卻凝寒作君壽”，“白天碎碎墮窮芳”；《浩歌》之“神血未凝身問誰”；《走馬引》之“玉鋒堪截雲”；《馬詩》之“夜來霜壓棧，駿骨折西風”；《觱篥歌》之“直貫開花風”；《傷心行》之“古壁生凝塵”；《新筍》之“籜落長華削玉開”，“斫取清光寫楚詞”；《羅浮山人與葛篇》之“欲剪湘中一尺天”；《昌谷讀書》之“蟲響燈光薄”；《張大宅病酒》之“軍吹壓蘆烟”；《自昌谷到洛後門》之“淡色結晝天”；《夜飲朝眠曲》之“薄露壓花蕙蘭氣”；《硯歌》之“踏天磨刀割紫雲”；《梁臺古意》之“芙蓉凝紅得秋色”；《神絃曲》之“桂風刷葉桂墜子”；《蘭香神女廟》之“膩頰凝花勻”；《贈陳商》之“劈地插森秀”；《別皇甫湜》之“晚紫凝華天”；《惱公》寫女子分娩臨蓐之“腸攢非束竹，肱急似張弓，古時填渤澥，今日鑿崆峒”，尤奇而褻。

【補訂】《送秦光禄北征》：“北虜膠堪折”；本《漢書·鼂錯傳》：“始於折膠”，蘇林註：“秋氣至，膠可折，匈奴常以爲候而出軍”，庾子山《擬詠懷》第十五首已云：“盲風正折膠。”亦如《馬詩》之“駿骨折西風”，皆“霜威折棉”之“折”。《北中寒》：“三尺木皮斷文理”；“斷”即“折”，猶《感諷》第二首云：“苦風吹朔寒，沙驚秦木折”，而“揮刀不入迷濛天”，則極寫“凝寒”，蓋寒威兼使堅韌者散裂而空濛者固結也。《雁門太守行》：“黑雲壓城城欲摧”；賀黄公《載酒園詩話》卷一以王荆公致疑於下句之“甲光向日”，解之曰：“王尋、王邑圍昆陽時，有雲如黑山，當營而隕。壓城亦猶此意。”雖《後漢書·光武紀》上祇云：“晝有雲如壞山，當營而隕”，賀説較勝舊註。竊謂高達夫《燕歌行》：“殺氣三時作陣雲”，韋楚老《祖龍行》：“黑雲兵氣射天裂”，均可連類。

【補正】少陵《觀安西兵過赴關中待命》之二亦云：“孤雲隨殺氣。”杜言雲“隨”殺氣，與高達夫言殺氣“作”雲，如唯之與阿也。

【補訂】吴筠《戰城南》：“陌上何諠諠，匈奴圍塞垣。黑雲藏趙樹，黄塵埋壠垠”，似“塵”實指塵頭大起，而“雲”借喻寇勢盛張。“雲”蓋極寫“殺氣”、“兵氣”，非天氣薈蔚。荆公既致疑，葉與中、沈歸愚遂强説曰：“夫雲斯須變化之物，固有咫尺不能無異者”，“陰雲蔽天，忽露赤日，實有此景”（《水東日記》卷三十六、《唐詩别裁》卷八），皆固哉高叟也。《惱公》：“古時填渤澥，今日鑿崆峒”；言此日之分娩，由於昔時之歡合。"渤澥"以海喻，猶《大般涅槃經·如來性品》第四之七言男女"共爲欲事"云："譬如大海，一切天雨，百川衆流，皆悉投歸，而彼大海，曾未滿足"；"崆峒"以山喻，猶《法苑珠林》卷七十七《怨苦篇》引《五王經》云："何謂生苦，欲生之時，頭向産處，如兩石峽山。"

皆變輕清者爲凝重，使流易者具鋒铓，孟東野詠《秋月》曰："老骨懼秋月，秋月刀劍棱"，又曰："一尺月透户，仡栗如劍飛"，以月比劍。長吉《劍子歌》則以劍比月。而其芒寒鋒鋭，無乎不同。李仁卿《古今黈》卷八論司空表聖詩好用"韻"字。表聖言詩主神韻，故其作詩賦物，每曰"酒韻"、"花韻"，所謂道一以貫者也。長吉之屢用"凝"字，亦正耐尋味。至其用"骨"字、"死"字、"寒"字、"冷"字句，多不勝舉，而作用適與"凝"字相通。若詠鬼諸什，幻情奇彩，前無古人，自楚辭《山鬼》、《招魂》以下，至乾嘉勝流題羅兩峯《鬼趣圖》之作，或極詭誕，或託嘲諷，而求若長吉之意境陰悽，悚人毛骨者，無聞焉爾。劉文成《二鬼》之篇，怪則是矣，鬼則未也。《神絃曲》所謂"山魅食時人森寒"，正可喻長吉自作詩境。如《南山田中行》、《蘇小小墓》、《感諷》第三首等，雖《死弄人》院本(Death's Jest-book)中短歌佳篇，何以過兹。蘇曼殊數以拜倫比太白仙才，雪萊比長吉鬼才。不知英詩鬼才，别有所屬，唯貝多士(T. L. Beddoes)可以當之。至於拜倫之入世踐實，而謂之"仙"，雪萊之凌虚蹈空，而謂之"鬼"，亦見此僧於文字海中飄零，未嘗得筏登岸也。

【補訂】曼殊尚有《本事詩》十章，綺懷之作也。其三云："丹頓、裴倫是我師，才如江海命如絲。朱弦休爲佳人絶，孤憤酸情欲語誰。”又《題拜倫集》云：“秋風海上已黄昏，獨向遺編弔拜倫。詞客飄蓬君與我，可能異域爲招魂。”竊謂“命如絲”衹可揣稱工愁薄命之才子如黄仲則輩，施諸柳子厚、秦少游或納蘭容若其人，尚嫌品目失當，何況但丁、拜倫。拜倫自放“異域”，侈奢淫逸，自言在威尼斯兩年，揮霍五千鎊，寢處良家婦與妓女二百餘人；Letter to Wedderburn Webster, Sept. 8, 1818, quoted in L. A. Marchand, *Byron*, 1957, II, 747; cf. letter to J. C. Hobhouse, Jan, 19, 1819, *ib*., 767-8.“詞客飄蓬”，“孤憤酸情”，其然豈然。曼殊憫剛毅傑士，以爲柔脆，憐豪華公子，以爲酸寒，以但丁言情與拜倫言情等類齊觀，而已於二家一若師承相接，身世同悲。不免道聽塗説，而謬引心照神交。蓋於西方詩家，衹如賣花擔頭看桃李耳。讀此等絶句，不妨賞其楚楚小有風致，若據以言曼殊於西方文學能具藻鑑，則譽彼長適所以褑其短矣。

長吉《將進酒》云：“勸君終日酩酊醉，酒不到劉伶墳上土”；《浩歌》云：“買絲繡作平原君，有酒惟澆趙州土。”按希臘古詩有云：“爲樂須及生時，酹酒墳前，徒成泥淖，死人固不能飲一滴也。”見 *The Greek Anthology*, BK. XI, No. 8,“Loeb”, IV, 70-1。則略同高菊磵《清明日對酒》所謂“人生有酒須當醉，一滴何曾到九泉”之意，視長吉更進一解矣。

【補訂】長吉曰：“有酒惟澆趙州土”，謂衹願澆此人墳前土而不澆他人墳前土；高菊磵詩意則謂衹能澆墳前土而不能使墳中人得飲。元無名氏《看錢奴》第一折《寄生草》云：“你便瀽了那百壺漿，也濕不透墓門前；澆的那千鐘茶，怎流得到黄泉下”，即敷陳菊磵意也。

夫鮑家之詩，“操調險急”。長吉化流易爲凝重，何以又能險急。曰斯正長吉生面別開處也。其每分子之性質，皆凝重堅固；而全體之運動，又迅疾流轉。故分而視之，詞藻凝重；合而詠之，氣體飄動。此非昌黎之長江秋注，千里一道也；亦非東坡之萬斛泉源，隨地湧出也。此如冰山之忽塌，沙漠之疾移，勢挾碎塊細石而直前，雖固體而具流性也。

【補訂】閒齋主人《夜譚隨録》卷五《怪風》記其大父鎮五涼時，有遊擊將軍在沙磧中遇大風；沙石捲聚如山，蔽日而至，有若“山移”，人面爲石子嵌入，皆流血（袁子才《新齊諧》卷六《怪風》全襲之）。可資“固體而具流性”箋釋。

故其動詞如“石破天驚逗秋雨”、“老魚跳波瘦蛟舞”、“露脚斜飛濕寒兔”、“自言漢劍當飛去”、“苔色拂霜根”、“宫花拂面送行人”、“煙底驀波乘一葉”、“光風轉蕙百餘里”、“暖霧驅雲撲天地”、“霜花飛飛風草草”、“碎霜斜舞上羅幕”、“天河夜轉漂迴星”、“夫人飛入瓊瑶臺”、“東關酸風射眸子”、“直貫開花風”、“天上驅雲行”、“河轉曙蕭蕭”、“楊花撲帳春雲熱”、“七星貫斷姮娥死”、“飛香走紅滿天春”、“天河之水夜飛入”等，又屢言轆轤之“轉”。“轉”也、“飛”也、“撲”也、“驀”也、“舞”也，皆飄疾字，至“逗”字、“貫”字、“射”字，又於迅速中含堅鋭。按此可與赫貝兒常用之funkeln，strahlen，blitzen，schmücken，prangen參觀。長吉言物體多用“凝”字、“死”字，言物態則凝死忽變而爲飛動。此若人手眼。其好用青白紫紅等顔色字，譬之繡鞶剪綵，尚是描畫皮毛，非命脈所在也。

一〇

長吉賦物，使之堅，使之鋭，余既拈出矣。而其比喻之法，尚有曲折。夫二物相似，故以此喻彼；然彼此相似，衹在一端，非爲全體。苟全體相似，則物數雖二，物類則一；既屬同根，無須比擬。長吉乃往往以一端相似，推而及之於初不相似之他端。余論山谷詩引申《翻譯名義集》所謂“雪山似象，可長尾牙；滿月似面，平添眉目”者也。如《天上謡》云：“銀浦流雲學水聲。”雲可比水，皆流動故，此外無似處；而一入長吉筆下，則雲如水流，亦如水之流而有聲矣。《秦王飲酒》云：“羲和敲日玻瓈聲。”日比瑠璃，皆光明故；而來長吉筆端，則日似玻瓈光，亦必具玻瓈聲矣。同篇云：“劫灰飛盡古今平。”夫劫乃時間中事，平乃空間中事；然劫既有灰，則時間亦如空間之可掃平矣。他如《詠懷》之“春風吹鬢影”，《自昌谷到洛後門》之“石澗凍波聲”，《金銅仙人辭漢歌》之“清淚如鉛水”，皆類推而更進一層。古人病長吉好奇無理，不可解會，是蓋知有木義而未識有鋸義耳。

【補訂】《浩歌》之“南風吹山作平地”，較庾子山《步虚詞》之“海無三尺水，山成數寸塵”，靈滯判然。《古悠悠行》云：“今古何處盡，千載隨風飄”，即《秦王飲酒》之“劫灰飛盡古今平”，而“灰”字遂使“飛”、“平”有著落。《北中寒》云：“山瀑無聲玉虹懸”，即《自昌谷到洛後門》之“石澗凍波聲”，波“凍”自“無聲”，乃若“聲”亦遭“凍”而待融解者；令人思及拉伯雷(Rabelais)鋪張之西方古説，謂一國祁寒，入冬則人語獸鳴皆凍合不可聞，至來夏則隔歲衆諸音聲解凍復發，喧囂滿空。參觀 Plutarch：“How a Man May Become Aware of His Progress in Virtue”，§79，*Moralia*，“Loeb”，I，421；*Le Quart Livre*，lv-lvi：“Comment en Haulte Mer Pantagruel ouyt Diverses Parolles Dégelées”，*Oeuv. compl.*，la Pléiade，689－94。

【補正】文藝復興時意大利名著《君子論》亦記賈人赴俄邊境，與土著貿易，冰河間之，隔岸議價；寒極，語出口即凍，引吭高呼，彼此不聞片言，乃積柴爲燎，冷氣稍解，語聲之凍結者亦如春雪融流，喃喃可辨。（le parole che per spazio d'un'ora erano stato ghiacciato，cominciarono a liquefarsi e discender giù mormorando come la neve dai monti il maggio.）見 Castiglione，*Il Libro del Cortegiano*，§55，Biblioteca Classica Hoepliana，1928，195。後世詼詭小説記書中人游俄，一日車過狹徑，御者吹角戒來車，角喑無聲，夕投逆旅，圍爐取煖，掛壁之角忽悠揚出調，蓋聲之凍者此時冰釋也。（tunes were frozen up in the horn and came out now by thawing.）見 *The Adventures of Baron Munchaysen*，ch. 6。“熱鬧”、“冷静”之語又得新解焉。

【補訂】《感諷》第一首云：“焉知腸車轉，一夕巡九方”，用古樂府《黄鵠曲》之一：“腹中車輪轉，君知思憶誰”；然輪轉所以使車行，故車輪腸轉，雖不離腹中，而一夕行程若歷九州，正《關尹子·一宇》篇所謂：“以盆爲沼，以石爲島，魚環游之，不知幾千萬里不窮乎。”由“車”而推出“巡”也。

一一

長吉好用“啼”“泣”等字。以詠草木者，則有如《箜篌引》之“芙蓉泣露香蘭笑”，《蘇小小墓》之“幽蘭露，如啼眼”，《傷心行》之“木葉啼風雨”，《湘妃》之“九峯静緑淚花紅”，《黄頭郎》之“竹啼山露月”，《南山田中行》之“冷紅泣露嬌啼色”，《新筍》之“露壓煙啼千萬枝”，《五粒小松歌》之“月明白露秋淚滴”，《春歸昌谷》之“細緑及團紅，當路雜啼笑”，《昌谷》之“草髪垂恨鬢，光露泣幽淚”。夫子山誌墓，故曰：“雲慘風愁，松悲露泣”；賓王哀逝，故曰：“草露當春泣，松風向夕哀”；山谷懷古，故曰：“萬壑松聲如在耳，意不及此文生哀。”此皆有所悲悼，故覺萬彙同感，鳥亦驚心，花爲濺淚。若徒流連光景，如《劉子·言苑》篇所謂：“秋葉泫露如泣，春葩含日似笑。”侔色揣稱，如舒元輿《牡丹賦》所謂：“向者如迎，背者如訣，坼者如語，含者如咽，俯者如愁，仰者如悦，裹者如舞，側者如跌，亞者如醉，慘者如別。或颭然如招，或儼然如思，或帶風如吟，或泫露如悲。”皆偶一爲之，未嘗不可。豈有如長吉之連篇累牘，强草木使償淚債者哉。殆亦僕本恨人，此中歲月，都以眼淚洗面耶。詠蟲鳥如《秋來》之“衰燈絡緯啼寒素”，《帝子歌》之“涼風雁啼天在水”,《李夫人》之“孤鸞驚啼秋思發”,《屏風曲》之“城上烏啼楚女眠”,《追賦畫江潭苑》之“鸎鸎啼深竹”,《寄十四兄》之“莎老沙雞泣”,《房中思》之“卧聽莎雞泣”,徒成濫調,無甚高妙。【附說九】《與葛篇》之“千載石牀啼鬼工”,亦不過杜詩“上泣真宰”之意。惟《宮娃歌》之“啼蛄弔月鉤闌下”,《將進酒》之“烹龍炮鳳玉脂泣”,一則寫景幽悽,一則繪聲奇切,真化工之筆矣。

【補訂】昌黎《秋懷》之五云:“露泫秋樹高,蟲弔寒夜永”,即長吉“啼蛄弔月”之“弔”。錢仲文《效古秋夜長》云:“簷前碧雲静如水,月弔棲烏啼烏起”,則“弔”非謂哀傷,而謂引致,景色猶“月明星稀,烏鵲南飛”。“月弔”之“弔”通“釣”,鉤牽也,如唐彦謙《索蝦》所謂“釣詩”。《朝野僉載》卷二載獨孤莊酷虐,以繩繫鐵鈎掛樹間,貫賊胲而殺之,司法曰:“弔民伐罪,深得其宜”,亦徵唐俗語中“弔”字可作此解會矣。王琢崖註“玉脂泣”云:“曹植詩:‘豆在釜中泣。’詩人用‘泣’字作釜中煮物聲,本此。”竊謂亦可兼指煎炮時脂膏滋溢;《雲仙雜記》卷二引《金陵記》:“程浩以鐵牀燴肉,肥膏見火,則油焰淋漓。戲曰:羔羊揮淚矣”,堪移作箋。“脂泣”猶云“揮脂淚”,參觀《漢書·西域傳》上鄯善國“出胡桐”,師古註:“蟲食其樹而沫出下流者,俗名爲胡桐淚,言似眼淚也。”劉偉明《龍雲集》卷四《宿法藏禪院》二首頗師長吉筆致,有曰:“高梧泣液涼參差”,又曰:“白汗泣珠霍如洗”,皆言液而不言聲。西方詩文每以泣淚稱果液,聖·奥古斯丁早記摩尼教徒言無花果被摘時,其樹“揮淚如乳”。(St Augustine, *Confessions*, III. x:“ut crederem ficum plorare, cum decerpitur，et matrem euis arborem lacrimis lacteis? ”）見 Loeb，I，134－6。他如言“葡萄蓄淚”，言“無花果泣淚”。（Cesare Abbelli：“Vindemia”：“de gli occhi aprendo il lagrimoso varco.”見 G. G. Ferrero，*Marino e i Marinisti*，824；Federico Meninni：“Gli alberi e la sua donna”：“per dolcezza d’amore il fico piange.”見 *ib*. 1048。）以文爲戲者至言無花果“有淚如妓”；見 Basile，*Il Pentamerone*，tr. B. Croce，1957，145：“alcuni fichi freschi，chi con la veste di pezzente，il collo d’impiccato e le lacrime di meretrice”。蓋蓄淚在瞼，遇便即流，亦彼土常嘲平康伎倆之語（參觀《管錐編》論《全上古三代秦漢三國六朝文》第二一五“别泪”），故湊手拈來耳。

【補正】意大利古掌故書載一僮見無花果“有淚”（aveano la lagrime），擷食且語之曰：“莫哭！（Non pianger，no）”見 Franco Sacchetti，*IL Trecentonovelle*，No. cxviii，*Opere*，Rizzoli，371。此亦坐實譬喻，以文爲戲也。

【補訂】“玉脂泣”上句“羅屏繡幕圍春風”即《韓非子·十過》所謂“設酒張飲”（參觀《文選》江淹《别賦》“帳飲東都”句善註引《漢書·高帝紀》，又《雲麓漫鈔》卷三考“畫絲施於酒席以障風野次”）；張平子《南都賦》之“朱帷連網，耀野映雲”，王無功《三日賦》之“帷屏竟野”、“翠幕臨流，朱帷曜野”、“山頭設幕”，皆寫此狀。“圍春風”猶言“春風圍”，人在屏幕内，而屏幕又在春風中，障風而正復爲風裹也。

【附説九】李義山學昌谷，深染此習。如：“幽淚欲乾殘菊露”、“湘波如淚色漻漻”、“夭桃惟是笑”、“蠟燭啼紅怨天曙”、

“薔薇泣幽素”、“幽蘭泣露新香死”、“殘花啼露莫留春”、“鶯啼花又笑”、“鶯啼如有淚”、“留淚啼天眼”、“微香冉冉淚涓涓”、“强笑欲風天”、“卻擬笑春風”，皆昌谷家法也。温飛卿卻不爲此種，《曉僊謡》之“宫花有露如新淚”，僅見而已。《晚歸曲》有云：“湖西山淺似相笑”，生面别開，并推性靈及乎無生命知覺之山水；於莊生之“魚樂”“蝶夢”、太白之“山花向我笑”、少陵之“山鳥山花吾友于”以外，另拓新境，而與杜牧之《送孟遲》詩之“雨餘山態活”相發明矣。夫偉長之“思如水流”，少陵之“憂若山來”，趙嘏之“愁抵山重疊”，李頎或李羣玉之“愁量海深淺”，詩家此製，爲例繁多。象物宜以擬衷曲，雖情景兼到，而内外仍判。祇以山水來就我之性情，非於山水中見其性情；故僅言我心如山水境，而不知山水境亦自有其心，待吾心爲映發也。嚴鐵橋《全漢文》卷三十八載劉向《别録》云：“人民蚤蝨，多則地痒，鑿山鑽石則地痛。”此與《東觀漢記》載馬援上書，論擊山賊，“須除其竹木，譬如嬰兒頭多蟣蝨，必剃之蕩之”，《論衡·解除》篇謂“民居地上，猶蚤蝨賊人肌膚”，皆不過設身處地，懸擬之詞。並非真謂土皮石骨，能知有感。試以劉更生所謂“地痛”，較之孟東野《杏殤》詩所云：“踏地恐土痛，損彼芳樹根。此誠天不知，剪棄我子孫。”彼祇設想，此乃同感，境界迥異。要須流連光景，即物見我，如我寓物，體異性通。物我之相未泯，而物我之情已契。相未泯，故物仍在我身外，可對而賞觀；情已契，故物如同我衷懷，可與之融會。《論語·雍也》篇孔子論“知者動”，故“樂水”，“仁者静”，故“樂山”。於游山玩水之旨，最爲直湊單微。仁者知者於山静水動中，見仁見智，彼此有合，故樂。然山之静非即仁，水之動非即智，彼此仍分，故可得而樂。外物異體，與吾身心合而仍離，可樂在此，樂不能極亦在此，飲食男女皆然。無假他物，自樂其樂，事理所不許，即回味意淫，亦必心造一外境也。

【補遺】波德萊爾體會及此，妙筆又足以曲達之。*Fusées* i："L'amour veut sortir de soi, se confondre avec sa victime, comme le vainqueur avec le vaincu, et cependant conserver des privilèges de conquérants."

【補訂】黑格爾謂"精神"運行，産生異己之對立物，而復格化之以歸於己(Der Geist wird aber Gegenstand, denn er ist diese Bewegung, *sich* ein *anderes*, d. h. Gegenstand seines Selbsts zu werden und dieses Anderssein aufzuheben；見 *Phänomenologie des Geistes*, hrsg. J. Hoffmeister, 1964, 32。so liegt die Macht des denkenden Geistes, darin, *nicht etwa nur sich selbst* in seiner eigentümlichen Form als Denken zufassen, sondern ebensosehr sich in seiner Entäußerung zur Empfindung und Sinnlichkeit wiederzuerkennen, sich in seinem Andern zu begreifen, indem er das Entfremdete zu Gedanken verwandelt und so zu sich zurückführt. 見 *Ästhetik*, Aufbau, 1955, 59。)由己别出異己，復使其同於己，旋轉不息。波德萊爾語足爲箋釋，能近取譬。美國哲學家皮爾斯(C. S. Peirce)言情愛運行，作團圓相，此機一動，獨立與偶合遂同時並作，相反相成。(The movement of love is circular, at one and the same impulse projecting creatures into independency and drawing them into harmony.)見 *Collected Papers*, ed. C. Hartshorne and P. Weiss, VI, 191。亦波德萊爾之意。蓋無分之事，則

不復見合之能，故奏合之功，必常蓄分之勢也。

董仲舒《春秋繁露》第七十三《山川頌》雖未引《論語》此節，實即擴充其意；惜理解未深，徒事鋪比，且指在修身礪節，無關賞心樂事。戴逵《山水兩贊》亦乏遊目怡神之趣。董相引《詩經》"節彼南山"，《論語》"逝者如斯"，頗可借作申說。夫山似師尹，水比逝者，物與人之間，有待牽合，境界止於比擬。若樂山樂水，則物中見我，内既通連，無俟外人之捉置一處。按孔子甚有得於水，故舍《論語》所載樂水歎逝之外，《孟子·離婁》章徐子道孔子語曰："水哉水哉。"《宗鏡録》卷十本劉湛"莊子藏山、仲尼臨川語"，説孔子歎逝水事，頗有佳諦。《子華子·執篇中》曰："觀流水者，與水俱流，其目運而心逝者歟。"幾微悟妙，真道得此境出者矣。若以死物看作活，静物看成動，譬之："山開雲吐氣，風憤浪生花"，梁朱記室《送别不及》詩。塔勢湧出，江流合抱，峯能吐月，波欲蹴天，一水護田以繞緑，兩山排闥而送青，此類例句，開卷即是。然衹是無生者如人忽有生，尚非無情者與人竟有情，乃不動者忽自動，非無感者解同感，此中仍有差異也。更如"落日飛鳥遠，憂來不可極"，"水流心不競，雲在意俱遲"，此誠情景相發，顧情微景渺，幾乎超越迹象，自是宜詩而不宜畫者。"意俱遲"之"遲"，乃時間中事，本非空間藝術如畫者所易曲達。且"不競不極"，詞若缺負未足(privative)，而意則充實有餘；猶夫"無極而太極"、"無聲勝有聲"，似爲有之反，而即有之充類至盡。此尤文字語言之特長，非他藝所可幾及。参觀 Brousson：*Anatole France en Pantoufles*，P. 84（l'épithète négative）；Walter Raleigh：*Style*，pp. 17-21（negative capability of words；literature alone can deny），説尤精妙。

【補訂】亞理士多德《修辭學》已言此。見 *Rhetoric*, III. vi. 7, Loeb, 377:"epithets from negations"; cf. J. W. H. Atkins, *Literary Criticism in Antiquity*, I, 143, note。

少陵以流水與不競之心相融貫。然畫家口號曰："靠山不靠水"；蓋水本最難狀，必雜山石爲波浪，以鱗介作點綴，不足於水，假物得姿。見北宋董逌《廣川畫跋》卷二《書孫白畫水圖》。是以方干《盧阜山人畫水》詩曰："常聞畫石不畫水，畫水至難君得名。"況求畫水中不競之心哉。飛卿生山水畫大盛之世，即目有會，淺山含笑，雲根石色，與人心消息相通，其在六法，爲用不可勝言。北宋畫師郭熙《林泉高致集》第一篇《山水訓》於此意闡發尤詳，有曰："身即山水而取之，則山水之意度見矣。春山淡冶而如笑，夏山蒼翠而如滴，秋山明淨而如妝，冬山慘澹而如睡。春山烟雲連綿，人欣欣；夏山嘉木繁陰，人坦坦；秋山明淨搖落，人肅肅；冬山昏霾翳塞，人寂寂"云云。後來沈顥《畫麈》亦曰："山於春如慶，於夏如競，於秋如病，於冬如定。"見《佩文齋書畫譜》卷十四引。

【補訂】元遺山《中州樂府》載許古《行香子》云："窗間巖岫，看盡昏朝。夜山低，晴山近，曉山高。"可與郭熙、沈顥之言山笑、山睡云云比勘，即目擊而未心會者。

瑞士哲人亞彌愛兒(Amiel)雨後玩秋園風物，而悟"風景即心境"(Un paysage quelconque est un état de l'âme)。見 *Fragments d'un journal intime*, Tome, I, p. 51, 31 octobre 1851。後來居友(Guyau)益加發揮，見 *L'Art au point de vue sociologique*, p. 15。實即郭淳夫之意也。其他論畫如宗炳、王微、張彥遠輩所謂"神"，乃對形言，所謂"心"，乃對手言。皆指作畫時之技巧，尚未知物之神必以我之神

接之，未克如元僧覺隱妙語所云："我以喜氣寫蘭，怒氣寫竹。"《佩文齋書畫譜》卷十六引《紫桃軒雜綴》，按《雜綴》無此則。北宋以後，抉剔此祕而無遺。抑所謂我，乃喜怒哀樂未發之我；雖性情各具，而非感情用事，乃無容心而即物生情，非挾成見而執情强物。春山冶笑，我衹見春山之態本然；秋氣清嚴，我以爲秋氣之性如是。皆不期有當於吾心者也。李太白《贈横山周處士》詩，言其放浪山水，有曰："當其得意時，心與天壤俱，閒雲隨舒卷，安識身有無。"蘇東坡《書晁補之藏與可畫竹》第一首曰："與可畫竹時，見竹不見人。豈獨不見人，嗒然遺其身。其身與竹化，無窮出清新。莊周世無有，誰知此凝神。"董彦遠《廣川畫跋》卷四《書李營丘山水圖》曰："爲畫而至相忘畫者"；卷六《書時記室藏山水圖》曰："初若可見，忽然忘之"；又《書范寬山川圖》曰："神凝智解，無復山水之相"；又《書李成畫後》曰："積好在心，久而化之。舉天機而見者山也，其畫忘也。"羅大經《鶴林玉露》卷六記曾無疑論畫草蟲云："不知我之爲草蟲耶，草蟲之爲我也。"曰"安識身有無"，曰"嗒然遺其身"，曰"相忘"，曰"不知"，最道得出有我有物、而非我非物之境界。參觀 Durkheim："De ne pas rester concentré sur soi, de s'ouvrir au dehors, de laisser la vie extérieure pénétrer en soi, et de communier avec elle jusqu'à s'y oublier complètement." 見 H. Delacroix, *Psychologie de l'art*, p. 55。論 L'animation de l'univers 引。又 W. Ehrlich："Dann nämlich ist gar nicht mehr ein 'Gegenüber' da, sondern die Landschaft—das Landschaft-erlebnis unpersonaler Art—ist selbstpräsent, hat weder einen Beobachter 'vor' sich, noch eine Dinglichkeit 'hinter' sich, sondern ist absolut 'da'." 見 *Das unpersonale Erlebnis*, S. 29。否則先入爲主，吾心一執，不見物態萬殊。春可樂而庾信《和庾四》則云："無妨對春日，懷抱只言秋。"秋可悲而范堅乃有意作《美秋賦》，唐賈至《沔州秋興亭記》、李白《秋日魯郡堯祠亭贈别》、劉禹錫《秋詞》皆言秋之可喜。漢《郊祀歌·日出入》篇曰："春非我春，夏非我夏。"回黄轉緑，看朱成碧。良以心不虚静，挾私蔽欲，則其觀物也，亦如《列子·説符》篇記亡斧者之視鄰人之子矣。

【補訂】《淮南子·齊俗訓》："夫載哀者，聞歌聲而泣。載樂者，見哭者而笑。哀可樂、笑可哀者，載使然也。是故貴虚。"以"載"狀心之不虚，善於用字。

【補正】《文子·道原》："虚者，中無載也。"《淮南子》蓋敷演此語。

【補訂】《後漢書·鄭玄傳》："寢疾，袁紹令其子譚遣使逼玄隨軍，不得已；載病到元城縣，疾篤"；長吉《出城寄權璩楊敬之》："何事還車載病身"；"車載病身"而身則"載病"，一直指而一曲喻，命意不二，均"載物"、"載酒"之"載"。身"載病"，亦猶心之"載哀樂"矣。岑嘉州《題山寺僧房》："窗影摇羣木，牆陰載一峯"，謂峯影適當牆陰，故牆陰中如實以峯影。鍊字更精於《淮南》、《范書》也。

我既有障，物遂失真，同感淪於幻覺。如孔德璋《北山移文》之"風雲帶憤，石泉下愴，南岳獻嘲，北隴騰笑，列壑争譏攢峯竦誚，林慙無盡，澗愧不歇"，雖極嘲諷之致，無與游觀之美。試以"北隴騰笑"與"晚山淡笑"相較，差異顯然。長吉詩中好用涕淚等字，亦先入爲主之類也。至吾國堪輿之學，雖荒誕無稽，而其論山水血脈形勢，亦與繪畫之同感無異，特爲術數所掩耳。李巨來《穆堂别稿》卷四十四《秋山論文》一則曰："相冢書云：

山静物也，欲其動；水動物也，欲其静。此語妙得文家之祕”云云。按《青烏先生葬經》："山欲其凝，水欲其澄”兩句下舊註云："山本乎静欲其動，水本乎動欲其静。”穆堂引語殆本此。實則山水畫之理，亦不外是。堪輿之通於藝術，猶八股之通於戲劇，是在善簡别者不一筆抹摋焉。

【補訂】《南吴舊話録》卷四載董玄宰《論文九訣》，其七曰“脱”，“脱”者，“脱卸之意。凡山水融結，必於脱卸之後；謂分支擘脈，一起一伏，於散亂節脈直脱至平夷藏采處，乃是絶佳風水。故青烏家專重脱卸。”董若雨《豐草菴文集》卷二《文章形勢玉符》略謂："拔地而出者，文章之山也。流行灌注者，文章之水也。厚重而平衍者，文章之地也。或展或縮，山之屈伸也。或正或反，山之向背也。或主或客，山之通變也。或順或逆，山水之以克爲用也。或暗或明，水之緣勢而變也。或流或聚，水之情勢也。”青囊家視堪輿爲活物體或人體。如鄭思肖酷信風水，《所南文集》有《送吴山人遠游觀地理序》、《答吴山人問遠游觀地理書》，即暢言“地亦猶吾身”。吾國談藝亦近取諸身，宜二者詞理可以通有無也（參觀《管錐編》論《列子張湛注》第五“人偶天地”、論《全上古三代秦漢三國六朝文》第一八九“諭由論畫推而論詩”。

一二

長吉又好用代詞，不肯直説物名。如劍曰“玉龍”，酒曰“琥珀”，天曰“圓蒼”，秋花曰“冷紅”，春草曰“寒緑”。

【補訂】徐興公《筆精》卷六歷舉甲曰“金鱗”、水曰“泉合”、珠釧曰“寶粟”、嫦娥曰“仙妾”、月曰“玉弓”、鵾絃曰“雞筝”、王孫曰“宗孫”、筍曰“龍材”、螢曰“淡蛾”、鮫綃曰“海素”等五十九例；未舉“圓蒼”，見《吕將軍歌》者。《洛姝真珠》首句云：“真珠小娘下青廓”，“青”即“碧”，“廓”即“落”或“空”。“碧落”或“碧空”已成天之慣常代詞，遂避熟求生，逐字替换，較“圓蒼”更僻詭無味，與“虬户”、“筱驂”何異。整句不過言真珠如天仙降塵世耳。不説破物名，而衹言其性狀，如“泉合”、“青廓”之類，手眼猶退之、表聖等以文爲戲，呼筆爲“毛穎”，呼鏡爲“金炯”（《容成侯傳》）也。又如《秦王飲酒》云：“金槽琵琶夜棖棖，洞庭雨脚來吹笙”，下句不可解，豈謂羯鼓耶。南卓《羯鼓録》記宋璟善羯鼓，作“南山起雲、北山起雨”之曲，嘗論“羯鼓之能事”曰：“頭如青山峯，手如白雨點，山峯取不動，雨點取碎急。”吹笙聲應擊鼓聲，殆如《樂記》所謂：“弦匏笙簧，會守拊鼓。”姑妄言之。《緑章封事》云："願携漢戟招書鬼"，《秋來》云："雨冷香魂弔書客"，《高軒過》云："龐眉書客感秋蓬"，《題歸夢》云："書客夢昌谷"；以"書生作客"約縮爲"書客"，"書生之鬼"約縮爲"書鬼"，雖不費解，却易誤解，將以爲"書客"猶"劍客"、"墨客"之"客"而"書鬼"如"酒鬼"、"色鬼"之"鬼"也。然較之少陵《八哀詩·李光弼》之"異王册崇勳"，約縮"異姓王"爲"異王"，則"書客"、"書鬼"尚非不詞之甚者。《始爲奉禮憶昌谷山居》："當簾閲角巾"，註家於"閲"字皆不解，或"脱"字之訛歟。"脱"古或作"説"，"説"通"悦"，"悦"音同"閲"，書經三寫，魚魯帝虎也。《詠懷》第一首："梁王與武帝，棄之如斷梗"，謂長卿棄梁王與武帝，觀首句"懷茂陵"可見；王琢崖註謂梁王與武帝棄長卿，大誤。《仁和里雜敍皇甫湜》："脱落纓裾暝朝酒"，王註："暝、夜也。暝朝酒謂其朝夜飲酒爲樂"；蓋不知"暝"爲"瞑"之訛，即"眠"字，如《夜飲朝眠曲》之"眠"耳。《賈公閭貴壻曲》："無人死芳色"，王註："無人爲其芳色而心死"；實則語意正類《十二月樂詞·二月》之"酒客背寒南山死"，謂無人堪偶，紅顔閒置如死或芳容坐老至死耳（參觀《管錐編》論《全上古三代秦漢三國六朝文》第一八八"風景待人知賞"）。《致酒行》："主父西遊困不歸，家人折斷門前柳"；王註："攀樹而望行人之歸，至於斷折而猶未得歸，以見遲久之意。"尚未中肯，試申論之。古有折柳送行之俗，歷世習知。楊升菴《折楊柳》一詩詠此，圓轉瀏亮，尤推絶唱，所謂："垂楊垂柳綰芳年，飛絮飛花媚遠天。别離河上還江上，抛擲橋邊與路邊"（楊有仁編《大全集》卷三十；參觀梁元帝《折楊柳》："垂柳復垂楊"。

薛能《楊柳枝》第四首："拋向橋邊與路邊")。然玩索六朝及唐人篇什，似尚有折柳寄遠之俗。送一人别，衹折一次便了；寄遠則行役有年，歸來無日，必且爲一人而累折不已，復非"河上江上"，而是門前庭前。白居易《青門柳》："爲近都門多送别，長條折盡減春風"；邵謁《苦别離》："朝看相送人，暮看相送人，若遣折楊柳，此地無樹根"；魚玄機《折楊柳》："朝朝送别泣花鈿，折盡春風楊柳煙"；翁綬《折楊柳》："殷勤攀折贈行客，此去江山雨雪多。"此贈别之折柳也。《樂府詩集》卷二十二《折楊柳》諸篇中，有如劉邈："高樓十載别，楊柳濯絲枝。摘葉驚開駃，攀條恨久離"；盧照鄰："攀折聊將寄，軍中書信稀"；韋承慶："萬里邊城地，三春楊柳節。不忍擲年華，含情寄攀折"；張九齡："纖纖折楊柳，持此寄情人"；李白："攀條折春色，遠寄龍庭前"；孟郊："贈遠累攀折，柔條安得垂。青春有定節，離别無定時"，又"枝疏緣别苦，曲怨爲年多"。太白又有《宣城送劉副使入秦》云："無令長相思，折斷楊柳枝。"此寄遠之折柳也。

【補正】孟郊《送遠吟》："離杯有淚飲，别柳無枝春"，即白居易所謂"長條折盡"。《玉臺新詠》卷八庾肩吾《應令春宵》："征人别來久，年芳復臨牖。……願及歸飛雁，因書寄高柳"；此亦寄遠之折柳也。李君虞《逢歸信偶寄》："無事將心寄柳條，等閑書字滿芭蕉。鄉關若有東流信，遣送揚州近驛橋"；則謂家人相思，不須寄柳寓意，逕作書盈幅遣送也可。

【補訂】苟以宋詩解唐詩，則陳去非《簡齋集》卷八《古别離》言贈别："千人萬人於此别，柳亦能堪幾人折"，文與可《丹淵集》卷十九《折楊柳》言寄遠："欲折長條寄遠行，想到君邊已憔悴。”各明一義，闡發無賸矣。《古詩十九首》之九：“庭中有奇樹，緑葉發華滋。攀條折其榮，將以遺所思。馨香盈懷袖，路遠莫致之。此物何足貢，但感别經時”；雖不言何“樹”，而“感别經時”，攀條遺遠，與《折楊柳》用意不二。長吉詩正言折榮遠遺，非言“攀樹遠望”。“主父不歸”，“家人”折柳頻寄，浸致枝髡樹秃，猶太白詩之言“長相思”而“折斷樹枝”，東野詩之言“累攀折”而“柔條不垂”、“年多”“别苦”而“枝”爲之“疏”。太白、長吉謂楊柳因寄遠頻而“折斷”，香山、邵謁、魚玄機謂楊柳因贈行多而“折盡”以至斷根；文殊而事同。蓋送别贈柳，忽已經時，“柳節”重逢，而遊子羈旅，懷人怨别，遂復折取寄將，所以速返催歸。園中柳折頻頻寄，堪比唱“陌上花開緩緩歸”也。行人歸人，先後處境異而即是一身，故送行催歸，先後作用異而同爲一物，斯又事理之正反相成焉。越使及驛使“寄梅”事，久成詩文典實，聊因長吉詩句，拈“寄柳”古俗，與之當對云。

人知韓孟《城南聯句》之有“紅皺”、“黄團”，而不知長吉《春歸昌谷》及《石城曉》之有“細緑”、“團紅”也。偶一見之，亦復冷豔可喜，而長吉用之不已。如《詠竹》五律，黏著呆滯，固不必言。《劍子歌》、《猛虎行》皆警鍊佳篇，而似博士書券，通篇不見“驢”字。王船山《夕堂永日緒論》譏楊文公《漢武》詩是一“漢武謎”，長吉此二詩，亦劍謎、虎謎，如管公明射覆之詞耳。《瑶華樂》云：“鉛華之水洗君骨，與君相對作真質”；欲持斯語，還評其詩。蓋性僻耽佳，酷好奇麗，以爲尋常事物，皆庸陋不堪入詩。力避不得，遂從而飾以粉堊，繡其鞶帨焉。微情因掩，真質大傷。牛鬼蛇神，所以破常也；代詞尖新，所以文淺也。張戒《歲寒堂詩話》卷上謂長吉詩“只知有花草蜂蝶，而不知世間一切皆詩”，實道著長吉短處。“花草蜂蝶”四字，又實本之唐趙璘《因話録》論長吉語。長吉鋪陳追琢，景象雖幽，懷抱不深；紛華散藻，易供撏撦。若陶、杜、韓、蘇大家，化腐爲奇，盡俗能雅，奚奴古錦囊中，固無此等語。蹊徑之偏者必狹，斯所以爲奇才，亦所以非大才歟。

一三

長吉詩境，杜韓集中時復有之。杜《元都壇歌》之“屋前太古元都壇，青石漠漠松風寒；子規夜啼山竹裂，王母晝下雲旗翻。”韓《遊青龍寺》之“然雲燒樹火實騈，金烏下啄赬虬卵；魂翻眼倒迷處所，赤氣沖融無間斷”。皆近長吉。而長吉詩如《仁和里雜敍皇甫湜》、《感諷》五首之第一首、《贈陳商》等，朴健猶存本色，雅似杜韓。《開愁歌》亦爲眉疎目爽之作。《苦晝短》奇而不澀，幾合太白、玉川爲一手。《相勸酒》亦殆庶太白；然而異者，太白飄逸，此突兀也。《春歸昌谷》及《昌谷詩》，劇似昌黎五古整鍊之作。《北中寒》可與韓孟《苦寒》兩作驂靳。昌谷出韓門，宜引此等詩爲證；世人僅知舉《高軒過》，目論甚矣。況《高軒過》本事頗有疑竇哉。

一四

細玩昌谷集，舍侘傺牢騷，時一抒洩而外，尚有一作意，屢見不鮮。其於光陰之速，年命之短，世變無涯，人生有盡，每感愴低徊，長言永歎。《天上謠》則曰："東指羲和能走馬，海塵新生石山下。"《浩歌》則曰："南風吹山作平地，帝遣天吴移海水。王母桃花千遍紅，彭祖巫咸幾回死。"《秦王飲酒》則曰："劫灰飛盡古今平"，《古悠悠行》則曰："白景歸西山，碧華上迢迢。今古何處盡，千歲隨風飄。"《過行宫》則曰："垂簾幾度青春老，堪鎖千年白日長。"《鑿井》則曰："一日作千年，不須流下去。"《日出行》則曰："白日下崑崙，發光如舒絲。奈爾鑠石，胡爲銷人。羿彎弓屬矢，那不中足，令久不得奔，詎教晨光夕昏。"《拂舞歌詞》則曰："東方日不破，天光無老時。"《相勸酒》則曰："羲和騁六轡，晝夕不曾閑。彈烏崦嵫竹，抶馬蟠桃鞭。"**【附説十】**《夢天》則曰："黄塵清水三山下，更變千年如走馬。"皆深有感於日月逾邁，滄桑改换，而人事之代謝不與焉。他人或以弔古興懷，遂爾及時行樂，長吉獨純從天運著眼，亦其出世法、遠人情之一端也。所謂"世短意常多"，"人生無百歲，常懷千歲憂"者非耶。

【補訂】《日出入行》欲羿射日使不得奔，《苦晝短》更發舒斯意："天東有若木，下置啣燭龍。吾將斬龍足，嚼龍肉，使之朝不得迴，夜不得伏。自然老者不死，少者不哭。"《天上謡》："海塵新生石山下"，即《古悠悠行》："海沙變成石"；謂天上不多時，而人間已换世。《相勸酒》："羲和騁六轡"云云，可參觀《十二月詞·閏月》："今歲何長來歲遲，王母移桃獻天子，羲氏和氏迂龍轡。""迂"之爲言"緩"也；逢閏則一年之過稍遲，似羲和少緩其驅。李義山《河内詩》云："入門暗數一千春，願去閏年留月小"；願年歲之速度，遂不欲羲和"迂轡"而望其加鞭矣。《浩歌》曰："王母桃花千遍紅，彭祖、巫咸幾回死"，謂人壽縱長，較神仙終爲夭；《官街鼓》曰："幾回天上葬神仙，漏聲相將無斷絶"，謂仙壽長而有盡，不如宇宙之無窮。袁中郎《瓶花齋集》卷四《過黄粱祠》第二首云："不脱陰區苦奈何，仙官塵侣不争多。人間惟有李長吉，解與神仙作輓歌"；殆指此耶。

李太白亦有《日出入行》，略謂："人非元氣，安得與之久徘徊。草不謝榮於春風，木不怨落於秋天。魯陽何德，駐景揮戈。逆道違天，矯誣實多。吾將囊括大塊，浩然與溟涬同科。"自天運立言，不及人事興亡，與長吉差類。然乘化順時，視長吉之感流年而欲駐急景者，背道以趣。淮海變禽，吾生不化；洛溪流葛，逝者如斯。千年倏忽之感，偏出於曇華朝露如長吉者。義山《夕陽樓》絶句云："欲問孤鴻向何處，不知身世自悠悠"；尤堪爲危涕墜心者矣。

【附説十】詩中用羲和扶馬一事，以黄仲則《兩當軒詩》卷十一《綺懷》第十六首結句爲妙。郭麐《靈芬館詩話》卷八曰："論詩各有胸懷，其所愛憎，雖己亦不能自喻。黄仲則詩佳者夥矣，隨園最愛其前後觀潮之作；楊荔裳愛誦其'似此星辰非昨夜'二語；金仲蓮愛誦其'全家都在秋風裏'二語。余最賞其'茫茫來日愁如海，寄語羲和快著鞭'。真古之傷心人語也"云云。按司空表聖《狂題》第十五首曰："昨日流鶯今日蟬，起來又是夕陽天。六龍飛轡長相窘，更忍乘危自著鞭"；羅大經《鶴林玉露》卷十四記楊誠齋語好色傷生者曰："閻羅王未曾相喚，子乃自求押到。"按參觀 *I Henry* IV, V, i, *ad fin*. Falstaff 答 Prince Hal 語。以爲即表聖詩意。王百穀尺牘《謀野集》卷十《與梁伯龍》曰："足下尺五虬髯，白如霜，尚沈湎慾海，以爲羲和之輪未馳，而加策耶。"仲則特反用其語，厭生祈死，遂益令人惘惘不甘耳。

【補訂】李端（一作郎士元）《晚夏聞蟬》云："昨日始聞鶯，今朝蟬忽鳴"，表聖詩約十言爲七字耳。馮夢龍《山歌》卷五《見閻王》一首詞甚猥褻，又即誠齋語之發揮也。

一五

長吉《高軒過》篇有“筆補造化天無功”一語，此不特長吉精神心眼之所在，而於道術之大原、藝事之極本，亦一言道著矣。夫天理流行，天工造化，無所謂道術學藝也。學與術者，人事之法天，人定之勝天，人心之通天者也。《書・皋陶謨》曰：“天工，人其代之。”《法言・問道》篇曰：“或問彫刻衆形，非天歟。曰：以其不彫刻也。”百凡道藝之發生，皆天與人之湊合耳(Homo additus naturae)。顧天一而已，純乎自然，藝由人爲，乃生分別。綜而論之，得兩大宗。一則師法造化，以模寫自然爲主。其説在西方，創於柏拉圖，參觀 *Republic*，339－397；595－607；*Laws*，669－674，etc.。發揚於亞理士多德，參觀 *Poetics*，I：5；II：2；IV：9；V：1；VI：2－6，etc.。重申於西塞羅(Cicero)，參觀 *Orator*，cc. II—III。而大行於十六、十七、十八世紀。參觀 J. E. Spingarn：*Literary Criticism of the Renaissance*，pp. 27－47；I. Babbitt：*New Laocoon*，chap. I。其焰至今不衰。莎士比亞所謂持鏡照自然(To hold，as't were，the mirror up to nature)者是。見 *Hamlet*，III，ii，22。按 Cervantes：*Don Quixote*，pt. I，bk. iv，chap. 21 引 Cicero 語大同。Spingarn 書 pp. 104－5有考。昌黎《贈東野》詩“文字覷天巧”一語，可以括之。“覷”字下得最好；

蓋此派之説，以爲造化雖備衆美，而不能全善全美，作者必加一番簡擇取舍之工(selective imitation)。即“靦巧”之意也。二則主潤飾自然，功奪造化。此説在西方，萌芽於克利索斯當(Dio Chrysostom)，參觀 *Oratio*，XII："De dei cogitatione." 申明於普羅提諾(Plotinus)。參觀 *Enneads*，I，lib. vi。近世則培根(Bacon)、參觀 *Advancement of Learning*，BK. II。牟拉託利(Muratori)、參觀 J. G. Robertson：*Genesis of the Romantic Theory in the Eighteenth Century*，pp. 75. ff. ("far eminente la natura")。儒貝爾(Joubert)、參觀 *Pensées*，Titre XXI，2。龔古爾兄弟(Edmond et Jules de Goncourt)、參觀 *Journal*，jeudi jan. 1861；8 juin 1862；3 juillet 1865。波德萊爾(Baudelaire)、參觀 *Curiosités esthétiques*："Salon de 1859." 惠司勒(Whistler)參觀 *Ten O'clock*. 皆有悟厥旨。唯美派作者尤信奉之。但丁所謂："造化若大匠製器，手戰不能如意所出，須人代之斲范"(Ma la natura la dà sempra scema，/similemente operando all'artista/c'ha l'abito dell'arte e man che trema)。見 *Paradiso*，XIII，76-8。長吉"筆補造化天無功"一句，可以提要鉤玄。此派論者不特以爲藝術中造境之美，非天然境界所及；至謂自然界無現成之美，衹有資料，經藝術驅遣陶鎔，方得佳觀。此所以"天無功"而有待於"補"也。竊以爲二説若反而實相成，貌異而心則同。夫模寫自然，而曰"選擇"，則有陶甄矯改之意。見 Aristotle：*Politics*，1281 b。自出心裁，而曰"修補"，順其性而擴充之曰"補"，删削之而不傷其性曰"修"，亦何嘗能盡離自然哉。師造化之法，亦正如師古人，不外"擬議變化"耳。故亞理士多德自言：師自然須得其當然，寫事要能窮理。見 *Poetics*，IX：1-3。蓋藝之至者，從心所欲，而不踰矩；師天寫實，而犁然有當於心；師心造境，而秩然勿倍於理。莎士比亞嘗曰："人藝足補天工，然而人藝即天工也"。(This is an art/Which does mend nature, change it rather, but/That art itself is Nature)見 *The Winter's Tale*, IV, iv. Polixenes 語。圓通妙澈，聖哉言乎。人出於天，故人之補天，即天之假手自補，天之自補，則必人巧能泯。造化之祕，與心匠之運，沆瀣融會，無分彼此。及未達者爲之，執著門户家數，懸鵠以射，非應機有合。寫實者固牛溲馬勃，拉雜可笑，如盧多遜、胡釘鉸之倫；造境者亦牛鬼蛇神，奇誕無趣，玉川、昌谷，亦未免也。

【補訂】此節言造藝兩宗，尚無大誤，而援據欠審。當時百六陽九，檢書固甚不易，亦由少年學問更寡陋也。蘇易簡《文房四譜》卷二載張太碧《答張郎中分寄翰林貢餘筆歌》有云："他年擬把補造化"，太碧好長吉詩，又得一證。長吉尚有一語，頗與"筆補造化"相映發。《春懷引》云："寶枕垂雲選春夢"；情景即《美人梳頭歌》之"西施曉夢綃帳寒，香鬟墮髻半沈檀"，而"選"字奇創。曾益註："先期爲好夢"，近似而未透切。夫夢雖人作，却不由人作主。太白《白頭吟》曰："且留琥珀枕，或有夢來時"，言"或"則非招之即來者也。唐僧尚顔《夷陵即事》曰："思家乞夢多"，言"乞"則求不必得者也。放翁《蝶戀花》亦曰："只有夢魂能再遇，堪嗟夢不由人做"(參觀《管錐編》論《全上古三代秦漢三國六朝文》第六九"思極求通夢")。作夢而許操"選"政，若選將、選色或點戲、點菜然，則人自專由，夢可隨心而成，如願以作(Allmacht der Gedankens, Allmacht des Wunsches)。見 E. Cassirer, *Philosophie der symbolischen Formen*, II, 194。醒時生涯之所缺欠，得使夢完"補"具足焉，正猶"造化"之能以"筆補"，躊躇滿志矣。周櫟園《賴古堂集》卷二十《與帥君》："机上肉耳。而惡夢昔昔［即夕夕］嬲之，閉目之恐，甚於開目。古人欲買夢，近日盧德水欲選好夢"；堪爲長吉句作箋。納蘭容若婦沈宛有長短句集，名《選夢詞》；吾鄉劉芙初《尚絅堂詩集》卷二《尋春》："尋春上東閣，選夢下西湖"，又卷五《白門惆悵詞》："尋芳院落蘼蕪地，選夢池塘菡萏天"；必自長吉句來。

【補正】洪亮吉《附鮚軒詩》卷一《擬古艷詞》："剩寒回繡幕，選夢入孤幃"；陸繼輅《崇百藥齋文集》卷四《自題〈洞庭緣〉曲呈李兵備》之三："百意憐才諱客癡，一燈選夢製新詞。"合觀劉嗣綰兩詩，則長吉"選夢"二字頗爲當時常州詩流所偏喜也。

【補訂】方扶南批註長吉集，力詆此詩"庸下"、"淺俗"、"滑率"，斷爲僞作。方氏以爲長吉真手筆者，亦每可當"庸下"、"淺俗"、"滑率"之評，故真僞殊未易言。方氏所訶此篇中"庸"、"淺"、"滑"處，竊愧鈍暗，熟視無覩，然渠儂於"選夢"義諦，正自憒憒耳。《管錐編》之《毛詩正義》卷第四二論《棨華樂》(見"媚子与佞幸"节)、《太平廣記》卷第一四四論《南山田中行》(見"鬼火冷"節）及同卷第三八論《艾如張》(見"增訂")，兹不復贅。《艾如張》首句"齊人織網如素空"，可參觀《後漢書·章帝紀》建初二年四月："詔齊相省方空縠"，章懷註："紗薄如空也；或曰：空、孔也，即今之方目紗也。"所謂"如素空"矣。

一六

韓昌黎之在北宋，可謂千秋萬歲，名不寂寞者矣。歐陽永叔尊之爲文宗，石徂徠列之於道統。按李翺作昌黎祭文，首推其攘斥二氏之功；李光地《榕村全集》卷九《景行摘》篇以韓文公配諸葛武侯，即據此文。至北宋，理學家孫明復始尊昌黎爲知道，不雜於異端，《泰山集·與張洞書》論文爲道用，以董仲舒、揚雄、王通、韓愈並稱。石守道出孫氏之門，《徂徠集》中幾無篇不及昌黎，如《上趙先生書》、《上蔡副樞書》、《上范思遠書》、《與士建中書》、《上孫少傅書》、《答歐陽永叔書》、《與君貺學士書》、《與裴員外書》、《與范思遠書》、《送祖擇之序》、《送張績李常序》、《泰山書院記》、《怪説中》、《讀原道》、《尊韓》、《救説》、《辨謗》諸篇；不但以文中子與昌黎並稱，且每以昌黎追配孟子，蓋全不以之爲文士。皮日休《請韓文公配饗太學書》之意，至徂徠而發揮殆盡矣。即朱子《與汪尚書書》所斥爲浮誕輕佻之東坡門下，亦知愛敬。子瞻作碑，有“百世師”之稱；少游進論，發“集大成”之説。故釋契嵩激而作《非韓》三十篇，吹毛索瘢，義正詞厲，而其書匙稱道者。自是厥後，迄於有明，雖偶有異議，如王陽明《傳習録》論道，僅謂爲文人之雄，祝枝山《罪知録》談文，且薄爲粗傫之體，張孟奇《疑耀》考行事，以爲趣榮貪位，始諫佛骨，晚請封禪，乃兩截人。按此即契嵩之説，見《鐔津文集》卷十八《非韓》第十。要或就學論，或就藝論，或就人品論，未嘗概奪而不與也。有之，則自王荆公始矣。故吴虎臣《能改齋漫録》卷十謂荆公“不以退之爲是”。余按荆公早歲作《送孫正之序》，雖嘗以退之之不惑釋老，與孟子之不惑楊墨，並稱孟韓之心，以勉正之。其他則多責備求全之説。劉昫等《舊唐書》卷一百六十《韓愈本傳》痛斥昌黎恃才肆意，有盭孔孟之旨，《羅池神廟碑》、《諱辨》、《毛穎傳》文章紕繆，然終之曰：“至若抑楊墨，排釋老，雖於道未弘，亦端士之用心也。”按契嵩非韓，特本《舊唐書》而擴充之。故《非韓》第十七篇、第二十三篇、第二十四篇、第三十篇皆引此傳之語。契嵩老於世故，文集卷一《勸書》第一偏舉韓文中道佛法之語，並謂韓子於老墨皆有取，非膠執一端而不通者，是贊昌黎也；《非韓》第一、第十四、第十七則前所舉以贊昌黎者，今胥爲詰難之資。蓋《勸書》所以游説公卿，不敢悍然攻訐也。且於昌黎則非難之，於並世之歐陽永叔、自命爲繼昌黎而攘斥佛老者，則譽其知道能文，卷八《記復古》、卷十《上永叔書》可徵，真堪一笑。以較荆公，尚爲寬恕。

【補訂】契嵩於昌黎忽譏忽贊，於昌黎、廬陵一非一是，擇地而施，因人而發，正本其教所謂“權實雙行法”也（參觀《管錐編》論《老子王弼註》第九引《華嚴經》）。甚且以己之心，推置昌黎之腹。《鐔津文集》卷一《勸書》第一謂昌黎於佛之“道本，亦頗推之”，其闢佛、“權道”也，“後世當求之韓心，不必隨其語也。”南宋釋志磐《佛祖統紀》卷首《通例》遂云：“今人有能少抑盛氣，盡觀此書，反覆詳味，則知韓公之立言皆陽擠陰助之意也。”全謝山《鮚埼亭集》卷三十八《雪庭西舍記跋》譏李純甫云：“其引致堂《讀史管見》，以爲致堂《崇正辨》之作，滿紙罵破戒之説，而實未嘗不心折於老佛。嘻。屏山佞佛已耳，亦何用取古人而周内之。”蓋闢佛而名高望重者，如泰山之難摇、大樹之徒撼，則釋子往往不揮之爲仇，而反引以爲友；巧言曲解，稱其於佛説貌離而神合、心是而口非焉。紀德(André Gide)嘗謂：虔信天主教者論文有術，於欲吞併而不能之作家則抹摋之，於欲抹摋而不得之作家則吞併之(La méthode est de dénier toute valeur à ceux qu'ils ne peuvent annexer; d'annexer tous ceux à qui ils ne peuvent dénier toute valeur)。見 *Journal*, 13 mars 1930, cf. 2 nov., la Pléiade, 973, 1014。釋子取韓昌黎、胡致堂而“周内”之，亦正用“吞併術”。此術用途至廣，固非佛教及天主教所得而專，亦不僅施於談藝，勿待言矣。章實齋《乙卯劄記》謂契嵩《非韓》“毛吹疵剔，亦頗有中韓之失”，然“發端”辨《原道》，“於文理尚未會通”，是也。契嵩奉禪，而亦遭普昭斥爲“無教眼”，“妄據禪經，熒惑天下”，見《佛祖統記》卷二十一《諸師雜傳》。

荆公《説性》、《原性》二文，與昌黎顯相牴牾；《上人書》以爲昌黎於文，雖千百年中卓絶，而徒語人以其詞，失文之本意。其詩《奉酬永叔見贈》云：“欲傳道義心猶在，强學文章力已窮；他日當能追孟子，終身安敢望韓公。”《秋懷》云：“柴門半掩掃鳥迹，獨抱殘編與神遇；韓公既去豈能追，孟子有來還不拒”；語尚含蓄，未明斥也。而《寄蔡天啓》云：“揚雄尚漢儒，韓愈真秦俠”；

【補訂】王逢原作詩，心摹手追，最屬昌黎。《廣陵集》卷八《還東野詩》所謂：“吾於古人少所同，惟識韓家十八翁。”論道如卷七《答道士王元之》云："周公汲汲勞，仲尼皇皇疲。軻況比踵遊，雄愈比肩馳"；卷十三《書墨後》至云："仲尼之後，獨抗撥邪説而自正者，財孟與韓二人耳。"而卷十四《説孟子序》則云："性命之際、出處之要，愈與孟子異者多矣。韓愈立言而不及德，獨揚雄其庶乎"；卷十八《與東伯仁手書》第五通且撇去昌黎，逕推荆公上繼子雲："以今所考，自揚雄以來，蓋未有臨川之學也。"荆公於當世才士，舍其子元澤而外，所稱譽莫過逢原；逢原軒揚輊韓，大似附和荆公"漢儒"、"秦俠"之論，而尊子雲即爲尊荆公地。知己感恩，阿私所好，殆人情之常耶。

《送潮州吕使君》云："不必移鱷魚，詭怪以疑民。有如大顛者，亦弗與爲禮"；《讀墨》云："退之嘲魯連，顧未知之耳，退之醇孟軻，而駁荀揚氏；至其趣舍間，亦又蔽於己"；《董伯懿示裴晉公淮右題名碑》云："退之道此尤僞偉，筆墨雖巧終類俳"；《讀韓》云："紛紛易盡百年身，舉世無人識道真。力去陳言誇末俗，可憐無補費精神。"《次韻信都公石枕蘄席》一詩至取退之戲語而文致之，有云："豈比法曹空自私，卻願天日長炎曦"，指退之《謝鄭羣贈席》詩也。與劉昫、契嵩之譏《毛穎傳》，皆焚琴煑鶴，殺風景語。退之可愛，正以雖自命學道，而言行失檢、文字不根處，仍極近人。《全唐文》卷六百八十四張籍上昌黎二書痛諫其好辯、好博進、好戲玩人，昌黎集中答書具在，亦殊有卿用卿法、我行我素之意。豪俠之氣未除，真率之相不掩，欲正仍奇，求厲自温，與拘謹苛細之儒曲，異品殊科。諸君所論，譬如恨禰衡之無規檢，責孔融之有冰棱矣。據《唐摭言》卷五，張文昌二書，亦半爲《毛穎傳》而發，故云："駁雜無實，有累令德。”則劉昫輩之説，由來亦久。

【補訂】《毛穎傳》詞旨雖巧，情事不足動人，俳諧之作而已。唐人卻有以與傳奇小説等類齊舉者。李肇《國史補》卷下云：“沈既濟撰《枕中記》，莊生寓言之類。韓愈撰《毛穎傳》，其文尤高，不下史遷。二篇真良史才也。”評小説而比於《史記》，許以“史才”，前似未見。《山谷外集》卷十《廖袁州次韻見答》云：“史筆縱横窺寶鉉，詩才清壯近陰何”，自註：“干寶作《搜神記》，徐鉉作《稽神録》”，用意亦同。李卓吾、金聖歎輩評《水滸》“比於班馬”、“都從《史記》出來”等議論，阿堵中已引而未發矣。

《榕村語録》續編卷五亦譏其“好游戲，貪仕宦，一能文狂生，渾身俗骨，然臨大事不放過，如諫迎佛骨，使王庭凑是也”；最爲平情之論。荆公於退之學術文章以及立身行事，皆有貶詞，殆激於歐公、程子輩之尊崇，而故作别調，“拗相公”之本色然歟。朱弁《曲洧舊聞》卷三《余在太學》條謂：“歐公及許洛諸先輩，皆不以能古文許介甫”，然則“今生安敢望韓公”，真爲負氣語。蔡元鳳《王荆文公年譜考略》卷五辨荆公非有意貶退之，顧所引僅《酬永叔》一律、《讀韓》一絶，其他均擯而不舉；意在洗雪荆公，遂曲爲之諱，亦異於實事求是者。俞文豹《吹劍録》謂：“韓文公、王荆公皆好孟子，皆好辯，三人均之好勝”云云，殊有識見。彼此好勝，必如南山秋氣，相高不下；使孟子而生於中古，或使當荆公之世，無涑水、盱江輩之非難孟子，恐《七篇》亦將如韓集之遭攻擊耳。古來薄韓者多姓王。半山、陽明而外，王逢原《示王聖美葛子明》五古深非退之《南内朝賀》、《示兒》兩詩，謂是德累。王得臣《麈史》卷中亦謂淵明以子賢愚掛懷，猶不免子美之譏，退之《符讀書城南》教子取富貴；宜荆公集四家詩不之取。王若虚《滹南遺老集》卷二十九謂退之“不善處窮”，哀號諛君，卷三十五指摘韓文字句不少假。王世貞早作《藝苑卮言》，斥退之於詩，一無所解。按見《弇州四部稿》卷百四十七；於退之文則推重謂有上追西京者，特至晚年《讀書後》卷三《書韓文後》，尤善善從長耳。陳眉公《妮古録》卷四載弇州自言數年來甚推轂韓歐諸賢爲大雅之文，而於退之詩則初論似未變。世人據弇州題《歸震川遺象贊》中：“千載惟公，繼韓歐陽。余豈異趣，久而始傷”，以爲弇州知韓文之妙乃晚年事，蓋未詳考。又以爲弇州心折震川，推之冠一代人文，亦不甚確。《讀書後》卷四《書歸熙甫文集後》自記與震川牴牾事顛末，又曰：“觀其遺集，故是近代名手。所不足者，起伏與結構”；又《書洹詞》云：“讀歸熙甫時義，厭其不可了，若干尺線。”桐城末派頌説歸方，誤以弇州老去之公心，爲才屈之降款，加之錢牧齋記事失實，資其傳説。故略訂正於此。

【補訂】《弇州山人續稿》卷一百五十《吴中往哲象贊》於歸震川曰：“先生於古文詞，雖出之自史漢，而大較折衷於昌黎、廬陵。不事雕飾，而自有風味，超然當名家矣。”《贊》曰：“風行水上，涣爲文章；當其風止，與水相忘。剪綴帖括，藻粉鋪張。江左以還，極於陳梁。千載有公，繼韓歐陽。余豈異趨，久而始傷。”錢牧齋《初學集》卷七十九《與唐訓導汝諤論文書》、卷八十三《題歸太僕文集》、《有學集》卷四十九《題宋玉叔文集》、《列朝詩集》丁集卷六又卷十二重疊引《贊》語，皆竄易“久而始傷”爲“久而自傷”，以自堅其弇州“晚年定論”之説。周櫟園《書影》卷一記弇州晚年翻然自悔，本牧齋所説，而引《贊》中此句，作“始傷”不誤。歸玄恭編

《震川全集》，末附弇州《贊》及《列朝詩集》中震川傳，亦作“始傷”，已據弇州原文以校正牧齋引文。而《明詩綜》卷四十四、《明史·文苑傳》、《四庫提要》卷一百七十二均作“自傷”，則未檢《弇州續稿》而爲牧齋刀筆伎倆所欺。

【補正】吴修齡作《正錢録》，指摘《列朝詩集》，而其《圍爐詩話》卷六云：“元美於文章，以震川爲梗，晚知自傷”，則又爲錢所誤。

【補訂】李元仲《寒支二集》卷一《答葉慧生書》云：“及元美末年爲震川贊，乃曰：‘余豈異趣，晚而自傷。’蓋傷震川之不可及也。”吕叔訥《白雲草堂文鈔》卷三《再復嚴明府書》云：“究之王李所成，不能軼出於韓歐之徒之上。晚而自傷，竟屈伏於震川之下。”蔣子瀟《七經樓文鈔》卷四《與田叔子論古文第二書》甚許弇州，言其非真推震川，乃“老而懷虚，自貶以揚之”，卻仍謂弇州有“久而自傷”之語。近賢論著，因循不究。蓋衆咻傳訛，耳食而成口實矣。一字之差，詞氣迥異。“始傷”者，方知震川之不易得，九原不作，賞音恨晚也。“自傷”者，深悔己之迷塗狂走，聞道已遲，嗟悵何及也。二者毫釐千里。曰“豈異趣”者，以見己與震川，同以“史漢”爲究竟歸宿，特取徑直而不迂，未嘗假道於韓歐耳。弇州弟敬美《王奉常集》卷五十三《藝圃擷餘》云：“正如韓柳之文，何有不從左史來者。彼學而成爲韓爲柳，我却又從韓柳學，便落一塵矣。輕薄子遽笑韓柳非古，與夫一字一語必步趨二家者，皆非也。”足資傍參。弇州《讀書後》卷四《書歸熙甫文集後》須與《四部稿》卷一百二十八《答陸汝陳》合觀。陳眉公《妮古録》引弇州語，亦見《續稿》卷一百七十五《與徐宗伯書》，其書與卷一百八十一《與李仲子能茂》、卷一百八十二《與顏廷愉》，胥可闡明此《贊》。《書譜》記王逸少評書云：“鍾張信爲絶倫。吾書比之鍾張，鍾當抗行，或謂過之，張草猶當雁行。”弇州晚歲虚憍氣退，於震川能識異量之美，而非降心相從，亦不過如逸少之於鍾張而已。何嘗拊膺自嗟、低頭欲拜哉。牧齋排擊弇州，不遺餘力，非特擅易前文，抑且揑造故事。如記弇州造訪湯若士，若士不見，而盡出所塗抹弇州文集散置几案間，弇州繙閲，默然而去。王山史《砥齋集》卷二《書錢牧齋湯臨川集序後》即謂其“欲呰弇州”，所“述事似飾而未確”：“預出之以度弇州之至耶？抑延弇州至堂而後出之耶?”竊謂徵諸《玉茗堂尺牘》卷一《答王澹生》，則若士“標塗”弇州集，有人“傳於”弇州“之座”而已；卷三《復費文孫》明言舊與弇州兄弟同仕南都，“不與往還”。牧齋不應未覩二牘，而悍然杜撰掌故，殆自恃望重名高，不難以一手掩天下耳目歟。牧齋談藝，舞文曲筆，每不足信。渠生平痛詆七子、竟陵，而於其友好程孟陽之早作規橅七子、蕭伯玉之始終濡染竟陵，則爲親者諱，掩飾不道隻字。竄改弇州語，不啻上下其手，正是一例。吴修齡《正錢録》不可得見，觀《彙刻列朝詩集小傳》錢湘靈序、及舊鈔本《錢湘靈先生詩集補編》第五册《戲爲論詩絶句》第二十七首，則吴書專摘《列朝詩集傳》字句疵累，於其議論記敘之不公失實，初無是“正”也。

近人則王壬秋，《王志》深譏退之學古遺貌存神之謬，《湘綺樓日記》民國五年五月自稱其文出“起衰公”之上，《南皮佐史總姓王》後，見《朝野僉載》卷三。又一談助。

一七

周濂溪按部至潮州，《題大顛堂壁》曰："退之自謂如夫子，《原道》深排佛老非。不識大顛何似者，數書珍重更傳衣。"退之與大顛三書，適可與靈源與伊川二簡作對，而聚訟尤紛紜。東坡説以爲僞，歐公跋以爲真。陸放翁《老學菴筆記》卷六謂黠僧所造，以投歐公之好，故第三書引《易繫辭》作《易大傳》。朱子作《韓文考異》始定爲退之之筆。陳蘭甫《東塾集》卷二《書僞韓文公與大顛書後》謂責韓公不當與大顛往來則可，必欲以僞書爲真，則雖歐公、朱子不可掩後人眼目。今觀荆公《送吕使君》詩中語，亦見退之與大顛三書，幾如淵明之《閑情》一賦，被人認作白璧微瑕矣。黄東發《日鈔》卷三十五、《直齋書録解題》卷十六以朱子此舉爲不可曉。楊升菴不喜朱子，而好襲東發議論，參觀《少室山房筆叢》卷五《五行》條。遂推波助瀾。李穆堂服膺陸王，深惡朱子，每借申雪昌黎、荆公爲名，以攻朱子；《初稿》卷四十六亦有《書贋作昌黎與大顛書後》，氣盛詞峻，失之朊必，尚不如升菴言之成理。《升菴全集》卷四十六、五十三論朱子論人，"好在無過中求有過"，稱秦檜有骨力而譏岳飛爲横，其必欲證明與大顛書真出韓公手，亦不樂成人之美也；因舉李漢

《韓集・序》"無有失墜，總其目以七百"等語，以爲此書既在集外，其僞可知。後來崔東壁《考信録提要》卷上、凌揚藻《蠡勺編》卷二十二皆據李漢序以定三書之僞，實隱本其説而推衍之。然張淏《雲谷雜記》卷二早言：昌黎知制誥，李漢竟未收；柳子厚《天説》引昌黎論天之文、劉夢得《柳集序》舉昌黎遠弔之書、《五寶聯珠集》載昌黎分韻得"尋"字五律，皆在散逸，安得自矜無有失墜云云。王白田《讀書紀疑》卷十六亦謂據柳子厚《與韓愈論史官書》、《段太尉逸事書》、《答韋珩書》、《送僧浩初序》，退之皆有書與子厚，四書今不見集中，劉夢得柳文序所謂"退之以書來弔"，韓集亦無，李漢之言，豈其然乎。則楊、崔、凌三家之説，猶不免盡信李漢一面之詞。且李漢所編韓集中，自有《與孟尚書簡書》，稱大顛爲"能外形骸，以理自勝"，則亦不必曲爲退之諱矣。退之與僧徒往還不絶。趙德麟《侯鯖録》卷八謂退之"不喜僧，每爲僧作詩，必隨其淺深侮之"。陳善《捫蝨新話》卷二謂退之送惠師、靈師、文暢、澄觀等詩，語皆排斥。劉後村《詩話》前集謂唐僧見韓集者七人，惟大顛、穎師免於嘲侮，此外皆爲嘻笑之具。而晁以道《嵩山集》卷十四《懼説贈然公》曰："予嘗怪韓歐力排浮屠，而其門多浮屠之雄。如澄觀、契嵩輩，能自傳於後世，實二公之力爲多。夫毁其教而進其徒，豈非一反。"李敬齋《古今黈》卷七亦歷數退之集中爲僧侶所作詩文，以爲大醇小疵。張爾岐《蒿菴閒話》卷一謂退之《送文暢詩》、《高閑序》皆以富貴利慾相誇誘，不類儒者語，竊計文暢輩只是抽豐詩僧，不然，必心輕之。三君皆不免皮相，未能如趙、陳、劉三氏之究極退之語意也。余按朱子"退之死款"之説，見《語類》卷百三十七，明説因《與孟簡書》中"以理自勝"等語而發；升菴以爲指與大顛三書，大誤，胡元瑞《少室山房筆叢》卷二十六已訂正之。魏默深《古微堂外集·再書宋名臣言行録後》至曰："升菴揑造死款之説，以誣朱子"，則升菴豈若是誕哉。默深衛護朱子，而竟不一讀《語類》，蓋伐異每尚細究敵説，黨同乃至浸忘師訓，理固然耳。若以岳飛爲横，乃朱子門人沈僩問語，非出朱子，見《語類》卷百三十一。同卷屢斥秦檜之奸，初無假借。《少室山房筆叢》卷十亦有辨論。升菴之妄，在此不在彼也。退之《與大顛第二書》謂海上窮居，無與話言，要顛相過；第三書怪顛不過，謂非通道。則是空谷之喜足音，豈《師説》"從而相師"之誼耶。《與孟簡書》亦謂："近奉釋氏，乃傳者之妄。遠地無可與語，因召大顛，與語亦不盡解。留衣服爲别，乃人之情；非崇信其法，求福田利益。"下文亹亹數百言，莫非申明攘斥佛老之願，所以自爲别白者至矣。皮襲美《文藪》卷九有《請韓文公配饗太學書》，稱退之能"蹴楊墨於不毛之地，蹂釋老於無人之境"，可見唐之儒者，未嘗以退之與大顛往來，而疑其信持佛法也。即五代時劉昫輩作《舊唐書》，苛責昌黎，而亦以斥釋老稱之，未據此事，增益罪狀。惟契嵩《鐔津文集》卷十九《非韓》第十四論《馬彙之行狀》特記刺血書佛經事，謂昌黎外事儒以護其名，内終默重佛道；第十七論《與孟簡書》，略謂昌黎强掩，言愈多而迹愈見，以理自勝云云，已信其法，佛教順理爲福，與大顛游，談理論性，已廁其福田利益矣；又引韓子問道大顛，三平擊牀悟入一事，謂昌黎尊大顛而毁佛，如重子孫而斥祖禰云云。深文周内，游談無根。明蓮池大師《竹窗隨筆》韓昌黎條引與孟簡書中語，則謂退之"悍然不信佛法如故，何曾悟入"；可見後世緇流之有識者，未嘗執著形迹，引退之以自張門面也。契嵩已坐實退之參禪，宗永撰《宗門統要》，本果繼作《正宏集》，捏造事實，謂退之參大顛，有一百八念珠公案，爲上根人，説大乘法。癡人夢話，齊東野語，奉鬼教、本《魏書》卷五十三《李瑒傳》。事鬼宿本《尚書故實》。人，固宜搗鬼；而儒者亦復相驚伯有，殊可哂也。

【補訂】朱子《語類》卷一百三十九云："退之所接引，皆是破落户，非好僧。如惠師、靈師之徒，爲退之説得也狠。後見大顛，不得不服。"張蒿菴所謂"抽豊詩僧"之説，已發於此。陳蘭甫《東塾集》卷二《書僞韓文公與大顛書後》闡釋《與孟簡書》語意最確，略云："歐公既知其官銜之謬，而不知其書之僞，殊不可解。朱子之説尤不可解。《與孟簡書》所謂與之語雖不盡解者，韓公與大顛語，大顛不盡解也。胸中無滯礙者，大顛無滯礙也。朱子則以爲大顛之語，韓公雖不盡解，亦豈不足暫空其滯礙之懷，此尤於文義不合矣。"朱文寧《湧幢小品》卷十八云："潮州韓文公［祠］像，狀如浮屠。此後人因公闢佛而故以此挫之，以實大顛之説。郭青螺爲守，易以木主，最是。"潘稼堂《遂初堂詩集》卷十三《韓山謁昌黎廟》第二首云："潮州古揭陽，秦初置軍屯。牧潮不匝歲，惠愛千秋存。邦人謹奉事，肅若周孔尊。張君感諫草，守廟不用髡"，自註："舊以僧守祠，撝齋始罷遣之"。昌黎《原道》曰："佛者曰：孔子、吾師之弟子也"，豈自料身後亦被迫披剃而爲粥飯僧所賴以衣食哉。

俞文豹《吹劍録》謂：韓公潮州之行，豪氣鑠盡，謝表披訴艱辛，真有悽慘可憐之狀。至於佛法，亦復屑意，答孟簡書云云；見《宗門統要》，疑其誕謾，"觀公此書，似不誣也"。夫《與孟簡書》明言不屑意於佛法，俞氏豈善讀書者。馬永卿《嬾真子》卷二道王抃語，謂退之號毁佛，實則深明佛法，其《送高閑上人序》，得歷代祖師向上休歇一路，所見大勝裴休《圓覺經序》云云。更爲望文牽合矣。余嘗推朱子之意，若以爲壯歲識見未定，迹親僧道，乃人事之常，不足深責；至於暮年處困，乃心服大顛之“能外形骸”，方見韓公於吾儒之道，衹是門面，實無所得。非謂退之即以釋氏之學，歸心立命也，故僅曰：“晚來没頓身已處。”蓋深歎其見賊即打，而見客即接，無取於佛，而亦未嘗有得於儒；尺地寸宅，乏真主宰。《韓文考異》中註《與孟簡書》，亦發此意。雖較唐人爲刻，要非周内之言，更非怪退之與僧徒書札往還，詩篇贈答也。不然，朱子早歲詩爲二氏言者多矣。一則曰：“聊披釋氏書，超然與道俱”；再則曰：“登山懷釋侶，盥手閲仙經”；三則曰：“所慕在玄虚，終朝觀道書。”參觀夏心伯《讀朱質疑》卷一《朱子出入於老釋者十餘年考》，謂此等詩皆作於二十四歲以前。至其交往，亦有仰上人、可師之流，何以都著集中，不稍掩飾乎。《東發日鈔》卷三十四論朱子此等詩亦曰：“朱子博於二氏書，而他日謂昌黎與大顛交，乃平生死案，何嚴也”云云。李穆堂遂坐實朱子之攻乎異端矣，參觀《初稿》卷四十五《書靈寶異法後》，卷四十六《書五燈會元後》。

【補訂】查悔餘《初白菴詩評》卷中論朱子此數詩曰：“既誦佛經，又觀道書，想亦聊遣詩興，未必果有其事也”；又摘朱子《秋雨》、《寄山中舊知》兩詩中“悟無生”，以爲是“禪語”。大世法視詩爲華言綺語，作者姑妄言之，讀者亦姑妄聽之。袁中郎《瓶花齋集》卷六《雪濤閣集序》所謂：“有泛寄之情，無直書之事，故詩虚而文實。”然執著“遣興”、“泛寄”，信爲直書紀實，自有人在。唐李遠有聯云："人事三杯酒，流年一局棋"，一作："青山不厭三杯酒，長日唯銷一局棋。"《幽閑鼓吹》記令狐綯薦遠爲杭州刺史，宣宗曰："我聞遠有詩云：'長日唯銷一局棋'，豈可以臨郡哉。"綯對曰："詩人之言，非有實也。"周櫟園《尺牘新鈔》二集《藏弆集》卷十施男《與徐巨源》記方棠陵語張崑崙山人曰："君詩固嘉，而鮮情實。如無山稱山，無水賦水，不歡而喜，弗戚而哀，情實安麗。"張答曰："風人婉詞託物。若文王之思后妃，豈必臨河洲、見雎鳩耶。如祖餞寧必携百壺酒，而云：'清酒百壺，惟筍與蒲。'若據情實，老酒一瓶，豆腐麪筋，俱可與黏泥柳絮收入眉山夾袋矣。"皆初白所謂"未必果有其事"。一言以蔽之，詩而盡信，則詩不如無耳。參觀《管錐編》論《毛詩正義》第二六"詩文之詞虚而非僞"。小普林尼(Pliny)嘗云："准許詩人打誑語"(Tamen pöetis mentiri licet)。見 *Letters*, VI, xxi, Loeb, I, 500。哈代至曰："苟伽利略祇作詩述其地球轉動説，則宗教法庭或且縱任之而不問"(If Galileo had said in verse that the world moved, the Inquisition might have left him alone), quoted in R. Gittings, *The older Hardy*, Penguin, 1980, 120. 蓋詩歌雖可招文字之禍，尚萬一得託"詩人之言"，"虚"而非"實"，罪疑惟輕。散文相形，更信而有徵，鑿而可據，遂愈不爲羅織者所寬假也。參觀本書第 325 頁。

荆公《送吕使君詩》作闢佛語，《寄王逢原》亦云："孔子大道寒於灰，力排異端誰助我"；而集中詩作禪語不計數，仿寒山、拾得即至二十首，亦屢與釋子酬答。《道山清話》載唐子方見公誦《華嚴經》；《吹劍録外集》記公與葉濤云："博讀佛書，勿爲世間閑文字”；《賓退録》卷五記公坐禪時作《胡笳十八拍》，自言“坐禪實不虧人”，事雖可笑，亦見公刻意學佛；復作《楞嚴疏解》，可謂躬蹈而厚責於昌黎者。至其暮年捨宅爲寺，請僧主持，如朱子《語類》與余國秀語所譏，又豈韓公廬居火書之旨哉。爲儒家言者，以退之南遷交大顛爲病，而浪子和尚惠洪《石門文字禪》有《次韻遊南台》詩；乃曰：“永懷倔强韓退之，南遷正坐譏訶佛”，可發一笑。李肇《國史補》記昌黎數事，皆非佳話，有昌黎敬徑山，出妻拜之，請賜法名一則。後人卻未有引爲話柄者，何耶。

一八

邵氏《聞見後録》卷十八以爲荆公既鄙夷退之力去陳言，而自作《雪詩》，又全襲退之語。余按荆公《讀韓》"可憐無補費精神"一語，即退之《贈崔立之》詩中語，改"益"字爲"補"字。按李壁注荆公詩，僅於此句下引韓詩云云，上句未註。故魏了翁《經外雜鈔》卷二補言其上句"力去陳言"出退之《答李翊書》。又《黄氏日抄》卷五十九力非朱子編韓集之録荆公此絶，以爲象山他日亦即以"無補費精神"譏朱子云云。在荆公或爲反脣之譏，邵氏欲以矛攻盾，何爲近捨此耶。荆公詩語之自昌黎沾丐者，不知凡幾，豈特《雪詩》而已。譬如《元豐行》曰："田背坼如龜兆出"，此荆公得意語也；故《寄楊德逢》又曰："似聞青秧底，復作龜兆坼。"《後山詩話》記山谷論荆公詩"暮年愈妙"，即稱此語，以爲前人未道。不知昌黎《南山》詩形容山石犖确，即曰："或如龜坼兆，或如卦分繇。"又如《孔子》詩曰："聖人道大能亦博，學者所得皆秋毫"；李雁湖未註出處。按此逕用昌黎《送王秀才序》起語："吾嘗以爲孔子之道大而能博，門弟子不能偏觀而盡識也。"《再用前韻寄蔡天啓》曰："微言歸易悟，捷若髭赴鑷"；比喻新妙，雁湖亦未註出處。按此本昌黎《寄崔立之》詩："連年收科第，若摘領底髭。”他如《懷鍾山》曰：“何須更待黄粱熟，始覺人間是夢間”；則本之昌黎《遣興》曰：“須著人間比夢間。”《寄孫正之》曰：“少時已感韓子語，東西南北皆欲往”；則又所謂自首減等者矣。然此皆不過偷語偷意，更有若皎然《詩式》所謂“偷勢”者。如《游土山示蔡天啓》之“或昏眠委翳”四句，《用前韻贈葉致遠》之“或撞關以攻”十二句，全套昌黎《南山》詩“爛漫堆衆皺”一段格調。《和文淑湓浦見寄》之“髮爲感傷無翠葆，眼從瞻望有玄花”，又本於昌黎《次鄧州界》之“心訝愁來惟貯火，眼知别後自添花”，匪特“玄花”二字，擷取昌黎《寄崔立之》詩“玄花著兩眼”句已也。曾子實、劉起潛皆以爲荆公絶句機軸，得之昌黎“天街小雨潤如酥”一首；《隱居通義》卷六卷十一。荆公五七古善用語助，有以文爲詩、渾灝古茂之致，此祕尤得昌黎之傳。詩用虚字，劉彦和《文心雕龍》第三十四《章句》篇結語已略論之。蓋周秦之詩騷，漢魏以來之雜體歌行，如楊惲《拊缶歌》、魏武帝諸樂府、蔡文姬《悲憤詩》、《孔雀東南飛》、沈隱侯《八景詠》，或四言、或五言記事長篇，或七言，或長短句，皆往往使語助以添迤邐之概。而極其觀於射洪之《幽州臺歌》、太白之《蜀道難》、《戰城南》。宋人《雜言》一體，專仿此而不能望項背也。五言則唐以前，斯體不多。如《十九首》：“同心而離居”、“故人心尚爾。”《李延年歌》：“絶世而獨立。”趙壹《疾邪詩》：“哀哉復哀哉，此是命矣夫。”曹植樂府：“扶桑之所出”，“當南而更北，謂東而反西”，“忽亡而復存”。王粲《詠史》：“惜哉空爾爲。”劉楨《贈徐幹》：“我獨抱深感，不必與比焉。”徐幹《室思》：“自君之出矣，明鏡闇不治”，“端坐而無爲，重新而忘故。”嵇康《答二郭》：“天下悠悠者”，“有能從此者。”

郭遐周《贈嵇康》：“欽哉得其所，惄焉如調饑。”阮籍《詠懷》：“誰可與歡者”，“存亡誠有之”，“去者余不及，來者吾不留”，“呼吸永矣哉。”秦宓《遠遊》：“虎則豹之兄，鷹則鷂之弟。”陸機《樂府》：“逝矣經天日，悲哉帶地川”，“邈矣垂天景，壯哉奮地雷”；《贈弟》：“行矣怨路長，惄焉傷別促。”潘尼《贈王元貺》：“畢力讚康哉。”張協《雜詩》：“川上之歎逝。”曹嘉《贈石崇》：“爲國之俊傑。”嵇紹《贈石崇》：“未若酒之賊。”劉琨《贈盧諶》：“時哉不我與，去乎若雲浮。”謝混《誡族子》：“數子勉之哉。”張駿《薤露行》：“在晉之二世。”謝靈運《述祖德》：“而不纓垢氛。”謝惠連《夜集》：“誠哉曩日歡，展矣今夕切。”鮑昭《樂府》：“餘人安在哉”；“遠矣絶音儀”；“有願而不遂”。謝世基《連句》：“偉哉横海禽，壯矣垂天翼。”何偃《冉冉孤生竹》：“歡願亦云已，坐守零落耳。”謝朓《懷故人》：“山川已間之”；《觀朝雨》：“懷古信悠哉。”丘巨源《聽鄰妓》：“中山安在哉。”沈約《樂府》：“苦哉遠征人，悲矣將如何”；《遊鍾山》：“結架山之足”；《登玄暢樓》：“迴望山之陰”；《詠月》：“清光信悠哉。”江淹《雜體》：“遠與君別者”，“而我在萬里”，“楚客信悠哉”，“因之平生懷”；《效阮公》：“竚立誰語哉”；《悼室人》：“佳人永暮矣”。吴均《樂府》：“豔裔陽之春”；《贈柳惲》：“迢遞江之沂”；《贈王桂陽》：“送別江之干”；《送劉餘杭》：“置酒峯之畿”；《壽陽還》：“結景雲之峯”；《贈周興嗣》：“孺子賤而貧”；《閨怨》：“妾坐江之介”。何遜《宿溢口》：“共泛溢之浦”；《歎白髮》：“求我谷之嵎。”陸倕《贈任昉》：“壯矣荀文若，賢哉陳太丘。”沈炯《十二屬》：“豬蠡窅悠哉。”何處士《酬解法師》：“道林俗之表，慧遠廬之阿。”庾信《酬薛文學》：“子居河之曲”；《治渭橋》：

"司職渭之陽"。隋煬帝《樂府》："先聖之所營"；《賜史祥》："振旅河之陰"；《還京師》："是月春之季。"虞騫《登鍾山下峯》："攜手巖之際。"費昶《巫山高》："彼美巖之曲。"唐人如宋之問《謁禹廟》："而今功尚敷"；《藥》："君臣有禮焉"；《傷王七祕書監》："物在人已矣。"張説《樊姬墓》："楚國所以霸，樊姬有力焉。"李百藥《途中述懷》："福兮良所伏，今也信難通"；《戲贈迎新婦》："三星宿已會，四德婉而嬪。"楊炯《西陵峽》："盤薄荆之門，滔滔南國紀，洞庭且忽焉，孟門終已矣。"蘇頲《和聖製春臺望》："壯麗天之府，神明王者宅"；《哭樂安少府》："夢寐殊悠哉，已而梁木摧。"蕭穎士《答韋司業見過》："夫子覺者也，其能遺我乎。"吕温《寄季六協律》："戒哉輕沽諸，行矣自寵之。"王維《贈張諲》："隱居十年餘，宛是野人也"；《青溪》："請留盤石上，垂釣將已矣。"高適《出獵》："失之有餘恨，獲者無全軀"；復屢用"行矣"、"去矣"、"已矣"。孟浩然《符公蘭若》："依止此山門，誰能效丘也。"王龍標《題灞池》："借問白頭翁，垂綸幾年也"；《詠史》："歎息嵩山老，而後知其尊"；《香積寺禮僧塔》："愚也駭蒼生，聖哉爲帝師。"韋應物《再遊龍門》："邈矣二三子，兹焉屢遊盤。"儲光羲《貽劉高士别》："壯哉麗百常，美矣崇兩觀"；《貽袁三》："夫子儉爲德，而能清約身"；《茅山》："良以真心曠，兼之外視閑"；《寄申大》："況我行且徒，而君住獨蹇。"暢當《贈宇文中丞》："爲語弋林者，冥冥鴻遠矣"；《平阿館赴郡》："德綏乃吾民，不得將庶矣。"徐彦伯《比干墓》："大位天下寶，維賢國之鎮，殷道微而在，特進貞而順。"員半千《隴右途中遭非語》："出遊非懷璧，何憂乎忌人。"宋務光《海上作》："曠哉潮汐地，大矣乾坤力。"王灣《登終南山》："常愛南山遊，因而盡原隰"；《晚夏池亭》："逮此乘務閒，因而訪幽叟。"崔顥《贈懷一上人》："但有滅度理，而生開濟恩。"陶翰《出蕭關懷古》："愴矣苦寒奏，懷哉式微篇。"李華《雜詩》："玄黄與丹青，五氣之正色，儒風冠天下，而乃敗王度"；《詠史》："何意李司隸，而當昏亂時。"賈至《閒居秋懷》："信矣草創時。"顧況《丁行者》詩："飼豕如人焉，領我心之虔"；《憶亡子》："懷哉隔生死，悵矣徒登臨。"其他用"之"字、"哉"字、"而"字句多不勝舉。按施愚山《蠖齋詩話》有《詩用之字》條，寥寥數例，皆"何所之"，"之"作赴往解，乃動詞，非語助也。又如《十九首》"采之欲遺誰"、陸機"照之有餘輝"、劉伶"付之與瑟琴"等句，"之"作其物其人解，乃代名詞，亦非語助。故此類句皆從略。又俞理初《癸巳存稿》卷十二《詩詞虚字》條，亦甚簡。六代則徐幹一作，仿製者尤多。唐則李杜以前，陳子昂、張九齡使助詞較夥。然亦人不數篇，篇不數句，多搖曳以添姿致，非頓勒以增氣力。唐以前惟陶淵明通文於詩，稍引厥緒，朴茂流轉，别開風格。如"結廬在人境，而無車馬喧"；"倒裳往自開，問子爲誰歟"；"孰是都不營，而以求其安"；"理也可奈何，且爲陶一觴"；"阿宣行志學，而不愛文術"；"餒也已矣夫，在昔余多師"；"日日欲止之，今朝真止矣"；其以"之"作代名詞用者亦極妙，如"微雨從東來，好風與之俱"；"過門更相呼，有酒斟酌之。"唐人則元次山參古文風格，語助無不可用，尤善使"焉"字、"而"字；如"而欲同其意"，"而苟求其禄"，"而能存讓名"，"而可愛軒裳"，"似不知亂焉"，"豈不如賊焉"，"快意無比焉"，"常竊媿恥焉"，"於斯求老焉"。五古"而"字起句，昔人尚有；"焉"字押韻，前此似僅劉楨、張九齡、宋之問、張説詩中各一見耳。昌黎薈萃諸家句法之長，元白五古亦能用虚字，而無昌黎之神通大力，充類至盡，窮態極妍。《竹莊詩話》卷七選昌黎《南溪始泛》三首，引《蔡寬夫詩話》云："三首乃末年所作，獨爲閒適，有淵明風氣"云云。夫昌黎五古句法，本有得自淵明者，蔣叔起《垂金蔭緑軒詩鈔》卷一云："昌黎有小詩數首，力摹彭澤，偶讀一過，從而追和之"；乃指"江漢雖云廣"、"長安交游者"、"夜歌"、"岐山下"四首而言。竊意《秋懷》、《晚菊》等篇，詞意亦仿淵明，不待《南溪始泛》。淵明《止酒》一首，更已開昌黎以文爲戲筆調矣。昌黎亦善用"而"字，尤善用"而我"字，其祕蓋發自劉繪。繪《有所思》云："別離安可再，而我更重之。"唐如陳子昂《同宋参軍夢趙六》曰："驂馭游青雲，而我獨蹭蹬。"丁仙芝《贈朱中書》曰："而我守道不遷業。"李東川《題李丞山池》："他人驌驦馬，而我薜蘿心。"王昌齡《觀江淮名勝圖》："再詣臨海嶠，而我高其風。"張九齡《奉使南海》曰："行李豈無苦，而我方自怡。"孟浩然《下灨石》曰："榜人苦奔峭，而我忘險艱。"劉長卿《贈別韋建韋造》曰："而我倦棲羈，別君良鬱陶"；又《送薛據宰涉縣》曰："夫君多述作，而我常諷味。"韋應物《答韓郎中》曰："而我豈高致，偃息平門西。"儲光羲《泛東溪》曰："草木含新色，而我任天和"；《貽劉高士别》曰："簪珮何璀璨，而我送將歸。"沈千運《感懷弟妹》曰："性情能免此，而我何不易。"皆偶用而已。太白獨多：如《贈新平少年》之"而我竟何爲，寒苦坐相仍"；《贈柳少府》之"而我愛夫子，淹留未忍歸"；《贈劉都使》之"而我謝明主，銜哀投夜郎"；《懷岑倫》之"美人竟獨往，而我安得羣"；《望廬山瀑布》之"而我樂名山，對之心益閒。"昌黎五言如《苦寒》之"而我於此時，恩光何由沾"；《食曲河驛》之“而我抱重罪，孑孑萬里程”；《寄李大夫》之“而我竄逐者，龍鍾初得歸”；《祖席》之“淮南悲木落，而我亦傷秋”；胥有轉巨石、挽狂瀾之力。韓門如孟東野《遠遊》之“而我獨何事，四時心有違”；賈浪仙《翫月》長篇最步武昌黎，中固亦云：“此景亦胡及，而我苦淫耽。”荆公用“而我”字無不佳。如《寄耿天騭》云：“而我方渺然，長波一歸艇”；《邀望之過》云：“豈魚有此樂，而我與子無”；《溽亭》云：“豈予久忘之，而欲我小停”；《夢黄吉甫》云：“豈伊不可懷，而使我心往”；《車載板》云：“而我更歌呼，與之相往返”；《送張拱微》云：“嗟人皆行樂，而我方坐愁。”觀此諸例，則宗風斷可識矣。李雁湖註《奉答永叔》七律云：“江東王儔尚友謂予：荆公於退之文，步趨俯仰，升堂入室，而其言如是；豈好學者常慕其所未至，而厭其所已得耶。”不免回護。且不知荆公詩法，亦若永叔之本於昌黎；忖他人之同學，欲獨得其不傳，遂如逢蒙挽射羿之弓，康成操入室之戈耳。五代詩家多不能爲此等古體，故盧多遜《苦吟》曰：“不同文賦易，爲著者之乎”；直是不讀次山、昌黎人語矣。又前所舉陸士衡、謝惠連、陸倕等以“矣”對“哉”諸聯，搜逑索偶，平仄俱調，已開近體詩對仗之用語助。唐人如宋廣平《應制》曰：“丞相邦之彦，非賢諒不居；老臣庸且憊，何德以當諸”，更以虚字作扇對。他若廣平《送張説巡邊應制》：“以智泉寧竭，其徐海自清。”崔沔《恩賜樂遊園宴》：“復承天所賜，終宴園之陽。”劉元度《幸大薦福寺應制》：“佳哉藩邸舊，赫矣梵宫新。”孫翃《酬張九齡》：“於焉審虞芮，復爾共舟航。”李東川《送暨道士》：“中州俄已到，至理得而聞。”儲光羲《酬張五丈》：“松柏以之茂，江湖亦自忘。”張燕公《挽李工部》：“昔焉稱夏日，今也謚冬卿。”蘇許公《和聖製長春宫登樓》：“帝迹奚其遠，皇居之所崇”；《聞韋使君引紼》：“惻矣南鄰問，冥然東岱幽。”杜審言《和李大夫奉使》：“澄清得使者，作頌有人焉，莫以崇班閡，而云勝託捐。”褚朝陽《五絲》：“水底深休也，日中還賀之”；按結句“汨羅空遠而”，以虚字押脚。王摩詰《哭祖自虚》：“謬合同人旨，而將玉樹連，爲善吾無已，知音子絶焉”；《示外甥》：“老夫何所似，敝宅倘因之”；《汎前陂》：“暢以沙際鶴，兼之雲外山。”孟襄陽《尋梅道士》：“重以觀魚樂，因之鼓枻歌”；其他不成對偶者如《過檀溪別業》：“余亦幽棲者，經過竊慕焉”；《尋辛諤》：“回也一瓢飲，賢哉常晏如”；《秦中苦雨》：“寄言當路者，去矣北山岑。”高達夫《信安王幕府》：“曳裾誠已矣，投筆尚悽然”；《真定即事》：“光華揚盛矣，霄漢在兹乎，淪落而誰遇，栖皇有是夫。”祖詠《清明宴劉司勳別業》：“以文嘗會友，唯德自成鄰。”李端《早春夜望》：“行矣前途晚，歸歟故國賒”；《下第上薛侍郎》：“幸得皮存矣，須勞翼長之。”劉長卿《哭魏兼遂》：“艱危負且共，少小秀而文。”貫休《別姚合》：“言之離別易，免以道途難。”李羣玉《吾道》：“鳳兮衰已盡，犬也吠何繁。”杜荀鶴《逢友人》：“白髮多生矣，青山可往乎”；《與弟話別》：“干人不得已，非我欲爲之。”以及較著之聯若杜少陵之“置驛常如此，登龍蓋有焉”；“古人稱逝矣，吾道卜終焉”；“去矣英雄事，荒哉割據心”；“伯仲之間見伊吕，指揮若定失蕭曹。”白樂天之“險阻嘗之矣，栖遲命也夫”；“一之已歎關於命，三者何堪併在身。”李義山之“真人塞其内，夫子入於機”；“求之流輩豈易得，行矣關山方獨吟。”温飛卿之“至言今信矣，微尚亦悲夫”；“角勝非能者，推賢見射乎。”其例已多。宋人更以此出奇制勝。如王中父之“命也豈終否，時乎不暫留。”韓持國之“用舍時焉耳，窮通命也歟”；“居仁由義吾之素，處順安時理則然。”王介甫之“男兒獨患無名爾，將相誰云有種哉。”歐陽永叔之“藏之十襲真無用，報以雙金豈所宜。”劉原父之“貧且賤焉真耻也，壯之良者盍行乎”；“斯文未喪微而顯，吾道猶存嘯也歌”；“謝病歸來真老矣，傷春刻意益茫然。”劉貢父之“歸歟那愠見，去矣約輕齎”；“五十已過無聞爾，三百雖多奚以爲”；“驅之老馬尚知道，行矣泥龜久不靈。”蘇東坡之“君獨未知其趣耳，臣今時復一中之”；“曲無和者應思郢，論少卑之且借秦。”李師中之“山如仁者静，風得聖之清”；“夜如何其斗欲落，歲云暮矣天無晴。”唐子西之“佳月明作哲，好風聖之清”；“吾道非邪來曠野，人生樂爾復何時”；“歲云暮矣無雙雁，我所思兮在五羊。”黄山谷之“夫然聊爾耳，得也自知之”；“日者傾三接，天乎奠兩楹”；“日邊置論誠深矣，聖處時中乃得之。”張文潛之“歲云暮矣風落木，夜如何其斗插江。”梅執禮之“天之未喪斯文也，吾亦何爲不豫哉。”王才臣之“並舍者誰清可喜，各家之竹翠相交”；“歸去來兮覺今是，不知我者謂何求。”曾幼度之“不可以風霜後葉，何傷於月雨餘雲。”韓子蒼之“曲檻以南青嶂合，高堂其上白雲深。”汪浮溪之“何時盛之青瑣闥，妙語付以烏絲闌。”潘倬之“逝者如斯未嘗往，後之視昔亦猶今。”朱新仲之“何以報之青玉案，我姑酌彼黄金罍。”陸放翁之“誰其云者兩黄鵠，何以報之雙玉盤”；“長安之西過萬里，北斗以南惟一人。”劉後村之“師言起予者，翁問倩人耶。”方秋崖之“翁之樂者山林也，客亦知夫水月乎。”鄭清之之“兕容於野雖非地，豹澤其文似識時。”名家集中，膾炙人口之聯，更僕難數。然窠臼易成，十數聯以上，即相沿襲。譬如唐子西“佳月”一聯、張文潛“歲云”一聯，即與李師中二聯相犯；汪浮溪、朱新仲、陸放翁三聯亦大類。他如鄧林《村居》之“數筆遠山仁者静，一篙流水聖之清”，尤顯襲師中句。丁開《可惜》之“日者今何及，天乎有不平”，望而知爲本山谷“日者”一聯。王阮《上巳阻風》之“天氣未佳宜且住，樹猶如此我何堪”，與朱新仲之“天氣未佳宜且住，風濤如此亦安歸”，幾如填匡格矣。按新仲此聯不見《灊山集》中，《後村詩話》引之。王氏《義豐集》中《詠瀑布》尚有虚字二聯，以其鈍拙，故與他家集中虚字拙聯皆從略。宋人詩中有專用語助，自成路數，而當時無與於文流者，邵堯夫《擊壤集》是也。惟近體虚字雖多，而虚字對如“知時所得誠多矣，養志其誰曰不然”，全集不數見；惟《首尾吟》押“支”韻，一題中遂屢爲之，如“無聲無臭儘休也，不忮不求還得之”，“物皆有理我何者，天且不言人代之”，“義若不爲無勇也，幸如有過必知之”，“信道而行安有悔，樂天之外更何疑。”實與梅執禮、王中父、韓持國所作，無以大異。明之陳白沙、莊定山衍其宗派，而皆視祖師稍爲雅飭，語助不如康節之濫。白沙虚字對更少，如“色香本出梨之右，風味真無嶺以南”，偶一爲之，生勁差似唐子西、韓子蒼。定山虚字對較多，如“天乎賢孝真佳壻，詩也幽閒亦壽機”，“鼎乎何可論爲蓋，柱也焉能夢作車”，頭巾氣殊不可耐。至“開闢以來原有此，蓬萊之外更無山”，“越水以東惟剡曲，子陵而下幾漁翁”，則尚不失爲詩句。然理學家作詩用語助，雖無當風雅，猶成文理。至竟陵派以語助爲詩訣，遂如柳子厚譏杜温夫所謂“助字不中律令”者矣。如鍾伯敬之“何非寒其聲”，“待此花之朝”，“是爲月之時”，“筆體老而清”，“禪者之户庭”，“夫惟或隔之”，“大奸之臂足”，

“名稱稍以臘別之”，“兹花終負梅之名”，“既雨兼之晚，孤帆莫適從”，“即論兹山絶，登兹者亦稀”，“一花分合處，形與影耶神”，“計爾南歸三月餘，十之五六住吾廬”，“行行吾欲之官矣，此際情詞不可言。”譚友夏之“奇矣哉吾師”，“退言於水木”，“懸之而後宿”，“回首夕其暉”，“柴門之内滿”，“升降之際微”，“十年之前後”，“雪來秀之山光有”，“且尚爲人子，得無憂老親”，“解者須之後，勤哉慎厥初。”蔡敬夫之“未見胡然夢，其占曰得書”，“居之僧尚髮，來者客能琴。”及後來倪鴻寶之“及其老也戒，故詡舌之能”，“鍾鼓享之背，齎咨賦者誣。”如此笑枋，殊難備舉。或則不通，或則不必，真宋太祖論“朱雀之門”所謂“之乎者也，助得甚事”者。按《談苑》、《湘山野録》二書作“朱雀之門”，《邵氏聞見録》作“明德之門”；方巨山《秋崖小稾·題曹兄耕緑軒》七古云：“君不見建隆聖人之玉音，者也之乎助何事”，即指此事。蓋理學家用虚字，見其真率容易，故冗而腐；竟陵派用虚字，出於矯揉造作，故險而酸。一則文理通而不似詩，一則苦做詩而文理不通。兼酸與腐，極以文爲詩之醜態者，爲清高宗之六集。擇石齋、復初齋二家集中惡詩，差足佐輔，亦虞廷賡歌之變相也。

【補訂】陳士業《寒夜録》卷下摘李端《寄廬綸》、《下第》、《寄薛戴》三詩中句，謂其“好以語助入詩，頃鍾譚多用此體”。李元仲《寒支二集》卷二《答友》謂鍾譚甚避“庸腐”而必至於“庸腐”，其故在於“專禁使事，全以語助點綴成文”。王漁洋《古夫于亭雜録》卷二引《老學菴筆記》所舉王中父、韓持國詩用語助，因謂：“天啟後竟陵派盛行，後生效之，多用焉、哉、乎、也等虚字成句，令人噴飯。”似不省唐宋大家均有其體，明人爲之者亦匪獨竟陵。王氏嘗爲班孟堅所謂“言語侍從之臣”，使其生當乾隆之世，或將噛唇忍笑，咽飯不敢噴而至於噎歟，抑且如翁覃谿、錢籜石、劉石菴輩，仰法聖製，亦“用虚字成句”歟。南宋之季，趙昌甫蕃與韓仲止淲詩名藉甚，即方虚谷並推之“二泉”也。方氏《桐江集》卷四《跋趙章泉詩》謂：“於助詞上著力，亦須渾成不露乃可。近人學之，乃至偏枯憔悴，全用之乎者作對。”實則二泉用語助，均弛弱酸腐，視後來鍾譚蓋有過之，陳、李、王、翁等或未之知。兹自韓氏《澗泉集》拈古近體各二例。卷三《春日雜興》：“如水深火熱，亦運之而已”；卷六《贈劉解元》：“劉改之者忽相逢”；卷十三《次韻昌甫所寄》：“於今之世宜咸若，從古之賢定復然”；卷十七《和昌甫竹句》：“山村底處無叢薄，我獨因人以賦焉。”殊堪爲乾隆御製解嘲張目矣。李天生《受祺堂文集》卷四《題忠臣孝子詩書》云：“中丞［焦涵一］弱冠爲詩，模楷杜陵，既而曰：‘聖不可爲，姑狂之。’書法亦然。孫大司馬白谷嘗譏之曰：‘公詩欲學高皇帝耶。高皇帝天授豈可學。’”明末大臣尚大胆隱“譏”明太祖之惡詩，晚清臣工於清高祖詞翰倘有歎“天子揮毫不值錢”者乎。書此以質方聞。

一九

方氏《瀛奎律髓》頗薄雁湖《半山詩註》，屢屢言之。偶觀其書，實亦未盡如人意。好引後人詩作註，尤不合義法。如羼入集中之王逢原《寄慎伯筠》詩"宜乎倜儻不低斂"句，雁湖註乃引吕居仁詩。昔李善註《文選》，於《洛神賦》"踐遠遊之文履"句下，引繁欽《定情詩》云："有此言，未詳其本"，亦不過徵及同時作者，雁湖則何藉口哉。故卷三十六末劉辰翁評曰："嘗見引同時或後人詩註意，不知荆公嘗見如此等否。"深中雁湖之病。

【補訂】余此論有籠統鶻突之病。僅註字句來歷，固宜徵之作者以前著述，然倘前載無得而徵，則同時或後人語自可引爲參印。若雖求得詞之來歷，而詞意仍不明瞭，須合觀同時及後人語，方能解會，則亦不宜溝而外之。《文選》開卷第一篇班孟堅《兩都賦·序》之"朝廷無事"句下，善註引蔡邕《獨斷》而自白曰："諸釋義或引後以明前，示臣之任不敢專，他皆類此"；《東都賦》之"體元立制"句下，善註至引晉人杜預《左傳註》"體元以居正"爲漢文來歷，此類時一遇之。《西京賦》之"右平左城"句下，善註引《西都賦》"左城右平"，以班證張，又如以繁欽詩與曹子建賦互印矣。劉須溪評雁湖註語，亦不可一概而論。如卷三十八《送王覃》云："山林渺渺長回首，兒女紛紛忽滿前"，雁湖註引謝師厚詩："倒著衣裳迎户外，盡呼兒女拜燈前"；《姑胥郭》云："旅病愔愔如困酒，鄉愁脈脈似連環"，雁湖註引東坡詩："下第味如中酒味"；皆牽合無謂，兹不多舉。卷四十七《黄鸝》云："婭姹不知緣底事，背人飛過北山前"，雁湖註引蘇子美詩："婭姹人家小女兒，半啼半語隔花枝"；按《蘇學士文集》卷八《雨中聞鶯》曰："嬌騃人家小女兒"，雁湖改字以附會荆公詩，尤不足爲訓。顧復有捉置一處，使人悟脱胎换骨之法者，如卷四十《送望之赴臨江》云："黄雀有頭顱，長行萬里餘"，雁湖註引山谷《黄雀》詩："頭顱雖復行萬里"；卷四十六《韓信》云："將軍北面師降虜，此事人間久寂寥"，雁湖註引山谷："功成千金募降虜，東面置坐師廣武，雖云晚計太疏略，此事亦足垂千古。"然此二註之意，早發於吴曾《能改齋漫録》卷十矣。又按吴書論《送望之出守臨江詩》一條，《苕溪漁隱叢話》後集卷二十五引作《復齋漫録》。南宋人書中所引《復齋漫録》多見於今本《能改齋漫録》中，即如雁湖註卷二十二《即事》"静憩鷄鳴午"句、卷二十八《張侍郎示東第新居和酬》"恩從隗始詫燕臺"句，皆引《復齋漫録》，《叢話》後集卷二十五、卷三十二亦然，而兩則均見《能改齋漫録》卷三。《能改齋漫録》卷七考論荆公《張侍郎示東第新居和酬》此聯甚詳，不應卷三又有寥寥數語，兩條之一當出《復齋漫録》；卷三論荷囊條《叢話》後集卷三十六引作《復齋漫録》，而《蘆浦筆記》卷三糾《能改齋漫録》有之。斯類疑莫能明。《四庫總目》卷一百十八《能改齋漫録》提要云："輾轉繕録，不免意爲改竄，故參错百出，不知孰爲原帙也”；卷一百三十五《白孔六帖》提要小註云：“按《復齋漫録》今已佚，此條見《苕溪漁隱叢話》所引。”然於兩《漫録》之莫辨葛龔，初未措意也。

用典出處，亦多疏漏。吴騫《拜經樓詩話》卷二謂見有《庚寅補註》，或出雁湖門人；是宋時早有補註。《劉後村大全集》卷一百七十四亦已譏雁湖註“歸腸繞鍾山”，不引《吴志》，註“妄以蟲疑冰”，不引盧鴻一、唐彦謙語。清姚薑塢《援鶉堂筆記》卷五十糾正諸則，都精確不磨；引《吴都賦》“鯽”字註，以明荆公《送福建張比部》“長魚俎上通三印”句不誤，尤足關王得臣見《麈史》卷中、陳善見《捫蝨新話》卷四、黄震見《日鈔》卷六十四等之口。惟段成式《酉陽雜俎》卷十七有所謂“印魚”，本劉淵林“鯽”字註來，惜薑塢未引爲佐證。徐位山《管城碩記》卷二十六駁《遯齋閑覽》論印子魚，即引《吴都賦》及《述異記》，并舉荆公此詩，蓋在薑塢之前。薑塢又曰：“《木末》一首：‘繅成白雪桑重緑，割盡黄雲稻正青’，二語未詳其意。《齊安院》詩復用此二句”云云。則不免千慮一失。《苕溪漁隱叢話》前集卷三十六明言“白雪”則絲，“黄雲”則麥；《履齋示兒編》卷十且欲易“繅”爲“捲”，易“割”爲“收”，則絲麥自見，而用意不露云云。荆公詩慣用“鴨緑”、“鵝黄”、“蒼官”、“青女”等代字，薑塢偶未思耳。

【補訂】吴沆《環溪詩話》卷下論其兄濤詩一聯，亦明言“黄雲”爲麥、“白雪”爲繭。《後村大全集》卷五十八《太乙宫中保蠶麥設醮青詞》云：“繭似甕而倍收，競練白雪；餅如篩而一飽，蚤刈黄雲。”後村道“餅”，蓋參東坡《和文與可洋川園池》三十首之二十九《南園》：“桑疇雨過羅紈膩，麥壠風來餅餌香”；東坡《初到黄州》云：“長江繞郭知魚美，好竹連山覺筍香”，同此機杼（參觀第552頁；如《莊子·齊物論》所謂：“亦大早計，見卵而求時夜，見彈而求鴞炙”，復大類東坡自嘲之“甕算”也（參觀馮星實《蘇詩合註》卷四十二《海舶得邁寄書酒作詩、因用其韻賦一篇、并寄諸子侄》：“中夜起舞踏破甕”施、王二註；《梅磵詩話》言“甕算”，據東坡詩註。均不知其事出殷芸《小説》，文見《事文類聚》前集卷三十六引）。李光庭《鄉言解頤》卷五有云：“鄉人嗤妄想者，則曰：‘在罈子裏睡覺，作甕兒夢罷’”；李籍寶坻，與張南山、吴紅生等相識，則清中葉北方流傳俗語，尚有類“甕算”焉。“甕算”之嘲，異域載籍有酷似者，如《天方夜譚》中剃髪師第五弟事）。見“The Tale of Al-Āshar, the Fifth Brother of the Barber”, *The Book of the Thousand Nights and One Night*, tr. Powys Mathers, rev. ed. 1937, I, 339 ff.。拉封丹《寓言》中鬻牛乳女郎一篇 La Fontaine, *Fables*, VII. x, “La Laitière et le Pot au lait”。尤膾炙人口。吾國宋以後詩文夥及“甕算”，遂無人以此類諷世語捉置一處。“見卵而求時夜”，正英諺所謂“卵未抱而早計雛數”（To count chickens before they are hatched）也。

沈小宛《王荆公詩集補註》博采廣摭，用力甚劬，足以成一家之學。如註《小姑》詩謂詠青谿小姑，註《送王彦魯》詩引《宋書·王懿傳》，此類三數則，皆卓然有功於雁湖。惜矜心盛氣，勇於自信，每有李註未誤，而妄事糾彈，如“陽焰”、“乾愁”二註是也。且志在考史，無意詞章，繁文縟引，實尠關係。《自序》謂：“李註亦云贍博，然人物制度，猶有未盡，概從缺略。李氏在南宋，世傳史學，號爲方聞，又時代不甚遠，洵乎註書之難”

云云。一言以爲不知，此之謂矣。雁湖不詳制度人物，正以本朝人註本朝書，小宛所謂“時代不甚相遠”；於朝章國故，聞知見知，習而相忘，不勞徵文考獻，鋪陳終始。施之註蘇，任之註黄，亦皆詳於事料，略於掌故。小宛此言，祇可責備後世註家，未足爲雁湖深病。姚氏、沈氏於荆公詩句之襲前人而李註未言者，仍從闕略，又皆不及《後村詩話》、《瀛奎律髓》評雁湖註語，於槎客所謂《庚寅補註》，亦均未道。近人張簣齋篤好荆公，至以半山配義山、眉山爲三山，其《澗于日記》光緒壬辰四月十一日自言在塞上，以雁湖註甚略，頗求宋人稗説補之。惜未得見。余嘗增註三十許事，及覩姚沈二家書，怵人先我，十居八九。擇二家所未言者，略存數則。聊爲蹄涔之益云爾。本昌黎詩文兩事，已見上文，兹不贅。○“妄以蟲疑冰”句，後村引盧唐兩氏句，亦未得其朔。孫綽《遊天台山賦》曰：“哂夏蟲之疑冰”，陸龜蒙《賦螢》亦云：“戚促盡疑冰”，并識於此。○《遊土山示蔡天啓》云：“苻堅方天厭”；按《匏廬詩話》卷下云：“荆公以厭與蝶、捷爲韻。《論語》：‘天厭之’，《釋文》：厭、於豔反。此讀作於葉反，誤。又再用前韻云：‘往往心不厭’，亦誤。”○《再用前韻寄蔡天啓》云：“東京一祭酒，收拾偶余愜”；雁湖註：“退之作《石鼓歌》時在東都。”按“祭酒”自指許慎，《後漢書·儒林傳》僅言慎爲郡功曹，舉孝廉，再遷除洨長，而慎子沖上書安帝，則稱“臣父故太尉南閣祭酒慎”，詳見段玉裁註；荆公此詩必指許慎，觀上下文可知。○《雲山詩送孫正之》，雁湖註僅言孫侔爲荆公“畏友”。按《老學菴筆記》卷七有論荆公與孫正之交誼始末，又卷八謂此詩“余有不可誰余規”句，乃用顔延年《陶靖節誄》“誰箴余闕”語。○《重登寶公塔》云：

“應身東返知何國”，雁湖未註。按《高僧傳》：“僧伽者、葱嶺北何國人也”；施註蘇詩《泗州僧伽塔》下引東坡云：“《泗州大聖傳》云：和尚何國人，又曰：世莫知其所從來，云不知何國人也。近讀《隋書·西域傳》，乃有何國。”按《履齋示兒編》卷十三《事誤》條中論“何國”，全同東坡語。《冷齋夜話》卷九則謂“姓何何國人”，乃應對機鋒，李邕、贊寧皆癡人，以夢爲真，夢中説夢。《後村大全集》卷四十四《用舊韻贈瑩上人》云：“笑煞僧伽改姓何”，當是本冷齋語也。又按《北史·西域傳》康國條下，亦有何國。荆公詩中“何國”二字，疑用此。〇《張侍郎示東府新居詩因而和酬》第一首云：“恩從隗始詑燕臺”；雁湖註引《史記》：“昭王爲郭隗築宫而師之”，又引《復齋漫録》云：“前輩以荆公詩燕臺爲失。然太白詩云：‘何人爲築黄金臺’，則承襲之誤久矣。”按《能改齋漫録》説同。葉大慶《考古質疑》論荆公此句，略云：“《新序》及《通鑑》亦云築宫，不言臺也。《水經註》有固安縣昭王築金臺而太子丹踵之之説。孔文舉《論盛孝章書》曰：‘昭王築臺以尊郭隗’；鮑昭《放歌行》曰：‘豈伊白璧賜，將起黄金臺’，李善註引王隱《晉書》及上谷郡《圖經》；任昉《述異記》曰：‘燕昭爲郭隗築臺’；《唐文粹》皇甫松有登郭隗臺詩；李白杜甫詩皆屢用黄金臺；柳子厚詩亦有之；白氏《六帖》載黄金臺事”云云。按此則見《永樂大典》卷一萬一百五十六，四庫館臣輯《考古質疑》失收，兹據文芸閣《純常子枝語》卷三十七所鈔最要，《齊東野語》卷十七一則略同此。極爲詳實，可補。

【補訂】韓孟《鬬鷄聯句》：“受恩慚始隗。”《昌黎集》五百家註引洪興祖語謂荆公“恩從隗始詑燕臺”句中“恩”字本此。

〇《葛溪驛》云：“鳴蟬更亂行人耳，正抱疏桐葉半黄”；雁湖無註。按《艇齋詩話》云："予嘗疑夜間不應有蟬鳴。後見説者云：葛溪驛夜間常有蟬鳴。此正與寒山半夜鐘相類"；張文虎《舒藝室賸稾·書艇齋詩話後》云："不知李義山已有'五更疏欲斷'之語。"

【補訂】唐彦謙更以《夜蟬》爲題，有曰："清夜更長應未已，遠烟尋斷莫頻嘶。"

○《謾成》云："日月不膠時易失"；雁湖註："言常去而不留也"。按此本司空表聖《短歌行》："女媧只解補青天，不解煎膠黏日月。"按參觀盧玉川《自詠》第三首："日月黏髭鬢。"○《偶書》云："我亦暮年專一壑，偶聞車馬便驚猜"；雁湖註引《莊子·秋水》篇："且夫擅一壑之水。"按陸士龍集卷一《逸民賦·序》起語云："古之逸民，輕天下，細萬物，而欲專一邱之歡，擅一壑之美"；荆公用"專"字本此。

【補訂】《能改齋漫録》卷七早引《逸民賦·序》以明荆公用字來歷。樓大防《攻媿集》卷七十《跋戴伯輿石屋詩卷》亦引《莊子·秋水》及陸士龍《逸民賦》，又卷七十五《題專壑》引《莊子》，謂荆公詩"用其語"。

○《松間》云："偶向松間覓舊題，野人休誦北山移；丈夫出處非無意，猿鶴從來自不知"；雁湖註引《石林詩話》載王介諷荆公詩。按王明清《玉照新志》卷一："种明道抗疏辭歸終南，上命設筵禁中，令廷臣賦詩寵其行。獨翰林學士杜鎬辭不能詩，誦《北山移文》一首。明道不懌曰：'野人焉知大丈夫之出處哉。'荆公詩蓋取此也"；焦氏《筆乘》續集卷六亦言荆公此詩用本朝事，惟未云《玉照新志》，又以"明道"爲"明逸"。○《得孫正之詩因寄呈曾子固》；沈氏補註引《宋史·隱逸傳》，孫侔字少述，復據《姑蘇志》，謂一字正之。按《穆堂别稿》卷三十九《書孫侔傳後》已據《宋文鑑》中林希所撰傳，考定孫少述即孫正之矣。

【補訂】平景孫《樵隱昔寱》卷十四《跋穆堂别稿書孫侔傳後》復據歐、曾文、蘇詩、《老學菴筆記》補穆堂所未備。《老學菴笔記》一節即本則189頁所徵者。

○《韓忠獻挽詩》第二首云："木稼曾聞達官怕"；雁湖註引《舊唐書》讓皇帝事。按黄朝英《靖康緗素雜記》卷一説此最精，文長不録；朝英固爲王氏新學者，可以補雁湖註。○雁湖所註荆公《晝寢》五律，中有縮脚語助聯者，今譌入劉原父《公是集》卷十九；又荆公《次韻酬朱昌叔》第四首云："白下門東春水流"；《暮春》七絶云："白下門東春已老"；按《養一齋詩話》卷六論陳後山《寄寇十一》詩："楊柳藏鴉白下東"，以平添一"東"字趁韻爲病，天社註亦僅引《古樂府》："步出白門前，楊柳可藏鴉"，而不知荆公有先例在也。後山《絶句》二首之一云："丁寧語鳥傳春意，白下門東第幾家"，更見"東"字之確有指，亦如其《謁外大父墓》之"叢篁夾道更須東"，《謝人寄酒》之"百壺能爲故人東"，《山口》之"晴湖半落東"也。

【補訂】因勘訂此書，稍復披尋雁湖註，偶有所見，并識之。○（一）《禿山》畧云："吏役滄海上，瞻山一停舟，怪此禿誰使，鄉人語其由。一狙山上鳴，一狙從之游，相匹乃生子，子衆孫還稠。山中草木盛，根實始易求。衆狙各豐肥，山乃盡侵牟。狙雖巧過人，不善操鉏耰。生生未云已，歲晚將安謀。"按荆公雖自言即目直尋，然似意中亦有柳子厚《憎王孫文》在。文畧云："湘水之悠悠兮，其上羣山。胡兹鬱而彼瘁兮，善惡異居其間。惡者王孫兮善者猨。跳踉叫囂兮，外以敗物、内以争羣。嘉華美木兮碩而繁。羣披競嚙兮枯株根。”柳文以山之“瘁”歸咎於猿性之“惡”，王詩以山之“秃”歸咎於猿生之繁，所見更卓，稍逗馬爾薩人口論之説矣。〇（二）《張良》：“從來四皓招不得，爲我立棄商山芝”；劉須溪評：“他口語毒，‘立棄’二字有疑。便如‘天發一矢胡無酋’，不動聲色。”按“天發”句出荆公《澶州》詩，須溪識殊鋭；荆公《書氾水關寺壁》云：“氾水鴻溝楚漢間，跳兵走馬百重山。如何咫尺商於地，便有園公綺季閒”，蓋蓄疑於四皓深矣。辛稼軒《踏莎行》云：“長憶商山，當年四老，塵埃也走咸陽道。爲誰書到便幡然，至今此意無人曉”；便“動聲色”。〇（三）《桃源行》：“望夷宫中鹿爲馬，秦人半死長城下”；雁湖註引《高齋詩話》謂指鹿乃二世事，長城乃始皇事，又指鹿事不在望夷宫中。按曾季貍《艇齋詩話》記聞之徐師川曰：“二句倒了，當易置之，方有倫序”；王彦輔《麈史》卷中曰：“議者謂二世致齋望夷宫，在鹿馬之後，又長城之役在始皇時。或曰：概言秦亂而已，不以詞害意也。”均遠在曾慥《高齋詩話》之前。須溪評曰：“正在不分時代，莽莽形容世界之不可處者”，即“概言秦亂”之意也。〇（四）《贈曾子固》：“假令不幸賤且死，後日猶爲班與揚”；雁湖註引王震作子固集序云：“先生自負要似劉向，不知韓愈爲何如也。”按此爲荆公推波扇燄，實乖子固持論。《元豐類稿》卷四《雜詩》第三首：“韓公綴文詞，筆力乃天授。並驅六經中，獨立千載後。謂爲學可及，不覺驚縮手。如天有日月，厥耀無與偶。”非如荆公之大言不屑爲昌黎也。〇（五）《過劉貢父》；雁湖註引張耒《祭貢父文》云云。按其文見《張右史集》卷四十五，而曾肇《曲阜集》卷四有《代祭劉貢父文》，亦即此篇；《皇朝文鑑》目録中作曾肇而本篇下作張耒。〇（六）《晝寢》。按四庫館臣誤以此詩輯入劉原父《公是集》卷十九，以雁湖註爲原父自註，尤可笑也。“百年惟有且，萬事總無如”；雁湖註：“《詩》：‘匪且有且’；註：且、此也。梵志出家，白首而歸，鄰人曰：‘昔人尚存乎。’曰：‘吾猶如也。’”按引《周頌·載芟》毛《傳》註“有且”，甚當；引僧肇《物不遷論》，潛改“吾猶昔人，非昔人也”爲“吾猶如也”，以註“無如”，曲意牽合，而仍不通。兩句皆歇後語，謂：人生百年，爲時亦祇猶此晝寢之久；人世萬事，得趣皆不如此晝寢之佳。上句猶《莊子·齊物論》“夢爲蝴蝶”節、郭象註云：“世有假寐而夢經百年者，則無以明今之百年非假寐之夢者也”；下句猶張令問《寄杜光庭》云：“試問朝中爲宰相，何如林下作神仙；一壺美酒一爐藥，飽聽松風清晝眠”，或陳希夷《歸隱》云：“紫陌縱榮争及睡。”

【補正】《劍南詩稿》卷六《明日午睡至暮，復次前韻》：“萬事無如睡不知”，即申荆公之“萬事總無如”耳。

【補訂】〇（七）《半山春晚即事》：“春風取花去，酬我以清陰。”按孔平仲《朝散集》卷四《夏夜》云：“一天星斗清人意，四面芙蕖遺我香。”“酬”、“遺”皆與司馬相如《子虛賦》所謂“色授”之“授”相通，亦猶劉夢得《楚望賦》所謂“萬象森來貺予”也（參觀《管錐編》論《全上古三代秦漢三國六朝文》第一八“色授”）。〇（八）《徑暖》：“静憩鷄鳴午，荒尋犬吠昏”；雁湖註引《復齋漫録》考定是“鷄”字非“鳩”字。按《漫録》所引唐人句“茅屋午時鷄”，出劉夢得《秋日送客至潛水驛》詩。荆公《示無外》云：“鄰雞生午寂，幽草弄秋妍”，又《歸菴》云：“東菴殘夢午時鷄”，似不必在邇而求之遠也。又按此詩結句“疑是武陵源”，雁湖註：“詩話云：公自言武陵源不甚好，韻中别無韻也。”《瀛奎律髓》卷十批語同。然據《詩話總龜》前集卷九引《王直方詩話》及葉正則《水心集》卷二十九《題荆公詩後》，則東坡手寫荆公此詩時評語云然，非荆公自道。雁湖、虚谷豈别有所本耶。〇（九）《重游草堂寺》次韻：“鶴有思顒意，鷹無變遁心”；雁湖註下句：“支遁好養鷹馬而不乘放，人或譏之，遁曰：貧道愛其神駿耳。”按註未言所引何書。《能改齋漫録》卷十云：“《世説》載支遁道林常養馬數匹，或言道人畜馬不韻，支云：貧道重其神駿。《高僧傳》載支遁常養一鷹，人問之，答曰：賞其神駿。然世但稱其賞馬，不稱其賞鷹，惟東坡有謝《雲師無著遺予支遁鷹馬圖》詩，所謂：‘莫學王郎與支遁，臂鷹走馬憐神駿。’”觀《高僧傳》卷四祇云：“人嘗有遺遁馬者，遁受而養之。時有譏之者，遁曰：愛其神駿，聊復畜耳。”初未道養鷹事，不知《漫録》何據；且“神駿”之目，明指馬言；物色鷹當言“俊”，如少陵《鵰賦》所謂“俊無留賞”，或微之《有鳥》所謂“俊鶻俊無匹”。唐釋皎然《支公詩》僅云：“支公養馬復養鶴”；馮氏《蘇詩合註》卷三十五《雲師無著遺予支遁鷹馬圖》詩此句下引宋人註，亦祇據《世説》言畜馬事也。然司空表聖《退棲》詩已曰：“燕昭不是空憐馬，支遁何妨亦愛鷹”，荆公之句正沿唐人傳説。《漫録》謂唯見坡詩，失之未考。阮芸臺《石渠隨筆》卷一記《韓幹神駿圖》云：“設色畫。一僧坐磐石，不冠赤足挾杖。一人衣冠背坐。一虬須奴架鷹侍立。一童紅褉持棰，騎白馬絶水來。蓋畫支遁故事。《庚子消夏記》載此。”孫退谷《庚子消夏記》卷八祇有《渡水神駿圖》，云：“畫不知何人作。圖中一童子騎馬入水中，岸上石榻坐一士人一僧；旁有大樹，一侍者傍樹而立，臂鷹。於龔芝麓寓見之。”芸臺當即指此。使其圖果韓幹手筆，則俗語不實，已於盛唐流布丹青。釋志常《佛祖通載》卷六記支遁養鷹復養馬；元人著作更習焉不察矣。

【補正】劉君永翔告余，比閲新校印唐許嵩《建康實録》，乃知唐人用支遁養鷹故實蓋出晉許恂集。珠船忽獲，疑冰大涣。《實録》卷八晉穆帝永和三年十二月註：“案，許玄度集：遁字道林，……好養鷹馬，而不乘放，人或譏之，遁曰：‘貧道愛其神駿。’”許集未佚時，亦必不如《世説》及《高僧傳》之流播，故談者多僅知遁之愛馬耳。《全唐文》卷二九〇張九齡《鷹鶻圖贊序》：“工人圖其狀，以象武備，以彰才美。……昔支道林常養名馬，自云：‘重其神駿。’斯圖也，非彼人之徒歟!”九齡年輩稍早於嵩，即似未覩許氏家集者；不然，所贊爲《鷹鶻圖》，道林養鷹及馬事，本地風光，題中固有之典，九齡俯拾即是，決不偏舉養馬而搭天橋作陪襯也。宋末王柏《魯齋集》卷一一《題賈菊龍眠馬圖》：“昔有名僧，獨愛養鷹與馬。人問之，曰：‘獨愛其鋒神峻聳耳。’”殆以“駿”不甚宜爲“鷹”隼之品目，故竄易原語乎？李邕《鶻賦》亦曰：“有俊鶻之超特。”元耶律楚材《過白登和李正之韻》：“騰驤誰識孫陽驥，俊逸深思支遁鷹”，正用支遁養鷹事，而言“俊”不言“駿”也。

【補正二】北宋初吴淑《事類賦註》卷一八《鷹》：“支遁則愛其神俊”；《註》：“《建康實録》：‘支遁好養鷹馬，而不乘放，人或問之，曰：‘愛其神俊’’”；則引《實録》而易“駿”爲“俊”；又卷二一《馬》乃云："支遁愛其神雋。"支遁愛鷹似入宋已成類書中尋常典故，如《全蜀藝文志》卷一四載北宋梅摯《留題重光寺羅漢院憲上人》有"冷笑支公學養鷹"，梅堯臣《宛陵集》卷四《臘日出獵因游梅山蘭若》亦有"鷹想支公好"。鷹字與"駿"字比屬，岨峿不安，吴淑似亦會心及之。

【補訂】〇（十）《歲晚》："月映林塘静，風涵笑語涼。俯窺憐緑淨，小立佇幽香。携幼尋新菂，扶衰坐野航。延緣久未已，歲晚惜流光。"按此詩亦見王邁《臞軒集》卷十四，蓋四庫館臣誤從《大典》輯入。"歲晚"當是"晚歲"之意，謂年老也，因所賦不類彫年冬色。然既以"月"領起全篇，而詩中情景殊非夜間事；琢句雖工，謀篇未善。即"明月轉空爲白晝"（荆公《登寶公塔》句），池"塘"之"緑淨"亦"映"而"窺"勿得見。

【補正】《瀛奎律髓》選荆公《歲晚》五律入卷一三《冬日》類，評爲"一唱三歎之音"。似未究詩意，而皮相題目，孟浪分類也。荆公《月夕》又云："蹋月看流水，水明揺蕩月。蹇裳伏檻處，緑淨數毛髮"，又即《歲晚》之"月映林塘静，俯窺憐緑淨"也。

【補訂】此等破綻，皆緣寫景狀物時，以"心中所憶攙糅入眼前所覩"（letting remembering mix itself with looking），格特魯德·斯坦因（Gertrude Stein）嘗引爲深戒者。小説、院本亦每有之。張文成《游仙窟》描摹生動，而節目粗疏，不顧時逐事遷，徒知景物之鋪陳，渾忘景光之流轉，於是有聲有色，而不類不倫。深宵開宴，覩梁間燕子雙飛；黑夜涉園，見"雜果萬株，含青吐緑；叢花四照，散紫翻紅。"元曲如鄭德輝《㑳梅香》第二折樊素唱："趁此好天良夜，踏蒼苔月明。看了這桃紅柳緑，是好春光也呵。花共柳，笑相迎，風和月，更多情。醞釀出嫩緑嬌紅，淡白深青。”鄭氏如盲人之以耳爲目，遂致樊素如女鬼之俾夜作晝也。學者斤斤於小説院本之時代訛錯（參觀《管錐編》論《全上古三代秦漢三國六朝文》第一七一“詞章中之時代錯亂”），竊謂此特記誦失檢耳，尚屬詞章中癬疥之疾。觀物不切，體物不親，其患在心腹者乎。參觀 Wordsworth to Scott，7 Nov. 1805：“with his eye on the object”，*Early Letters of William and Dorothy Wordsworth*，ed. E. de Selincourt，541。〇（十一）《君難託》：“槿花朝開暮還墜，妾身與花寧獨異。如今始悟君難託。”按直率無味。放翁《夜游宫·宫詞》云：“咫尺長門過萬里，恨君心，如危欄，難久倚”，以“倚”切扣“託”意而不明犯“託”字，復以欄烘托之，賦此題恰好。〇（十二）《休假大佛寺》：“從我有不思，捨我有不忘”；雁湖註：“王令詩：‘來即令我煩，去即我不思。’不若公詩之婉。”按《廣陵集》卷六《寄崔伯易》云：“屢來徒我煩，不來我勿思”；雁湖實轉引自《王直方詩話》（《苕溪漁隱叢話》前集卷三十七），非本來面目，亦不如原句多矣。又按劉貢父《彭城集》卷五《結廬》：“客或爲我歡，客或不我顧；歡我我不驚，去我我不慕”；與二王詩可合觀。〇（十三）《遊栖霞菴約平甫至因寄》：“求田此山下，終欲忤陳登”；須溪評：“即‘問舍求田意最高’，而更婉美。”按《和楊樂道幕次憶漢上舊居》云：“如何憂國忘家日，尚有求田問舍心”；《寄平甫》云：“乘馬從徒真擾擾，求田問舍轉悠悠”；《默默》云：“蒼髯欲茁朱顔去，更覺求田問舍遲”；須溪所引“問舍求田意最高”，見《讀蜀志》。荆公詩中蓋數用劉玄德斯語。夫一家詩集中詞意重出屢見，藉此知人，固徵其念兹在兹，言之諄諄，而談藝則每嫌其事料儉而心思窘，不能新變，幾於自相蹈襲。黄梨洲《明文授讀》卷二十周容《復許有介書》云：“何以讀君一首而輒得數十首以後，讀君一過而如已數十過之餘，曷故也。古人著述足以傳久不朽者，大約有三，一曰避。使龍而日見形於人，亦豢矣。使人而日餐江瑶柱，亦飫矣。故讀數首而不得其所守之字，讀數十首而不得其所守之律，讀數十百首而不得其所守之體。陸生曰：‘數見不鮮’，可以悟所避矣。”陳眉公《晚香堂小品》卷十二《汪希伯詩序》云：“吾輩詩文無别法，最忌思路太熟耳。昔王元美論藝，止拈《易》所云：‘日新之謂盛德。’余進而笑曰：孫興公不云乎：‘今日之跡復陳矣。’故川上之歎，不曰‘來者’，而曰‘逝者’。天馬抛棧，神鷹掣鞲，英雄輕故鄉，聖人無死地；彼於向來熟處，步步求離，刻刻不住。右軍萬字各異，杜少陵詩無一篇雷同；是兩公者非特他人路不由，即自己思路亦一往不再往”（參觀《管錐編·全上古三代秦漢三國六朝文》卷第一三八“錢秉鐙”條“增訂”與“文賦”條“增訂”論“陳言”與“割愛”）。皆快論雋語，欲詩人遣詞命意，如蘧廬之一宿不再宿、阿閦國之一見不再見。雖陳義過卓，然作者固當仰高山而心嚮往也。嘗試論之。一首之中，字句改易，後來居上，定本獨傳，然往往初稿同留天壤，有若良工示璞、巧婦留針線迹者。如少陵《曲江對酒》之“桃花細逐楊花落”，原作“桃花欲共楊花語”，是也。一集之中，語意屢見，亦彷佛斟酌推敲，再三嘗試以至於至善，不啻一首之有草稿與定本。特數篇題目各異，語得並存，勿同一首塗竄之後，存一而捨其餘耳。如少陵《奉寄鄭少尹審》云：

“社稷纏妖氣，乾坤送老儒。百年同棄物，萬國盡窮途”；《野望》云：“納納乾坤大，行行郡國遥。扁舟空老去，無補聖明朝”；《大曆三年春白帝城放船出瞿唐峽》云：“此生遭聖代，誰分哭窮途”；《江漢》云：“江漢思歸客，乾坤一腐儒”；《客亭》云：“聖朝無棄物，老病已成翁”；《旅夜書懷》云：“名豈文章著，官應老病休。”語意相近或竟相同，而《江漢》、《客亭》、《旅夜書懷》中句毫髮無憾，波瀾老成；則視他三首中句爲此三首中句之草創或試筆，亦無傷耳。吴澹川《南野堂筆記》卷一嘗謂少陵“風急天高猿嘯哀”一首即將“重陽獨酌杯中酒，卧病起登江上臺”二句“衍爲一篇”，正復有見於此。試取斯類諸篇匯觀，宛若覩一篇之先後數番改稿，慘淡經營，再接再礪，而非百發百中焉。荆公數使劉玄德事，自以須溪所稱爲最工也。若夫就熟而成落套，戀戀不捨，處處可移，又當别論。唐人如許丁卯即是顯例；葛常之《韻語陽秋》卷一摘其複句，郎仁寶《七修類稿》卷三十六譏其“常將己詩重用”。又如韓致堯《奉和孫舍人》第一首云：“熾炭一爐真玉性，濃霜千澗老松心”；《病中初聞復官》第一首云：“燒玉漫勞曾歷試，鑠金寧爲欠周防”；《再思》云：“流金鑠石玉長潤，敗柳凋花松不知”；《此翁》云：“金勁任從千口鑠，玉寒曾試幾爐烘”；真“不悟避”而於“自己思路一往再三往”者。磨驢踏迹，異乎駿馬抛棧矣。〇（十四）《酴醿金沙二花合發》：“我無丹白知如夢”；雁湖註引《真誥》卷三：“若丹白存於胸中，則真感不應。”按《真誥》卷二云：“雖名夫婦，不行夫婦之迹。是用虚名，以示視聽。苟有黄赤（原註、謂色慾）存乎胸中，真人亦不可得見。”雁湖臆改欺人。《真誥》卷十三詳言神女寒華“行玄白而有少容。玄白道忌房室，房室即死”云云，則道固不忌“白”也。《雲笈七籤》卷三十三載孫思邈《攝養枕中方·學仙雜忌》條云：“夫習真者，都無情慾之感。若丹白存於胸中，則真感不應”；荆公句本此。道家所謂“丹白”，即釋書如智者《摩訶止觀》卷七所謂“吐淚赤白二渧”也。◯（十五）《江上》：“春風似補林塘破。”按“補”字得力。昌黎《新竹》云：“稀生巧補林，併出疑争地”，宋子京《景文集》卷十二《答張學士西湖即席》云：“返霞延落照，餘岫補疏林”；荆公不言以甲物補乙物，而言春風風物，百昌蘇茁，無闕不補，有破必完，句意尤超。賀方回《慶湖遺老集》卷五《龜山晚泊》云：“長林補山豁，青草際潮痕”，上句與宋子京下句相反相成，而“豁”字即荆公句之“破”字也。◯（十六）《臺上示吴愿》：“細書防老讀”；雁湖註：“唐人詩：大書文字隄防老。”按非唐人詩。江少虞《皇朝類苑》卷三十五、曾慥《類説》卷十六皆引張師政《倦游雜録》稱張宗永一聯：“大書文字隄防老，剩買谿山準備閑”，吴可《藏海詩話》嘗斥“隄防”、“準備”二詞之淺俗。南宋江湖小家吴錫疇《蘭皐集》卷二《夜感》云：“少年未識隄防老，不辦坡翁大字書”，又誤以張句爲坡詩。蓋張氏無詩集，流傳片言隻語，遂不能自保主名矣。◯（十七）《讀史》：“丹青難寫是精神”；雁湖註引顧長康“傳神阿堵”語。按《全唐文》卷五百三十八裴度《自題寫真贊》云：“一點靈臺，丹青莫狀”；陸龜蒙《風人詩》第四首云：“丹青傳四瀆，難寫是秋懷。”◯（十八）《秋雲》：“欲記荒寒無善畫。”按《歐陽文忠集》卷一百三十《試筆·鑒畫》云：“蕭條淡泊，此難畫之意，畫者得之，覽者未必識也”；《張右史文集》卷四十八《記行色詩》稱司馬池絶句云："冷於陂色淡於秋，遠陌初窮到渡頭，賴是丹青不能畫，畫成應遣一生愁"（《侯鯖録》卷二亦引之而未言詩題，"到"作"見"、"不能畫"作"無畫處"、"遣"作"是"）。一文二詩相發明，不啻逗倪雲林畫境也。孫退谷《庚子消夏記》卷八《王荆公天香雲嶠圖》："見荆公此畫，極細密。上有倪瓚一題，不佳，恐是僞作。"荆公作細密圖畫，其事"恐"，亦未可信耳。〇（十九）《竹裏》："自有春風爲掃門"；雁湖註引賀方回《題定林寺》："東風先爲我開門。"按此詩爲李涉或僧顯忠作，非荆公詩，參觀《宋詩選註・序》；"掃門"註當引李太白《代壽山答孟少府移文書》："亦遣清風掃門，明月侍坐。"又按王景文《雪山集》卷十五《夜坐起贈范西叔、何子方》云："青熒一點無人到，賴有西風爲掩門。""東風開門"，"西風掩門"，相映成對，豈所謂"反仿"歟（參觀《管錐編》論《太平廣記》第一一四"詩詠保護色"）。謝茂秦《四溟山人全集》卷二十二《詩家直説》論"學詩者當如臨字之法"，舉例云："子美'日出籬東水'，則曰'月墮竹西峯'；若'雲生舍北泥'，則曰'雲起屋西山'"；雖庸劣詩匠沾沾自喜，正屬"反仿"之類。

【補正】唐秦系《山中寄張評事》："流水閒過院，春風爲閉門。"則賀方回之"東風先爲我開門"可爲秦句"反仿"而王景文之"賴有西風爲掩門"則"反仿"賀句之"東"爲"西"而正仿秦句之"閉門"爲"掩門"。倘亦謝茂秦"臨字法"之例乎？

【補訂】〇（二十）《春江》；雁湖註："或言是方子通詩。"按是也。荆公愛而"親書方册間"，遂誤入集中，見龔明之《中吴紀聞》卷四。〇（二十一）《江寧夾口》第三首。按此亦方子通詩，荆公嘗手書之，遂誤入集中，見《劉後村大全集》卷二十《題聽蛙方君詩稿》第二首自註；《瀛奎律髓》卷二十選子通《紅梅》詩評語亦道之。〇（二十二）《汀沙》：“歸去北人多憶此，家家圖畫有屏風”；雁湖註引王逢原《山茶花》詩：“江南池館厭深紅，零落山烟山雨中。卻是北人偏愛惜，數枝和雪上屏風。”按援引不切，詩亦非逢原作，不見《廣陵集》，乃陶弼詠《山茶花》第二首，見《陶邕州小集》；《後村千家詩》卷十選此絶，即標陶商翁作。〇（二十三）《龍泉寺石井》第一首：“天下蒼生待霖雨，不知龍向此中蟠。”按《元豐類稿》卷二《奉和滁州九詠·歸雲洞》：“天下顒顒望霖雨，豈知雲入此中來。”真巧合也。〇（二十四）胡致堂《斐然集》卷二十八《跋唐質肅公詩卷》：“嘗聞道鄉鄒公語先君曰：子方送行詩，惟王介甫爲最，獨記其一聯云：‘薄俗易高名已重，壯圖難就學須强’。今《臨川集》中此詩不存，然言不可以因人廢。”按《晁氏客語》引作“衰俗易高名已振，險途難盡學須强。”〇清人著述如全謝山《鮚埼亭集》外編卷三十一《題雁湖註荆公詩》謂其不知四明偃月堤，誤以江瑶柱與車螯爲一物；靳榮藩《緑溪語》卷下謂《和楊樂道見寄》詩“殺青”、“生白”之對落陸魯望《寄華陽道士》儷詞之後；郭頻伽《爨餘叢話》卷一謂《霾風》之“天闕”二字乃“夭閼”之訛；張幼樵《澗于詩集》卷一《和唐彦猷華亭十詠》題下自註糾雁湖註荆公此題第九首“崑山”之誤；均可補。《管錐編》論《全上古三代秦漢三國六朝文》第一五“末句方著題”、第一三八“短韻”、第一七二“旦晝句法之變化”、第二六三“賦雪”有論荆公詩語，兹不贅。

二〇

荆公《讀墨》一詩，與明道語針鋒正爾相對。《河南程氏遺書》卷一李端伯記明道曰："韓愈亦近世豪傑之士，孟子後大見識人。如斷曰：孟醇而荀揚小疵，若不是見得，千餘年便能斷得如此分明也。"伊川論韓，則較乃兄爲刻。《遺書》卷十八記伊川語謂："韓論荀揚非也"，又謂："退之正在好名中"，又謂："退之晚來爲文，所得處甚多；學本是修德，有德然後有言，退之卻倒學了。"按《能改齋漫録》卷八謂小程之意，本臨川吴子經《法語》曰："古人好道而及文，退之學文而及道"；子經與荆公論文甚著。"倒學"二字殊妙，即荆公《上人書》之意，可與章實齋《文史通義》所謂"横通"作對。《朱子語類》卷百三十七評《原道》即謂"無頭學問"，評《讀墨》亦謂韓公"第一義是學文字，第二義方究道理"。《象山語録》卷上亦謂"韓退之是倒做"，因欲學文而學道。可見宋人於韓，非溺愛不明者，然畢竟大端回護退之。如元城編《伊川語》謂："退之云：軻死不得其傳。似此言説，非襲古，亦非鑿空，必有所見。"朱子《與周益公論歐文書》謂韓公自言己之道乃孔孟所傳，其言不讓，亦"譬爲農而自言服田，爲賈而自言通貨；亦非所以爲誇"。《象山語録》卷上亦謂："退之云：軻死不得其傳云云，何其説得如此端的。”又如魏了翁《經外雜鈔》卷二、羅大經《鶴林玉露》卷八皆摘退之《上李實書》，以爲與《順宗實録》自相矛盾；了翁謂韓公有求於人，則詞卑諂不可據，大經至以汪彦章之於李忠定相比。他如《符讀書城南》詩及《三上宰相書》，輕薄爲文，哂罵未休，宋人集矢者，實繁有徒。王逢原《采蓮》詩、王得臣《麈史》語，前曾道及；陸唐老語則東雅堂昌黎集註《符讀書城南》註中已引。他如《漁隱叢話》前集卷十六引東坡云：“退之示兒皆利禄事，老杜則不然，所示皆聖賢事”；張子韶《横浦日新》云：“韓退之求官書略不知恥，豈作文者文當如是，心未必然乎”；陸象山《語録》卷上云：“韓退之不合初頭俗了，如《符讀書城南》、《三上宰相書》是矣”；俞文豹《吹劍録》外集論《符讀書城南》，謂賢如昌黎，以利禄誘誘其子；洪容齋《三筆》卷十一據此詩，謂昌黎覬覦富貴；鄧志弘《栟櫚集》跋陳了翁書邵堯夫《訓子文》，謂昌黎“愛子之情則至，導子之情則陋”。然仍多諒宥之詞。山谷書《符讀書城南》詩後小跋，即力爲昌黎辯護，樊汝霖《昌黎年譜》註早引之。黄東發《日鈔》卷五十九論《符讀書城南》云：“亦人情誘小兒讀書之常，愈於後世之飾僞者。”按《甌北詩話》卷三末一則、《巢經巢文集》卷五《跋韓詩示兒首》、《跋韓詩符讀書城南首》皆發揮此意，蓋與山谷、東發闇合。張子韶《横浦心傳録》卷上論退之三書爲人所議，曰：“不可以世俗見觀君子。”按鄭板橋《讀昌黎上宰相書》絶句云：“也應不肯他途進，衹把書來上相公”；王圖炳《詠史》亦云：“洙泗無暖席，斯人詎可避。三上宰相書，詎識艱難意。”至抹摋其文，宋人更絶無髭有。即陸象山《語録》亦云：“有客論詩。先生誦昌黎《調張籍》一篇云，讀書不到此，不必言詩。”若廣陵、東坡、容齋等之私淑韓公，又不待言矣。

二一

《升菴全集》卷四十九力詆荆公謂爲千古權奸之尤，且引黄鄖山語謂朱子“於東坡憎而不知其善，於介甫愛而不知其惡。”其説甚辯。按李卓吾景仰升菴，《焚書》卷五幾儕之於聖賢，故同卷《文公著書》條亦引升菴各説，而譏朱子不能識東坡。然朱子於東坡，亦非全體抹摋者。《少室山房筆叢》卷十已怪升菴未覩《語類》中稱東坡長處各條；王弘撰《砥齋集》卷二《書晦菴題跋後》，摘朱子讚美東坡之語，尚爲未盡，宜以《東塾讀書記》卷二十一論朱子晚年雅重東坡一則補之。

【補訂】升菴所引黄鄖山語，見黄東發《黄氏日抄》卷八十五《回制參黄通判有大》。《升菴全集》卷五十一引弘治中周德恭評荆公爲“古今第一小人”而引申之，又斥爲“僞君子”。晚明不特有如王弇州臨殁手東坡集不釋，甚且尊奉東坡爲神聖。李卓吾、袁氏兄弟無論矣。如馮開之《快雪堂集》卷首朱白民鷺《别敍》云：“先生最喜蘇文忠，爲五百年獨知之契。”王辰玉《緱山先生集》卷九《李茂實稿題辭》記李“語次稱蘇子瞻不去口，以爲古今一人”。陳眉公《晚香堂小品》卷十一《蘇長公小品敍》云：“古今文章大家以百數。語及長公，其人已往而其神日新，其行日益遠，千古一人而已，古今文人一人而已。”張元長《梅花草堂集》卷一《蘇長公編年集小序》推東坡爲“古今一人”，至稱其文“可與三教聖人之書並傳”；卷七《容安館供奉東坡先生小像告文》則頂禮之如仙佛然。董玄宰所言尤耐尋味；《容臺集·文集》卷二《鳳凰山房稿序》云：“程蘇爲洛蜀之争。後百餘年，考亭出而程學勝；又三百年，姚江王伯安出而蘇學復勝。姚江非嘗主蘇學也；海内學者非盡讀蘇氏之書、爲蘇氏之文也。不主蘇學，而解黏去縛，合於蘇氏之學。不讀蘇氏書，而所嗜莊賈釋禪，即子瞻所讀之書。不作蘇氏文，而虚恢諧謔，瀾翻變幻，蒙童小子、齒頰筆端，往往得之。”蓋逕視陽明爲東坡之别子，而以明中葉而還之學人文士一切皆東坡之支與流裔矣。《堅瓠九集》卷一引董遐周謔語云：“大蘇死去忙不徹，三教九流都扯拽”；考論東坡身名者似都未留意及此。查悔餘《初白菴詩評》卷中論朱子遊廬山諸詩云：“朱子於蘇氏兄弟揮斥不遺餘力，而詩中則稱爲蘇仙，往往次其舊韻，極相引重，亦可見公道難泯。”固徵“公道”猶存，亦緣“詩虚”不如“文實”，篇詠中無妨稍霽威猛耳。

朱子於王蘇有軒輊，觀《與江尚書書》及《語類》卷一百三十答斐卿一條可見。蓋以東坡爲人放誕，持身不如荆公之飭，遂因此而及其餘矣。故曰：“二公之學皆不正，但東坡德行那得似荆公。”道學家之嫉惡過嚴如此。朱子雖學道，性質欠和平中正。張南軒、吕東萊與朱子書，屢以争氣傷急爲誡。《朱文公集》卷五《答擇之》云：“長言三復儘温純，妙處知君又日新。我亦平生傷褊迫，期君苦口卻諄諄”；《語類》卷一百四亦謂：“某氣質有病，多在忿懥。”綽有自知之明。至與象山争而不勝，又因象山作《王文公祠堂記》，亦爲荆公平反，乃激而移怨江西人，并波及荆公，真愛及屋烏，而惡及儲胥者。《語類》卷一百二十四曰：“江西士風，好爲奇論，恥與人同，每立異以求勝，如荆公、子静”；按卷九十五有“江西人志大而心不小”條，可參觀。卷一百三十九曰：“大率江西人，都是硬執他底横説，如王介甫、陸子静。”皆王陸並舉，殊耐尋味。文集《答劉公度書》云：“臨川近説愈肆，荆舒祠記見之否。”升菴之駡荆公，亦有鄉里之私心在。魏默深《古微堂外集·再書宋名臣言行録後》即云：“升菴以太白爲蜀人，遂推之出少陵上，其尊二蘇而攻朱子，亦爲蜀人故。”然默深大肆咆哮，爲朱子洗脱，於朱子書實未細讀，與升菴亦五十步百步間。升菴《丹鉛雜録》卷七朱紫陽一節，今見《全集》卷六十五，推尊朱子各體文，語全襲黄東發《日鈔》卷三十六一節，而不具主名。則於朱子之文，尚是拾人牙慧；未痛言道學家之不工文，更可見借朱子以鍼砭當時，並非真賞，遂輕信黄氏過情之稱也。

二二

周草窗《浩然齋雅談》卷上曰："直齋陳先生言，蘇明允《辨奸論》雖爲介甫發，然亦間及二程，所以晦菴極力回護"云云。余按《辨奸》一論，雖出蜀黨，而其意則洛黨亦有之。《二程遺書》卷二上吕與叔記明道對神宗語謂："安石之學不是，不敢遠引，可以近徵。詩稱周公'公孫碩甫，赤舄几几'，其盛德之形容如此。安石則一身不能自治"云云。參觀《吕東萊文集》卷二十記伊川在涪，"衣冠雖不華盛，而極於整肅；飲食雖不豐厚，而極於精美。"豈非明允"囚首垢面"之説乎。李巨來紱《穆堂初稿》卷四十六《書辨奸論後》二篇以嘉靖本《嘉祐集》無《辨奸論》，因論此文爲河南邵氏僞作。按同卷復有《書宋名臣言行録後》、《書邵氏聞見録後》二文，皆爲荆公父子而發，痛斥邵氏及朱子。蔡元鳳《王荆文公年譜考略》卷十更爲之推波助瀾，惜未引明道此論，亦可資洛黨僞託之傍證也。穆堂鄉曲之見甚深。清世宗《硃批諭旨》第四十九册雍正六年十月十一日廣西巡撫郭鉷奏稱穆堂巡撫粤西，修本省通志，至《名宦傳》，凡江西同籍悉行濫載；黄唐堂作《穆堂初稿序》，亦言其"文章學術，師法不出本鄉，而奄有前古"。其於荆公，猶是志也。

【補訂】吕希哲《吕氏雜記》卷下云："嘉祐中，正獻公［吕公著］言：君子當正其衣冠，尊其瞻視；王介甫之衣冠不整，亦一大病。"與明道對神宗語意相似，亦即蘇明允《辨奸論》之旨。朱子《語類》卷四十五謂荆公"身上極不整齊，見説平日亦脱冠露頂地卧"，亦引明道此數語；而又據曾子固《送黄生序》有"威儀似介卿"語，"介卿"乃荆公舊字，後改"介甫"，因曰："恐介甫後生時不如此。"蓋"囚首垢面"，則何"威儀"之有。李穆堂袒護江西鄉先輩，時人以爲口實。阮吾山《茶餘客話》卷九載其在明史館時，"謂嚴嵩不可入奸臣傳；談辯雲湧，縱横莫當，纂修諸公無以折之。"其於分宜之辯奸，正如其於臨川之辯《辨奸》矣。

二三

《朱文公集》卷八十二《題曹操帖》云：“余少時曾學此表，時劉共父方學顔書鹿脯帖，余以字畫今古誚之。共父謂予：我所學者，唐之忠臣；公所學者，漢之篡賊。余無以應。”又《題荆公帖》云：“先君子自少好學荆公書。先友鄧公志宏嘗論之，以其學道於河雒，學文於元祐，而學書於荆舒，爲不可曉者。”周必大《平園續稿》卷六《跋王荆公進鄴侯遺事奏稿》亦謂：“朱公喬年之子元晦爲某言：‘先君子少喜學荆公書’”云云。韋齋、考亭父子，此事劇類。

【補訂】朱子《題曹操帖》即《升菴全集》卷六十二謂朱子學曹操書所本。周櫟園《賴古堂集》卷二十三《題黄濟叔摹泰山碑》遂曰：“間嘗訝晦翁矩步聖賢，而其書乃學阿瞞；濟叔端人正士，而亦摹上蔡［李斯］書。人與事遂大相反。乃知世間絶技，不能禁奸臣賊子之不傳，亦不能禁端人正士之不學，有如此也。”董玄宰工書而復善鑑，其《容臺集·别集》卷二云：“朱晦翁自言學曹孟德，宋時當有孟德書鋟板。今晦翁書，自榜額之外，不可多得。余得端州友石臺，愛其奇崛，縮爲小本，大都近鍾太傅法，亦復有分隸意。”真具眼人語。蓋朱子所學，正是鍾元常書，初無鋟板曹孟德也。張得天書法超董而鑒别不亞董，學問文詞則遠過之，其《天瓶齋書畫題跋》卷上《跋自臨賀捷表》引玄宰此數語及朱子文而論之曰："然則朱子固學鍾繇《賀捷表》也。門人既不知'天道禍淫、不終厥命'爲《賀捷表》中語，亦不思鍾繇亦可稱'漢賊'，遂標目曰：《跋曹操帖》。貽誤後人，雖思翁猶被其惑。"《天瓶齋書畫題跋補輯》有《跋自臨季直、力命二表》亦云："朱子少時學《賀捷表》，或以'學漢賊書'調之，世遂謂朱子學瞞書，可哂也。"丁儉卿未覩張氏跋，而《頤志齋文集》卷四《朱子題曹操帖辨》亦云："按'天道禍淫、不終厥命'二語，出鍾繇《賀捷表》。然則朱子此跋乃題鍾帖，後人以'漢賊'字，遂誤爲孟德。朱子又題鍾繇帖，疑征南將軍爲曹仁，稱其字畫有漢隸體，皆謂《賀捷表》。"

【補正】胡敬嘗與《秘殿珠林》、《石渠寶笈》編纂之役，得覩内廷藏弆名跡。其《崇雅堂駢體文鈔》卷三《明東林諸賢墨跡記》道朱子書踪云："元晦留書，與魏武同其筆勢"，則似耳熟於俗説，率爾漫語，未必本之禁中目驗也。

【補訂】王荆公書跡、余僅覩故宫所藏尺牘一通，點畫弱而結構懈，殊不識供臨摹之佳處何在。《升菴全集》卷六十二謂："荆公字本無所解；山谷阿私所好，卻譏蘇才翁稱范文正書爲'稍曲董狐之筆'，何耶。"王弇州《四部稿》卷一百三十三《文氏停雲館帖十跋》云："荆公本無所解，而山谷、海岳争媚之，何也。中間僅一二紛披老筆。"山谷、海岳與荆公並世，"媚"之猶或如劉貢父所謂"只是怕他"；朱喬年復學之，何也。

朱子早歲本號詩人，其後方學道名家。《文集》卷九《寄江文卿、劉叔通》詩曰："我窮初不爲能詩，笑殺吹竽濫得癡。莫向人前浪分雪，世間真僞有誰知"；自註："僕不能詩，往歲爲澹菴胡公以此論薦，平生僥倖多類此。”殊有詞若憾而實深喜之意。方虛谷爲江西門下功狗，衛黄陳如護頭目，而《桐江續集》卷二十五有《夜讀朱文公年譜》十二絶，其一云：“澹菴老薦此詩人，屈道何妨可致身；負鼎干湯公豈肯，本來餘事壓黄陳。”虛谷晚年儼以理學家自居，推江西詩學而排江西道學，參觀《瀛奎律髓》卷四十二朱文公詩批語。雒閩真傳，言之勿怍，集中又屢推朱子爲鄉先輩，故遂并涪翁、後山而不之屑矣。《律髓》屢言朱子詩學後山，得其三昧。如卷十六《九日》七律、卷二十《梅花》五律批語。而此處忽又將朱子壓倒後山，真是興到亂道。按朱子《語類》卷一百一謂：“尹和靖任講官，諫高宗曰：‘黄山谷詩有何好處，看他做什麽。’只説得此一言。”按此可與《册府元龜》載丁居晦答唐文宗問李杜語參觀，顧亭林《日知録》卷二十六《通鑑不載文人》條引之，居晦謂“此非君上要知之事”，亭林取其語以折李因篤；且曰：“《通鑑》本以資治，何暇録及文人”，則尚未爲探本之論。《史通·二體》篇早論春秋家之短曰：“高才儁德，跡在沈冥者，不枉道而詳説。賢如柳惠，仁若顔回，終不得彰其名氏，顯其言行。故細則纖芥無遺，粗則丘山是棄”云云，豈特不録文人而已。又卷一百四謂：“有人樂作詩，若移以講學，多少有益。符聖功曰：趙昌父前日在此，好作詩，與語道理，如水投石。”按昌父欲以詩人爲道學家，出朱子之門；《四庫提要》別集類十三有考。其詩亦虛谷所推崇不置者，至以之上配後山，參觀《桐江集》卷一《送胡植芸北行序》、卷四《跋趙章泉詩》及《瀛奎律髓》中批語。未識虛谷見朱子顯斥黄趙之以詩人自了，又將何詞自解。

【補訂】丁居晦語亦見《南部新書》卷壬；張宗泰《魯巖所學集》卷一、卷八皆駁《日知録》，謂《通鑑》載文人，舍屈原、杜甫之外，自陳琳、二陸以至韋莊、羅隱，毋慮數十人。方虛谷進退失據，可笑處甚多。渠推江西詩學而排江西道學，而朱子《語類》卷一百四十云：“今江西學者有兩種。子静門猶有所謂學。不知窮年窮月做得那詩，要作何用。江西之詩自山谷一變至楊廷秀，又再變遂至於此”，是朱子於江西之道學、詩學兩無所取也。《語類》卷一百四十論趙昌父云：“今人不去講義理，只去學詩文，已落第二義。況又不去學那好底，卻只學去做那不好底。作詩不學六朝李杜，只學那嶢崎底。如近時人學山谷詩，只學得那山谷不好處”；明言江西詩學之“不好”也。虚谷謂朱子詩學後山，而《語類》卷一百四十云：“陳傳［相傳］在坡門，遠不及諸公。未説如秦黄之流，只如劉景文詩云云，陳詩無此句矣”；亦不類宗尚後山者口吻也。《瀛奎律髓》卷十六蘇老泉《九日》：“佳節已從愁裏過，壯心偶傍醉中來”；虚谷批語極稱爲佳句，復曰：“朱文公語録頗不以爲然，恐門人傳録未必的也。”蓋指《語類》卷一百三十論此聯曰：“如此無所守，豈不爲他荆公所笑。”虚谷所賞，適爲朱子所非；欲衷一是，復得兩全，遂厚誣“門人”也。《桐江集》卷三《讀明道先生詩跋》謂佳句甚多，且摘其“下馬問老僕，言公賞花去，只在近園中，叢深不知處”（《河南程氏文集》卷三《九日訪張子直承出看花、戲書學舍》之四），從而贊歎曰：“雖倉卒遊戲，世之苦心極力賦詩者，未必能到。”依附程門，不恥諂佞，使詩出他人手，虚谷必訶斥其厚顔大胆、竄襲賈浪仙《訪隱者不遇》絶句也。《桐江續集》卷二十二《七十翁吟》第七首云：“晦菴感興詩，本非得意作，近人輒效尤，以詩爲道學”；居然語不昧心，絶無僅有者矣。黄白山生《載酒園詩話評》卷上屢言：“宋人詩總不在話下”，“宋詩原不必置之齒類”，而卷下論胡澹菴以“詩人”薦朱子事云：“澹菴雖不知朱子，卻知詩，蓋紫陽詩實勝當時諸人也”；是亦爲考亭道學聲勢所震耳。紀曉嵐《瀛奎律髓刊誤序》斥虚谷論詩三弊，其二爲“攀附洛閩道學”，誠中厥病，惜未知此乃南宋之天行時氣病也。山谷已常作道學語，如“孔孟行世日杲杲”、“窺見伏羲心”、“聖處工夫”、“聖處策勛”之類，屢見篇什。汪聖錫《文定集》卷十一《書張士節字序》稱山谷“信道之篤”，又《跋山谷帖》謂其“誨人必以規矩，非特爲説詩而發”。黄東發《黄氏日抄》卷六十五云：“今愚熟考其書，晚年自列其文，則欲以合於周孔者爲内集，不合於周孔者爲外集。方蘇門與程子學術不同，其徒互相攻詆，獨涪翁超然其間，無一語雷同，豈蘇門一時諸人可望哉。”幾如《法言・修身》所謂“在夷貉則引之”，引山谷傍伊洛之户。曾茶山承教於胡康侯，吕東萊問道於楊中立，皆西江壇坫而列伊洛門牆。《老學菴筆記》卷一記茶山“夙興誦《論語》一篇，終身未嘗廢”；張子韶亦龜山門人，《横浦文集》卷四《悼吕居仁舍人》云：“詞源斷自詩書力，句法端從履踐來”，蓋推東萊文學德行，能具“四科”之二。名家如陸放翁、辛稼軒、洪平齋、趙章泉、韓澗泉、劉後村等，江湖小家如宋自適、吴錫疇、吴龍翰、毛珝、羅與之、陳起輩，集中莫不有數篇“以詩爲道學”，雖閨秀如朱淑真未能免焉。至道學家遣興吟詩，其爲“語録講義之押韻者”，更不待言（參觀《宋詩選註》論劉子翬）。方虚谷欲身兼詩人與道學家，東食西宿，進退狼狽，遂尤貽笑矣。《四庫總目》卷一百六十考論朱子與趙章甫師弟之誼，有“援引甚力”之説，似未徵《朱子語類》。觀《語類》所記與符聖功、林擇之語，則朱子幾以章甫爲不可教誨。卷一百二十："昌甫辭，請教。曰：'當從實處做工夫'"；耳提面命，較《提要》所引朱子《答徐斯遠書》，直捷多矣。昌甫《淳熙稿》卷十二《十二月初六夜夢》云："平生知己晦菴老"，一若特蒙朱子知賞者，頗類標榜夸飾。朱子薄永嘉之學，深不以陳君舉爲然，而《淳熙稿》卷十六《用"一代不數人、百年能幾見"爲韻，呈陳君舉十章》，極口尊崇，大有北面師事之意，渾忘朱子斤斤辨學派之判"王霸"、"義利"。脚跟蓬轉，文苑儒林之叩師門，亦不異仕途宦海之拜權門，惟名是鶩。《朱文公集》卷五十四《答趙昌甫》曰："尤是文士，巧於言語，爲人所説，易入邪徑"；可謂知弟莫若師也。馮已蒼舒評陳簡齋《清明》、《送熊博士》謂山谷可爲少陵看門，後山爲之掃地，簡齋則可使捧茶；昌甫詩甚拙劣，不中爲黄、陳、韓、吕作奴僕。然渠於江西宗派信奉誦説，儼若嫡傳，一則曰："我亦漫窺牆"，再則曰："小子愧雲仍"，三則曰："江西我濫名"（卷七《賈丈用昂字韻作詩見及》、卷十《以舊詩寄投謝昌國》第三首、卷十一《病卧聞益卿未行》）。方虚谷力推之，殆以此耳。

文人而有出位之思，依傍門户，不敢從心所欲，勢必至於進退失據。況虚谷穢德彰聞，依託道學，其去《金蓮記》中賈儒者幾希。朱子在理學家中，自爲能詩，然才筆遠在其父韋齋之下；較之同輩，亦尚遜陳止齋之蒼健、葉水心之遒雅。晚作尤粗率，早作雖修潔，而模擬之迹太著，如趙閑閑所謂"字樣子詩"而已。虚谷論詩，頗有眼力，其推朱子詩，未必由衷；《桐江集》卷五《劉元暉詩評》僅稱朱子"選體卓絶"，即指其摹擬之體。唐權文公五古如《晨坐寓興》、《郊居歲暮因書所懷》、《書紳詩》諸篇，已導朱子先路，虚谷未之或知也。

二四

淵明文名，至宋而極。永叔推《歸去來辭》爲晉文獨一；東坡和陶，稱爲曹、劉、鮑、謝、李、杜所不及。自是厥後，説詩者幾於萬口同聲，翕然無間。宋《蔡寬夫詩話》言："淵明詩、唐人絶無知其奥。惟韋蘇州、白樂天、薛能、鄭谷皆頗效其體。"《國粹學報》己酉第八號載李審言丈《媿生叢録》，一則云："太白、韓公，恨於陶公不加齒敍，即少陵亦祇云：'陶潛避俗翁'也。"

【補訂】《有不爲齋隨筆》卷壬亦謂太白、少陵、昌黎皆不重淵明。

余按少陵《夜聽許十誦詩》曰："陶謝不枝梧，風騷共推激"；《江上值水如海勢》曰："焉得思如陶謝手，令渠述作與同遊"；其不論詩而以"陶謝"並舉者，尚有《石櫃閣》詩之"優游謝康樂，放浪陶彭澤"。李羣玉《贈方處士》云："喜於風騷地，忽見陶謝手"，即本少陵來，不得謂少陵祇云"陶潛避俗翁"也。如以"陶潛避俗翁"爲例，則太白《古風》第一首雖數古代作者而不及淵明，他詩如《贈皓弟》、《贈徵君鴻》、《贈從孫銘》、《贈鄭溧陽》、《贈蔡秋浦》、《贈閭丘宿松》、《别中都明府兄》、《答崔宣城》、《九日登山》、《遊化城寺清風亭》、《醉題屈突明府廳》、《嘲王歷陽》、《紫極宫感秋》、《題東谿公幽居》、《送傅八至江南序》諸作，皆用陶令事。沈歸愚《唐詩别裁》評昌黎《薦士》詩，早怪其標舉詩流而漏卻淵明；而昌黎詩如《秋懷》、《晚菊》、《南溪始泛》、《江漢雖云廣》等，未嘗不師法陶公，前已言之。清初精熟杜詩，莫過李天生；《續刻受祺堂文集》卷一《曹季子蘇亭詩序》論少陵得力《文選》，且云："少陵全集，託興莫如開府，遣懷專擬陶公。"由是觀之，蔡李二氏所言，近似而未得實。余泛覽有唐一代詩家，初唐則王無功，道淵明處最多；喜其飲酒，與己有同好，非賞其詩也。爾後如王昌齡、高達夫、孟浩然、崔曙、張謂、李嘉祐、皇甫曾、嚴維、戴叔倫、戎昱、竇常、盧綸、李端、楊巨源、司空曙、顧非熊、邵謁、李頻、李羣玉、盧肇、趙嘏、許渾、鄭谷、韋莊、張蠙、崔塗、崔道融、汪遵等，每賦重九、歸來、縣令、隱居諸題，偶用陶公故事。顔真卿詠陶淵明，美其志節，不及文詞。錢起詩屢稱淵明，惟《寄張藍田》云："林端忽見南山色，馬上還吟陶令詩"，乃及淵明之詩。孟郊《奉報翰林張舍人見遺之詩》云："忽吟陶淵明，此即羲皇人"；劉禹錫《酬湖州崔郎中見寄》云："今來寄新詩，乃類陶淵明"；許渾《寄李遠》云："賦擬相如詩似陶"，《途經李翰林墓》云："陶令醉能詩"，《南海府罷歸京》云："陶詩盡寫行過縣"；皆空泛語。崔顥有《結定襄郡獄效陶》一首，劉駕有《效陶》一首，曹鄴有《山中效陶》一首，司馬扎有《效陶彭澤》一首，唐彦謙有《和陶淵明貧士》七首，并未能劣得形似。張説之、柳子厚皆不言"紹陶"，然張詩如《聞雨》，柳詩如《覺衰》、《飲酒》、《讀書》、《南磵》、《田家》五首，望而知爲學陶；《南磵》、《田家》

兩作尤精潔恬雅。韋蘇州於唐賢中，最有晉宋間格，曾《效陶》二首，然《種瓜》一首，不言效陶，而最神似。蘇州行旅之什，全本謝客；柳州乃元遺山《論詩絶句》所謂“唐之謝靈運”。二家之於陶，亦涉筆成趣焉耳。東坡稱淵明詩：“質而實綺，癯而實腴。”王右丞田園之作，如《贈劉藍田》、《渭川田家》、《春日田園》，太風流華貴，持較淵明《西田穫早稻》、《下潠田舍穫》、《有會而作》等詩，似失之過綺。儲太祝詩多整密，惟《同王十三偶然作》第一第三首、《田家雜興》，淳朴能作本色田夫語，異於右丞之以勞農力田爲逸農行田者。然皆未屑斤斤以陶詩爲師範，故右丞《偶然作》第五首“陶潛任天真”云云，專論其嗜酒傲兀，未及其詩；文集《與王居士書》至斥其“忘大守小，終身抱慚”，并不取淵明之爲人矣。至白香山明詔大號，《自吟拙什因有所懷》云：“蘇州及彭澤，與我不同時”；《題潯陽樓》曰：“常愛陶彭澤，文思何高玄；又怪韋江州，詩情亦清閑”；所作詩亦屢心摹手追。皎然《贈韋卓陸羽》曰：“只將陶與謝，終日可忘情。”薛大拙《論詩》曰：“李白終無敵，陶公固不刊”；《讀前集》第二首自言曰：“愛日滿階看古集，祇應陶集是吾師。”然少陵皎然以陶謝並稱，香山以陶韋等類，大拙以陶李齊舉，雖道淵明，而未識其出類拔萃；至薛氏所謂師法淵明者，其集中亦不可得而按也。鍾記室《詩品》稱淵明爲“隱逸詩人之宗”；陸魯望自號“江湖散人”，《甫里》一集，莫非批抹風月，放浪山水，宜與淵明曠世相契。集中《襲美先輩以龜蒙獻五百言、提獎之重、蔑有稱實、再抒鄙懷、用伸酬謝》一篇亦溯風騷沿革，尤述魏晉來談藝名篇，如子桓《典論》、士衡《文賦》，更道彥和《文心》，唐人所罕，而竟隻字不及淵明。

【補訂】張説《齊黄門侍郎盧思道碑》歷舉"仲尼以來迄於有隋，擅名當時、垂聲後代"之文士，自游、夏、屈、宋至於温、邢、盧、薛，晉、宋、齊、梁有潘、陸、張、左、孫、郭、顔、謝、鮑、江，不及淵明。李華《蕭穎士集序》記蕭論文舉屈、宋、賈、枚、馬、揚、班、張、曹、王、嵇、左、干，而不及淵明，當是偏重在文而不在詩爾。

更推而前，則晉代人文，略備於《文心雕龍・才略》篇，三張、二陸、潘、左、劉、郭之徒，無不標其名字，加以品題，而獨遺淵明。沈休文《宋書・謝靈運傳論》敍晉宋以來詩流，淵明終不與。蕭子顯《南齊書・文學傳論》亦最舉作者，别爲三體，窮源分派，與鍾記室《詩品》相近，而仍漏淵明。記室《詩品》列淵明於中駟，《自序》上篇歷數三張、二陸、兩潘、一左，以及劉、郭、孫、許，推謝客爲極致；與休文論指，無乎不同，而於淵明，勿加齒列。惟《自序》下篇末稱五言警策，陶公《詠貧》得與二十二作者之數；謝客則擬古登臨，稱道者再，故篇首曰："曹劉文章之聖，陸謝體貳之才。"則其篇終論列，直是蘇侯之配唐堯，匪特信噲等伍、老韓同傳而已。抉妙别尤，識所未逮。顔延之與淵明友善，及其亡也，爲作哀誄，僅稱徵士"孤生介立之節"，於其文章，衹曰："文取指達"，幾不以淵明爲工於語言者。陽休之能賞淵明文，言其"往往有奇絶異語"矣，而所撰《陶集序録》乃曰："詞采未優"，美中致不足之意。鮑明遠、江文通學陶，皆衹一首，而仿他人者甚多；江學嗣宗至十五首，鮑學公幹至五首，則以淵明與其他文流類視，何嘗能刮目相看。當時解推淵明者，惟蕭氏兄弟，昭明爲之標章遺集，作序歎爲"文章不羣"，"莫之與京"。《顔氏家訓・文章》篇記簡文"愛淵明文，常置几案，動静輒諷”。顧二人詩文，都沿時體，無絲毫胎息淵明處。昭明《與湘東王書》論文祇曰：“古之才人，遠則揚、馬、曹、王，近則潘、陸、顏、謝。”宋陳仁子撰《文選補遺》，趙文作序，述仁子語，亦怪昭明選淵明詩，十不存一二。可見淵明在六代三唐，正以知希爲貴。即今衆議僉同，千秋定論，尚有王船山、黄春谷、包慎伯之徒。或以爲淵明“量不弘而氣不勝，開游食客惡詩”。見《夕堂永日緒論》内編。或以爲“今情五言之境，康樂其方圓之至矣，猶之洙泗之道，徧及人倫，雖陶彭澤亦夷、惠、老、莊之列也。”《夢陔堂文集》卷三《與梅蕴生書》。或以爲淵明詩“不如康樂詩竟體芳馨”，見《藝舟雙楫》卷一《答張翰風書》。《歸去來辭》言不麗而意無則。卷一《書韓文後》下篇。則當時之進前不御，奚足怪乎。近有箋《詩品》者二人，力爲記室回護；一若記室品詩，悉本秤心，斷成鐵案，無毫髮差，不須後人作諍友者。於是曲爲之説，强爲之諱，固必既深，是非遂淆。心勞日拙，亦可笑也。記室以淵明列中品，予人口實。一作箋者引《太平御覽》卷五百八十六云：“鍾嶸詩評：古詩、李陵、班婕妤、曹植、劉楨、王粲、阮籍、陸機、潘岳、左思、謝靈運、陶潛十二人，詩皆上品。”又一作箋者亦引《太平御覽》卷五百八十六云：“鍾嶸詩評：古詩、李陵、班婕妤、曹植、劉楨、王粲、阮籍、陸機、張協、潘岳、左思、謝靈運、陶潛十二人，詩皆上品。”據此一條，遽謂陶公本在上品，今居中品，乃經後人竄亂，非古本也。余所見景宋本《太平御覽》，引此則並無陶潛，二人所據，不知何本。單文孤證，移的就矢，以成記室一家之言，翻徵士千古之案。不煩傍引，即取記室原書，以破厥説。記室《總論》中篇云：“一品之中，略以世代爲先後”；而今本時有錯亂，如中品晉張華，乃置魏何晏、應璩之前。作箋者以《御覽》所引爲未經竄亂之原本，何以宋之謝客，在晉之陶公之先，與自序體例不符。豈品第未亂，而次序已亂乎。則安知其品第之未亂也。且今本上品之張協，作箋者所引《御覽》獨漏卻，而作箋者默不置一詞。何耶。高仲武《中興間氣集》卷下論皇甫曾有曰："昔孟陽之與景陽，詩德罔慚厥弟，協居上品，載處下流"；當即指《詩品》等次而言。可見唐時《詩品》上品有張協，與北宋初《太平御覽》之上品無張協而有陶公者，果孰爲古本哉。一作箋者所引《御覽》有張協，然合之《古詩》，數爲十三，不得云十二。記室論詩，每曰："某源出於某"，附會牽合，葉石林、王漁洋皆早著非議。然自具義法，條貫不紊。有身居此品，而源出於同品之人者：如上品王粲之本李陵，潘、張之本王粲，陸、謝之本陳思；中品謝瞻等五人之本張華，謝朓之本謝混，江淹之本王微、謝朓，沈約之本鮑照，其例是也。有身列此品，而源出於上一品之人者：中品魏文本李陵，郭璞本潘岳，張、劉、盧三人本王粲，顏延本陸機；下品檀、謝七人本顏延，其例是也。有身列此品，而源出於一同品、一上品之人者：鮑照本張華、張載是也。若夫身居高品，而源出下等，《詩品》中絶無此例。古人好憲章祖述，每云後必遜前，如《論衡·超奇》、《抱朴·尚博》所嘲。菜甘蜜苦，山海日月分古今。按拉丁文中 antiquus 一字數義：古先一也，佳勝二也，引申之爲愛悦三也。此最曲傳信而好古之心。蓋 antiquus 自 ante 來，亦猶吾國文之前字先字，不特指時間之古，亦指品地之優也。參觀 Gabriel Tarde：*Les lois de l'imitation*, p. 269 論吾國人好古，惟於拉丁文釋義舉例，尚未審確。齊世鈞世之論，增冰出藍之喻，持者蓋寡。使如箋者所説，淵明原列上品，則淵明詩源出於應璩，璩在中品，璩詩源出於魏文，魏文亦衹中品。譬之子孫，儼據祖父之上。里名勝母，曾子不入；書稱過父，大令被譏。恐記室未必肯自壞其例耳。記室之評淵明曰："文體省淨，殆無長語。竺意貞古，詞興婉愜"；又標其"風華清靡"之句。此豈上品考語。固非一字之差，所可矯奪。記室評詩，眼力初不甚高，貴氣盛詞麗，所謂"骨氣高奇"、"詞彩華茂"。故最尊陳思、士衡、謝客三人。以魏武之古直蒼渾，特以不屑翰藻，屈爲下品。宜與淵明之和平淡遠，不相水乳，所取反在其華靡之句，仍囿於時習而已。不知其人之世，不究其書之全，專恃斠勘異文，安足以論定古人。況并斠勘而未備乎。

【補訂】北宋人引《詩品》，皆謂其位置淵明於中品。聊拈一例。晁景迂從蘇黄遊，其《嵩山集》卷十四《和陶引辯》云："問：曹、劉、鮑、謝、李、杜諸詩人皆莫及陶淵明，如何。曰：未之前聞也。梁鍾嶸作《詩品》，其中品陶彭澤出於應璩、左思。嗟夫，應璩之激、左思之放，本出於劉而祖於曹，未容後來者勝之也。"即徵宋人所見《詩品》次第與今本同，而"宋本"《御覽》引文之不可盡據矣。"未容後來者勝之"，即余所謂"憲章祖述"之成見也。鍾記室不賞淵明，詩識之闇適亦見文德之高，非如山谷所謂逐勢利以權衡人物者（參觀《管錐編》論《全上古三代秦漢三國六朝文》第二一九"善論詩而不善作詩"）。

余因略述淵明身後聲名之顯晦，於譚藝或不無少補云。

二五

《唐書·韓愈傳》謂從遊者，孟郊、張籍其尤。退之《與馮宿論文書》亦稱“門下爲文，李翺、張籍”；《送孟東野序》則謂“從吾遊者，李翺、張籍其尤”。李詩篇罕見，韓孟雲龍上下。東野《戲贈無本》詩云：“詩骨聳東野，詩濤湧退之”；爾時旗鼓，已復相當。張文昌《祭退之》詩云：“公文爲時帥，我亦微有聲；而後之學者，或號爲韓張”；是退之與文昌亦齊名矣。然張之才力，去韓遠甚；東坡《韓廟碑》曰：“汗流籍湜走且僵”，千古不易之論。其風格亦與韓殊勿類，集中且共元白唱酬爲多。惟《城南》五古似韓公雅整之作，《祭退之》長篇尤一變平日輕清之體，朴硬近韓面目，押韻亦略師韓公《此日足可惜》。其詩自以樂府爲冠，世擬之白樂天、王建，則似未當。文昌含蓄婉摯，長於感慨，興之意爲多；而白王輕快本色，寫實敍事，體則近乎賦也。近體唯七絶尚可節取，七律甚似香山。按其多與元白此喁彼于，蓋雖出韓之門牆，實近白之壇坫。《征婦怨》云：“夫死戰場子在腹，妾身雖在如晝燭”，謂贅也，立譬極妙。《大般涅槃經·壽命品》第一云：“如以一掬水投於大海，燃一小燈助百千日。”《法苑珠林》卷六十一僧亡名《自誡》云：“一伎一能，日下孤燈。”

英十七世紀文家蒲頓(Robert Burton)《解愁論》(*Anatomy of Melancholy*)第二部第二節謂愛欲之苦，無須例證；十八世紀詩家楊氏(Edward Young)《諷諭詩》(*Satires*)第七篇笑註疏之學爲多事；小説家史木萊脱(Tobias Smolett)《旅行趣牘》(*Humphry Clinker*)六月十日梅爾福(J. Melford)作函，譏以人智妄測天道；皆有白日中舉燭之喻(Set a candle in the sun or hold a candle to the sun)。取譬與文昌巧合。《陽明傳習録》卷下《答黄勉叔》曰："既去惡念，如日光被雲來遮蔽，雲去光已復出。若惡念既去，又要存善念，即是日光之下，添燃一燈。"比喻亦同。

【補訂】參觀《管錐編》論《全上古三代秦漢三國六朝文》第一五八"日燭之喻"。《瑜珈師地論》卷十五云："映障所礙，如小光大光所映，故不可得，所謂日光映星月等，又如月光映奪衆星。"徐鼎臣《徐公文集》卷二十《復方訥書》："持稊米以實太倉，秉爝火以助羲馭。"朱子有喻與陽明之喻箭鋒相值；《語類》卷六周明作謂"私欲去則爲仁"，朱子曰："謂私欲去後，仁之體見則可，謂私欲去後便爲仁則不可。譬如日月之光，雲霧蔽之，固是不是；若謂雲霧去則便指爲日月，亦不可。"《瑜珈》以日月光映奪衆星爲"障礙"，希臘才女薩福首詠之(Sappho,iii："Around the fair moon the bright beauty of the stars is lost them when her silver light illumes the world at its fullest")。見 *Lyra Graeca*,Loeb,I,189。彼特拉克每以此譽意中人之容華蓋代、風神絶世(Petrarca,*Rime* cxxix："come stelle che'l sol copre col raggio"；ccxix："il sole fare sparir le stelle,e Laura il sole")。見 *Rime*,*Trionfi e Poesie latine*,Ricciardi,190,291；cf. Sir Henry Wotton,*Life and Letters*,ed.

L. P. Smith, I, 170: "On His Mistress, the Queen of Bohemia", 171, note。猶元微之《夢遊春》之以"禪頓悟"喻一見傾心而諸餘粉黛無顔色（參觀《管錐編》論《列子張湛註》第八"昏黑沉酣宗"），取譬明性道者，亦可以宣情志，無適無莫。魏默深《古微堂詩集》卷八《寒夜》云："微月不生夜，衆星相向明"，從反面落筆，寫"大光"不出，"小光"自得相安，平淡簡易，殆庶陶韋。默深詩作氣用力太過，常有蠻狠之嫌，何子貞《東洲草堂詩鈔》卷十九《登舟》第十三首云："懶閲遺山樂府詞，試斟老友默深詩；江山幽異非人測，何苦窮將拗筆追"，即所以諷。若此二句，一集中正爾罕覯也。

《四庫提要》據《祭退之》詩："遺約有修章，令我序其末"，以爲文昌目盲復明之證。按退之集中《贈張十八助教》一絶已云："喜君眸子重清朗"；文昌《詠懷》亦云："老去多悲事，非唯見二毛。眼昏書字大，耳重語聲高"；又《患眼》云："三年患眼今年校，免與風光便隔生；昨日韓家後園裏，看花猶似未分明。"何不以此爲證。

二六

人言趙松雪詩學唐。余謂元人多作唐調。方桐江、宋之遺老，爲江西派後殿，本非元人；惟柳待制不作同時雍容新秀之體，蹊徑巉峭，頗近宋格，而才力微薄，未足成家。松雪詩瀏亮雅適，惜肌理太鬆，時作枵響。七古略學東坡，乃堅緻可誦。若世所傳稱，則其七律，刻意爲雄渾健拔之體，上不足繼陳簡齋、元遺山，下已開明之前後七子。而筆性本柔婉，每流露於不自覺，强繞指柔作百鍊剛，每令人見其矜情作態，有如駱駝無角，奮迅兩耳，亦如龍女參禪，欲證男果。規橅痕跡，宛在未除，多襲成語，似兒童摹帖。如《見章得一詩因次其韻》一首，起語生吞賈至《春思》絶句，“草色青青柳色黄”云云。結語活剥李商隱《春光》絶句，“日日春光鬬日光”云云。倘亦有會於二作之神味相通，遂爲撮合耶。一題之中，一首之内，字多複出，至有兩字於一首中三見者。此王敬美《藝圃擷餘》所謂“古人所不忌，而今人以爲病”，正不可藉口沈雲卿、王摩詰輩以自文。《雲溪友議》卷中記唐宣宗與李藩等論考試進士詩，已以一字重用爲言，是唐人未嘗不認此爲近體詩忌也。宋元間名家惟張文潛《柯山集》中七律最多此病，且有韻脚複出。松雪相較，稍善于彼。然唱歎開闔，是一作手。前則米顛《寶晉英光集》詩，舉止生硬；後則董香光《容臺集》詩，庸蕪無足觀。惟松雪畫書詩三絶，真如驂之靳矣。元人之畫，最重遺貌求神，以簡逸爲主；元人之詩，卻多描頭畫角，惟細潤是歸，轉類畫中之工筆。松雪常云："今人作畫，但知用筆纖細，傅色濃豔，吾所畫似簡率，然識者知其近古"；《佩文齋書畫譜》卷十六引。與其詩境絶不侔。匹似《松雪齋集》卷五《東城》絶句云："野店桃花紅粉姿，陌頭楊柳緑煙絲。不因送客東城去，過卻春光總不知。"機杼全同貢性之《湧金門外見柳》詩；"湧金門外柳垂金，三日不來成緑陰。折取一枝入城去，使人知道已春深。"而趙詩設彩纖穠，貢詩著語簡逸，皎然可辨，幾見松雪之放筆直幹耶。東坡所謂"詩畫一律"，其然豈然。按詳見拙作《中國詩與中國畫》一文。吾鄉倪雲林自言："作畫逸筆草草"，而《清閟閣集》中詩皆秀細，亦其一例。

【補訂】虞伯生《送袁伯長扈從上京》腹聯："白馬錦韉來窈窕，紫駝銀甕出蒲萄。"周荇農《思益堂日札》卷六譏之曰："夫蒲萄出於銀甕，知爲酒也；窈窕之來於錦韉，是爲何物乎。"蓋"窈窕"非專形容淑女之詞，不僅與"蒲桃"虛實欠稱也。《松雪齋集》卷五《送岳德敬提舉甘肅儒學》："春酒蒲萄歌窈窕，秋沙苜蓿飽驊騮"，幾患同病；卷四《聞擣衣》："苜蓿總肥宛騕褭，琵琶曾泣漢嬋娟"，則銖兩悉當矣。

【補正】《劍南詩稿》卷一三《夢中作》："油築毬場飛騕褭，錦裁步障儲嬋娟"，亦以"騕褭"、"嬋娟"屬對。

【補訂】《松雪齋集》卷五《歲晚偶成》："老子難同非子傳，齊人終困楚人咻"，上句指《史記·老子韓非列傳》；北宋以還，尊韓退之爲"韓子"，遂稱古所謂"韓子"爲"韓非子"，此處恐人誤認退之，割截成“非子”。然據《履園叢話》卷十載松雪小像自題七律真跡正作“老子難同韓子傳，齊人終困楚人咻”，則“非子”乃後人刻集時過慮妄改，松雪初不如是陋鄙也。王弘撰《山史》初集卷一評董香光云：“畫第一，制義次之，書又次之，詩古文詞爲下駟。”竊謂松雪詩文固遠邁香光，而在生平能事中亦屬下駟，畫當爲第一，書次之，皆能創體開派，詩文尚未堪語於斯。余原論松雪畫語，偏執蔽固，衹道其竹石山水之簡淡，而忽其羊馬人物之工細。米董不辨工筆，倪迂亦衹擅逸筆；李厚德《戒菴漫筆》卷七《雲林柬》載其與張藻仲札云：“圖寫景物，曲折能盡狀其妙趣，蓋我則不能之。若草草點染，遺其驪黄牝牡之形色，則又非所以爲圖之意。僕之所謂畫者，不過逸筆草草，不求形似。”松雪亦工亦逸，如《荀子·解蔽》所謂“兩而能精”，然其自負，似在“簡率”之體，雲林所推爲“愈老愈奇”者，即《窠木竹石》一類風格也。雲林此柬亦載《四友齋叢説》卷二十九。

陶宗儀《輟耕録》卷九記松雪言：“作詩虚字殊不佳，中兩聯填滿方好”；戚輔之《佩楚軒客談》、陸友仁《硯北雜志》亦著是説，并皆載松雪言：“使唐以下事便不古。”明七子議論肇端於此。與方虚谷之論七律貴用虚字，【附説十一】適相反背。是以《桐江續集》中道子昂，無慮二十餘次，皆祇以書畫推之，隻字不及其詩篇。蓋一則沿宋之波，一則纘唐之緒，家法本逕庭耳。

【補訂】宋吴沆《環溪詩話》卷上載張右丞論詩語，略謂：“杜詩妙處，人罕能知。凡人作詩，一句只説得一件物事，多説得兩件。杜詩一句能説得三件、四件。常人作詩，但説得眼前，遠不過數十里。杜詩一句能説數百里，能説半天下，能説滿天下。唯其實是以健，若一字虚即一字弱矣。”因舉“旌旗日暖龍蛇動，宫殿風微燕雀高”爲“一句説五件事”之例，謂旌也、旗也、日也、龍也、蛇也、宫也、殿也、風也、燕也、雀也；舉“吴楚東南坼，乾坤日夜浮”爲“一句説半天下”與“一句説滿天下”之例。吴氏摘取荆公、東坡、山谷句助之張目。趙行之《賓退録》卷十備載張吴之説而嗤其“識趣”之“淺”，且曰：“若以句中事物之多爲工，則必如陳無己‘桂椒柟櫨楓柞樟’之句而後可以獨步，雖杜子美亦不容專美。若以‘乾坤日夜浮’爲滿天下句，則凡句中言天地、華夷、宇宙、四海者，皆足以當之矣。”“桂椒”句出《後山詩集》卷一《贈二蘇公》。松雪謂“填滿”不用“虚字”，張吴蓋已先發之。張吴“説滿天下”云云，亦隱逗明七子風尚。李獻吉《空同集》卷六十一《再與何氏書》已曰：“百年、萬里，何其層見而疊出也。”《大復集》中用“萬里”更多。錢牧齋《列朝詩集》丁集卷五《李攀龍傳》引王承甫《與屠長卿書》，記海陵生取李于鱗習用語爲《漫興》詩以嘲之曰：“萬里江湖迥，浮雲處處新。論詩悲落日，把酒歎風塵。秋色眼前滿，中原望裏頻。乾坤吾輩在，白雪誤欺人。”即欲“説半天下”、“説滿天下”也。松雪戒“使唐以下事”，謝茂秦《四溟山人集》卷二十二《詩家直説》不特稱子昂“兩聯宜實”之語，且申子昂“使唐以下事”之戒；范椁父《木天禁語·字法》亦云：“《事文類聚》事不可用，多宋事也”，謝集卷二十一引之而譏范自背其教。七子懸此爲厲禁，然初不能聊固吾圉，篇什中時時闌入唐宋人事。胡元瑞《少室山房筆叢》卷二十六云：“何仲默每戒人用唐宋事，而有‘舊井潮深柳毅祠’，用唐小説，亦太鹵莽。”此句見《大復集》卷二十四《寄君山》，實則《大復集》中何止一例。且有一事屢用者，如卷二十六《壽西涯相公》之“十年天下先憂淚，五畝園中獨樂身”，又《奉寄泉山先生》之“蒼生尚繫裴公望，白髮寧忘范老憂”；卷十三《醉歌贈子容》之“李生近買陽羨田，又欲鼓柁襄江船”，又卷二十六《得江西獻吉書》之“鼓柁襄江應不得，買田陽羨定何如。”所用不止唐小說，并有宋人僞造之唐掌故，如卷三《七述》云：“躡飛雲之履，被明霞之紬”，上句出《雲仙雜記》卷一記白樂天事，辛文房《唐才子傳》卷六本之，遂云樂天“自製飛雲履”，大復亦取材不嚴也。李、何、邊、徐、康諸家集中斯類甚多，邊尤不謹，未暇歷舉。陳卧子、李舒章、宋轅文稟七子之教，合撰《皇明詩選》，於此事煞費周旋，評語有曰：“實事不嫌”者，有曰：“亦自不妨”者，觀之可以概矣。

【附説十一】虛谷之説，可觀《桐江集》卷一《鮑子壽詩序》、卷四《跋趙章泉詩》、卷五《劉元暉詩評問田夫》條。又《瀛奎律髓》卷四十二後山《贈王聿修商子常》詩批語、卷四十三山谷《十二月十九日發鄂渚》詩批語。“非五字七字皆實之爲難，而虛字有力之爲難”云云。江西派大家中後山近體用虛字多於山谷；《苕溪漁隱叢話》前集卷五十引《詩眼》記山谷謂“詩句中無虛字方雅健”。故虛谷亦隱推後山出山谷上，《桐江集》卷一《送胡植芸北行序》於有宋一代作者，稱宛陵、後山、章泉三人，山谷不與。《瀛奎律髓》卷十七後山《寄無斁》詩批云：“自老杜後始有後山，律詩往往精於山谷。”

二七

周櫟園《尺牘新鈔》卷四載張九徵《與王漁洋書》云："諸名士序歷舉歷下、琅琊、公安、竟陵爲重。夫歷下諸公分代立疆，矜格矜調，皆後天事。明公御風以行，身在五城十二樓，豈復與人間較高深乎。譬之絳、灌、隨、陸非不足英分，對留侯則成傖夫。然則明公之獨絶者，先天也。"蓋謂漁洋以天分勝也。《隨園詩話》卷三駁"絶代銷魂王阮亭"之説曰："阮亭之色並非天仙化人，使人心驚。不過一良家女，五官端正，吐屬清雅，又能加宫中之膏沐，薰海外之名香，取人碎金，成其風格。"蓋謂漁洋以人工勝也。竊以爲藏拙即巧，用短即長；有可施人工之資，知善施人工之法，亦即天分。雖隨園亦不得不稱其縱非絶色，而"五官"生來尚"端正"也。然一不矜持，任心放筆，則譬如飛蓬亂首，狼藉闊眉，妍姿本乏，風流頓盡。吾鄉鄒綺《十名家詩選》所録、《觀自得齋叢書》中收爲《漁洋山人集外詩》者，是其顯例。如《香奩詩》云："香到濃時嘗斷續，月當圓處最嬋娟"，"腸當斷處心難寫，情到鍾時骨自柔"；惡俗語幾不類漁洋口吻。引申隨園之喻，其爲邢夫人之亂頭粗服耶，抑西子之蒙不潔耶。奚足與彭羨門作豔體倡和哉。汪鈍翁《説鈴》載彭王倡和集事；《松桂堂集》中豔體七律，綺合葩流，秀整可喜，異於漁洋之粗俗貧薄。即其卷三十一之《金粟閨詞》、卷三十二之《春閨雜詠》，雖多冶而傷雅，然心思熨貼，彷彿王次回。漁洋詩最不細貼，未解辦是也。漁洋天賦不厚，才力頗薄，乃遁而言神韻妙悟，以自掩飾。一吞半吐，撮摩虚空，往往並未悟入，已作點頭微笑，閉目猛省，出口無從，會心不遠之態。故余嘗謂漁洋詩病在誤解滄浪，而所以誤解滄浪，亦正爲文飾才薄。將意在言外，認爲言中不必有意；將弦外餘音，認爲弦上無音；將有話不説，認作無話可説。趙飴山《談龍録》謂漁洋"一鱗一爪，不是真龍"。

【補訂】參觀《管錐編·太平廣記》卷第八八論推漁洋"遠人無目"之説，則遠龍亦不見鱗爪。

漁洋固亦真有龍而見首不見尾者，然大半則如王文禄《龍興慈記》載明太祖殺牛而留尾插地，以陷土中欺主人，實空無所有也。妙悟云乎哉，妙手空空已耳。施愚山《蠖齋詩話》自比其詩於"人間築室，一磚一木，累積而成"，漁洋之詩"如華嚴樓閣，彈指即現"，有一頓一漸之别。《漁洋詩話》亦載厥説。則愚山又爲妙悟之説所欺；漁洋樓閣乃在無人見時暗中築就，而復掩其土木營造之迹，使有煙雲蔽虧之觀，一若化城頓現。其迂緩實有倍於愚山者。繆筱山《煙畫東堂小品》於一《王貽上與林吉人手札》、陶澍跋云："如《蠡勺亭》詩'沐日浴月'四字，初欲改'虎豹騂馬'，既欲改'騂馬'爲'水兕'。此等字亦在撚髭求安之列，豈所謂'華嚴樓閣'者，固亦由寸積尺累而始成耶。"正與余言相發。《嘯亭雜録》卷八記漁洋詩思蹇澀，清聖祖出題面試，幾致曳白；兹事雖小，可以見大。觀其詞藻之鉤新摘雋，非依傍故事成句不能下筆，與酣放淋漓，揮毫落紙，作風雨而起雲煙者，固自異撰。然讀者祇愛其清雅，而不甚覺其餖飣，此漁洋之本領也。要之漁洋談藝四字“典、遠、諧、則”，所作詩皆可幾及，已非易事。明清之交，遺老“放恣”雜駁之體，如沈椒園廷芳《隱拙軒文鈔》卷四《方望溪先生傳》附《自記》所云，詩若文皆然。“貪多”之竹垞，能爲饋貧之糧；“愛好”之漁洋，方爲拯亂之藥。功亦偉矣。愚山之説，蓋本屠長卿來；《鴻苞集》卷十七《論詩文》云：“杜甫之才大而實，李白之才高而虚。杜是造建章宫殿千門萬户手，李是造清微天上五城十二樓手。杜極人工，李純是氣化。”

【補訂】田山薑之孫同之《西圃詩説》云：“詩中篇無累句，句無累字，即古人亦不多覯。唯阮亭先生刻苦於此，每爲詩閉門障窗，備極修飾，無一隙可指，然後出以示人。宜詩家謂其語妙天下也。”幾類李賓之《懷麓堂詩話》載諸翰林“齋居閉户作詩，窺之見面目皆作青色”。可與《嘯亭雜録》互證。曹子建《公讌》詩：“朱華冒緑池”，王船山《古詩評選》批云：“如雕金堆碧，作佛舍莊嚴爾。天上五雲宫殿，自無彼位”；亦即屠長卿、施愚山語意。英國十八世紀愛德華·楊論詩名著盛行德國，恢張心目，有云：“天才與聰慧之别，猶神通之幻師迥異乎構建之巧匠；一則不見施爲，而樓臺忽現，一則善用板築常器，經之營之。”（Edward Young, *Conjectures on Original Composition*: “A genius differs from a good understanding, as a magician from an architect; that raises his structure by means invisible, this by the skilful use of common tools”.）見 E. D. Jones, ed., *English Critical Essays: 16th, 17th and 18th Centuries*, “The World’s Classics”, 279。取譬無乎不同。

二八

夫“悟”而曰“妙”，未必一蹴即至也；乃博采而有所通，力索而有所入也。學道學詩，非悟不進。或者不好漁洋詩，遂并悟而非之，真因噎廢食矣。高忠憲《困學記》云：“平日深鄙學者張皇説悟，此時只看作平常，自知從此方好下工夫耳。”陸桴亭《思辨録輯要》卷三云：“凡體驗有得處，皆是悟。只是古人不唤作悟，唤作物格知至。古人把此個境界看作平常。”按劉壎《隱居通議》卷一論悟二可參觀。又云：“人性中皆有悟，必工夫不斷，悟頭始出。如石中皆有火，必敲擊不已，火光始現。然得火不難，得火之後，須承之以艾，繼之以油，然後火可不滅。故悟亦必繼之以躬行力學。”按此即 Graham Wallas 所言 Illumination 之後，繼以 Verification 也。詳見所作 *Art of Thought*, pp. 88 ff. 擊石之喻，參觀孟東野《勸學》詩：“擊石乃有火”云云。罕譬而喻，可以通之説詩。明心見性之學，有益談藝，豈淺尠哉。

【補訂】桴亭之説早見宋道學家言。如《朱子語類》卷十八云：“積習既多，自然醒悟。其始固須用力；及其得之也，又卻不假用力。”陳壽老《篔窗集》卷一《曾子論》筆舌尤明暢，略云：“悟道者以真見，體道者以真力。力之至而見不與俱，是有四肢而無目也。見之至而力爲之儁，是有目而無四肢也。夫真力養於百年者也，真見發於一朝者也。豈惟一朝，雖一嘘吸之間可也。豈惟百年，雖與天地相終始可也。世人知悟道之難而不知體道之不易。曰‘既竭吾才’，則顔子亦嘗用力矣。然顔子之力，施之未有見之初，曾子之力，則持之既有見之後也。”目喻悟道，四肢喻體道，差同釋典。隋智者《法華玄義》卷二云：“智爲行本，因智目起於行足”，又卷四云：“智目行足，到清涼地。”

悟有遲速，係乎根之利鈍、境之順逆，猶夫得火有難易，係乎火具之良楛、風氣之燥濕。速悟待思學爲之後，遲悟更賴思學爲之先。漁洋將悟空諸依傍，玄虚惝怳，忽於思學相須爲用之旨。蓋未能將此境“看作平常”，於禪學亦似概乎未聞焉。禪人論悟最周匝圓融者，無過唐之圭峯，其《禪源諸詮集都序》卷下之一詳説有“因悟而修”之“解悟”，有“因修而悟”之“證悟”，終之曰：“若遠推宿世，則惟漸無頓。今頓見者，已是多生漸熏而發現也。”夫遠推宿生，則漸熏者今人所謂天才遺傳是也；僅限一事，則漸熏者西人所謂伏卵(Incubation)是也。見前引 Wallas 書。參觀張横渠《正蒙》第八篇《中正》云：“不思而得，素也。”又程伊川論“深思造道”及“無思無慮而得”，《宋元學案》卷十五黄百家按語云：“深思之久，方能於無思無慮忽然撞著。”嚴滄浪《詩辨》曰：“詩有别才非書，别學非理，而非多讀書窮理，則不能極其至。”曰“别才”，則宿世漸熏而今生頓見之解悟也；曰“讀書窮理以極其至”，則因悟而修，以修承悟也。可見詩中“解悟”，已不能舍思學而不顧；至於“證悟”，正自思學中來，下學以臻上達，超思與學，而不能捐思廢學。猶夫欲越深澗，非足踏實地，得所憑藉，不能躍至彼岸；顧若步步而行，跬不離地，及岸盡裹足，惟有盈盈隔水，脈脈相望而已。Kierkegaard以跳越(Sprung)爲人生經驗中要事，參觀C. Schrempf德譯本*Der Begriff der Angst*, S. 11, 24。滄浪繼言："詩之有神韻者，如水中之月，鏡中之象，透徹玲瓏，不可湊泊。不涉理路，不落言詮"云云，幾同無字天書。以詩擬禪，意過於通，宜招鈍吟之糾繆，起漁洋之誤解。禪宗於文字，以膠盆黏著爲大忌；法執理障，則藥語盡成病語，故谷隱禪師云："纔涉脣吻，便落意思，盡是死門，終非活路。"見《五燈會元》卷十二。此莊子"得意忘言"之說也。若詩自是文字之妙，非言無以寓言外之意；水月鏡花，固可見而不可捉，然必有此水而後月可印潭，有此鏡而後花能映影。王弼《周易略例》謂"得意在忘象，得象在忘言"，王炎《讀易筆記·自序》駁之曰："是未得魚兔，先棄筌蹄之說也。"詩中神韻之異於禪機在此；去理路言詮，固無以寄神韻也。

【補訂】《後村大全集》卷八《題何秀才詩禪方丈》："能將鉛槧事，止作葛藤看"；隱諷詩與禪扞格不兩立，文詞乃禪家所斬斷之葛藤也。卷九十九《題何秀才詩禪方丈》則明言曰："詩家以少陵爲祖，說曰：'語不驚人死不休。'禪家以達磨爲祖，說曰：'不立文字。'詩之不可爲禪，猶禪之不可爲詩，何君合二爲一，余所不曉。"是矣而尚未分雪明白。禪於文字語言無所執着愛惜，爲接引方便而拈弄，亦當機煞活而拋棄。故"以言消言"（參觀《管錐編》論《老子王弼註》第一六）。其以"麻三斤"、"乾矢橛"等"無意義語"，供參悟，如《朱子語類》卷一百二十四、一百二十六所謂"呆守"、"麻了心"者，祈嚮正在忘言。既"無意義"，遂無可留戀。登岸則捨筏，病除則藥贅也。詩藉文字語言，安身立命；成文須如是，爲言須如彼，方有文外遠神、言表悠韻，斯神斯韻，端賴其文其言。品詩而忘言，欲遺棄跡象以求神，遏密聲音以得韻，則猶飛翔而先剪翮、踴躍而不踐地，視揠苗助長、鑿趾益高，更謬悠矣。瓦勒利(Paul Valéry)嘗謂敘事説理之文以達意爲究竟義(le but de communiquer à quelqu'un quelque notion déterminée)，詞之與意，離而不著，意苟可達，不拘何詞(entièrement remplacée)，意之既達，詞亦隨除(cette idée s'étant produite, le langage s'évanouit devant elle)；詩大不然，其詞一成莫變，長保無失(la forme conservée comme unique et nécessaire expression)。見"Commentaire de *Charmes*", *Oeuvres*, Bib. de la Pléiade, I, 1511; cf. "Propos sur la poésie", *ib.*, 1372。是以玩味一詩言外之致，非流連吟賞此詩之言不可；苟非其言，即無斯致。昔人論賽南古(Sénancour)曰："所愛於聲音者，以其能爲寂靜之屏藩也。"(il aimait les sons pour le silence où ils confinent)見 A. Béguin, *L'Âme romantique et le rêve*, 2e éd., 1939, 334。

【補正】當世德國文論師謂："緘默祇是語言之背面，其輪廓乃依傍語言而得。"(Da aber das Verschwiegene nur die Kehrseite der Gesagten ist, gewinnt es gerade dadurch seine Konturen.)見 Wolfgang Iser: "Der Lesevorgang", in R. Warning, ed., *Rezeptionsästhetik*, 2nd ed., 1979, 255。即賽南古愛聲音能爲寂靜"屏藩"之旨。

【補訂】讀詩時神往心馳於文外言表，則必恬吟密咏乎詩之文字語言，亦若此爾。王從之《滹南遺老集》卷三《論語辨惑自序》曰："聖人之意，或不盡於言，亦不外於言也。不盡於言，而執其言以求之，宜其失之不及也。不外於言，而離其言以求之，宜其傷於太過也。”移此以詮滄浪詩説，可爲鄰壁之明，而亦他山之石矣。

【補正】《程氏外書》卷一記伊川語：“得意可以忘言，然無言又不見吾意。”即王從之所謂：“不盡於言，亦不外於言。”蓋必有言方知意之難“盡”，若本無言又安得而“外”之以求其意哉。談藝家如姜白石《詩説》云：“文以文而工，不以文而妙，然舍文無妙”，正謂“不盡於言而亦不外於言”也；陸時雍《詩鏡·總論》云：“晉多能言之士，而詩不佳，詩非可言之物也。……知能言之爲佳，而不知不言之爲妙，此張籍、王建所以病也”，則謂“不外於言而亦不盡於言”耳。

【補訂】人生大本，言語其一，苟無語言道説，則并無所謂“不盡言”、“不可説”、“非常道”。《莊子·知北遊》曰：“道不可言，言而非也”，又《徐无鬼》曰：“彼之謂不道之道，此之謂不言之辯”；然必有“道”、有“言”，方可掃除而“不道”，超絶而“不言”。“不道”待“道”始起，“不言”本“言”乃得。緘默正復言語中事，亦即言語之一端，猶畫圖上之空白、音樂中之静止也。毛德納嘗以言語(die Sprache)與行走(das Gehen)呼吸(das Atmen)等視。見 F. Mauthner, *Beiträge zu einer Kritik der Sprache*, 3. Aufl., 1923, I, 15-6。竊謂人非呼吸眠食不生活，語言僅次之，公私百事，胥賴成辦。潛意識之運行，亦勿外言言語語；超現實主義(surréalisme)作者昌言本“内心自動作用”(automatisme psychique)，發爲詩文，是其明驗，參觀 A. Breton, *Manifeste du surréalisme — Poisson soluble*, 1924, 37：“la pensée parlée”, 52：“Le langage a été donné à l'homme pour qu'il en fasse un usage surréaliste"; M. Nadeau, *Histoire du surréalisme*, 1945, 77: "des rêves parlés"。而潛意識不離語文(l'instance de la lettre dans l'inconscient),尤爲當世心析學者所樹新義。參觀 J. Lacan: "The Insistence of the Letter in the Unconscious", in J. Ehrmann, ed., *Structuralism*, 1970, 101ff。海德格爾至謂古訓"人乃具理性之動物"本旨爲"人乃能言語之動物"(參觀《管錐編》論《老子王弼註》第二"道理之道與道白之道"一段)。且曰:"默不言非喑不言。真談説中方能著静默。必言之有物,庶能無言。"(Schweigen heiβt aber nicht stumm sein. Nur in echten Reden ist eigentliches Schweigen möglich. Um schweigen zu können, muβ das Dasein etwas zu sagen haben)見 Heidegger, *op. cit.*, 164, 165。"詩禪"當作如是觀。司空表聖《詩品·含蓄》曰:"不著一字,盡得風流。""不著"者、不多著、不更著也。已著諸字,而後"不著一字",以默佐言,相反相成,豈"不語啞禪"哉。

【補正】當世英國論師亦謂"默"是詩中至境,示意便了,不復著詞(The poem; [Keats's "Ode to Autumn"] achieves, as I may say, the muteness to which poetry, in its essence, always aspires. Something is held up for us to behold; but nothing is said.)。見 D. G. James, quoted in W. Nowottny, *The Language Poets Use*, 5th Impression, 1975, 156。即由言入默之"含蓄"也。

【補訂】馬拉梅、克洛岱爾輩論詩,謂行間字際、紙首葉邊之無字空白處與文字纏組,自藴意味而不落言詮,亦爲詩之幹體。(Mallarmé: "Crise de vers": "le poème tu, aux blancs";

"Un coup de dés", Préface:"Les 'blancs', en effet, assument l'importance; la versification en exigea comme silence alentour";"Quant au livre": "indéfectiblement le blanc revient pour authentiquer le silence"; "Sur Poë": "le blanc du papier: significatif silence qu'il n'est moins beau de composer, que les vers."見 *Oeuvres complètes*, la Pléiade, 367, 387, 455, 872。Claudel:*Cinq grandes odes*, I. "Les Muses": "Le poème n'est point fait de ces lettres que je plante comme des clous, mais du blanc qui reste sur le papier."見 *Oeuvres poétiques*, la Pléiade, 224。)蓋猶吾國古山水畫，解以無筆墨處與點染處互相發揮烘托，參觀 E. H. Gombrich, *Art and Illusion*, 5th ed., 1977, 174-5, "screen", "the power of expressing through *absence* of brush and ink"。豈"無字天書"或圓光之白紙哉。破額山人《夜航船》卷八嘲八股文名師"無無生"，傳"全白真無"文訣，妙臻"不留一字"之高境；休休亭主之"不著一字，盡得風流"，與無無生之"不留一字，全白真無"，毫釐千里焉。

【補正】吾國"傳神寫照"，舊有所謂《屍解圖》者，"空紙一幅"，不著點墨，陸以湉《冷廬雜識》卷五載之；亦無無生"真白全無"文稿之類。

【補訂】陸農師《埤雅》卷十三《楊》論《折楊》、《皇華》之曲曰："《記》曰：'清廟之瑟，朱弦而疏越，一唱而三歎，有遺音者矣。'若此，詩之至也。《中庸》曰：'上天之載，無聲無臭。'至矣。"夫《樂記》言"有遺音"也，《中庸》言原"無聲"也；農師連類論詩，是混"含蓄"於"全白"矣。易順鼎實甫《丁戊之間行卷》有九言體一首，《白嚴同毛實君、廖笙陔、鄭硯孫遊衡山，遇雨而歸，四人者皆無詩，代爲解嘲》："眼前奇景那可乏奇句，此四人者不答皆摇頭。得無誤信司空表聖説，不著一字謂足稱風流。"以文爲戲而望文生義，毋庸苛論，顧亦徵易氏之誤解司空表聖説。不然，易"信"字爲"解"字，未始不可嘲戲"四人者"也。

滄浪又曰："言有盡而意無窮"；夫神韻不盡理路言詮，與神韻無須理路言詮，二語迥殊，不可混爲一談。《鈍吟雜録》卷五駁滄浪云："詩者言也，但言微不與常同，理玄或在文外。安得不涉理路，不落言詮。"又云："禪家死句活句與詩法並不相涉。禪家當機煞活，若刻舟求劍，死在句下，便是死。詩有活句，隱秀之詞也；直敍事理，或有詞無意，死句也。禪須參悟；若'高臺多悲風'、'出入君懷袖'，參之何益。滄浪不知參禪"云云。按前段駁滄浪是也，後段議論便是刻舟求劍、死在句下，鈍吟亦是鈍根。

【補遺】吴修齡《圍爐詩話》卷一有"詩貴活句賤死句"一則，謂切題而無寄託者爲"死句"，即本鈍吟之説。鈍吟僅知作詩有活句死句之别，而不知讀詩亦有活參死參之分，苟能活參，斯可以作活句。譬如讀"春江水暖鴨先知"之句而曰"鵝豈不先知"，便是死在句下。滄浪所用"鏡花水月"一喻，即足爲當機煞活之例。在内典中，此喻屢見不一見，而用法違牾。例如《稱揚諸佛功德經》卷上："爲分别一切如夢如水中月幻化之法，用寤衆生"；《淨飯王涅槃經》："世法無常，如幻如化，如熱時炎，如水中月"；《説無垢稱經·聲聞品》第三："一切法性皆虚妄見，如夢如焰。所起影象，如水中月，如鏡中像"；又同經《觀有情品》第七："菩薩觀諸有情，如幻師觀所幻事，如觀水中月，觀鏡中象，觀芭蕉心”；《月上女經》卷上：“諸三世猶如幻化，亦如陽焰，如水中月”；《方廣大莊嚴經》卷五：“如水中月，如谷中響，如幻如泡。”凡此種種，所以賤之也。而如《文殊師利問菩提經》：“發菩提心者，如鏡中像，如熱時焰，如影如響，如水中月”；《文殊師利問經·雜問品》第十六：“佛從世間出，不著世間，亦有亦無，亦現不現，可取不可取，如水中月”；《大乘本生心地觀經·序品》第一：“智慧如空無有邊，應物現形如水月。”凡此種種，又所以尊之也。《摩訶般若波羅蜜經·序品》用前意，而《七喻品》則用後意。滄浪之説，蓋取後意。夫一事也而用意相反如此，衹求能罕譬而喻可矣，所謂空中鳥跡也，亦所謂到岸則不戀筏也。參觀《雜阿含經》卷四十三（一一七二）、《增壹阿含經》卷二十三（六）、卷三十八（五）、《七女經》（第四女）、《五燈會元》卷四（正元），又《大智度論》卷四十四《釋句義品》、卷五十四《釋天主品》、卷九十五《釋七喻品》。

【補訂】參觀《管錐編》論《周易正義》第一六“水中映月之喻”一段。僧肇《寶藏論》道後一意，殊有詞致。如《廣照空有品》第一云：“有心無形，有用無人。爲而無爲，得而無得。鏡象千端，水質萬色。入道之徑，内虚外静。如水凝澄，萬象光映。其意不沉，其心不浮。”又如《離微體淨品》第二云：“無心應物，緣化萬有。水月空華，形象無主。”前一意如《大智度論·十喻釋論》第十一、又《諸法釋論》第十二舉十喻：“如幻，如焰，如水中月，如虚空，如響，如揵闥婆城，如夢，如影，如鏡中像，如化。”《維摩所説經·方便品》第二言“是身無常、無强、無力、無堅”，於“無常”、“無堅”亦舉十喻：

“如聚沫，如泡，如炎，如芭蕉，如幻，如夢，如影，如響，如浮雲，如電”（參觀《弟子品》第三：“一切法生滅不住，如幻，如電”云云，《觀衆生品》第七：“如智者見水中月，如鏡中見己面像”云云）。唐譯《華嚴經·十地品》第二十六之四先後兩次舉八喻：“如幻，如夢，如影，如響，如水中月，如鏡中象，如燄，如化。”謝康樂《維摩經十譬讚》八首、梁簡文《十空詩》六首，均以詞章爲般若之鼓吹焉。《金剛經》之“六如”流傳最廣，所謂：“一切有爲法，如夢、幻、泡、影，如露亦如電，應作如是觀”；唐伯虎自號“六如”即取義於斯。**【補正】**《成唯識論》卷八：“心所虛妄變現，猶如：幻事、陽燄、夢境、鏡象、光影、谷響、水月。”則又非十如、八如、六如，而爲七如也。

【補訂】《容齋四筆》卷十三謂“六如”者，乃用鳩摩羅什譯本，真諦、玄奘、義淨、菩提流支四譯皆尚有“如燈”、“如星”、“如雲”，合爲“九如”。西方神秘宗師普羅提納論世相空妄，喻如夢中境、鏡中影、水中像。（Fragile et mensonger, mensonge tombé sur un autre mensonge, ce reflet doit laisser la matière impassible, comme un vision de songe, comme un reflet sur l'eau ou dans un miroir—*Ennéades*, III. vi. 6, tr. É. Bréhier, III, 105-6.）基督教詩文言人生脆促，無堅無常，揣稱博依，舉如夢、如泡、如影、如露、如電、如雲、如枝頭花、如日下雪、如風中葉、如箭脱弦、如鳥過空等。鋪比夥頤，或至二十七事，“六如”、“九如”，瞠乎後矣。Cf. *Golden Grove: Selected Passages from Jeremy Taylor*, ed. L. P. Smith, 251-3; R. Crashaw: “Bulla”, *Poetical works*, ed. L. C. Martin, rev. ed. 1957,

216－220；Henry King："Sic Vita"，*Minor Caroline Poets*，ed. G. Saintsbury，III，236－7；Ciro di Pers："Della miseria e vanità umana"，*Marino e i Marinisti*，ed. G. G. Ferrero. 957；G. R. Weckherlin："Über den frühen Tod Fräuleins Anna Augusta Margräfin zu Baden"，Andreas Gryphius："Das Leben"，*Deutsche Barocklyrik*，ed. M. Wehrli，erweit. Aufl.，1962，33－4，53－4；Harsdörfer："Das Leben des Menschen"，in J. Rousset，*La Littérature de l'âge baroque en France*，nouv. éd.，1954，275；Auvray："La Promenade de l'âme dévote"，*Anthologie de la poésie baroque française*，1961，I，44－6. 古希臘大詩人平達喻人生如"影之夢"（Man is but a dream of a shadow）；見 Pindar，*Pythian Odes*，VIII. 95，Loeb，269。普羅塔克申言曰："影已虛弱，影之夢更虛弱於影。"（For what is feebler than a shadow? And a dream of it!）；見 Plutarch："A Letter of Condolence to Apollonous"，§6，*Moralia*，Loeb，II，12。後世作者多承用之。Taylor："Man is the dream of a shadow"；Auvray："Un songe! non vrayement，mais c'est l'ombre d'un songe".

【補正】十七世紀英國詩人與故爲新，不曰"影之夢"，偏其反而，喻虛情假愛於"夢之影"。（... amor/Fallax，umbraque somnij.）見 Richard Crashaw："Pulchra non diuturna"，in *Poetical Works*，ed. L. C. Martin，2nd ed.，1957，371，cf. 455，note。

【補訂】"影""夢"重累，視釋典之以"如夢""如影"平列，更爲警策。又以人命危淺喻"如玻璃"，Crashaw："sed vitro fragili magis"；Weckherlin："Ein Glas also brüchig als rein". 猶白樂天《簡簡吟》所謂："大都好物不堅牢，彩雲易散琉璃脆。"此亦在釋典十喻之外者。吾國古來俗語以"春寒、秋熱、老健"三者喻"終是不久長之物”，早見歐陽永叔《文忠全集》卷一百四十八《與沈待制》，太平老人《袖中錦》增“君寵”而成四事；詩歌、小説皆沿襲之（如李天生《受祺堂詩集》卷一《朝雨謡》、姚春木椿《通藝閣詩三録》卷四《春雪席間》、《封神演義》三十五回黄飛虎語、《紅樓夢》五十七回紫鵑語、《兒女英雄傳》二十一回褚大娘語）。明人《三報恩傳奇》第六折有詩，踵事增華：“老健春寒秋後熱，半夜殘燈天曉月，草頭露水板橋霜，水上浮漚山頂雪”；又土風本色之“九如”也。

禪句無所謂“死活”，在學人之善參與否。譬如《參同契》云：“執事原是迷，契理亦非悟”；此石頭掃空事障理障之妙諦。而達觀未離窠臼，不肯放下，活語變死，藥語成病，宜來谷隱之呵矣。

【補訂】禪人活參話頭，可用詩句。李鄴嗣《杲堂文鈔》卷二《慰弘禪師集天竺語詩序》所謂：“諸釋老語録每引唐人詩，單章隻句，雜諸杖拂間，俱得參第一義。是則詩之於禪，誠有可投水乳於一盂，奏金石於一堂者也。”竊謂此即春秋時“賦詩斷章”之充類横決耳（參觀本書第703－704頁又《管錐編》論《左傳正義》第四六“斷章取義”）。西漢人解《詩》亦用斯法，觀《韓詩外傳》可知。何良俊《四友齋叢説》卷一謂“讀《詩》亦當與讀諸經不同。引伸觸類，維人所用。韓嬰作《詩外傳》，正此意也”；卷二歷舉《左傳》用《詩》諸例，“不必盡依本旨，蓋即所謂引伸觸類者。”陳蘭甫《東塾讀書記》卷六引元錢惟善作《外傳》序稱其書“斷章取義，有合孔門商賜言《詩》之旨”；因申論謂《孟子》、《坊記》、《中庸》、《表記》、《緇衣》、《大學》引《詩》者，多似《外傳》，“其於《詩》義，洽熟於心，凡讀古書，論古人古事，皆與《詩》義相觸發”。《漢書·儒林傳》記王式以《詩》爲“諫書”，《昌邑王賀傳》記龔遂以《詩》爲“人事浹，王道備”（參觀吕誠之丈《讀史札記》乙帙《漢儒術盛衰下》、《詩無作義》）。蓋觸類旁通，無施勿可，初不拘泥於《詩》之本事本旨也。劉辰翁《須溪集》卷六《題劉玉田題杜詩》云：“凡大人語不拘一義，亦其通脱透活自然。觀詩各隨所得，或與此語本無交涉。”其子將孫序王荆公《唐詩選》（《永樂大典》卷九百七《詩》字下引，四庫輯本《養吾集》漏收），亦云：“古人賦《詩》，猶斷章見志。固有本語本意若不及此，而觸景動懷，别有激發。”後來王船山《詩繹》論“興觀群怨”曰：“作者用一致之思，讀者各以其情而自得。人情之遊也無涯，而各以其情遇”；常州派説詞曰：“作者未必然，讀者何必不然。”皆西漢“外傳”、南宗“活句”之支與流裔也。谷隱“藥語”之喻，乃釋典常談。《中論·觀行品》第十三曰：“大聖説空法，爲離諸見故。若人於空貌生見者，是人不可化。譬如有病，須服藥可治；若藥復爲病，則不可治。”《大智度論》卷三十一《釋初品中十八空》曰：“又如服藥，藥能破病；病已得破，藥亦應出。若藥不出，則復是病。”《大般涅槃經·如來性品》第四之五曰：“如是大乘典，亦名雜毒藥；如酥醍醐等，及以諸方蜜，服消則爲藥，不消則爲毒”（參觀《管錐編》論《周易正義》第二引古希臘懷疑派語）。其旨即《莊子·庚桑楚》所謂：“有不能以有爲有，必出乎無有，而無有一無有”；郭象註：“若無能爲有，何謂無乎。一無有則遂無矣。無者遂無”；王先謙《莊子集解》引宣穎云：“並無有二字亦無之”（參觀《管錐編》論《老子王弼註》第一三引《莊子·知北遊》等)。又王陽明《傳習録》徐愛《序》記:“門人有私録先生之言者,先生聞之,謂之曰:‘聖賢教人,如醫用藥,皆因病立方,初無定説,若拘執一方,鮮不殺人矣’”;又《傳習録》卷下一友問“静坐時將好名、好色、好貨等根逐一搜除”,陽明正色曰:“這是我醫人的方子,真是去得人病根。你如不用,且放起,不要作壞我的方子。”皆針砭今語所謂“教條”之病也。

詩至李杜,此滄浪所謂“入神”之作。然學者生吞活剥,句剽字竊,有如明七子所爲,似者不是,豈非活句死參乎。禪宗“當機煞活”者,首在不執著文字,“句不停意,用不停機。”參觀臨濟論“一句具三玄門”,《人天眼目》卷一集釋甚詳。西洋哲學術語所謂,莫將言語之方便權設(Fiction)當作真實也;H. Vaihinger:*Philosophie des Als Ob* 全書反復論辯,不過釋氏岸筏、莊子筌蹄之旨而已。參觀 S. 27 (falsche Hypothesen), S. 127, S. 219(Ideen Verschiebung), S. Z22(das Als Ob wird zum Wenn)。古人説詩,有曰:“不以詞害意”而須“以意逆志”者,有曰:“詩無達詁”者,有曰:“文外獨絶”者,有曰:“含不盡之意見於言外”者。不脱而亦不黏,與禪家之參活句,何嘗無相類處。參而悟入,則古人説詩又有曰:“其源出於某”者,有曰:“精熟《文選》理”者,有曰:“讀書破萬卷,下筆如有神”者,有曰:“得句法於某”者,有曰“脱胎换骨”者。鈍吟真固哉高叟矣。其鄉後學王東溆《柳南續筆》卷三引錢圓沙語:“詩文之作,未有不以學始之,以悟終之者”;以爲可補滄浪之説,鈍吟並妙悟而詆之過矣云云。實則滄浪之意本如是,初不須補也。胡元瑞《詩藪》内編卷二謂:“禪必深造而後能悟;詩雖悟後,仍須深造。”亦屬强生分别。禪與詩、所也,悟、能也。

用心所在雖二，而心之作用則一。了悟以後，禪可不著言説，詩必託諸文字；然其爲悟境，初無不同。且悟即“造”之至“深”；如須“深造”，尚非真悟。宜曰：禪家講關捩子，故一悟盡悟，快人一言，快馬一鞭。《傳燈録》卷六載道明語。一指頭禪可以終身受用不盡。見《傳燈録》卷十一。詩家有篇什，故於理會法則以外，觸景生情，即事漫興，有所作必隨時有所感，發大判斷外，尚須有小結裹。顧大慧杲老大悟至一十八遍，小悟不計其數，則禪家亦未嘗如元瑞所謂“一悟便了”也。

【補訂】參觀朱子《語類》卷十七論“物格知至了大徹悟”與“一日間無時無數介然之覺”。

《大學》曰：“慮而後能得”；《荀子·勸學》篇曰：“真積力久則入。”皆以思力洞澈阻障、破除艱難之謂；論其工夫即是學，言其境地即是修悟。元劉秉忠《藏春集》讀遺山詩四首之一云：“青雲高興入冥搜，一字非工未肯休。直到雪消冰泮後，百川春水自東流”；正指鍥焉不捨、豁爾頓通之樂。東野、桴亭比之鑽石出火，藏春喻爲烘日融冰，亥姆霍兹(Helmholtz)譬以油雲閃電(Geistesblitz)，見 *Vorträge und Reden*，Bd. I：“Tischrede bei Feier des 70. Geburtstages”。皆極體物揣稱之妙。詩人覓句，如釋子參禪；及其有時自來，遂快而忘盡日不得之苦，知其至之忽，而不知其來之漸。藏春之詩，實取杜征南《左傳序》“涣然冰釋、怡然理順”二語，敷説成章。若夫俯拾即是之妙悟，如《梁書·蕭子顯傳》載《自序》所謂：“每有製作，特寡思功，須其自來，不以力構”；李文饒外集《文章論》附《箴》所謂：“文之爲物，自然靈氣，惝怳而來，不思而至。”與《大學》、《荀子》所言，雖勞逸不同，遲速相懸，而爲悟一也。

二九

竟陵派鍾譚輩自作詩，多不能成語，才情詞氣，蓋遠在公安三袁之下。友夏《嶽歸堂稿》以前詩，與伯敬同格，佳者庶幾清秀簡雋，劣者不過酸寒貧薄。《嶽歸堂稿》乃欲自出手眼，別開門户，由險澀以求深厚，遂至於悠晦不通矣。牧齋《歷朝詩》丁集卷十二力斥友夏“無字不啞，無句不謎，無篇不破碎斷落”，惜未分別《嶽歸》前後言之。友夏以“簡遠”名堂，伯敬以“隱秀”名軒，宜易地以處，換名相呼。伯敬欲爲簡遠，每成促窘；友夏頗希隱秀，祇得扞格。伯敬而有才，五律可爲浪仙之寒；友夏而有才，五古或近東野之瘦。如《糴米》詩之“獨飽看人飢，腹充神不完”，絶似東野。《拜伯敬墓過其五弟家》之“磬聲知世短，墨跡引心遐”，《齋堂秋宿》之“蟲響如成世”，又酷肖陳散原。然唐人律詩中最似竟陵者，非浪仙、武功，而爲劉得仁、喻鳧。以作詩論，竟陵不如公安；公安取法乎中，尚得其下，竟陵取法乎上，并下不得，失之毫釐，而繆以千里。然以說詩論，則鍾譚識趣幽微，非若中郎之叫囂淺鹵。蓋鍾譚於詩，乃所謂有志未遂，並非望道未見，故未可一概抹摋言之。

【補訂】竟陵出於公安。《列朝詩集》丁十二《譚元春傳》引金陵張文寺云："伯敬入中郎之室，而思别出奇"；袁小修《珂雪齋近集》卷三《花雪賦引》亦謂："伯敬論詩，極推中郎，其言出而世之推中郎者益衆。"翁覃谿《復初齋詩集》卷七十《儷笙和予白齋之作、因論白詩、兼寄玉亭協揆》："白蘇齋漸啓鍾譚"，則誤伯修爲中郎，欲與"初白菴"、"白菴"凑合耶，抑於公安、竟陵家法道聽塗説也。觀譚友夏《全集》卷八《東坡詩選序》、《袁中郎先生續集序》，則中郎之子述之已化於竟陵；小修《珂雪齋近集》卷二《答須水部日華書》、卷三《蔡不瑕詩序》、《花雪賦引》皆於乃兄幾如陽明於朱子之作"晚年定論"，亦不能謹守家學而堅公安壁壘矣。中郎甚推湯若士，余見陳伯璣《詩慰》選若士子季雲詩一卷，赫然竟陵體也，附録傅占衡序果言其"酷嗜鍾譚"。中郎又亟稱王百穀，《詩慰》選百穀子亦房詩一卷，至有"非友夏莫辦"之目。蓋竟陵"言出"，取公安而代之，"推中郎者"益寡而非"益衆"。後世論明詩，每以公安、竟陵與前後七子爲鼎立驂靳；余瀏覽明清之交詩家，則竟陵派與七子體兩大争雄，公安無足比數。

【補正】明末清初院本中打諢語亦資傍證。丁耀亢《化人游》第九齣鯨魚吟詩曰："百丈深潭萬丈龍，轟雷掣電上天宫——這是李滄溟派，專講氣格，待學竟陵派續完——而今青海成黄土，做個泥鰍樂在中。"尤侗《鈞天樂》第四齣程不識曰："他們是七才子體，生員詩是竟陵派，善用虚字"；第二四齣蘇軾與李賀論詩曰："可笑今人家誇北地，户號竟陵。"均以七子體與竟陵派齊舉。蒲松齡《聊齋詩集》卷二《白雪樓》之二："拚將李杜悲涼調，盡付鍾譚日夜咻"；"白雪樓"，李攀龍故居也。談遷《北游録·記文·朱方菴詩稿序》："吴人比屋稱詩，甲旗鼓而乙壇坫，非琅琊歷下之糟粕，即公安、竟陵之腥腐也"；爲地名屬對計，以公安應景，亦緣張文寺所謂竟陵"入"公安之"室"耳。

【補正二】清初曹爾堪《杜鵑亭殘詩續編》（曹葆宸輯、抄本）有《金陵耆舊行·贈林茂之》，亦云："聲調競排王李派，清真已抗鍾譚筆。"

【補訂】聊拈當時談藝語以顯真理惑。王覺斯《擬山園詩集》七律卷五《酬王玉煙數詩同飲吴隆孅齋中》第三首："詞壇今日眩《詩歸》，大復、空同知者稀。"王述菴編《陳忠裕公全集》卷十五《遇桐城方密之於湖上歸復相訪贈之以詩》第二首："漢體昔年稱北地，楚風今日滿南州"，自註："時多作竟陵體"。周櫟園《賴古堂集》卷十三《賴古堂詩序》："膚七子，戔竟陵"；卷十四《南昌先生四部稿序》："竟陵、歷下各樹旌旗，不相統一"；同卷《汪舟次詩序》："夫世尚苟同，分竟陵、歷下而馳者，驅染成風"；卷二十一《書程石門再遊燕臺詩後》："近日爲兩家騎驛者，筆在李而意實在鍾。"傅青主《霜紅龕全集》卷三十一《與戴楓仲》："真正箇中人，可與王李、何李、鍾譚共坐一堂之上。"杜茶村《變雅堂詩集》卷十《三山草·自序》："此近日王李、鍾譚所以兩失其意也。"陳確菴《從遊集》卷上評王抃："當代作者，鍾譚、王李各有宗師；物我異觀，更相嘲笑。"潘次耕《遂初堂集》卷六《五朝名家詩選序》："四十年前，人醉竟陵之糟醨；乃者駸駸復墮濟南之雲霧。"梁玉立《蕉林詩集》申鳧盟《序》："自唐以來，語音節者，以濟南爲至。慕者效之，滿目蒼黄，至不解意欲道何事。性情之靈，障於浮藻。激而爲竟陵，勢使然耳。竟陵久爲海内所詬詈，無足言者。相提而論，各去其偏，就彼音節，舒我性情。”潘雪帆《拜鵑堂詩集》卷三《懷鄧孝威》：“竟陵與歷下，各以偏師攻”；所選《宋詩啜醨集》有《自序》：“于鱗立盟壇坫，迄今百餘年，詞歸餖飣，調入癡肥。使非竟陵起而抉隱剔微，一一表章，不幾等祖龍一爐耶。”賀子翼《水田居存詩》卷三《感懷和劉安期、安于》：“每遜三叉字，彌驚一字宗。敢云戲吉李，不敵竟陵鍾”；又《詩筏》：“自鍾譚集出，而王李集覆瓿矣。”方密之《通雅》卷首之三：“近代學詩，非七子，則竟陵耳。”吕晚村《萬感集·子度歸自晟舍以新詩見示》：“七子叢奥富著作，沙飯塵羹事摽掠。竟陵兩傖矯此弊，不學無術惡其鑿。”鄭禹梅《見黄稿詩删》卷二《與袁公弢、王有容論詩》：“鍾譚要是寒酸骨，王李真成朽腐皮。”王雨豐《弇山詩鈔》卷一《讀唐宋元明人詩》第十五首：“聚訟紛紛堪一笑，謾推王李折鍾譚。”查初白《敬業堂詩集》卷十九《題項霜田讀書秋樹根圖》：“熟從牙後拾王李，纖入毛孔求鍾譚。”《尺牘新鈔》卷五胡介《與龔半千論詩》：“數十年來之言詩者，同異相軋，去之益遠。宗鍾譚者破碎，宗七子者囫圇”；卷六陳周政《答王普瞻》：“近世詩人眼孔小極，已投身於李譚之門，作彼重儓”；卷七李繼白《與張曉人》：“近代何李之後，矯以竟陵；兩相救則相成，兩相勝則相絀”；卷八徐增《與申勗菴》：“近日學詩者，皆知竟陵爲罪人之首。欲改弦更轍者，又不深諳唐賢之門庭堂室，復相率而俎豆王李”；卷十張惣《與友論歷下、竟陵》：“今之論詩者，始焉多尸祝竟陵，久之且俎豆歷下。”李元仲《寒支二集》卷二《答友》：“學王李之失，板滯而庸劣。學鍾譚之失，則邪僻而已，勢亦必至於庸劣。”王山史《山志》初集卷二：“余幼時喜言鍾譚，其文集皆細加丹鉛。今每翻及，面爲之赤”；變而至於道，乃奉七子之王李，觀《砥齋集》卷一上《題自注華山記稿》、卷二《書錢牧齋湯臨川文集序》、卷三《艾千子罪王弇州論》可見。清初廣采時人詩篇三大總集中序例評按，亦相印證。魏憲《詩持》二集《自序》：“明興，一洗宋元積習，如日月經天，照耀四表。青田、長沙、北地、信陽、歷下、竟陵諸派變而愈盛”；《凡例》：“濟南、竟陵，日相操戈，殊屬無謂”；卷八評釋函可古樂府：“樂府失傳久矣。濟南起而振之，竟陵曰：吾非不能，畏此一副擬古面目”；卷十評張霍：“既不爲歷下，仍不能竟陵，翹翹楚楚，自成一家。”鄧漢儀《詩觀》初集《凡例》：“首此竟陵矯七子之偏，而流爲細弱。華亭出而以壯麗矯之”；卷四評許承家《留別宗鶴問》：“大樽一派，格調非不高敞，然只是應付。矯之者又趨而之竟陵。”王爾綱《天下名家詩永》卷首《雜述》：“杜于皇爲詩，取逕在王李、鍾譚之外”，又記吴次尾語：“弘嘉諸君之失也，以拘體法而詩在。今人之得也，以言性情而詩亡。嗚呼，與其得也，寧失而已矣。吾非惡夫竟陵也，惡夫學竟陵之流失也”；卷二評錢謙益：“歷下、竟陵、雲間代興”；卷九評張惣：“南村論歷下、竟陵得失，極爲持平”；卷十評孔尚大：“王李、鍾譚各有其長，各有其弊”，卷十四附王氏自作詩《呈宗遺山》第一首：“昔在有明時，七子何光輝。鍾譚尚中晚，出語輕詆譏。簡遠固足貴，壯麗何可非。”其他熟知習見，如吴梅村《與宋尚木論詩書》：“號於人曰：我盛唐，我王李。則何以服竟陵之心哉”；王貽上《漁洋詩問》卷下：“問：有以尖筆二字評鍾譚、王李者，何如”；馮定遠《鈍吟雜録》卷三："王李、李何之論詩，如貴胄子弟倚恃門閥，傲忽自大，時時不會人情。鍾譚如屠沽家兒時有慧黠，異乎雅流。"均可徵七子、鍾譚兩派中分詩壇，對壘樹幟，當時作者如不歸楊則歸墨然。公安家言尚不足擬於鄭之小國處兩大間，直曹鄶之陋不成邦而已。賀子翼《水田居文集》卷五《書竟陵焚餘後》自言"愛竟陵詩而不肯學竟陵詩"；《示兒二》謂袁中郎"亦近代詩中豪傑"，然徐文長、鍾伯敬、譚友夏、錢牧齋、湯若士、陳卧子等"爲昭代翹楚，吾所服膺，有在公安上者。"其《詩筏》每取竟陵，以之與七子度長絜短，惟一則云："舍性靈而趨聲響者，學王李之過也。舍氣格而事口角者，學徐袁之過也。舍章法而求字句者，學鍾譚之過也。"全書中竟陵、七子儷坐儷立，而參之以公安者，衹此例耳。陳伯璣《詩慰》之選，渺不識用意安在。錢牧齋序謂："萬茂先詩曾累寄余，亂後失去"，朱無易序謂："拾虞山之偶遺"；然《歷朝詩集》漏而未收，采而未盡者，寧止此數。觀其選譚友夏詩最多，《嶽歸堂集》、《嶽歸堂遺集》各盈一卷；他如湯季雲、吴允兆、王亦房、程仲權、萬茂先，皆竟陵派。是其微旨非"拾虞山之偶遺"，乃矯虞山之固蔽，略類朱長孺之選"鍾譚體"二十人爲《寒山集》也（參觀《愚菴小集》卷八《寒山集序》、《竹笑軒詩集序》）。魏憲《詩持》一集之王思任、陳昂、戴明説、鄭日奎、程封，二集之釋大依、陸漾波，三集之吴國龍、丁胤熽、郝煌，均竟陵體，惟三集卷八李如梓一人師法公安。參稽多寡，頗窺當時風尚焉。竊謂王覺斯之五言古近體、倪鴻寶之五言律，亦染指鍾譚，特不似林茂之、徐元歎輩之可納入竟陵門下耳。張宗子嘗學鍾譚詩，《瑯嬛文集》卷一《瑯嬛詩集序》自道之。尚有二人，薰蕕異器，而同得力取逕於竟陵，則傅青主、阮大鋮是。青主誦説鍾譚不諱言，劉霈補輯本《霜紅龕全集》卷五《偶借法字翻杜句答補巖》第一首云："滄溟發病語，慧業生《詩歸》。捉得竟陵訣，弄渠如小兒"；卷二十三《杜遇餘論》云："畢竟劉須溪、楊用修、鍾伯敬們好些，他原慧"（"杜遇"之名疑即本譚友夏"遇莊"來，參觀《友夏合集》卷六《與舍弟五人書》，張宗子《瑯嬛文集》卷一亦有《四書遇序》）；卷二十九《雜記》引一詩："雖云常謝客，太寂亦思人。月性閒階滿，秋聲半夜真。歌連鄉夢了，坐歷久寒頻。如此森森柏，微喧恕好賓"，而贊之曰："起得自然，收得完足。"所引即譚友夏《秋夕集周安期柏鷟堂看月》，"久"字當作"酒"；《列朝詩集》丁十二友夏傳中記朱隗曰："則甲夜乙夜秋聲尚假乎"，正譏此詩。據《辛巳叢編》徐晟《師友札小引》，則隗"是竟陵嫡派"，豈迷途未遠，昨非今悟歟。阮大鋮絶口不道鍾譚；《戊寅詩・與楊朗陵秋夕論詩》大言："勝國至本朝，一望茅葦積，滔滔三百年，鴻濛如未闢。"顧按其先後諸集，則洵可謂爲"捉得竟陵訣"者。昧良忘祖，毀所自出，亦僉壬心術流露之一端焉。抑猶《棗林雜俎》聖集記王覺斯詆鍾譚曰："如此等詩，決不富不貴，不壽不子"，灼熱官諱稱寒瘦詩耶。葉燦爲《詠懷堂詩》撰序有曰："永明不云乎：衆生言語，悉法界之所流，外道經書，盡諸佛之所説。而況李杜、元白、蘇黄諸大家，及近日王李、鍾袁諸名士，即其中不無利鈍，何容輕置擬議於其間乎。"似微示阮氏未盡取法乎至上，非不知有"勝國"、何論"本朝"者也。五十餘年前，南京國學圖書館重印《詠懷堂詩集》，陳散原、章太炎、胡步曾先生等題識以表章之；有曰："以王孟意趣，而兼謝客之精鍊"，有曰："具體儲韋，追蹤陶謝。"諸先生或能詩或不能詩，要未了然於詩史之源流正變，遂作海行言語。如搔隔靴之癢，非奏中肯之刀。有清一代，鄙棄晚明詩文；順康以後，於啓禎家數無復見知聞知者，宜諸先生之欽其寶莫名其器也。

周氏《尺牘新鈔》二集卷九高兆《與汪舟次書》謂："《詩歸》不必定在焚棄之列；伯敬詩集無一篇佳者，而論詩頗有合處。鳥不能琴而能聽琴，魚不能歌而能聽歌"云云，論竟陵派者，唯此人較能見其全體。

【補訂】清初如方密之《通雅》卷首之一毛稚黄《詩辯坻》卷四，雖深非鍾譚談藝，尚不盡抹摋。賀黄公《載酒園詩話》卷一謂其得失各半，"得者如五丁開蜀道，失者則鐘鼓之享爰居"；卷三、卷四論王建、白居易、元稹、杜荀鶴諸則皆舉鍾譚詩評妙處、詩識精處。賀翼之《詩筏》於竟陵論詩作詩均有節取。他如李元仲《寒支初集》卷七《再答蔡人鏡書》、《二集》卷二《答友》、《答邱黄玉》；《尺牘新鈔》卷六劉榮嗣《回王受人》；《二集》卷三施閏章《與陳伯璣論竟陵》，卷六董以寧《與倪闇公》，卷七鄧漢儀《與孫豹人》，卷十一陳允衡《覆施愚山先生》，卷十三劉孔和《與友人論詩》，卷十五雷士俊《與孫豹人》；《三集》卷七陳允衡《覆櫟下先生》；或有非難，而仍甚許與。顧昌《耳提録》述乃父黄公語："鍾譚詩原有好處，如'聽子酣歌徹，知君誦讀成'，又如'雷聲入水圓'，皆不愧大雅"；錢湘靈《錢湘靈先生詩集》舊鈔本第五册《戲爲論詩絶句》第十首："詩家自古例相輕，楚國三袁妙入情；未必竟陵無好處，莫將詩病定平生。"言外當均指牧齋，猶朱長孺之選《寒山集》、序《竹笑軒詩》。此等議論皆針切當時，發之有爲，持之有故，異乎事後局外，超然作平心之公斷者。全謝山《鮚埼亭詩集》卷一《牧齋本與茶村相契。及國初，竟陵譚侍講主試江寧，致敬於茶村，如燕太子所以事荆卿者。茶村叩之，則長跪流涕曰："欲先生爲吾家報世仇也。"茶村默然。唐丈南軒語及，因紀以詩》："門户紛綸禍未休，可憐文字亦戈矛。"竟陵子弟於牧齋不共戴天之仇，有如斯焉。又按《耳提録》載顧黄公復言："丁酉在白下，見林叟茂之於芝麓公座上，年八十餘矣"，因記林謂："友夏詩晚年益魔，一日適得'鬔髯颭颭向江鳴'。予曰：方破腹，可即以'肚腹呼呼連岸響'作出語。譚微頷，已而悟其戲也，乃舍去。"然此句出友夏《沙市尋袁述之》詩，仍在集中，未删改也。吴景旭《歷代詩話》卷七十九云："伯敬編籬詩：'縛柴成虎落，澆竹汰龍鍾。'上句用鼂錯論邊塞事、揚雄《羽獵賦》。下句誤，龍鍾竹乃希世異物，見馬融《長笛賦》、《南越志》。"此聯出伯敬《春日課僮編籬訖成句》，以虚對實，"龍鍾"非竹名，乃竹狀；《荀子·議兵》篇："隴種東籠而退耳"，楊倞註："摧敗披靡之貌，或曰：即龍鍾也。"袁伯修《白蘇齋類稿》卷一《曹元和邀飲靈慧寺同諸公賦》："梢天樹輪囷，委地竹龍鍾"；袁小修《遊居柿録》卷五："看人斫竹，去其龍鍾者數百根。"伯敬用語正同，豈誤解漢賦哉。且漢賦初不爾；揚子雲《蜀都賦》："其竹則鍾龍箹篁，野篠紛㛹"，馬季長《長笛賦》："惟籦籠之奇生兮"，《文選》善註引《竹譜》謂"籦籠、竹名"。則誤會者，乃吴氏而非伯敬也。"虎落"雖出《漢書·鼂錯傳》，似亦流傳後世，如查初白《敬業堂集》卷二十一《山家柴柵，編竹而不築牆，云以拒虎。虎能踰牆，而不敢窺籬，蓋疑其爲陷阱也。作虎落歌》。以林氏之聞見親切，吴氏之記誦淹貫，而失實不中如是。後世論竟陵詩，多耳食而逞臆説，更不足憑。博覽如沈子培曾植，而《海日樓札叢》卷七謂《載酒園詩話》、《圍爐詩話》爲“實亦竟陵之傍流”，則渠儂苟曾讀《詩歸》，亦如未讀耳。

明初宣德時長洲劉珏《寄傲園小景自題》五律十首，遣詞結響，酷肖竟陵，鍾譚之作，幾於闇合；詩見《列朝詩》乙集卷六，可以覆按。亦猶公安派詩之隱開於楊循吉，而皆無人道及也。李蓴客《孟學齋日記》乙集摘取譚友夏詩文，稱其“情性所嫥，時有名理；山水所發，亦見清思”。曾剛甫《蟄菴遺詩·讀書題詞》之十五《題友夏集》云：“次山有文碎可惋，東野佳處時一遭”，自註：“小品文字間亦冷雋可觀。”林畏廬《京華碧血録》託邴仲光語，評鍾譚合集，極中窽要，指摘友夏，亦甚平實。《石遺室詩話》尤細摘鍾譚二家佳句。《小三吾亭詩録·讀公安竟陵詩》七古云：“公安以活法起死，竟陵以真詩救假。”此等近代文獻，亦今日沾沾焉自命爲鍾譚撥霧見日者，所宜知也。蓴客論友夏語多皮相，又未道伯敬集；蟄菴語太簡略；小三吾亭語殊模棱；石遺簡擇二家詩，而未能籀其同異。《石遺室詩話》亦謂鍾譚談藝，未可厚非，然僅舉《詩歸》爲證，未采及二家集中題序書札。

【補訂】焦廣期《此木軒詩》卷五《戲題絶句》第四十九首：“鼠嚙蟲穿翻歎佳，鍾譚謬種惑提孩。勸君莫便相嘲誚，都大聰明兩秀才”；自註：“鍾譚不過時文家見識，攻之太過，適成其名。”姚石甫《後湘詩集》卷九《論詩絶句》第五十一首：“詩到鍾譚如鬼窟，至今年少解争譊。請君細讀公安集，幽刻終當似孟郊。”“公安”必“竟陵”之誤。鄧湘臯《南村草堂文集》卷二《嶽歸堂全集序》之稱竟陵，則以其爲楚咻耳，故曰："有明之詩凡三變，而風會所趨，每轉移於吾楚。以茶陵倡於前，以竟陵殿其後"；鄉曲之私，非能真賞。施壽山《薑露盦雜記》卷六謂長吉鬼才，"猶山精木魅"，鍾譚鬼語，"乃愁魂餒魄，丐食病家"，而卷五則摘譚五言古之佳者。繆筱珊《雲自在龕隨筆》卷五極稱譚文"疏雋明潔"。李審言《媿生叢録》卷一力詆《詩歸》，謂"專標枯澀清靈爲宗，便味如嚼蠟"。林畏廬指摘友夏語亦見《畏廬論文·忌輕儇》篇。評詩不廢《詩歸》者，聊舉不甚熟知三例。陸次雲《五朝詩善鳴集·明詩》卷下鍾惺《題劉慎虚書册》評："託出選《詩歸》大意。《詩歸》於古詩評論多佳，惟近體十失八九。"成書《古詩存·凡例》："向論詩頗不滿於竟陵，後觀其於《士龍集》茫茫數百首中，獨取'閒居物外'一章，可謂卓識。"王壬秋《湘綺樓日記》光緒四年六月十一日："［鄧］保之歸，縱談詩法，云：唐詩選以《詩歸》爲善，先隔斷俗塵。《詩歸》爲世所訾議，非吾輩不能用之有效也。"要以《石遺室詩話》論《詩歸》較詳，特未足上比賀黄公《載酒園詩話》卷一《詩歸》及毛先舒《竟陵詩解駁議》耳。竊謂譚友夏《東坡詩選》實足羽翼《詩歸》。友夏以袁中郎所選爲椎輪。中郎自跋云："子瞻集大成，前掩陶謝，中凌李杜，晚跨白柳。詩之道至此極盛，此後遂無詩矣。"伯修尚白蘇並舉，中郎逕舍白而專取蘇，道益不廣。友夏序云："袁中郎先生有閲本，存於家，予得之其子述之，而合之昔之所見增减焉。述之奇士，吾友也，知不罪我矣。"竟陵、公安，共事争鋒，議論之異同，識見之高下，乃如列眉指掌。凡袁所賞浮滑膚淺之什，譚皆擯棄；袁見搬弄

> 禪語，輒歎爲超妙，譚則不爲口頭禪所謾，病其類偈子。蓋三袁議論雋快，而矜氣粗心，故規模不弘，條貫不具，難成氣候。鍾譚操選枋，示範樹鵠，因末見本，據事説法，不疲津梁。驚四筵而復適獨坐，遂能開宗立教矣。

鍾譚論詩皆主"靈"字，實與滄浪、漁洋之主張貌異心同。《隱秀軒文·往集·與高孩之觀察書》曰："詩至於厚，無餘事矣。然從古未有無靈心而能爲詩者。厚出於靈，而靈者不能即厚。古人詩有以平而厚者，以險而厚者，非不靈也，厚之極，靈不足以言之也。然必保此靈心，方可讀書養氣，以求其厚"云云。參觀譚友夏《自題簡遠堂詩》云："詩文之道，朴者無味，靈者有痕。予進而求諸靈異者十年，退而求諸朴者七八年"；又《與舍弟五人書》引蔡敬夫稱其"筆慧人朴，心靈性厚"云云。議論甚佳。即滄浪所謂"别才非學，而必學以極其至也。"亦即桴亭所謂"承艾添膏，以養火種"也。以"厚"爲詩學，以"靈"爲詩心，賢於漁洋之徒言妙悟，以空爲靈矣。范仲闇曾選《鍾李合刻》，周氏《尺牘新鈔》卷七載范《與友人書》云："伯敬好裁，而下筆不簡，緣胸中不厚耳。内薄則外窘，故言裁不如言養。"按伯敬《詩歸》評語反復於"厚"字，《與高孩之書》又言"養以致厚"，而自運乃貧薄寒乞，此正伯敬所謂"知而未蹈，期而未至，望而未見"者也。仲闇之譏，伯敬固早得失寸心知矣。《鈍吟雜録》卷三曰："杜陵云：讀書破萬卷，下筆如有神；近日鍾譚之藥石也。元微之云：'憐渠直道當時語，不著心源傍古人'；王李之藥石也。"又曰："鍾伯敬創革弘正嘉隆之體，自以爲得真性情也。人皆病其不學。余以爲此君天資太俗，雖學亦無益，所謂性情，乃鄙夫鄙婦市井猥媟之談耳，君子之性情不如此也。"按"鄙夫鄙婦"一語，或可譏公安派所言性靈，於竟陵殊不切當。必有靈心，然後可以讀書，此伯敬所自言；與鈍吟所以譏訶伯敬者，正復相同。此又予所謂鍾譚才若學不能副識之證也。《雜録》卷五謂王李詩法本於滄浪。鈍吟不知鍾譚詩法，正亦滄浪之流裔别子。伯敬《感歸詩》第十首自註云："譚友夏謂余以聰明妨禪，語多影響。"《文·往集·答尹孔昭》云："兄怪我文字大有機鋒。我輩文字到極無煙火處，便是機鋒。"譚友夏《奏記蔡清憲》亦有"以詩作佛"之論。詩禪心法，分明道破。其評選《詩歸》，每不深而强視爲深，可解而故説爲不可解，皆以詩句作禪家接引話頭參也。

【補遺】鍾譚評詩，割裂字句，附會文義，常語看作妙，淺語説作深。孔冲遠《尚書正義·序》譏劉焯解經曰："非險而更爲險，無義而更生義，鼓怒浪於平流，震驚飆於静樹"，大可移評。好用"幽"、"微"、"幻"、"説不出"等字，即禪人所謂"不可説"、"不可説"也。其自道手眼尤分明者，如《古詩歸》卷二《伯牙水仙操·序》曰："學琴三年，精神寂寞"；譚評曰："大道妙藝，無精神不可，然精神有用不著處。寂寞字微矣微矣。"《序》又曰："刺船而去"；譚評曰："大指點。"《序》又曰："伯牙心悲，延頸四望"；鍾評曰："禪機"，又評曰："到此光景，才是精神真寂寞處，難言難言。"《序》曰："仰天歎曰：先生將移我情"；鍾評曰："悟矣。伯牙大悟頭，立地成佛，畢竟從精神寂寞來。將字妙，頓漸二義俱有。"《操》曰："移形素兮蓬萊山"；譚評曰："七字悟頭。"又鍾總評曰："古人技藝，各有神化，皆以道情禪觀對之。"卷八王齊之《念佛三昧詩》二人評語。卷九《淵明飲酒詩》第三首："悠然見南山"；譚評曰："禪偈。"他如《唐詩歸》卷九評王維《嵩丘蘭若》、《鳥鳴磵》，卷十一評王昌齡《悲哉行》，卷二十評杜甫《雙松圖歌》，卷二十九評柳宗元《石門長老東軒》，其例甚多。皆不特以禪説詩，并以讀詩爲參禪。於禪或可借以證悟，而於詩則謬以千里。蓋禪破除文字，更何須詞章之美；詩則非悟不能，與禪之悟，能同而所不同。以禪而論，“麻三斤”、“乾矢橛”皆可參，不必金聲玉相之句也。“悠然見南山”參作偈語，真隋珠彈雀矣。

納蘭容若《淥水亭雜識》卷四稱伯敬“妙解《楞嚴》，知有根性，在錢蒙叟上。”余竊以爲譚藝者之於禪學，猶如先王之於仁義，可以一宿蘧廬，未宜久戀桑下。伯敬引彼合此，看朱成碧。禪亦生縛，忘維摩之誡；學不知止，昧荀子之言。於是鸚鵡喚人，盡爲啞子吃蜜。語本《續傳燈録》卷十八慈受禪師答僧問。其病痛在此。至以禪説詩，則與滄浪、漁洋，正復相視莫逆。漁洋《古夫于亭雜録》卷五云：“鍾退谷史懷多獨得之見。其評左氏，亦多可喜。《詩歸》議論尤多造微，正嫌其細碎耳。至表章陳昂、陳治安兩人詩，尤有特識。”漁洋師友如牧齋、竹垞，裁别明詩，皆矢口切齒，發聲徵色，以詬竟陵。漁洋非别有會心，豈敢毅然作爾許語乎。《何義門集》卷六《復董訥夫》云：“新城《三昧集》乃鍾譚之唾餘。”楊聖遺《雪橋詩話》續集卷三記焦袁熹斥新城神韻之説，謂“毒比竟陵更甚”。皆不被眼謾者。世人僅知漁洋作詩，爲“清秀李于鱗”，吴喬《答萬季野詩問》中語，趙執信《談龍録》引之。不知漁洋説詩，乃藴藉鍾伯敬也。

【補訂】賀子翼《詩筏》頗左袒竟陵，一則云：“《滄浪詩話》大旨不出悟字，鍾譚《詩歸》大旨不出厚字。二書皆足長人慧根。”即謂滄浪、竟陵冥契同功。徐電發釚《南州草堂集》卷十九《雲門厂公響雪詩序》云：“自嚴滄浪以禪理論詩，有聲聞、辟支之説，遂開鍾譚幽僻險怪之徑，謂冥心静寄，似從參悟而入。一若詩之中，真有禪者。”尤爲發微之論。焦廣期以漁洋比鍾譚，竊疑鄧孝威已隱示斯意，《尺牘新鈔》二集載孝威《與孫豹人》：“竟陵詩派誠爲亂雅，所不必言。然近日宗華亭者，流於膚殼，無一字真切；學婁上者，習爲輕靡，無一字朴落。矯之者陽奪兩家之幟，而陰堅竟陵之壘；其詩面目稍换，而胎氣逼真，是仍鍾譚之嫡派真傳也。”“華亭”、陳卧子也，“婁上”、吴梅村也，皆七子體而智過其師者也；“奪兩家幟”者，豈非王阮亭耶。計子發《魚計軒詩話》載淩緘亭《偶作》第二首亦云：“新城重代歷城興，清秀贏將牧老稱（自註：時謂王阮亭爲‘清秀李于鱗’，錢牧齋亟稱之，何耶）。細讀羼提軒裏句，又疑分得竟陵鐙（自註：新城有絶似鍾譚者）。”然漁洋作詩，講究聲調，自負盗古人不傳之祕；竟陵於此事卻了無解會，故《尺牘新鈔》二集卷十五雷士俊《與孫豹人》云：“大抵鍾譚論説古人情理入骨，亦是千年僅見，而略於音調，甚失詩意。詩以言志，聲即依之。鍾譚《詩歸》，譬之於人，猶瘖啞也。”則漁洋説詩堪被“藴藉鍾伯敬”之稱，而作詩又可當“響亮譚友夏”之目矣。

《四庫全書總目》卷一百四十九謂：“劉辰翁評杜詩，所見至淺。其標舉尖新字句，殆於竟陵之先聲。王士禎乃比之郭象註莊，殆未爲篤論”；卷一百五十謂：“辰翁論詩，以幽雋爲宗，逗後來竟陵弊體。王士禎顧極稱之，殆不可解。”按錢牧齋《註杜詩·略例》云：“辰翁之評杜，點綴其尖新雋冷。近日之評杜者，鉤深摘異，以鬼窟爲活計，此辰翁之牙後慧也。”昔石徂徠斥楊文公爲“文怪”，劉道原詆王文公爲“學妖”，王常宗目楊鐵崖爲“文妖”，而牧齋則比竟陵於詩中之鬼。其《初有學集》及《歷朝詩集》論竟陵派，皆有“木客清吟，幽獨君冥語，夢而入鼠穴，幻而之鬼國，識墮於魔，趣沈於鬼”等語。所謂“鬼窟活計”者，亦即指《詩歸》言。《總目》“竟陵先聲”云云，蓋已發於此。“郭象註莊”云云，《總目》亦未考。胡元瑞《詩藪·雜編》卷五曰：“南渡人才，非前宋比，而談詩獨冠古今。嚴羽崛起燼餘，滌除榛棘，如西來一葦，大暢玄風。昭代聲詩，上追唐漢，實有賴焉。劉辰翁雖道越中庸，玄見邃覽，往往絶人，自是教外別傳，騷壇具目。”又曰：“千家註杜，猶五臣註選。辰翁評杜，猶郭象註莊，即與作者意不盡符，而玄理拔驪黃牝牡之外。”又稱其評：“含蓄遠致，令人意消。”牧齋以辰翁爲竟陵遠祖，元瑞以辰翁爲滄浪別子，《總目》顧謂漁洋好辰翁爲不可解。夫漁洋夢中既與滄浪神接，室中更有竟陵鬼瞰，一脈相承，以及辰翁，復奚足怪。辰翁《須溪集》卷六《評李長吉詩》謂：“樊川反復稱道，形容非不極至，獨惜理不及騷。不知賀所長，正在理外”；評柳子厚《晨起詣超師院讀經》詩云：“妙處有不可言。”如此議論，豈非鍾譚《詩歸》以説不出爲妙之手眼乎。評《王右丞輞川集·辛夷塢》云：“其意亦欲不著一字，漸可語禪”；又每曰：“不用一詞”，“無意之意，更似不須語言”。如此議論，豈非滄浪無跡可求、盡得風流之緒餘乎。

【補訂】《傅與礪詩集》冠以揭傒斯序，有曰：“劉會孟嘗序余族兄以直詩，其言曰：‘詩欲離欲近；夫欲離欲近，如水中月，如鏡中花。’”今本《須溪集》中無此序；《揭文安集》亦未收《傅詩集序》，僅卷八《吴清寧文集序》稱辰翁云：“須溪衰世之作也，然其論詩，數百年來一人。”傅詩揭序所引辰翁語，雖碎金片羽，直與《滄浪·詩辯》言“神韻”如“水中之月，鏡中之象，透澈玲瓏，不可湊泊”云云，如出一口。“不可湊泊”、“欲離欲近”，即釋典所言“不即不離”。僧肇《釋寶藏論·離微體静品》第二：“離者，體不與物合，亦不與物離。譬如明鏡，光映萬象，然彼明鏡，不與影合，亦不與體離。”唐譯《華嚴經·十通品》第二十八：“譬如日月、男子女人、舍宅、山林、河泉等物，於油於水於寶於明鏡等清淨物中而現其影；影與油等，非一非異，非離非合，雖現其中，無所染着。”唐譯《圓覺經》：“世界猶如空花亂起亂滅，不即不離，無縛無脱。”禪宗拈此爲話頭，而易其水鏡之喻，如《五燈會元》卷十七黄龍祖心曰：“唤作拳頭則觸，不唤作拳頭則背”，又《禪林僧寶傳》卷十二薦福古曰：“譬如火聚，觸之爲燒，背之非火。”

【補正】《五燈會元》卷一三洞山良价囑付曹山一篇，爲禪人法脈所繫，所謂：“如是之法，佛祖密付，汝今得之，宜善保護”；中有云：“背觸俱非，如大火聚。”卷一九徑山宗杲舉竹篦問僧曰：“唤作竹篦即觸，不唤作竹篦則背。不得下語，不得無語，速道！速道！”僧對：“請和尚放下竹篦，即與和尚道。”

【補訂】然則目辰翁爲滄浪“正傳”，似無不可，何止胡元瑞所謂“别傳”哉。“不觸不背”、“不即不離”，視儒家言之“無適無莫”（《論語·里仁》）似更深入而淺出也。辰翁《陳簡齋詩集序》亦《須溪集》所漏收，有云：“詩道如花，論高品則色不如香，論逼真則香不如色”；則猶陸農師《埤雅》卷十三引“俗諺”云：“梅花優於香，桃花優於色。”“香”自是詩中神韻佳譬。《苕溪漁隱叢話後集》卷三十三載張芸叟評詩，於王介甫曰："如空中之音，相中之色，人皆聞見，難可著摸"；正借釋氏語，特不切介甫詩耳。聲與色固"難著摸"，香祇是氣味，更不落跡象，無可"逼真"。西方詩人及論師每稱香氣爲花之神或靈魂或心事流露，頗相發明。Joubert，*Pensées*，Tit. XIII，§31："Les odeurs sont comme les âmes des fleurs"；§33："La tulipe est une fleur sans âme; mais il semble que la rose et le lis en aient une." Hugo，*L'Année Terrible*，Février v，"Loi de formation du progrès"："Le parfum est-il l'âme errante du pistil?" Jonas Cohn，*Allgemeine Ästhetik*，94："Der Duft einer Blume kommt uns wie eine Erschließung ihres Innern entgegen." Henry de Montherlart，*Carnets*，27："Les dahlias sont sans odeur, et l'odeur est l'intelligence des fleurs".《須溪集》卷六《蕭禹道詩序》、《陳宏叟詩序》、《題王生學詩》皆著眼於常人滑過之一字一句，深文窮究，與《詩歸》心手相似。傅青主《霜紅龕全集》卷二十三《杜遇餘論》以鍾伯敬與辰翁並稱爲"慧"，非偶然也。張宗子《瑯嬛文集》卷一《昌谷集解序》云："劉須溪以不解解之，此深解長吉者也"；鍾伯敬《隱秀軒集·黄集》二《賦得"不貪夜識金銀氣"序》云："語固有不必解而至理存者，知此乃可與言詩。"則鍾譚之隱承辰翁，殆猶辰翁之隱承滄浪歟。

漁洋《論詩絶句》曰："解識無聲絃指妙，柳州那得似蘇州"，宜其曠世默契矣。清人談藝，漁洋似明之竟陵派；歸愚祖盛唐，主氣格，似明之七子；隨園標性靈，非斷代，又似明之公安派。余作《中國詩與中國畫》一文，説吾國詩畫標準相反；畫推摩詰，而詩尊子美，子美之於詩，則吴道子之於畫而已。《尺牘新鈔》三集卷十一載程青谿與減齋書云："竟陵詩淡遠又淡遠，以至於無，葉榮木畫似之。”惲南田《甌香館集》卷十二甚稱鍾伯敬畫，謂“得之於詩，從荒寒一境悟入，程孟陽、李長蘅皆不及”。按“欲寄荒寒無善畫”，王介甫句也。伯敬之詩，去程李遠甚，而以其詩境詩心成畫，品乃高出二子。此亦足爲吾論佐證。

三〇

漁洋論詩，宗旨雖狹，而朝代卻廣。於唐、宋、元、明集部，寓目既博，賞心亦當。有清一代，主持壇坫如歸愚、隨園輩，以及近來鉅子，詩學詩識，尚無有能望項背者。故其自作詩多唐音，近明七子，遂來"清秀于鱗"之譏，而其言詩，則凡合乎"諧遠典則"之標準者，雖宋元人亦所不廢。是以曰："幾人眼見宋元詩"；又曰："涪翁掉臂出清新"；又曰："豫章孤詣誰能解"；又曰："生平一瓣香，欲下涪翁拜"；又曰："近人言詩，好分唐宋。歐、梅、蘇、黄諸家，才力學識，皆足陵跨百代，使俛首撦拾吞剥，彼遽不能耶，其亦有所不爲耶"；又曰："宋景文詩無字無來歷，明大家用功之深，如此者絶少。宋人詩何可輕議耶"；又曰："胡元瑞論歌行，頗知留眼宋人，然於蘇黄，尚未窺堂奥"；又曰："山谷詩得未曾有"；又曰："從來學杜者，無如山谷"。翁覃谿《復初齋詩集・漁洋五七言詩鈔重訂本鐫成賦寄葉花谿》十二首有云："撥鐙逆筆誠懸溯，崑體工夫熟後生。耆舊襄陽争識得，槎頭縮項有前盟"；自註："先生嘗言：少陵與襄陽不同調，而能賞識其詩。先生於山谷、道園亦然。"覃谿手批《漁洋精華録・敘州山谷先生舊遊都不及訪》詩評云："山谷詩境質實，漁洋則空中之味也。然同時朱竹垞學最博，全以博學入詩，宜其愛山谷。然竹垞最不嗜山谷，而漁洋乃最嗜之，此其故何也。”又云：“漁洋先生與山谷絶不同調，而能知山谷之妙。”皆可爲余説佐證。然覃谿疑問，頗贅而無謂。僅就皮相論之，山谷詩擅使事，以古語道今情，正合漁洋所謂“典”；宜其賞音，何不可解之有。

【補訂】漁洋稱道山谷語，詳見傅君璇琮《黄庭堅和江西詩派卷》二六〇至三頁。《然燈紀聞》記漁洋語云：“爲詩須博極羣書，如十三經、廿一史、次及唐宋小説，皆不可不看。所謂取材於選、取法於唐者，未盡善也。”雖針砭七子主張，亦見漁洋之重“博學”也。計甫草《改亭文集》卷四《甯益賢詩集序》云：“王貽上、詩之君宗也；貽上之所許，天下誰不許。乃縱觀貽上評次之語，以益賢五古似射洪，七言似岑嘉州，又謂兼空同、歷下，又謂似黄山谷。夫空同七古不擬嘉州，山谷與歷下豈復相類，何貽上以古人擬人不齊若此。求其故而得之，躍然曰：是矣。貽上習聞前輩之論，以射洪、嘉州，唐人正宗也，空同、歷下，守唐人之家法者也。貽上以此稱益賢，以重之也。至山谷詩，則貽上之心乎愛矣，惟恐己之不似，又喜見人之能似之者，則亟引爲同調而親之。此其稱益賢之至者也。”可佐證覃谿所謂漁洋“最嗜”山谷。甫草與漁洋遊，故能作爾許語；後世論漁洋者，似未徵引及之。

漁洋雖鄙夷荆公人品，而《香祖筆記》中亦稱其詩於歐蘇間自成一家；惟力薄陳簡齋之學杜，差爲失言。顧持較後來袁隨園之自負不分唐宋畛域，而幾將全部宋詩、半部明詩抹摋者，真隔霄壤矣。朱竹垞論詩，則沿七子之教，墨守唐音，宗旨與朝代不分；

乃至輕心易念，以讀一代之作者。《曝書亭集》中，如《題王又旦過嶺詩集》七古、《夏病足留慧慶寺談藝》七律第二首、《齋中讀書》五古第十一首、《汪司城詩序》、《棟亭詩序》、《荇谿詩集序》、《丁武選詩序》、《王學士西征草序》、《葉李二使君合刻詩草序》、《張趾肇詩序》、《南湖居士詩序》、《鵲華山人詩序》、《胡永叔詩序》、《李上舍瓦缶集序》、《橡村詩序》、《書劍南集後》諸篇，皆力詆宋詩，推尊唐調，尤集矢於山谷、誠齋；雖以嚴滄浪之主盛唐，亦遭排斥。竹垞記誦綜賅，枕作經史，驅遣載籍，自是本色。以滄浪有"别才非書"之説，因譏其空疏不曉事，單可惠芥舟《題國朝六家詩鈔》所謂："不分滄浪談藝語，知君無奈腹中書。"復誤認宋詩皆空疏不學者之所爲，故曰："開口效楊陸"，而不知放翁書卷甚足，至山谷之穿穴組織，鉤新摘異，更不必言。若祇就取材廣博而論，宋人之視唐人，每有過而無不及也。

【補訂】李武曾，竹垞好友也。早年論詩，主張初盛唐（參觀《秋錦山房集》卷二《贈王阮亭》），後來則稱賞宋詩（參觀卷四《題宋人詩後》、卷五《吴孟舉以宋詩選刻見貽奉柬》、《外集》卷二《復沈方鄴》）。《秋錦山房外集》卷三《與吕山瀏》云："宋詩傑出者，其於杜韓諸家入而能出。後來學唐，只從門外望見，既不知唐，又安知宋。昨聞先生高論，不覺心折。宋人讀書多一語，更爲確見。"與竹垞"空疏淺薄、舍學言詩"之譏，適相牴牾。宋牧仲《西陂類稿》卷二十八《跋朱竹垞和論畫絶句》謂竹垞："平日論詩，頗不滿涪翁。今諸什大段學杜，而高老生硬之致，正得涪翁三昧。信大家無所不有。"邵子湘爲牧仲客，《青門賸稿》卷三《病起撥悶》第九首："宋派同時競長雄"，自註："謂竹垞、孟舉諸君"；逕以昌言排宋詩者列入“宋派”，殆“路上行人口似碑”耶。郭頻伽《靈芬館雜著》三編卷九《書山谷詩鈔後》、《爨餘叢話》卷六皆記乃師姚姬傳論竹垞語，而《樗園銷夏録》卷下一則最詳：“姬傳先生七律初爲盛唐，晚年喜稱涪翁。嘗謂麐曰：‘竹垞晚年七律頗學山谷，枯瘠無味，意欲矯新城之習；乃其詩云：吾先無取黄涪翁，此何爲者耶。’”徐度《卻掃編》卷下記張巨山以柳子厚文學《國語》而作《非國語》，嘲爲“世俗所謂没前程者”；信宋、邵、姚之言也，則竹垞之於山谷，亦“没前程”之類矣。“吾先無取黄涪翁”、竹垞《題王又旦過嶺詩集》七古中語。吴程九清鵬《笏菴詩》卷十七《又論曝書亭詩》：“平生有説皆心折，不喜涪翁未敢隨”；尚是過聽竹垞之“説”，而未察其亦“頗學山谷”也。

清初詩文好爲沈博絶麗者，莫如田山薑。山薑明言師山谷之餖飣，美放翁之取料；【附説十二】識趣雖卑，而視竹垞之論，知見較爲親切。且滄浪詩説，正對西江派之掉書袋、好議論而發。竹垞乃以滄浪與山谷、誠齋等類，本無葛藤之牽，而同遭瓜蔓之抄，亦悠謬之至矣。竹垞自作詩，早年與七子同聲；特以腹笥彌富，故語少重複，意匠益細，故詞加妥貼。論詩亦如七子之祖唐祧宋，然而貌同心異者，風格雖以唐爲歸，而取材則不以唐為限，旁搜遠紹，取精用宏，與二李之不讀唐後書、謝四溟之高談作詩“如煮無米粥”，區以别矣。其非薄滄浪，亦猶此志。蓋已近學人之詩，斯所以號“貪多”歟。竹垞《明詩綜》論前後七子，較牧齋《列朝詩集》爲恕。牧齋提倡宋元，而竹垞專尚漢唐，與七子主張略似，故排擊二李，不似牧齋之峻。然竹垞於前後七子仍不無貶詞者，則以門户雖同，而蹊徑廣狹懸殊也。竹垞詩風調俊逸，近何大復，非空同雄傑之才；而書卷繁富，類王元美，異于鱗墨守之習。故亦如牧齋之袒護何王二家。竹垞詩學曲折處，較之李天生可見。天生與竹垞友好，作詩亦沿明人風會，專學盛唐。《受祺堂文集》卷三《元麓堂詩集序》力稱七子，以爲“必取材於選，效法於唐，直登高廷禮正宗之堂。”續刻《文集》卷一《王使君書年五吟草序》謂：“詩自唐大曆以還。至明之李何稱最盛，取材於選，效法於唐，雖聖人復起，不易也。”《張源森詩序》深不以牧齋之非滄浪、獻吉爲然。《許伯子茁齋詩序》至謂詩效法自三百篇以迄盛唐，而用掌故率於漢魏六朝，下此不雅馴。蓋純乎七子不讀唐以後書之説。故其詩美獻吉、于鱗曰：“絶構皆千古，雄才有二公。雪嵐嘗抱日，金翮久摩空。”

【補訂】天生於獻吉亦每有思齊之概。參觀《受祺堂詩集》卷二十六《春日岐山詣茹明府感舊述懷》十首《跋》、同卷《文姬詩·序》、卷二十八《五丈原再疊前韻·序》。其友好逕以天生爲獻吉繼人，如傅青主《霜紅龕全集》卷五《爲李天生作》第一首：“空同原姓李，河嶽又天生”；屈悔翁《翁山文外》卷二《荆山詩序》：“李子德詩陵轢少陵，五言長律尤善，曹秋岳使君歎爲空同以後一人。”又按秋岳《静惕堂詩集》卷一、卷五、卷七、卷十二皆有天生跋，申明談藝宗旨，足與集中諸序相發明，而《續刻受祺堂文集》未收。

清初詩家如天生、竹垞、翁山，手眼多承七子，即亭林、梅村亦無不然。按《受祺堂文集》卷三《鈕玉樵明府詩存序》記亭林論詩愛盛唐，亭林《濟南》七律亦云：“絶代詩題傳子美，近朝文士數于鱗”，是其不薄七子之證。《藝舟雙楫·讀亭林遺書》亦謂其“詩導源歷下”。梅村《送施愚山提學山東》五古第三首有云：“伊昔嘉隆時，文章尚丹雘。矯矯濟南生，突過黄初作。百年少知己，褒譏互參錯”；又《太倉十子詩選序》譏牧齋“芟抹弇州盛年用意之瓌詞雄響，而表晚歲頽然自放之言”，皆見宗旨。故梅村門人朱一是《上梅村》詩有云：“近時高華推四傑，邊、徐、何、李詞源決。山左更數白雪樓，江南莫如王弇州。弇州、梅村一梓里，後來者勝投袂俾起”，源流明白可證。

【補訂】談遷《北游録·紀文·又上吴駿公太史書》極稱王弇州，有云：“噫，何瑯琊後之寥寥也。歲星在吴，文不終厄。牧齋得其漪瀾，卧子得其豪筋，而門下之風骨又蜕瑯琊，出之入之，讀者不知其爲王氏學。借瑯琊而在，有不慰比鄰之望哉。”蓋以梅村爲弇州繼人，猶傅青主之以天生爲空同繼人，言其詩學宗尚之恭敬桑梓也。

毛西河揚言薄七子，而仍未脱彀中。匪特漁洋爲“清秀于鱗”。世人以爲七子光焰至牧齋而熸者，失之未考耳。漁洋《與林吉人手札》感激牧齋贈詩贈序，爲千古知己，而曰：“但嫌其中議論，乃呰李何，心所未安”，蓋私心篤好，不以知己之感而遷就也。《尺牘新鈔》三集卷一趙進美《與漁洋》書云：“近世公安、竟陵排擊歷下、瑯琊不遺餘力，虞山指摘，并及何李。自今視之，公安、竟陵、虞山著作具在，又何如北地、信陽、歷下、瑯琊乎。此語獨可與吾貽上道。”《柳南續筆》卷三論牧齋贈漁洋詩序云：“阮亭爲季木從孫，季木之詩宗法王李。阮亭入手，原不離此一派。顧王李兩家，乃宗伯所深疾者，恐阮亭墮入兩家雲霧，故以少陵、義山勖之。”然天生取徑既如七子之專，取材亦同七子之狹，斯則異於清初之沿明詩者。亭林、梅村隸事初不如此拘謹，漁洋、竹垞更無斷制矣。論竹垞詩者多不中肯。例如洪北江《更生齋詩》二《論詩絶句》評竹垞云：“晚宗北宋幼初唐，不及詞名獨擅場。辛苦謝家雙燕子，一生何事傍門牆。”直是瞽説。竹垞早作，何止鑽仰初唐，於漢魏六朝無不學，如《題南昌鐵柱觀》、《留別董三》、《送曹侍郎備兵大同》、《宣府鎮》、《雲中至日》等詩，又皆七子體。其於宋詩，始終排棄，至老宗旨不變；特晚作稍放筆不復矜持，近體多學杜陵拗體，即《滄浪詩話》所謂"古律"、《瀛奎律髓》所謂"拗字"者是。古體如《喪子百韻》、《送梅文鼎》、《怪鴟行》、《高麗葠歌》，趣詭語硬，明是昌黎、玉川之遺。北江少見多怪，遂謂爲學北宋。即《甌北詩話》卷十亦謂竹垞中年以後，"恃其博奥，欲盡棄格律。"皆非的論也。

【附説十二】清初漁洋以外，山左尚有一名家，極尊宋詩，而尤推山谷者，則田山薑是也。《古歡堂雜著》卷一力非論詩分唐宋而二之，謂"梅、歐、王、蘇、黄、陸，皆登少陵之堂，入昌黎之室"。卷二謂七言古"至唐末式微。歐陽崛起，直接杜韓而光大之。山谷從杜韓脱化，創新闢奇，風標娟秀，陵前轢後，有一無兩。宋人尊爲江西派，與子美俎豆一堂，實非悠謬"；又謂山谷七絶"新潔如藕絲出盆，清颸如松風度曲，下筆迥别"。卷三駁謝茂秦之薄蘇黄。《文集·序》卷一《芝亭集序》謂："宋人之詩，山谷爲冠；摩壘堂堂，誰與爲敵"；真篤於好而敢於言者矣。然余細繹山薑撰述，復徵《香祖筆記》卷九所記其處方改藥名軼事，乃知山薑弘衍之才，而好塗澤撏撦以爲博奥。故《雜著》卷一主用奇字，有"訪子雲亭，熏班馬香"之語；

【補訂】山薑"訪子雲亭"云云一節亦見《文集·序》卷一《楓香集序》。卷二《太倉王氏詩總序》自言："絲繡東坡居士，瓣香山谷道人"，當補引。

【補正】與王漁洋、田山薑同時之山左詩人，馮廷櫆大木亦極推山谷，卻無拈出者。《馮舍人遺詩》卷五《論詩十首》之九："江西詩派幾人知，國史猶傳句法奇。試上心香第三瓣，來看山谷道人詩"；又《題山谷詩後》："有目但覩踼涔水，五湖浩浩空萬里。有耳但聞箏笛聲，流水高山空復情。半生不悟山谷詩，如生馬駒落庭墀，雖有銜勒何由施。四十九年悔較遲，從今初見牛醫兒。鮫宫生綃冰蠶絲，紫鳳天吴光陸離。筆力可使風倒吹，意態欲作雁斜飛。公孫劍器電光走，花奴羯鼓風雨隨。詩中變化非人爲，詩外工夫知者誰。用意險怪李長吉，句法聱牙韓退之，後來亦有陸與皮，數子於詩爭出奇。舉以似公公不知，江西别自有宗枝，杜陵野老真吾師。"大木自運，卻不類山谷，而師法東坡、放翁，絶勿爲漁洋空靈之體，趙秋谷《序》所謂："漁洋公色飛心折，終不能羅而致之門下也。"

卷六謂"生平於佳句善字，每好摘録，人有餖飣之譏"，乃引山谷《答曹荀龍書》以自解；同卷論古文亦引山谷"陳言使妍妙"之説。則其所得於山谷者，恐亦不過朱少章所謂山谷之"崑體工夫"，洪覺範所謂"言用不言名"，葉石林所謂"減字換字法"耳。故《雜著》卷一袒明七子而斥《列朝詩集傳》，參觀《文集》卷一《木齋詩序》。蓋七子學古，亦粧點字面，牧齋《讀杜小箋》識語，至以"山谷隔日瘧"斥之者也。卷二論放翁七律，亦美其取料。著眼得力，在此等處，於神韻氣骨，所窺殊淺也。如評放翁七古曰："登杜韓之堂，入蘇黄之室"，非章子厚所謂"海行言語"而何。

三一

孔密娣女士(Y. Comiti)曾在里昂大學作論文，考希臘哲人言形體，以圓爲貴(*Propriétés métaphysiques de la Forme sphérique dans la Philosophie grécque*)。予居法國時，聞尚未刊布，想其必自畢達哥拉斯始也。

【補訂】畢達哥拉斯謂立體中最美者爲球，平面中最美者爲圈。(The most beautiful figure is the sphere among solids and the circle among plane figures)見 Diogenes Laertes, VIII. 35, "Loeb", II, 351; cf. Voltaire, *Dictionnaire philosophique*, art. "Emblèmes", *Oeuv. comp.*, Garnier Frères, 1878, XVIII, 521。

竊嘗謂形之渾簡完備者,無過於圓。參觀 A. de Morgan: *A Budget of Paradoxes*, Vol. I. p. 53。圓形自言曰:"Eram figura nobilis/Carensque sola origine/Carensque sola termino"。吾國先哲言道體道妙，亦以圓爲象。《易》曰:"蓍之德，圓而神。"皇侃《論語義疏·敍》說《論語》名曰:"倫者，輪也。言此書義旨周備，圓轉無窮，如車之輪也";又曰:"蔡公爲此書，爲圓通之喻曰:物有大而不普，小而兼通者;譬如巨鏡百尋，所照必偏，明珠一寸，鑒包六合。《論語》小而圓通，有如明珠。"唐張志和《空洞歌》曰:"無自而然，自然之原。無造而化，造化之端。廓然慤然，其形團圞。"南陽忠國師作圓相以示道妙，潙仰宗風至有九十七種圓相，如㊁如㊂如㊉如㊍。詳説見智昭《人天眼目》卷四。陳希夷、周元公《太極圖》以圓象道體；朱子《太極圖説解》曰："○者，無極而太極也。"明劉念臺《喻道詩》曰："只圈圓相形容似，纔點些兒面目肥。"帕斯卡（Pascal）《思辯録》（*Pensées*）論宙合真宰，亦謂："譬若圓然，其中心無所不在，其外緣不知所在。"（Une sphère infinie dont le centre est partout, et la circonférence nulle part）阿衛（Ernest Havet）作註，考是説所由來，上溯至恩培多克勒（Empedocles）。按 Abel Lefranc：*Grands écrivains français de la Renaissance* 中論 Marguerite de Navarre 文，復引 Nïcolas de Cusa 及 Marcilio Ficino 二家語補其闕漏。英文家 Sir Thomas Browne 論上帝亦云："Trismegistus his Circle, whose center is everywhere, and circumference no where, was no Hyperbole."—*Christian Morals*, Part III, sect. ii, *ad fin*. 余按英詩人伏昂（Henry Vaughan）《六合》詩（*The World*）比道體無垠，爲巨圈普括，光明澄澈（Ring of pure light）。君子法天運，是以柏拉圖比至人自足（Aùtarkês）於宇宙（Kosmos）之圓而無外（Sphairoeidés）；見 *Timaeus*, 37d。賀拉斯（Horace）亦謂哲人不爲物役，圓滑完整（In se ipso totus, teres atque rotundus）。見 *Sat*., II, vii。亦庶幾《關尹子·九藥》篇"圓道方德"、《淮南子·主術訓》"智圓行方"之旨。按柏拉圖 *Protagoras*, 339, D 又亞理斯多德 *Rhotoric*, iii, 11 皆以方比善士。

【補遺】按《關尹子》語，即莊子《齊物論》論"五德"所謂："五者圓而幾向方。"聖奥古斯丁以圓爲形之至善極美者（figura melior videatur et pulchrior），以其完整不可分割也（quod nullam divisionem patiatur)。見 *De Quantitate Animae*, cap. viii, et seq。釋書屢以十五夜滿月喻正遍智，如《文殊師利問菩提經》云："初發心如月新生，行道心如月五日，不退轉心如月十日，補處心如月十四日，如來智慧如月十五日。"《除蓋障菩薩所問經》卷十二云："如白分中初二夜月，與彼望夕，圓明相遠，體無殊。菩薩身光明照耀，對如來前不可倫比。其猶初二與十五月。"《大乘本生心地觀經·報恩品》第二既言"四智圓滿"；其一爲"大圓鏡智"，《發菩提心品》第十一復詳論菩提心相如"圓滿月輪於胸臆上明朗"。《雜阿含經》卷十一之二七六、《增壹阿含經》卷八之八等皆有此喻，兹不贅。自周濂溪以圓象太極，入明遂成嘲弄之資，至有"匾而中空、衝破太極"之謔。詳見錢枋分類本《野獲編·補遺》卷三。

普羅提諾言，心靈之運行，非直線而爲圓形；見 *Enneads*, iii. 8, §7; iv. 4. §16; vi. 9, §8,柏洛克勒斯(Proclus)亦云然。見 *Institutio Theologica*, xxxiii。黑格爾以哲學比圓，見 *Encyklopädie*, Einl. §6。即《淮南子·精神訓》所謂："終始若環，莫得其倫，此精神之所以能假於道也"。

【補訂】以上所言，參觀《管錐編》論《老子王弼註》第一三、論《全上古三代秦漢三國六朝文》第二〇。伏昂詩見 *Works*, ed. L.C. Martin, 1958, 466; cf. 766, note。古羅馬哲人馬可·奥勒留言心不爲外物所著，當如圓球(Let it [the mind] once become a sphere, and spherical it abides—Marcus Aurelius)。見 *Meditations*, VIII §41, tr. J. Jackson, 152。英詩人馬委爾(Andrew Marvell)《露珠》詩("On a Drop of Dew")亦謂露珠圓澄，能

映白日，正如靈魂之圓轉環行，顯示天運也。（So the Soul, that Drop, that Ray, /of the clear Fountain of Eternal Day, /.../Does, in its pure and circling thoughts express /The greater Heaven in an Heaven less）見 Helen Gardner, ed., *The Metaphysical Poets*, Penguin, 1972, 241。

譯佛典者亦定“圓通”、“圓覺”之名，圓之時義大矣哉。推之談藝，正爾同符。蒂克（Tieck）短篇小説《貧賤夫妻》（*Das Lebensüberfluβ*）即謂真學問、大藝術皆可以圓形（*Kreis*）象之，無起無訖，如蛇自嘬其尾。李浮儂（Vernon Lee）《屬詞運字論》（*Handling of Words*）《結構篇》（*Literary Construction*）謂謀篇布局之佳者，其情事線索，皆作圓形（circle or ellipse）。

【補訂】參觀《管錐編》論《左傳正義》第四九。蒂克語全文爲：“一切真知、藝事與夫探本之思維必顛末銜接無少間，團欒示圓相，如蛇之自嚙其尾然。世人常假嚙尾之蛇以象時間之永恒，吾則取爲心知運行之象。”（Immer muβ alles echte Wissen, alles Kunstwerk und gründliche Denken in einer Kreis zusammenschlagen und Anfang und Ende innigste vereinigen, wie die Schlange, die sich in den Schwanz beiβt—Sinnbild der Ewigkeit, wie andre sagen; ein Symbol des Verstandes und aller Richtungen, wie ich behaupte）見 Ludwig Tieck, *Werke*, hrsg. G. L. Klee, III, 54。蓋西方古俗以圓或蛇示時間永恒，故詩文中有逕稱“圓永恒”（Till rolling time is lost in round eternity. 見 Dryden, *The Hind and Panther*, Pt. III, 1.19。）或“永恒大蛇”者（where the vast snake Eternity/In charmed sleep doth lie）。見 Shelley, *The Daemon of the World*, I。《五日談》

第四日第八篇述一人蓄疑莫釋，欲叩“時間”(il Tempo)而問焉，間關迤邐，越嶺攀峯，至其理所，覩一蛇自嚙尾、一牡鹿、一鳳凰(dove vedrai un serpente che morde la coda, un cervo e un fenice)；牡鹿捷足，象光陰之疾逝，鳳凰死而復活，象日月之常新，而蛇首尾回合，則象永恒之無始終也。見 Basile, *op. cit.*, 422; cf. Marino, *L'Adone*, I. xxiv: "Sta quivi l'Anno sopra l'ali accorto/che sempre il fin col suo principio annoda, /e'n forma d'angue inanellato e torto/morde l'estremo e la volubil coda" —G.-G. Ferrero, *Marino e i Marinisti*, 40。柯爾律治與友書言：“事跡之直線順次者，詩中寫來，當使之渾圓運轉，若蛇自嘬其尾然”。(Coleridge to Joseph Cottle: "The common end of all *narrative*, nay, of *all* Poems is to convert a *series* in to a *Whole*: to make those events, which in real or imagined History move in a *strait* Line, assume to our Understandings a *Circular* motion—the Snake with it's Tail in it's Mouth")見 *Collected Letters*, ed. E. L. Griggs, III, 545。歌德讚佳詩云：“圓如星體，起訖爲一；中權所展，起處已然，訖處尚爾”。(Dein Lied ist drehend wie das Sterngewölbe, /Anfang und Ende immerfort dasselbe, /Und, was die Mitte bringt, ist offenbar/Das, was zu Ende bleibt und anfangs war)見 *West-östlicher Divan*, "Unbegrenzt", *Werke in 12 Bänden*, Aufbau 1981, II, 26。皆與蒂克語相印可。當世德國論師亦仍謂思維之真正者，其運行必成規而圓(Seit Dilthey und Heidegger ist das Denken in Zirkelformationen wissenschaftsfähig geworden, usw.)。見 M. Maren-Grisebach, *Methoden der Literaturwissenschaft*, 8 Aufl., 1982, 36。

求之漢籍，則《南史·王筠傳》早載沈約引謝朓語："好詩流美圓轉如彈丸。"爾後此類語意數見。元微之《酬樂天江樓夜吟稹詩》云："布鼓隨椎響，坯泥仰匠圓"；《見韓舍人近律戲贈》云："玉磬聲聲徹，金鈴箇箇圓。"白樂天《江樓夜吟元九律詩》云："冰扣聲聲冷，珠排字字圓。"裴延翰《樊川文集序》云："仲舅之文，絜簡渾圓。"司空表聖《詩品》云："若轉丸珠。"梅聖俞《依韻和晏相公》云："苦詞未圓熟，刺口劇菱芡。"東坡《新渡寺席上次韻歐陽叔弼》云："中有清圓句，銅丸飛柘彈"；《次韻答王鞏》云："新詩如彈丸。"蘇籀《雙溪集》後附《樂城遺言》記子由語云："余少作文，要使心如旋牀。大事大圓成，小事小圓轉，每句如珠圓。"葉水心《送薛景石兄弟問詩於徐道暉》云："彈丸舊是吟邊物，珠走錢流義自通。"趙紫芝《寄薛景石》云："詩篇老漸圓"；王綽作《景石墓誌》，亦記其評人詩，每曰："某句未圓。"李耆卿《文章精義》云："文有圓有方，韓文多圓，柳文多方，蘇文方者亦少，圓者多"；觀其所舉蘇文方者諸例，及下條論韓柳優劣，乃知圓方即寓軒輊之意。周草窗《浩然齋雅談》卷上、元遺山《中州集》卷七皆記蘭泉先生張建語，略謂："作詩不論長篇短韻，須要詞理具足，不欠不餘。如荷上灑水，散爲露珠，大者如豆，小者如粟，細者如塵，一一看之，無不圓成。"張商言《竹葉厂文集》卷二十一《錢慈伯檢討招同馮魚山編修小集獨樹軒》七律自註云："予與蘀石侍郎在陳伯恭齋中醉歸，中道侍郎忽下車，指車輪顧余曰：'詩之妙如輪之圓也。'"何子貞《東洲草堂文鈔》卷五《與汪菊士論詩》云："落筆要面面圓、字字圓。所謂圓者，非專講格調也。一在理，一在氣。理何以圓：文以載道，或大悖於理，或微礙於理，便於理不圓。氣何以圓：直起直落可也，旁起旁落可也，千回萬折可也，一戛即止亦可也，氣貫其中則圓。”曾滌生《家書》咸豐十年四月二十四日《諭紀澤》詳説：“古今文人下筆造句，總以珠圓玉潤爲主；雖揚、馬、昌黎，力求險奥，而無字不圓，無句不圓。”李廷機《舉業瑣言》云：“行文者總不越規矩二字，規取其圓，矩取其方。故文藝中有著實精發核事切理者，此矩處也；有水月鏡花，渾融周匝，不露色相者，此規處也。今操觚家負奇者，大率矩多而規少，故文義方而不圓。”余按彦和《文心》，亦偶有“思轉自圓”《體性》、“骨采未圓”《風骨》等語。乃知“圓”者，詞意周妥、完善無缺之謂，非僅音節調順、字句光緻而已。

【補訂】珠、彈久成吾國評詩文慣喻，復益數例。《全唐文》卷一百三十一王無功《游北山賦》：“賦成鼓吹，詩如彈丸”；早驅遣謝玄暉語入文。梅聖俞《宛陵集》卷九《回陳郎中詩集》：“明珠三百琲，一一徑寸圓。”曾吉甫《茶山集》卷一《贈空上人》：“今晨出數篇，秀色若可餐。清妍梅著雪，圓美珠走盤。”章冠之《自鳴集》卷五《王夢得念久出遠歸惠詩次韵》：“别後新詩圓似彈。”陳壽老《篔窗集》卷七《又題葉子春詩》：“夫彈丸者，非以其圓且熟耶。”《文心雕龍》尚有《定勢》之“圓者規體，其勢也自轉。方者矩形，其勢也自安”，《鎔裁》之“首尾圓合，條貫統序”，《聲律》之“切韻之動，勢若轉圜”；其他泛指才思賅備，則如《明詩》之“隨性適分，鮮能通圓”，《論説》之“義貴通圓，辭忌枝碎”，《麗辭》之“理圓事密”，《指瑕》之“慮動難圓”。陳宗之《前賢小集拾遺》卷四周孚《洪致遠屢來問詩、作長句遺之》：“古人作詩有成法，句欲圓轉字欲活”；況夔笙《蕙風詞話》卷一：“筆圓下乘，意圓中乘，神圓上乘。能圓見學力，能方見天分。”蓋自六朝以還，談藝者於“圓”字已聞之耳熟而言之口滑矣。

若夫僻澀嘔啞，爲字之妖，爲文之吃，則不得與於圓也明矣。朱子《語類》卷一百三十八記李某跋秘書省畫語，謂“當如蓴菜”，取其“圓滑”；放翁記《夢觀八幅龍湫》詩亦云：“君看此圖凡幾筆，一一圓勁如秋蓴”；恰可與此印證。

【補訂】朱子《語類》卷一百三十八記李某語“畫當如蓴菜”，自言：“某初曉不得”，後乃知“蓋畫須如蓴菜樣滑方好，須是圓滑時方妙”。按米元章《畫史》稱吴道子畫云：“行筆磊落揮霍如蓴菜條，圓潤折美”，殆即李某語所本。

苟爲惡圓之元次山、説方之孫淵如所見，則又將引爲世道人心之憂矣。《隨園詩話》卷四引崔念陵詩曰：“無曲不文星”；《小倉山房尺牘》卷六《與韓紹真》曰：“貴直者人也，貴曲者文也；天上有文曲星，無文直星。”而按次山集尚有《惡曲》一文，此又論人與論藝之不同。梁簡文帝《誡當陽公大心書》云：“立身之道，與文章異。立身須先謹重，文章且須放蕩”；樓昉《過庭録・文字》條論“刻薄人善作文字，和厚者則平凡”。隨園意出於此。

【補訂】參觀《管錐編》論《全上古三代秦漢三國六朝文》第一九五“立身與文章”。

歌德言：“詩人賦物，如水掬在手，自作圓球之形”（Schöpft des Dichters reine Hand/Wasser wird sich ballen）。見 *Westöstlicher Diwan*，“Lied und Gebilde”一詩。乃謂心兵意匠，萬物隨其揮斥模範，非宣城彈丸圓轉之意。繆賽（Alfred de Musset）譬詩於“凝淚成珠”（Faire une perle d’une larme），指一時悲歡，發之文字，始

可以流傳而不致澌滅(éterniser un rêve et fixer la pensée),見"*Impromptu en réponse à cette question qu' est-ce que la poésie*"。亦非言珠之圓轉。

【補訂】參觀《管錐編》論《全上古三代秦漢三國六朝文》第二二九"事物寫入詩畫"。李義山《錦瑟》之"滄海月明珠有淚"則異乎是，兹釋全篇，俾明句意。遺山《論詩絶句》恨此詩"無人作箋"，漁洋《論詩絶句》謂此詩"解人難"索。黄士龍子雲《野鴻詩的》訶義山"爲三百篇之罪人，《錦瑟》詩其意亦不自解"；則作詩者難自解，何況説詩者。余不欲臨難苟免，非敢因難見能也（劉夢得《牛相公見示新什、謹依本韻次用》："因難始見能"）。毛大可論唐詩深薄二李，麾斥義山尤甚於太白，《西河詩話》卷七詆《錦瑟》"第二句已口赧，落句是底言，可稱通人語乎"。抹摋勾消，如玉連環難解，而齊君王后以錐破之，無須復解。夫文章之觀，瞽者無與，不堪曉喻，任其眼底無物，放言省事，得大自在可矣。何屺瞻《義門讀書記·李義山詩集》卷上則曰："此悼亡之詩也。首特借素女鼓五十弦之瑟而悲、泰帝禁不可止以發端，言悲思之情，有不可得而止者。次聯則悲其遽化爲異物。腹聯又悲其不能復起之九原也。曰思華年，曰追憶，指趣曉然，何事紛紛附會乎。錢飲光亦以爲悼亡之詩，與吾意合；莊生句取義於鼓盆也。亡友程湘衡謂此義山自題其詩以開集首者，次聯言作詩之旨趣，中聯又自明其匠巧也。余初亦頗喜其説之新。然義山詩三卷出於後人掇拾，非自定，則程説固無據也。"義門"初喜"之程氏説，詳著於王東溆《柳南隨筆》卷三："何義門以爲此義山自題其詩以開集首者。首聯云云，言平時述作，遽以成集，而一言一諾俱足追憶生平也。次聯云云，言集中諸詩，或自傷其出處，或託諷於君親；蓋作詩之旨趣，盡於此也。中聯云云，言清詞麗句，珠輝玉潤，而語多激映，又有根柢，則又自明其匠巧也。末聯云云，言詩之所陳，雖不堪追憶，庶幾後之讀者，知其人而論其世，猶可得其大凡耳。”程説殊有見，義門徒以宋本義山集舊次未必出作者手定，遂捨甜桃而覓醋李。“莊生”句乃用《齊物論》夢蝶事，非用《至樂》鼓盆事，何得謂“取義”悼亡。夢蝶鼓盆固莊生一人之事，然見言夢蝶而斷其意在鼓盆，即在文字獄詩案之“興也”、“箋云”，亦屬無理取鬧。譬如見言“掩鼻而過”，乃斷其隱指“輸錢以觀”，以二事均屬西施也（市人輸金錢一文見西施事，見《孟子·離婁·西子蒙不潔》章孫奭疏、又《琱玉集·美人》篇）；見言盜金，乃斷其隱指盜嫂，以二事均屬直不疑也；於義安乎。濠梁之樂、髑髏之歎，舉凡漆園行事，無不可射覆者，何以獨推知爲鼓盆哉。義門笑“紛紛附會”，而不免躬自蹈之。張孟劬《玉溪生年譜會箋》卷四至云：“滄海句言李德裕已與珠海同枯，李卒於珠厓也；藍田句言令狐綯如玉田不冷，以藍田喻之，即節彼南山意也。”釋“滄海”句或猶堪與本書第 116 頁“補訂”所引“拜佛西天”之謔相擬；釋“藍田”句則原語無可依附，於是想入非非，钀凑强攀。苟盡其道，亦無妨曰：“藍令、田綯皆雙聲；日能暖人，故有黄棉襖之謔，狐裘更暖於棉襖。藍田日暖隱指令狐綯，的然無疑。”蓋尚不足比於猜謎，而直類圓夢、解讖；心思愈曲，胆氣愈粗，識見愈卑，又下義門數等矣。施北研《元遺山詩集箋註》卷十一《論詩三十首》之十三註引厲樊榭説此詩，亦以爲“悼亡之作。錦瑟五十弦，剖爲二十五，是即其人生世之年。今則如莊生之蝶、望帝之鵑，已化爲異物矣。然其珠光玉潤，容華出衆，有令人追憶不能忘者。在當日已惘然知尤物之不能久存，不待追憶而始然也”。施註稱其説之“簡快”，而未言出處，檢樊榭著作亦不得。馮氏《玉谿詩集箋註》卷二説此詩後半首，與樊榭冥契。汪韓門《詩學纂聞》則非“悼亡”之説，謂義山“以古瑟自況”：世所用者，二十五絃之瑟，此則五十絃之古瑟，“不爲時尚”，猶已挾文章才學而不得意也；“不解其故，故曰無端，猶言無謂也”；自顧“頭顱老大，一絃一柱，蓋已半百之年矣”；曉夢“喻少年時事”，春心指“壯心，壯志消歇”；追憶謂“後世之人追憶”，可待猶言“必傳於後無疑”；當時“指現在”，言“後世之傳雖可自信，而即今淪落爲可歎耳”。梁茝林《退菴隨筆》卷二十極稱其解。程、厲、汪三家之説，道者寥寥，皆差能緊貼原詩，言下承當，取足於本篇，不抄瓜蔓而捕風影。余竊喜程説與鄙見有合，采其旨而終條理之也可。義山《謝先輩防記念拙詩甚多，異日偶有此寄》有云：“星勢寒垂地，河聲曉上天。夫君自有恨，聊借此中傳”，乃直白自道其詩也。《錦瑟》之冠全集，倘非偶然，則畧比自序之開宗明義，特勿同前篇之顯言耳。“錦瑟”喻詩，猶“玉琴”喻詩，如杜少陵《西閣》第一首：“朱紱猶紗帽，新詩近玉琴”，或劉夢得《翰林白二十二學士見寄詩一百篇、因以答貺》：“玉琴清夜人不語，琪樹春朝風正吹。”錦瑟、玉琴，正堪儷偶。義山詩數言錦瑟。《房中曲》：“憶得前年春，未語含悲辛。歸來已不見，錦瑟長於人”；“長於人”猶鮑溶《秋思》第三首之“我憂長於生”，謂物在人亡，如少陵《玉華宫》：“美人爲黄土，況乃粉黛假，當時付金輿，故物獨石馬。冉冉征途間，誰是長年者”，或東坡《石鼓歌》：“細思物理坐歎息，人生安得如汝壽。”義山“長於人”之“長”即少陵之“長年”、東坡之“壽”。《回中牡丹爲雨所敗》第二首：“玉盤迸淚傷心數，錦瑟驚絃破夢頻”；喻雨聲也，正如《七月二十八日夜與王鄭二秀才聽雨後夢作》所謂：“雨打湘靈五十絃。”而《西崑酬唱集》卷上楊大年《代意》第一首：“錦瑟驚絃愁別鶴，星機促杼怨新縑”，取繪聲之詞，傳傷别之意，亦見取譬之難固必矣。《寓目》：“新知他日好，錦瑟傍朱欄”，則如《詩品》所謂：“既是即目，亦惟所見”；而《錦瑟》一詩借此器發興，亦正覩物觸緒，偶由瑟之五十絃而感“頭顱老大”，亦行將半百。“無端”者、不意相值，所謂“没來由”，猶今語“恰巧碰見”或“不巧碰上”也（如吴融《上巳日》：“本學多情劉武威，尋花傍水看春暉。無端遇著傷心事，赢得凄凉索漠歸”）。首兩句“錦瑟無端五十絃，一絃一柱思華年”，言景光雖逝，篇什猶留，畢世心力，平生歡戚，“清和適怨”，開卷歷歷，猶所謂“自有恨”，而“借此中傳”。三四句“莊生曉夢迷蝴蝶，望帝春心託杜鵑”，言作詩之法也。心之所思，情之所感，寓言假物，譬喻擬象；如莊生逸興之見形於飛蝶，望帝沉哀之結體爲啼鵑，均詞出比方，無取質言。舉事寄意，故曰“託”；深文隱旨，故曰“迷”。李仲蒙謂“索物以託情”，西方舊説謂“以跡顯本”、“以形示神”（das sinnliche Scheinen der Idee; das Geistige als versinnlicht erscheint），近説謂“情思須事物當對”（objective correlative）（參觀《管錐編》論《毛詩正義》第五及論《楚辭洪興祖補註》第一五述李仲蒙語），即其法爾。五六句“滄海月明珠有淚，藍田日暖玉生烟”，言詩成之風格或境界，猶司空表聖之形容《詩品》也（參觀第 122 頁）。《寄謝先輩》以“星勢”、“河聲”品其詩，此則更端而取“珠淚”、“玉烟”。《博物志》卷二記鮫人“眼能泣珠”，《藝文類聚》卷八四引《搜神記》亦言之；茲不曰“珠是淚”，而曰“珠有淚”，以見雖凝珠圓，仍含淚熱，已成珍飾，尚帶酸辛，具寶質而不失人氣。《困學紀聞》卷十八早謂“日暖玉生烟”本司空圖《與極浦書》引戴叔倫論“詩家之景”語；《全唐文》卷八百二十吴融《奠陸龜蒙文》讚歎其文，侔色揣稱，有曰：“觸即碎，潭下月；拭不滅，玉上烟。”唐人以此喻詩文體性，義山前有承、後有繼。“日暖玉生烟”與“月明珠有淚”，此物此志，言不同常玉寒冷、常珠凝固。喻詩雖琢磨光緻，而須真情流露，生氣蓬勃，異於雕繪汩性靈、工巧傷氣韻之作。匹似撏撦義山之“西崑體”，非不珠圓玉潤，而有體無情，藻豐氣索，淚枯烟滅矣。珠淚玉烟，亦正詩風之“事物當對”也。近世一奧國詩人稱海涅詩較珠更燦爛耐久，卻不失爲活物體，藴輝含濕。（unverweslicher als Perlen/Und leuchtender，zuweilen ein Gebild：/Das traget am lebendigen Leib，und nie/Verliert es seinen innern feuchten Glanz）見 Hugo von Hofmannsthal：“Zu Heinrich Heines Gedächtnis”，*Gesam. Werk.*，Fischer Taschenbuch，1979，I，195。非珠明有淚歟。有人（L. F. Huber）嘗品目歌德一劇本曰：“如大理石之光潤，亦如大理石之寒冷”（mamorglatt und mamorkalt）；海涅詩文中喻人物之儀表端正而沉默或涼薄者，每曰：“如大理石之美好潔白，而復如大理石之寒冷”。（Auch das Antlitz weiβ wie Marmor，/Und wie Marmor kalt.）見 *At-*

ta Troll, Caput xix, *Werke und Briefe*, Aufbau, 1961, I, 395; Das marmorschön und marmorkühl.—"Lazarus", viii. *ib*. II, 214; Sie sind weiβ wie Marmor, aber auch marmorkalt. —"Die Bäder von Lucca", i, *ib*. III, 275。差同玉冷無烟焉。謀野乞鄰，可助張目而結同心。七八句"此情可待成追憶，只是當時已惘然"，乃與首二句呼應作結，言前塵回首，悵觸萬端，顧當年行樂之時，即已覺世事無常，摶沙轉燭，黯然於好夢易醒，盛筵必散。登場而預有下場之感，熱鬧中早含蕭索矣。朱行中《漁家傲》云："拚一醉，而今樂事他年淚"，"而今"早知"他年"，即"當時已惘然"也。拜倫深會此情，嘗曰："入世務俗，交遊酬應，男女愛悦，圖營勢位，乃至貪婪財貨，人生百爲，於興最高、心最歡時，輒微覺樂趣中雜以疑慮與憂傷，其故何耶。"(Why, at the height of desire and human pleasure—worldly, social, amorous, ambitious, or even avaricious—does there mingle a certain sense of doubt and sorrow?) 見 L. A. Marchand, *Byron*, 1957, II, 900。不啻爲"當時已惘然"作箋矣。參觀《管錐編》論《全上古三代秦漢三國六朝文》第一三李商隱《錦瑟》詩脚註引濟慈詩、施尼茨勒劇。

丁尼生(Tennyson)稱彭士(Burns)歌詩："體完如櫻桃，光燦若露珠"(In shape the perfection of the berry, in light the radiance of the dewdrop)；見 *Lord Tennyson : A Memoir*, by his son, Vol. I, P. 211。斯密史(Alexander Smith)詩劇(*A Life Drama*)有句云："詩好比星圓"(A poem round and perfect as a star)；則宣城、元、白等之意矣。

三二

《艇齋詩話》載江西先輩談藝要旨，謂吕東萊論詩“講活法”。《後村大全集》卷九十五《江西詩派小序》亦引東萊作《夏均父集序》云：“學詩當識活法。活法者、規矩備具，而出於規矩之外，變化不測，而不背於規矩。謝玄暉有言：‘好詩如彈丸’，此真活法也。”後村按謂：“以宣城詩考之，如錦工機錦，玉人琢玉，窮巧極妙，然後能流轉圓美。近時學者誤認彈丸之喻，而趨於易；故放翁詩云：‘彈丸之論方誤人。’然則欲知紫薇詩者，觀此集序，則知彈丸之語，非主於易”云云。按琢玉工乃陳克《九僧詩序》中語。夫詩至於圓，如學道證圓通，非輕滑也。趙章泉以東萊與涪翁並稱，屢道圓活，如《淳熙稿》卷十七《與琛卿論詩》一絶曰：“活法端須自結融，可知琢刻見玲瓏。涪翁不作東萊死，安得斯文日再中。”“琢刻見玲瓏”五字，可以釋放翁之惑矣。

【補訂】《艇齋詩话》記吕東萊論詩嘗引孫子論兵語：“始如處女，終如脱兔。”陳起《前賢小集拾遺》卷四載曾茶山《讀吕居仁舊詩有懷其人作詩寄之》五古，今本《茶山集》漏收，有云：“學詩如參禪，慎勿參死句；縱横無不可，乃在歡喜處。

又如學仙子，辛苦終不遇；忽然毛骨换，政用口訣故。居仁説活法，大意欲人悟。豈惟如是説，實亦造佳處；其圓如金彈，所向如脱兔。”“脱兔”正與“金彈”同歸，而“活法”復與“圓”一致。圓言其體，譬如金彈；活言其用，譬如脱兔。茶山二句即東坡《次韻歐陽叔弼》所謂：“中有清圓句，銅丸飛柘彈。”觀《謝幼槃文集》卷一《讀吕居仁詩》：“吾宗宣城守，詩壓顔謝輩。居仁相家子，哦詩亦能事。自言得活法，尚恐宣城未”，則東萊雖有取於謝玄暉語，而尚以爲玄暉所行不逮所言也。章冠之《自鳴集》卷四《送謝王夢得借示詩卷》：“人入江西社，詩參活句禪”；“參活句”即茶山句之“勿參死句”，蓋以此爲“江西社”中人傳授心法。東萊借禪人“死語不離窠臼”話頭（參觀《五燈會元》卷十二曇穎達觀章次），拍合謝玄暉“彈丸”名言，遂使派家有口訣、口號矣。其釋“活法”云：“規矩備具，而出於規矩之外；變化不測，而不背於規矩”；乍視之若有語病，既“出規矩外”，安能“不背規矩”。細按之則兩語非互釋重言，乃更端相輔。前語謂越規矩而有衝天破壁之奇，後句謂守規矩而無束手縛脚之窘；要之非抹摋規矩而能神明乎規矩，能適合規矩而非拘攣乎規矩。東坡《書吴道子畫後》曰：“出新意於法度之中，寄妙理於豪放之外”；其後語畧同東萊前語，其前語畧當東萊後語。陸士衡《文賦》：“雖離方而遯員，期窮形而盡相”，正東萊前語之旨也（參觀《管錐編》論《全上古三代秦漢三國六朝文》第一三八“離方遯圓”）。東萊後語猶《論語·爲政》所謂“從心所欲不踰矩”，恩格斯詮黑格爾所謂“自由即規律之認識”（für ihn ist die Freiheit die Einsicht in die Notwendigkeit）。見 *Anti-Dühring*，

I. xi。談藝者嘗喻爲“明珠走盤而不出於盤”、或“駿馬行蟻封而不蹉跌”、甚至“足鐐手銬而能舞蹈”（參觀《宋詩選註》蘇軾篇註三、四，又楊萬里篇註二四、二五；《管錐編》論《毛詩正義》第五四、論《全上古三代秦漢三國六朝文》第一三八“警策”）。康德言想像力有“自由紀律性”（die freie Gesetzmäßigkeit der Einbildungskraft），見 *Kritik der Urteilskraft*，“Allgemeine Anmerking zum ersten Abschnitte der Analytik”，*Werke*，hrsg. E. Cassirer *et al*，V，311。黑格爾言精神“於必然性中自由”（der Geist in seiher Notwendigkeit frei ist，usw.），見 *System und Geschichte der Philosophie*，hrsg. J. Hoffmeister，1944，116-7。是其大義。以此諦説詩，則如歌德言：“欲偉大，當收斂。受限制，大家始顯身手；有規律，吾儕方得自由。”（Wer Großes will，muß sich zusammenraffen. /In der Beschränkung zeigt sich erst der Meister，/Und das Gesetz nur kann uns Freiheit geben）見“Das Sonett” ii，*op. cit.*，I，299；cf. Herman Meyer：“On the Spirit of Verse”，in *The Disciplines of Criticism*，ed. P. Demetz，T. Greene and L. Nelson，Jr，1968，337。希勒格爾嘗言韻律含“守秩序之自由”（die geordnete Freiheit）。見 A. W. Schlegel：“Briefe über Poesie，Silbenmaß und Sprache”，iv，*Kritische Schriften und Briefe*，Kohlhammer，1962，I，174。黑貝爾語尤妙，謂“詩家之於束縛或限制，不與之抵拄，而能與之遊戲，庶造高境”。（Nur daß sein Geist zur Höhe drang，/Wo man nicht kämpft，nur spielt mit Schranken）見 C. F. Hebbel：“Die Poetische Lizenz ”，*Werke*，hrsg. T. Poppe，I，205。近人艾略特云：“詩家有不必守規矩處，正所以維持秩序也”。（The liberties that he may take are for the sake of order）見 T. S. Eliot，*On Poetry and Poets*，38。均相發明。《晉書·陶侃傳》記謝安每言："陶公雖用法，而恒得法外意"；其語亦不啻爲談藝設也。

後村引放翁語，見《答鄭虞任》七古，曰："區區圓美非絶倫，彈丸之説方誤人。"放翁自作詩，正不免輕滑之病，而其言如是；其於古今詩家，仿作稱道最多者，偏爲古質之梅宛陵。陳振孫《直齋書録解題》卷十七謂："聖俞詩、近世少有喜者，或加毁訾，惟陸務觀重之。此可爲知者道也。"余按《劍南集》中詩，顯仿宛陵者，有《寄酬曾學士》、《過林黄中食柑子》、《送蘇召叟入蜀》、《與同官縱談鬼神》、《哲上人以端硯遺子聿》、《假山》、《春社日》、《熏蝨》之類。《雨夜懷唐安》之"螢依濕草同爲旅"，則宛陵《依韻和子充夜雨》之"濕螢依草没"也；《書齋壁》之"菱刺磨成芡實圓"，則宛陵《依韻和晏相公》之"苦詞未圓熟，刺口劇菱芡"也。《讀宛陵先生詩》云："歐尹追還六籍醇，先生詩律擅雄渾。導河積石源流正，維嶽崧高氣象尊。玉磬漻漻非俗好，霜松鬱鬱有春温。向來不道無譏品，敢保諸人未及門。"又《讀宛陵詩》曰："李杜不復作，梅公真壯哉。豈惟凡骨换，要是頂門開。鍛錬無餘力，淵源有自來。平生解牛手，餘刃獨恢恢。"又《書宛陵集後》云："突過元和作，巍然獨主盟。諸家義皆墮，此老話方行。趙璧連城價，隋珠照眼明。粗能窺梗概，亦足慰平生。"《李虞部詩序》云："歌詩復古，梅宛陵獨擅其宗。"《梅聖俞别集序》云："先生於詩，非待學而能，然學亦無出其右。置字如大禹鑄鼎，鍊句如后夔作樂；成篇如周公致太平。欲學不得，欲贊不能"云云。唱歎備至，於他家蓋未有是。如於少陵，不過悲其志事，作泛稱語，不詳論詩律也。參觀《東屯高齋記》、《草堂拜少陵遺象》五古、《讀杜詩》七絶、《讀李杜詩》五律等作。歐陽永叔作《聖俞墓誌》曰："其初喜爲清麗閑肆，久則涵演深遠，間亦琢刻以出怪巧"；又《水谷夜行》詩云："梅翁事清切，石齒漱寒瀨。"而放翁《示子遹》則曰："我初學詩日，但欲工藻繪。中年始少悟，漸若窺弘大。怪奇亦間出，如石漱湍瀨"；全取歐公稱宛陵語以自道。宛陵《和晏相公韻》曰："因令適性情，稍欲到平淡"；《讀邵不疑詩卷》曰："作詩無古今，唯造平淡難"；

【補訂】劉延世《孫公談圃》卷中記孫君孚言："與杜挺之、梅聖俞同舟溯汴，聖俞寢食遊觀，未嘗不吟諷思索，時時於坐上忽引去，奮筆書一小紙，納算袋中。同舟竊觀，皆詩句也，他日有可用者入之。有云：'作詩無古今，唯造平淡難'，乃算袋中所書也。"

《答蕭淵少府卷》曰："大都精意與俗近，筆力驅駕能透迤。"放翁《題蕭彥毓詩卷》則云："詩卷雄豪易得名，爾來閒淡獨蕭卿"；《追懷曾文清公呈趙教授》則云："工夫深處卻平夷"；《夜坐示桑甥》云："好詩如靈丹，不雜羶葷腸。大巧謝琱琢，至剛反摧藏"；《讀近人詩》云："琢琱自是文章病，奇險尤傷氣骨多。君看太羹玄酒味，蟹螯蛤柱豈同科"；《何君墓表》中有"詩欲工、而工非詩之極"一節，皆重言申明平淡之旨。《邵氏聞見後録》謂"魯直詩到人愛處，聖俞詩到人不愛處"。按吴可《藏海詩話》引東坡謝李公擇惠詩帖云："公擇遂做到人不愛處"；葉夢得《石林燕語》卷八亦記東坡語云："凡詩須做到衆人不愛可惡處，方爲工。"邵氏蓋用蘇語。《欒城遺言》載魯直盛稱聖俞詩事，可參觀。《匏廬詩話》卷上乃言："宋詩能到俗人不愛者，庶幾黄豫章"；似僅本放翁詩，未考其源也。放翁則屢用其語，《明日復理夢中作》曰："詩到無人愛處工"；

《山房》曰：“詩到令人不愛時”；《朝飢示子書》曰：“俗人猶愛未爲詩。”按此意即昌黎《與馮宿論文書》所謂“小慚小好、大慚大好”之正面。西方詩人如 Joachim du Bellay 所言“Rien ne me plaît, fors ce qui peut déplaire/Au jugement du rude populaire”。又 George Chapman 每斥“the commune reader,”復言“satisfying myself if but a few, if one, or none like [my verses]”。皆可參觀。其於宛陵之步趨據畫，無微不至，庶幾知異量之美者矣。

【補訂】《永樂大典》卷八百九十九《詩》字引張功父《吟詩》（今本《南湖集》漏收）：“一日吟成九首詩，傍人都愛少瑕疵。直須作到無人愛，始是吾詩長進時。”林希逸《竹溪鬳齋十一稾》續集卷五《與友人論文偶作》：“舉世笑時韓自喜，無人愛處陸云工”；即以昌黎《與馮宿書》語傅會。方虚谷《桐江續集》卷六《自書續稿末》：“詩律中年悟，嫌工恐更肥”；卷八《讀張功父南湖集·序》：“麗之極，工之極，非所以言詩”；卷二十二《七十翁》五言第九首：“能使生爲熟，何愁拙不工”；卷二十五《老矣》：“自喜新詩漸不工。”均本東坡、放翁語來。

抑自病其詩之流易工秀，而欲取宛陵之深心淡貌爲對症之藥耶。全謝山《鮚埼亭集》外編卷二十六《春鳧集序》言東坡作詩爲李杜別子，而論詩乃致不滿於李杜，言行一若不符。按《渭南文集》卷十五《梅聖俞别集序》曰：“蘇翰林多不可古人，惟次韻和陶淵明及先生二家詩而已。”東坡和陶，世所熟知，東坡竺好宛陵，則未之他聞。

【補訂】陳士業《寒夜録》卷上引放翁語而惜東坡和梅詩之失傳；王漁洋《香祖筆記》卷五引陳語；郝蘭皋《曬書堂筆録》卷五引王書而謂放翁語未可據。張道《蘇亭詩話》卷三謂東坡集中僅存《木山》一首爲和梅宛陵者。東坡、放翁之好宛陵，殆亦如《苕溪漁隱叢話》前集卷十六引《蔡寬父詩話》記白香山之好李義山，美學家所謂“嗜好矛盾律”之例歟（參觀《七綴集·中國詩與中國畫》第六節）。

然二家沖和質淡，與東坡詩格不侔，斯亦放翁前事之師，而謝山之説又得傍證矣。宛陵《依韻和晏相公》所云：“苦詞未圓熟，刺口劇菱芡”，即是彈丸之説。嚴滄浪力排江西派，而其論“詩法”，一則曰“造語須圓”，再則曰“須參活句”，與“江西派圖”作者吕東萊之説無以異。放翁《贈應秀才》詩亦謂：“我得茶山一轉語，文章切忌參死句。”故知圓活也者，詩家靳嚮之公，而非一家一派之私言也。

三三

《湖海詩傳》杭世駿條下記大宗語曰："子無輕視放翁，詩文至此，亦足名家"；因稱大宗"沖懷樂善，異乎世之放言高論者"云云。與《隨園詩話》謂"詩到誠齋亦談何容易"一則，讀之皆令人失笑。放翁誠齋，江河萬古，何須二公作紆尊垂獎語。乃若不惜齒牙，惠假羽翼者，繆恭真勝於侮矣。嘗試論之。以入畫之景作畫，宜詩之事賦詩，如鋪錦增華，事半而功則倍，雖然非拓境宇、啓山林手也。誠齋放翁，正當以此軒輊之。人所曾言，我善言之，放翁之與古爲新也；人所未言，我能言之，誠齋之化生爲熟也。放翁善寫景，而誠齋擅寫生。放翁如畫圖之工筆；誠齋則如攝影之快鏡，兔起鶻落，鳶飛魚躍，稍縱即逝而及其未逝，轉瞬即改而當其未改，眼明手捷，蹤矢躡風，此誠齋之所獨也。放翁萬首，傳誦人間，而誠齋諸集孤行天壤數百年，幾乎索解人不得。【附説十三】放翁《謝王子林》曰："我不如誠齋，此論天下同"；又《明日復理夢中意作》曰："詩到無人愛處工。"放翁之不如誠齋，正以太工巧耳。放翁爲曾文清弟子，趙仲白《題茶山集》所謂"燈傳"者；見《江湖後集》八。顧茶山詩槎枒清快，實與誠齋爲近，七言律絶尤往往可亂楮葉，視劍南工飭温潤之體，大勿類。豈師法之淵源，固不若土風之鼓盪耶。《後村詩話》謂“古人好對仗，被放翁使盡”。放翁比偶組運之妙，冠冕兩宋。《四六話》論隸事，有“伐山語、伐材語”之别；放翁詩中，美具難并，然亦不無蹈襲之嫌者。《困學紀聞》卷十八即舉其本朱新仲、葉少藴兩聯，殆翁《九月一日夜讀詩稿走筆作歌》所謂“殘餘未免從人乞”者歟。譬如《寓驛舍》云：“九萬里中鯤自化，一千年外鶴仍歸”；而按《東軒筆録》卷三載丁晉公移道州詩曰：“九萬里鵬容出海，一千年鶴許歸遼”；《皇朝類苑》載晉公自崖召還寄友人詩，“容”作“重”、“遼”作“巢”。《五燈會元》卷十六載佛印比語亦曰：“九萬里鵬從海出，一千年鶴遠天歸。”《望永阜陵》云：“寧知齒豁頭童後，更遇天崩地陷時”；而按陳簡齋《雨中對酒》曰：“天翻地覆傷春色，齒豁頭童祝聖時。”《春近山中即事》云：“人事自殊平日樂，梅花寧減故時香”；而按陳後山《次韻李節推九日登南山》曰：“人事自生今日意，寒花只作去年香。”《宋百家詩存》卷二十羅公升《九日書懷》亦仿之云：“只道事隨人意改，如何花作舊時香。”《春日絶句》云：“二十四番花有信，一百七日食猶寒”；而按徐師川《春日》曰：“一百五日寒食雨，二十四番花信風。”按《全唐詩》引《提要録》載陸龜蒙斷句云：“幾點社公雨，一番花信風。”

【補訂】參觀《宋詩選註》徐俯篇註八、九、十。《容齋四筆》卷四亦引此聯及“一百五日足風雨，三十六峯勞夢魂”爲“江西宗派詩”。《江湖後集》卷十九敖器之《清明日湖上晚步》復云：“一百五日苦多雨，二十四番能幾風。”

《江樓醉中作》云：“天上但聞星主酒，人間寧有地埋憂”，《溪上避暑》又云：“世上漫言天愛酒，古來寧有地埋憂”，《書意》又云："天上本令星主酒，俗間妄謂世無仙"；而按宋子京《感秋》曰："天上有星寧免客，人間無地可埋憂。"《遊近村》云："乞漿得酒人情好，賣劍買牛農事興"；而按宋子京《歲稔務閒、美成都繁富》曰："賣劍得牛人息盜，乞漿逢酒里餘歡"，東坡《浣溪紗》詞曰："賣劍買牛真欲老，乞漿得酒更何求。"《遣興》云："得酒不妨開口笑，學人時作捧心顰"；而按山谷《同子瞻韻和趙伯充團練》曰："家釀可供開口笑，侍兒工作捧心顰。"《寓蓬萊館》云："海上羝應乳，遼東鶴已回"，《獨登東岩》又云："牧羝未乳身先老，化鶴重歸語更悲"；而按山谷《次韻宋楙宗觀東坡出遊》曰："人間化鶴三千歲，海上看羊十九年。"《遊修覺寺》云："山從飛鳥行邊出，天向平蕪盡處低"；而按《麈史》卷中劉賓《題白雪樓》曰："人從別浦經年去，天向平蕪儘眼低。"《遊山西村》云："山窮水複疑無路，柳暗花明又一村"；而接《清波別志》卷中載强彦文句曰："遠山初見疑無路，曲徑徐行漸有村"，强蓋紹興間人。《讀胡基仲舊詩有感》云："沈沙側畔千帆過，剪翮籠邊百鳥翔"；而按《能改齋漫録》卷十四記元祐、紹聖間太學生任敦夫投時相啓曰："籠中剪羽，仰看百鳥之翔；側畔沈舟，坐閲千帆之過"；《野客叢書》卷十二自記集韓退之、劉夢得詩成一聯云云，僅易"側畔"爲"岸畔"耳。《恩封渭南伯》云："虚名定作陳驚座，佳句真慚趙倚樓"；而按陳唐卿《江湖長翁集》卷十五《凌晨張司户復有惠急筆次韻》曰："假真笑我陳驚座，造妙推君趙倚樓"，陳氏且有放翁序。以上衹就宋朝成句言之耳。

【補訂】陳鄂父《蒙隱集》卷一《端午洪積仁召客口占戲柬薛仲藏》云："自愧雖非趙倚樓，何當一效陳驚座。"鄂父南渡時人，早於放翁。陳唐卿與放翁同時爲後進。方巨山《秋崖小集》卷十六《以越箋與三四弟》亦云：“過門盡是陳驚座，得句今誰趙倚樓”，則輩行晚於放翁多矣。放翁沾丐本朝名作，拉雜復舉數例。○《蔬圃》第二首：“枯柳坡頭風雨急，憑誰畫我荷鋤歸”；《醉後莊門望西南諸山》：“夕陽又凭闌干立，誰畫三山岸幘圖”；《世事》：“何人今擅丹青藝，爲畫蘇門長嘯圖”；《梅花》：“安得丹青如顧陸，憑渠畫我夜歸圖”；《詹仲信以山水二幅爲壽》：“不知何許丹青手，畫我當年入蜀圖”；《記出遊所見》：“安得丹青王右轄，爲寫此段傳生綃”；《小憩卧龍山亭》：“安得丹青手，傳摹入素屏”；《秋日山居野步》：“風流畫手無摩詰，寫作龍山野步圖。”按殊多顧影自憐、對鏡相許之意，而恨不克形跡長留，資永賞共賞耳。此種設想落筆，簡齋集中常見。《將赴陳留寄心老》：“書到及師閑，爲我點枯筆。畫作謫官圖，羸驂帶寒日”；《遊賦詩亭》：“衹今那得王摩詰，畫我憑欄覓句圖”；《送客出城西》：“鄧州誰亦解丹青，畫我羸驂晚出城”；《晚望信道立竹林邊》：“恨無顧陸同携手，寫取孫郎覓句時”；《和王東卿》：“説與虎頭須畫我，三更月裏影崚嶒”；《尋詩》：“無人畫出陳居士，亭角尋詩滿袖風”；《題江參山水横軸》：“此中只欠陳居士，千仞岡頭一振衣。”《卻掃編》卷中簡齋少學詩於崔德符鶠，《聲畫集》卷四采德符《看宋大夫畫山水》：“個中衹欠崔夫子，滿帽秋風信馬行”；簡齋“此中”云云，正師德符故智。

【補正】陳簡齋寫雨，有一窠臼。《簡齋詩集》卷一一《浴室觀雨》：“誰能料天工，辦此穎脱手”；卷一五《夏雨》：“天公終老手，一笑破日永”；又《積雨喜霽》：“天公信難料，變化真神速。”若卷一一《夏日》：“雖然不成雨，風起亦快哉。白團豈辦此，擲去羞薄才”；卷二八《題大龍湫》：“小儒歎造化，辦此何雄哉”；可以連類。放翁仿作稠疊。《劍南詩稿》卷一六《曉望海山》：“蒼龍下曳尾，卷雨灑炎熱。造物信老手，忽作萬里秋”；卷二五《夏秋之交久不雨，方以旱爲憂，忽得甘澍，喜而有作》：“天公終老手，談笑活焦枯”；又《七月十七日大雨極涼》：“天公老手亦豈難，雨來黑雲如壞山。瓦溝淙淙萬銀竹，變化只在須臾間”；卷四六《魚池水涸，車水注之》：“試手便同三日雨，滿陂已活十千魚”；卷七八《喜晴》：“天公真老手，談笑功皆成。”韓稚圭詩中早已屢道此意，《安陽集》卷六《喜雨》：“始信雲龍施美利，豈勞功力費毫銖”；卷八《喜雨》：“立解焦枯非甚力，不知神化此誰權”；卷一八《喜雨》：“須臾慰滿三農望，却斂神功寂似無”；卷一九《久旱喜雨》：“恩被無垠纔數刻，盡思人力欲何爲”；殊苦造語平鈍，惟“須臾”二句稍佳，皆不如簡齋之簡快，令人眼明也。

【補訂】《苕溪漁隱叢話》後集卷八載世有碑本杜子美畫像，上題詩云：“迎旦東風騎蹇驢，旋呵凍手暖髯鬚。洛陽無限丹青手，還有工夫畫我無”；謂“子美決不肯自作，必好事者爲之”，《滄浪詩話》亦深譏黄伯思以此詩“編入杜集”。竊謂詩語雖拙直，而作意已具椎輪，可以踵事增華。

【補正】汪藻《浮溪集》卷三二《題江南春曉圖》：“何惜扁舟更畫我，要從海際望春歸”；

【補訂】周紫芝《太倉稊米集》卷三十二《雪中歸竹坡》第一首：“烏帽舉鞭誰畫我，固應全似灞橋驢”；與崔德符詩均出此機杼。簡齋《送客出城西》：“鄧州誰亦解丹青”云云胡竹坡

註："杜逸詩：洛陽無限丹青手"云云，蓋亦窺見脈絡。簡齋脱胎换骨，化獷率爲瀟灑，遂成楷式，祖構紛繁。放翁知交中如姜特立《梅山續稿》卷十《野步》："何人三昧手，畫我看秋山"；喻良能《香山集》卷十三《次韻楊廷秀郎中游西湖》第九首："憑誰爲覓丹青手，畫我談詩剩芡時"；與放翁諸句之摹追簡齋，無乎不同。聊爲抉剔，亦可補論簡齋、放翁兩家者所未及也。○《漁翁》云："江頭漁家結茆廬，青山當門畫不如，恨渠生來不讀書，江山如此一句無"，又《乙丑夏秋之交、小舟早夜往來湖中戲成絶句》第十一首云："滿眼是詩渠不管，可憐虚作水邊身。"按簡齋《將至杉木鋪望野人居》云："春風漠漠野人居，若使能詩我不如。"○《霜風》云："豈惟飢索鄰僧米，真是寒無坐客氈。"按張文潛《右史集》卷三十二《寄陳鼎》云："常憂送乏鄰僧米，何啻寒無坐客氈。"○《新夏感事》云："近傳下詔通言路，已卜餘年見太平。"按荆公《讀詔書》云："近聞急詔收羣策，頗説新年又亢陽。"○《感昔》云："尊前不展鴛鴦錦，衹就殘紅作地衣。"按王禹玉《華陽集》卷四《宫詞》云："重教按舞桃花下，只踏殘紅作地裀"，此首誤入花蕊夫人《宫詞》中，《後村大全集》卷一百七十五《詩話》亦引作王禹玉作，厲太鴻《樊榭山房集》卷三《虎阜即事》云："似嫌犖确侵羅襪，却要殘紅作地衣"，善於脱胎。○《無客》云："硯涵鴝鵒眼，香斮鷓鴣斑。"

【補正】放翁《齋中雜題》之三又云："棐几硯涵鸜鵒眼，古奩香斮鷓鴣斑。"

【補訂】按李伯紀《梁溪集》卷八《春晝書懷》云："匣硯細磨鴝鵒眼，茶瓶深注鷓鴣斑"；又朱新仲《灊山集》卷二《書事》

云："洗硯諦觀鸜鵒眼，焚香仍揀鷓鴣斑。"後來如查初白《敬業堂詩集》卷四十八《戲柬高要令王寅采同年》云："硯開鸜鵒眼，香點鷓鴣斑"；

【補正】朱竹垞《風懷》："硯明鸜鵒眼，香鞔鷓鴣肪"；黄仲則《元日大雪》："端坑呵凍暈鸜鵒，閩盞試茶温鷓鴣"；

【補訂】程午橋《今有堂集》卷三《香溪集雲舫喜晤雪莊》云："畫就案閒鸜鵒硯，香殘爐印鷓鴣斑"；尚以此對爲新巧也。○《讀隱逸傳》云："畢竟只供千載笑，石封三品鶴乘軒。"按汪彦章斷句云："人間何事非戲劇，鶴有乘軒蛙給廪"，見《困學紀聞》卷十八引。洪稚存《北江詩話》卷二自記伊犁赦歸抵家日賦一絶，有云："從此却誉閒富貴，蝦蟆給廪鶴乘軒。"○《晚涼》云："近村得雨知何處，此地無風亦自涼。"按徐師川得意聯云："不知何處雨，已覺此間涼"，見《獨醒雜志》卷十。○《文章》云："文章本天成，妙手偶得之。"按東坡《次韻孔毅父集古人句見贈》第三首云："生前子美只君是，信手拈得俱天成。"○《小市》云："客心尚壯身先老，江水方東我獨西。"按東坡《送歐陽主簿赴官韋城》第二首云："江湖咫尺吾將老，汝潁東流子却西"，蓋用《北史·魏本紀》五孝武帝語，馮氏《蘇詩合註》卷三十四未註。清人屢運使之，如

【補正】趙雲崧《甌北集》卷二《北行》之三："雁自南回人亦北，水流東去我偏西"；

【補訂】《全浙詩話》卷四十二載邵兼山《真州别蔣湘帆》云："春水方生君又去，此江東下我西迴"（上句用《三國志·吴書·吴主傳》裴註引孫權與曹操牋語）；黄仲則《兩當軒全集》卷三《十四夜京口舟次送張大歸揚州》云："春水將生君速去，

此江東去我西行”；宋芷灣《紅杏山房詩鈔》卷二《荆山守風》云：“勸君休把石尤罵，君自西征水本東”；張亨甫《思伯子堂詩集》卷十二《口號别葉十三等》第二首云：“雁辭南嚮人同北，水自東流客更西”，鄧湘皋《南村草堂詩鈔》卷十一《泊衡山重寄雲渠》云：“江水東行我西上，嶽雲北去雁南飛。”漁洋《池北偶談》卷十一記董玉虬外遷隴右道留别詩云：“逐臣西北去，河水東南流”，初以爲常語，“後讀《北史》，乃深歎其用古之妙”；不知東坡爲用此事之伐山手，放翁以下皆祇伐材。王景文《雪山集》卷十四《和郭子應》：“我輩不須悲聚散，此江原自有西東”，隱翻古語而已。所舉諸例中必有“偷勢”、“偷意”者，至於隸事屬對全同者，却或出於闇合（參觀《管錐編》論《全上古三代秦漢三國六朝文》第六二“隸事偶合”），未可遽斷爲“偷語”。點金成鐵，亦復有之，《晚涼》以徐師川十字鋪衍爲十四字，冗贅臃腫，是顯例也。至《寄題朱元晦武夷精舍》：“不用采芝驚世俗，恐人謗道是神仙”，反用邵康節《小車吟》：“俯仰之間無所愧，任他人謗是神仙”，乃驅使本朝文獻，不屬玆類。

《甌北詩話》摘放翁佳聯，分爲“使事”、“寫懷”、“寫景”三類，以《西村醉歸》之“酒寧剩欠尋常債，劍不虚施細碎讎”，屬“寫懷”類。竊謂“酒債尋常行處有”，出語本杜甫，人所共知；若對語實取劉叉《姚秀才愛余小劍因贈》短古中語，所謂：“臨行解贈君，勿報細碎讎”，參觀白香山《李都尉古劍歌》云：“不願報小怨，夜半私刺讎”；張祜《書憤》云：“平生鏌鋣劍，不報小人仇”，又貫休《劍客》五律云：“勇死尋常事，輕仇不足論。翻嫌易水上，細碎動離魂”。放翁自註：“見東野詩”，蓋記憶之誤。此一聯亦正以組織成語見長。又如香山《解蘇州自喜》曰："身兼妻子都三口，鶴與琴書共一船"；放翁《題菴壁》本之云："身并猿鶴爲三口，家託煙波作四鄰。"香山《感興》第二首云："樽前誘得猩猩血，幕上偷安燕燕窠"；放翁《小築》本之云："生來不啜猩猩酒，老去那營燕燕巢。"賈浪仙《山中道士》曰："養雛成大鶴，種子作高松"；放翁再三襲之，《開東園路》第三首云："鶴雛養得沖霄漢，松樹看成任棟梁"，《山房》云："老鶴初來未丹頂，穉松親種已虬枝"，《書齋壁》云："買雛養得沖霄鶴，拾子栽成偃蓋松。"此等以及前所舉十數聯，貌若寫景寫懷，實爲運古，甌北尚未能細辨也。

【補訂】"猩猩""燕燕"相儷，亦見皮陸詩文中。皮襲美《重題薔薇》七絶："深似猩猩初染素，輕如燕燕欲凌空"；陸魯望《中酒賦》："徒殲燕燕之髀，浸猩猩之唇。"

【補正】陸魯望《江南秋懷寄華陽山人》又云："桁排巢燕燕，屏畫醉猩猩。"

【補訂】放翁頗鈎摘皮陸詩中新異語；如《江樓醉中作》："死慕劉伶贈醉侯"，文芸閣《純常子枝語》卷四十謂其用皮《夏景沖澹偶然作》："他年謁帝言何事，請贈劉伶作醉侯。"浪仙一聯乃翻用庾子山《奉和趙王隱士》："短松猶百尺，少鶴已千年。"《周易》、《楚辭》相儷，劉文房《感懷》（一作張謂《辰陽即事》）已先發之；"愁中卜命看《周易》，夢裏招魂讀《楚辭》"，較放翁語爲沉摯矣。

即《東園》頸聯之"穿透天心得句歸"，最爲奇警，竊疑亦自劉昭禹《風雪》詩之"句向夜深得，心從天外歸"化出。東坡《東欄梨花》曰："惆悵東欄一株雪，人生看得幾清明"，放翁《老學菴筆記》論之曰："杜牧之有句云：'砌下梨花一堆雪，明年誰此凭欄干。'究竟前人已道之句。"余按東坡《海棠》詩曰："只恐夜深花睡去，高燒銀燭照紅妝"；馮星實《蘇詩合註》以爲本義山之"酒醒夜闌人散後，更持紅燭賞殘花。"不知香山《惜牡丹》早云："明朝風起應吹盡，夜惜衰紅把火看"；東坡斥徐凝爲"惡詩"，而凝自言"一生所遇惟元白"，《翫花》詩第一首云："一樹梨花春向暮，雪枝殘處怨風來。明朝漸較無多去，看到黄昏不欲回。"唐人衰颯之語，一入東坡筆下，便爾旖旎纏綿，真所謂點鐵成金、脱胎换骨者也。

【補訂】香山、義山語意，亦唐人此題中常見者。如王建《惜歡》："歲去停燈守，花開把燭看"；司空圖《落花》："五更惆悵迴孤枕，自取殘燈照落花。"杜牧之《寄杜子》第一首："狂風烈焰雖千尺，豁得平生俊氣無"；放翁《紀夢》第二首："不知挽盡銀河水，洗得平生習氣無"；

【補正】放翁《雜興》之二又云："何由挽得銀河水，淨洗羣生忿慾心。"

【補訂】擬議變化，足比美東坡之於牧之矣。易風吹火爲河瀉水，變發洩之意爲蕩滌之意，所謂"反仿"也（參觀202頁補訂荆公詩註第十九條）。放翁《雨過行視舍北菜圃、因望北村久之》："急趁路乾來寓目，十分閒事却成忙"；又《東籬》云："戲集句圖書素壁，本來無事却成忙。"按《能改齋漫録》卷二："閒人有忙事，俗語也。韓偓詩：須信閒人有忙事，且來衝雨覓漁師。"韓句出《即目》七絶；元微之《永貞二年正月二日閒行曲江》七絶亦云："卻著閒行是忙事，數人同傍曲江頭。"明人小説《貪歡報》第二十回有《閒人忙事》八十二項。

放翁《花時遍遊諸家園》云："常恐夜寒花寂寞，錦茵銀燭按涼州"；撏撦臨摹，相形見絀，視東坡之於小杜，不如遠矣。葉潤臣《橋西雜記》云："嵇承咸《梁溪書畫徵》言其鄉許眉岑仲堪註放翁詩甚詳，未板行。不知存否。許與鮑若洲汀友善，乾嘉時人"云云。余就傅以來，居無錫日少；復遭亂離，名雖故土，實等互鄉。文獻徵存，未知何歲。放翁詩不僻不奧，具休文之"三易"，須註者尟，許書縱佚，無足深惜也。

【補訂】葉氏所引，見嵇承咸《書畫傳習録》癸集，許氏之名"一作美曾"。吾鄉周鎬《犢山類稿》卷三《陸詩選註序》云："吾友許子美尊嘗病陸詩無註，慨然引以自任。拔其尤者，爲家塾課本，一一證明其出處，而疏通其義類。又爲年譜，俾言與時合，事與地副。"則祇是學僮課本之較詳審者。未識許別有劍南全詩箋註否。

【附説十三】知誠齋詩之妙而學之者，以張功甫爲最早。方虚谷《南湖集題詞》引功甫《嘉定庚午自序》，有"得活法於誠齋"之語。《南湖集》卷四《次韻楊廷秀左司見贈》云："願得誠齋句，銘心祇舊嘗；一朝三昧手，五字百般香"；卷七有《懷新筠州楊祕監》第六首自註："誠齋嘗戲余：子詩中老賊也"；皆可徵二人相契之深。功甫詩率滑而不靈活，徒得誠齋短處，然聞見親切，能道著誠齋手眼所在。卷六《誠齋以南海朝天兩集詩見惠，書卷末》有云："筆端有口古來稀，妙悟奚煩用力追。後山格律非窮苦，白傅風流造坦夷"；又卷七《携楊祕監詩一編登舟因成二絶》："目前言句知多少，罕有先生活法詩。"周子充詩典雅平正，詞科作手，故於誠齋詩別有會心；《平園續稿》卷九

《跋楊廷秀石人峯》長篇略謂："今時士子見誠齋大篇短章，七步而成，一字不改，遂謂天生辨才，得大自在。未知公由志學，凡古今名人傑作，無不推求其詞源，擇用其句法，歲鍛月鍊，朝思夕維，然後大悟大徹，筆端有口，句中有眼。"蓋謂誠齋妙悟，正由力追而來也。《劉後村大全集》卷一百七十四謂："今人不能道語，被誠齋道盡"，又謂："誠齋天才，似太白"；與南湖説同。《南宋羣賢小集》第十册葛天民《葛無懷小集·寄楊誠齋》云："生機熟語卻不排，近代獨有楊誠齋，知公别具頂門竅，參得徹兮吟得到。"方虚谷稱誠齋語，散見《瀛奎律髓》中。

【補訂】周子充《平園續稿》卷一《次韻楊廷秀寄題涣然書院》云："誠齋萬事悟活法，誨人有功如利涉"；則誠齋於詩外事亦一以"活法"貫之。南宋後起稱頌誠齋不亞於張功父者，尚有王實之邁、項平甫安世。實之《臞軒集》卷十三《讀誠齋新酒歌、仍效其體》："古來作酒稱杜康，作詩只説杜草堂，舉世無人傳得方，奄有二杜惟一楊"；卷十四《山中讀誠齋詩》："四海誠齋老，千年百卷詩"；卷十六《山中讀誠齋詩》："萬首七言千絶句，九州四海一誠齋。肝腸定不餐烟火，翰墨何曾著點埃。錦瑟月中彈不徹，雲濤天上瀉將來。巴（江字之訛）西社裏陳黄遠，直下推渠作社魁。"傾倒之至，意中直不數放翁。然實之篇什，鮮學誠齋。平甫《平菴悔稿》卷二《題劉都幹所藏楊祕監詩卷》："我雖未識誠齋老，道得誠齋句裏心。醉語夢書詞總巧，坐擒活捉力都任。雄吞詩界前無古，新創文機獨有今。肯爲小山題短紙，自家元愛晚唐吟"，自註："劉自號小山，楊謂劉詩有晚唐風氣"；卷七《用韻贈潘楊》："四海誠齋獨霸詩"；《悔稿後編》卷四《謝張直閣功父示南湖編》："字逢生處安愈穩，語到平時出轉奇，直與誠齋分坐席，定知傳習是宗師”；卷五《曾宣幹焕謂余貌似誠齋》：“雖負江湖真格律，且羸土木僞形骸。”亦推誠齋空掃前人、獨霸當時。自運各體皆有肖誠齋者，七律尤如唐臨晉帖，才思遠在張功父上。平甫《項氏家説》尚流傳於世，《悔稿》若存若亡，厲太鴻撰《宋詩紀事》即未得寓目也。《後村大全集》卷九十七《茶山誠齋詩選序》云：“徐淵子、高續古曾參誠齋，警句往往似之。”余觀高氏《疎寮小集》中詩，殊不似誠齋；徐氏《竹隱集》已失傳，而《後村大全集》卷一百七十九、一百八十《詩話》所稱引淵子詩，則洵堪與誠齋把臂入林，張功父不能望其項背。《宋詩紀事》卷五十三摘取《後村詩話》未全，又自《鶴林玉露》等書增輯八首。弘治本《戴石屏集》卷六《陪徐淵子使君登白雪樓、各賦一詩》附載淵子作七律一首；爬梳叢殘，必猶有可掇拾者在。向來談藝，祇道張功父爲誠齋體“活法詩”，兹復補闕，表章平甫、淵子二人焉。元裕之《遺山詩集》卷十三《又解嘲》第二首：“詩卷親來酒醆疎，朝吟竹隱暮南湖”；即指功父、淵子二家詩，已類聚而並稱之矣。又按《四庫提要》卷一百五十五《竹隱畸士集》稱輯自《永樂大典》，而挪移《後村詩話》中論《竹隱集》語於《竹隱畸士集》，以南宋之徐似道附合於北宋之趙鼎臣，張冠李戴。後村明言徐是“范、陸、楊同輩人”，一作“此公曾見石湖”，《提要》引後村語時削去此句，則非粗心誤會，而是有意欺人；故後村嘗引淵子五七古、律絶等全篇，館臣概未收入集中、拾《大典》之遺。彌縫心苦，而不免捉襟肘見矣。《竹隱畸士集》卷十四《七進》乃元金華潘祖仁作；潘號“竹隱老人”，見吴師道《吴禮部文集》卷十二《七進圖記》，又吴氏《敬鄉録》全載此文，館臣誤收。

《歸潛志》卷八記李屏山好誠齋，且曰：“活潑剌底人難及。”李敬齋《古今黈》卷八稱誠齋詩“句句入理”。《宋詩鈔》中吕晚村作誠齋小傳，至曰：“不笑不足以爲誠齋之詩”；鈔誠齋最多，放翁次之，東坡又次之。《四明四友詩》中，舍北溟外，參觀《次韻答張德符》。皆參誠齋，南溪爲劣，西郭較優；東門、南溪稱金介山學誠齋，則余未見。徐山民重刊《誠齋詩集》，趙甌北爲作序，論誠齋“争新，在意不在詞，往往以俚爲雅，以稚爲老”。《隨園詩話》推誠齋語，則世所熟知。沈西雍《柴辟亭詩集》卷一《題楊誠齋集後》云：“活句能參近自然，青蓮以後此詩仙。椒花雨酒梅花粥，酹爾盈甌當菊泉。”近人陳石遺先生亦最嗜誠齋，詳見其《詩話》及《談藝録》。然以余所見，自宋至清，稱道誠齋者，無如潘定桂子駿；《楚庭耆舊遺詩》後集卷十九載其《三十六峯草堂詩鈔》中《讀誠齋詩》七律九首，句如云：“精靈别闢一山川，百尺靈叢直到天”，“玉戚朱干爲大武，蕢桴土鼓出元音”，“每於人巧俱窮處，直把天工掇拾來。餐到韭蓱驚異味，陶成瓦礫亦詩材”，“但愛縱横穿月窟，絶無依傍寄人籬”，“公子荷衣清絶俗，天孫雲錦巧翻新”，可謂長言永歎者矣。至作詩學誠齋，幾乎出藍亂真者，七百年來，唯有江弢叔；張南湖雖見佛，不如弢叔之如是我聞也。世人謂《伏敔堂集》出於昌黎、東野、山谷、後山，蓋過信彭文敬、李小湖輩序識耳。

【補訂】清詩家誦説誠齋者又得數人。焦廣期《此木軒詩》卷十《閱宋人詩集》第十六首：“千妖百怪供驅使，頗覺誠齋氣力全。杜叟一燈分自可，若爲更説李青蓮”，自註：“此辯後村論楊陸之非”；同卷《牛喫草》五古《序》：“楊廷秀有句云：‘一牛喫過柳陰西。’愛其工於體物，爲賦《牛喫草》一篇，以當箋註”；卷十一《與友人論詩漫題》第三首：“西子何曾值一錢，誠齋老眼識妖妍。金鎞直是無施手，讀盡唐詩總枉然。”王雨豐霖《弇山詩鈔》卷二《雲龍歌次楊誠齋韻即效其體》、《題誠齋放翁集後》、《江上送春效誠齋體》、《次韻誠齋初夏、即效其體》，卷九《燈下讀東坡詩集用誠齋謝福建茶使吴德華送東坡新集并效其體》，卷十六《次韻誠齋買菊即效其體》；尚有顯效誠齋體而未明言者，如卷二《暴熱午睡起見畫梅喜作長句》是。然雨豐宗尚，首爲放翁，如卷九《讀范陸二家詩》第二首：“有時偶弄狡獪，何曾全類俳諧；若非我翁自道，誰謂不如誠齋”；卷十八《十月十七日放翁先生生日》：“少從萬首傳心印（自註：予年十四學詩，即瓣香先生），老認三山是本師。”重刊《誠齋詩集》之徐山民達源好友顧畇《殘夜水明樓詩集》卷二《讀楊誠齋詩集》七古有云：“惟有先生矜獨造，亂頭粗服看亦好。十年學語苦未佳，金丹換骨請學楊誠齋。”奚鐵生岡《冬花菴燼餘稿》卷上《夜讀楊誠齋詩》“憶昔頗自鄙，不讀誠齋詩。今宵春燈下，展卷始覺奇。字字出真性，語語生遐思。我不如誠齋，放翁不吾欺。”屠孟昭倬嘗從鐵生學畫，與郭頻伽交好齊名，亦嘗學誠齋詩。《是程堂集》卷七《讀楊誠齋詩》：“百三十卷誠齋集，亦有蘇黄亦杜韓。公論自推南宋冠，真詩不解世人看。得秋氣候文章健，處國危疑涕淚乾。誰把頭顱寄孤憤，南園記好却權奸”；《二集》卷一《題王石谷畫》：“我初學畫學檀園，頗將筆力破籬藩。誠齋詩格正相似，自謂當在二子間。”江弢叔以前，清詩人入誠齋之室者惟郭頻伽。《靈芬館詩初集》卷四《寄湘湄淮陰》云："我弟近爲詩，懇苦思自立，喜學楊誠齋，得五輒拔十"，然卷二起已有剽捷爽利之"活法詩"矣。《二集》卷一《書寄舍弟書後》第八首："黄色眉間定有無，報君一事意何如。江西道院《朝天集》，新得人間未見書"；同卷《仙林寺即事》第三首："此間曾著宋詩人（自註：楊誠齋曾居此），一集《朝天》有寺名。恰得遺編銷永夜，又緣無睡惱比鄰。似言辛苦成何事，便到渠儂作麽生。一笑推書倒枕卧，千秋萬歲總微塵"；卷二《丹叔手鈔誠齋詩集竟，校讎一過，輒書其後》有云："嘔心怵腎更雕肝，走盡詩家十八盤。活句未應無法在，當時原不要人看"，又云："范、陸、尤、蕭張一軍，天然風骨更超群。先生肯作隨人計，後世知誰定我文。"其《樗園消夏録》卷下云："今年於杭州書肆，得楊誠齋集，手自校勘"；《初集》卷二有詩題：《買得宋人詩鈔、後半頗爲蠹損、沈生志香爲余補綴完好、書此謝之》，當是在吕晚村、吴孟舉之《宋詩鈔》中先已得讀誠齋詩矣。《夔餘叢話》卷六云："竹垞晚歲論詩，往往譏切時人之爲宋詩，尤以誠齋爲俚俗。然誠齋自有其能成家者；放翁詩：'吾不如誠齋'，豈特爲讋言以貢諛哉。楊失之流易，近乎俚俗，陸失之平熟，近乎粗率"；即《三集》卷三《楊陸譚詩圖》所謂："二老年齒略相等，亦如詩格無低昂。"于星伯源《燈窗瑣話》卷二云："郭頻伽丈嘗選輯《誠齋集》，丹叔手録一過。《靈芬》、《山礬》集中頗自矜賞，徐山民待詔刻之。"是頻伽不特師法誠齋，抑且弘宣教化，洵南宋以來楊門之大功臣也。袁子才《隨園詩話》卷八以人道其詩似誠齋，遂推誠齋"天才清妙，絶類太白"，卷九論"音節清脆"，舉太白、飛卿、誠齋、雁門、青邱、黄莘田六家，不倫不類。竊疑畧窺一斑半爪，非出真知深賞。吴程九名父之子，而不屑依傍乃翁籬下，一變有正味齋綺麗之體，卓爾成家。鍾駿聲《養自然齋詩話》謂其詩宗誠齋，余取《笏菴詩》二十卷讀之，乃大不然。吴氏祈嚮東坡，次則放翁，又嘗問詩於翁覃谿，亦偶染指山谷，卷六《讀黄文節公集》有句云："黄詩少所習，初若逆梳髮"，取譬新警。後乃知鍾氏耳食錢星湖儀吉之説耳。星湖《衎石齋晚年詩稿》卷四《讀吴笏菴詩集却寄》第二首："集中瘦句似誠齋，詩到誠齋孰見佳。百丈孤藤梟深壑，二更明月落清淮"；然《笏菴詩》卷十一《奉酬錢星湖給諫》第一首即曰："誠齋本不如放翁"，已隱示師承别有所在矣。要之，清中葉以後，於誠齋漸多灼見真知，非復有明之道聽塗説。明人通雅如李賓之，《懷麓堂詩話》竟云："楊廷秀學李義山，更覺細碎"，豈非嚮壁虚造或醉夢囈語哉。

三四

《養一齋詩話》卷四、卷五皆謂，放翁雖嘗云：“文章光燄伏不起，甚者自謂宗晚唐”，而所作《閒居》、《遣興》七律，時仿許丁卯云云，頗有見地。《瀛奎律髓》卷十六曾茶山《長至日述懷》詩原批早言：“放翁出其門，而詩在中唐晚唐之間，不主江西。”養一所引“文章”二句，見《追感往事》第三首。《記夢》又云：“李白、杜甫生不遭，英氣死豈埋蓬蒿。晚唐諸人戰雖鏖，眼暗頭白真徒勞”；《示子遹》云：“數仞李杜牆，常恨欠領會。元白纔倚門，温李真自鄶”；《宋都曹屢寄詩作此示之》有云：“天未喪斯文，杜老乃獨出。陵遲至元白，固已可憤疾。及觀晚唐作，令人欲焚筆。”然放翁時用白香山句，《自詠》且云：“閉門誰共處，枕藉樂天詩”；

【補訂】焦廣期極推放翁，《此木軒詩》卷十《閱宋人詩集》第十二首：“一飯思君老病身，劍南真與浣花鄰。詩家若論興王數，五百年間一聖人”；第十三首：“彈丸脱手如兒戲，射的當心是老成。寄語香山教化主，君家恰有好門生”，自註：“亦謂放翁也。前詩以陸配杜，此更爲白之門生。或頗怪之。不知李、杜、元、白如齊、晉、秦、楚四大國，未可輕議優劣也。”

似未覩放翁"元白纔倚門"、"凌遲至元白"等句者；特不知渠雖"枕藉樂天詩"，聞"門生"之稱，亦甘受耶。諸襄七錦詩體奥澀，而於放翁，頗識異量之美；《絳跗閣詩集》卷五《讀劍南詩集》："乍閲頗易之，一日一寸并。如人飲甘酒，酒盡無醉醒。又如覽平山，山盡無峥嶸。千萬間廣厦，七百里連營。漸老出鍛鍊，希聲發韺韶。悠然正始餘，鐵中見錚錚。""又如"六句，頗工揣稱。諸焦兩家集皆未見有稱引者。

《假中閉户終日偶得絶句》第三首云："剩喜今朝寂無事，焚香閑看玉谿詩"；《楊廷秀寄南海集》第二首云："飛卿數闋嶠南曲，不許劉郎誇竹枝。"以此類推，其鄙夷晚唐，乃違心作高論耳。集中讀樂天詩一絶後，即繼以讀許渾詩云："若論風月江山助，丁卯橋應勝午橋。"《渭南文集》卷二十八《跋許用晦丁卯集》云："在大中以後，亦可爲傑作。自是而後，唐之詩益衰矣。"賞識丁卯，隱然欲别之出於晚唐；養一何不引此一詩一文爲其論之顯證乎。江西宗派懸晚唐爲厲禁，陳後山《次韻蘇公西湖觀月聽琴》末韻即曰："後世無高學，末俗愛許渾。"參觀《瀛奎律髓》卷十許渾《春日題韋曲野老村舍》批語。放翁嗜好，獨殊酸鹹，良由性分相近。譬如丁卯《陵陽初春日寄汝洛舊遊》云："萬里緑波魚戀釣，九重霄漢鶴愁籠"；放翁反其意《寄贈湖中隱者》云："萬頃煙波鷗境界，九天風露鶴精神。"丁卯《贈王山人》云："君臣藥在寧憂病，子母錢成豈患貧"；放翁《幽居夏日》放其體云："子母瓜新間奠俎，公孫竹長映簾櫳"；此皎然《詩式》所謂"偷格"，可補養一齋所未及。

【補訂】放翁一時興到，越世高談，不獨説詩（參觀《管錐編》論《全上古三代秦漢三國六朝文》第二一八"頭陀寺碑文"、

《宋詩選註》陸游《醉歌》註）。自語相違，渾然不覺，慨然不惜，粗疎而益嫵媚矣。方虚谷《桐江集》卷一《滄浪會稽十詠序》早曰："學唐人丁卯橋詩逼真而又過之者，王半山。陸放翁集中多有其體。"《桐江集》卷五《劉元暉詩評》亦摭取後山"末俗愛許渾"句，張皇其詞。竊意胡應麟語較得其真，《少室山房筆叢》卷二十三云："無己學杜，與許渾絶不同，言自應爾。然亦趁渾字韻；不然，區區一丁卯，何苦發此機耶?"（參觀《管錐編》論《史記會註考證》第四九"中必疊雙"）。然宋末江湖派與江西派争霸，虚谷門户見深，喜後山語之利於己也，遂奉趁韻孱句爲王言聖誥，自張聲勢耳。明人如楊升菴至斥丁卯"淺陋極矣，乃晚唐之最下者"；賀黄公《載酒園詩話》卷一曰："愚意淺則有之，陋亦未然。晚唐不及許者，更自無限。"馮孟亭《玉谿生詩註》卷三《淚》註引錢龍惕曰："陸游效之，作《聞猿》詩。"《詩人玉屑》卷十八引《雪浪齋日記》載蔡天啓句："柳間黄鳥路，波底白鷗天"，此處"天"字即放翁所謂"鷗境界"也。

放翁五七律寫景叙事之工細圓匀者，與中晚唐人如香山、浪仙、飛卿、表聖、武功、玄英格調皆極相似，又不特近丁卯而已。如《到嚴州十五晦朔》之"名酒過於求趙璧，異書渾似借荆州"，與表聖之"得劍乍如添健僕，亡書久似憶良朋"，機杼如一。《書房雜書》之"世外乾坤大，林間日月遲"，似杜荀鶴之"日月浮生外，乾坤大醉間"，按范石湖《元日》亦云："酒缸幸有乾坤大，丹竈何憂日月遲"。

【補訂】此對早成濫調。如曹唐《劉阮洞中偶仙子》："碧莎洞裏乾坤别，紅樹枝前日月長"；邵堯夫《擊壤集》卷十三《何處是仙鄉》："静處乾坤大，閒中日月長。"放翁套語不必出於杜荀鶴也。

《荷鋤》之"膽怯沽官釀，瞳昏讀監書"，似杜荀鶴之"欺春祗愛和醅酒，諱老猶看夾註書"。竊以爲南宋詩流之不墨守江西派者，莫不濡染晚唐。陳剛父《題陳景説詩稿》第一首謂："今人宗晚唐，琢句亦清好"；趙汝回作薛雲泉《瓜廬詩》序，宋伯仁自作《雪巖詩》序，皆以江西派與晚唐體對舉。武朝宗《適安藏拙乙稿·送劉後村被召》云："細評南嶽稿，遠勝後山詩"，相提並論，門户顯然。《隱居通議》卷十《劉五淵評論》條謂："江西派猶佛氏之禪、醫家之單方劑，近年永嘉，復祖唐律。由是唐與江西相抵軋"云云。大家如後村、水心等集所記載，亦多資佐證。

【補訂】《誠齋集》卷十六《送彭元忠縣丞北歸》："學詩初學陳後山，霜皮脱盡山骨寒。近來别具一隻眼，要蹈唐人最上關。"《桐江集》卷四《跋趙章泉詩》："不爲晚唐，亦不爲江西。"趙子固《彝齋集》卷三《孫雪齋詩序》："竊怪夫今之言詩者，江西晚唐之交詆也；彼病此冗，此詈彼拘。"趙儀可《青山集》卷四《詩人堂記》："下者晚唐江西。"餘參觀《宋詩選註》徐璣篇。《山谷老人刀筆》卷四《與趙伯充》："學老杜詩，所謂刻鵠不成，尚類鶩也；學晚唐諸人詩，所謂作法於涼，其弊猶貪，作法於貪，弊將若何。"故江西末派聲斥晚唐，放翁遂亦揚言晚唐"自鄶"。然山谷得法義山，雖方虛谷亦無能諱。祖師垂教，往往僅立大本，徵其自運，初勿拘泥；兒孫輩鈍者參死句，慧者爲彌縫耳。

蓋分茅設蕝，一時作者幾乎不歸楊則歸墨。方虛谷《瀛奎律髓》中批語，尤耐玩味。如卷十杜工部《立春》批語云："晚唐之弊，既不敢望此；江西之弊，又或有太粗疏而失邯鄲之步”；卷十六謝無逸《社日》批語云：“學晚唐人厭江西詩，如師川詩不律不精，可厭也。至如無逸、幼槃兄弟詩自佳。”皆針對南宋詩派而發。紀文達似未會虚谷陳古刺今之微旨，故卷二十三姚合《題李頻新居》、方批欲“學者自姚合進而至賈島，自賈島進而至老杜”，紀批斥爲“欺人之語，猶北行而適越”。不知虚谷欲融合兩派，統定一尊，曰“老杜”而意在江西派，曰“姚賈”而意在永嘉派；老杜乃江西三宗之“一祖”，姚賈實永嘉四靈之“二妙”，按趙紫芝選《二妙集》。使二妙可通於一祖，則二派化寇仇而爲眷屬矣。

【補訂】參觀《桐江集》卷四《跋許萬松詩》：“晚唐者特老杜之一端。老杜之作包晚唐於中，而賈島、姚合以下得晚唐之一體。”同卷《跋仇仁近詩集》：“老杜詩、晚唐特其一端。”

同卷陳簡齋《放慵》，方批謂“薰”字“醉”字“下得妙，又何必專事晚唐”，紀批駁之謂“此正晚唐字法”。不知虚谷意謂江西派兼有晚唐之妙，學晚唐者乃自外而另立壇坫，甚無謂也；虚谷爲南宋之晚唐派忠告，文達謂簡齋字法正自晚唐來，則指盛唐後之晚唐詩人，宜其鑿枘矣。戴東野《農歌集》卷四《答妄論唐宋詩體者》一律，已見前引，所謂“唐宋”，亦作如是觀，與明人之言唐宋詩，涵義不盡合也。楊誠齋《讀笠澤叢書》第一首云：“晚唐風味誰同賞，近日詩人輕晚唐”；是亦心好晚唐，“近日詩人”者，其同鄉江西派中人耳。《荆溪集》自序云：“學半山七字絶，晚乃學絶句於唐人”；《讀唐人及半山詩》又云：“半山便遣能參透，猶有唐人是一關”。按《誠齋詩話》云：“五七言絶句最少而最難工，晚唐人與王介甫最工於此”；可見“唐人”實即

"晚唐人"。

【補訂】誠齋《答徐子材談絶句》:"受業初參王半山,終須投換晚唐間";亦見《荆溪集·自序》等所云"唐人"正是"晚唐"人。參觀第318頁引誠齋《送彭元忠》七古;"唐人"指江湖派之晚唐,猶"後山"概江西派也。誠齋"原愛晚唐吟",見第309頁引項平甫詩。四靈而還,宋人每以"唐"詩指"晚唐"詩,如《水心集》卷十二《徐斯遠文集序》、《習學記言序目》卷四十七論荆公七絶、《桐江集》卷一《滕元秀詩集序》等。周南《山房後稿》有七絶題爲《讀唐詩》,而詩曰:"却是晚唐工狀物,手調烟露染天青。"明人言"唐詩",意在"盛唐",尤主少陵;南宋人言"唐詩",意在"晚唐",尤外少陵。此其大校也。

楊、陸兩詩豪尚規橅晚唐,劉後村、陳無咎、林潤叟、戴石屏輩無論矣。誠齋肯説學晚唐,放翁時時作喬坐衙態,訶斥晚唐,此又二人心術口業之異也。《後村詩話》云:"誠齋天分似太白,放翁學力似少陵",比擬尚非不倫。然放翁頗欲以"學力"爲太白飛仙語,每對酒當歌,豪放飄逸,若《池上醉歌》、《對酒歎》、《飲酒》、《日出入行》等篇,雖微失之易盡,如桓宣武之於劉越石,不無眼小面薄聲雌形短之恨,而有宋一代中,要爲學太白最似者,永叔、無咎,有所不逮。同時劉改之《龍洲集》中七古,亦多此體,傖野粗獷,信似京東學究飲私酒、食瘴死牛肉,醉飽後所發,與放翁雅俗相去,不可以道里計矣。

三五

放翁多文爲富，而意境實匙變化。古來大家，心思句法，複出重見，無如渠之多者。《曝書亭集》卷四十二《書劍南集後》譏其“句法稠疊，令人生憎”，舉例頗繁。《甌北詩話》卷六復摘其複句數聯。玆聊補益二家所未及，以見甌北所謂“遣詞用事，少有重複”云云，實偏袒之詞也。許丁卯律詩複句亦多，參觀《韻語陽秋》卷一。翁信其別傳哉。《閬中作》云：“三疊淒涼渭城曲，數枝閑淡閬中花”；《小圃獨酌》云：“數點霏微社公雨，兩叢閑淡女郎花。”《自唐安徙家來和義》云：“身如林下僧，處處常寄包；家如梁上燕，歲歲旋作巢”；《病中簡仲彌性等》云：“心如澤國春歸雁，身是雲堂早過僧”；《寒食》云：“身如巢燕年年客，心羨遊僧處處家”；《秋日懷東湖》云：“身如巢燕臨歸日，心似堂僧欲動時”；《夏日雜題》云：“情懷萬里長征客，身世連牀旦過僧”。《晚興》云：“客散茶甘留舌本，睡餘書味在胸中”；《風雨夜坐》云：“欹枕舊遊來眼底，掩書餘味在胸中。”《閉門》云：“研朱點《周易》，飲酒讀《離騷》”；《小疾謝客》云：“癡人未害看《周易》，名士真須讀《楚辭》”；《六言雜興》云：“病裏正須《周易》，醉中卻要《離騷》”；《書懷示子遹》云：“問看飲酒詠《離騷》，何似焚香對《周易》"；《遣懷》云："窮每占《周易》，閒唯讀楚《騷》"；《自貽》云："病中看《周易》，醉後讀《離騷》"；《讀書》云："病裏猶須看《周易》，醉中亦復讀《離騷》"；《雜賦》云："體不佳時看《周易》，酒痡飲後讀《離騷》。"《自嘲》云："清心不醉猩猩酒，省事那營燕燕巢"；《小築》云："生來不啜猩猩酒，老去那營燕燕巢"；《感事》云："已醉猩猩猶愛屐，入秋燕燕尚争巢。"《戲書燕几》云："少通朝籍讒銷骨，晚畏京塵悔噬臍"；《雜感》云："早仕讒銷骨，遲歸悔噬臍。"《小園花盛開》云："鴨頭緑漲池平岸，猩血紅深杏出牆"；《春行》云："猩紅帶露海棠濕，鴨緑平堤湖水明。"《閑中》云："活眼硯凹宜墨色，長毫甌小聚茶香"；《書室明暖》云："重簾不捲留香久，古硯微凹聚墨多。"《戲遣老懷》云："阿囝略如郎罷老，稺孫能伴太翁嬉。花前騎竹强名馬，階下埋盆便作池"；《書適》云："老翁垂七十，其實似童兒。羣嬉累瓦塔，獨立照盆池"；《戲詠》云："此身猶老健，隨處且兒嬉。累瓦初成塔，埋盆又作池"；《秋晴每至園中戲示兒子》云："老翁七十如童兒，置書不觀事游嬉。園中壘瓦强名塔，庭下埋盆聊作池。"《試茶》云："難從陸羽毁茶論，寧和陶潛止酒詩"；《戲述淵明、鴻漸遺事》云："品茶未及毁茶妙，飲酒何如止酒高。"按東坡《次韻江晦叔兼呈劉器之》云："歸來又見顛茶陸，多病仍逢止酒陶"，已以二人作對。《哀獨孤生》云："氣鍾太華中條秀，文在先秦兩漢間"；《出遊歸鞍上口占》云："寄懷楚水吴山裏，得意唐詩晉帖間。"《寄二子》云："得官本自輕齊虜，對景何當似楚囚"；《觀諸將除書》云："得官若使皆齊虜，對泣何疑效楚囚。"《初夏出遊》云："犉牛將犢過，雄雉挾雌飛"；《舍北溪上垂釣》云："風和山雉挾雌過，村晚吴牛將犢歸。”《書房雜書》云：“世外乾坤大，林間日月遲”；《幽居述事》云：“壺中自喜乾坤别，局外原知日月遲。”《雨夜歎》云：“開元貞觀事誰問，温洛滎河塵未清”；《客去追記》云：“建隆乾德開王業，温洛滎河厭戰塵。”《舟中作》云：“隔葉雌雄鳴谷鳥，傍林子母過吴牛”；《幽居夏日》云：“子母瓜新間奠俎，公孫竹長映簾櫳。”《新歲頗健》云：“神光出背夜穿帳，胎髪滿頭晨映梳”；《養生》云：“兩背神光穿夜户，一頭胎髮入晨梳。”此類殆難悉數。

【補訂】《六藝示子聿》：“沛然要似禹行水，卓爾孰如丁解牛”；《題酒家壁》：“智若禹行水，道如丁解牛”；按山谷稱後山“讀書如禹之治水”，見《豫章文集》卷十九《答王子飛書》、又《後山詩集》首王雲《題記》。《孤學》：“家貧占力量，夜夢驗工夫”；《明日又作長句自規》：“醉猶温克方成德，夢亦齋莊始見功”；《勉學》：“學力艱危見，精誠夢寐知”；《書生》：“夢寐未能除小忿，文辭猶欲事虚名。”皆詞重意複。《劍門道中》：“此身合是詩人未，細雨騎驢入劍門”，千古傳誦；而《岳陽樓再賦一絶》：“不向岳陽樓上望，定知未可作詩人”，亦大似不惜捲簾再顧也。沈確士《歸愚詩鈔·餘集》卷七《書劍南詩稿後》：“劍南詩草多復多，中間豈無複與訛。後人嗤點太容易，以枚數闔傷繁苛”，自註謂朱竹垞。甌北及余亦“太容易”而“傷繁苛”者乎。又按檢點身心，不遺夢寐，乃宋儒所謂“持敬”工夫（參觀《管錐編》論《列子張湛註》第四“夢”）；周櫟園《書影》卷一載其父坦然《觀宅四十吉祥相》之二十四云：“凡夢皆可告人”（參觀《尺牘新鈔》三集卷十四周文煒《與人》），即其意。放翁作此等語，望道之高，律己之嚴，直似優入聖域矣。余嘗見中世紀一教士(Fulbert)所撰《貞潔進階》詩(*Castitatis gradus*),以醒時(dum vigilas)見色聞聲而不動心等分爲五級，以眠無褻夢爲最高層，非人力所能臻，必賴基督垂祐，庶造斯境(ultimus in somnis phantasmate ludi:/ Hoc sibi nemo rapit,sed Chris Christi gratia praestat)。見 Remy de Gourmont,*Le Latin mystique*,196。不如吾國理學家之自信克己而不乞靈於神助也。

古詩如《寒夜遣懷》、《前春愁曲》、《春愁》、《江樓吹笛飲酒大醉》作，亦詞意相複。他若“夏淺勝春”、“莫安排”、“蹬蹭”、“輪囷”、“兀兀”、“騰騰”等成語，“葛天民”、“濟元元”等結語，皆屢用不一用，幾乎自作應聲之蟲。似先組織對仗，然後拆補完篇，遂失檢點。雖以其才大思巧，善於泯迹藏拙，而湊填之痕，每不可掩。往往八句之中，啼笑雜遝，兩聯之内，典實叢疊；於首擊尾應、尺接寸附之旨，相去殊遠。文氣不接，字面相犯。例如《秋夜示兒輩》首句云：“誰知垂老歎途窮”，而中間侈陳鄉居魚米之樂，則奚以歎爲。又如《飲酒》一首，以“虎口”、“蟹螯”、“牛角”、“虎頭”分列項腹兩聯，絶無章法，祇堪摘句。其製題之寬泛因襲，千篇一律，正以非如此不能隨處安插佳聯耳。詩中議論，亦復同病。好正襟危坐，講唐虞孔孟，説《論語》《孝經》，誦典墳而附洙泗，攘斥佛老百家，謂爲淫詞異端，《秋夜紀懷》五律第二首、《書感》五古、《羲農》五律、《示子聿》五律、《雜興》六言、《志學》七律、《讀書有感》七律、《蕩蕩》七律。至以步兵非禮法爲可誅，《讀阮籍傳》七絶。以宣尼推老子爲虚妄。《讀老子傳》七絶。而丹竈道室，尺宅寸田，言之津津。謂闢佛可笑，如愚公移山，《醉歌》。謂老子祇言清淨，丹經丹方皆糟粕無用；

《憫俗》七古、《讀老子》七古。而又曰："人間事事皆須命，惟有神仙可自求。"《讀仙書作》。"子有金丹鍊即成，人人各自具長生。"《金丹》。讀書貴博而精，《讀經示兒子》五律、又《渭南文集·萬卷樓記》。而又曰："一指頭禪用不窮，一刀匕藥去騰空；汗牛充棟成何事，堪笑迂儒錯用功。"《冬夜讀書》。幾不似朱子學侶語，雅近宗杲、象山輩議論矣。甌北於放翁道學詩，如《示鄰里》七絶、《讀書》、《誦書示子聿》七古、《後書感》五古、《羲農》五律、《老學菴》、《聖門》、《書生》等七律，皆不之舉，寥寥引數章，遽謂放翁得力性理。夫南宋詩人，於道學差有分者，吕本中、楊誠齋耳；放翁持身立說，皆不堪與此。甌北未嘗深究性理之書，故不知詩人口頭興到語，初非心得；據爲典要，尊之適所以困之。

【補訂】放翁師曾吉甫《茶山集》卷一《陸務觀讀道書，名其齋曰玉笈》："賢哉機雲孫，道眼極超勝。殺青貝多葉，收貯腹中竟。慨然發琅函，窗白棐几浄。三家一以貫，不事頰舌競"；是放翁欲融貫三教，而非攘斥二氏也。放翁《羲農》云："羲農去不返，釋老似而非"；惡二氏之近似亂真，如鄉願之爲德賊。《讀老子》則云："孰能試之出毫芒，末俗可復躋羲黄"；《讀老子有感》亦云："孰爲《武成》二三策，寧取道德五千言。安得深山老不死，坐待古俗還羲軒"；是稍出老經之緒餘，末俗之返羲農，已可坐而待矣。《斯道》云："乾坤均一氣，夷狄亦吾人"；胞與胸懷，廣大教化，視少陵《有感》之"不過行儉德，盗賊本王臣"，有過無不及；亦如《雜感》第一首云："孔欲居九夷，老亦適流沙。忠信之所覃，豈間夷與華。"而《聞虜酋遁歸漠北》云："妄期舊穴得孳育，不知天網方恢恢。

老上龍庭豈不遠，漢兵一炬成飛灰"；又《塞上曲》云："窮荒萬里無斥堠，天地自古分夷華。青氈紅錦雙奚車，上有胡姬抱琵琶。犯邊殺汝不遺種，千年萬年朝漢家"；是欲追窮寇而殲遺種矣。皆兩意牴牾。詩人隨時即興，不妨東食西宿之兼；理學家陳義垂教，則頓如南轅北轍之背焉。參觀第 170－171 頁。《自儆》曰："學當盡力去浮華，從事文詞但可嗟"；《老學菴詩》曰："文詞終與道相妨"；《雜感》第四首曰："文詞害道第一事，子能去之其庶幾。"周子《通書》："文乃虚車"；《晁氏客語》："石子殖以唐人詩爲無益語"；吕與叔遊伊川門賦詩："學如元凱方成癖，文到相如始類俳。"放翁習氣未湔，作門面套語，使如甌北之認以爲真，則劍南萬首，不將責放翁自燒卻乎。朱子作《參同契考異》，自諱其名爲"空同道士鄒訢"，而詩集中如《久雨齋居誦經》、《步虚詞》之類，攻乎異端，赫然不稍掩飾。又一詩題云：《多言害道、絶不作詩、至日讀大學誠意章有作》，然吟弄酬應之什，仍復層見疊出。蓋道學家亦知詩是奉敕亂道，初不計後人鼈廝踢、固執而盡信也。至放翁詩中，居梁益則憶山陰，歸山陰又戀梁益，此乃當前不御，過後方思，遷地爲良，安居不樂；人情之常，與議論之矛盾殊科。甌北又引其自詠草書之作，以爲"工力出神入化，惜今不傳"云云。按放翁書法，實非至工，學東坡書，差免疲偃；亦猶范石湖書學襄陽，未至欹斜而已。按"疲偃""欹斜"，乃《長公外紀》趙子固論蘇米書語。南宋人書多取逕本朝，師法不高。甌北未見放翁字跡，徒據詩中自誇語，遂有聲聞過情之慕，真所謂盡信書不如無書者。

【補訂】同時人稱放翁書者，衹見喻叔奇良能《香山集》卷九《過嚴瀨寄陸守務觀》："翰墨場中老伏波，揮毫快馬下晴坡。

擬求墨妙輝衡宇，應有黄庭换白鵝。”

且漁洋《居易録》記卞令之所藏放翁行書五古一則，甌北何不引爲佐證乎。放翁有《予素不工書，故硯筆墨皆取具而已，作詩自嘲》五古一首，又《作字》五律云：“老夫端可愧，頭白未名家”；甌北不應未見。想渠於放翁，頗相沆瀣，曲意衛護，放翁與韓侂胄因緣，亦强爲解説。陳振孫《直齋書録解題》卷十八謂韓氏用事，放翁掛冠久矣，有幼子澤不逮，乃爲侂胄作《南園記》；劉壎《隱居通議》卷二十一論放翁四六，謂放翁本欲高蹈，一日有妾抱其子來前曰：“獨不爲此小官人地耶”，乃降節從侂胄游。甌北未引，倘爲賢者諱耶。閻百詩《潛邱劄記》卷四《跋堯峯文鈔》曰：“何屺瞻告余，放翁之才，萬頃海也。今人第以其‘疏簾不捲留香久’等句，遂認作蘇州老清客耳。余爲失笑”云云。夫以放翁爲“清客”，固淺之乎視斯人，而甌北以放翁爲道學，俞理初《癸巳存稿》卷四至羅列放翁詩句，標曰：“放翁教子法”，似又皆失之過鑿。俞氏且曰：“放翁教子主寬，其子之才質亦宜於寬”云云；不曰放翁性寬易，而武斷曰其子不宜峻教，豈非附會。《吹劍録》外集載其子貪酷殺民燒屋等事，倘亦“主寬”之效耶。

【補正】原引《吹劍録》記放翁子宰金淵，爲政苛酷，“提兵劫取，縱火焚燒”，引劉宰詩爲證。按劉氏《漫塘文集》卷三《寄陸大夫》七律是也。

夫放翁天姿和易，不特教子爲然。故讀《論語》，則有取於“恕”；讀本朝理學，則有取於“莫安排”。《冬夜對書卷有感》云：“一言惟恕可銘膺”；《跋吕文靖門銘》云：“聖門恕爲一字銘”；《村舍雜興》第二首云：“昔人言可用，第一忌安排”，自

註："徐仲車有請問於安定先生，先生曰：莫安排"；《兀坐久散步野舍》云："先師有遺訓，萬事忌安排"，自註："胡翼之先生教徐節孝曰：莫安排"；《北齋書志示兒輩》云："萬事忌安排"，自註："徐仲車聞安定先生莫安排之教，所學益進"。

【補訂】《邵氏聞見後録》卷四、《清波雜志》卷九皆記安定一日獨召仲車食，二女子侍立；仲車問："或問見侍女否，將何以對。"安定曰："莫安排。"仲車大悟。《雜志》云："此段載在哲宗實録，乃元豐八年事。"

俞氏徒以寬和爲因才施教，亦未爲顯處視月也。按《宋元學案》卷九十八以放翁附王氏新學，僅據《困學紀聞》引"聖門恕爲一字銘"云云，餘皆未録。且放翁自有《家訓》，俞氏不道，更爲失之眉睫矣。

三六

放翁高明之性，不耐沈潛，故作詩工於寫景敘事。翁愛讀《黄庭經》，試將琴心文斷章取義，以評翁詩，殆奪於“外象”，而頗闕“内景”者乎。其自道詩法，可以作證。《九月一日夜讀詩稿走筆作歌》云：“四十從戎駐南鄭，酣宴軍中夜連日。琵琶弦急冰雹亂，羯鼓手匀風雨疾。詩家三昧忽見前，屈賈在眼原歷歷。”《題蕭彦毓詩卷後》云：“法不孤生自古同，癡人乃欲鏤虚空。君詩妙處吾能識，正在山程水驛中。”《予使江西時丐湖湘一麾不果、讀舊稿有感》云：“揮毫當得江山助，不到瀟湘豈有詩。”《讀陶詩》云：“陶謝文章造化侔，篇成能使鬼神愁。君看夏木扶踈句，遥許詩家更道不。”《廣西通志》卷二百二十四載桂林石刻放翁與杜敬叔書，亦云：“大抵此業在道塗則愈工”。可見其專務眼處生心。

【補訂】放翁與杜敬叔書不見《渭南文集》中。覩石刻而表章之者，自翁覃谿始；參觀《復初齋文集》卷四《朱草林詩集序》、卷十五《同學一首示顧南雅》、《復初齋詩集》卷四十九《讀劍南集》第三首自註。《後村大全集》卷一百六十六《寶謨寺丞詩境方公行狀》：“嘗從山陰陸公游問詩，陸公爲大書詩境二字”；豈亦謂得江山助而因境生詩歟。范晞文《對牀夜語》卷二載放翁評李長吉“樂府如百衣錦衲，五色眩曜，而無補於用”一大節，不見《渭南文集》、《老學菴筆記》，亦放翁談藝之遺珠也。其《即事》：“組繡紛紛衒女工，詩家於此欲途窮”；《示子遹》：“我初學詩日，但欲工藻繪”；即此意。

東坡《和陶歸園田居》則曰：“春江有佳句，我醉墜渺茫”；唐子西《春日郊外》則曰：“疑此江頭有佳句，爲君尋取卻茫茫”；陳簡齋《春日》則曰：“忽有好詩生眼底，安排句法已難尋”；皆不如放翁之眸而可得、拾而即是也。

【補訂】簡齋屢道收取眼底詩爲筆下詩之難，他如《對酒》：“新詩滿眼不能裁”；《題酒務壁》：“佳句忽墮前，追摹已難真。”放翁雖偶言此，如《劍南詩稿》卷九《草堂拜杜陵遺像》：“公詩豈紙上，遺句處處滿。人皆欲拾取，志大才苦短。”而所常興歎者，事冗年老，遂不能眼到筆隨也。《劍南詩稿》卷二十二《雜題》：“山光染黛朝如濕，川氣鎔銀暮不收。詩料滿前誰領略，時時來倚水邊樓”；卷二十五《晨起坐南堂書觸目》：“奇峯角立千螺曉，遠水平鋪匹練收，詩料滿前吾老矣，筆端無力固宜休”；《晚眺》：“個中詩思來無盡，十手傳抄畏不供”；卷三十三《山行》：“眼邊處處皆新句，塵務經心苦自迷。今日偶然親拾得，亂松深處石橋西”；卷四十二《春日》：“今代江南無畫手，矮箋移入放翁詩”；卷八十《日暮自湖上歸》：“造物陳詩信奇絶，匆匆摹寫不能工。”歐陽永叔評文與可詩：“世間原有此句，與可拾得耳”，見《東坡題跋》卷二《書曇秀詩》，放翁“偶然親拾得”語本之。楊誠齋言得句，幾如自獻不待招、隨手即可拈者，視放翁事更便易。《誠齋集》卷十三

《曉經潘葑》："潘葑未到眼先入，岸柳垂頭向人揖，一時喚入誠齋集"；卷十八《船過靈洲》："江山慘淡真如畫，烟雨空濛自一奇。病酒春眠不知曉，開門拾得一篇詩"；卷三十七《曉行東園》："好詩排闥來尋我，一字何曾撚白鬚。"方虛谷《桐江續集》卷五《考亭秋懷》第九首："登高見佳句，意會無非詩。顧視不即收，頃刻已失之"；又卷二十八《詩思》第四首："滿眼詩無數，斯須復失之"；則不脱唐子西、陳簡齋窠臼。元遺山《中州樂府》載趙可《好事近》："倚窗閒看六花飛，風輕止還作。箇裏有詩誰會，滿疏籬寒雀"；言"有詩誰會"，而不啻言"有句我已拾得"矣。《遺山詩集》卷十三《藥山道中》第一首："石岸人家玉一灣，樹林水鳥静中閒。此中未是無佳句，只欠詩人一往還"；言"往還""欠詩人"而不啻言"此身合是詩人"矣。

自羯鼓手疾、琵琶絃急而悟詩法，大可著眼。二者太豪太捷，略欠渟蓄頓挫；漁陽之摻、潯陽之彈，似不盡如是。若磬、笛、琴、笙，聲幽韻曼，引緒盪氣，放翁詩境中，宜不常逢矣。按管世銘《韞山堂文集》卷八《論文雜言》有以樂器分配各體詩一則，體會甚妙，林昌彝《海天琴思録》卷一全竊之。

【補訂】吴蘭雪嵩梁《石溪舫詩話》卷一《朱孝純》條記王夢樓語，謂朱詩"如金鐘"，吴詩"如玉笛"，袁子才詩"如琵琶"，蔣心餘詩"如戰鼓"，唯"琴聲最難"云云。雖旨在揚己，亦可參觀。管緘若《韞山堂文集》卷八《論文雜言》則謂五古琴聲、七言歌行鼓聲、五律笙聲、七律鐘聲、五絶磬聲、七絶笛聲。

至其模山範水，批風抹月，美備妙具，沾匄後人者不淺。每有流傳寫景妙句，實自放翁隱發之者。葛無懷《郊原避暑》云："竹疎身共瘦，湖近意先涼"；下五字真畫所不到，然放翁《枕上聞風鈴》七絶云："老人不辦摇團扇，静聽風鈴意已涼"，"意"字已作如此用矣。凌次仲《校禮堂詩集》卷一有《讀范德機詩口占》云："雨止修竹流螢至，此句見賞王漁洋。果然幽澀如鬼語，尚遜池荷聞暗香。"蓋謂范《蒼山感秋》詩，有"雨止修竹間，流螢夜深至"，漁洋《息齋夜宿即事懷故園》本之作"螢火出深碧，池荷聞暗香"也。參觀《池北偶談》卷三。評騭殊當。漁洋上句包括德機兩句，"深碧"二字尤精微；下句"暗香"二字，花氣之幽，夜色之深，融化烹鍊，更耐尋味。然柳中庸（一作姚崇）《夜渡江》云："聞香暗識蓮"，許丁卯《過故友舊居》云："早荷飄暗香"；賀方回《宿寶泉山慧日寺》云："流螢逗深竹"；復在德機二語之先。放翁《雙清堂夜賦》云："人静魚自躍，風定荷更香"；《橋南納涼》云："風定池蓮自在香"；又透露漁洋下句矣。漁洋於放翁詩，濡染不淺，譬如《池北偶談》卷十八記少作題壁絶句云："彷彿夢中尋蜀道，打包身度棧雲西"；即全本放翁《和高參議》第二絶："大似無家老禪衲，打包還度棧雲西"也。厲樊榭《自石湖至横橋》第一首云："萬頃吴波摇積翠，春寒來似越兵來"；奇想也。然放翁《春寒》曰："滔天來洚水，震瓦戰昆陽，此敵猶能禦，春寒不可當"；思路早已及此。樊榭固寢饋南宋人詩中者也。至汪鈍翁於放翁詩中作賊，則葛翼甫《夢航雜説》已舉兩例。

【補訂】此節舉漁洋詩本放翁二例，殊未審允。《蒼山感秋》見《范德機詩集》卷二，祇發端四語爲佳，"雨止"云云，乃其三、四；忽接以"羲皇日云遠，雅頌日凋弊"等十六句議論，突如來如，所“感”甚大，於“秋”無與焉。《元詩百一鈔》未選此篇，良有以也。韋蘇州《寺居獨夜寄崔主簿》：“寒雨暗深更，流螢度高閣”；孟襄陽《夏夕南亭懷辛大》：“荷風送香氣，竹露滴清響”；楊鐵崖《夜坐》：“螢穿濕竹流星暗，魚動輕荷墜露香。”漁洋取精用弘，正不必喫放翁一家飯也。蘇子由《欒城集》卷十六《絶句二首》之一云：“亂山環合疑無路，小徑縈回長傍溪。彷彿夢中尋蜀道，興州東谷鳳州西。”漁洋《池北偶談》記曾見古北口一寺石刻此詩，故其題壁絶句亦掎摭之，不僅剪裁放翁語。余未讀《夢航雜説》，僅從《蓮坡詩話》卷下得見其譏鈍翁一節耳。

三七

趙松雪《題杜陵浣花》云："江花江草詩千首，老盡平生用世心"；可謂微婉。少陵"許身稷契"，"致君堯舜"；詩人例作大言，闢之固迂，而信之亦近愚矣。若其麻鞋赴闕，橡飯思君，則摯厚流露，非同矯飾。然有忠愛之忱者，未必具經濟之才，此不可不辨也。放翁詩余所喜誦，而有二癡事：好譽兒，好説夢。兒實庸材，夢太得意，已令人生倦矣。復有二官腔：好談匡救之略，心性之學；一則矜誕無當，一則酸腐可厭。蓋生於韓侂冑、朱元晦之世，立言而外，遂并欲立功立德，亦一時風氣也。放翁愛國詩中功名之念，勝於君國之思。鋪張排場，危事而易言之。舍臨殁二十八字，無多佳什，求如文集《書賈充傳後》一篇之平實者少矣。

【補訂】放翁談兵，氣粗言語大，偶一觸緒取快，不失爲豪情壯概。顧乃丁寧反復，看鏡頻歎勳業，撫髀深慨功名，若示其真有雄才遠略、奇謀妙算，殆庶孫吴，等儕頗牧者，則似不僅"作態"，抑且"作假"也。參觀 E. Goffman, *The Presentation of Self in Everyday Life*, "Penguin Books", 1971, 76 ff. "real performances" vs "contrived performances"。自負甚高，視事甚易。《三朝北盟會編·炎興下帙》卷四十二記張魏公欲“一掃金人淨盡”，郭奕曰：“用條箒掃，抑用掃箒掃”；又卷一百一引《順昌戰勝破賊録》記兀朮下令曰：“順昌城壁如此，可以靴尖踢倒。”《劍南詩稿》卷二十一《醉中作行草數紙》云：“丈夫本意陋千古，殘虜何足膏碪斧。驛書馳報兒單于，直用毛錐驚殺汝”；其簡捷省力，更過於靴踢箒掃。然“驛書驚殺”，非即大言恫嚇而何。幾類《晉書·朱伺傳》載伺所謂“以舌擊賊”而不“以力”矣。卷十一《建安遣興》第六首：“聖時未用征遼將，虛老龍門一少年”；《憶山南》：“老去據鞍猶矍鑠，君王何日伐遼東”；卷十三《冬夜不寐至四鼓起作此詩》：“八十將軍能滅虜，白頭吾欲事功名”；卷十八《醉中戲作》：“插羽軍書立談辦，如山鐵騎一麾空”；《秋懷》：“何時擁馬橫戈去，聊爲君王護北平”；《縱筆》：“安得鐵衣三萬騎，爲君王取舊山河”；卷二十《夜讀兵書》：“長纓果可請，上馬不躊躇。豈惟鏖皐蘭，亦欲封狼居。南鄭築壇場，隆中顧草廬。邂逅未可知，旄頭方掃除”；卷二十四《夜坐水次》：“白頭書生未可輕，不死令君看太平”；卷三十四《村飲示鄰曲》：“焚庭涉其血，豈獨清中原。征遼詔倘下，從我屬櫜鞬”；卷三十五《書志》：“君看此神奇，醜虜何足滅”；卷三十七《太息》第一首：“白頭不試平戎策，虛向江湖過此生。”此類篇章多不勝舉。劉會孟《須溪集》卷六《長沙李氏詩序》所謂：“陸放翁詩萬首，今日入關，明日出塞，渡河踐華，皆如昔人想見狼居胥、伊吾北。”有志無時，載馳載驅，夢語出狂，誇詞入誕，讀之每思及《三朝北盟會編·政宣上帙》中童蔡輩伐燕章奏。如《五月十一日夜夢從大駕親征》長句，即彷彿《上帙》卷十一馬賢良獻郭藥師詩：

“油然霎霴三千里，洗盡腥羶二百年。”袁伯長《清容居士集》卷四十六《跋朱文公與辛稼軒手書》：“嘗聞先生盛年以恢復爲急，晚歲則曰：‘用兵當在數十年後。’辛公開禧之際，亦曰：‘更須二十年。’閱歷之深，老少議論，自有不同。”放翁詩篇，老且益壯，意氣不衰耶，“閲歷”未“深”耶。《劍南詩稿》卷三十三《讀杜詩》：“後世但作詩人看，使我撫几空嗟咨。”夫“但作詩人看”，正杜陵大便宜處；使果得君秉國，當時後世必以“致君堯舜”、“比肩稷契”責望之，或且貽“千古名士之恨”（參觀《管錐編》論《全上古三代秦漢三國六朝文》第一一一“千古名士之恨”），未可保耳。放翁投老江湖，所言未見諸行事，亦得免於僨事，自是渠儂大幸，尚博得後世“撫几嗟咨”也。居位乃見虚聲之純盗，臨事始知客氣之難恃。《涑水紀聞》卷二記：“寇萊公一日問王嘉祐曰：‘外人謂劣丈云何。’嘉祐曰：‘外人皆云丈人旦夕入相。’萊公曰：‘於吾子意何如。’嘉祐曰：‘以愚觀之，不若未相爲善，相則譽望損矣’”（參觀黄東發《古今紀要·逸編》論真德秀）。古羅馬史家論加爾巴帝（Servius Galba）云：“當其爲平民，望之儼然，非常人也。苟未君臨天下，則舉世以爲其必能平治天下矣。”（Maior privato visus dum privatus fuit，et omnium consensu capax imperii nisi imperasset）見 Tacitus，*Histories*，I. 49，Loeb，I，82。聞聲相思，優於進前奉御焉。文士筆尖殺賊，書生紙上談兵，歷世皆有話欛。《太平廣記》卷一百九十八《沈約》則引《譚藪》：“吴均《劍詩》云：‘何當見天子，畫地取關西。’高祖謂曰：‘天子今見，關西安在焉。’均默然無答。”《説郛》卷三十八引《傳載》：“齊吴均爲文，多慷慨軍旅之意。梁武帝被圍臺城，朝廷問均外禦之計，忙懼不知所答，啓云：‘愚意願速降爲上。’”

【補正】吴均事又見《説郛》卷六七引《國史異纂》。

【補訂】《北夢瑣言》卷二十：“顧雲於市上收得孔明兵書，自負可將十萬，吞并四海。每至論兵，攘袂叱咤，若臨大敵，人謂之‘按譜角觝。’”魏氷叔以古文家而好言兵法，然自知差明，《魏叔子文集》卷五《答曾君有書》云：“生平好讀左氏。曾著《春秋戰論》十篇，爲天下士所賞識。然嘗自忖度，授禧以百夫之長，攻萑苻之盜，則此百人者終不能部署。”清世宗《揀魔辨異録》卷上嘗笑“書生紙上談兵，數行之間，便身經大小百餘戰，闢土開疆十萬里矣。”奭召南良溯此風上至孟子，《野棠軒文集》卷一《讀孟子》，視李泰伯、晁以道之非孟，有過而無不及；其二曰：“既爲游士之爲，自必言游士之言。游士之言何也，易言之也，危言之也，牽合言之也，歆動言之也。使民執梃以撻秦楚，易言之也。且夫兵危事也，而孟氏易視之。”西方自古迄今，亦每以此爲譏。馬基雅弗利練達政事，又撰作兵法，而操演時，暴日中二時許，迄不能號令三千步卒，使如法列隊成陣，儕輩笑其能言而不能行(Messer Niccolò quel dí ci tenne al sole piú di due ore a bada per ordinar tre mila fanti secondo quell'ordine che aveva scritto, e mai non gli venne fatto di potergli ordinare)。見 M. Bandello, *Le Novelle*, I. xl, a cura di G. Brognoligo, II, 83。培根亦謂：空談高論，闊於事情，正如一士言戰術，名將聞而嗤爲夢囈耄荒(Phormio's argument of the wars seemed to Hannibal to be but dreams and dotage)。見 *Advancement of Learning*, in *Selections*, ed. P. E.

and E. F. Matheson，127。十九世紀意大利詩人詠“咖啡館戰略家”（gli strateghi da cafè），尤淋漓盡致。見 G. Giusti：“A Adriano Biscardi”，*Prose e Poesie scelte*，Biblioteca Classica Hoepliana，81。他國均有“筆桿戰士”、“啤酒桌上常勝將軍”等雅謔（les guerriers du porte-plume）。見 Paul Léautaud，*Journal littéraire*，IV，72；Biertischsieger，Stammtischfeldherr—H. Küpper，*Wörterbuch der deutschen Umgangssprache*，II，69，127。或曰：“火爐邊大將，從不打敗仗。”（A fireside general loses no battles）見 G. W. Stonier，ed. *New Statesman Competitions*，27。蓋已成“人物典型”，在處隨時可遇，而放翁殆此中最文采鉅麗者乎。《列朝詩集》丙三王越《自詠》：“自歎儒官拜將官，談兵容易用兵難”；《船山詩草》卷七《題淵如前輩所藏孫子名印》第二首：“祇可談兵勿將兵”，尤使人思及吴清卿事。《人境廬詩草》卷八《度遼將軍歌》所謂：“今作將印懸在腰”、“只幸腰間印未失”。夫作“征遼將”、“伐遼東”、“下征遼詔”，非亦放翁之素志偉抱歟。《甌北詩鈔》五古卷四《書放翁詩後》：“放翁志恢復，動慕皐蘭鏖。十詩九滅虜，一代書生豪。及開禧用兵，年已八十高。設令少十年，必親與戎韜。是役出必敗，輕舉千古嘲。公若在其間，亦當帶汁逃。天特善全之，仕隱皆奇遭。無事則恤緯，有事已善刀。”尚屬回護之恕詞也。《桯史》卷十五載郭倪自比孔明，兵敗對客泣，彭法謔曰：“此帶汁諸葛亮也”；甌北“亦當”句蓋用其語。又按《甌北詩話》卷六“放翁生於宣和”條中未發此論，亦如五古同卷《偶書》第三首謂：“香山與放翁，晚歲澹容與。語語不畏死，正是畏死語”，而《詩話》卷四、卷六皆不道及。

三八

甌北晚歲論詩，矜卓都盡。其《詩話·小引》云："少日閲唐宋詩，不終卷而己之才思湧出，遂不能息心凝慮，究極本領。晚年無事，取諸家全集再三展玩，因自愧悔。使數十年前，早從尋繹，擴吾才，進吾功；惜乎老知耄及，不復能與古人争勝，然猶愈於終身不窺堂奥者"云云。温然見道，慕古法先，非如隨園、藏園、船山輩之予知自雄，老而更狂也。《詩集》有《讀杜詩》云："吾老方津逮，何由羿彀中"；又《答稚存題詩話》第一首云："老始識途輸早見，貧堪鑿壁借餘明"；亦猶《小引》之意。可謂以袁伯業之老而好學，求杜少陵之老而律細矣。吾鄉丁紹儀《聽秋聲館詞話》卷十八記姚春木語云："袁出入誠齋、放翁，而善於變化。蔣宗山谷，而排奡過之。趙學東坡，而離形脱貌，獨出心裁。氣概皆足牢籠一世，唯去唐音尚遠。少陵云：'老去漸於詩律細'，細之一字，概似未聞，故不能斂才就範。是故能詩而不能詞"云云。議論既似是而非，亦不知甌北客氣虚鋒，晚年頓盡。王述菴《春融堂集》卷二十四《長夏懷人絶句》云："清才排奡更峻嶒，袁趙當年本並稱。試把《陔餘叢考》讀，隨園那得比蘭陵。"尚以考據之學進退之，實則二家詩學已異途矣。《甌北詩話》中論李、杜、昌黎、遺山、青邱諸家，皆能洞見異量之美；以查初白上繼放翁，蓋喜其與己有同調。《小倉山房尺牘》卷八《答李少鶴》書謂："蔣心餘痛詆阮亭，專主初白。"而蔣氏《忠雅堂詩集》卷二十六《論詩雜詠》二十首評初白云："惜非貴重人，枉現優施態"，是則不甚與之。周荇農《思益堂日札》卷六略謂："蔣心餘將查初白全集痛加詆斥，謂是山歌村唱。蔣評無刻本，予有一册，是蔣手書"云云，可爲證驗。

【補訂】《春融堂集》卷三十二《答李憲吉書》謂："初白學誠齋，圓熟清切，於應世諧俗爲宜。苦無端人正士高冠正笏氣象，特便於世之不學者。"與心餘之評初白同。然初白視漁洋、竹垞輩，自爲"白描活現"，與誠齋則相形而儒緩謹飭，拘放都野迥異。述菴之論，於初白爲皮相，於誠齋則耳食爾。黄晦木、王漁洋序初白詩，趙甌北詩話論初白詩，皆以之追繼放翁，洪稚存《北江詩話》卷二至以放翁、初白、甌北三家七律並舉，較述菴所言，差爲近似。稚存《更生齋詩》卷二《道中無事偶作論詩絶句》之六論初白云："只辦人間時世粧，名姝未稱古衣裳"，則與述菴意見相類，特取譬男女不同。然未言其學誠齋，尚免於一言以爲不知也。

隨園《倣元遺山論詩絶句》論初白云："他山詩史腹便便，每到吟詩盡棄捐。一味白描神活現，畫中誰是李龍眠"；乃與甌北之論同。江左三家嗜好同異如此。《隨園詩話》卷八又記蔣好山谷而不好誠齋，適與己反；甌北則亦好誠齋。乃知三人行者，每二人黨也。《甌北詩話》論香山，亦有道著語，然書末雜鈔宋元以來絶句，引"蟭螟殺賊蚊眉上"等二絶，謂爲元僧溥光所作，則於香山集，何生疏乃爾。隨園雅慕白傅，而《隨園詩話》卷六亦以此詩爲出宋人。甌北以二詩歸溥光，疑沿明人顧元慶《夷白齋詩話》之誤，吴景旭《歷代詩話》卷七十一已是正顧書。元慶不學寡識，僅堪爲倪迂注起居，不讀白傳，理則固然，豈謂甌北亦粗率如此乎。甌北詩格調不高，而修辭妥貼圓潤，實冠三家。能説理運典，恨鋒鋩太露，機調過快，如新狼毫寫女兒膚，脂車輪走凍石坂。王麓臺論畫山水云："用筆須毛，毛則氣古味厚。"甌北詩筆滑不留手，脱稍加蘊藉，何可當耶。予嘗妄言：詩之情韻氣脈須厚實，如刀之有背也，而思理語意必須鋭易，如刀之有鋒也。鋒不利，則不能入物；背不厚，則其入物也不深。甌北輩詩動目而不耐看，猶朋友之不能交久以敬，正緣刃薄鋒利而背不厚耳。

三九

龔定菴《常州高材篇》可作常州學派總序讀。於乾嘉間吾郡人各種學問，無不提要鉤玄。論詞章則曰："文體不甚宗韓歐"，此陽湖派古文也。又曰："人人妙擅小樂府，爾雅哀怨聲能遒"，此常州派詩餘也。而於常州人之詩，獨付闕如。故篇中人物，與袁隨園"常州五星聚文昌"一絶所舉者，惟孫季逑一人相同；然不稱爲"奇才"，而推其"絶學"。按孫氏《冶城遺集·遊隨園呈袁太史》云："我愧千秋無第一，避公才筆去研經"；又云："有懷知己平生語，無復才奇氣尚奇。"洪稚存《北江詩話》卷一載所撰詩評，揚扢時輩，人系八言，惟於孫曰："孫觀察星衍少日詩，如天仙化人，足不履地。"管緘若《韞山堂文集》卷二《漢學説》亦曰："同里孫觀察星衍本以詩名，駸駸入古人之室。緣少通《説文》小學，忽去而説經爲漢學"。

【補訂】《北江詩話》卷一又云："孫兵備星衍少日，詩才爲同輩中第一。中年以後，專研六書訓詁之學，不復作詩，間有一二篇，與少日如出二手。"張季門問安、船山兄也，其《亥白詩鈔》卷四《廣元道中述舊》云："落落孫刑部，中歲棄吟咏"，自註謂淵如。余觀《芳茂山人詩録》，少年寫景，擅作幽峭語，初無大過人處；中歲後詩亦殊有鋒穎情韻，何至如北江所揚扢乎。撰《杜詩鏡銓》之楊西禾倫，與淵如同鄉故交，其《九柏山房詩》卷一《孫淵如寄余詩，謂前身乃墨胎氏子也，蓋生時得之見夢云。戲答長句》；卷三《淵如自負酒狂，昨同飲而量甚淺。更疊前韻嘲之》；《君嘗自誇室人知詩，予索觀而不一示。復疊前韻戲呈》；《邑人扶乩，有言淵如婦王采薇爲掌書仙女者。作示淵如》等篇，皆寓規於諷。想見淵如年少矜才，好名夸誕，必自負爲“謫仙人”，“身有仙骨”，得配“仙眷”；儕偶阿私標榜，遂目爲“天仙化人”矣。

定菴自言：“勿數耇耄數平輩，晚矣勿及瞻前修”；甌北、北江，遂皆未掛姓名，而兩家子姪如孟慈、味辛，以年輩相接，始遭題目。其識季逑，已在季逑“避去研經”之時矣。然徵之《破戒草》，則定菴瑰麗悱鬱之才，未嘗無取於甌北清麗流易之體。《釋言》四首之一曰：“木有彣彰曾是病，蟲多言語不能天”；按甌北《聞心餘京邸病風卻寄》第二首云：“木有文章原是病，石能言語果爲災。”定菴外祖段茂堂註《説文》：“彰、彣彰也”，曰：“彣與文義别。凡言文章，皆當作彣彰。”定菴樂此説之利己也，改“文章”爲“彣彰”，欲文蓋而彌彰著矣。白香山《閒卧有所思》第二首云：“蟲全性命緣無毒，木盡天年爲不才”，定菴兼反用其意。《人草稿》云：“陶師師媧皇，摶土戲爲人。因念造物者，豈無屬稿辰。謚曰人草稿，禮之用上賓”；按甌北《十不全歌》云：“我讀《山海經》，人生初本無定形。臍爲口無舌，乳爲目無睛。天公見之不好看，逐件端相細改換。自從鑄成人樣子，化工能事始畢矣。何哉爾獨缺不完，縮長凸短雙必單。得非女媧摶土未定稿，千年拋落荒山道。”“人草稿”之名，疑自此出；“人樣子”

一語，則本宋范稱《過庭録》記狄詠事也。

【補訂】定菴《夢中作四截句》第二首："叱起海紅簾底月，四廂花影怒於潮"，奇語也。亦似點化孫淵如妻王采薇《長離閣集·春夕》："一院露光團作雨，四山花影下如潮。"王句傳誦，《隨園詩話》卷五即摘之。祖構不乏，如陳雲伯《碧城仙館詩鈔》卷二《月夜海上觀潮》："歸來小卧劇清曠，花影如潮滿秋帳"；孫子瀟《天真閣集》卷十四《落花和仲瞿》第二首："滿天紅影下如潮，香骨雖銷恨未銷"；黄公度《人境廬詩草》卷三《櫻花歌》："千金萬金營香巢，花光照海影如潮。"

【補正】陳文述《碧城仙館詩鈔》卷三《落花》之二："芳徑春殘飛作雪，畫簾風細下如潮"，復用王采薇句；卷二有《題〈長離閣遺集〉》四律，傾倒采薇，以不及師事爲恨。汪漱芳《出棧後寶雞道中作》："直放丹梯下碧霄，四圍山影瀉如潮"（《晚晴簃詩匯》卷一二五），易"花影"爲"山影"，避上句"下"字，遂用"瀉"字，有矜氣努力之態，甚不自在。阮元《小滄浪筆談》卷一稱引馬履泰《出歷城東門抵濼口》："荷花怒發疑嗔岸，黄犢閒眠解看人"；徵之《秋藥菴詩集》卷二，此聯作："荷花亂發嗔沙岸，黄犢閒眠看路人"，當是編集時改定。改本下句確勝原本，"解"字贅疣；上句"嗔"字險詭，原本以"怒"字照應，"疑"字斡旋，煞費周張，終未妥適，況突如其來，併無此二字先容乎？

【補訂】定菴用"怒"字，遂精彩百倍。其《文續集·説居庸關》："木多文杏、蘋婆、棠梨，皆怒華"；包天笑鈔録《定菴集外未刻詩·紀夢》："西池酒罷龍嬌語，東海潮來月怒明"；蓋喜使此字。王懷祖《讀書雜志·史記》四《平原君虞卿列傳》引《廣雅》説“怒”爲“健”、“强”之義，《莊子·外物》：“草木怒生”，又《逍遥遊》：“大鵬怒而飛”；《全唐文》卷七百二十七舒元輿《牡丹賦》寫花酣放云：“兀然盛怒，如將憤洩”，尤可參觀《後漢書·第五倫傳》：“鮮車怒馬”，章懷註：“謂馬之肥壯，其氣憤怒也。”王荆公《寄育王大覺禪師》：“山木悲鳴水怒流”；《山谷外集》卷一《溪上吟》：“汀草怒長”，史容註引《莊子》：“草木怒生”，又僧善權詩：“桃李紛已華，草木俱怒長。”張皋文《茗柯文》三編《公祭董潯州文》：“春葩怒抽，秋濤驚澇。”夫枚乘《七發》寫“海水上潮”早曰：“突怒而無畏”，“如振如怒”，“發怒庢沓”；若“鼓怒溢浪”，“鼓怒作濤”，亦夙著於木、郭《海賦》、《江賦》。“潮”曰“怒”，已屬陳言；“潮”喻“影”，亦怵人先；“影”曰“怒”，齟齬費解。以“潮”周旋“怒”與“影”之間，驂靳參坐，相得益彰。“影”與“怒”如由“潮”之作合而締交莫逆，“怒潮”之言始藉“影”之拂拭而滅其陳，“影”、“潮”之喻如獲“怒”爲貫串而成其創。真詩中老斲輪也。定菴詩律甚細，觀陳秋舫沆《簡學齋詩稿》景印本可想。諸家加墨，以定菴批語爲最嚴最精，包慎伯、吴蘭雪、魏默深等評識相形愈見膚廓。刻本《簡學齋詩存》八卷悉削去定菴貶詞。如卷三《揚州城樓》，稿本上有定菴評：“近體此壓卷”，又評：“裂笛之作”，又評：“窮字不好，第七句亦露筋。”刻本存前二評，删後一評；“窮商日夜荒歌舞”、“道誼既深功利重”二句病痛，洵如定菴所糾，亦竟因循未改。將技窮才盡乎，抑好譽拒諫歟。定菴以秋舫才分高，又交契深，故爲諍友而無隱無怍。尚喬客鎔《持雅堂文集》卷一《道論》，高頭講章耳，而定菴評曰：“緊健可傳”，卷二《才辨》，點鬼簿録耳，而定菴評曰："此文可作全史文苑傳總論。"則應酬空泛語，聊答陌生後進好名標榜之求，與其評《簡學齋詩》，未可同日語也。歷世詩文序跋評識，不乏曾滌生所謂"米湯大全"中行貨；談藝而乏真賞灼見，廣蒐此類漫語而寄耳目、且託腹心者，大有其人焉。又按西方典籍亦每擬人之醜弊者爲"草稿"、"未定稿"。如古羅馬一帝(Claudius)幼時愚陋多病，其母曰："大自然造人，此兒乃其著手而未完工之品物也"。(eum hominis dictitabat, nec absolutum a natura, sed tantum incohatum)見 Suetonius, V. 3, Loeb, II, 8。《十日談》記一姓人皆狀貌醜弊，或謔曰："此姓之家世最古亦最貴。上帝造其姓人時，初學繪事，尚未解作人物畫也；及造他姓人，則後來已工丹青矣"。(E i Baronci sono più antichi che niuno altro uomo, sì che son piú gentili. Voi dovete sapere che i Baronci furon fatti da Domenedio al tempo che egli avea cominciato d'apparare a dipingnere; ma gli altri uomini furon fatti poscia che Domenedio seppe dipingnere)見 *Il Decamerone*, VI, 6, Hoepli, 390－1; cf. Bandello, *Le Novelle*, II, 19, *op. cit.*, III, 50: "il suo viso teneva un poco di quelli di Baronzi"。《漢姆雷德》中王子斥下劣演員云："其人似爲大自然之學徒所造，手藝甚拙，象人之形而獰惡可憎"。(I have thought some of nature's journeymen had made men, and not made them well, they imitated humanity so abominably—)見 *Hamlet*, III. ii。稱醜人爲"塗改狼藉之人草稿"，(un pentimento d'uomo, una donna brutta come un rimorso)見 D. Provenzal, *Dizionario dell immagini*, 114－5。亦常見近人著作中。

定菴不薄今人，甚推舒鐵雲、彭甘亭詩，謂爲“鬱怒清深兩擅場”。張祖廉《娟鏡樓叢書》中《定菴先生年譜·外紀》載梁章鉅嘗乞定菴賦《虎邱古鼎歌》，定菴欲仿翁覃谿體爲之，自謂“遒鬱未及覃谿”，遂不作。夫以覃谿之塵羹土飯、朽木腐鼓，定菴尚有節取，而況筆舌靈慧如甌北者哉。蔣子瀟極推定菴之文而不及其詩。《七經樓文鈔》卷五《與田叔子論古文第三書》於並世推劉申受、龔定菴、魏默深三人爲“周情孔思，真能古文”，《春暉閣詩鈔選》卷五《書龔定菴主政文集後並懷魏默深舍人》有云：“文苑儒林合，生平服一龔。齊名有魏尚，可許我爲龍。”卷六《長夏無俚拉雜書懷》第十四首云：“吟詩如作史，中有春秋書。聖曰思無邪，豈在風月鋪。我友龔與魏，窮經戒歌呼。我今亦見及，欲將詩掃除”。

【補訂】定菴《己亥雜詩》有云：“問我清游何日最，木樨風外等秋潮。忽有故人心上過，乃是虹生與子瀟。”孔繡山《對嶽樓詩續録》卷二《懷人》三十二首中有爲蔣子瀟作一首，云：“不爲幕府客，能參定公座”，自註：“龔定菴。”

《春暉閣詩》爲子瀟乞洪幼懷選定，卷首幼懷序云：“君善爲史漢序事之文，詩本餘技。然少可多否，嘗曰：‘於文吾服龔定菴、魏默深，於詩吾服幼懷而已。’”今觀集中與幼懷贈答之什，傾倒其才，惋惜其不遇，反復三致意；詩服幼懷，當非漫語。而卷六《偶成》三首之一云：“久墮詩魂不可招，未枯性海復生潮。氣寒半夜防身劍，聲滿中原乞食簫。但得意時杯在手，不如人處綬垂腰。羣星擾擾無螢大，一月從容鏡碧霄。”此全本定菴《秋心》三首之一也。詩云：“秋心如海復如潮，但有秋魂不可招。漠漠鬱金香在臂，亭亭古玉佩當腰。氣寒西北何人劍，聲滿東南幾處簫。斗大明星爛無數，長空一月墜林梢。”《偶成》三首之三云：“抱得閒愁坐一鐙，盪胸放眼入青冥。碁經國手危難救，藥到庸醫用轉靈。伏櫪空嘶渥洼馬，誤人誰動少微星。天高不效三閭問，爲製新詩讀與聽。”此全本定菴《夜坐》二首之一也，詩云：“春夜傷心坐畫屏，不如放眼入青冥。一山突起丘陵妒，萬籟無言帝坐靈。塞上似騰奇女氣，江東久賈少微星。平生不蓄湘纍問，唤出姮娥詩與聽。”同卷《所思》云：“我所思兮在何處，九天九地莫招魂。光褫海若真無寶，法貶如來自闢門。惹怪名場雲入夢，不凋太古雨流根。前生應悔干南斗，口勑詩篇作子孫。”一起亦仿定菴《秋心》三首之三：“我所思兮在何處，胸中靈氣欲成雲。”子瀟此三首皆作於丙申，爲道光十六年；定菴《秋心》作於丙戌，爲道光六年，《夜坐》作於癸未，爲道光三年。子瀟高自標置，顧偶亦襲近人詩，如《城南縱獵》之“男兒須到古長安”，則用袁子才句；《謝鄭魯山》之“知己從來勝感恩”，則用蔣心餘句；不圖其於同輩友好集中，竟爾作賊也。

【補訂】子瀟詩初學隨園、甌北，壯悔乃力諱之。《春暉閣詩鈔選》有潘筠基序云：“君自言初學三李，後師杜韓，久乃棄各家而爲自己之詩”，洪符孫序亦云：“俊逸似供奉，沈雄似拾遺，精卓似吏部。至其獨往獨來、不可一世之概，則亦不襲李，不勦杜，不規韓，而自成其爲子瀟之詩。”皆張大門面語也。吴巢松慈鶴《鳳巢山樵求是二録》卷三《題蔣生湘南詩稿》第二首：“長笛高樓莫漫吹，推袁此事要尋思”，自註：“生詩宗袁趙。余勸之學杜韓”；巢松《蘭鯨録》自負學杜韓，蓋不啻衣鉢之授矣。蔣爲吴任河南學政時所得士。師弟似頗沆瀣；《春暉閣詩鈔選》卷六《長夏無俚拉雜書懷》第八首自註：

“吴侍讀師臨終謂湘南曰：‘傳人宜作，烏紗亦戴也。’”

定菴之詩，清末以來，爲人撏撦殆盡，此數首尤成窠臼。如《康南海詩集》卷二《出都留别諸公》第一首三四云：“高峯突出諸山妒，上帝無言百鬼獰”；即其一例。子瀟詩欲爲奇麗奥博，終不免傖夫氣、村老語，即此三篇，已有效顰學步之歎。然竊定菴詩者，定讞當自子瀟始，《新民叢報》及南社諸作者，特從犯耳。

【補訂】學定菴詩最早者，僅覩其弟子陳抱潛元禄，七絶最得乃師之傳。如《十二種蘭亭精舍詩集》卷一《道光壬寅冬十二月奉兩大人命親迎杭州、同人餞於萬柳堂、作詩留别》，仿定菴《己亥雜詩》極似。他如同卷《拉家桐屋遊憫忠寺有懷仁和龔先生》、《抱素見迎因贈》、卷三《憶牡丹》、《憶亡書》等皆絶好定菴體。戴子高望《謫麐堂遺詩》卷一《歷歷》、《自江寧歸杭州雜詩四十首》、卷二《雜感五首和周十二》、《别緒》皆學定菴，到眼即辨。先君藏周涑人星譼與譚復堂手札云：“戴子高自江寧至杭四十首雜詩，章法甚好。漁洋《歲暮懷人》尚不及其團卓也。”蓋同治時，定菴之詩尚未大行，故周氏衹擬戴作於漁洋，而不識其淵源《己亥雜詩》耳。黄公度之《歲暮懷人詩》、《續懷人詩》均師承定菴，衹與漁洋題目相同；其《己亥雜詩》則與定菴不但題目相同，筆力風格亦幾青出於藍，陳抱潛當如前賢畏後生矣。定菴絶句每規模金壽門；《冬心先生集》卷一有《懷人絶句三十首》（《冬心集拾遺》中《懷人絶句三十首》與《集》中本全異），取勢鑄詞，於定菴《己亥雜詩》，尤不啻先河。談藝無拈出者，定菴亦未嘗道及此鄉獻，故聊爲表微發隱焉。古來作者於己之入手得力處，往往未肯探懷而示；或則夸而飾之，如蔣子瀟之自言“初學三李”，或則默而存之，如定菴之勿道金壽門。少陵《白絲行》云："美人細意熨貼平，裁縫滅盡鍼線迹"；劉夢得《翰林白二十二學士見寄詩一百篇》云："郢人斤斲無痕跡，仙人衣裳棄刀尺，世人方内欲相尋，行盡四維無處覓"；禪宗話頭亦云："鴛鴦繡出從君看，不把金針度與人"（《五燈會元》卷十四惟照章次、又卷二十行機章次，參觀卷十七繼昌章次、卷十八智策章次）。元裕之即移禪語以論詩，《遺山詩集》卷十四《論詩》之三："鴛鴦繡了從教看，莫把金針度與人"（施北研未註出處）。

【補正】《五燈會元》卷一九祖覺章次："直須識取把針人，莫道鴛鴦好毛羽。"

【補訂】西方論師喻詩文賞析云："有如中世紀相傳，獅子每行一步，輒掉尾掃去沙土中足印，俾追者無可踪跡。"（One may remember the lion of medieval bestiaries who, at every step forward, wiped out his footprints with his tail, in order to elude his pursuers）見 L. Spitzer: "Linguistics and Literary History", in D. C. Freeman, ed., *Linguistics and Literary Style*, 1970, 3。詞旨一揆，均《老子》第二十七章所謂"善行無轍迹"爾。參觀《五燈會元》卷十三道膺："忽遇羚羊掛角，莫道蹤跡，氣息也無"；

【補正】《五燈會元》卷七義存："我若東道西道，汝則尋言逐句；我若羚羊掛角，汝向甚麽處捫摸?"

【補訂】《滄浪詩話・詩辨》："羚羊掛角，無跡可求。"

四〇

袁、蔣、趙三家齊稱，蔣與袁、趙議論風格大不相類，未許如劉士章之貼宅開門也。宜以張船山代之。故當時已有謂船山詩學隨園者，參觀《船山詩草》卷十一兩絶。惜乎年輩稍後，地域不接耳。舒鐵雲《瓶水齋詩話》謂袁之功密於蔣，蔣之格高於袁；潘四農《養一齋集》卷五《夏日塵定軒中取近人詩集縱觀之戲爲絶句》之二云："蔣、袁、王、趙一成家，六義頹然付狹邪。稍喜清容有詩骨，飄流不盡作風花。"

【補訂】方子嚴濬師極推隨園，故甚非養一此詩。《蕉軒隨録》卷三論之云："以六義望蔣、袁、王、趙，似視四公太重。以狹邪加蔣、袁、王、趙，又似視四公爲太輕。其實四公長處，潘恐未必能夢到也。"是也。潘氏於法梧門之流，何不亦"以六義望"之乎。

郭春榆《匏園集·題國朝名家詩集》亦云："揖趙拜袁自風氣，不應圖裏著清容"；又云："老船風格似袁絲，莫怪邯鄲學步疑。"黄培芳《香石詩話》謂："心餘持論，有與子才不同者，作某詩序云：'詩上通乎道德，下止乎禮義。'"余按《忠雅堂文集》卷一《鍾叔梧秀才詩序》論詩有"忠孝義烈之心，温柔敦厚之旨"。

《邊隨園詩集序》引半山《詩解序》："詩上通乎道德，下止乎禮義"等語。《忠雅堂詩集》卷四《題中州愍烈記》第四首云："斯文如女有正色，此語前賢已道之。安肯輕提南董筆，替人兒女説相思。"按"斯文"句出山谷《次韻東坡送李豸》七古。欲因文見道，以詩輔史，豈隨園佻𠍲坦易，專講性靈者乎。故錢慈伯《麂山老屋詩》卷十二《寒夜雜憶》第二首云："春陵詩好惟元結，愍女碑傳有李翺。會得前賢悲慨處，淋漓大筆尚能豪"；即爲心餘作也。蓋"三家"之説，乃隨園一人搗鬼。甌北尚將計就計，以爲標榜之資；故《挽隨園》謂"三家旗鼓各相當"，《答李雨村》謂"角立縱支三足鼎"；隨園作甌北詩序，又《詩話》卷十四亦皆有甌北"自居第三"之説，心餘則無隻字及此。《忠雅堂文集》卷一有《趙雲松觀察詩集序》，而《詩集》卷二十六《論詩雜詠》三十首祇有隨園，初無甌北；僅卷九《入京兆闈夜坐》三絶、卷二十五《懷人詩》四十八首中兩掛甌北名。甌北在乾隆十七年已見隨園之詩，集卷三。二十一年有答隨園見寄之作，集卷四。四十四年遊西湖，始與隨園晤面。集卷二十五。其與心餘，則早歲同官京師，二十三年已相友好。集卷六《贈張吟薌》。送行懷遠，情文稠疊；於心餘之人品詩才，稱不容口，惜其不遇。而爲隨園作詩，卻時有微詞，匪特向巴拙堂作控隨園詞已也。如《聞心餘訃哭之》云："角逐名場兩弟兄"；《題心餘遺集》云："邢尹同時要比妍"；皆以己與心餘並提，了不爲隨園地。《甌北集》卷三十《子才過訪草堂》五古云："尹邢不避面，翻欲同羅幬。一代詩人内，要自兩蛟虬。"心餘已死，仍曰"尹邢"；隨園尚生，亦曰"尹邢"。復稱心餘曰："名高久壓野狐禪"，《再題小倉山房詩》則曰："惹銷魂亦野狐精"，時隨園亦已逝矣。蓋棺之論，厚薄顯然。特不知何以心餘詩中，反與甌北落落，而較暱於隨園耳。心餘在蕺山書院時《寄甌北》五古長篇附見《甌北集》卷十七者，今《忠雅堂集》竟不收；心餘與隨園兩人酬答之外，爲同人作詩無不及之，如卷十六《懷人詩》、卷十八《五君詠》、卷二十五《懷人詩》、卷二十六《論詩雜詠》，皆著隨園。甌北工書法，隨園十指如椎，而心餘詩集卷二十三《題雜家書畫册》，祇有隨園，與童二梅、鄭板橋等並列。《藝舟雙楫》以隨園書入“逸品”，適堪倫類。三家交誼，殊耐尋味。

【補訂】尚喬客鎔《三家詩話》專論袁、蔣、趙之詩，於“三家”齊名之説有曰：“此論發自袁、趙，蔣終不以爲然。試觀《忠雅堂集》中，於袁猶貌爲推許，趙則僅兩見，論詩亦未數及矣。”又曰：“苕生初寓金陵，感子才訪己題壁之殷，於是作詩以題其詩、古文、駢體，極其推崇，然不存集中。子才知其言不由衷，故題苕生集詩，晚年亦删第一首，且時刺爲粗才。雲松於苕生，始曰：‘跋扈詞場萬敵摧’，又哭之曰：‘久將身作千秋看，如此才應幾代生’；乃觀其集中論詩稱子才而遺己，遂題詩三首，第以才氣推之，陰致不滿。”可與余言相輔佐。亦徵名士才人互相推挹，而好名矜氣之爭心，終過於愛才服善之雅量。故雖“文章有神交有道”，如李、杜、蘇、黄，後世尚或疑其彼此不免輕忌，況專向聲氣標榜中討生活者哉。

心餘服膺者，皆爲其同鄉聲名寥寂之士。文集卷二《學詩記》，作於五十以後，曰：“友則楊垕、汪軔。汪今之賈島，廣昌何在田不減孟襄陽。惜皆不壽”；卷一《何鶴年遺詩序》則曰：“西江詩廢墮日久，既生一楊子載，又生一何鶴年。”汪、楊、何三人又皆於《論詩》、《懷人》二作兩見。重言反復，其指可參。《忠雅堂詩集》卷四《哭楊子載》、《拜楊子載墓》、《書何鶴年詩本》、卷五《一哀詩》、《汪生》諸作，於三人詩歎賞備至。翁蘇齋、王述菴、袁隨園等風雅總持，與心餘時有唱和，而未嘗被引爲詩友也。《隨園詩話》卷八摘何、楊、汪斷句，謂甲辰過南昌，心餘病風，猶以左臂書此數聯。心餘與隨園二書，今見隨園《續同人集》卷二，傾倒備至，而《忠雅堂文集》不收；爲漏耶，爲删耶。隨園自少至老，不肯學古人家數，故《詩話》卷三謂"甘作偏裨，自領一隊。"甌北則老而知學，已見前則。心餘《學詩記》乃云："余十五齡學詩，讀義山愛之。十九改讀杜韓，四十始兼取蘇黄而學之，五十棄去。惟直抒所見，不依傍古人，而爲我之詩矣。"適與甌北相反，而與隨園漸合。甌北《再題隨園詩》曰："老我自知輸一著，只因不敢恃聰明"；爲嘲諷乎，爲贊歎乎。而三家詩學之異趣，可以見矣。

四一

心餘雖樹風骨，而所作心思詞藻，皆平直粗獷，不耐咀詠。李雨村《寄懷甌北》詩第四首云："袁趙姚唐白與劉，蔣於長慶僅元倖"；蓋當時已有違言矣。

【補訂】陳亦峯廷焯《白雨齋詞話》卷八云："小倉山房詩，詩中異端也；稍有識者，無不吐棄。假令簡齋當日删盡蕪詞，僅存精者百餘首，傳至今日，正勿謂不逮阮亭、竹垞諸公也。《小倉山房集》佳者尚可得百首，《忠雅堂集》、《甌北詩鈔》百中幾難獲一；蓋一則如粗鄙赤脚奴，一則如倚門賣笑倡也。"則揚袁而力抑趙蔣爲不足齒之傖矣。名忝齊而論難齊，然未必物之真不齊如是也。

王述菴《湖海詩傳》謂心餘古體勝近體，七古尤勝五古云云，亦不過彼善於此。心餘七古確有豪雄之勢，然放筆使氣，一瀉無餘，一注無折，曼衍鋪比，未嘗能挫之以至於枉，鬱之以至於怒。《論詩雜詠》評李于鱗曰："暴雨非商霖"，頗堪自道。《題歐陽可堂觀濤圖》第二首云："此境何能到，全收向筆端。苦心爲蓄洩，奇勢接風湍。泛濫吾滋懼，翻騰興易闌。低佪古人作，字字一平安"；亦尚得失寸心知也。近體呆鈍滯重，使事屬對，都欠圓穩，不特尠完善之篇，並難得妥貼之句，視袁趙之靈心妙舌，瞠乎更後。所謂五穀不熟，不如荑稗也。譚復堂好明人詩，故其論詩多皮相語。當時浙人如李蓴客等之學唐人，實皆以明詩作階梯，故議論亦祇如官府呵道聲耳。《日記》卷二有曰："心餘沈雄，仲則俊逸。一時鼎足，殆難其人。"此與張南山《詩人徵略》之合稱王仲瞿、黄仲則爲"二仲"何異。竊未見其沈雄，祇睹其獷鈍耳。心餘舉主師金檜門學山谷詩，

【補訂】金檜門德瑛詩學山谷，乃王述菴《湖海詩傳》之説。余得《檜門詩存》觀之，方知王氏臆必也。錢香樹序云："宋元人中，尤愛東坡、梅溪、遺山、曼碩諸家，故所作往往相近。"蓋不墨守唐風而已。集卷三《錦屏山歸途戲語心餘》："其出如泉波如天，蓬萊海外詩謫仙。山行水立自顛倒，石牛洞中風格老。奇外出奇見豫章，峨眉競秀各一方。錦屏山石拗幾摺，彷彿谷詩鑱天立。"稱谷詩與坡詩異曲同工；見此等篇什即附會其作詩學山谷，則矮人之觀場也。檜門曾孫衍宗《思怡堂詩稿》卷十《重游泮宫》第二首"敢誇詩是吾家事"云云，自註亦有曰："王蘭泉少寇《蒲褐山房詩話》論先公及擇石詩尤可怪。"又按張瘦銅塤《竹葉菴文集》卷十《過金都御史故宅》第二首自註："先生詩自題曰《檜門詩疑》，今刻曰《詩存》，非先生志也。又所删多不當。"

《湖海詩傳》謂心餘詩學山谷；曾滌生固瓣香山谷者，《憩紅詩課戲作》云："鉛山不作桐城死，海内騷壇委寒灰"，蓋引心餘爲同調，以與姚惜抱並稱。心餘《學詩記》亦自言："四十始學蘇黄"。今按其丙子以前詩，無以拔乎時調；丙子以後，自卷五起，摹放黄詩之迹顯然，尤以七律拗調爲甚。《十八夜露坐東穀原》

所謂："詩好近耽黄魯直"是也。遠在丙寅見知檜門之後，未必化於檜門之教。丙子、心餘實三十二歲，《學詩記》所謂四十歲者，舉成數言之。癸未、《陳仲牧員外新刻山谷詩集拈韻示蓀圃》四首，於山谷詩境，長言永歎，頗盡其妙；有曰："書家誰解綿裹針"，尤具聖解，可與《復初齋文集》卷十《黄詩逆筆説》、《曾文正詩集》卷一《題彭旭詩集後》參觀。涪翁詩如其字，筋多於骨，韌而非硬；世人以瘦勁學之，毫釐千里。甲申，心餘出都南歸，始與隨園相遇於金陵，所謂"六代江山兩寓公"者是。自卷十二以下，其詩漸萌故態，雖仍帶宋調，而於山谷不復如章子厚之臨蘭亭矣。

【補訂】《忠雅堂詩集》卷四《河口返棹初發》："批鴂餞春愁落蕊，歸牛浮鼻盼栽禾"，集中學山谷詩昉是。卷十三《文字》第三首："精熟《文選》理，少陵亦有言。豈謂摭浮艷，詡詡華藻間。摘獵什佰字，僻詭矜雕鐫。複贅雜腐晦，拗澀兼拘牽。"似已厭薄"無字無來歷"、"崑體工夫"矣。

至其刻意摹山谷之詩，蠻湊硬做，有力出稜，矜心作態，於"綿裹針"之語，實亦未辨。然在當時，要爲具眼，高出歸愚、隨園輩識見。《辯詩》五古，議論甚佳，宋唐並稱，而不作調人，前已引之。同時翁覃谿、姚惜抱，雖亦有取於宋詩，然翁止於蘇杜一源，《石洲詩話》卷四至斥《宋詩鈔》爲率天下而禍仁義。姚承其伯父南菁餘緒，甚稱涪翁；參觀陳碩士所輯《惜抱軒尺牘》卷七、七月六日《與陳碩士》。譚復堂《日記補録》光緒五年四月十二日嘗記"黄襄男以惜抱評點山谷詩四卷屬校，欲爲傳刻"云云，其用力可見，顧仍仿明七子腔調。

【補訂】覃谿《復初齋詩集》卷十一《送姚姬川郎中假歸桐城》

第一首："君去重編海峯集，肯隨北地乞餘芬"；卷十八《書空同集後》十六首譏空同於詩文不能"竟委窮源"而漫言"復古"，末首曰："不得姚郎與細論"，自註："謂姬川也。"蓋深不然惜抱之取明七子。卷七《馮生執虞文靖詩來問》："近人學李學韓杜，皆向大復、空同求"，亦此旨；然大復、空同皆未嘗學韓，而"向"之"求"，豈非索馬於唐肆哉。實爲語病。王禹卿與姬傳友好，《夢樓詩集·自序》云："二十五歲與朱子穎、姚姬傳論詩，心甚愜。子穎詩豪宕感激，有高達夫、李太白之風。姬傳深於古文，以詩爲餘技，然頗能兼杜少陵、黄山谷之長。"正"向"李、何"求"得之少陵也。郭頻伽《樗園銷夏録》卷下："吾師姚姬傳先生曰：'近日爲詩，當先學七子，得其典雅嚴重，但勿沿習皮毛，使人生厭，復參以宋人坡谷諸家。'"《惜抱詩集》卷五《碩士約過舍，久候不至，余將渡江，留書與之，成六十六韻》："在昔明中葉，才傑蹈高遐。比擬誠太過，未失詩人葩。蒙叟好異論，舌端騁鏌鋣。抑人爲己名，所惡成創痂。衆士遭豐蔀，皎月淪昏蟆"；爲明七子翻案，言甚激切。

按《尺牘》卷四《與管異之》云："空同集是子先導"，卷七《與碩士》云："詩不從何、李、王李入，終不深造。"據吴摯甫《尺牘補遺·與姚鐵珊書》，惜抱尚有《明七子律詩選》，最便初學。姚石甫《識小録》卷五詳論惜抱詩，舍言其學宋人處時入妙境、得蘇黄妙諦外，復曰："若在明賢中，王李見之，能不擊節耶。"惜抱高弟方植之《續昭昧詹言》卷一論七律兩派，空同、卧子皆與其列，卷七論學杜，以山谷爲得杜作用，義山爲得杜氣格，空同爲得杜形貌；三家並舉，消息可參。皆無心餘之著明直截。黄梨洲、吕晚村後，具此識力者，正復不多。若厲樊榭、金冬心、符幼魯輩，出入九僧、四靈、林逋、魏野、陸放翁、劉潛夫間，正方虛谷所謂“唐詩”，而非宋人之極詣也。同光體詩人不過於山谷以外，參以昌黎、半山、後山、簡齋等。曾滌生爲同光體巨擘，上推心餘，不亦宜乎。心餘近體偶有佳語，却都非山谷調，如“不關天地非奇困，能動風雷亦異才”；《薦福寺》。“已成鸞鳳猶飄泊，自古風雲有晦冥”；“百事都隨婚嫁畢，一樓真對水雲空”，“虛無不礙天原闊，依傍都空客自尊。”皆乾嘉時之大筆高調。《補遺・詠燭花》一聯云：“孤根自結何須地，長夜能開不待春”；頗渾巧，下句本唐太宗《詠燭》：“花開不待春。”宋末黄庚《月屋漫稿・詠燈花》云：“自喜結根依小草，不愁飛片落蒼苔”；《佩楚軒客談》記周草窗杭社詠燈花云：“繁華不結三春夢，零落空餘寸草心。”心餘一聯，工力相敵。

【補訂】實不出此類詠物題中應有之意。唐張喬《月中桂》：“根非生下土，葉不墜秋風”；宋王鎡《月洞詩集》卷上《燈花》：“等閒開落銀缸見，只是春風不得知。”余少見多怪耳。

四二

明七子之斥山谷，乃意中事。《李空同集》卷五十二《缶音序》曰：“黄陳師法杜甫，號大家。今其詞艱澀，不香色流動，如入神廟坐土木骸，即冠服與人等，謂之人可乎。”參觀卷四十八《方山精舍記》云：“夫詩有七難：格古、調逸、氣舒、句渾、音圓、思沖、情以發之。七者備而後詩昌也。然非色弗神，宋人遺兹矣”。又胡元瑞《詩藪》内編卷四云：“宋人學杜，得其骨不得其肉，得其氣不得其韻，得其意不得其象。至聲與色，并亡之矣，神韻遂無毫髮。”《何大復集》卷三十八《讀山谷菁華録》曰：“山谷詩自宋以來論者比謂似杜子美，固余所未喻也。”錢牧齋力排李何，而亦深非山谷，其《讀杜小箋識語》謂：“學杜莫不善於山谷，生吞活剥，傍門小徑。近來弘正諸子，其隔日瘧也，而黠者乃反脣於西江”云云。儼以何、李爲入山谷室而操戈之弟子，當亦何、李輩所百思不及者也。明初孫大雅詩苦硬，頗得山谷皮毛，其《滄螺集》卷一《與陳檢校》七古論蘇黄詩，推黄出蘇上，至云：“涪翁吐句敵山岳，崿崿木石森劍槊。磨牙咋舌熊豹面，以手捫膺就束縛。”按葉文莊《水東日記》卷二十六《論唐宋詩》條謂莆陽黄容《江雨軒詩序》，傳者頗少，録之於左，略云：“蘇文忠與先文節公獨宗少陵、謫仙二家之妙，雖不拘拘其似，而意遠義該，是以有蘇黄並李杜之稱。當時如臨川、後山諸公，皆傑然無讓古作者。至朱子則洞然諸家之短長，其感興等作日光玉潔。近世有劉崧者，以一言斷絶宋代，曰：宋絶無詩。詬天吠日”云云。是亦明初之主宋詩者，特不專重西江派耳。其下文痛斥鐵崖、青邱，玆不録。以後則唐荆川極推山谷，集卷十七《書黄山谷詩後》云：“真有憑虚欲仙之意，此人似一生未嘗食煙火食者。唐人蓋絶未見有到此者也。雖韋蘇州之高潔，亦須讓出一頭地耳。”當時解作此語，真有過人之識，包身之膽；然荆川自運，又絶無學山谷處，他文亦無道及山谷者。祇屢稱《擊壤集》，卷七《與王遵巖參政》且曰：“三代以下，文莫過曾子固，詩無如邵堯夫。”此獨極口推尊山谷，單文孤證，可怪也。蓋與陳白沙之愛後山，皆世人不曾知，不能信者。白沙詩泛學宋人，不僅一康節，且往往遥襲成聯：如《晚步》之“泥筌收郭索，山網落鉤輈”，則林和靖之“草泥行郭索，山木叫鉤輈”也；《春陰偶作寄定山》之“共憐春錯莫，更覺老侵尋”，則王半山之“塞垣春錯莫，行路老侵尋”也。《次王半山韻詩跋》云：“予愛子美、後山，蓋喜其雅健”；《與陳光宇書》云：“後山之詩，一時人皆不好，獨山谷、坡翁好之”；《夜坐誦康節詩偶成》云：“無人不羨黄陳輩，高步騷壇角兩雄”；篇什如《病疥》、《用後山韻寫懷》，又如《謝惠壺》云：“春事無多花去眼，老形已具雪添鬢”，本後山《次韻春懷》之“老形已具臂膝痛，春事無多櫻筍來”；《寄林虚牕》云：“開眼已知真有益，後來歲月悔無多”，本後山《題明發高軒過圖》之“晚知書畫真有益，卻悔歲月來無多”。因襲之跡，亦可徵驗。然白沙論作詩法，每貴下字斟酌輕重，詞氣沈著穩實，參觀文集中《詩不易》條、《送張方伯詩跋》、《與汪提舉書》、《批答張廷實詩箋》諸篇。

其愛後山，尚在意中。非若荆川書後之突兀。湛甘泉作《白沙集》序，引莊定山贊白沙語云："非謝非陶莫浪猜，了無一字出安排"，按二句出《定山集》卷四《讀白沙先生詩集》第一首，"莫"原作"亦"；實皆本白沙自道，《飲陂頭》云："自然五字句，非謝亦非陶"，《與客談詩》云："豈是安排得。"本屬皮相；蒙叟《詩集傳》、竹垞《詩綜》亦人云亦云，豈識白沙、荆川二公，學既近江西之學，詩復有取於江西之詩耶。王文禄《文脈》卷二云："梅聖俞、王介甫、陳後山、朱晦菴、謝臯羽，擇而誦之，豈得曰宋無詩。"語頗空泛，故未徵。

【補訂】明人言性理者，即不主宋儒之説，亦必讀其書，耳目濡染，遂於宋詩有所知解，因道而傍及於文。《白沙子》卷一《認真子詩集序》舉"宋儒之大者"周、程、張、朱，以上配顔孟；舉"近"之"能詩"者黄陳，以"遠"比李杜；如推屋烏之愛焉。白沙能賞後山，荆川能稱山谷，莊孔暘則能識簡齋。《定山集》卷二《梅花四首》第二首："笑把梅花醉一歌，九方臯奈簡齋何"，用簡齋《和張規臣水墨梅》第四首之"前身相馬九方臯"也；卷五《病眼》第一首腹聯"殘書楚漢燈前壘，草閣江山霧裏詩"，極爲楊升菴所賞，而起句"天嗔白眼陳參政"，用簡齋《目疾》之"天公瞋我眼常白"也；卷六《番陽俞潤夫墓誌銘》："詩一帙，其不得志者類郊島，其理到之語不下山谷、後山，少減其啽達，而茂者又皆出入簡齋。"薛君采與大復友好，而不欲以詞章自了，究心宋儒之書。文平易淺近，純乎理學家體；詩早作稍化於何李，故《考功集》卷八《戲成五絶》第一首有"爾時評我李何似"之語，然旋即如顧東橋《顧華玉集》卷十三《與後渠書》、卷十五《答浚川公》所稱"今一切爲淺語"、"盡去從前脂澤"。李伯華《中麓閒居集·自序》："薛西原詩能逼唐，後會馬西玄於濠梁曰：古來詩人惟一陳簡齋。"鄭繼之學詩於大復，駸駸齊名（《少谷全集》卷十六《與可畫竹卷跋》、卷十七《答曾東石》），及見陽明，乃捐棄詩文，歸向性理（卷十七《答姚元肖》、卷二十《答湛甘泉》），依違朱陸之間（卷二十二《子通論道》），遂頗涉獵江西派三宗之詩。《少谷全集》卷十下《葉古厓集序》云："宋詩人學杜，山谷最近，後山氣力勿逮，簡齋少春融"，與大復《讀山谷菁華録》所謂"余所未喻"，顯相觸迕；序末復引"昔人云：詩道如花，論高品則色不如香，論逼真則香不如色"，全取劉須溪《簡齋詩集序》中語。卷七《喜得家書》："中原氛祲三千丈，故國烟霞百萬重"，又即仿簡齋《傷春》："孤臣白髮三千丈，每歲烟花一萬重"，而手拙筆鈍者也。弘正時染指江西派詩者，所覩無過孫太初一元。劉南坦麟撰太初墓誌謂其於"詩非唐以前則不顧"，萬曆丁酉張睿卿增定太初《漫稿》序謂其"學漢、魏、盛唐"，均耳食膚受。朱竹垞《明詩綜》卷三十二《静志居詩話》謂其"瓣香山谷"，亦尚辨之未悉。《太白山人漫稿》卷二《與杭東卿憲副論宋人詩》："勃興黄九窮，妙處空自知。坐海不用舲，孤嘯三山湄。邇來幾百載，還受世人嗤。平生陳正字，白首不相疑。入門坐盤礴，知有古畫師。"竹垞殆僅據此，而未細究篇什。太初近體之學江西三宗者，衹得生硬，不解綿密，然撏撦拆補，痕跡宛然。如卷四《石林》："松涼供穩睡，山静與詩宜"，卷八《南窗下芭蕉盛開》："儘取幽涼供穩睡，還分秋色與新詩"；本簡齋《雨晴》："盡取微涼供穩睡，急搜奇句報新晴。"卷四《海鹽陳用明等見訪山中》："可人費招挽，今喜過蓬門"，本後山《寄黄充》："俗子推不去，可人費招呼。”卷六《春來兩月懶不讀書》：“青山滿樓燕坐處，落日半江元氣中”；本山谷《題胡逸老致虛菴》：“山隨燕坐畫圖出”，簡齋《登岳陽樓》：“日落君山元氣中。”卷六《篷窗》：“詩書端坐了節序，山林無事完姓名”，又《率溪書院和韻》：“坐引短簾供遠望，漫搜奇句了殘暉”；本簡齋《十月》：“病夫搜句了節序，小齋焚香無是非”，《題向伯恭過峽圖》：“獨將佳句了山川”，又《雨晴》：“急搜奇句報新晴。”卷六《把酒漫成》：“百年事業不須問，隨地看山笻一枝”；本山谷《落星寺》：“處處煮茶藤一枝。”卷六《送彭濟物》：“西風老雁啼殘夜，虛館青燈夢九州”；本簡齋《十月》：“老雁長雲行路難”，山谷《午睡》：“同駕飛鴻跨九州。”卷六《秋日孤山樓對酒》：“四野秋聲酣晚日，半空雲影抱晴樓”；本簡齋《巴丘書事》：“晚木聲酣洞庭野，晴天影抱岳陽樓。”卷八《江南大水歌》：“飛閣横梁通海氣，鳴鷗浴鶩失汀洲”，本簡齋《觀江漲》：“黿鼉雜怒争新穴，鷗鷺驚飛失故洲。”他不備舉。太初之偏嗜簡齋，過於白沙之篤好後山。亦自來論簡齋及明詩者所未及也（參觀《宋詩選註》陳與義篇註七）。吴草廬《吴文正公全集》卷九《董震翁詩序》極稱簡齋，且曰：“近世往往尊其詩”，同卷爲聶文儼、諶季巖，卷十三爲董雲龍、黄養浩等人詩序，均以似簡齋許之。程鉅夫《雪樓集》卷十五《嚴元德詩序》：“自劉會孟盡發古今詩人之祕，江西詩爲之一變，今三十年矣。而師昌谷簡齋最甚，餘習時有存者。”合二人之言揣之，則簡齋詩盛行於元初江西詩人間。然文獻罕徵，欲爬梳而末由矣。

吴孟舉《宋詩鈔・凡例》謂，黄太沖亦與蒐討勘訂。今按黄氏《撰杖集》有《張心友詩序》，略云：“余謂詩不當論時代。宋元各有優長，豈宜溝而出諸於外。即唐詩亦非無蹈常襲故，充其膚廓，而神理蔑如者。聽者不察，因余之言，遂言宋優於唐。夫宋詩之佳，亦謂其能唐耳；非謂舍唐之謂，自能爲宋也。縉紳先生謂予主張宋詩，噫、亦冤矣。宋之長鋪廣引，盤摺生語，有若豫章宗派，皆原於少陵，其時不以爲唐也。其所謂唐者，浮聲切響，以單字隻句計巧拙，然後謂之唐詩。故永嘉言唐詩久廢；滄浪亦是王孟家數，於李杜無與。北地摹擬少陵之鋪寫縱放以爲唐，而永嘉之所謂唐者亡矣。是故永嘉之清圓，謂之非唐不可，然必如是而後爲唐，則專固狹陋甚矣。豫章宗派之爲唐，浸淫於少陵以及盛唐之變，雖工力深淺不同，而概以宋詩抹摋可乎”云云。此節文筆，詰屈糾繞。蓋梨洲實好宋詩，而中心有激，人言可畏，厥詞遂枝。然議論可與吴孟舉《宋詩鈔序》參證。

【補訂】明中葉以後，厭薄七子，如公安、竟陵之拔戟自成一隊者不待言。餘人爲宋詩張目，每非真賞宋詩，乃爲擊排七子張本耳。觀黄梨洲《明文授讀》所録數篇，思過半矣。如卷三十六葉向高《王亦泉詩序》力斥尊唐之失，有云：“身居宋後，語必唐先。至使五季以來，數百年衣冠文物之雅，曠絶幽奇之事，不一入詞人之筆端。則是學遷史者，不紀秦漢，而源流三百者，必舉春秋以前之故實也。以故摹之愈似，合之愈舛。”卷三十七何喬遠《鄭道圭詩序》云：“今世稱詩者，云唐詩唐詩云爾。余恨不宋，又烏唐也。且夫一唐矣，自分初、盛、中、晚，而何獨宇宙之間，不容有一宋也。凡前輩今日所以不喜宋詩者，目皆未嘗見宋。宋人好唐詩，莫如嚴滄浪；余取滄浪集讀之，如肥酒大臠，可供一嚼，而不可咼劇飲，彼皆爲唐詩所限”；又《吴可觀詩草序》云：“子瞻詩出於陶白，魯直詩出於杜。世之人謂宋而不好焉，甚哉耳食也。”同卷曾異撰《徐叔亨山居次韻詩序》云：“徐子曰：自有唐而後，上下近千年，其間之爲詩者數百人，以其詩行於世者千百卷，竟無一字偶合，可頡頏三唐間者乎。且唐與宋奚辨。曰：宋人率而唐人練，宋人淺而唐人深也。徐子曰：則夫‘寬心須是酒，遣興莫過詩’，此杜少陵語也。子以爲深乎淺乎，宋人之詩乎，唐人之詩乎。李白：‘問余何事棲碧山，笑而不答心自閒’；‘兩人對酌山花開，一杯一杯復一杯’。試雜之邵康節、白玉蟾集中，子以爲有以異乎，無以異乎。即如陶元亮：‘此中有真意，欲辯已忘言’之句，使出自宋儒口中，子能不以爲此晦翁諸君子道學之詩乎。吾讀高岑諸集，淺率平衍者甚多，驅而納之王介甫諸公集中，宋人猶不受也”（按見《紡授堂文集》卷一）。數篇作者皆閩人；明詩之合矩矱於盛唐者，自林子羽、高廷禮之閩派始，實導七子先路。鄉獻土風，積重固難返，積久復易厭也。

助孟舉鈔宋詩之吕晚村、吴自牧，皆與棃洲淵源極深。晚村《東莊詩稿》亦是宋格，按之《吕用晦續集》，則《宋詩鈔》中小傳八十三篇，出晚村手者八十二篇；荆公、廣陵、東坡、山谷、後山、簡齋、誠齋，無不在品定之列。方虚谷《桐江集》卷五《劉元暉詩評》云：“東坡格律寬而用事博，自不可學”；晚村論東坡則云：“用事太多，不免失之豐縟，洗伐之功未盡。”與虚谷之言，若合符節，純是江西社裏人口吻。參觀周益公《省齋稾·祝楊謹仲並駁童敏德不合學東坡》七律。《晚村先生集》卷一《答張菊友書》自述其蒐討宋人遺集，且有“人謂余主宋詩、攻時文”之語。近人方力爲晚村表白，獨未及其遠開“同光體”，何也。

【補訂】吴孟舉《黄葉村莊詩集》卷七《寄高澹人學士》："藏弆巾箱菊磵詩"；自註："寄《菊磵集》補入《宋詩鈔》中。"今本《宋詩鈔》初無高九萬詩，是未及補也。毛大可《西河詩話》卷五藉馮溥"師相"之"大言"以儆作者，舉康熙"皇上"之"聖製"以示楷模，意在杜絕"宋詩之弊"。假威倚勢，恫嚇諂佞，技止此乎，顔之厚矣。卷六譏"禾中爲宋詩"者，當是指石門之吴孟舉、吕晚村等。潘雪帆問奇、祖夢巖應世合選《宋詩啜醨集》四卷，湮没數百年，《宋詩選註》始稱引之。其評語頗師鍾譚《詩歸》（參觀雪帆《拜鵑堂詩集》卷四《宋詩啜醨集成同夢巖作》第二首："但留正氣還天寶，不礙屠沽毁竟陵"），宗旨似在矯《宋詩鈔》之流弊。二人選此集，正以明宋詩之不如唐詩，欲使人不震於吕吴之巨編而目奪情移也。觀書名即徵命意。潘氏《序》曰："啜醨何居乎，薄之也。宋固唐若乎。曰不然。宋遜於唐，盡人能知之，盡人能言之矣"；祖氏《凡例》曰："今以啜醨命編，似非尊題之意。蓋因嘉隆來，宋詩久已覆瓿。近雖稍稍宗尚，而與嘉隆同議者，固自若也。兹特以此命名，一以徇黜宋之心，一以息襲唐之喙也。"卷四楊萬里詩、雪帆評曰："矢口成音，終誤後學。而論者於誠齋云：'落盡皮毛，自出機杼，古人之所謂似李白者，入今之俗目，則皆俚喭也。'又云：'見者無不大笑，不笑不足以爲誠齋之詩。'嗚呼，信斯言也，則凡張打油、胡釘鉸，皆當侑食李杜之庭矣。"即隱斥《宋詩鈔》；"論者"云云諸語皆出《誠齋集鈔》弁首小傳中，晚村手筆也。

梨洲自作詩，枯瘠蕪穢，在晚村之下，不足掛齒，而手法純出宋詩。全謝山傳黄氏之學，其詩亦粗硬作江西體，雖與樊榭唱和，而所師法之宋詩則大不同。當時三遺老篇什，亭林詩乃唐體之佳者，船山詩乃唐體之下劣者，棃洲詩則宋體之下劣者。然顧王不過沿襲明人風格，按亭林詩學，已見前説。船山《夕堂永日緒論》痛詆七子之詩，而持論尊唐祧宋，於七子不啻應聲踐迹。世人每以爲推唐斥宋者必取七子，特見沈歸愚輩如是耳；船山即推唐斥宋而不取七子者，吴修齡亦然。又如顧俠君薄宋詩至不值一錢，僅取東坡，崇奉唐詩，欲以元詩繼之，而亦不取七子。《秀野草堂詩集》卷一《言懷》第九首可證，卷二十四《論宋金元明詩》第二十七首論李于鱗云："舉世不知西子面，效顰更效效顰人"，謔而虐矣。船山識趣甚高，才力不副，自作詩悶澀纖仄，試以《倣體詩》三十八首較之原作，真有夸父逐日之歎。然湖外論詩指歸，實自船山發之，譚復生《論藝絶句》第一、第二首可參，所謂"薑齋微意"也。獨棃洲欲另闢塗徑，殊爲豪傑之士也。葉星期與孟舉同鄉友好，《黄葉村莊詩集》有星期序，星期作《原詩》，謂："宋詩不亞唐人，譬之石中有寶，不穿鑿則寶不出"；"昌黎乃宋詩之祖，與杜蘇並樹千古"；"議論爲詩，杜甫最多，李杜皆以文爲詩"；又謂："嚴滄浪、高廷禮爲詩道罪人"，夫嚴高皆力倡盛唐詩者也。自作《已畦詩集》，尖刻瘦仄，顯然宋格；《兩浙輶軒録》卷五引鄧漢儀曰："燮詩以險怪爲工"，又引錢仁榮曰："燮詩不驚人不道"，蓋少見多怪，不知其師法所在也。沈歸愚爲星期弟子，漁洋所謂"横山門下，尚有詩人"者。按見《竹嘯軒詩鈔》卷七。《國朝詩别裁》記葉氏論詩語："一曰生，二曰新，三曰深"，與歸愚説詩，不啻冰炭。師爲狂狷，弟則鄉愿；歸愚謹飭，不忍攻其函丈，謝厥本師，遂力爲之諱。《國朝詩别裁》論《已畦集》、《原詩》語，皆飾詞也。歸愚宗仰盛唐，故作《葉先生傳》、《已畦詩集序》，雖言横山詩"好新"，而復稱其"氣盛"，且記其尊杜、韓、蘇三人。按《已畦文集》

卷八《密遊集序》推陶、杜、韓、蘇爲極至，然《已畦詩集》雖屢有和杜、韓、蘇之作，而纖密無氣韻，與孟舉、晚村作風相類。歸愚之言，失之甚遠。《文集》卷八《百家唐詩序》謂："貞元、元和時，韓、柳、劉、錢、元、白鑿險出奇，爲古今詩運關鍵。後人稱詩，胸無成識，謂爲中唐，不知此中也者，乃古今百代之中，而非有唐之所獨，後此千百年，無不從是以爲斷"云云，是以"中唐"之"中"，爲"如日中天"之"中"，凌駕盛唐而上。豈歸愚師法所在乎，不曰開元，而曰貞元、元和之際，又隱開同光詩派"三元"並推之説矣。浙派西泠詩家多南宋江湖體，惟秀州諸作者知取法西江大家，上續梨洲墜緒，汪豐玉仲鈖一詩最便例證。《桐石草堂集》卷五《枕上無事、日課數絶句、語無倫次、次以韻而已》"真"韻云："黄詩繙閲枕函親，學杜先宜此問津。宗派百年誰復識，解人絃外兩三人"；自註："山谷爲詩家不祧之祖，元明以來，無人齒及。□□□按當是錢虞山、朱秀水皆近時巨老，而動有貶詞。余素酷嗜其詩，天社、青神所註，行止輒以自隨；惟同里錢籜石、萬柘坡及兄厚石以爲然也。"

【補訂】焦廣期《此木軒詩》卷五《戲題絶句》第三十二首："江西宗匠黄涪翁，細色高品碾春風。撑腸拄肚無一可，解膠滌昏宜策功"，自註："以茶比之。"卷十《黄涪翁》推之尤至："昔讀涪翁詩，格格不入齒。槎枒突兀當我前，大似黎丘一奇鬼。江西初祖負盛名，私語其故胡乃爾。懷疑不敢向人論，一事不知鄙夫恥。垂老將集百過讀，字字穩愜歎具美。風容調態悦我魂，褒女一笑粉黛死。始信尤物能移人，但坐諸君不識耳。"卷十一遂有《效山谷演雅》之作。然焦氏詩平易直率，未嘗改轍而取徑江西也。汪豐玉《桐石草堂集》有其兄康古孟鋗序曰："豐玉於宋人中酷愛山谷、半山二家，視時俗拾何李唾餘以詭附盛唐者，心焉薄之。”卷七附裘漫士曰修題詩亦曰：“天下無雙雙井黄，流傳句法剡寒鋩。憑君更導西江派，净洗鉛華印妙香。”然豐玉詩骨脆相薄，未足成家，掎摭山谷字句，每不成詞。康古《厚石齋集》卷三《賦任註山谷詩》曰：“學杜不爲杜，豫章何町畦。繼之後山集，祖意幸弗迷”；其詩筆鈍如椎，更在乃弟之下。豐玉謂萬循初光泰於山谷與己有同好，《柘坡居士詩集》較二石所作爲俊利，亦祇厲樊榭以來“浙派”風格，未見其得力山谷也。

桐城亦有詩派，其端自姚南菁範發之。《援鶉堂筆記》卷四十稱山谷以“驚創爲奇，其神兀傲，其氣崛奇。玄思瑰句，排斥冥筌，自得意表”；蓋備極贊歎，而亦不如汪豐玉之棄明七子若糞土。卷四十評空同《游百門學大謝》云：“如趙同魯評沈啓南仿倪元鎮畫，下筆又重了。”按見董思白《畫眼》，趙輒呼曰：“又過矣，又過矣。”

【補訂】惲南田《甌香館集》卷十一《畫跋》亦記趙同魯語。何元朗良俊《四友齋叢説》卷二十九：“石田學黄大痴、吴仲圭、王叔明皆逼真，往往過之，獨學雲林不甚似。余有石田畫一小卷，是學雲林者，後有跋云：此卷倣雲林筆意爲之；然雲林以簡，余以繁，夫筆簡而意盡，此其所以難到也。”《弇州四部稿》卷一百三十八《題石田山水》：“所擬無論董、巨及梅道人、松雪、房山、大痴、黄鶴筆意，往往勝之。獨於雲林不甚似，病在太有力耳。”均可參觀。

古來評七子擬古，無如此之心平語妙者。卷四十四又謂：“讀何李諸公學古詩，轉讀十九首，其妙愈出。正如學書只見石刻，後觀真跡。”是於七子，未嘗盡奪而不與，故同卷以吴修齡《圍鑪詩話》醜詆七子，遂爲惡聲之反，比之“瘈犬狂噬，橐駝噴穢”。惜抱淵源家學，可以徵信。惜抱以後，桐城古文家能爲詩者，莫不欲口噶西江。姚石甫、方植之、梅伯言、毛嶽生、以至近日之吴摯父、姚叔節皆然。且專法山谷之硬，不屑後山之幽。按後山賞音更希於山谷，惜抱同時名輩深知其妙者，乃爲不能作詩之盧紹弓，亦一奇也。《抱經堂文集》卷十三《後山詩註跋》，自言年五十八，始讀而善之，又推後山詩情景氣味真醇出孟東野、黄山谷之上。又欲以古文義法，入之聲律，實推廣以文爲詩風氣。讀《昭昧詹言》三録可知。姚石甫《康輶紀行》卷十三亦駁楊升菴不知宋詩妙處。程秉釗《國朝名人集題詞》有曰：“論詩轉貴桐城派，比似文章孰重輕”；自註：“惜抱詩精深博大，足爲正宗。”按張亨甫詩集《潤臣以近詩見示率題》三首亦以漁洋與惜抱並推爲風雅正宗。亨甫質美未學，心粗氣浮，祈嚮不過明七子；故姚石甫爲作傳，稱其“少年詩才可及空同，若去其粗豪，則大復矣”云云。亨甫題葉潤臣詩第二首曰：“李何驂駕見高徐，風骨孤騫世未如。不信後人輕七子，反成老馬戒前車”；是其推崇惜抱，正以惜抱不廢明七子，可追配“清秀李于鱗”之漁洋耳。

【補訂】亨甫《思伯子堂詩集》卷二十六《潤臣以近詩見示率題》第一首：“風雅微茫有正聲，漁洋、惜抱兩分明。爲君更話滄浪旨，千載詩人過眼輕。”

按惜抱弟子吴仲倫《初月樓詩鈔》卷二《示及門諸子》即論詩絶句也，末首早云：“我自心欽姚惜抱，拜袁揖趙讓時賢。”歐陽功甫《秋聲館遺集·與羅秋浦書》記梅伯言論“學詩從荆公、山谷入，則庸熟繁蔓無從擾其筆端。袁、蔣、趙才力甚富，不屑鍊以就法，故多淺直俚諢之病。獨姬傳姚氏確守矩矱，由摹擬以成真詣，爲七子所未有”云云，即仲倫之意。可見立旨傳宗，當時隱然自成一隊。後來曾滌生定惜抱七律爲有清第一家，參觀吴摯甫《尺牘》卷二下《與蕭敬甫》。張濂卿本此意，選《國朝三家詩鈔》，其一即惜抱七律。參觀《濂亭遺文·三家詩鈔序》。濂卿弟子范肯堂固亦同光體一作家，集中《讀外舅一年所爲詩、因論外間詩派》有云："泥黿鼓吹喧家弄，蠟鳳聲聲滿帝城，太息風塵姚惜抱，駟虬乘鷖獨孤征。"沈乙菴《海日樓羣書題跋》《惜抱軒集》一條亦甚稱惜抱詩，并謂"張文襄不喜惜抱文，而服其詩，此深於詩理者"云云。是則曾氏之稱惜抱詩，非出偶然，曾詩學亦本桐城，正如其古文耳。言"同光詩體"者，前僅溯吴孟舉，後祇述曾氏，固屬疎闊。爲桐城家言者，祇誦説方姚，南菁幾如已祧之祖。劉聲木曾撰《桐城文學源流考》，所作《萇楚齋續筆》，記戴存莊入都會試，曾滌生從問古文法，戴以陳碩士輯《惜抱尺牘》授之，謂"桐城文訣具此"云云。宜今世末流奉惜抱談藝之論，不解析骨肉以還父母也。博雅如沈乙菴，《跋惜抱集》亦祇謂惜抱"選詩講授，一宗海峯家法"，於餘子乎何尤。乙菴語當是指海峯《歷朝詩約選》而言。《約選》無序例，泛濫已甚，不知家法何所徵。當時吴摯甫慫慂蕭敬甫校刻此書，而於海峯選政極致不滿，屢言其鑑裁不精，似以明清兩朝爲主，斥其妄删古人；又謂不得劉之意指所在；且謂劉自作詩，有客氣俗氣，遠不如姚之功深養到。觀摯甫《尺牘》卷二上下與敬甫三札可知。然家醜不肯外揚，故卷二上《與劉景韓》書，力稱此選，推爲"大觀"。《史記·樂毅傳》燕王遺樂間書曰："室有語，不相盡，而以告鄰里"；摯甫其知免夫。要而言之。清初浙中如梨洲、晚村、孟舉，頗具詩識而才力不副。晚村較健放，仍是小家薄相，如雞肋刀豆，槎枒寡味，學誠齋、石湖，劣得短處，尚不及同時汪鈍翁之清折妥溜。至陳宋齋訏出南雷之門，選《宋十五家詩》，有南豐、欒城、梅溪、徽國、秋崖、文山，而不及後山、簡齋，則並詩識亦不高矣。查初白出入蘇陸，沿蹊折徑，已非南雷家法；《初白菴詩評》卷下評《瀛奎律髓》趙章泉《早立寺門作》至云："此吾所以不喜江西派也。"乾隆時秀水諸賢，則錢蘀石氣魄有餘，才思殊鈍，抗志希爲大家而并不足爲名家。萬柘坡、王穀原頗清雋而邊幅甚狹，穀原中年且厭薄西江。錢慈伯《麂山老屋詩》卷八《讀丁辛老屋集題後》第二首記穀原談藝語，有曰："槎牙未愛西江派。"汪豐玉早死，未能有成。蘀石子慈伯作詩，已不遵庭訓。《麂山老屋詩》早作多西江體，後漸擺脱，卷十二《論宋人詩絶句》第六首云："誰能學杜得元珠，鉤棘槎枒派自殊。魯直太生我無取，論詩終服小長蘆"；顯與乃翁違牾。集中無隻字道蘀石詩，然蘀石習氣偶有刮除未盡者，如《過嚴氏宅外姑母留飯》云："念其家室特難爲"，《對案》云："欠伸向案隨其妥"，皆乃翁句法也。桐城則薑塢、海峯皆尚是作手，惜抱尤粹美。承學者見賢思齊，嚮風成會。蓋學識高深，衹可明義，才情照耀，庶能開宗。坐言而不堪起行者，其緒論亦每失墜而無人掇拾耳。

四三

施北研作《元遺山詩箋註》，初意在箋證本事，不在註釋故實；偶爲友人慫慂，因復匆匆註解，七月而成，詳見例言。故其箋尚多發明，雖李光庭《廣元遺山年譜》卷下糾正其編次之誤，葉廷琯《鷗陂漁話》卷一指摘其失收碑陰題記，皆未可以小眚掩大德。其註則闕略疏漏，不一而足。《橋西雜記》、《蘿藦亭札記》、《竄記》等書皆言之。竊謂施氏數典之誤，多由於徵引類書，未究其朔。大病尤在乎註詩而無詩學，遺山運用古人處，往往當面錯過。甚至卷一"相士如相馬"《雜詩》四首乃宋人汪彥章作，見《浮溪集》卷二十九，題作《懷古》，施氏亦不知拈出。

【補遺】《論詩絕句》："一波纔動萬波隨"，施註引《白石詩説》，按此全用華亭船子和尚偈第二句，參觀山谷詩補註條第四十一、又《五燈會元》卷五；"可憐無補費精神"，施註引王半山《韓子》詩，按此即韓子《贈崔立之》詩中語。《和仁卿演太白詩意二首》註尤謬。夫所謂"太白詩"者，乃《潯陽紫極宮感秋》五言古。遺山詩起語云："蕭蕭牕竹動秋聲，紫極深居稱野情"，結語云："解道田家酒應熟，詩中只合愛淵明"；即取太白原詩起結語。蘇黃於太白此作，皆有追和，施氏茫不之知，乃附會曰："紫極云者，當即衍洞淵算法事。"

復舉兩例，以概其餘。卷八《秋夕》，施氏於"貂裘敝"、"馬角生"、"嚴尹幕"等語，胥不註出處，數事皆習見非僻典，不註可也；末二句云："澆愁欲問東家酒，恨殺寒雞不肯鳴"，此用淵明《飲酒》詩第十六首："被褐守長夜，晨雞不肯鳴"，遺山曾仿淵明《飲酒》先後十首也。

【補訂】淵明《怨詩楚調》："造夕思鷄鳴，及晨願烏遷"，上句亦即願夜之速旦，下句則願朝之速暮耳。遺山此句流傳爲街談塗説，如《金瓶梅》第七十一回："有詩爲證：淒涼睡到無聊處，恨殺寒鷄不肯鳴。"楊用修《升菴全集》（從子有仁編）卷二十七《百福寺夜宿》："石房夜冷難成寐，惱殺荒鷄不肯鳴"，逕取遺山語，易"寒"爲"荒"，稍免蹈襲之誚，而弄巧成拙。"荒鷄""惡聲"出《晉書·祖逖傳》，鷄"中夜"不時而鳴，故訶之曰"荒"曰"惡"，"荒"之爲言，荒亂、荒誕也；今夜未旦而鷄不先鳴，是具知時報曉之德，不得誣爲"荒"矣。顧寧人《亭林詩集》卷九《與江南諸子》："濁酒不忘千載上，荒鷄猶唱二更餘"，下句自註《管輅别傳》。則字妥句適。《三國志·魏書·方技傳》裴註引《管輅别傳》初未道"荒鷄"，祇云："徐季龍言：世有軍事，則感鷄雉先鳴"，故寧人特自註以示寓意所在耳。

卷十三《李仲華湍流高樹圖》第二首："不因脱兔投林了，何處而今更有詩"；"脱兔投林"，不註亦可，"何處"句乃用昌黎《鎮州路上酬裴司空》："風霜滿面無人識，何處如今更有詩。"詞章胎息因襲，自有其考訂，非於文詞升堂嗜胾者不能。

【補訂】遺山所襲昌黎句，江西派二宗皆早摭用。山谷《鷓鴣天》："朝廷尚覓玄真子，何處如今更有詩"；後山《贈吴氏兄弟》："恨君不見金華伯，何處如今更有詩。"又按升菴詩雖主六朝初唐，亦復時時掎摭宋元佳句，如卷二十八《秋懷》第七首："更借新涼供穩睡，西風昨夜雁聲南"，上句本簡齋《雨晴》："盡取微涼供穩睡。"其尤令人咋舌者，卷二十九《席上漫興重贈羅果齋》："坐如泥塑還和氣，醉若山頽未盡情"，明目張胆，攘取方虚谷得意聯。《桐江集》卷一《送俞唯道序》云："有阮梅峯者，索余詩稿往觀，批抹圈點，取'飲若山頽無舊侶，坐如泥塑有新功'"；全詩不見虚谷集，僅采入程篁墩《新安文獻志》甲集卷五十四，題爲《初夏書事》，"飲"字正作"醉"字。

遺山《論詩》絶句第七首云："慷慨歌謡絶不傳，穹廬一曲本天然。中州萬古英雄氣，也到陰山敕勒川"；施氏註謂《北史》："北齊神武命斛律金唱歌"云云，并於史學亦疏。《北齊書》與《北史》中《神武本紀》、《斛律金傳》均無此文。郭茂倩《樂府詩集》卷八十六引《樂府廣題》云："北齊神武攻周玉壁不克，恚甚欲疾，勉引諸貴，使斛律金唱此歌而自和。歌本鮮卑語，譯作齊言，故句長短不等。"施註實出於此。《北史》金本傳謂："金本名敦，不識字，苦敦字難寫，遂改名金，猶不能署。司馬子如教以屋山爲識"。按放翁《舍北摇落、景物殊佳、偶作》五首有云："屋角成金字，溪流作縠文"，即用此。椎魯如斯，恐未必能若沈慶之之耳學，曹景宗之賦"競病"。郭書目録於是歌下註"無名氏"，蓋其慎也。梁諫菴《瞥記》極稱郭氏稱"無名氏"之是；吴槎客《拜經樓詩話》謂："金不識文字，焉能辨此。故梅鼎祚疑古有此歌，神武命唱之以安衆心。沈歸愚《古詩源》直以爲金作，雖仍《碧雞漫志》之謁，而引《北史》，《北史》實無此語”云云。實則據郭書“歌本鮮卑語”一句，已足定此詩案。王漁洋《七言古詩選》亦書“無名氏”，謹嚴可法。王船山《古詩評選》、王壬秋《八代詩選》均以此歌歸斛律金，未免鹵莽。凌揚藻《蠡勺編》詩有别才一條，引金爲證，言“不知書而能作詩”，與《碧雞漫志》説合，亦似鶻突。又《論詩絶句》第二十四首論秦少游云：“拈出退之山石句，始知渠是女郎詩”；施註引《中州集》及《歸田詩話》，按《靈芬館詩話》卷一亦引此二書，皆未及敖陶孫《詩評》所云：“秦少游如時女步春，終傷婉弱。”李方叔《師友談記》載少游自論其文謂：“點檢不破，不畏磨難，然自以華弱爲愧”云云。尤宜引以作證。

【補訂】因勘訂此書，復檢遺山詩，偶有弋獲，并識之。○《種松》。按《遺山文集》卷三十六《楊叔能小亨集引》：“予既以如上語爲集引，又申之以種松之詩”，則詩爲楊叔能弘道作也。“百錢買松羔，植之我東牆。汲井涴塵土，插籬護牛羊。一日三摩挲，愛比添丁郎。悯然一太息，何年起明堂。鄰叟向我言：種木本易長；不見河畔柳，顧盼百尺强；君自作遠計，今日何所望。”此意屢見前人詩中，遺山數陳酣放耳。白樂天《栽松》第一首：“栽植我年晚，長成君性遲。如何過四十，種此數寸枝。得見成陰否，人生七十稀”；又《東溪種柳》：“松柏不可待，楩柟固難移。不如種此樹，此樹易榮滋”；又《種柳三詠》第一首：“白頭種松桂，早晚見成林。不及栽楊柳，明年便有陰”；又《種荔枝》（一作戴叔倫詩）：“紅顆珍珠誠可愛，白鬚太守亦何痴。十年結子知誰在，自向中庭種荔枝。”李端《觀鄰老栽松》(一作耿湋詩):“雖過老人宅,不解老人心。何事殘陽裏,栽松欲待陰。”施肩吾《誚山中叟》:“老人今年八十幾,口中零落殘牙齒。天陰傴僂帶嗽行,猶向巖前種松子。”王介甫《酬王濬賢良松泉》第一首:“我移兩松苦不早,豈望見渠身合抱。”蘇子瞻《種松得徠字》:“我今百日客(自註:時去替不百日),養此千歲材。茯苓無消息,雙鬢日夜摧。古今一俯仰,作詩寄餘哀。”後來朱竹垞《曝書亭集》卷十七《曝書亭偶然作》第六首:“雨外芭蕉風外楊,水中菡萏岸篔簹。衰翁愛植易生物,不願七年栽豫章。”參觀《埤雅》卷十三引諺:“白頭種桃”(《爾雅翼》卷十作“頭白可種桃”),又《曲洧舊聞》卷三及《永樂大典》卷一萬三千一百九十四《種》字下吴欑《種藝必用》皆引諺:“頭有二毛好種桃,立不踰膝好種橘”,亦言桃乃“衰翁”宜“種”之“易生物”也。〇《曲阜紀行》第九首:“所得不毫髮,咎責塞八區。”按昌黎《寄崔二十六立之》:“歡華不滿眼,咎責塞兩儀。”〇《贈鶯》:“獨愛黄栗留,婭姹如稚女。笑啼啼又笑,宛轉工媚嫵。”按蘇子美《雨中聞鶯》:“嬌騃人家小女兒,半啼半語隔花枝”;歐陽永叔《啼鳥》:“黄鸝顔色已可愛,舌端啞咤如嬌嬰。”〇《宿菊潭》:“期會不可違,鞭扑傷心肌。傷肌尚云可,夭閼使人悲。”按仿《獨漉篇》句法,參觀《管錐編》論《毛詩正義》第五三“胥之字義與句型”。〇《灩亭》:“宿雲淡野川,元氣浮草木。”按陳簡齋《感懷》:“青青草木浮元氣,渺渺山河接故鄉”,又《龍門》:“金銀佛寺浮元氣,花木禪房接上方。”簡齋用字本劉文房《岳陽館中望洞庭湖》:“疊浪浮元氣,中流没太陽”,正如其《舟次高舍書事》:“一川木葉明秋序，兩岸人家共夕陽”，本文房《移使鄂州次峴陽館懷舊居》：“萬里通秋雁，千峯共夕陽”，《簡齋詩集》卷十三、十九胡仲孺註均未詳。胡震亨《唐音癸籤》卷四謂“用元氣二字最多者爲劉長卿”，竊以爲當云：以“元氣”二字寫景最多者爲劉文房，語較圓切。舍前引一聯外，尚有：《登揚州棲靈寺塔》之“盤梯接元氣，半壁棲夜魄”；《登東海龍興寺高頂望海簡演公》之“元氣還相合，太陽生其中”；《送杜越江佐覲省往新安江》之“色混元氣深，波連洞庭碧”；《自鄱陽還道中寄褚徵君》之“元氣連洞庭，夕陽落波上”；均不如“浮元氣”三字，簡齋洵具眼也。《中州集》卷七劉昂霄《趙村晚望》：“天地浮元氣，山河半夕陽”，亦本文房句。簡齋又有《岳陽樓》之“日落君山元氣中”，《雨》之“霧澤含元氣”，《登海山樓》之“此地接元氣”，《詠青溪石壁》之“虛無元氣立”；遺山又有《乙酉六月十一日雨》之“元氣淋漓中”，《南湖先生雪景乘騾圖》之“元氣開洪濛”，《夏山欲雨》之“太初元氣入淋漓”；復均以“元氣”作寫景用。遺山用“元氣”多於文房，而寫景衹此數處。余讀遺山五古、七律，波瀾意度，每似得力簡齋。渠於宋詩人中，衹誦説東坡，勿屑江西宗派，指斥山谷、後山，無隻語及簡齋詩。然《文集》卷三十六《新軒樂府引》云：“坡以來，山谷、晁無咎、陳去非、辛幼安諸公俱以歌詞取稱”，又遺山自序《樂府》極稱山谷《漁父詞》及陳去非《臨江仙》二闋，而“含咀”其“不傳之妙”，則非不覩《簡齋集》者。《詩集》卷九《四哀詩・李長源》：“同甲四人三橫貫，此身雖在亦堪驚”，正取簡齋《臨江仙》中句：“三十餘年成一夢，此身雖在堪驚”；卷八《秋懷》：“黃華自與西風約，白髪先從遠客生”，又緊傍簡齋《次韻家叔》：“黄華不負秋風意，白髪空隨世事新。”其他撏撦痕迹，往往可辨，“元氣浮草木”衹是一例。〇潘四農善評遺山詩，《養一齋詩話》卷八嘗病其“以了字煞尾句太多”，竊謂此亦遺山步趨簡齋之證。少陵《洗兵馬》：“整頓乾坤濟時了”，山谷《病起荆江亭即事》：“十分整頓乾坤了”，皆煞尾“了”句樣。至簡齋而用“了”字不了。其在句中者，如《清明》第二首：“病夫危坐了清明”，《十月》：“病夫搜句了節序”，《漫郎》：“拄笏看山了十年”，《冬至》：“閉户了冬至”，《觀我齋》：“閉户了晨夜”，《蓬齋》：“不須杯勺了三冬”，《早起》：“一簡了百事”，《晚步順陽門外》：“六尺枯藜了此生”，《秋夜詠月》：“推愁了此段”，《登城樓》：“幾夢即了我”，《至葉城》：“爲報了長途”，《方城陪諸兄坐心遠亭》：“北去南來了今歲”，《題簡齋》：“幾屐了平生”，《無題》：“焚香閲世了閑身”，《正月十二日自房州城遇虜》：“輕了少陵詩”，《出山道中》：“乘除了身世”，《初至陳留南鎮》：“只將乘除了吾事”，《江行晚興》：“隨俗了悲歡”，《題向伯恭過峽圖》：“獨將佳句了山川”，《次韻邢九思》：“共君盟了不應寒”，《次韻家弟所賦》：“共了流年廢幾詩”。其煞句尾者，如《友人惠石兩峯》：“暮靄朝曦一生了”，《送善相僧超然》：“鼠目向來吾事了”，《至陳留》：“等閒爲夢了”，《送客出城西》：“殘年政爾供愁了”，《游峴山次韻》第二首：“有屐一生了”，《題向伯恭過峽圖》：“柱天勳業須君了”。遺山句中著“了”如《歷下亭懷古》：“纔得了二三”，《送高信卿》：“二十了陰符”，《帝城》第一首：“悠悠未了三千牘”，《薛明府去思口號》第五首：“清談了送迎”，《倫鎮道中見槐花》：“爲君忙了竟何成”，《龍泉寺》第二首："殘僧隨分了生涯"，《送子微》："一片青山了此身"，《論詩》第三首："鴛鴦繡了從君看"，《三門集津圖》："吴家纔了又陳亡"。其於煞尾"了"更見獵心喜，《過晉陽故城書事》："幾時卻到承平了"，《鴻溝同欽叔賦》："劉郎著手乾坤了"，《得一飛姪安信》："衰年吾事了"，《出都》第二首："從今剗盡瓊華了"，《贈答郝經伯常》："莫把青春等閑了"，《十二月十六日還冠氏》："一瓶一鉢平生了"，《贈張主簿偉》："從今弟姝通家了"，《寄答商孟卿》："書來且只平安了"，《追録洛中舊作》："人間只怨天公了"，《追懷曹徵君》："因君錯怨天公了"，《晉溪》："乾坤一雨兵塵了"，《贈李春卿》："丹房藥鏡平生了"，《送郭大方》："明月太虚君自了"，《玄都觀桃花》："一杯吸盡東風了"，《劉氏明遠菴》第三首："栽花種柳明年了"，《曉起》："學似玉山樵客了"，《從孫顯卿覓平定小山》："一拳秀碧煙霞了"，《王希古乞言》："一龜早晚揩牀了"，《戲贈柳花》："只愁更作浮萍了"，《醉貓圖》第二首："但教殺鼠如丘了"，《黄華峪》第十首："故山定已移文了"，《贈修端卿、張去華、韓君傑》第三首："枉教棄擲泥塗了"，《樂天不能忘情圖》第一首："就使此情忘得了"，《蒼崖遠渚圖》第一首："兩椽茅屋平生了"，《三士醉樂圖》："凡盆一醉糊塗了"，《李仲華湍流高樹圖》第二首："不因脱兔投林了"，《耀卿西山歸隱》第三首："山林鍾鼎無心了"，《普照范鍊師寫真》第三首："人間只説乘風了"，《出山像》："只知大事因緣了"，《夏山風雨》："情知一雨收晴了"，《答俊書記學詩》："心地待渠明白了"，《跋耶律浩然山水卷》："無因料理黄塵了"。或則熟手容與而不艱辛，或則老手頹唐而徒率易，要之"得人嫌處只緣多”也。遺山大弟子王仲謀惲《秋澗大全集》卷十四《中秋月》:“一杯儘吸清光了，洗我平生芥蔕腸”,《南城納涼晚歸》:“一杯粥了從高卧，須信閒身等策勳”,《八月十一日夜坐》:“大家但使康强了，未害窮愁老此生”,《送蕭四祖北上》:“中原有幸經綸了，天外高鴻本自冥”,卷十六《和郝子貞見贈》第二首:“薄田粗足充飢了，衰俗無依奈物輕”,卷三十二《獅貓》:“夢裏鼠山京觀了，午欄花影淡離離”;蓋“了”字幾同祖師衣鉢之傳矣。“鼠山”句亦如遺山《醉貓圖》之用柳子厚《永某氏之鼠》中語，而易“丘”字爲“山”耳。《養一齋詩話》卷八又譏遺山七律“好用平對實字裝之句首”,列舉“神功聖德三千牘，大定明昌五十年”,“薄雲晴日爛烘春，高柳清風便可人”諸聯，聊供隅反。夫此體固簡齋喜爲者，如《十月》:“歸鴉落日天機熟，老雁長雲行路難”,《次韻樂文卿北園》:“四壁一身長客夢，百憂雙鬢更春風”,《招張仲宗》:“空庭喬木無時事，殘雪疎籬當畫圖”,《清明》:“寒食清明驚客意，暖風遲日醉梨花”,《寄信道》:“高灘落日光零亂，遠岸叢梅雪陸離”,《山中》:“白水春陂天澹澹，蒼峰晴雪錦離離”,《觀雨》:“前江後嶺通雲氣，萬壑千林送雨聲”,《康州小舫與耿伯順、李德升、席大光、鄭德象夜語》:“天闊路長吾欲老，夜闌酒盡意難傾”,《雨中對酒庭下海棠經雨不謝》:“天翻地覆傷春色，齒豁頭童祝聖時”,《友人惠石兩峯》:“暮靄朝曦一生了，高天厚地兩峯閑”,《同家弟用前韻謝判府惠酒》第二首:“鸜鵒鸕鷀俱得道，螟蛉蜾蠃共忘機”,《用大成四桂坊韻贈令狐昆仲》:“醍酥乳酪元同味，羯末封胡更合堂”(參觀潘邠老《題勑殼軒》:“封胡羯末謝，龜駒玉鴻洪”,又朱新仲《灊山集》卷二《寄諸洪》："鵷雛鸑鷟俱爲鳳，乳酪醍醐總是酥"）。其在簡齋猶城中岸髻，而在遺山遂如四方高一尺矣。簡齋之"高天厚地兩峯閒"、"老雁長雲行路難"，又"老雁孤鳴漢北州"（《重陽》），與遺山《張主簿草堂賦大雨》："厚地高天如合圍"，《論詩三十首》："高天厚地一詩囚"，《雨後丹鳳門登眺》："老雁叫羣秋更哀"，《寄答商孟卿》："老雁叫羣江渚深"，亦頗靈犀點通。遺山《寄楊飛卿》："西風白髮三千丈，故國青山一萬重"，甚肖簡齋《傷春》名聯："孤臣白髮三千丈，每歲烟花一萬重"，即第 363 頁所舉孫太初曾擬議者。蛛絲馬跡，尚猶有在。遺山《壬子寒食》："兒女青紅笑語譁，秋千環索響嘔啞。今年好個明寒食，五樹來禽恰放花"；似仿簡齋《清明》第一首："街頭女兒雙髻鴉，隨蜂趁蝶學妖邪。東風也作清明節，開遍來禽一樹花"（《簡齋詩集》卷十胡註引王延壽《夢賦》："妖邪之怪物"，謬甚；"妖邪"即"夭斜"，如香山《和春深詩》之"揚州蘇小小，人道最夭斜"）。遺山《錢過庭煙溪獨釣圖》第一首："綠衣蓑底玄真子，不解吟詩亦可人"；似反仿簡齋《將至杉木鋪望野人居》："春風漠漠野人居，若使能詩我不如。"遺山與簡齋爲文字眷屬，向來論詩，都不了此段。渠雖大言"北人不拾江西唾"（《自題中州集後》第二首），談者苟執著此句，忘卻渠亦言："莫把金針度與人"（《論詩》第三首），不識其於江西詩亦頗採柏盈掬，便"大是渠儂被眼謾"（《論詩三十首》之十四）矣。簡齋五七古自山谷入，五律幾未能從後山出，知詩者展卷可辨，納之入江西派，未爲枉屈。蓋勤讀詩話，廣究文論，而於詩文乏真實解會，則評鑑終不免有以言白黑，無以知白黑爾。〇《學東坡移居》："稗官雜家流，國風賤婦詩。成書有作者，起本良在兹。”按參觀《自題中州集後》：“平世何曾有稗官，亂來史筆亦燒殘。”“起本”即“張本”，《己亥元日》所謂：“野史纔張本”；二語均數見《左傳》杜預註，如莊公六年《楚文王伐申》傳、杜註：“爲經書楚事張本”，昭公十一年《單子會韓宣子》傳、杜註：“爲此年冬單子卒起本。”後世則常用“張本”，如《文選》阮嗣宗《詠懷》第六首：“李公悲東門，蘇子狹三河”，沈約註：“蘇子、李斯張本也”，又張平子《思玄賦》：“執彫虎而試象兮，阽焦原而跟趾”，李善註：“顧竭試象之力，而守焦原之義，上句爲此張本。”用“起本”者不多見。遺山詩謂小説野記爲正史“張本”，即“野史亭”之意，亦司馬温公《答范夢得書》之旨，參觀《管錐編》論《史記會註考證》第四“野語無稽”。○《愚軒爲趙宜之賦》：“氣簁神火俱長物。”按蔣超伯《通齋詩話》卷下謂本《晉書》張湛戲范甯眼方：“六物熬以神火，下以氣簁”，施未註，是也。蔣又謂《送宋省參》：“玉上青蠅非一個”，乃本《四子講德論》：“夫青蠅不能穢垂棘”，則施註引陳子昂《宴楚真禁所》，亦未爲不切也。○《赤壁圖》：“事殊興極憂思集，天澹雲閑今古同。”按王壬秋《湘綺樓日記》光緒元年七月五日云：“看元好問詩，大似十八扯。其《赤壁圖》云：‘事殊興極憂思集，天淡雲閒今古同’；絶妙科白也。”蓋“事殊”句借自老杜《渼陂行》，“天淡”句借自小杜《宣州開元寺水閣》，正如其《和白樞判》：“白日放歌須縱酒，清時有味是無能”，亦借老杜句對小杜句耳。此篇後半尚借杜句“凡今誰是出羣雄”，拉雜趁韻，宜招“十八扯”之誚矣。遺山七古、雜言常有此弊。施北研於“事殊”下註：“少陵句”，未註“天淡”句出處。○《巨然松吟萬壑圖》：“阿師定有維摩手，斷取江山著筆頭。”按此意仿荆公《純甫出僧惠崇畫，要余作詩》：“頗疑道人三昧力，異域山川能斷取”，又《惠崇畫》：“斷取滄洲趣，移來六月天。道人三昧力，變化只和鉛。”其詞則本《維摩詰所説經·不思議品第六》：“斷取三千大千世界，如陶家輪，著右掌中，擲過恒沙世界之外”，又《阿閦佛品第十二》：“以右手斷取，如陶家輪，入此世界。”○《祖唐臣愚菴》：“青州荆州兔三窟，古人今人貉一丘”；施註引《國策》。按本東坡《過嶺》：“平生不作兔三窟，今古何殊貉一丘。”○《賦澤人郭唐臣所藏山谷洮石硯》：“辭翰今誰江夏筆，三錢無用試鷄毛”；又《劉遠筆》：“三錢鷄毛吐皇墳。”按“江夏”即“江夏黄童”之畧，借黄香指黄山谷也。《豫章黄先生文集》卷二十五《跋自書卷後》：“用三錢買鷄毛筆書”；李用章俊民《莊靖集》卷十三《跋魯直帖》：“鷄毛不擇三錢筆，蠆尾揮成一幅書”，亦即用此事。施註僅引羅隱《陳先生全集序》：“今已備江夏之筆矣”，以宋人爲唐人，直不知所云。山谷集中有《洮州緑石硯》詩，施未之檢，祇引《中州集》中題詠而已。○《常山姝》：“迴頭卻看元叔網，鼻涕過口尺許長。”按本王子淵《童約》：“目淚下落，鼻涕長一尺。”○《蟾池》：“從今見蟆當好看，爬沙即上青雲端。”按《送王亞夫歸許昌》：“世間倚伏不可料，井底容有青雲梯。”一嘲諷而一慰藉，意同旨異。“好看”即“善視”，另眼相看也。白樂天《路上寄銀匙與阿龜》：“小子須嬌養，鄒婆爲好看。”古詩文中二字作此用者頗罕。○《汎舟大明湖》：“看山水底山更佳，一堆蒼煙收不起。”按看水中山影，詩家常語，如張子野《題西溪無相院》：

“浮萍破處見山影”，或翁靈舒《野望》：“閒上山來看野水，忽於水底見青山。”遺山拈出“更佳”，則道破人人意中所有矣。《老殘游記》第二回所謂：“千佛山的倒影映在大明湖裏，比上頭的千佛山還要好看。”達文齊嘗識其事：“鏡中所映畫圖，似較鏡外所見爲佳，何以故？”（Why does a painting seem better in a mirror than outside it？）見 Leonardo da Vinci，*Notebooks*，tr. E. MacCurdy，II，272。竊謂斯語足供談藝持“反映論”者之參悟也。

【補正】王安石《杏花》：“俯窺嬌嬈杏，未覺身勝影”，李壁《王荆文公詩箋註》卷一云：“言花影倒水中尤佳”；即“看山水底山更佳”也。杜甫《秋興》之一：“江間波浪兼天湧”，又《旅夜書懷》：“月湧大江流”，亦謂天與月下映水中，故波與浪作時，水挾天與月而上湧。

【補訂】又按古詩文寫陸上景物倒映水中，如《全唐文》卷一百五十六謝偃《影賦》：“平湖數百，澄江千里。羣木懸植，叢山倒峙；崖底天迥，浪中霞起”；少陵《渼陂行》：“半陂以南純浸山，動影裊窕冲融間。船舷冥戛雲際寺，水面月出藍田關”，或《渼陂西南臺》：“顛倒白閣影，錯磨終南翠”；竇庠《金山行》：“有時倒影沈江底，萬狀分明光似洗。乃知水上有樓臺，却從波中看啓閉”；已工於體物窮形。而刻劃細緻，要推儲光羲《同諸公秋霽曲江俯見南山》：“魚龍隱蒼翠，鳥獸游清泠；菰蒲林下秋，薜荔波中輕”；前二句分别言水中動物似亦居山上，而山上動物似亦行水中，後二句分别言水中植物似亦生山上，而山上植物似亦浮水中，既能易地而處，仍復同居相安。錢牧齋《初學集》卷十七《姚叔祥過明發堂論近代詞人戲作絶句》第十三首自註："余最喜楊無補詩'閒魚食葉如游樹，高柳眠陰半在池'"；蓋柳影映池，閒魚遂"如游樹"，手眼正同"鳥獸游清泠"、"薜荔波中輕"，而關合流動，非徒排比鋪列矣。潘次耕耒《遂初堂詩集》卷八《題可帆亭》："魚游天上餐雲影，樹倒波心濯練光"，似仿此。參觀《元詩選》三集楊敬德《臨湖亭》："魚在山中泳，花從天上開"；王鐸《擬山園初集》七言律卷四《水花影》："波面波心流蛺蝶，樹頭樹底浴鴛鴦"；阮大鋮《詠懷堂詩集》卷四《園居雜詠》之二："水淨頓無體，素鮪如游空。俯視見春鳥，時翻藻荇中。"十七世紀法國名篇嘗寫河(un large canal)明如鏡（comme un beau miroir），攝映萬象，天與地在水中會合，魚如飛而上樹，鳥如游而可釣(Que la terre et le ciel se rencontrent dans l'eau;/.../C'est là que sur un arbre il croit voir les poissons,/Qu'il trouve les oyseaux auprès des ameçons,/Et que le sens charmé d'une trompeuse idole,/Doute si l'oyseau nage, ou si le poisson vole)。見 Habert de Cérisy, *Métamorphoses des yeux de Philis en astres*, in J. Rousset, *Anthologie de la poésie baroque française*, 1961, I, 245; cf. 277-8, note, Cyrano de Bergerac, *Lettre sur l'ombre des arbres dans l'eau*。祖構頗不乏云。〇《湧金亭示同遊諸君》："空青斷石壁，微茫散煙蘿"，施註引太白詩："煙蘿欲暝時。"按翁覃谿《復初齋文集》卷三十六《跋元遺山湧金亭詩石刻》謂遺山手書作"煙螺"，"可證集本蘿字之誤"。是也。"煙髻"、"螺髻"，形容峯巒常語。〇《醉後走筆》："遺臺老樹山蒼蒼。"按《出都》第二首："老樹遺臺秋更悲。"《全唐文》卷八百九十六羅隱《拾甲子年事》："歷歷見趙家之遺臺老樹"，遺山用其語。〇《南湖先生雪景乘騾圖》:“一旦拂衣去，學劍事猿公”，施註引太白詩:“少年學劍術，凌轢白猿公。”按長吉《南園》第七首:“見賣若邪溪水劍，明朝歸去事猿公”，似較切。〇《贈答趙仁甫》:“君居南海我北海，握手一杯情更親。”按用山谷《寄黄幾復》:“我居北海君南海，寄雁傳書謝不能。”他如《閻商卿還山中》:“翰林濕薪爆竹聲”，用山谷《觀伯時畫馬》:“翰林濕薪爆竹聲。”《下黄榆嶺》:“直須潮陽老筆迴萬牛”，本山谷《以團茶洮州緑石硯贈無咎、文潛》:“張子筆端可以迴萬牛”，又《子瞻詩句妙一世》:“萬牛挽不前，我乃獨力扛。”《世宗御書田不伐望月婆羅門引》:“兩都秋色皆喬木”，施註:“山谷句”；遺山七律《贈答樂丈舜咨》、《存殁》均有此句，蓋三用也。《德恒齋》:“養心如虎亦良勤，血戰紛華老策勳”，兼用《莊子·人間世》:“形莫若就，心莫若和。汝不知夫養虎者乎”，及山谷《次韻寄晁以道》:“念公坐臞禪，守心如縛虎”，並參山谷《送王郎》:“須要心地收汗馬”。《遺山文集》卷三十一《孫伯英墓銘》:“束以詩禮，優柔饜飫，其鬱鬱不能平者，時一發見，如縛虎之急，一怒故在”，又卷三十二《東平府新學記》:“而乃强自矯揉，以静自囚，縛虎之急，一怒故在”，均采山谷此喻。《贈馮内翰》第一首:“扶路不妨驢失脚”，施註引陳希夷墮驢事，非也；蓋用山谷《老杜浣花溪圖》:“兒呼不蘇驢失脚”，《誠齋詩話》舉爲山谷句樣者。《論詩三十首》之五:“出門一笑大江横”，逕取山谷《水仙花》句。《贈湛澄之》第四首“石門故事君知否，好佐涪翁學刺船”，逕取山谷贈惠洪七律結句，“石門”即惠洪，施未知此，遂不作註。《又解嘲》第二首:“詩卷親來酒醆踈，朝吟竹隱暮南湖。袖中新句知多少，坡谷前頭敢道無”；首句仿荆公《晚春》："睡起茶多酒醆疎"，施註未言，不必苛責，其註第二句："宋有竹隱，見劉過《斜川集》，元有竹隱，見吴澄《草廬集》，金人未詳。南湖即曹通甫號"，則大誤矣。"竹隱"、徐淵子也，"南湖"、張功父也，皆參誠齋"活法"者（見第309頁補訂）；遺山蓋謂此輩詩人苟見東坡、山谷，當"歎息踧踖，愧生於中，顔變於外"，猶昌黎之見殷侑耳。乃以山谷配東坡，彈壓南宋詩流。《贈脩端卿、張去華、韓君傑三人六首》全學山谷《病起荆江亭即事》諸絶句格調。《文集》卷三十《錦機引》自言命名用意本之山谷《與黄直方書》，蓋"集前人議論"爲己"屬文"之助者。卷三十六《杜詩學引》述其父東巖言："近世唯山谷知子美。"有一事尤發人猛省。山谷《再次韻寄子由》："醫得儒生自聖顛"，自註："出《素問》"；記憶未真，用事蓋誤，按《素問》，"自聖"乃"狂"徵，非"顛"徵也（詳見第60頁新補山谷詩註三十一）。《遺山文集》卷三十二《東平府新學記》："心失位不已，合譀疾而爲聖顛，敢爲大言"；卷三十六《楊叔能小亨集引》："無爲賢聖顛"；卷三十八《超然堂銘》："眼空四海自聖顛。"寧非稗販山谷而沿誤傳訛哉。

【補正】《遺山文集》卷二九《忠武任君墓碣銘》又云："矯亢忌嫉，合而爲聖顛。……敢爲大言，居之不疑。"仍沿山谷詩之誤。

【補訂】《論詩絶句》中"寧下涪翁拜"一句，翁覃谿以來，談者聚訟，顧於此等處皆忽而未究，殆玩索詩文難於比勘詩話文評歟。〇《病中（自註：因食豬動氣而作）》："養和懲往失，扶老念時須。杯杓歸神誓，垣牆任佛踰"；施註："《中州集》宇文虚中詩：‘散步雙扶老，持身一養和。’按先生註云：‘好問按：養和、几名，見《江湖散人集》，扶老、見《歸去來詞》。’”按皮襲美《五貺詩》之四《烏龍養和》：“壽木卷數尺，天生形狀幽”云云；然《李鄴侯家傳》（《太平廣記》卷三十八）早言：“採怪木蟠枝，持以隱居，號曰養和。”張師錫《老兒詩》：“養和屏作伴，如意拂相連”，謂几、屏、爪杖、拂子皆在身畔手邊，非以“屏”指“養和”。張伯雨《貞居先生詩集》卷五《自笑》：“已裁斑竹將扶老，更剪蟠枝作養和”，亦如宇文詩之指几杖。遺山句僅借字面，言衰病宜善消息；苟坐實作几杖解，語理不順矣。“杯杓”句謂戒酒，“垣牆”句謂斷肉；舊日吴烹、閩庖等有饌名“佛跳牆”或“爬牆佛”，蓋砂罐燉鷄也，謂雖佛戒行卓絶，而隔牆聞此香味，亦饞口不能自勝，踰垣攫食。觀遺山句，則當時已有此謔矣。◯《癸巳四月二十九日出京》：“興亡誰識天公意，留著青城閲古今”；施註引《癸辛别集》載北客詩：“百年興廢又青城。”按郝伯常經《陵川集》卷十一《青城行》亦此意。◯《甲午除夜》：“神功聖德三千牘，大定明昌五十年。”按楊叔能《小亨集》卷二《鷓鴣》：“大定明昌事如昨，五十年來人亦樂”，同卷《王子端溪橋濛雨圖》：“皇風皞皞吹王民，樂哉大定明昌人。”◯《外家南寺》：“白頭來往人間徧，依舊僧房借榻眠。”按荆公《和惠思歲二日絶句》第一首：“爲嫌歸舍兒童聒，故就僧房借榻眠。”◯《杏花》第一首：“一般疎影黄昏月，獨愛寒梅恐未平。”按隱斥南人之重梅花也，使晏元獻得見，必嗤遺山乃“北俗”“傖夫”矣。梅爲南植，北地罕見，故南人詠梅，每嘲北人之僅知有杏。南唐李建勳《醉中詠梅花》：“北客見皆驚節氣”；梅聖俞《宛陵集》卷十七《京師逢賣梅花》第一首："北土只知看杏蕊，大梁亦復賣梅花"，又："驛使前時走馬回，北人初識越人梅"；《苕溪漁隱叢話》前集卷二十六載晏元獻《紅梅》："若更遲開三二月，北人應作杏花看"，又王荆公《紅梅》："北人初未識，渾作杏花看"；洪光弼皓《鄱陽集》卷三《江梅引·自序》："頃留金國。此方無梅花，士人罕有知梅事者，故皆註所出"；汪水雲《湖山類稿》卷一《醉歌》第九首："北人環立闌干曲，手指紅梅作杏花。"《瀛奎律髓》卷二十選梅聖俞《紅梅》五律，有句云："野杏堪同舍"，方虚谷批語："堪乃是不堪。"遺山習聞此等言説，"未平"則鳴耳。遺山詠杏花詩最多，如齊人之僅知管晏，施註於《荆棘中杏花》題下已列舉篇名。《南溪》："南溪酒熟清而醇，北溪梅花發興新"，似涉筆成趣，非寓目賞心。《癸卯歲杏花》："南州景氣煖，杏花見紅梅"，正是以杏擬梅。《十月》："十月常年見早梅，今年二月未全開"，疑趁韻發端。《同巖公子大用東園賞梅》惟第一句"東閣官梅要洗妝"，點出"梅"字，此外七句皆詠"同公子"，敷衍題目，似未親覩梅而真"賞"者，與其賦杏花之侔色揣稱，迥乎不同。《内鄉雜詩》："無限春愁共誰語，梅花嬌小杏花憨"；夫杏花"憨笑"（《杏花》："只嫌憨笑無人管"），梅花不復與争春矣，是亦扯湊語耳。○《明日作》："後夜霜空月輪滿，可無秦女共驂鸞。"按用荆公《扇》詩："玉斧修成寶月團，月邊仍有女乘鸞。"

【補正】班婕妤《詠扇》："紈扇如團月，出自機中素。畫作秦王女，乘鸞向烟霧。"荆公《扇》、遺山《明日作》均運使此詩語。

【補訂】○《贈張文舉御史》："會有先生引鏡年"，自註："先生新失明。"按李審言《媿生叢録》卷二謂王融《三月三日曲水詩序》："引鏡皆明目"，《文選》李善註引譙周《史考》載任永事，乃遺山用字所本。是也。《後漢書·獨行傳》作任永、馮信二人事，亦無"引鏡自照"語。〇《寄答仰山謙長老》："一鳥不鳴山更幽。"按逕取荆公《鍾山即事》結句。〇《同嚴公子大用東園賞梅》："佳節屢從愁裏過"。按用老泉名篇《九日》："佳節已從愁裏過。"〇《追録洛中舊作》："酒兵易壓愁城破。"按錢珝《江行雜題》："一杯真戰將，笑爾作愁兵"，杜牧之《不飲贈酒》："與愁争底事，要爾作戈矛"，又韓致堯《殘春旅舍》："禪伏詩魔歸浄域，酒衝愁陣作奇兵。"〇《過寂通庵别陳丈》："從教上界多官府，且放閑身作地仙。"按張巨山嵲《紫微集》卷六《再次韻寄朱希真》第二首："天上足官府，人間有地仙。"來歷詳見《管錐編》論《太平廣記》第五"天上樂不如人間"。〇《論詩三十首》之三："風雲若恨張華少，温李新聲奈爾何。"按賀黄公《載酒園詩話》卷三："高仲武稱李嘉祐綺靡婉麗涉於齊梁。余意此未見後人如温李者耳。如舜造漆器而指以爲奢也。"持論命意，與遺山如出一轍。蓋謂古人生世早，故亦涉世淺，不如後人之滄海曾經，司空見慣，史識上下千古，故不少見多怪。翁蘇齋謂其尊晉人而"非專斥温李"，尚未中肯。〇《論詩三十首》之六。按參觀《管錐編》論《全上古三代秦漢三國六朝文》第一九五"立身與文章"。〇《論詩三十首》之十二。按袁伯長《清容居士集》卷四十八《書鄭潛庵李商隱詩選》："其源出於杜拾遺，晚自以爲不及，故别爲一體。直爲訕侮，非若爲魯諱者；使後數百年，其詩禍之作，當不止流竄嶺海已也。桷往歲嘗病其用事僻昧，間閲《齊諧》、《外傳》諸書，籤於其側。冶容褊心，遂復中止。"此與遺山身世相接而欲爲玉溪詩“作鄭箋”者也。胡孝轅《唐音癸籤》卷三十二：“唐詩有兩種，不可不註。今杜詩註如彼，而商隱一集，迄無人能下手。始知實學之難。友人屠用明嘗勸予爲義山集作註。”伯長似非知“難”而退，乃守禮而“止”耳。後世註玉溪詩者，尠道此兩事。◯《論詩三十首》之二十五。按舒鐵雲《瓶水齋詩集》卷四《紅白薔薇用昌黎山石詩韻》：“我坐看紅復看白，楊花輕薄桃花肥。少游醉卧古藤下，得句無力春雨稀。遺山先生絶標格，比若季女悲朝飢。獨賞芭蕉與梔子，詩家一徑爭雙扉。那知撚髭各有得，硬語不礙清言霏。”亦即瞿宗吉《歸田詩話》卷上、袁子才《隨園詩話》卷五、又《補遺》卷八評此首之旨。◯《論詩三十首》之二十七。按《永樂大典》卷九百七《詩》字引劉將孫《王荆公詩序》，輯本《養吾齋集》漏收，一起云：“洛學盛行而歐蘇文如不必作，江西派接而半山詩幾不復傳。”◯《鴛鴦扇頭》：“雙宿雙飛百自由，人間無物比風流。若教解語終須問，有底愁來也白頭。”按香山《白鷺》：“人生四十未全衰，我爲愁多白髮垂。何故水邊雙白鷺，無愁頭上亦垂絲”；楊廷秀《誠齋集》卷六《有歎》：“若道愁多頭易白，鷺鷥從小鬢成絲”；辛稼軒《菩薩蠻·金陵賞心亭》：“人言頭上髮，總向愁中白。拍手笑沙鷗，一身都是愁”；皆此機杼。義山則另出心裁，《代贈》：“鴛鴦可羡頭俱白，飛去飛來烟雨秋”，以白頭爲偕老之象而非多愁所致矣。◯《惠崇蘆雁》第三首：“江湖牢落太愁人，同是天涯萬里身。不似畫屏金孔雀，離離花影淡生春。”按遺山又有《雪岸鳴鴿》一絶，亦似題畫之作：“離離殘雪點荒叢，更著幽禽慘淡中。笑殺畫簾雙燕子，秋千紅索海棠風。”第一首以圖中之畫禽與屏上之畫禽對照，第二首以圖中之畫禽與圖外之真禽相形，皆以明處境之苦樂不齊也。參觀《管錐編》論《全上古三代秦漢三國六朝文》第二二九“事物寫入詩畫”。〇《無題》第二首：“死恨天台老劉阮，人間何戀却歸來。”按參觀《管錐編》論《太平廣記》第五“天上樂不如人間”。〇《家山歸夢圖》第三首：“卷中正有家山在，一片傷心畫不成，”又《俳體香雪亭雜詠》第十四首：“賦家正有蕪城筆，一段傷心畫不成”。按高蟾《金陵晚望》：“世間無限丹青手，一片傷心畫不成”；“賦家”二句如東坡《洋川園池·溪光亭》“溪光自古無人畫，憑仗新詩與寫成”，謂非畫所能寫，端賴賦詠以描摹之耳。〇《送窮》：“煎餅虚抛壒撒堆，滿城都道送窮回。不如留取窮新婦，貴女何曾唤得來。”按參觀《管錐編》論《全上古三代秦漢三國六朝文》第二八“逐貧賦祖構”。南宋喻叔奇《香山集》卷六《二月二日大雪》：“送窮窮不去，招隱隱難來”，自註：“俗以正月二十九日送窮，二月二日迎富。”“壒撒堆”即垃圾堆，梁山舟《頻羅菴遺集》卷十四《直語補證》所釋是也。〇《聊城寒食》：“輕陰何負探花期，白髮於春自不宜。城外杏園人去盡，煮茶聲裏獨支頤。”按遺山友楊叔能《小亨集》卷五《迎祥觀即事》：“紙錢灰冷女巫歸，庭樹陰斜見日移。二尺短碑堪共語，石香爐上獨搘頤”；遺山弟子王仲謀《秋澗大全集》卷二十九《山中雜詩》第五首：“山前三院説中溪，蕙帳空來夜鶴悲。一片短碑堪晤語，宣尼堂下久搘頤”；似仿晏元獻《晚春》：“小白長紅又滿枝，築球場外獨支頤。”詩人體態，相類乃爾，其狀即古書寫美人閨思所謂托腮也。〇《姨母隴西君諱日作》：“竹馬青衫小小郎，阿姨懷袖阿娘香。”按周櫟園《書影》卷六引李子田云：“俗云：‘姨娘懷裏聞得娘香’。此語甚俚，然元遺山哭姨母隴西君詩云云，則其語亦遠矣。”〇《黄筌龜藏六圖》：“世上疑謀待君決，可能藏六便安全。”按其事詳見《法句譬喻經·心意品》第十一：“水狗飢行求食，與龜相逢，便欲噉龜，龜縮其頭尾，及其四脚，藏於甲中。即説偈言：藏六如龜”；又《出曜經·泥洹品》第二十七：“猶彼神龜，畏喪身命。設見怨仇，藏六甲裏。内自思惟：我若不藏六者，便爲獵者所擒。”宋末詩僧文珦《潛山集》卷四《山居》：“頗謂龜六藏，全勝兔三窟”；儷事工穩而能映發。東坡《陳季常見過》第三首：“聞君開龜軒，東檻俯喬木。人言君畏事，欲作龜頭縮”；《西遊記》第二十一回行者去請靈吉菩薩，囑八戒“莫要出頭，藏在樹林深處”，八戒曰：“老猪學得個烏龜法，得縮頭時且縮頭”，用意正同。西方古籍中亦有此譬。蒙田自言欲退藏於密，如龜縮甲中。（que meshuy je soustraye de la veue du monde mon importunité，et la couve à moy seul，que je m' appile et me recueille en ma coque，comme les tortues）見 Montaigne，*Essais*，III.9，la Pléiade，944。貴人有以龜匿於殼、蝟蜷成團爲其家徽，寓“裹身有力”、“不計外侮”。（as a tortoise in his shell，*virtute meâ me involvo*，or an urchin round，*nil moror ictus*）見 Burton，*Anatomy of Melancholy*，Pt. II，Sect. ii，Mem. 7，George Bell，II，232。均觀物會心，未必輾轉乞梵典之餘也。〇《俳體香雪亭雜詠》第七首：“重來未必春風在，更爲梨花住少時。”按金埴《巾箱説》記洪昉思輒向之誦：“明朝未必春風在，更爲梨花立少時”，且曰：“吾儕可勿及時行樂耶。”金氏或未省爲遺山詩也。查初白《敬業堂詩集》卷四十四《端陽前二日遊北蘭寺》：“衰年未必能重到，更爲斜陽作少留”，則仿遺山語。竊謂杜牧之《隋堤柳》：“自憐流落西歸疾，不見東風二月時”，遺山從反面著想落筆耳。◯《戲題醉仙人圖》：“醉鄉初不限東西，桀日湯年一理齊。門外山禽呼沽酒，胡盧今後大家提”；自註：“提胡盧，沽美酒，禽語也。”按參觀《三士醉樂圖》：“依樣胡盧畫不成，三家兒女日交兵。瓦盆一醉糊塗了，比似高談卻較争。”《醉仙人圖》末句以“提胡盧”與“胡盧提”雙關。“提胡盧”即携葫蘆行沽，如山谷《漁家傲》所謂：“何處青旗誇酒好，提著葫蘆行未到”；“胡盧提”意即“糊塗了”，如《庶齋老學叢談》卷三載遺山好友李屏山《水龍吟》所謂：“和光混俗，清濁從他，但尊中有酒，心頭無事，葫蘆提過。”第四句申説第二句，謂爛醉沉酣，萬事不理，得喪泯而物論齊。《醉樂圖》又言此。均屏山詞旨也。◯《遊天壇雜詩》第五首詠仙貓洞。按參觀《管錐編》論《太平廣記》第六“鷄犬升仙而貓不肯去”。張德彝《八述奇》光緒二十九年七月二十六日亦記：“吾人嘗有俗諺云：‘貓認家不認人，狗認人不認家。’”《頻羅庵遺集》卷十五《日貫齋塗説》謂吴梅村《過淮陰有感》第二首：“我本淮王舊雞犬，不隨仙去落人間”，自遺山此詩“脱胎”。◯《德華小女能誦余詩數首，以此詩爲贈》：“學念新詩似小茶”；自註：“唐人以茶爲小女美稱。”按俞曲園《茶香室叢鈔》卷五謂讀遺山此註，“嘗不得其解”，後見《資暇集》載“宫禁”呼公、郡、縣主爲“阿宅家子”，急語乃爲“阿茶子”、或削其“子”，遂云“阿茶”。竊謂“茶”或是“奼”、“姹”音轉，《説文》：“奼、少女也”，昌黎《縣齋有懷》：“歸弄小女姹。”元時常以“茶”爲女子名，如《水東日記》卷三十一載歐陽玄《追封魯郡公許公神道碑》，不見《圭齋文集》中，即云："孫女五：小茶、三茶、增茶、順茶、相茶"；《太平樂府》卷三無名氏《一錠銀帶過大德樂·詠姬》有云："小名兒唤作茶茶"；

【補正】《列朝詩集》乾下周憲王《元宫詞》："進將女真千户妹，十三嬌小唤茶茶。"

【補訂】李直夫《虎頭牌》劇中旦亦名"茶茶"。想金時亦已然，遺山即俗見雅，故增註耳。《過庭録》記劉貢父狎妓名"茶嬌"，歐陽永叔戲之曰："非獨酒能病人，茶亦能病人"，是北宋早以"茶"爲"姬小名"矣（《清波雜志》作"蔡嬌"，則永叔之謔無竅）。〇《劉君用可菴》："惡惡不可惡惡可，笑殺田家老瓦盆"，"惡惡不可惡惡可，大步寬行老死休"；施註引《丁亥集·可菴詩》："惡惡不可惡惡可，等是無心恐誤人"。按遺山《臺山雜詠》第十首亦云："惡惡不可惡惡可，未要雲門望太平。"如言"無可無不可"（參觀閻詠《左汾近稿·詩話》第十一則論古今有三個無可無不可），"惡惡"二字皆平聲《虞》韻。《莊子·人間世》："顔回曰：則可乎。曰：惡惡可"，又"顔回曰：若是則可乎。仲尼曰：惡惡可"；郭註："言未可也"，成疏："猶於何也，於何而可"，釋文："惡惡皆音烏。"

【補正二】《莊子·大宗師》："南伯子葵問於女偊曰：'……道可得學耶?'曰：'惡惡可！子非其人也。'"

【補訂】"惡惡不可"者，"於何而不可"也；恣肆放佚，無事不可，以至無惡不爲。遺山《文集》卷十七《寄菴先生墓碑》："私謂所親言：此人［胡沙虎］口無所不能言，手無所不能爲，政恐寧我負人，終成噬主之狗"，又卷二十二《東平新學記》："怨讟薰天，泰山四維。吾術可售，惡惡不可。寧我負人，無人負我”，兩節合觀，語意了然。◯《投書圖》第二首：“虚名底用寒暄問，卻是洪喬最賞音。”按本少陵《暮秋枉裴道州手札》：“虚名但蒙寒暄問，泛愛不救溝壑辱。”又按遺山《再到新衛》：“空令姓字喧時輩，不救飢寒趨路傍”，可與少陵此二語印可。◯《贈寫真田生》第二首：“情知不是裴中令，一片靈臺狀亦難。”按本裴晉公《自題寫真》：“一點靈臺，丹青莫狀。”◯《論詩》第三首：“鴛鴦繡了從教看，莫把金針度與人。”按參觀第 349 頁補訂。◯《春日寓興》：“雨過横塘水滿堤，亂山高下路東西。一番桃李花開盡，惟有青青草色齊。”按誤收，此曾子固詩，見《元豐類稿》卷八，題作《城南》。

四四

文人相輕，故班固則短傅毅；鄉曲相私，故齊人僅知管晏。合斯二者，而談藝有南北之見。雖在普天率土大一統之代，此疆彼界之殊，往往爲己長彼短之本。至於鼎立之局，瓜分之世，四始六義之評量，更類七國五胡之争長，亦風雅之相斫書矣。《三國志·吴志·張紘傳》裴註引陳琳書曰："自僕在河北，與天下隔。此間率少於文章，易爲雄伯，故使僕受此過差之談，非其實也。今景興在此，足下與子布在彼，所謂小巫見大巫，神氣盡矣。"已爲北文不如南文張本。李延壽《北史·文苑傳序》略謂："洛陽江左，文雅尤甚。江左貴乎清綺，河朔重乎氣質。氣質則理勝其詞，清綺則文過其意。理深者便於時用，文華者宜於詠歌。此南北詞人得失之大較也。"按但言"質勝"，即是文輸。是以北朝文士，邢邵、魏收實爲冠冕，而《北齊書·魏收傳》載邵譏收"於任昉，非宜模擬，亦大偷竊"，收斥邵"於沈約集中作賊"；則皆步武江南，未能自出機杼。張鷟《朝野僉載》記庾信入北，謂北中文事，"惟韓陵温子昇碑堪共語，餘皆驢鳴犬吠聒耳"。南人輕北，其來舊矣。宋自靖康南渡，殘山賸水，隅守偏安，以淮南淮北之雞犬聲相聞，竟成南海北海之馬牛風不及。元遺山以騷怨弘衍之才，崛起金季，苞桑之懼，滄桑之痛，發爲聲詩，情併七哀，變窮百態。北方之强，蓋宋人江湖末派，無足與抗衡者，亦南風之不競也。雖以方虚谷之自居南宋遺老、西江後勁，《桐江續集》卷二十四《次韻高子明投贈》七律論北方詞章，亦不得不曰："尚有文才與古班，詩律規隨元好問。"汪堯峯好掊擿南宋作家，而《鈍翁類稿》卷八《讀宋人詩》第四首亦曰："後邨傲睨四靈間，尚與前賢隔一關。若向中原整旗鼓，堂堂端合讓遺山。"

【補訂】焦廣期《此木軒詩》卷十《讀兩元才子詩》："唐家詩人元微之，金家詩人元裕之。微之、裕之不同時，五百年間旦暮期"；同卷《閲宋人詩集》第十四首："南渡君臣偷半壁，放翁詩句作長城。中原莫道無英傑，生個遺山敵也勍"；卷十三《書元裕之詩集》："昌黎韓愈氏，其言誠著明；曰楚大國也，亡以屈原鳴。吾於遺山亦云爾，豈非騷後傳遺聲"云云。"兩元才子"之稱頗資談助。何道生《雙藤書屋詩集》卷七《讀宋元詩有述》："後有作者推遺山，生駒汗血來天閑。遠攀李杜近蘇陸，下視西江不盈匊"，推之尤甚。

遺山論詩，《中州》名集，實寓南宋偏安之意；故蘇天爵《國朝文類》卷三十八所載宋流人家鉉翁《題中州詩集後》，即云："壤地有南北，而人物無南北，道統文脈無南北。雖在萬里外，皆中州也。而況於在中州者乎"，《則堂集》失收。可謂義正而詞婉者。《紀文達公文集》卷九《趙渭川四百三十二峯草堂詩鈔序》云："東坡才筆，横據一代，未有異詞。而元遺山《論詩絶句》乃曰：'蘇門果有忠臣在，肯放蘇詩百態新'；又曰：'奇外無奇更出奇，一波纔動萬波隨，只言詩到蘇黄盡，滄海横流卻是誰。'二公均屬詞宗，而元之持論，若不欲人鑽仰於蘇黄者，其故殆不可曉。余嘉慶壬戌典會試三場，以此條發策，四千人莫余答也。惟揭曉前一夕，得朱子士彦卷，對曰：南宋末年，江湖一派，萬口同音，故元好問追尋源本，作是懲羹吹虀之論；又南北分疆，未免心存畛域，其《中州集》末題詩，一則曰：'北人不拾江西唾，未要曾郎借齒牙'；一則曰：'若從華實論詩品，未便吴儂得錦袍。'詞意曉然，未可執爲定論也。喜其洞見癥結，急爲補入榜中"云云。《策問》五道見卷十二。按此説是矣而尚未盡。"華實"二字，正可與李延壽《北史·文苑傳序》參觀。錢竹汀《十駕齋養新録》卷十六云："吕本中《江西詩派圖》意在尊黄涪翁；後山與黄同在蘇門，詩格亦不相似，乃抑之入江西派，誕甚矣。元遺山云：'論詩寧下涪翁拜，未作西江社裏人'；又云：'北人不拾江西唾，未要曾郎借齒牙。'遺山固薄黄體而不爲，亦由此輩尊之過當，故有此論"云云。竹汀是節亦有語病，而差與紀序相發。遺山"詩到蘇黄盡"一絶後即曰："曲學虚荒小説欺，俳諧怒罵豈宜時。今人合笑古人拙，除卻雅言都不知。"此絶亦必爲東坡發。"俳諧怒罵"即東坡之"嘻笑怒罵皆成文章"；山谷《答洪駒父》第二書所謂："東坡文章短處在好罵"，楊中立《龜山集》卷十《語録》所謂："子瞻詩多於譏玩"；戴石屏《論詩》十二絶第二首所謂："時把文章供戲謔，不知此體誤人多。""豈宜時"即東坡之"一肚皮不合時宜"，《遺山文集·東坡詩雅引》曰："雜體愈備，則去風雅愈遠。詩至於子瞻而且有不能近古之恨"云云，絶句中"坡詩百態新"之"新"字、"雅言都不知"之"雅"字，皆有著落。按《後山詩話》亦云："詩欲其好則不好，蘇子瞻以新。"《桐江集》卷五引劉元輝《讀坡詩》云："詩不宗風雅，其詩未足多。氣如存篤厚，詞豈涉譏訶。饒舌空吾悔，吹毛奈汝何。爲言同道者，未許學東坡。”遺山薄江西派，而評東坡語則與江西派議論全同。遺山既謂坡詩不能近古而盡雅，故論山谷亦曰：“古雅難將子美親，精純全失義山真。論詩寧下涪翁拜，不作西江社裏人。”山谷學杜，人所共知；山谷學義山，則朱少章弁《風月堂詩話》卷下始親切言之，所謂：“山谷以崑體工夫，到老杜渾成地步。”少章《詩話》爲羈金時所作；遺山敬事之王若虚《滹南遺老集》卷四十已引此語而駁之，謂崑體工夫與老杜境界，“如東食西宿，不可相兼”，足見朱書當時流傳北方。《中州集》卷十亦選有少章詩，《小傳》並曰：“有《風月堂詩話》行於世。”則遺山作此絶時，意中必有少章語在；施註漫不之省，乃引後山學山谷語以註第三句。少章《詩話》以後，持此論者不乏。許顗《彦周詩話》以義山、山谷並舉，謂學二家，“可去淺易鄙陋之病。”《瀛奎律髓》卷廿一山谷《詠雪》七律批云：“山谷之奇，有崑體之變，而不襲其組織。其巧者如作謎然，踈踈密密一聯，亦雪謎也”；《桐江集》卷四《跋許萬松詩》云：“山谷詩本老杜，骨法有庾開府，有李玉溪，有元次山。”即貶斥山谷如張戒，其《歲寒堂詩話》卷上論詩之“有邪思”者，亦舉山谷以繼義山，謂其“韻度矜持，冶容太甚”。

【補訂】撰《江西宗派圖》之吕居仁《紫薇詩話》有云：“東萊公嘗言：少時作詩，未有以異於衆人，後得李義山詩熟讀規摹之，始覺有異”；又云：“東萊公深愛義山‘一春夢雨’一聯，以爲有不盡之意。楊道孚深愛義山‘嫦娥應悔’二句，以爲作詩當如此學。”亦可參消息。《彦周詩話》自記：“覺範作《冷齋夜話》，有曰：詩至李義山爲文章一厄。僕讀至此，蹙額無語。渠再三窮詰，僕不得已，曰：‘夕陽無限好，只是近黄昏。’渠曰：我解子意矣。即時删去。今印本猶存之，蓋前已傳者。”此語見今本《冷齋夜話》卷四，亦徵覺範雖依附山谷門牆，尚未登堂也。

後來王船山《夕堂永日緒論》謂：“西崑、西江皆獺祭手段”，又斥楊文公“詠史詩如作謎”。《曾文正詩集》卷三《讀義山詩》云：“太息涪翁去，無人會此情。”楊維屏《翠巖山房偶存稿》卷二《素愛玉溪生近體詩、讀山谷古風、覺與玉溪生異貌同妍因書所見》一七古。參觀同卷《放筆成一首呈覺翁》。遺山詩中“寧”字，乃“寧可”之意，非“豈肯”之意。如作“豈肯”解，則“難將”也，“全失”也，“寧下”也，“未作”也，四句皆反對之詞，偏面複出，索然無味。作“寧可”解，適在第三句，起承而轉，將合先開，欲收故縱，神采始出。其意若曰：“涪翁雖難親少陵之古雅，全失玉谿之精純，然較之其門下江西派作者，則吾寧推涪翁，而未屑爲江西派也”；是欲擡山谷高出於其弟子。然則江西派究何如，乃緊接下一絶曰：“池塘春草謝家春，萬古千秋五字新，傳語閉門陳正字，可憐無補費精神”；蓋舉後山以概其餘西江詩人，此外比諸鄶下，不須品題。遂繫以自述一首，而《論詩絶句》終焉。《遺山集》中於東坡頗推崇，《杜詩學引》稱述其父言：“近世唯山谷最知子美”，而《論詩絶句》傷嚴寡恩如彼，倘亦春秋備責賢者之意。遺山所深惡痛絶，則爲江西派，合之《中州集自題》絶句，更彰彰可見。朱錢兩家之説，未爲洞見底裏。朱謂遺山心存南北畛域，而未引家鉉翁，風簷寸晷，未可責備求全。至竹汀以後山爲與山谷異派，直是逞臆之談。後山《贈魯直》云：“陳詩傳筆意，願立弟子行”；《贈吴氏兄弟》云：“恨君不見金華伯，何處如今更有詩”；《次韻答秦少章》云：“學詩如學仙，時至骨自换。黄公金華伯，莞爾回一眄”；《送劉主簿》云：“平生師友豫章公”；《何郎中出示黄公草書》第四首云：“當年闕里與論時”，更擬山谷於孔子而以子夏自居；《答秦少章書》亦曰：“僕之詩，豫章之詩也。”其列江西派，亦非無故。竹汀即不辨詩格同異，豈并未一考此等語耶。又引元遺山作證，適得其反，遺山顯然以後山屬西江社裏也。陳善《捫蝨新話》下集卷一妄怪後山不爲山谷一瓣香；

【補訂】朱少章《風月堂詩話》卷上：“陳無己、晁以道俱學文於曾子固，無己晚得詩法於魯直。他日二人相與論文，以道曰：‘吾曹不負曾南豐。’又論詩，無己曰：‘吾此一瓣香，須爲山谷道人燒。’”《捫蝨新話》所引後山“向來一瓣香，敬爲曾南豐”，出《觀六一堂圖書》五古，即“論文”之“不負南豐”也；若夫“論詩”，後山自爲山谷“一瓣香”，豈可見其一不見其二哉。

《困學紀聞》卷十八引誠齋自言：“詩嘗三變：始學江西體，後學後山、半山，最後乃學唐人”，詞氣一若别出後山於江西體。竹汀或因此等語致誤。誠齋之言見其集卷八十《江湖集序》；同卷《荆溪集序》曰：“予詩始學江西諸君子，既又學後山五字律，既又學半山七字絶，晚乃學絶句於唐人”，分疏明白。是則所謂始學江西者，泛觀諸家，概學各體也；繼學後山者，取江西派中一家一體而專法之也。卷七十九《江西宗派詩序》曰：“人非皆江西，而詩曰江西者，繫之以味，不以形也。形焉而已矣，高子勉不似二謝，二謝不似三洪，三洪不似師川，師川不似後山，而況似山谷乎。味焉而已矣，酸鹹異和，山海異珍，而調胹之妙，出乎一手也。”又《和文明主簿叔見寄》第二首云：“黄九陳三外，諸人總解詩”；《跋徐恭仲省幹近詩》第三首云：“傳派傳宗我替羞，黄陳籬下休安脚”；何嘗溝後山而外之於江西派哉。《陸象山全集》卷七《與程帥》一簡，即論誠齋所序之書，有云：“至豫章而益大肆其力。一時如陳、徐、韓、吕、三洪、二謝之流，翕然宗之，由是江西遂以詩社名天下”云云。後山之景附山谷，亦宋人之公論也，豈可憑隅見而翻定案哉。張孝達之洞《廣雅堂詩》下册《過蕪湖弔袁漚簃》之四云：“江西魔派不堪吟，北宋清奇是雅音。雙井、半山君一手，傷哉斜日廣陵琴。”陳石遺丈謂斥江西派爲魔道，而又撇開黄雙井爲北宋雅音，不免語病。余謂此即本遺山“論詩寧下涪翁拜”一首之意，丈頷以爲的解。

【補訂】此余二十二歲時淺見妄言，石遺丈恕其稚騃，姑妄聽之耳。袁氏《漸西村人集》之學山谷，儕輩共見周知，無可諱飾。故張氏詩不得不道。觀《廣雅堂詩集》上册《憶蜀游》第七首《摩圍閣》："黄詩多槎牙，吐語無平直。三反信難曉，讀之鯁胸臆。如佩玉瓊琚，舍車行荆棘。又如佳茶荈，可啜不可食”云云，其薄山谷詩甚矣，豈“寧下涪翁拜”者哉。泛稱“北宋”而以山谷儷荆公，“清奇雅音”之稱，遂分減及之；“江西派”爲“魔”，而山谷“是雅音”，亦猶《封神演義》中“截教”門下妖怪充斥而通天教主尚不失爲“聖人”。雖諛死之曲筆，亦評詩之微文也。袁氏未沉浸於荆公之詩，然“半山”與“雙井”現成巧對，自難放過。苟曰“雙井、東坡君一手”，亦復成章，而“東”非數目，不如“半”之承“雙”起“一”，且張氏自作詩師法東坡，正如其作字也，未肯濫許他人爲蘇門耳。

遺山之意，宋人亦有言之者。《説郛》卷二十載吴商卿《視聽鈔》云："黄魯直詩非不清奇，不知自立者，翕然宗之。如多用釋氏語，本非其長處也，而乃字字剽竊，萬首一律，不從事於其本，而影響於其末，讀之令人厭。章茂深郎中、葉石林甥也，自言從小學作江西詩，石林見之，必顰蹙曰：何用事此死聲活氣語也。《石林詩話》談山谷之詩不容口，非不取之，惡夫學者之過"云云。非拜涪翁而不入西江社之説乎。翁覃谿《石洲詩話》卷八論遺山此絶，謂此不以江西派圖中論之，則强詞乖理，遺山意謂山谷乃江西派中之出類拔萃，非謂山谷不屬江西派也。

【補訂】鄭獻甫小谷《補學軒文集》外編卷一《書石洲詩話後》："有强作解事，不切本旨者。如遺山論山谷詩云云，首二句言江西社之毛病，第三句還山谷之本領，第四句言自己之倔强。語本明順。而謬以爲元正是尊江西派，妙處全在'寧'字，成何語乎。"不知首二句之指山谷，當緣未覩朱少章説；言第三句"還山谷之本領"，則中肯語也。曹六薌庭樞《謙齋詩稿》（曹葆宸輯抄本）卷上《讀山谷詩柬萬字兆檢討》畧云："端明破萬卷，堅城降衆敵。平生低頭拜，猶爲涪翁屈。涪翁苦鍛鍊，隻字不輕出。固非晁張雙，亦豈曹鄶列。彼哉讒譏者，懷響竟傲兀。餔醨乃餟糟，學皮遂失骨。有如舍周行，窮險空蹩躠。是實爲詩訞，烏空而鼠即"；前八句即"還山谷之本領"，後八句即"言江西社之毛病"，"烏空鼠即"出智者《摩訶止觀》卷八上。

卷七説此絶，謂："以山谷、義山歸之杜法，議論精微，爲放翁、道園所未見。即遺山無詩集，此語已足千古"，而不知遺山此絶之取材於《風月堂詩話》也。又説"中州萬古英雄氣"，乃譏南宋偏安，而不知家鉉翁《中州集題後》已拈發此意也。餘如以“滄海橫流”，爲感慨身世以攻蘇之説，皆穿鑿爲推蘇之論，宜見糾於《養一齋詩話》矣。李亦元希聖《雁影齋詩》有《遺山論詩、有南北之見、作此正之》云：“鄴下曹劉氣不馴，江東諸謝擅清新。風雲變後兼兒女，温李原來是北人”；亦不甚中肯。遺山絶句雖多稱河北、山西詩人，初未抹摋南人。陶淵明、陳子昂皆所推崇；於宋人亦曰：“諱學金陵猶有説，竟將何罪廢歐梅”，袒護介甫、永叔、聖俞，均非北人也。《感興》第二首曰：“并州未是風流域，五百年中一樂天”；亦何嘗盡私其鄉曲。蓋遺山所菲薄之南人，不過指宋金對峙以來蘇黄門下諸士；是以論東坡絶句後，即及“渠是女郎詩”之秦少游，論山谷絶句後，即及“無補費精神”之陳後山。蘇之影響又遠遜黄門之江西派，故《題中州集》又舍蘇門而攻黄門，並非欲報九世之仇，比劉越石、斛律金、柳子厚輩，一洗自古以來南人輕北之辱也。故駁鍾記室曰：“風雲若恨張華少，温李新聲奈爾何”；飛卿、義山之皆爲北人，遺山寧不知之乎。又曰：“望帝春心託杜鵑，佳人錦瑟怨華年。詩家總愛西崑好，獨恨無人作鄭箋。”亦未嘗諱義山之兒女情多也。江西詩派實未盡廢梅宛陵，《瀛奎律髓》卷一批語推宛陵“五律冠絶有宋”，卷二十四批語以聖俞爲“學盛唐而過之，有宋第一”；此皆出諸遺山同時江西派末流之口者。

四五

抑更有進者，遺山《中州集題詞》："北人不拾江西唾"云云，實有所承，由來已漸。紀翁二公於此事，亦未深考。古今來詆訶山谷最嚴厲者，莫如王從之，而從之固遺山及其師趙閑閑以經學議論相推重者也。見劉京叔《歸潛志》卷八。《中州集》卷六即選其論蘇黃優劣四絕句，末首於江西派則曰："已覺祖師輸一著，紛紛嗣法更何人。"《滹南遺老集》中《詩話》三卷，於山谷詩吹毛索瘢，大而判斷，小而結裹，皆深不與之。從之得文法於乃舅周德卿，《詩話》卷上記周兒時便學工部，終身不喜山谷，問之，則曰："魯直善爲新樣，然於少陵無涉。"按此意可與張戒《歲寒堂詩話》卷上與吕居仁論魯直得杜髓一節參觀。張之攻山谷，僅少減於王，議論亦每闇合，如張謂"山谷只知奇語之爲詩"，王謂"山谷有奇而無妙"是也。又云："善乎吾舅周君之論曰：宋文至魯直，已是偏仄，後山而後，不勝其弊矣。"

【補訂】王氏《詩話》即《滹南遺老集》卷三十八至四十。所引周德卿語分别見卷三十八、三十九。卷三十五謂："李不如杜，柳不如韓，黄不如蘇，不必辯而後知"；卷三十七謂："揚雄之經，宋祁之史，江西之詩，皆斯文之蠹也"，可參觀卷四十："東坡，孟子之流，山谷則揚雄《法言》。"

按《中州集》卷四選周《讀陳後山詩》云："子美神功接混茫，人間無路可升堂，一斑管内時時見，賺得陳郎兩鬢蒼"；非即遺山《論詩》"閉門陳正字"一絶句之旨乎。又李屏山固亦閑閑之友，而遺山所敬事者也。《中州集》卷二引屏山爲劉西喦詩作序，有云："魯直天姿峭拔，以俗爲雅，以故爲新，不犯正位，如參禪。江西諸君翕然推重，别爲一派；高者雕鐫尖刻，下者模影剽竄，公言韓退之以文爲詩，如教坊雷大使舞，又云學退之不至，即一白樂天耳。此可笑者三也"云云。此不獨泛貶江西派，尤對後山痛下針砭。蓋《後山詩話》嘗曰："退之以文爲詩，子瞻以詩爲詞，皆如教坊雷大使之舞，雖極天下之工，要非本色。"

【補訂】《四庫總目》卷一百四十一《鐵圍山叢談》提要謂《後山詩話》所謂"雷大使"，即徽宗時隸教坊之雷中慶。《叢談》卷六列舉"手藝之人，視前代之技皆過之者"，雷其一也。沈子培曾植《海日樓札叢》卷七亦引此條，因駁《後山詩話》曰："然則雷大使乃教坊絶技，謂非本色，將外方樂乃爲本色乎。"與屏山此序語意相類者，南宋人詩如王龜齡《梅溪文集》卷十四《學江西詩者，謂蘇不如黄，又言韓、蘇二公詩乃押韻文耳。余雖不曉詩，不敢以其説爲然。因讀坡詩，感而有作》七古，喻叔奇《香山集》卷三《次韻王待制讀東坡詩兼述韓歐之美》。

又曰："學杜不成，不失爲工。無韓之才，與陶之妙，而學其詩，終爲樂天爾。"屏山確有所指，已開遺山拜涪翁而不入西江派之議論矣。《歸潛志》卷八云："趙閑閑嘗爲余言，少初識尹無忌，問：久聞先生作詩不喜蘇黄，何如。無忌曰：學蘇黄則卑猥也。"

則更在周、李以前。足證遺山之始則以蘇黄爲滄海横流，繼則絀黄信蘇，終復抑陳揚黄，政非一己之私言。北學宗傳，從來已遠；故余曰：紀翁二公尚未推本窮源也。遺山“北人不拾江西唾”一語，亦一時快意，未堪盡信。《歸潛志》卷四謂：“張運使瑴字伯英，許州人，詩學黄魯直體”；舉其詩：“溪口急流裁燕尾，山腰世路轉羊腸，到郡涖官才九日，過家上冢正重陽”云云。按香山《初冬月夜得皇甫澤州手札》曰：“心逐報書懸雁足，夢尋來路繞羊腸”，《東軒筆録》卷二載夏英公句曰：“山勢蜂腰斷，溪流燕尾分”；皆工整而曲折，宛然山谷風味，張氏“到郡”兩語，復以疏直繼前聯之密緻，此尤山谷七律手法也。

【補訂】夏氏《文莊集》卷三十二《野步》中聯，上句作：“壠勢蜂腰接”，勝於《東軒筆録》所引之“山勢蜂腰斷”；蓋“蜂腰”較切“壠勢”，不特“接”免於“斷”與“分”合掌也。顧書宣《雄雉齋選集》卷四《山行》第二首：“嶺忽蜂腰斷，溪還燕尾分”，則似逕襲《筆録》引聯。又按《永樂大典》卷三千五百八十一《村》字引夏氏《秋日村路》（集漏輯）：“斷壠拳鼇足，輕波起鶴紋”，亦猶“蜂腰”、“燕尾”機杼也。

而遺山《中州集》卷八僅選張氏《石淙》七絶一首，小傳祇言伯英“好收藏，性孝友”而已。伯英與京叔父雲卿友善，《歸潛志》之言較爲得真。《中州集》卷三劉仲英小傳云：“有《龍山集》，參涪翁而得法”；此又北人詩學江西，見之紀載者。若不見明文，而按其詩格實出江西者，《中州集》卷三之劉迎，氣骨騰騫，時作黄體；故其《題吴彦高詩》云：“詩到江西别是禪”，《上施内翰》云：“可無香瓣禮南豐”，亦即用後山語。卷四之路鐸，幾篇篇點换涪翁語，不特格律相似，如“九陌黄塵没馬頭”、“禪榻坐涼碧樹秋”、“隨人作計魚千里”、“霽月光風發興新”、“劉翁有道今陸沈”、“牛刀小試義熙前”、“四望黄雲寡婦秋”、“柳行燈火試新涼”，撏撦吞剥，到眼可辨；《次韻鄺著作病起》云：“貧是詩人换骨時，徐行休歎後山遲”，更分明供狀矣。

【補訂】《遺山文集》卷二十四《蘧然子墓碣銘》爲趙濟甫滋作，稱其才藝曰：“畫入能品，詩學江西派”；《詩集》卷十《寄謝常君卿》：“文除嶺外初無例，詩學江西又一奇。”此又遺山自言“拾江西唾”之兩“北人”也。《歸潛志》卷八記雷希顔“詩亦喜韓，兼好黄魯直新巧”；遺山屢爲希顔作詩文，並志其墓，絶未道及。同卷又載乃父劉雲卿從益與劉少宣唱和詩云：“光生杜曲今千丈，派出江西本一源”；與遺山“古雅難將子美親”一絶别調異趣，大似甘“作江西社裏人”語矣。偶檢郭元釪《全金詩》，復補“拾唾”數例。卷首上密國公璹《黄華畫古柏》：“意足不求顔色似”，逕取簡齋《和張規臣水墨梅》：“意足不求顔色似”；又《老境》：“不知何處雨，徑作夜來涼”，蹈襲徐師川名句：“不知何處雨，已作此間涼”，陸放翁嘗竄易之（參觀第 304 頁）。辛稼軒《浣溪沙》：“忽有微涼何處雨，更無留影霎時雲”，亦採擷之，後來袁子才《小倉山房詩集》卷五《浴》：“不知何處雨，微覺此間涼”，又攘竊之，亦徵有目共賞，由愛生貪，而巧取豪奪也。卷十三趙秉文《登天壽閣》七律、卷十四《和陽尚書之美韻》七絶四首，皆學山谷體。秉文《贈磨鏡李先生》：“黄濵何曾涴明月，青天元不礙冥鴻”，更撏撦山谷《汴岸置酒爲黄十七》：“黄流不解涴明月，碧樹爲我生涼秋。”卷十五劉仲尹《墨梅》、《梅影》，即《滹南詩話》卷下譏爲“誦之不知爲花，況知爲梅”者，實仿簡齋《和張規臣水墨梅》之“粲粲江南萬玉妃”一首。卷十七劉迎《題梁忠信平遠山水》：“烏韡席帽動千里”，用山谷《六月十七日晝寢》：“紅塵席帽烏韡裏”，又《清明前十日作》：“雨餘天氣動朝寒，寒食都來數日間”，用晁冲之《戲留次褭三十三弟》：“不知汝定成行否，寒食今無數日間”，而冲之又櫽括顔魯公《寒食帖》：“天氣殊未佳，汝定成行否。寒食只數日間，得且住爲佳耳”。(《全唐文》卷三百三十七)。卷四十三元格《春雪》：“寒留整整斜斜態，暖入融融洩洩陰”，顯本山谷《詠雪呈廣平公》：“夜聽疏疏還密密，曉看整整復斜斜”，猶其《山園梨葉有青紅相半者戲作》：“不信世間閒草木，解隨兒女作青紅”之本東坡《臨安三絶·將軍樹》：“不會世間閒草木，與人何事管興亡。”(東坡《次韻正輔表兄》：“江邊閒草木”，《以黄子木拄杖爲子由生日之壽》：“雖云閒草木”)。元格豈異人乎，遺山之父德明也；《中州集》卷十録“先大夫詩”四十三首，《春雪》赫然在焉。然則題詞“北人”云云，數典而忘祖乎，爲尊親之諱乎，抑以山谷於“江西派”出類超倫，所謂“寧下拜”者乎。翁覃谿之流似衹讀論詩文之語，而不讀所論之詩文與夫論者自作之詩文，終不免傭耳賃目爾。又按晁冲之伐山，始取《寒食帖》入詩，南宋多繼而伐材者。《揮麈後録》卷八：“朱新仲代王彦昭春日留客致語云：‘寒食止數日間，纔晴又雨；牡丹蓋十數種，欲拆又芳。’皆魯公帖與《牡丹譜》中全語也。”張直夫侃《拙軒集》卷五《跋揀詞》第十一則：“辛待制《霜天曉角》詞云：‘宦游吾老矣，玉人留我醉；明日落花寒食，得且住爲佳耳。’用顔魯公《寒食帖》；按稼軒《玉蝴蝶·追别杜叔高》又云："試聽呵，寒食近也，且住爲佳。"王景文《雪山集》卷十六《眼兒媚》："雨潤梨花雪未乾，猶自有春寒。不如且住，清明寒食、數日之間。"劉潛夫《後村大全集》卷三十二《送鄭甥主龍溪學》："春光已過三分二，寒食都無數日間。天氣未佳宜且住，老來不喜聽陽關"；自註："顔魯公帖。"後來如《范德機詩集》卷五《留諸生》："元宵只在數日間，天氣未佳宜且住"；王漁洋《卜算子》："天氣近清明，汝定成行否"；桃花源屢過，漸成五都之市矣。

《甌北詩話》卷十二論北宋人著述流布金源，舉金人集中牽涉坡谷者爲例，乃於此等處無片語道及。即就所舉論之。見於《中州集》者，高士談尚有《曉起戲集東坡句》二首，劉從益尚有《次韻東坡别歲饋歲》二首，馮璧《題東坡海南烹茶圖》則詠坡事，其《見華山》詩之"坡仙曾借海宫春"，又用東坡《登州海市》詩。其他名家如石曼卿、唐子西輩，均見金人歌詠中，甌北概付缺如。甌北又謂南宋人著述不能即時流入中原，故知者甚少，李屏山愛楊萬里，而無人道及陸放翁。其言是也。遺山《被檄夜赴鄧州幕府》云："未能免俗私自笑，豈不懷歸官有程"，與放翁《思子虡》之"未能免俗余嗟老，豈不懷歸汝念親"，一何相似。遺山賦詩時，金尚未亡也。《中州集》卷一高士談《楊花》詩，遺山謂："亦見《橘林集》，然高集乃高子手録，必無誤"；按《橘林集》乃北宋石悉所撰，《楊花》詩亦見《後村大全集》卷一百七十七詩話引，謂是石氏詩。當是士談愛而手寫，其子遂誤收；則《橘林集》早入金也。《遺山集》卷一《雜詩》"相士如相馬"四首，見汪彦章《浮谿集》卷二十九，題作《懷古》，是《浮谿集》亦早入金也。《中州集》卷二張公藥小傳摘其《竹堂集》中句，《寒食》云：“一百五日寒食節，二十四番花信風”；此則明竊徐師川詩，改“雨”字爲“節”字，可見師川著述，亦流入北方，然張氏敢公然盗襲，而遺山不之知，更足徵其雖流入而傳播不廣矣。

【補訂】《遺山詩集》卷五《癸卯歲杏花》自註：“留船買魚作寒節，宋方舟先生李知幾語”；卷十三《又解嘲》第二首：“朝吟竹隱暮南湖。”是李石、徐似道、張鎡三家集亦流入金矣。徐師川一聯實本陸天隨斷句“幾點社翁雨，一番花信風。”（《苕溪漁隱叢話》後集卷十七、《歲時廣記》卷一、《事文類聚》前集卷七等引），南宋仿作不絶（參觀《宋詩選註》徐俯篇註九）；《隨園詩話》卷七稱管水初《春日即事》：“兩三點雨逢寒食，廿四番風到杏花”，不省其出於補假也。

師川雖欲自成一隊，與山谷立異，見劉後村《江西詩派》小序，又周暉《清波雜志》卷五卷八。然何無忌酷似其舅，謂非西江派可乎。《麭廬詩話》卷下謂：東坡《贈李方叔》詩：“平生謾説古戰場，過眼終迷日五色”，李華《古戰場文》、李程《日五色賦》，皆李氏故實，《中州集》密國公璹《送王生西遊》詩，誤“日”爲“目”。此又金人讀蘇詩而誤解之例。《中州集》卷三劉迎詩：“餘子風流空魏晉，上人談笑自羲皇”，《古今黈》嘗痛詆下句之割裂不通。按王無功《田家》第二首云：“何忝上皇人”，錢仲文《衡門春夜》云：“自謂上皇人”，宋景文《旬沐》第二首云：“里無休汝騎，憁有上羲人”，《公會亭》第二首云：“静時飛蝶夢，閒處上皇風”，宋元憲《晚春小園觀物》云：“此身疑到上皇來。”劉氏倘亦因襲而加厲耶。

【補訂】帛道猷《陵峯採藥詩》早云：“始知百代下，故有上皇民。”亦有不用“人”、“民”而用“時”、“日”者，如駱賓王《同辛簿簡仰酬思玄上人》：“林疑中散地，人似上皇時”；僧泚《北原别業》：“因知上皇日，鑿井在雲林。”

四六

《敕勒》之歌，自是高唱。故北人屢引以自張門面。遺山絶句，已見前則。劉夢吉《静修文集》卷十一《題宋理宗南樓風月横披》二絶，第一首云："試聽陰山《敕勒歌》，朔風悲壯動山河。南樓烟月無多景，緩步微吟奈爾何。"如此比擬，可謂勝之不武者。《鮚埼亭集外編》卷三十三《書劉文靖渡江賦後》引斯詩，謂是"哀宋之詞"；説固是矣，然自有不屑之意在。第二首較纏綿悱惻："物理興衰不可常，每從氣韻見文章。誰知萬古中天月，只辦南樓一夜涼"；自註："理宗自題絶句其上，有'併作南樓一夜涼'；'才到中天萬國明'，宋太祖月詩也。"

【補訂】《静修集》卷七《宋理宗緝熙殿墨》："文章只數天中月，萬卷何曾筆有神"，亦引宋太祖《月詩》，以壓末世孱主。他如同卷《宋徽宗賜周準人馬圖》、《宋高宗題李唐秋江圖》、《宋度宗熙明殿古墨》、卷十一《題宋理宗詩卷後》，均諷多於憫，與卷七《金太子允恭墨竹》之痛惜亡金者不同。全謝山尚有《書劉文靖公退齋記後》；參觀羅整菴《困知記》卷三、蔣一葵《堯山集偶雋》卷三論孟攀龍《和平宋表》、王山史《砥齋集》卷三《劉文靖公從祀議》、李厚菴《榕村語録》續編卷

五、焦理堂《易餘籥録》卷九、方植之《儀衛軒文集》卷六《書劉文靖渡江賦後》等。

二事關合殊巧。理宗句實本山谷《鄂州南樓書事》第一首："清風明月無人管，併作南樓一味涼。"陳眉公《太平清話》謂静修"詞勝詩，詩勝文"。今觀其詩，有氣勢而失之粗獷，近體尤甚；漁洋《古詩選》僅取其七古，是也。七律詞句格調，模倣遺山之迹顯然。

【補訂】《静修集》卷六《呈保定諸公》："斯文元李徒，我當拜其傍"，即指遺山。其七律如《入山》："天公若會登臨意，可信傷心畫得成"；《晚眺》："老樹遺臺秋最早，斜陽流水鳥偏遲"，《西窗》："中峯太華一千仞，皇極乾元十萬年"，《有懷》："瑞日祥雲程伯子，冰壺秋月李延平"；《放歌》："碧落銀河見高舉，紅塵白日屬何人"；《自適》："清霜烈日從渠畏，野鶴孤雲只自閑"，《登中山城》："陵遷谷變横流地，卵覆巢傾死節臣"；《賈氏溪堂》："來今往古年華在，厚地高天人力微。"格調詞句皆淵源遺山。老元詩律，王秋澗得親傳，劉静修乃私淑，均有優孟衣冠之歎。

《甌北詩話》稱遺山七律，自成聲調。按《中州集》載雷希顔《滎陽古城登覽寄裕之》，李長源《陜州》、《再過長安》，李欽用《圍城》、《驟雨》，秦簡夫《悼亡》諸律，入之遺山集中，可亂楮葉。雷乃遺山摯友；二李爲遺山"三知己"之二；長源七律，尤所推服；簡夫一首，遺山稱爲"高出時輩"。笙磬同音，嚶鳴相召，師友淵源，蓋有自來。静修其繼起也。然《静修文集》卷一《敍學》謂："周宋而降，詩學日弱，弱而復强，歐、蘇、黄其至也。不能李、杜、韓，則歐、蘇、黄。"較遺山議論稍寬。如卷九《新晴》頸聯："埋盆欲學魚千里，試地先栽芋一區"，竟盜山谷《題歸來圖》："小池已築魚千里，隙地仍栽芋百區。"北人論文門户之見，至此而稍泯。後來李天生之"不讀黄河以南文章"，傅青主之不喜歐公以後文，謂是"江南文章"，適可與"北人不拾江西唾"遥遥相應，徒資話柄。又《池北偶談》謂牧齋《列朝詩集》仿遺山《中州集》，而《偶談》卷七、卷十一皆謂牧齋選詩有"南北之見"，朱竹坨《與王尚書論明詩書》亦云然，此則譬如學東坡之并得短處矣。

四七

《静修文集》卷十一《讀史評》:“紀録紛紜已失真,語言輕重在詞臣。若將字字論心術,恐有無邊受屈人。”與王荆公《讀史》:“糟粕所傳非粹美,丹青難寫是精神”,可相發明。

【補訂】盛如梓《庶齋老學叢談》卷三引静修此絶而駁之云:“殊非確論。修史自有定例。謂如其人功十而過一,本傳不言其過,十功豈不能贖一過,其過必於他傳見之。其人過十而功一,傳必書其功,謂其人豈無一善可書。或有當書之事,本傳不載,必於他傳見之。”論亦非確。此“例”即“定”,豈“必”盡遵;且静修不曰“若將形跡論心術”,而曰“若將字字論心術”,則著眼在“記録”其人之言論,非在“記録”其人之行事也。《叢談》又引静修《曾點》絶句:“獨向舞雩風下來,坐忘門外欲生苔。歸時過著顔家巷,説與城南花正開”;駁之曰:“坐忘乃莊子之説,非孔門實事,以此求顔子,則誤矣。況顔子與聖人僅隔一壁,城南之花豈足動其心。”静修沉酣宋人理學,所言皆有由來,盛氏未之或究也。吕大臨《送劉户曹》:“獨立孔門無一事,唯傳顔氏得心齋”,《河南二程遺書》卷十八伊川稱爲“極好”者,已將莊子之寓言爲“孔門”之

“實事”（詳見《管錐編》論《全上古三代秦漢三國六朝文》第一六七“屢空”）。《朱文公集》卷九《出山道中口占》：“川原紅緑一時新，暮雨朝晴更可人。書册埋頭無了日，不如抛却去尋春。”《陸象山集》卷三十六《年譜》淳熙十五年聞朱元晦此詩，喜曰：“元晦至此，有覺矣。可喜也”；又卷三十四《語録》：“二程見周茂叔後，吟風弄月而歸，有吾與點也之意。後來明道此意卻存，伊川已失此意。”静修説城南花開，即勸“尋春”之意，謂當如點之無往而不自在，豈以爲花能“動”顔氏之“心”哉。《桐城方氏七代遺書》中明方大鎮《寧静語》論朱子詩亦云：“此可以見内外合一之學矣。然書册即春，抛卻尚多一層”；則如僧璨《信心銘》所謂：“至道無難，惟嫌揀擇。良由取捨，所以不如。”取“春”而捨“書”，有揀擇之嫌，尚未臻“無作無相”也。嘗謂韓退之《雜詩》乃昌黎集中奇作，箋註者不涵泳詩意，卻附會李實、王伾文等史事，鑿而轉淺。取朱子此絶句參之，怡然涣然矣。其詩曰：“古史散左右，詩書置後前。豈殊蠹書蟲，生死文字間。古道自愚惷；古言自包纏。當今固殊古，誰與爲欣歡。獨携無言子，共昇崑崙顛。長風飄襟裾，遂起飛高圓。下視禹九州，一塵集豪端。遨嬉未云幾，下已億萬年。向者夸奪子，萬墳厭其顛。惜哉抱所見，白黑未及分。慷慨爲悲咤，淚如九河翻。指摘相告語，雖還竟誰親。翩然下大荒，被髮騎騏驎。”“古史”四句可比勘《感春》第一首：“今者無端讀書史，智慧只足勞精神”，又《讀皇甫湜公安園池詩》第一首：“《爾雅》注蟲魚，定非磊落人。”“古道”四句可比勘《孟生》：“嘗讀古人書，謂言古猶今”，又《答孟郊》：“古心雖自鞭，世路終難拗。”苦爲“古言”、“文字”相“包纏”，斯所以“與爲欣歡”者，乃筆舌兩忘之“無言子”也。“共昇崑崙”，即朱子詩所謂“抛卻書册去尋春”，亦如李太白《暮春於江夏送張祖監丞之東都序》所謂：“僕書室坐愁，每思遐登蓬萊。”退之《遠遊》：“飄然天外步，豈肯區中囚”，又《忽忽》：“忽忽乎余未知生之爲樂也，願脱去而無因。安得長翮大翼如雲生我身，乘風振奮出六合絶浮塵”，用意相彷彿，而此詩以誦讀書史爲悶本愁基，更切實而不膚泛矣。嘗試論之。人於相習而安、所操以守者，每厭其無聊而忽生怠心，或疑其無補而忽生悔心。於是學問者萌捐書之念，事功者起倦勤之思。退之、元晦等詩正道此情。《舊約全書》中古師即歎：“書籍無窮，多讀徒疲精弊體”。(Of making many books there is no end; and much study is a weariness of flesh)見 Ecclesiastes, xii. 12。笛卡爾自言博學攻書，了無所得，乃欲内觀心性、外遊世界。(et me resolvant de ne chercher plus d' autre science que celle qui se pourrait trouver en moi-même, ou bien dans le grand livre du monde, j' employai le reste de ma jeunesse à voyager) 見 *Discours de la méthode*, ed. G. Gadoffre, 1961, 10。龍沙、歌德、馬拉梅等詩中皆詠厭苦“書册埋頭”，渴欲騁懷游目，徜徉林野，放浪海天(J' ay l' esprit tout ennuyé/D' avoir trop estudié/Les Phénomènes d' Arate: / Il est temps que je m' esbate, /Et que j' aille aux champs jouer. /Bons Dieux! qui voudroit louer / Ceux qui collez sur un livre/N' ont jamais soucy de vivre? / Que nous sert d' estudier,/Sinon de nous ennuyer? 見 Ronsard, *Livre des odes*, II. xviii, *Oeuvres complètes*, la Pléaide, I, 455。Habe nun, ach! Philosophie,/Juristerei und Medizin, /Und leider auch Theologie! /Durchaus studiert, mit heißem Bemühn. /Da steh' ich nun, ich armer Thor! /.../ Flieh! Auf! Hinaus in's weite Land! 見 *Faust*, I, 354 ff.。La chair est triste, hélas! et j'ai lu tous les livres. /Fuir! là-bas fuir! 見 Mallarmé:"Brise marine", *Oeuv.comp.*, la Pléiade, 38)。此物此志。"萬墳厭其顛"補足"生死文字間"。"惜哉抱所見,白黑未及分",謂學士輩争勝辯難,盡氣至死,終無定論;可比勘《施先生墓志銘》:"古聖人言,其旨密微。箋注紛羅,顛倒是非。""指摘相告語,雖還竟誰親",乃倒敘句,謂"雖還"而無"誰"可"相告語","指摘"即争"白黑"之"分"也。"下已億萬年,雖還竟誰親",插入丁令化鶴、王質爛柯一段波折,然後"翩然下大荒"作收;浩然邁往,先之以悽然蜷顧,紆徐增妍,頓挫蓄勢,《雉帶箭》所謂"盤馬彎弓惜不發"者有焉。"長風飄襟裾"四句,參觀《管錐編》論《全上古三代秦漢三國六朝文》第一七六"鳥瞰勢"。然而悔心怠心往往如水漚石火,乍生還滅,未渠改弦易轍。退之此篇亦祗過屠門之大嚼而已。觀《進學解》之"口吟""手披","提要鈎玄",《秋懷》第七首之"不如覷文字,丹鉛事點勘",則依然"生死文字間"之故我結習。匹似轉磨之驢,忽爾頓足不進,引吭長鳴,稍抒其氣,旋復帖耳踏陳跡也。

夫虚説游詞,如《史通·曲筆》《書事》兩篇所糾者,固無論矣。即志存良直,言有徵信,而措詞下筆,或輕或重之間,每事迹未訛,而隱幾微動,已滲漏走作,彌近似而大亂真。《河南程氏遺書》卷十五云:"傳録語言,得其言未得其心,必有害理。孔門亦有是患。”《朱子語類》卷九十七論二程語録云：“游録語慢，上蔡語險，劉質夫語簡，永嘉諸公語絮，李端伯語弘肆。”夫諸君既非轉益多師，又皆親承咳唾，而詞氣之差，毫釐千里，讀者若有山頭億子厚、水底百東坡之想。其故何哉。一言也，而旁聽者之心理資質不同，則隨人見性，謂仁謂知，遂爾各别。一人也，而與語者之情誼氣度有差，則因勢利導，横説竪説，亦以大殊。施者應其宜，受者得其偏。孰非孰是，何去何從，欲得環中，須超象外。此所以盡信書者，未可尚論古。一鱗一爪，參王漁洋之談龍；載躍載搏，比厲歸真之畫虎。見李廌《畫品》。非傳真之難，而傳神之難。遺其神，即亦失其真矣。荆公、静修二絶所爲作也。至遺山《論詩絶句》云：“心畫心聲總失真，文章寧復見爲人。高情千古《閒居賦》，争識安仁拜路塵”；則視此又進一解。匪特紀載之出他人手者，不足盡據；即詞章宜若自肺肝中流出，寫心言志，一本諸己，顧亦未必見真相而徵人品。吴處厚《青箱雜記》卷八云：“文章純古，不害爲邪。文章豔麗，不害爲正。世或見人文章鋪張仁義道德，便謂之君子，及花草月露，便謂之邪人，兹亦不盡也。”因舉宋廣平、張乖崖、韓魏公、司馬温公所作側豔詞賦爲證。魏叔子《日録》卷二《雜説》卷二謂：文章“自魏晉迄於今，不與世運遞降。古人能事已備，有格可肖，有法可學，忠孝仁義有其文，智能勇功有其文。日夕揣摩，大奸能爲大忠之文，至拙能襲至巧之語。雖孟子知言，亦不能以文章觀人。”此二者則與遺山詩相發明。吴氏謂正人能作邪文，魏氏及遺山皆謂邪人能作正文。世有愛《詠懷堂詩》者，刺取南雷《汰存録》所謂“不幸存録”，爲阮圓海洗雪，蓋未聞此等議論也。固不宜因人而斥其文，亦祇可因文而惜其人，何須固執有言者必有德乎。嚴介溪《生日》詩云："晚節冰霜恒自保"，愛《鈐山堂集》者，亦可據此以辯分宜門如市而心如水耶。

【補訂】參觀《管錐編》論《全上古三代秦漢三國六朝文》第一九五"立身與文章"。

四八

《莊子·列禦寇》載孔子曰："凡人心險於山川，難於知天。天猶有春秋冬夏旦暮之期，人者厚貌深情"，按《意林》采《魯連子》曰："人心難知於天"云云，本此；《劉子·心隱》篇同。故舉"九徵"之術以别賢不肖。《吕氏春秋·論人》踵事增華，内則用"六戚四隱"，外則用"八觀六驗"；古書中論觀人之法，莫備乎此，而著於竹帛之文字不與焉。《法言·問神》乃曰："言、心聲也，書、心畫也。聲、畫形，君子小人見矣。"《論衡·佚文》亦曰："鴻文在國，聖世之驗。孟子相人，以眸子焉；心清則眸子瞭。瞭者，目文瞭也。夫候國占人，同一實也。"【附説十四】遺山"心畫心聲"一絶，則《世説》記顧君孝語"此中最是難測地"之意。余以爲若與揚子雲作難，不須旁徵潘岳，即以矛攻盾也可。"心畫心聲"，語本《法言》，而《法言》者，橅放《論語》，非子雲心裁意匠之所自出；譬聲之有回響，畫之有臨本，出於假借，所"形"者果誰之"心"哉。《法言·吾子》論學仲尼，有"羊質虎皮"之諷，《淵騫》論學仲尼，致"鳳鳴鷙翰"之譏，而不知躬之自蹈。又無行如劉子駿，《遂初賦》曰："處幽潛德，抱奇内光。守信保己，竊比老彭"，亦儼然"比邱尼"也。

語本都元敬《聽雨記談》斥僧尼名則，俞理初《癸巳類稿》卷十四《道笑論》亦有是謔。蓋自王莽之擬周公，以至揚劉等之擬孔子，君臣一代，莫非“心聲失真”者。以文觀人，自古所難；嵇叔夜之《家誡》，何嘗不挫鋭和光，直與《絶交》二書，如出兩手。

【補訂】參觀《管錐編》論《全上古三代秦漢三國六朝文》第八九“避世之狂與忤世之狂”。

魏伯起之《枕中篇》，睟然端士達人之言，幾不類“驚蛺蝶”、“穢史”作者所發。孰料二子立身行事，招災取謗，一則首領不保，一則骸骨被掘乎。元微之《誨姪等書》云：“吾生長京城，朋從不少。然而未嘗識倡優之門，不曾於喧嘩縱觀，汝知之乎。”嚴詞正氣，一若真可以身作則者。而《長慶集》中，如《元和五年罰俸西歸至陝府思愴曩遊五十韻》、《寄吴士矩五十韻》、《酬翰林白學士代書一百韻》、《答胡靈之見寄五十韻》諸作，皆追憶少年酗酒狎妓，其言津津，其事鑿鑿，《會真》一記，姑勿必如王性之之深文附益可也。控顛引末，洵愛其醜不愛其過，非所行而行所非者。吾國文體中有《自序》、《家訓》之類，作者既不能如劉子真、謝安石之以“不教”爲“常教”，復不肯如蜀先主《遺詔》之自言“德薄勿效”；借立言爲立德，託垂誡以垂名。脱曰“文可覘人”，亦須於言外行間遇之矣。“心畫心聲”，本爲成事之説，實匙先見之明。然所言之物，可以飾僞：巨奸爲憂國語，熱中人作冰雪文，是也。其言之格調，則往往流露本相；狷急人之作風，不能盡變爲澄澹，豪邁人之筆性，不能盡變爲謹嚴。文如其人，在此不在彼也。【附説十五】譬如子雲欲爲聖人之言，而節省助詞，代换熟字，口吻矯揉，全失孔子“渾渾若川”之度。即《法言·問神》篇論聖人之詞語。柳子厚《答韋珩書》謂子雲措詞，頗病“局滯”；以王弇州早年之好爲撏撦，與子雲宜有合契，而《四部稿》卷百十二《讀揚子》亦深病其文之“割裂、聱曲、闇㫚、澳溛”，以爲“剽襲之迹紛如也。甚哉其有意乎言之也。聖人之於文也，無意焉”。

【補訂】《柳河東集》卷三十四《答韋珩書》：“揚雄文遣言措意，頗短局滯澀”；《後山詩話》：“揚子雲思苦詞艱，惟好奇故不能奇也”；《須溪集》卷七《答劉英伯書》：“子雲輩數數可厭，爲遁詞，爲蔽意，終亦不得爲奇耳”；皆非指其擬經之作。弇州《讀揚子》，則專論其擬經者。陳騤《文則》卷上戊亦譏《法言》擬《論語》猶“畫虎類狗”。王壬秋《湘綺樓日記》同治八年正月十三日：“揚雄爲文艱深，屈奇自喜耳，猶在王褒之下。而世以好奇，竟久得名，至今傳之。朱熹尚以爲儒宗而攻擊焉，何作僞之易售也”；以子雲與子淵並論，是謂詞賦也，而“儒宗”、“作僞”之目，又爲擬經發矣。

阮圓海欲作山水清音，而其詩格矜澀纖仄，望可知爲深心密慮，非真閒適人，寄意於詩者。按《詠懷堂詩》，鉤棘其詞，清羸其貌，隱情躓理，鼠入牛角，車走羊腸。其法則葉石林所謂“減字换字”，其格則皇甫持正所謂“可惋在碎”。萬曆後詩有此飷心飣肝、拗嗓刺目之苦趣惡道。孤忠奇節如倪鴻寶，亦濡染厥習。譬之《列朝詩集》丁十二、十六所摘王季重、王亦房魔道諸聯，入諸倪集，可亂楮葉。

【補訂】余嘗病謝客山水詩，每以矜持矯揉之語，道蕭散逍遥之致，詞氣與詞意，苦相乖違。圓海況而愈下；聽其言則淡泊寧静，得天機而造自然，觀其態則擠眉弄眼，齲齒折腰，通身不安詳自在。《詠懷堂詩》卷二《園居詩》刻意摹陶，第二首云：“悠然江上峯，無心入恬目”，顯仿陶《飲酒》第五首之

"採菊東籬下，悠然見南山"。"悠然"不足，申之以"無心"猶不足，復益之以"恬目"，三累以明己之澄懷息慮而峯來獻狀。强聒不捨，自炫此中如鏡映水照，有應無情。"無心"何太饒舌，著痕跡而落言詮，爲者敗之耳。《戊寅詩》如《微雨坐循元方丈》云："隱几憺忘心，懼爲松雲有"；夫子綦"隱几"，嗒焉喪我，"心"既"憺忘"，何"懼"之爲。豈非言坐忘而實坐馳耶。又如《書璁文殊菴》云："息機入空翠，夢覺了不分。一禽響山窗，亦復嗤爲紛"，自詡"息機"泯分别相，卻心嗔發爲口"嗤"，如欲彈去烏臼鳥、打起黄鶯兒者，大異乎"鳥鳴山更幽"之與物俱適、相賞莫違矣。詩中好用"恬"、"憺"字，連行接葉，大類躁於鳴"恬"，矜於示"憺"。又好用"睇"、"鶩"字，自以爲多多益善，徒見其陳陳相因。竊謂圓海詩品，亦如號"恬目"而流"睇"，名"憺慮"而横"鶩"，縮屋稱貞而"勿惜捲簾通一顧"也。又按《戊寅詩》有《緝汝式之見過谷中》亦云："坐聽松風響，還嫌谷未幽"，較之白香山《松聲》之"誰知兹檐下，滿耳不爲喧"，境界迥異，絶類拗相公之言"一鳥不鳴山更幽"，翻案好勝之争心，溢於言表矣。

所言之物，實而可徵；言之詞氣，虚而難捉。世人遂多顧此而忽彼耳。作《文中子》者，其解此矣。故《事君》篇曰："文士之行可見"，而所引以爲證，如："謝莊、王融，纖人也，其文碎。徐陵、庾信，夸人也，其文誕。"餘仿此。莫非以風格詞氣爲斷，不究議論之是非也。吴氏《青箱雜記》卷八雖言文不能觀人，而卷五一則云："山林草野之文，其氣枯碎。朝廷臺閣之文，其氣温縟。晏元獻詩但説梨花院落、柳絮池塘，自有富貴氣象；李慶孫等每言金玉錦繡，仍乞兒相”云云。豈非亦不據其所言之物，而察其言之之詞氣乎。是以同一金玉錦繡，而王禹玉之“至寶丹”，與歸處訥所嘲“鍍金牙齒咬銀匙”，見《鑑誡録》卷十。區以别矣。且也，人之言行不符，未必即爲“心聲失真”。常有言出於至誠，而行牽於流俗。蓬隨風轉，沙與泥黑；執筆尚有夜氣，臨事遂失初心。不由衷者，豈惟言哉，行亦有之。安知此必真而彼必僞乎。參觀 J. M. Guyau：*L'art au point de vue sociologique*, p. 32："Très souvent, chez les vrais artistes, l'existence pratique est l'extérieur, le superficiel; c'est par l'oeuvre que se traduit le mieux le caractère moral"。又 P. Valéry：Préface pour l'*Adonis* de La Fontaine："Ce qu'il y a de plus important, l'acte même des Muses est indépendant des aventures, du genre de vie, des incidents, et de tout ce qui peut figurer dans une biographie."(*Morceaux choisis*, p. 157.)論此事最詳者爲 Ch. Lalo：*L'Expression de la vie dans l'art*. p. 25 et suiv, p. 115 et suiv。見於文者，往往爲與我周旋之我；見於行事者，往往爲隨衆俯仰之我。皆真我也。身心言動，可爲平行各面，如明珠舍利，隨轉異色，無所謂此真彼僞；亦可爲表裏兩層，如胡桃泥筍，去殼乃能得肉。古人多持後説，余則願標前論。是以有自諱自汙之士，有原心原迹之談。王仲任《累害》篇云：“清受塵，白取垢，青蠅所汙，常在練素”；王介甫《衆人》詩云：“衆人紛紛何足競，是非吾喜非吾病。頌聲交作莽豈賢，四國流言旦猶聖。”亦見知人則哲之難矣。故遺山、冰叔之論，只道著一半。遺山知安仁之有《閒居賦》矣，獨不記淵明之有《閑情賦》，昭明所謂“白璧微瑕”者耶。

【補訂】參觀《管錐編》論《全上古三代秦漢三國六朝文》第一四五“閑情賦”。葛勝仲《丹陽集》卷八《書淵明集後》第二首駁昭明云："審爾則詩人之變風、楚人之《離騷》，皆可删矣。晉武末造，沉湎酒色，何知非諷刺上耶。使淵明此賦果可無作，則《登徒》、《長門》、《高唐》、《神女》等賦，統何爲著之於《選》耶。"於昭明之旨亦非解人也。

吴處厚惜未舉此。言固不足以定人，行亦未可以盡人也。神奸元惡，文過飾非，以言彌縫其行，自屬不鮮。區區之見，竊欲存疑。自非"知言"若孟子。

【補訂】《日知録》卷十九《文辭欺人》云："末世人情彌巧，文而不慚……苟以其言取之，則車載魯連，斗量王蠋矣。曰：是不然。世有知言者出焉，則其人之真僞，即以其意辨之，而卒莫能逃也。"惜亭林未申説也。

亦姑且就事論事，斷其行之利害善惡，不必鬭合言行，追索意嚮，於是非之外，别求真僞，反多誅心、原心等種種葛藤也。

【附説十四】仲任此語，乃吾國以目擬文之最早者。《自紀》篇亦云："孟子相賢以眸子明瞭者，察文以義可曉。"《五燈會元》卷三白居易問惟寬禪師云："垢即不可念，净無念可乎"；師答："如人眼睛上，一物不可住。金屑雖珍寶，在眼亦爲病。"《白氏文集》卷四十一《西京興善寺傳法堂碑》亦記此問答。施尚白《愚山别集》卷一《蠖齋詩話・詩用故典》條駁東坡論孟襄陽云："古人詩入三昧，更無從堆垛學問，正如眼中著不得金屑。坡詩正患多料耳。"范肯堂《再與義門論文設譬》云："雙眸炯炯如秋水，持比文章理最工。糞上塵沙不教入，金泥玉屑也難容。"吴文木《儒林外史》第十三回，馬純上與蘧公孫論八股文不宜雜覽，所謂"古人説得好"一節，亦即惟寬語也。僞書《瑯嬛記》

卷中引《玄觀手鈔》云："吾心如目，妄念如塵埃，必無可入之理。"

【附說十五】吾國論者言及"文如其人"，輒引 Buffon 語(Le style, c'est l'homme)爲比附，亦不免耳食塗說。Buffon 初無是意，其 *Discours* 僅謂學問乃身外物 (hors de l'homme)，遣詞成章，爐錘各具，則本諸其人([de]l'hommo même)。"文如其人"，乃讀者由文以知人；"文本諸人"，乃作者取諸己以成文。若人之在文中，不必肖其處世上、居衆中也。羅馬 Seneca 嘗云："如此生涯，即亦如此文詞"(Qualis vita talis oratio)見 *Epistolae*, CXIV. I.則庶幾"文如其人"之旨矣。W. C. Summers 編 *Select Letters of Seneca* 註此節，引 Cicero，*Tusc*. *Disp*. V. 45,謂 Socrates 亦有是語。余按後來則 J. L. Vives《修辭論》(*De Ratione Dicendi*)卷二發揮最詳(Oratio imago animi hominis universi)，見 *Opera Omnia*, I, P. 103 *et seq*。Ben Jonson《文材》(*Timber*)第一百二十一節(Oratio imago animi)、一百二十二節(Structura et statura)全襲其說。

四九

徐君燕謀讀《宛陵集》，賦五言古一章，致疑於歐公《水谷夜行》詩"如食橄欖"之喻，以爲諫果上口殊澀，擬未得倫。誠得間之言。余前論放翁好宛陵一則，已引宛陵"作詩主平淡"之句。其詩如太羹未下鹽豉，永叔橄欖云云，未足狀之。然歐公《六一詩話》云："聖俞覃思精微，以深遠閒淡爲意。"又爲作《墓志》云："其初喜爲清麗閑肆，久則涵演深遠，間亦琢刻以出怪巧。然氣完力餘，益老以勁。"則又曲得都官妙處。歐公《讀蟠桃詩》云："郊死不爲島，聖俞發其藏。嗟我於韓徒，足未及其牆。而子得孟骨，英靈空北邙。"邵博《聞見後録》載曾仲成言："聖俞謂蘇子美：永叔要作韓退之，强我作孟郊。雖戲語亦似不平。"按聖俞《依韻和永叔澄心堂紙》即曰："退之昔負天下才，最稱東野爲奇瑰。歐陽今與韓相似，以我待郊嗟困摧"；可與《後録》所記相參。

【補訂】余原書此節言之未晰。《宛陵集·附録》載劉性《宛陵先生年譜序》稱《譜》辯"邵博之厚誣"，余未見《譜》，然玩索聖俞篇什，邵氏所記，不爲無因。聖俞古詩，大段步趨昌黎，出入於玉川（如卷四十一《秋雨篇》即略仿《月蝕》詩），初不師法東野。歐公以聖俞擬東野，乃謂聖俞於己，猶孟於韓，位置堪當等，非言彼此詩格分别宗傳昌黎與東野也。顧韓達而孟窮，聖俞非無意於高官峻秩者，初未甘以詩之工博身之窮；故聞劉原父謔其位“必止於都官”而“不樂”，歐公自記其事於《詩話》。《宛陵集》卷七《依韻和永叔、子履冬夕小齋聯句見寄》：“必餓嘗見憂，此病各又果”；自註：“永叔嘗見嘲，謂：‘古詩人率多寒餓顛困，屈原行吟於澤畔，蘇武啗雪於海上，杜甫凍餒於耒陽，李白窮溺於宣城，孟郊、盧仝栖栖道路；以子之才，必類數子。’今二君又爲此態，而反有飯顆之誚，何耶。”蓋歐公於聖俞死後序集之意，早於生前面“嘲”發之，聖俞反唇相稽，亦不樂其斷言己之將終老卑官耳。卷四十一《依韻和王介甫兄弟舟次蕪江懷寄吴正仲》：“少陵失意詩偏老，子厚因遷筆更雄”；前詩微示未必“詩能窮人”，此詩則顯言“窮而後工”（參觀《管錐編》論《全上古三代秦漢三國六朝文》第二三“發憤著書”），似漸省文章憎命，宦達無分，引古人爲己呴濡。卷三十五《依韻和永叔澄心堂紙答劉原父》：“退之昔負天下才，掃掩衆説猶除埃。張籍盧仝鬬新怪，最稱東郊爲奇瑰。歐陽今與韓相似，海水浩浩山嵬嵬。石君蘇君比盧［仝］籍，以我擬郊嗟困摧。公之此心實扶助，更後有力誰論哉。”正謂歐以己“擬郊”，非緣詩品相似，而“嗟”己之身世“困摧”相同；石曼卿、蘇子美與張、盧詩格更渺若河漢也。世故多經，志氣銷減，不復惡歐言己之遇“必”如東野，而感歐許己之才可比東野，知其語雖殺風景，而其“心實扶助”。足與卷三十三《别後寄永叔》：“乃欲存此心，欲使名譽溢。竊比於老郊，深愧言過實。然於世道中，固且異謗嫉”，互相發明。卷五十七《次韻答黄介夫》："韓愈嘗有言，百物皆能鳴。特稱孟東野，貧篋文字盈。到死只凍餒，何異埋秦坑。今我已過甚，日醉希步兵"；則深慨僚底俯仰，如"鮎魚上竹"，不假歐公"擬郊"，而逕自比東野，且謂有過無不及矣。同卷《永叔内翰見索謝公遊嵩書》："唯與公非才，同在不同昔。昔日同微禄，今且異烜赫。昔同騎破韉，今控銀轡革。死者誠可悲，存者獨窮厄。但比死者優，貧存何所益。"略類"同學少年多不賤"之歎；則所謂"强我作孟郊"者，豈非怏怏於"烜赫"人判己之"窮死終身"歟。袁伯長《清容居士集》卷四十六《書梅聖俞詩後》即論歐於梅交久且篤，而不甚汲引，故荆公輓梅詩有微詞焉。

貢奎詩云："詩還二百年來作，身死三千里外官。知己若論歐永叔，退之猶自媿郊寒"；亦即爲聖俞不平也。嘗試論之。二公交情之篤，名位之差，略似韓孟。若以詩言，歐公苦學昌黎，參以太白、香山，而聖俞之於東野，則未嘗句摹字擬也。集中明倣孟郊之作，數既甚少，格亦不類。哀逝惜殤，著語遂多似郊者。如"慈母眼中血，未乾同兩乳"；"雨落入地中，珠沈入海底。赴海可見珠，入地可見水。唯人歸泉下，萬古知已矣"；"慣呼猶口誤，似往頗心積。""哀哉齊體人，魂氣今何征。曾不若隕籜，繞樹猶有聲。"然取較東野《悼幼子》之"生氣散成風，枯骸化爲地。負我十年恩，欠汝千行淚"；《杏殤》之"踏地恐土痛，損彼芳樹根。此誠天不知，剪棄我子孫"；則深摯大不侔。即孟雲卿哭殤子之《古挽歌》，視聖俞作亦爲沉痛。聖俞他語，若《猛虎行》之"食人爲我分，安得爲不祥。而欲我無殺，奈何飢餒腸。"按《三國志・魏志・杜畿傳》裴註引范洗語："既欲爲虎，而惡食人肉，失所以爲虎”，即梅詩“食人爲分”之意。

【補訂】柳子厚《宥蝮蛇文》：“凡汝之爲惡，非樂乎此。緣形役性，不可自止。”即聖俞謂虎以“食人”爲“分”之意。

《古意》之“月缺不改光，劍折不改剛”等，亦雅近東野。斯類不過居全集十之一二。東野五古佳處，深語若平，巧語帶朴，新語入古，幽語含淡，而心思巉刻，筆墨圭棱，昌黎志墓所謂：“劌目鉥心，鉤章棘句”者也。都官意境無此邃密，而氣格因較寬和，固未宜等類齊稱。其古體優於近體，五言尤勝七言；然質而每鈍，厚而多願，木强鄙拙，不必爲諱。固不爲詩中之“杜園賈誼”矣，“熱熟顏回”之譏，“鏖糟叔孫通”之誚，其能盡免乎。《次韻和師直晚步徧覽五壠川》云：“臨水何妨坐，看雲忽滯人”，與摩詰之“行到水窮處，坐看雲起時”，子美之“水流心不競，雲在意俱遲”，欲相擬比。夫“臨水”、“看雲”，事歸閒適，而“何妨”、“忽滯”，心存計較；從容舒緩之“遲”一變而爲笨重黏着之“滯”。此二句可移品宛陵詩境也。

【補訂】聖俞詩力避巧麗輕快，淪爲庸鈍村鄙。《朱子語類》卷一百三十九即不以歐之推梅爲然，曰：“詩亦不得謂之好，他不是平淡，乃是枯槁”，又卷一百四十曰：“聖俞詩不好底多。如《河豚》詩據某看來，只似個上門駡人底詩，只似脱了衣服，上人門駡人父一般。”蓋《范饒州坐中客語食河豚魚》痛言河豚之不可食：“其狀已可怪，其毒亦莫加”，所謂“駡題”之作。（參觀《鐵圍山叢談》卷二記東坡、子由應試文一“和題”、一“駡題”）。《石林詩話》卷上指摘其起四句之不合風物。詩固不佳，然朱子何必發風動氣，疾言厲色，至於此極，殆酷嗜河豚者歟。王述菴《春融堂集》卷二十二《舟中無事偶作論詩絶句》有云："滄浪才調徂徠氣，大雅扶輪信不誣。可惜都官真韈線，也能傾動到歐蘇"；可助朱子張目。宋人如劉後村、方虚谷皆尊奉朱子，而論詩又不爲苟同，甚推聖俞；識力雖未高，文德可取也。

梅詩於渾樸中時出苕秀。《食河豚》詩發端云："春洲生荻芽，春岸飛楊花"，一時傳誦。竊以爲不如《送歐陽秀才遊江西》起語云："客心如萌芽，忽與春風動。又隨落花飛，去作江西夢"；《郭之美見過》起語云："春風無行迹，似與草木期；高低新萌芽，閉户我未知"；《阻風秦淮》起語云："春風不獨開春木，能促浪花高於屋。"此三"春風"，勝於"春洲、春岸"之句也。歐公《水谷夜行》稱梅詩有云："譬如妖韶女，老自有餘態"；都官自作《接花》五律亦有"姜女嫁寒壻，醜枝生極妍"一聯。醜枝生妍之意，都官似極喜之，《東溪》七律復云："野鳧眠岸有閒意，老樹著花無醜枝。"後來蕭千岩《詠梅》名句："百千年蘚著枯樹，一兩點花或作三兩點春。供老枝"；劉後村亟稱之，實取都官語意也。不知名氏《愛日齋叢鈔》云："近時江湖詩選有可山林洪詩：'湖邊楊柳色如金，幾日不來成緑陰。'卻似宛陵：'不上樓來今幾日，滿城多少柳絲黄'"；又晁説之《客話》謂聖俞作試官日，登望有春色，題壁云云，歐公以爲非聖俞不能。按《宋詩紀事》卷二十、卷七十三於《叢鈔》《客話》均未采及。按劉貢父《彭城集》卷十八《考試畢登銓樓》云："不上樓來知幾日，滿城無算柳梢黄"，蓋羼入。林可山詩全首未見，以所引二句決之，則是元人貢性之："湧金門外柳垂金，三日不來成緑陰"一絶所本耳。都官《詠懷》云："風驅暴雨來，雷聲出雲背"，寫景已妙；然劉夢得《天台遇雨》云："疾行穿雨過，卻立視雲背"；樊宗師

《蜀綿州越王樓詩序》云："日月昏曉，可窺其背"；尚在都官之前。至《青龍海上觀潮》："百川倒蹙水欲立，不久卻迴如鼻吸"，則立喻奇創，真能以六合八荒，縮之口耳四寸者。都官《初冬夜坐憶桐城山行》曰："吾妻嘗有言：艱難壯時業；安慕終日閒，笑媚看婦靨"，尤如魏徵之嫵媚。惲子居《大雲山房札記》卷二謂《默記》載歐公爲目眊瘦弱少年，而他書則言其豐腴，當是老少改觀；按他書不知所指，都官《永叔内翰見過》詩云："豐頰光皎皎"，則言其豐。

【補訂】重訂此書，因復取《宛陵集》讀之，頗有榛蕪彌望之歎。增説數事。◯《希深惠書，言與師魯、永叔、子聰、幾道遊嵩，因誦而韻之》。按謝絳《遊嵩山寄梅殿丞書》與聖俞此詩及謝又答聖俞書皆録入《歐陽文忠集·附録》卷五，《皇朝文鑑》卷一百十三亦選謝書，蓋北宋名文也。光律元《有不爲齋隨筆》卷壬云："謝希深書與此詩比勘，韻不因書，書如就韻，誠奇作也。惟'草草具觴豆'一語，與書中'具豐饌醇醴'不合。"此詩在《宛陵集》中較爲竟體完善之作，然如"吾儕色先愀"句，自註："叶韻"，縛韻窘狀，呈露無隱。謝書云："子聰疑去月差近，令人浩然"，梅詩云："或疑桂宫近，斯語豈狂瞀"，趁韻而於原書之語意風致兩失之；"韻不因書"固可當之，得謂爲"書如就韻"耶。謝書敍事中點綴議論，容與疏宕，如云："明日訪歸路，步履無苦。昔聞鼯鼠窮技，能下而不能上，豈謂此乎。"梅詩略去，專騖敍事，悶密平直，了無振起。光氏祇摘"觴豆"一句與謝書乖迕，抑末已。聖俞不具昌黎、玉川之健筆，而欲"以文爲詩"，徒見懈鈍。其題畫之作，欲以昌黎《畫記》之法入詩，遂篇篇如收藏簿録也。

【補正】柳貫《待制集》卷三《三月十日觀南安趙使君所藏書畫古器物》一首學聖俞題畫體最似。

【補訂】吴修齡《圍爐詩話》卷一云："意喻之米，文則炊而爲飯，詩則釀而爲酒。飯不變米形，酒則盡變。噉飯則飽，飲酒則醉"；竊謂聖俞以文爲詩，尚不足方米煮成粥，祇是湯泡乾飯，遑語於酒乎。又按修齡妙喻見賞於趙秋谷《談龍録》、李玉洲《貞一齋詩説》，紀曉嵐《點論李義山詩集》卷下《過崔兗海故宅》評語、《點論蘇文忠詩集》卷五《和子由記園中草木》第三首評語皆稱引之。

【補正】姚椿《樗寮詩話》卷上亦稱引吴修齡之喻。

【補訂】余見十九世紀奥國大文家格里巴爾澤(Franz Grillparzer)區别詩與文，亦屢用此喻。(Poesie und Prosa sind voneinander unterschieden wie Essen und Trinken. Man muβ vom Wein nicht fordern, daβ er auch der Hunger stillen soll, und wer, um das zu erreichen, ekelhaft Brot in seinen Wein brockt, mag das Schweinefutter selbst ausfressen；見 *Gesam. Werk.*, hrsg. E. Rollett und A. Sauer, II, 142-3. Die Prosa ist des Menschen Speise, die Poesie sein Trank, der nicht nährt, sondern erquickt, usw. 見 *ib*. 150.)喜其冥契，表而出之。○《范饒州坐中客語食河豚魚》，按葉正則《水心集》卷二十九《題歐公書梅聖俞河豚詩後》："余嘗戲語鄉人：河豚雖毒，而人能啖之，毒又甚矣。"○《觀居寧畫草蟲》："行者勢若去，飛者翻若逐，拒者如舉臂，鳴者如動腹，躍者趯其股，顧者注其目。乃知造物靈，未抵毫端速。毗陵多畫工，圖寫空盈軸。"按"行者"、"鳴者"、"顧者"三句工於揣稱。"乃知"二句，詞

未達意；合觀《墨竹》："許有盧娘能畫竹，重抹細拖神且速。如將石上蕭蕭枝，生向筆間天意足"，則了然矣。即山谷《和子瞻戲書伯時畫好頭赤》所謂"下筆馬生如破竹"也，參觀《管錐編》論《太平廣記》第八六"妙畫通靈"。"毗陵"二句謂常州以畫草蟲擅稱，《公是集》卷十六《畫草蟲扇子》所謂"毗陵老匠含天真"。參觀《誠齋集》卷四《題蕭岳英常州朱氏畫草蟲軸》、卷十四《戲題常州草蟲枕屏》、卷三十四《寒食前一日行部過牛首山》；誠齋題朱氏畫第二首："淺著鵝黄作蝴蝶，深將猩血染蜻蜓"，《咸淳毗陵志》誤以爲蔣重珍詩，《宋詩紀事》卷六十二沿其誤。〇《普淨院佛閣上孤鶻》："逡巡鶻飽自飛去，争殘不辨烏與鳶。群兒指點路人笑，我方吟憶秋江邊。"按仿少陵《縛雞行》結語，"雞蟲得失無了時，注目寒江倚山閣"。《野客叢書》卷二十五、《詩林廣記》前集卷二論東坡、山谷、後山仿少陵"鷄蟲"句，卻未及宛陵此篇。

【補正】《永樂大典》卷九〇〇《詩》字引郭昂《偶然作》："群犬安然本一家，偶因投骨便相牙［呀］。白頭野叟俱無問，醉眼留教看落花"；卷二三四六《烏》字引韓明善詩："花外提壺柳外鶯，老烏傍立太粗生。世間好醜原無定，試倚茅簷看晚晴。"兩篇命意亦均師少陵《縛鷄行》，而點破"俱無問"、"原無定"，便淺露矣。

【補訂】《蕭氷崖詩集》卷中《琵琶亭》第二首："魯男子事無人記，此地琵琶更結亭。獨倚欄干成一笑，晚風低雁著寒汀"；亦祖構也。〇《寄題千步院兼示諲上人》："郊郭山林有美處，皆爲釋子所棲託。"按《説郛》卷十四灌園耐得翁《就日録》載"古語"云："世上好言佛説盡，天下名山僧佔多"；姚勉

《雪坡舍人集》卷十三《登北高峯》："好峰多佛占，人世只僧閒。"〇《詠楊高品馬廄猢猻》："嘗聞養騏驥，辟惡繫獮猴。"按《西遊記》第四回美猴王"官封弼馬温"，即本俗説猴能"辟馬瘟"，生發出一段奇談也。謝在杭《五雜俎》卷九："置狙於馬廄，令馬不疫。《西遊記》謂天帝封孫行者爲弼馬温，蓋戲詞也"；惜未言其淵源頗古。北宋舍宛陵此篇外，尚見《後山詩註》卷二《猴馬》，小《引》云："楚州紫極宫有畫沐猴振索以戲，馬頓索以驚，圉人不測，從後鞭之。人言沐猴宜馬，而今爲累。作詩以導馬意"；天社註引韓鄂《四時纂要》云："常繫獮猴於馬房，辟惡消百病，令馬不著疥。"《夷堅三志辛》卷四《孟廣威獮猴》："好養馬，常蓄獮猴於外廄，俗云與馬性相宜"；《夷堅支丁》卷十《蜀獮猴皮》："余仲子前歲自夷陵得一猴，携歸置馬廄"；《夷堅志補》卷四《孫大》："畜一猴，甚馴，名之曰孫大，嘗以遺總管夏侯恪，置諸馬廄。"全真教祖王哲《風馬令》："意馬擒來莫容縱，被槽頭猢猻相調弄"（《全金元詞》二三四頁，又二五九頁《風馬兒》同）；《搗練子》："猿騎馬，逞顛耍"（二四六頁）。黄本驥《湖南方物志》（《小方壺齋輿地叢鈔》第六帙）："長沙老猴乃明吉藩馬廄中物。藩女適善化李氏，贈以馬而猴與焉。歷三百餘年，而不爲人祟。"蓋自宋至明，此俗相沿不革。美國舊金山"亞洲美術館"（Asian Art Museum）藏明玉雕一馬，一猴踞其背，一猴引其索，實"馬廄猢猻"，無知杜撰者標曰"馬上封侯"。《輟耕録》卷二十五《院本名目・秀才家門》有《看馬胡孫》，元世早入爨弄矣。

【補正】猴能使馬、羊無疾患，其説始載於《齊民要術》。《養牛、馬、驢、騾第五十六》"此二事皆令馬落駒"句下有註：

“術曰：‘常繫獮猴於馬坊，令馬不畏，辟惡除百病也’”；又《養羊第五十七》“羊膿鼻口頰生瘡”節下有註：“竪長竿於圈中，等頭，施横板，令獮猴上居；數日，自然差。此獸辟惡，常安於圈中，亦好。”後世似專以猴爲“弼馬温”，而不復使主羊事。《猗覺寮雜記》卷下則云：“‘死馬醫’，自唐已有此語。其初出《郭璞傳》：‘有主人良馬死者。璞教令一人東行，遇林木，以杖擊之，得一物如猴，持歸，見死馬，即吹其鼻，少頃活。’故養馬家多畜猴，爲無馬疫。”少陵《從人覓小胡孫許寄》：“預審愁胡面，初調見馬鞭”；下句即王哲《風馬令》所謂“被槽頭猢猻相調弄”也。

【補訂】○《與蔣祕别二十六年、田棐二十年、羅拯十年，始見之》：“髮有霜華侵，目有蜘蛛懸。”按即白香山《與元九書》所言：“瞥瞥然如飛蠅垂珠在眸子中也，動以萬數。”

【補正】權載之《多病戲書，因示長孺》亦言：“眼眩飛蠅影。”

【補訂】○《二十四日江鄰幾邀觀三館書畫、録其所見》。按此篇亦見荆公集中，《王荆文公詩註》卷二十一雁湖註：“竊疑詞氣近類聖俞”，是也。宛陵如其《答蕭淵少府卷》所自言：“筆力驅駕能逶迤”，荆公則筆性峭拔，不若是緩滯。“不知姓名貌人物，二公對弈旁觀俱。粉障復畫一病夫，後有女子執巾裾。繞牀屏風山有無，畫中見畫三重鋪”；雁湖註：“乃白公所賦重屏圖”，沈小宛《王荆公詩補註》引《揮麈三録》、《詩話總龜》謂此圖乃周文矩作，本香山《醉眠》（當作《偶眠》）詩意。李端叔《姑溪居士集》卷六《後圃》：“會應享此百年樂，何妨盡作重屏圖”；《後集》卷三《常愛東坡‘去年花落在徐州、對月酣歌美清夜’二詩，因即其韻，聊寄目前》第一首：“行當遂作重屏圖，闒茸凡材任譏罵"，自註："世圖白老，謂之重屏圖。"是周文矩作此圖後，不乏祖構也。故《清容居士集》卷四十七《題模本重屏圖》言："余嘗見樓宣獻公家周文矩所畫初本"；參觀《硯北雜誌》卷上引劉後村跋此圖語。又按宛陵《表臣齋中閲畫而飲》："魁然中貴人，坐榻不知名。畫中有畫屏，山石侔天成"；則"畫中見畫兩重鋪"也。〇《北州人有致達頭魚于永叔者，素未聞其名，蓋海魚也》。按當即宋人筆記及《遼史》所謂"頭魚"，周茂振麟之《海陵集》外集《中原民謡·金瀾酒》序及周子充《二老堂雜誌》載金主享周茂振之"牛魚"是也。〇《賦石昌言白鷴圖》。按《東齋紀事》卷四，記翎毛畫家子孫以捕鼠爲業，"予嘗爲梅聖俞言，聖俞作詩以記其事"；《愛日齋叢鈔》卷三即謂宜引以箋宛陵此篇。〇《薛九公期請賦山水字詩》。按參觀《管錐編》論《全上古三代秦漢三國六朝文》第二一七"朝宴賦詩"。〇《依韻和歐陽永叔秋懷擬孟郊體見寄》。按無嶄絶語，尚未得東野皮毛也。韻脚尤牽强，不妥欠通，如"胸懷如寶匣，夜夜吼生銅"，"不眠霜月上，霜月如可捧"。韓、孟、盧皆善作硬語、押險韻，宛陵不辦，厮踢蠻做，每成笑枋。如《依韻酬永叔再示》言與石蘇交誼云："曼卿、子美摟入室，似使二嫂治朕棲"，是底言語。安公石磐《頤山詩話》嘗譏宛陵《温成皇后挽詞》之"歌欲傳長恨，人將問少君"，謂以"致寇失國之貴妃"比"一代母后"，失之"不恭"；竊謂以執友比舜之二妻，而已則如象之欲入兄室，直荒唐狎褻矣。《桃花源詩》："秦已非秦孰爲漢，奚論魏晉如割瓜"，《觀楊之美盤車圖》："過橋已有一乘歇，解牛離軛童可哂"；"割瓜"之喻不可解會，"可哂"之狀不合事理，皆趁韻之敗缺也。《依韻和許待制病起偶書》："嘉賓入幕金樽抹，賀客衝風席帽攙"，"賓""客"合掌，"抹""攙"均不穩。此類多不勝舉。◯《裴如晦自河陽至同韓玉汝謁之》。按宛陵詩亦時有風趣，卻不同於伶牙利齒人之輕儇，衹如端厚人發一平實語，冷冷得間道破，不爲尖新，自能雋永。如此篇結："況與二三子，交分久已締。恕爾避客尤，新還復新婿"；《張聖民學士出御書並法帖共閲之，又一軸蘇子美書，杜懿病焉》結："坐間杜子好弄筆，詆譏前輩無全完。一見寶蹤天下妙，稽首贊仰舌吻乾。如此别識已太險，我不頌詠還應難"；《同謝師厚宿胥氏書齋、聞鼠甚患之》，結："唯愁几硯撲，又恐架書齧。癡兒效貓鳴，此計誠已拙"；均彷彿魏徵嫵媚。《裴如晦自河陽至》尚有云："逡巡冠帶出，青綬何曳曳。有似縮殼龜，藏頭非得計"；則猶《依韻和永叔戲作》："女奚年小殊流俗，十月單衣體生粟。功曹時借乃許出，他日求觀龜殼縮"；有心"戲"謔矣。宛陵以後，"龜縮"一喻遂成宋詩常語，如東坡《陳季常見過》第三首："人言君畏事，欲作龜頭縮"；簡齋《次韻謝天寧老見貽》："從今謝百事，請作龜頭縮。"◯《會稽婦》："園中高樹多曲枝，一日掛與桑蟲齊。"按謂朱買臣妻自經；《至廣教因尋古石盆寺》："化蟲懸縊女，啼鸌響繅車"，上句可相發明，今俗語亦呼此蟲爲"弔死鬼"。《秋日家居》："懸蟲低復上，鬭雀墮還飛"，上句復狀此蟲，下句物色又見《次韻景彜省闈宿齋》："庭前鬭雀墮還起，欄下秋花落自香。"寫蟲雀爾許態，莫爲之先，似亦罕見有繼。少陵《落日》："啅雀争枝墜，飛蟲滿院遊"；釋惠崇《國清寺秋居》："驚蟬移古柳，鬭雀墮寒庭"；文與可《丹淵集》卷三《高槐》："青蟲暖自掛，黄鳥晴輒弄”，又卷十五《屬疾梧軒》：“暖蟲垂到地，晴鳥語多時”；如此而已。《隨園詩話·補遺》卷十：“每見雀鬭，必一齊下地。李鐵君有句云：‘鬭禽雙墜地，交蔓各升籬。’”苟取此意補入宛陵出句，當改爲“鬭禽雙墜還飛起”，屬對殊不易矣。

【補正】少陵《課小豎斫舍北果林蔓》第一首：“青蟲懸就日”；王得臣《王氏談録》記其父王洙“嘗得句”云：“槐杪青蟲縋夕陽。”均體物佳句，而未道“懸蟲低復上”。楊萬里《誠齋集》卷八《過招賢渡》之二：“柳上青蟲寧許劣，垂絲到地却回身”，則寫此矣。李鐵君句見《睫巢集》卷四《幽栖》，“墜”字當從原作“墮”。

【補正二】吴淑《事類賦註》卷三〇《蟲》：“縊女則吐絲自斃，”註引《爾雅》：“蜆，縊女”又《異苑》記東郭姜自經死化爲縊女蟲事，可以註宛陵句。劉辰翁《戲題》：“驚謂青蟲墮，垂絲忽上來”，則“懸蟲低復上”之敷陳也。

【補訂】〇《八月七日始見白髭一莖》：“昔見白髭驚，今見白髭喜。”按袁中郎《偶見白髮》：“鏡中見白髮，欲哭還成笑”，差類此意。“始見”而又曰“昔見”，詞脈稍窒耳。〇《和宋中道喜至次用其韻》：“趨韓亦已工，比孟猶欠淳。”按“孟”指孟子，非東野也。宋人論學，並舉韓孟，如荆公《奉酬永叔見贈》：“他日當能追孟子，終身安敢望韓公。”〇《東溪》：“野鳧眠岸有閑意，老樹著花無醜枝。”按宛陵佳聯，名不虚傳。惜全詩甚不相稱，衹宜入摘句圖。金聖嘆《沉吟樓詩選·寄常徵君擬杜》：“野鳧眠岸夢何事，老樹著花思媚人”；名託“擬”杜陵，實爲襲宛陵，行事何殊羊質虎皮、牛首馬脯哉。〇《觀邵不疑學士所藏名書古畫》：“逸少自寫真，對鏡絶相類。”按張彦遠《歷代名畫記》卷五王羲之條下註："雜獸圖、臨鏡自寫真圖、扇上畫人物傳於前代。"畫鏡中見像之法，似創自右軍，得未曾有。

【補正】趙子昂亦有"自繪小像。作一鏡，像居其中，僅畫半身，頭戴一笠"；錢泳《履園叢話》卷九記之。蓋師王右軍"臨鏡自寫真"之遺意也。

【補訂】董逌《廣川畫跋》卷一《書秦宫對鏡圖》："房中鏡列，下有鏡奩，駢雜參錯，十行爲對。舉鏡照景，景出無窮。每一景中作一相，以形求者，鏡盡而形不能盡也。初爲楚妝者，人蓋二十有八；搫秦袖、捧吴頰者半之；牽齊衫、著越釧、貼鬢點眉，纔又半也。而形move鏡中，與鏡相出［生］，爲相千萬，觀者眩惑迷落，圖中至不能計者。循視其初，不離一鏡，此畫工之妙也。"竊疑董氏虚夸失實；果如其言，則畫師似參《楞嚴》《華嚴》所云十鏡對懸以示刹海涉入無盡之法（參觀《管錐編》論《毛詩正義》第三七）。余唯覩故宫舊藏王晉卿詵《繡櫳曉鏡》紈扇面，又吴門一故家藏《對鏡簪花圖》忘出誰手，均仕女小品。西方畫臨鏡映象之法，昉於文藝復興時大師；見 G. Vasari, *Lives of the Painters, Sculptors and Architects*, tr. A. B. Hinds, "Everyman's Lib.", I, 258: P. Spinelli; II, 171: Giorgione。愛情女神對鏡梳妝(The Toilet of Venus)，尤爲圖繪題目，名手(Tintoretto, Rubens, Velàzquez)皆取材焉。嘗見攝印《女神梳妝》古畫一二幅，精能遠非《繡櫳曉鏡》、《對鏡簪花》可比；此等處毋庸挾恐見破、妄談彼短而强説己長也。◯《代書寄鴨脚子於都下親友》。按此詩亦誤輯入劉原父《公是集》卷十二。◯《倡嫗歎》："萬錢買爾身，千錢買爾笑。老笑空媚人，笑死人不要。”按不謂之惡詩不可。《清平山堂話本·刎頸鴛鴦會》中梢公歌云：“有朝一日花容退，雙手招郎郎不來”（參觀馮夢龍《山歌》卷一《做人情》），似尚勝於宛陵此篇。《全唐詩》載吕巖《題廣陵妓屏》：“嫫母西施共此身，可憐老少隔千春。他年鶴髮鷄皮媪，今日玉顔花貌人”；亦即宛陵詩旨，首句簡辣多矣。

五〇

賀黄公裳《載酒詩話》亦明清間談藝一佳作，吴修齡喬《圍爐詩話》多采其説。《潛邱劄記》卷四云："老友吴喬先生嘗言：'賀黄公《載酒詩話》、馮定遠《鈍吟雜録》、及某《圍爐詩話》，可稱談詩三絶'"；卷五復稱黄公書"取譬語皆絶佳"云云。馮氏墨守晚唐，挾恐見破，吴氏亦然。賀氏蹊逕稍廣，持論較平，中論宋人一代詩學頗詳。雖仍囿於唐格，如吴孟舉《宋詩鈔·自序》所譏李蓑、曹能始輩；而在當日，要爲眼學，非盡吠聲捉影，亦難能可貴矣。卷五論梅聖俞有云"宋之詩文皆至廬陵始一大變。顧有功於文，有罪於詩。其自爲詩，害詩猶淺，論人詩害詩實深。宛陵雖尚平淡，其始猶有秀氣，中歲後始極不堪耳。苟非群兒之推奉，彼亦不敢毅然放恣，大傷雅道也。若汰其鄙俚，精搜雅潔，固自有佳者。如'五更千里夢、殘月一城雞'諸聯云云，《夏日對雨》全首云云，生動卻不平淡。"又云："梅詩有極佳處。其《擬張曲江詠燕》云云，捐軀殉國之言。《送滕寺丞歸蘇州》云云，欲解其悲，姑諷其孝，不用勸而用奬，忠告善道，温柔敦厚，梅詩之可敬在此"云云。雖稱引未備，又多頭巾之見，然匹似佳風好月，解賞能知，在爾時固已不凡矣。近人誇誕，以爲同光以來始道宛陵，不知王漁洋《池北偶談》、全謝山《春鳧集序》皆推宛陵。《雪橋詩話》卷九記吴嗣廣《宛陵集》評本云："查敬業師常語余：宛陵正是突過摩詰。"又曰："宛陵仍是唐音，非宋調也；阮亭論詩：曰典、曰諧、曰遠，遠字惟蘇州、宛陵到之"云云。王禮堂《西莊始存稿》卷十六《冬夜讀梅聖俞詩》云："滑口讀不下，滑眼看不入。高峭帶平淡，瘦硬兼酸澀。時時出雋永，意及語不及。幽蘭擢空岩，秋曉風露裛。諫果乍澀口，徐咀出甘汁。亦復能使才，生駒不受縶。"李學孝跋《宛陵集》，推之繼陶、韋、孟，有曰："冰雪文章避俗攜，太羹玄酒供斟酌。"見《晚晴簃詩匯》卷一百十一。錢衎石《定廬集》卷二《予恆讀梅聖俞詩，未嘗以語人，李杏村見予詩，以爲似梅。既感且恧，賦此奉酬》曰："都官鬱奇節，約氣爲深沈。入物皆飲羽，隨風自鳴琴。土簣反淳朴，山林極蕭槮。落筆自造意，隻字防前侵。"錢警石年譜六十六歲下言好宛陵詩，兄弟蓋有同嗜。潘彦輔《養一齋詩話》卷三於宋詩獨取宛陵之"淡"。厲心甫志《詩説》論唐後詩人，於宋獨推宛陵。此皆同光前事。余聊復拈黄公一節，以見明末言唐詩者，於都官佳處，亦時復一遭也。

【補訂】王西莊"諫果乍澀口"之喻，參觀《宛陵集》卷四十五《答宣闃司理》："歐陽最知我，初時且尚窒。比以爲橄欖，回甘始稱逆。""始稱逆"與"初時且尚窒"語意重複，倘易爲"始稱濇"，則扣橄欖，且襯出"甘"字，無此病矣。又見清初稱宛陵者兩人。顧黄公《白茅堂集》卷三十四《梅聖俞詩選序》："盡矯西崑之習。然體不出韓孟，時時取法玉川。此所謂英雄者，不無廣武之歎。其間簡遠淡拙，咀嚼味生，誠有之。"李武曾《秋錦山房外集》卷二《復沈方鄴》："弟十年來論詩，始略識宋人面目。讀梅宛陵集，尤無間然。”

黄公又曰：“梅詩誠有品，但其拙惡者亦復不少。讀楊、劉諸公詩，如入玉室，綺疏繡闥，耳倦絲竹，口厭肥鮮，忽見葭牆艾席、菁羹橡飯者，反覺其高致。比歐公把臂入林，一時爲之傾動也。諸人不明矯枉之意，盲推眯頌。如：‘青苔井畔雀兒鬬，烏臼樹頭鴉舅鳴’；‘世事但知開口笑，俗情休要著心行’按此聖俞《朝詩》；及《蟹》詩之‘滿腹紅膏肥似髓，貯盤青殼大於盆’。誠爲過樸，亦甚推之。風氣既移，當日所爲美談，今時悉成笑柄矣。凡詩受累，不由於謗者，而由於譽者。”賀氏此數語，亦甚平允。

【補訂】《宋詩啜醨集》卷一選宛陵《依韻諸公尋靈濟重臺梅》（見《宛陵集》卷四十二），祖夢巖評“郎官博士留車騎，擁蔽修篁爲斫開”二句曰：“夫少陵斬惡竹，以其害於新松也。而聖俞斫修篁，則以其害於車馬，志趣固已天壤矣。且竹而曰惡，斬之也誠宜；今曰修篁，其即王子猷所謂此君者非歟。湘靈有知，淒然而泣矣。唐宋優劣，於此可辨。”此特宛陵詩中寧殺風景而不打誑語耳。祖氏復舉其七律對偶之劣者、結句之劣者、全首之劣者，頗允當，可與賀黄公所指摘者合觀。

都官力矯崑體之艷俗，而不免於村俗，蓋使人憎者，未必不使人鄙也。如“看盡人間婦，無如美且賢。譬今愚者壽，何不假其年”；“水脛多長短，林枝有直横”；“魑魅或爲患，獮猴常可嫌”；“逆上燕迎雨，將生鵝怕雷”；“桃根有妹猶含凍，杏樹爲鄰尚帶枯”；“水邊攀折此中女，馬上嗅尋何處郎”；“行袂相朋接，遊肩與賤摩”；俚野者居集中幾半。《殿後書事》云：“林果鳥應銜去後，燕窠蟲有落來餘”；荒冷語如何可賦九天宫闕、五雲樓閣。杜牧之《華清宫》詩固曰：“鳥啄摧寒木，蝸涎蠹畫梁”；然所詠乃寥落古行宫，故不嫌其淒涼寂寞。鍾伯敬《辛亥元日早朝》詩曰："殘雪在簾如落月，輕烟半樹信柔風"；王漁洋《古夫于亭雜録》卷五尚譏爲"措大寒乞相，將易金華殿爲土階茅茨"，不知覩宛陵此聯，又將何説。宛陵賦《雨》曰："長楊静響千重瓦，太液寒生幾寸波"；豈不堂皇名貴，移此筆詠入直，庶乎可矣。宫廷之什，例皆課虚，不事徵實，所謂"若畫得似，是甚模樣"者也《道山清話》載林特語。賀氏謂歐公厭崑體肥鮮，遂好宛陵古淡，亦即東坡謂歐公仿常建《破山寺》詩乃"厭芻豢而思螺蛤"之意。周草窗《浩然齋雅談》云："葉水心以抉雲漢分天章之才，未嘗輕可一世，乃於四靈自以爲不及。即昌黎之於東野、六一之於宛陵也。惟其富贍雄偉，欲爲清空而不可得，一旦見之，若厭膏粱而甘藜藿，故不覺有契於心耳。昔吴中有老縻丈，多學博記，每見吴仲孚小詩，輒驚羡云：老夫才落筆，即爲堯、舜、周、孔、漢祖、唐宗追逐不置，君何爲能脱灑如此哉。"《竹坡詩話》論東坡擬僧守詮小詩云："雖回三峽倒流之瀾，與溪壑争流，終不相似。"皆可與黄公之説印證。然必韓之於孟，歐之於梅，工同曲異，乃可作如是觀；若白傅、元相，風格相近，而才力相懸，白之尊元，與斯異例。《誠齋集》卷十《讀元白長慶二集》詩曰："讀過元詩與白詩，一生少傅重微之。再三不曉渠何意，半是交情半是私。"蓋文人苦獨唱之岑寂，樂同聲之應和，以資標榜而得陪襯，故中材下駟，亦許其齊名忝竊。白傅重微之，適所以自增重耳。黄公謂"詩文之累，不由於謗而由於諛"，其理深長可思。余則欲更進一解曰：詩文之累學者，不由於其劣處，而由於其佳處。《管子·樞言》篇嘗謂："人之自失也，以其所長者也"，最是妙語。蓋在己則竊憙擅場，遂爲之不厭，由自負而至於自襲，乃成印板文字；其在於人，佳則動心，動心則仿造，仿造則立宗派，宗派則有窠臼，窠臼則變濫惡，是則不似，似即不是，以彼神奇，成兹臭腐，尊之適以賤之，祖之翻以祧之，爲之轉以敗之。故唐詩之見棄於世，先後七子擬議尊崇，有以致之也；宋詩之見鄙於人，閩贛諸賢臨摹提倡，有以致之也。他若桐城之於八家，湖外之於八代，皆所謂溺愛以速其亡，爲弊有甚於入室操戈者。雖明人好立宗派如鍾伯敬輩，亦略窺斯指，故集中《潘穉恭詩序》力闢“竟陵詩派”之説，以爲“物之有迹者必敝，有名者必窮。”《尺牘新鈔》一集卷五載吾鄉堵廷棻一書云：“以踵習之流極，議作者之濫觴。照眉之黶已粗，苧村之顰不緑，昔人所以恨於臨摹者，謂真色人難學，其毒甚於詆訶也。”真痛乎言之矣。蝨生於木，還食其木；本是師子蟲，反把師子壞。《隋書》卷四十五高祖嘗歎：“譬如猛獸，物不能害，反爲毛間蟲所損食”；雲門説法，不許弟子稗販，有以夫。

【補訂】雲門事見《禪林僧寶傳》卷二十九記佛印云：“昔雲門説法如雲雨，絶不喜人記録其語。見必罵逐曰：‘汝口不用，反記吾語，異時裨販我去。’”《五燈會元》卷十五雲門文偃章次祇記其斥：“一般掠虚漢，食人涎唾，記得一堆一擔骨董，到處馳騁。”禪宗反復申明此戒。如《五燈會元》卷二神秀稱惠能“得無師之智”；卷十三龍牙云：“江湖雖無礙人之心，爲時人過不得，江湖成礙人去。祖佛雖無謾人之心，爲時人透不得，祖佛成謾人去”；同卷雲居云：“從門入者非寶，捧上不成龍，知麽”（參觀本書第246頁）。蓋墨守師教，反足爲弟子致遠造極之障礙也。更端如堵廷棻所言，則尊聞護法之弟子亦足爲乃師聲名之累玷，殃及咎歸焉。張宗子《琅嬛文集》卷一《柱銘鈔自序》：“文人之學文長者，實多爲文長所誤。然學文長而全學文長之惡套者，則文長又爲學文長者所誤。”魏冲叔《魏叔子文集》卷九《溉堂續集序》記孫豹人語曰：“學古人詩，既當知古人祖父，又當知其子孫。知祖父，則我可與古人並爲兄弟，然不知子孫，則不識其流弊所至。道德流爲刑名，荀卿一傳而爲李斯，知此然後知學之善不善，有以自考。”焦廣期《此木軒文集》卷一《答溧陽史千里論文書》：“且夫西子之顰，則誠美矣。美而顰，顰乃更益其美，非以顰故美也。效之者，顰而已矣，於西子無與也，而曰西子則然。天下信其顰之出自西子也，罪及西子矣。”鄭獻甫《補學軒詩續刊》卷二《雜感》：“心追而手摩，陋哉不足數。神氣骨肉血，妙不在毫楮。類狗與類鶩，勢反累其主。”皆堵氏語意。西方談藝亦有見於斯。如聖佩韋云：“天才乃自造子民之君王。弟子輩奉爲典型，力相倣效，於乃師所爲，不啻燭幽破昏，殊堪尋味。蓋弟子法師，往往失中過甚，因巧成拙，而初不自知。其摹擬猶顯微鏡然，師疵病之隱微不得見者，於弟子筆下遂張大呈露矣。”（Le génie est un roi qui crée son peuple. Les disciples qui imitent le genre et le goût de leur modèle en écrivant sont très-curieux à suivre et des plus propres，à leur tour，à jeter sur lui de la lumière. Les disciples d'ordinaire chargent ou parodient le maître sans s'en douter. C'est un miroir grossier，etc.）見“Chateaubriand jugé par son intime”，ii，*Nouveaux Lundis*，III，30-1。德·桑克提斯（De Sanctis）云：“詩派文派者何物乎。宗師腐潰，斯成宗派。宗師才大力雄，雖有敗缺處，抑斂不至横決。流輩認媸爲妍，相率效尤而結習落套”。（Ma che cosa é una scuola? Una scuola é la decomposizione del caposcuola. E ne nasce troppo spesso che tutto quello che nel caposcuola é difetto, ma tenuto a freno dalla forza dei genio, per certuni si ritiene bellezza e diventa *maniera*）見 *La Letteratura italiana nel secolo XIX*, in L. Russo, ed., *Gli Scrittori d'Italia*, II, 157; cf. Croce, *La Poesia*, 5^a ed., 180 e 310。列那爾(Jules Renard)云："善呈露吾儕短處俾得自見者，莫過於吾儕之弟子"。(Personne ne nous montre nos défauts comme un disciple)見 *Journal*, NRF, 340。尼采至云"宗師祇有一大弟子，而此子將背其師，蓋渠亦必自成大宗師也。"(Jeder Meister hat nur einem Schüler—und der wird ihm untreu—denn er ist zur Meisterschaft bestimmt.）見 *Menschliches*, *Allzumenschliches*, II, §357, *op. cit.*, I, 860. Cf. *Also sprach Zarathustra*, i, "Von der schenkenden Tugend"; iii; "Vom Vorübergehen" - *ib.*, II, 339-40, 425-7。其友史家蒲克哈德(J. Burckhardt)慨然曰："吾永不開派立宗。"(Ich werde nie eine Schule gründen!)見 P. Gay, *Style in History*, 1974, 182。合觀會通，於遺山句："論詩寧下涪翁拜，不作江西社裏人"，頗有契悟。蓋猶寧向杜陵老子下拜，而不屑逐明七子隊耳。文派固爾，學派教派亦然（參觀《管錐編》論《全上古三代秦漢三國六朝文》第二六七"衛元嵩上書"）。

【補正】李北海自道其書法云："學我者拙，似我者死。"蓋謂弟子仿學其師者，踐陳迹而乏生機，不啻"死"也。俄國形式主義論師(B. Tomaŝevskij)謂大師手眼創新，後來者取爲模楷，陳陳相因，化神奇爲臭腐；世人於其原來模楷之賞心亦如遭斷送而"死"，大師因之聲名掃地。(Les épigones répètent une combinaison usée des procédés, et d' originale et révolutionnaire qu'elle était, cette combinaison devient stéréotypée et traditionnelle. Ainsi les épigones tuent parfois pour longtemps l'aptitude des contemporains à sentir la force esthétique des exemples qu'ils imitent: ils discréditent leurs maîtres.) 見 T. Todorov, *Théorie de la littérature: Textes des formalistes russes*, 1965, 306。弟子仿學而"死",并致其模楷之大師"死"焉,洵可謂"既自殞滅,禍延顯考"者矣!即德·桑克提所云"宗師腐潰,斯成宗派",亦余所云"拜倒"也。大師無意開派,而自成派,弟子本意尊師,而反害師。勢所必至,理有當然,事與願違之一例耳。《全唐文》卷二〇四王元策《議沙門不應拜俗狀》記"禮天像,像皆倒地";釋如惺《高僧傳四集》卷一記釋蒙潤"方禮伽藍神,土偶皆仆"。

【補正二】《陸象山全集》卷六《與傅子淵書》早痛乎言之:"吾嘗謂一種無知庸人難於鐫鑿,往往累人。事楊朱則鈍置楊朱,事墨翟則鈍置墨翟。不明者往往歸咎其師,不知爲其師者,亦誠冤也!"

【補訂】是故弟子之青出者背其師,而弟子之墨守者累其師。常言弟子於師"崇拜傾倒",竊意可作"拜倒於"與"拜之倒"兩解。弟子倒伏禮拜,一解也;禮拜而致宗師倒仆,二解也。古籍每載廟中鬼神功行淺薄,不足當大福德人頂禮膜拜,則土木偶像避位傍立,或傾覆破碎。如《翻譯名義集·衆善行法篇第四十八》記"禮損神","禮一拜,道像連座動摇不安,又禮一拜,反倒狼藉在地"。宗師之"反倒",每緣門徒之"禮拜";舊日俗語云:"無福生受""折煞",即賀黄公所歎"受累不由於謗而由於譽"也。斯亦好爲人師之患,至若逢蒙射羿(參觀《管錐編》論《太平廣記》第九六),等諸自鄶可矣。

五一

李拔可丈嘗語余："元遺山七律誠不可磨滅，然每有俗調。如'翠被匆匆夢執鞭'一首，似黑頭黄三；'寢皮食肉男兒事'一首，似武生楊小樓。"誠妙於取譬。遺山七律，聲調茂越，氣色蒼渾，惜往往慢膚鬆肌，大而無當，似打官話，似作臺步；粉本英雄，斯類衣冠優孟。吴修齡《圍爐詩話》卷六戲題陳卧子《明詩選》曰："甚好四平戲，喉聲徹太空。人人關壯繆，齣齣大江東。鑼鼓繁而振，衫袍紫又紅。座中腦盡裂，笑煞樂村童。"與李丈之評遺山，消息相通。嘗試論之。少陵七律兼備衆妙，衍其一緒，胥足名家。譬如中衢之尊，過者斟酌，多少不同，而各如所願。陳後山之細筋健骨，瘦硬通神，自爲淵源老杜無論矣。即如楊鐵崖在杭州嬉春俏唐之體，何莫非從少陵"江上誰家桃樹枝"、"今朝臘日春意動"、"春日春盤細生草"、"二月饒睡昏昏然"、"霜黄碧梧白鶴栖"、"江草日日喚愁生"等詩來；以生拗白描之筆，作逸宕綺仄之詞，遂使飯顆山頭客，化爲西子湖畔人，亦學而善變者也。然世所謂"杜樣"者，乃指雄闊高渾，實大聲弘，如："萬里悲秋長作客，百年多病獨登臺"；"海内風塵諸弟隔，天涯涕淚一身遥"；"指麾能事迴天地，訓練强兵動鬼神"；

“旌旗日暖龍蛇動，宫殿風微燕雀高”；“錦江春色來天地，玉壘浮雲變古今”；“風塵荏苒音書絶，關塞蕭條行路難”；“路經灩澦雙蓬鬢，天入滄浪一釣舟”；“伯仲之間見伊吕，指揮若定失蕭曹”；“三峽樓臺淹日月，五溪衣服共雲山”；“五更鼓角聲悲壯，三峽星河影動摇”一類。山谷、後山諸公僅得法於杜律之韌瘦者，於此等暢酣飽滿之什，未多效仿。惟義山於杜，無所不學，七律亦能兼兹兩體。如《即日》之“重吟細把真無奈，已落猶開未放愁”，即杜《和裴迪》之“幸不折來傷歲暮，若爲看去亂鄉愁”是也。而世所傳誦，乃其學杜雄亮諸聯，如《二月二日》之“萬里憶歸元亮井，三年從事亞夫營”，即杜《登高》之“萬里悲秋常作客，百年多病獨登臺”是也；《安定城樓》之“永憶江湖歸白髮，欲迴天地入扁舟”，即杜《别李劍州》之“路經灩澦雙蓬鬢，天入滄浪一釣舟”是也，而“迴天地”三字，又自杜之“指揮能事迴天地”來；《蜀中離席》之“雪嶺未歸天外使，松州猶阻殿前軍”，即杜《秋盡》之“雪嶺獨看西日落，劍門猶阻北人來”是也。中晚唐人集中，杜樣時復一遭。如鄭都官《漂泊》之“十口漂零猶寄食，兩川消息未收兵”；至顧逋翁《湖南客中春望》之“風塵海内憐雙鬢，涕淚天涯慘一身”，幾馬明七子之始作俑者矣。下逮北宋，歐公有“滄波萬古流不盡，白鳥雙飛意自閑”；“萬馬不嘶聽號令，諸蕃無事樂耕耘”。東坡有“令嚴鐘鼓三更月，野宿貔貅萬竈煙”。皆即東坡評七言麗句所自道仿杜“旌旗日暖”、“五更鼓角”諸聯者。蘇門諸子中，張文潛七律最格寬語秀，有唐人風。《柯山集》中《遣興次韻和晁應之》先後八首尤苦學少陵；如“清涵星漢光垂地，冷覺魚龍氣近人”，“暗峽風雲秋慘淡，高城河漢夜分明”，“雙闕曉雲連太室，九門晴影動天津”，“山川老去三年淚，關塞秋來萬里愁”；

他如《夏日》之“錯落晴山移斗極，陰森暗峽宿風雷”。胥弘暢不類黄陳輩，而近元明人。顧不過刻劃景物，以爲偉麗，無蒼茫激楚之致。至南渡偏安，陳簡齋流轉兵間，身世與杜相類，惟其有之，是以似之。七律如：“天翻地覆傷春色，齒豁頭童祝聖時”；“乾坤萬事集雙鬢，臣子一謫今五年”；“登臨吴蜀横分地，徙倚湖山欲暮時”；“五年天地無窮事，萬里江湖見在身”；“孤臣白髮三千丈，每歲煙花一萬重”；雄偉蒼楚，兼而有之。學杜得皮，舉止大方，五律每可亂楮葉。是以劉辰翁序《簡齋集》，謂其詩“望之蒼然，而肌骨勻稱，不如後山刻削”也。陸放翁哀時弔古，亦時仿此體，如：“萬里羈愁添白髮，一帆寒日過黄州”；“四海一家天曆數，兩河百郡宋山川”；“樓船夜雪瓜洲渡，匹馬秋風大散關”；“細雨春蕪上林苑，頽垣夜月洛陽宫”。而逸麗有餘，蒼渾不足，至多使地名，用實字，已隱開明七子之風矣。元遺山遭際，視簡齋愈下，其七律亦學杜之肥，不學杜之瘦，尤支空架，以爲高腔。如《横波亭》詩之類，枵響窾言，真有“甚好四平戲”之歎。然大體揚而能抑，剛中帶柔，家國感深，情文有自。及夫明代，獻吉、于鱗繼之，元美之流，承趙子昂“填滿”之説，仿杜子美雄闊之體，不擇時地，下筆伸紙，即成此調。復稍參以王右丞《早朝》、《雨中春望應制》，李東川《寄盧員外、綦毋三》，祖詠《望薊門》之製，每篇必有人名地名。輿地之志，點鬼之簿，粗豪膚廓，抗而不墜，放而不斂。作悲涼之語，則林貞恒《福州志》所謂“無病呻吟”也；逞弘大之觀，則吴修齡《圍爐詩話》所謂“瞎唐體”也。窮流溯源，簡齋、遺山，實不啻爲之導焉。人知明七子之爲唐詩高調，安知簡齋、遺山亦宋元詩之易流於高聲硠者乎。故明人雖不取宋詩，而每能賞識簡齋。胡元瑞於七子爲應聲之蟲，《詩藪·外編》卷五則云："南宋古體推朱元晦，近體無出陳去非"，又云："師道得杜骨，與義得杜肉"，又云："陳去非弘壯，在杜陵廊廡。"蓋朱之學選，陳之學杜，蹊徑與七子相似也。吴修齡於七子爲吠影之狗，而《圍爐詩話》卷四亦謂："陳去非能作杜句。"草蛇灰線，消息可參。

【補訂】宋景濂《宋文憲公全集》卷三十七《答章秀才論詩書》深不與蘇門學士及江西宗派，而獨許簡齋："陳去非雖晚出，乃能因崔德符而歸宿於少陵，有不爲流俗之所移易。"然其評騭殊漫浪；簡齋濡染坡、谷、後山處，開卷即見；崔德符篇什存者無多，正未許耳食附會也。

近人俞恪士《觚菴詩》之學簡齋，郭春榆《匏廬詩》之師遺山，郭爲較勝，而不能朴屬微至，則二家之所同病也。陸祁孫《合肥學舍札記》卷六云："工部七律二種。'幸不折來傷歲暮，若爲看去亂鄉愁'；義山而後，久成絶調。'伯仲之間見伊吕，指揮若定失蕭曹'；務觀、裕之、獻吉、卧子尚能學之"云云。竊謂第一種句，宋人如陳後山、曾茶山皆能學之。晚唐李咸用《緋桃》云："未醉已知醒後憶，欲開先爲落時愁"；南宋楊誠齋《普明寺見梅》云："猶喜相看卻恨晚，故應更好半開時"；亦尚存遺響。故錢龍錫評義山"重吟、已落"一聯云："閒冷處偏搜得到，宋人之工全在此。"馮註引。祁孫失之未考耳。陳卧子大才健筆，足以殿有明一代之詩而無愧，又丁百六陽九之會，天意昌詩，宜若可以悲壯蒼涼，上繼簡齋、遺山之學杜。乃讀其遺集，終覺偉麗之致，多於蒼楚。在本朝則近青邱、大復，而不同獻吉；於唐人則似東川、右丞，而不類少陵。祁孫之言，亦未識曲聽真。然知以放翁、遺山與明之七子並舉，則具眼人語也。

五二

朱竹垞力非涪皤，而浙江後起詩人，如萬柘坡、金檜門、王穀原、汪豐玉、沈匏廬輩，皆稱山谷。錢籜石與檜門情厚交親。

【補訂】金檜門曾孫衍宗《思怡堂詩稿》卷十《重游泮宫》詩第二首："敢誇詩是吾家事，浙派還分秀水支。繼此錢汪皆後起，除惟張蔣乏真知"；自註："秀水派推錢、汪、王、萬諸君，實先公爲之倡。先公詩惟蔣心餘太史、張瘦銅中書得其傳。"蓋謂檜門開籜石塗徑，而籜石未登檜門堂陛也。《檜門詩存》卷一《答錢坤一》、《邀坤一、心餘遊百花洲》、卷四《壁間雜畫是坤一游戲率題長句》等足徵金、錢交契。《籜石齋詩集》卷二十四《金檜門挽詩》、卷二十五《題檜門遺象》情文深摯，而未道詩學。然《檜門詩存》卷二《十月朔宿石陂街、逆旅主人出畫卷求題》："昔來戊午今庚午，中隔庚申作畫年。紙上蒲帆原不動，人如飛鳥卻飄然。涼風木葉聲蕭瑟，茅舍山橋路折旋。老去東坡還好事，烟江疊嶂賦新篇。"此種七律作法，已開籜石體矣。汪康古《厚石齋詩》卷九《贈籜石》第二首："詩學興吾黨，尋微爲指蒙。專家開手眼，異境拓心胸。

醖釀誰窺裏，波瀾獨障東。有來上下古，撫掌氣如虹。”推崇蘀石爲秀水詩派祖師，不道檜門也。《重游泮宫》自註所稱諸作者，惟錢、蔣、王三人無慚鼎足。王即王穀原又曾，《丁辛老屋集》詩視《蘀石齋集》輕清爽利，律體以散爲偶，於排比中見游行自在，蘄嚮相同。如二十卷本卷七（蘀石選定十二卷本卷五）《經天姥寺》：“天姥峯陰天姥寺，竹房澗户窈然通。老僧敲磬雨聲外，危坐誦經雲氣中。禪榻茶烟成夙世，天雞海日又春風。回頭卻憶十年夢，夢與山東李白同。”

作詩於山谷之璣羽玉屑，亦時有摭取。《竹雞》詩之“斷魂不待鷓鴣兄”，《滄浪亭》詩之“當年一網收冠蓋”，《横雲山》詩即用山谷《過横雲渡長谷》詩韻，《紹泰甎硯》之“我得二士傾九州”，《觀山谷淡山巖詩即用其韻》，此皆未出遊時已然。至南昌識蔣心餘時，有《同游百花洲》詩，見卷十。心餘尚未爲山谷也。以後詩如《南昌旅夜》之“涪翁社裏詩宗杜”，《題黄文節公祠用觴字韻》，《花朝分賦十六韻》之“掃除塵到蛤蜊前”，《過鈷鉧潭未及遊》之“柳記所感寓，魯直亦少推”，《題山谷遺像》，《題翁蘇齋宋槧施顧注蘇詩》七律，自誇所藏山谷任天社、荆公李雁湖，可配此爲“三絶”。汪豐玉《桐石草堂集》記蘀石於山谷詩，與己有同好，已見前引。陳東浦《敦拙堂集》有《假寐》一五古，記蘀石教以學昌黎、山谷兩家。吴思亭《吉祥居存稿》有《書蘀石齋詩集》後一五古，亦記其沈酣韓蘇，心折山谷。在當時要爲與涪翁淵源不淺者。顧山谷骨氣崭岸，詞藻嚴密，與蘀石之朴實儒緩大異，故影響終不深。蘀石詩多有學東野者，如《古琴》、《雪夜》兩五古；有似竟陵派者，如《驟雨過南湖》一五律，其“髮動涼於樹，船來活似萍”一聯，乃鍾譚句様。好以鄉談里諺入詩，而自加註釋，如《葑門口號》之“修娖”“白相”。則又似放翁慣技。然所心摹手追，實在昌黎之妥貼排奡，不僅以古文章法爲詩，且以古文句調入詩。清代之以文爲詩，莫先於是，莫大於是，而亦莫濫於是。固宜推爲先覺，亦當懸爲厲禁。至其盡洗鉛華，求歸質厚，不囿時習，自闢別蹊；舉世爲蕩子詩，輕脣利吻，獨甘作鄉願體，古貌法言。即此一端，亦豪傑之士。蘀石早歲，未嘗不作風致空靈之詩，今都删不入集，而見自註中。參觀《匏廬詩存》卷七《題國朝名家詩集》。如《秦淮河上》之“辛夷開後水榭，乙鳥飛來畫簾”；《溪館偶題》之“春色欲尋有處，少年能駐何時”；《志略》之“十月花開春自小，三竿日出睡方深”；體格輕巧者衹存一二。壯悔之心，矯枉之旨，灼然可見。雖然，蘀石力革詩弊，而所作幾不類詩，僅稍愈於梅宛陵爾。決海救焚，焚收而溺至；引酖止渴，渴解而身亡。此明道所以有“扶醉漢”之歎也。

五三

撦石處通經好古、棄虛崇實之世，而未嘗學問，又不自安於空疏寡陋。宜其見屈於戴東原，雖友私如翁覃谿，亦不能曲爲之諱也。參觀《復初齋文集》卷七《理説》附録，又《考訂論》中之二。然其詩每使不經見語，自註出處，如《焦氏易林》、《春秋元命苞》、《孔叢子》等，取材古奥，非尋常詞人所解徵用。原本經籍，潤飾詩篇，與"同光體"所稱"學人之詩"，操術相同，故大被推挹。夫以撦石之學，爲學人則不足，而以爲學人之詩，則綽有餘裕。此中關捩，煞耐尋味。鍾記室《詩品·序》云："大明、泰始，文章殆同書抄，拘攣補衲，蠹文已甚。雖謝天才，且表學問。"學人之詩，作俑始此。杜少陵自道詩學曰："讀書破萬卷，下筆如有神"；信斯言也，則分其腹笥，足了當世數學人。山谷亦稱杜詩"無字無來歷"。然自唐迄今，有敢以"學人之詩"題目《草堂》一集者乎。同光而還，所謂"學人之詩"，風格都步趨昌黎；顧昌黎掉文而不掉書袋，雖有奇字硬語，初非以僻典隱事驕人。其《答李翊書》曰："非三代兩漢之書不觀"，學而自畫，已異於博覽方聞。《進學解》曰："口不絶吟於六藝之文，手不停披於百家之編。貪多務得，細大不捐"；又一若河漢無涯涘，足以爲學人者。然讀《答侯繼書》，則昌黎用意自曉。《書》曰："僕少好學問，自五經之外，百氏之書，未有聞而不求，得而不觀者。然所志惟在其意義，至禮樂之名數，陰陽土地星辰方藥之書，未嘗一得門户"云云，則亦如孔明之"僅觀大略"，淵明之"不求甚解"。舍名數而求意義，又顯與戴東原《答是仲明書》背道以趣，蓋詩人之學而已。

【補訂】覃谿《復初齋集外詩》屢推蘀石之詩。惟卷四《四君詠》云："錢公今詩伯，大雅該衆途。博學兼經學，老筆承明廬。析理瀝羣液，論文傾一壺。篇篇自芟削，要比小長蘆。"與《復初齋文集》卷六《考訂論》中之二、卷七《理説》附録《與程魚門》反復言蘀石詩人"不知考訂之學"、"不善於考訂"者，頗相乖違；"經學"初不能廢"考訂"，覃谿於卷六《自題校勘諸經圖後》固自道之。殆文須質言，而詩不妨虚詞耶。《集外詩》卷十一《筤谷圖》自識："蘀石詩律之細，固不待言。然此事亦必日日用力於古人，而後窺見古人之所以然。未有終歲不開卷，而徒憑舊日之識解者也。自今更宜加力加力"；卷十二《寄懷瘦銅關中、兼柬道甫、獻之》第五首："潛研待成録（自註：謂辛楣），壺尊欲廢書（自註：謂蘀石）。"兩節合觀，則"廢書"非謂束書不觀，勿復鉤新摘異、獵艷拾香以資詩料，乃謂作詩師心自足，不復寢饋於古之大家。"不開卷"專指古人詩集言也。

故得殷侑《公羊傳注》，答書至云："每逢學士真儒，愧生顔變，不復自比於人。"昌黎不自居學人，即此可證。唐後首學昌黎詩，升堂窺奥者，乃歐陽永叔，永叔固即劉原父所譏爲"歐九不讀書"者。閻百詩《困學紀聞箋》卷二十謂："蓋代文人無過歐公，而學殖之陋，亦無過公”；

【補遺】閻百詩論歐公不學語，亦見《潛邱劄記》卷一。傅青主以百詩爲附和原父。要之歐公不得爲學人也。清人號能學昌黎者，前則錢蘀石，後則程春海、鄭子尹，而朱竹君不與焉。蘀石實非學人，詩佳處亦都在放筆直幹，非以襞績奥衍開生面。程鄭皆經儒博識，然按兩家遺集，挽硬盤空，鼇呿鯨掣，悟無本“膽大過身”之旨，得昌黎以文爲詩之傳，堪與宋之王廣陵鼎足而三；妙能赤手白戰，不借五七字爲注疏考據尾閭之洩也。同光以前，最好以學入詩者，惟翁覃谿；隨園《論詩絶句》已有夫己氏“抄書作詩”之嘲。而覃谿當時强附學人，後世蒙譏“學究”。參觀《越縵堂日記》同治二年正月二十四日。以詅癡符、買驢券之體，誇於世曰：“此學人之詩”；竊恐就詩而論，若人固不得爲詩人，據詩以求，亦未可遽信爲學人。蘀石、覃谿，先鑑勿遠。顔黄門《家訓・文章》篇曰：“但成學士，自足爲人。必乏天才，勿强命筆。”人之小有詞翰，略窺學問，春華則豔憐庶子，秋實又茂謝家丞；譬之童牛角馬，兩無所歸，卮言日出，别標名目。《晚晴簃詩匯・序》論清詩第二事曰：“肴核墳典，粉澤蒼凡。證經補史，詩道彌尊。”此又囿於漢學家見地。必考證尊於詞章，而後能使詞章體尊。王仲任《論衡・超奇》篇説“儒生”、“通人”、“文人”、“鴻儒”之别，而論定之曰：“儒生過俗人，通人勝儒生，文人踰通人，鴻儒超文人。”所謂“鴻儒”者，能“精思著文，連結篇章。”又《佚文》篇曰：“論發胸臆，文成手中，非説經藝人所能爲”；又《書解》篇曰：“著作者爲文儒，説經者爲世儒。世儒業易爲，文儒業卓絶。”是則著書撰文之士，尊於經生學人多矣。此漢人緒論，爲漢學者不應不知。東漢而後，舉士大率“孝廉”“秀才”二途；秀才策文藝，孝廉策經學，晉宋積重秀才。《南齊書》卷三十九《劉瓛、陸澄列傳》言此甚明。故澄號當世碩儒，以讀《易經》不解，撰《宋書》不成，王儉遂有“書廚”之誚。北朝崇質經文，經學盛於南朝。而《北齊書》卷四十四《儒林傳》載劉晝自恨不學屬文，作《六合賦》，自謂絶倫，吟諷不輟，乃歎曰：“儒者勞而少功，見於斯矣。我讀儒書二十餘年，而答策不第。始學爲文，便得如是。”又載馬敬德研求《左傳》，生徒甚衆，將舉爲孝廉，固辭不就，詣州求舉秀才；秀才例取文士，州將以其純儒，無意推薦。可見學人之望爲文人而不可得。《顔氏家訓・文章》篇以鈍學拙文二者對舉，亦以文人爲高出學人。即至北宋，“新學”大行，熙寧更定科舉，《後山談叢》卷一載荆公語曰：“欲變學究爲秀才，不謂變秀才爲學究”；則其本意，亦重秀才。宋學主義理者，以講章語録爲詩，漢學主考訂者，以註疏簿録爲詩，魯衛之政爾。不必入主出奴、是丹非素也。

五四

擇石好收藏，精鑒賞。顧其題詠書畫，有議論，工描摹，而不掉書袋作考訂。如題《秋山白雲圖》、《劉松年觀畫圖》、《伯牙鼓琴圖》、《觀真晉齋圖》、《王右丞精能圖》、《董北苑瀟湘圖》諸篇，皆朴厚中含靈秀。《白雲圖》之“紙色即雲雲半幅”，《觀畫圖》之“人事無常畫中畫，畫中看畫無人會。我今猶是畫中人，畫外居然發長喟”；有俯拾即是之妙。《真晉齋圖》氣機渾灝流轉，如一筆書，以文爲詩，盡厥能事。及與翁覃谿交好日深，習而漸化，題識諸什，類復初齋體之如《本草湯頭歌訣》，不復耐吟諷矣。清高宗亦以文爲詩，語助拖沓，令人作嘔。擇石既入翰林，應制賡歌，頗仿御製，長君惡以結主知，詩遂大壞。其和乾隆句，如“舜之仁義從容合，益以風雷奮發深”；“翠葆池之上，蘋輪苑以東”；“臣難浩然氣，上有一哉心”；“土膏先以諗，花信未之要”；“重以三年洽，深於又日詮”；“聖之時以學，仁者壽於年”；“一畝宫先儒者業，百川學啓道之津”；“宣於便殿垂詢悉，奉以閒身聚學常”；“岸則先登松茂矣，雨其大悦物生焉”。洵《柳南隨筆》卷二所謂“五七字時文”，與《明齋小識》卷八載某生作詩之“吾人從事於詩途，豈可苟焉而已乎”云云，相去無幾。李蓴客《白華絳跗閣詩》卷丙《論詩絶句》第四首於洪北江曰："可惜未除傖夫氣，一生多事友船山。"

【補訂】《明齋小識》卷八《學詩貽笑》條載某生此詩，亦見《夜航船》卷二《做一工像一工》條，謂是"以八股爲性命"之支八哥作，字句小異。朱庭珍《筱園詩話》卷四："洪稚存經術湛深，其詩初宗法選體，時能造句，本負過人才力。中年以後，身入詞林，與張船山同館交好，唱和甚密。降格相從，頹然放筆，縱恣叫囂，前後判然，如二手矣。夫以稚存學問才力，俯視一時，一爲船山所累，詩格掃地。"即蓴客詩意。稚存爲楊西禾《九柏山房詩》作序，自言西禾"獨服余詩，以爲非近人可及"；然《九柏山房詩》卷十五《歲暮懷人絶句》於船山云："千詩百賦揮毫就，蛟蚓於中可要分"，痛下針砭，稚存亦當如聞者足戒矣。

竊謂撦石受乾隆之知遇，與覃谿相結納，就詩而論，亦一生之不幸多事也。文學侍從，稽古有榮；望撦石絶意仕進，高蹈肥遯，終身爲識字田夫，自屬不情。姚元之《竹葉亭雜記》卷五記撦石、覃谿交最密，"每相遇必話杜詩，每話必不合，甚至繼而相搏"云云。使飽孤老拳，中君毒手，二人及早絶交，撦石集中，或可省去數首惡詩耶。覃谿嘗評點撦石詩集，屢有"元氣中聲"之稱，而亦有"未聞道"之呰；《衎石齋紀事稾》卷二《答本之從孫書》中摘評語數則，余惜未覩其全也。

【補訂】撦石於覃谿詩亦必有攻錯，《復初齋集外詩》卷十《晚涼》所謂："忠告無如錢壺尊，好事誰比程魚門。"而文獻無可徵者。卷九《即事》自識云："撦石勸我由平正入。真至言也，斷不可走攲仄路"；僅見此則耳。

撵石詩用虚字，殊多濫惡。古體中每以語助湊足一句字數，闒茸支離，偃卧紙上；施之近體，一不得當，尤刺目棘喉。如《次韻金詹事丁祭》曰："幸以宫僚合坊局，溅於牛俎供羔豚"；《哭祝典籍》曰："大化慣於才士酷，明經俄以客魂悲"；《詠菜花》曰："老矣關心譚種藝，公乎下筆畫田園"；《送程晉芳》曰："夢亦有鄉誰謂遠，歸非無路莫之先"；《題管夫人寄子昂墨竹》曰："自君之出獨相對，命駕而往誰謂遥"；《哭汪孟鋗》曰："憑棺已矣千行淚，漬酒居然兩鬢絲"；《題黄山歸老卷子》曰："已矣雪舟爲社友，歸歟丹竈在天都"；《散木菴茶話》曰："人日敬之逢國忌，天風聊以盍朋簪"；《紅心驛哭文端公》曰："愧於往哲無傳筆，敢以征途有薦杯"；《引藤書屋對菊》曰："寫以琴三弄，參之茗一甌"；《寶澤堂花木》曰："最以堦墀近，兼之雨露香"；《望岱》曰："孔子未云天下小，我皇復以聖人登。性之善者斯爲準，春若生時物可憑"；《曹大宗伯七十》曰："笑我同庚方老矣，煩公有句輒酬之"；《廬江怨》曰："君爾尚猶蒙見録，妾然終竟絶來還"；《八陣圖》曰："萬里神乎卦，孤心帝者劉"；《我鄉》曰："逝矣顛毛白，歸哉落日黄。"中間可取者一二聯耳。《望岱》一聯，與王壬秋《雪霽登玉皇頂》之"戰國曾嫌天下小，登封常見聖人來"，機杼如一，而王聯語渾格高。撵石近體起結處亦好用語助，腐氣中人可噦，如：《陳太淑人畫觀音》之"旅人稽首一潸焉"；《城南餞春》之"我欲贈之何以贈"；《七月朔日小集》之"興州之樂竟前緣"；《題陳仲仁山水》之"陳君主簿於陽城"；《新年出遊》之"蹣跚著屐或之先"。他若"畢弘韋偃未之圖"、"麓臺山迴未之遊"，皆可不必。杜少陵《題鄭縣亭子》首句："鄭縣亭子澗之濱"，《白帝城最高樓》頷句："獨立縹緲之飛樓"；

山谷《題歸來圖》頷句："今得見之誰謂無"，《贈黄十七》頷句："長歌勸之肯出遊"；皆以健筆拗調，自拔於惰苶。李義山《昨日》首句："昨日紫姑神去也"，摇曳之筆，尤爲絶唱。理學家如邵康節、陳白沙、莊定山，亦好於近體起結處，以語助足湊成句；然三子本詩道傍門，不煩苛論。賀方回、唐子西均詩筆卓爾，而賀如《寄清涼和上人》起曰："吾家無儋石之儲"，《書三國志陳登事》頷曰："元龍偶未思之耶"；唐如《寄潮陽尉》結曰："越巫雞卜聞之久"，《春》結曰："能使人之意也消"；真下開撦石。對聯則賀《留别王子通》之"憲也但貧猶未病，公乎非酒自能狂"；唐《舜祠》之"謳歌率土性之也，號泣旻天孝矣乎"；《雜興》之"加之得卯酒，晚矣恰朝餐"；《獨遊》之"是日遊於獨，乃情知者誰"；語整調腐，尤近撦石。陳止齋詩筆蒼堅，而近體起結處每虚字冗沓，亦爲一病。如"欲見其人已異鄉"、"三百於今又六旬"、"天作之山曷爲哉"、"四皓莫知其所終"、"傳之温國子孫孫"、"久矣懷歸曷月哉"、"夾湘而住一廛無"、"飽飯之餘能細和"、"急義固於官不知"、"伯仲之間竹與梅"，均足爲撦石先鞭。《覓老桂》詩腹聯："踰牆之樹宜無取，益屋於東本不凶"，自註上句用《國風》，下句用《家語》；引經掉文，置撦石集中，可亂楮葉。撦石未必曾用功賀、唐、陳三家詩，當是夢中闇合耳。劉後村詩於起結句對偶中，好湊語助，太半佻滑，與撦石之迂腐殊科。《越縵堂日記補》同治二年正月二十四日引翁覃谿手批《戴氏遺書》，斥東原"如雜劇内粧一帶眼鏡之塾師，粧作儒者模樣"，因謂此"覃谿自寫照"。讀撦石詩亦有"帶眼鏡塾師"之想，宜入陳坦畫圖、曹元寵題詠事見《賓退録》卷六。此所以《乾嘉詩壇點將録》謂爲"老學究"歟。

【補訂】攈石古近體每有倒裝句不通可笑者，如卷四十一《德安縣東過渡山行至隘口》："隘口有擔夫，停輿問答相"；卷四十三《曉趨草涼驛》："相送莫相别，我行鳳縣之。峰前路去有，塢後水來知。"謂："相問答"、"之鳳縣"、"有路去"、"知水來"；詩膽之大、筆力之雄，正不在此等硬做蠻來也。

五五

撵石輶軒屢出，足跡甚廣。游歷登臨之作，皆全力以赴，而呆滯悶塞，類於朽木腐鼓，塵羹土飯。言情古詩以《僮歸》十七首最爲傳誦，然詞費意沓，筆舌拈弄糾繞，有故作藹如仁者之態，無沛然肺肝中流出之致，吾寧取其《寄善元檝》、《懷婦病》、《聞張夫人訃》之朴摯敦實，不揚聲作氣也。言情近體，世多稱《到家作》第二首之"兒時我母教兒地，母若知兒望母來。三十四年何限罪，百千萬念不如灰"；七律對仗如此流轉，自亦難能，而腔吻太厲，詞意太盡，似遜其《先孺人生日》之"茫茫縱使重霄徹，杳杳難將萬古迴"，沈哀隱痛，較耐諷詠。《六月初三夜哭子》下半首云："桑園棲骨冷，螢火照魂孤。再來知愛惜，鞭扑忍相俱"；因情造境，由哀生悔。元微之《哭子》第五首云："節量梨栗愁生疾，教示詩書望早成。鞭扑校多憐校少，又緣遺恨哭三聲"；撵石"再來"二句，絶望中仍爲期望之詞，用意又進。《追憶詩》二十九首悼亡之作，皆苦平鈍，惟第二首之"來生便復生同室，已是何人不是君"，透過一層，未經人道；他人衹説到晏叔原詞所謂："欲將恩愛結來生，只恐來生緣又短"耳。此絶與並時沈確士《歸愚詩鈔》卷十四《七夕詞》第四首之"只有生離無死别，果然天上勝人間”，異曲同工，可爲悼亡七絶兩奇作。漁洋悼亡諸絶，不足道也。有清名家悼亡詩多者無過俞曲園，次則尤西堂，闒多誇靡，如官庖宿饌，香積陳齋，方丈當前，實寡滋味。二君於詩，本非當行。樂蓮裳鈞《和緑春詞》六十首，替人垂淚，無病而呻。杭大宗、商寶意所作，僅勝彭甘亭一籌。其足以比美樊榭悼月上諸七律者，殆吾鄉鄧石瞿濂《孱盦集》卷五之《斷腸詞》二十四首乎。石瞿嘗録此詩寄譚復堂索序，手稿今存寒家，即復堂圖籍燼餘也。《復堂日記補録》光緒十三年十一月十七日稱爲“亦在義山、微之間，近人中差近仲則”。又按吴澹川《南野堂筆記》卷五稱蘀石詩以“博大爲宗，鉅手大家”，摘句甚多，而前數語皆不與；蓋澹川服膺袁子才、沙斗初，自作詩亦不脱乾嘉風氣，故於蘀石詩僅賞其風致清雋，或面目堂皇者耳。

【補訂】歸愚《七夕詞》意，已先發於屈悔翁。《翁山詩外》卷九《七夕歸自端州有作》第四首：“人間多死别，天上只生離。辛苦雙星隔，殷勤一夕期”；亦悼亡之作，遠勝卷十九《哭華姜》七絶一百首也。

【補正】王静菴《苕華詞・蝶戀花》：“往事悠悠容細數。見説他生，又恐他生誤。縱使兹盟終不負，那時能記今生否？”即蘀石《追憶詩》所謂：“來生便復生同室，已是何人不是君！”

【補訂】張山來潮《悼亡》七律亦至五十首。覩記所及，以湯海秋鵬之作最令人笑來。海秋詩以多爲貴，泥沙俱下，一題動輒數十首，自表才大。《海秋詩集》卷二十三《再哭瑞華》第二首自註謂其婦臨殁，已與之握手相訣，許作悼亡詩一千首“爲報”，而同卷《千詩債》祇以古近體百首了事，自序文飾云：

“一以當十，十以當百，百以當千”，詩中故有句云：“百篇已了千詩債”，强顔賴賬。吴蘭雪悼岳緑春之作，《聽香館叢録》卷五别成一卷。樂蓮裳《青芝山館詩集》卷四有《和緑春詞》，卷二十二有《再和緑春詞》，七律各三十首。初和自序云：“是題創自近人，和者甚盛。走也旅思不聊，騷心靡託。鋪觀衆作，爰乃學步，意存綺麗，不惜自誣”；再和自序云：“年近知命，才穎益退，思泉將涸。欲因側艷之體，以潤槁枯之腸。事之泡影，仍等曩篇。”則此六十首亦如其所作《耳食録》之爲寓言綺語耳。然“騷心”“艷體”，逕賦《無題》即可，何必託同鄉好友寵妾之名，借題發揮哉。張山來《友聲》丁集載朱慎與山來書論不宜和友人悼亡詩，有曰：“友人婦死，而涕泗交頤，豈爲識嫌疑者哉。”蓮裳即非“和悼亡”，亦爲不避“嫌疑”矣。俞曲園悼亡七絶亦盈一卷，或足繼翁山、海秋乎。

五六

七律之當句有對體，前山谷詩補註已略言之。宋之徐師川、吕居仁、晁景迂、王盧谿、范石湖、楊誠齋、李若水、張表臣、徐靈淵、劉後村等，明之白沙、定山、升菴、空同、中郎、伯敬等，均有此體對聯。落套印板。清人《晚晴簃詩匯》卷四十《詩話》摘冒借廬殷書聯“姑遲一食當再食，更壞何衣補此衣”，最峭折不覺堆垛；張南山《藝談録》摘清人此體各聯，無堪倫比，却未標舉。邵子湘《西湖》之“南高雲過北高宿，裏湖水入外湖流”，則與元薩雁門《望吴山》之“後嶺樓臺前嶺接，上方鐘鼓下方聞”，各襲香山《寄韜光禪師》詩一句。祁叔穎《雨後》之“暑雨送涼似秋雨，高田流水入低田”，又與莫子偲《青田山中喜故人相遇》之“東鄰鳥過西鄰語，下番花連上番開”，各襲宛陵《春日拜壟》詩一句。黄廷昭《晚泊九江》之“東浦水連西浦水，大姑山接小姑山”，亦賴地名湊手，填此匡格。朱紫貴《初秋汎湖》之“風聲遠送樹聲到，水氣涼兼花氣浮”，“後港蓮開前港謝，南山船少北山多”，“山自雲中出雲外，雲從山北度山南”；惟末聯較渾成。鄭子尹《自霑益出宣威入東川》云：“出衙更似居衙苦，愁事堪當異事徵。逢樹便停村便宿，與牛同寢豕同興。

昨宵蚤會今宵蚤，前路蠅迎後路蠅。任詡東坡渡東海，東川若到看公能。”寫實盡俗，別饒姿致，余讀之於心有戚戚焉。軍興而後，余往返浙、贛、湘、桂、滇、黔間，子尹所歷之境，迄今未改。形羸乃供蚤飽，腸飢不避蠅餘；恕肉無時，真如士蔚所賦，吐食乃已，殊愧子瞻之言。每至人血我血，攙和一蚤之腹；彼病此病，交遞一蠅之身。子尹詩句尚不能盡焉。覩記所及，古今爲此體未有如撵石之多者。蓋鼯鼠之巧，五技而窮；鸜哥之嬌，數句即盡。意在標新逞巧，而才思所限，新樣屢爲則成陳，巧製不變則刻板。《清隱菴》云：“蛙語入人語，山香連水香。”《風渚湖》云：“禺山翠對豐山立，下渚清連上渚開。”《月橋作》云：“日氣曉蒸雲氣暖，鐘樓新出鼓樓高。”《和御製詠風花》云：“緑枝暗比紅枝亞，三里濃勝五里開。”《詠繡纓花》云：“畹晚留春更留月，玲瓏如玉也如珠。”《春遊曲》云：“土山抱得石山勢，柳樹濃於松樹林。”《題寒山舊廬圖》云：“見畫最先題最後，江仍當閣樹當樓。”《題紫藤花圖》云：“晚來花重曉來枝，今日人看昨日詩。”《清明至萬壽寺》云：“冷節出遊偕冷伴，鄉僧相對説鄉山。”《花朝分賦》云：“盆覆射隨盂覆巧，上曹鉤與下曹連。”《題秋堂講易圖》云：“江水平平通澗水，竹林短短夾蕉林。”《上太后徽號》云：“金葉聯徽金篆古，册文闡德寶文同。”《善果寺》云：“客面也如僧面老，春光還共佛光浮。”《種草花》云：“自知小病原非病，人道長愁始欲愁。”《曉課》云：“有何許事關君事，無奈勞生屬我生。”《觀荷》云：“甘瓠花白豆花紫，慈姑葉尖荷葉圓。”《題秋雨停樽圖》云：“河漢影連蟾影黑，梧桐聲雜竹聲淒。”《挽沈觀察》云：“三春準擬爲三老，一哭俄教盡一生。”《爲馮司農家海棠寫影》云：“春好已知春老又，畫人何不畫花兼。”《竹筏歌》云：“棕衣絶不蓑衣破，趁水兼他趁雨豪。”《和御製雨中至喀喇河屯》云：“昨應請雨即甘雨，今勿祈晴俄快晴。”《法源寺海棠》云：“黄塵幾輩埋黄壤，佛樹依然傍佛臺。東院輕陰西院暖，十分好句百分杯。”《晚出花塢書堂獨行》云：“釣蟹無竿還放蟹，采蓴有艇漫思蓴。”《百花洲追懷金總憲、先文端》云：“别非三月非三歲，道是新人是故人。”《畫眉關》云：“後水轉爲前水出，左山趨與右山迎。”《謝馮編修贈行》云：“千秋已失九秋又，六絶誠難三絶無。北壁石誇南壁石，人心珠勝海心珠。”《九豐堂》云：“西舍不遥東舍近，桃花初落杏花開。”《葬張夫人預營生壙》云：“同穴如同室，我家本汝家。”《敍村老話》云：“永豐鄉接都豐歲，忙種時催快種田。”《憶西湖》云：“秋日柳非春日柳，老年情重少年情。”《吾畦》云：“不碌碌時常碌碌，得閒閒在且閒閒。”每如俳諧打諢。清高宗詩亦多此製，一體君臣，豈所謂上有好而下必甚耶。

五七

律體之有對仗，乃撮合語言，配成眷屬。愈能使不類爲類，愈見詩人心手之妙。

【補訂】王東溆《柳南隨筆》卷三言此最親切。“家露滑翁譽昌精於論詩，嘗語予曰：‘作詩須以不類爲類乃佳。’予請其說。時適有筆、硯、茶甌並列几上，翁指而言曰：‘筆與硯類也，茶甌與筆硯即不類；作詩者能融鑄爲一，俾類與不類相爲類，則入妙矣。’予因以社集分韻詩就正，翁舉‘小摘園蔬聯舊雨、淺斟家釀詠新晴’一聯云：‘即如園蔬與舊雨、家釀與新晴，不類也，而能以意聯絡之，是即不類之類。子固已得其法矣。’”又卷二云：“吾邑馮竇伯武詩，有‘珠圓花上露、玉碎草頭霜’之句，一友歎爲工絶，予不以爲然。友請其說，予曰：‘律詩對偶，固須銖兩悉稱，然必看了上句，使人想不出下句，方見變化不測。’”“類”者，兼“聯想律”之“類聚”(contiguity)與“類似”(resemblance)；筆與硯“類”，聚也，珠與玉“類”，似也。然苟推王氏之説以至於盡，則將成詼詭之“無情對”；如“西班牙”與“東坡肉”、“愛妾换馬”與“老子猶龍”、“三星白蘭地”與“五月黄梅天”，亦皆非族類者締爲眷偶耳。對仗當以不類爲類，猶比喻"必以非類"，"豈可以彈喻彈"（參觀《舊文四篇》中《讀拉奥孔》第三節、又《管錐編》論《全上古三代秦漢三國六朝文》第二〇末段）。"看了上句，想不出下句"，即約翰生所謂："使觀念之配偶出人意表，於貌若漠不相關之物象察見其靈犀暗通。"（Wit, you know, is the unexpected copulation of ideas, the discovery of some occult relation between images in appearance remote from each other.）見 *Rambler*, no. 194, Everyman's Lib., 284; cf. R. Wellek, *A History of Modern Criticism*, I, 3。當代詩家持論，每不謀而與古會。或曰："兩事愈疏遠而復拍合，則比象愈動心目。"（Plus les rapports des deux réalités seront lointains et justes, plus l'image sera forte.）見 P. Reverdy, quoted in A. Breton, *Manifeste du surréalisme—Poisson soluble*, 1924, 35。或曰："今人作詩，務使邈遠之事得以親接，彼此愈遠則詩愈妙"。（La poesia moderna si propone di mettere in contatto ciò Che é piú distante. Maggiore è la distanza, superiore è la poesia—E. Ungaretti, quoted in G. Mariani: "La tecnica dell'analogia nella poesia secentistica e in quella contemporanea".）見 *in La Critica stilistica e il Barocco letterario: Atti del secondo congresso internazionale di studi italiani*, 1958, 273。一致而百慮，亦一理而萬殊爾。

譬如秦晉世尋干戈，竟結婚姻；胡越天限南北，可爲肝膽。然此事儷白配黄，煞費安排，有若五雀六燕，易一始等。見《九章算術》卷八。亦須挹彼注兹，以求銖稱兩敵，庶免驥左駑右之並駕、鳧短鶴長之對立。先獲一句，久而成聯者有之。賈浪仙："獨行潭底影，數息樹邊身"，自注曰："二句三年得，一吟雙淚流。"

晏元獻："無可奈何花落去，似曾相識燕歸來"，《漁隱叢話》後集卷二十引《復齋漫録》謂始得上句，彌年無對，王君玉爲足成之。戴石屏："春水渡傍渡，夕陽山外山"，《歸田詩話》卷中謂初見夕照映山得下句，欲對不愜，後覩雨霽行潦得上句，始相稱。《中興羣公吟稿》戊二，又袁選《石屏續集》三均有一詩題，略云："趙用父問近詩，因舉'今古一凭欄、夕陽山外山'兩句，未得對。用父以'利名雙轉轂'對上句，劉叔安以'浮世夢中夢'對下句，遂足成篇。僕終未愜意。都下會范鳴道，以'春水渡傍渡'爲對，當時未覺此語爲奇。江東夏潦無行路，逐處打渡而行，深水界上，一渡復一渡，時夕陽在山，分明寫出此一聯詩景。恨不得與鳴道共賞之。"詩曰："世事真如夢，人生不肯閑。利名雙轉轂，今古一凭欄。春水渡傍渡，夕陽山外山。吟邊思小范，共把此詩看。"則此聯非石屏自得，瞿氏説誤。詩題言以劉叔安句足成篇，而詩乃曰："吟邊思小范"，則是成篇以後，至是方改爲定本也。馬金輯《石屏詩集》卷四載此詩，盡削其題，僅取詩首二字，標曰：《世事》，則小范不知所指矣。又按馬輯詩集卷三《風雨無憀中攬鏡有感》五律後有石屏識語，稱道其姪孫槩之佳句云："春水緑平野，夕陽紅半山"，則此聯機杼早已透露。觀《風雨無憀》一律前後諸詩，當作於壬寅，爲理宗淳祐二年；《世事》一律後即《改元口號》，更後《悼姪孫》詩跋中，明署寶祐三年，則《世事》當作於淳祐十二年。石屏自稱出陸放翁門下，放翁《老學菴筆記》卷四載法雲長老戲仿程公闢體得句曰："行到寺中寺，坐觀山外山。"典型猶在，何至不能屬對。竊疑石屏恥盜其姪孫句，遂作此狡獪，幻出一段故實，寧歸功於范鳴道，而置"春水、夕陽"之先例勿道耳。瞿氏或見趙汝騰作石屏詩序，記石屏自云："作詩不論遲速，每一得句，必經年成篇"，又隱約聞此詩原題之言，遽加附會。《宋詩紀事》卷六十三采《歸田詩話》，不據《石屏續集》駁正，亦爲闊略。石屏姪孫昺《東野農歌集》有

《自武林還家由剡中》云："野渡淺深水，夕陽高下山"，《抵池陽泊齊山》云："漲水渺瀰春雨後，遠山重疊夕陽時"，然則戴氏有傳家句法矣。此則似朱起求歡，曠日經時，必得請於氤氲大使，好事方諧。否則句佳而對不稱，東坡《答孔毅父》詩所謂："天邊鴻鵠不易得，便令作對隨家雞。"謝女嫁王郎，麻胡配菩薩，必有遺憾終身者矣。作者殊列，詩律彌苛，故曲折其句法以自困，密疊其字眼以自縛，而終之因難見巧，由險出奇，牽合以成的對。例若《詩苑類格》所舉"回文"、"連綿"、"雙擬"、"隔句"四格。此似選壻甚嚴，索聘奇昂，然倘得良媒，爲尋靈匹，鴛社待闕，鵲橋可填，未遽踏地唤天作老女也。歐公《六一詩話》論韓退之"信倔强。作古詩，得韻寬則溢出，得韻窄則愈險愈奇。如善馭良馬者，通衢廣陌，縱横馳逐，惟意所之，至於水曲蟻封，疾徐中節，而不少蹉跌。"竊謂詩人矜勝，非特古體押韻如是，即近體作對亦復如是。因窄見工，固小道恐泥，每同字戲；然初意或欲陳樣翻新，不肯襲常蹈故，用心自可取也。古名家集中，幾無不有此。如太白《子規》："一叫一回腸一斷，三春三月憶三巴"；元微之《送嶺南崔侍御》："火布垢塵須火浣，木棉温軟當棉衣。桄榔麵磣檳榔澀，海氣常昏海日微"；又《三兄以白角布寄遺》："白髮過於冠色白，銀釘少校頷中銀"；周太朴《贈李裕先輩》："馬疑金馬門前馬，香認芸香閣上香。"殆難備舉。《海録碎事》卷二十二引張祜句："杜鵑花發杜鵑叫，烏臼花生烏臼啼"，尤巧合雙關；前承徐凝《甑花》之"誰爲蜀王身作鳥，自啼還自有花開"，後啓倪韭山象占《卜算子》之"紅笑紅啼兩不分，是杜鵑開也"。

【補訂】《海録碎事》引張祜句有誤字，《全唐詩》採入斷句承之。二句出《所居即事》第二首，當作"杜鵑花落杜鵑叫，烏臼葉生烏白啼”，全詩見《全唐詩外編》一六四頁。倪韭山詞見謝枚如《賭棋山莊詞話》卷七引。此意自徐凝、張祜以來，沿襲而成窠臼。楊行敏《失題》：“杜鵑花裏杜鵑啼，淺紫深紅更傍谿。”成彥雄《杜鵑花》：“杜鵑花與鳥，怨艷兩何賒。疑是口中血，滴成枝上花。”晏叔原《鷓鴣天》：“陌上濛濛柳絮飛，杜鵑花裏杜鵑啼”。《列朝詩集》丁八選王百穀《哭袁相公》：“山上杜鵑花是鳥，墓前翁仲石爲人”；《南有堂詩集》未收，《野獲編》卷二十三引此聯，上句誤作“窗外杜鵑花作鳥”，因記汪仲淹嘲訕百穀之疾，改爲“身上楊梅瘡作果，眼中蘿蔔翳爲花”（姚園客《露書》卷十二記此事，原句“是”字未誤，而嘲語“身上”作“面上”），則本集不收，殆避笑柄歟。

【補正】《明詩綜》卷八范嵩《過太平府有感》：“昨夜月明鄉夢醒，杜鵑啼上杜鵑花。”

【補訂】屈大均《翁山詩外》卷十四《杜鵑花》第二首：“上作啼鵑下作花。”卓爾堪《明末四百家遺民詩》卷五劉城《杜宇》：“血染花成色，魂移鳥作音。”魏惟度《詩持》二集卷四盧士厚《寄訊魏惟度》：“淚既可花亦可鳥”，魏氏評：“比杜鵑也。”呂晚村《東莊詩集·夢覺集·遊慈相寺》：“最是客游難久住，杜鵑花落杜鵑啼。”李容齋天馥《花非花》：“杜鵑枝上月初來，杜鵑聲裏人將去。”許漱石承欽《浣溪沙》：“蛺蝶花間蛺蝶舞，杜鵑枝上杜鵑啼。”馬章民世俊《匡菴詩》前集卷一《夜聞子規》：“石望夫歸山望子，魂爲鳥去血爲花。”蔣心餘《忠雅堂詩集》卷二《過金山》第二首：“日午魚龍呼不起，郭公墳上郭公啼。”宋芷灣《滇蹄集》卷二《杜鵑花盛開作歌》：“君不見，杜鵑開，一枝一枝燒春來。又不見，杜鵑飛，一聲一聲不如歸。舉頭看杜鵑，低頭拜杜鵑。”似以倪韭山詞語最爲婉摯也。

其格式較夥者，則推五家。白香山律詩句法多創，尤以《寄韜光禪師》詩，極七律當句對之妙，沾匄後人不淺，東坡《天竺寺》詩至歎爲連珠疊璧；其《酬主簿》等詩又開七律隔句扇對之體；《歲日家宴戲示弟妹》首句云：“弟妹妻孥子姪孫”，實填名詞，無一虚字，蓋移“柏梁體”入律詩。按漁洋《池北偶談》卷十三、《香祖筆記》卷二、陸以湉《冷廬雜識》卷五考柏梁體句，皆未引此。又漁洋論五言，未引牧之《感懷》之“齊、蔡、燕、魏、趙”，《郡齋獨酌》之“堯、舜、禹、武、湯”，東坡《張寺丞益齋》之“風雨晦明淫，跛躄瘖聾盲”；論七言未及劉伯温《二鬼詩》之“腸胃心腎肝肺脾，耳目口鼻牙舌眉”。至宋人遂并以柏梁體作七律對仗，鄧林《皇夸曲・賦江郊漁弋》腹聯云：“鴻鵠鶡鵬鶡鶚鶻，鱒魴鰷鯉鰋鰽魦”，大膽出奇。

【補遺】鄭清之《安晚堂集》卷十一《和林治中雪詩》第五首第一句：“貙貗虪狒貀貛貔”，自註：“見《爾雅・釋獸》連文。”又漁洋所引五七言諸例，頗及禪語。按釋典偈頌中，此例甚多。如鳩摩羅什譯《不思議光菩薩所説經》：“雁鴝鳩鴛鴦，俱出妙軟音”；支謙譯《菩薩本緣經》：“此身血肉成，骨髓肪膏腦”；唐譯《華嚴經・十地品》第二十六之二：“頭目耳鼻舌牙齒，手足骨髓心血肉”，甚類劉伯温《二鬼》詩中句。他不勝舉。

清徐文靖以“之乎者也矣焉哉”爲一句冠首，作七言長句十章。桂未谷《題翁覃谿雙鉤文衡山分書》兩絶句之一云：“朱竹垞、陳元孝、傅青主、鄭汝器、顧云美、張卯君、王覺斯，氣勢居然遠擅場。”皆香山有以啓之也。

五七　撦石萃古人句律之變

【補訂】堆垛物名，仿"柏梁體"之句，唐宋以下，作者偶爲之，不復覼縷。所見莫如諸襄七錦《絳跗閣詩集》之樂此不疲者，兹舉五七言古近體各一例。卷一《述懷》第三首："蓑笠銍耨斛，弓廬陶旊段。磚磔瑪瑙珠，魚菽鹽豉蒜"；卷八《又賦玉甕詩》："卣罍敦医甗匜鬲，觚盉角洗槃盂彝"；《七蟲篇》："鼃黽蛾螳鼠雀蟬，飛鳴跳伏階庭前"；卷十《六和塔宋刊四十二章經》："沈賀錢陳董，虞洪宋李韓。隸真行狎草，長短瘠肥寬。"

【補正】清人金和能於敍事長篇中着堆垛物名句，爽利貫注，不滯不佻，遠非諸錦、張維屏所能及。《秋蟪吟館詩鈔》卷二《原盜》之八："井竈庖廥厠，楣檻屏柱牆；一一搰之爛，惟恐屋不傷。盆盎鼎豆壺，几匱橱樋牀；一一撞之碎，惟恐物不戕"；又《六月初二日紀事》："先期大饗聊止啼，軍帖火急一卷批：牛羊豬魚鵝鴨鷄，茄瓠蔥韭菰菔藜，桃杏櫨芍菱藕梨，酒鹽粉餌油醬醯。"運用柏梁體可謂能手矣。

【補訂】先於徐文靖所爲者，南宋鄭青山清之《安晚堂詩集》卷七《病後再和前韻》第二首："事業鏤冰何所有，之乎者也已焉哉。"《隨園詩話》卷四載張璨《戲題》："書畫琴棋詩酒花，當年件件不離他。而今七事都更變，柴米油鹽醬醋茶"；張南山《花地集》卷二《曾樸園》："烟霞泉石風花月，柴米油鹽茶醋糖"；《兩般秋雨盦隨筆》卷四引郭臣堯《捧腹集・村學詩》："趙錢孫李周吳鄭，天地玄黃宇宙洪"；又柏梁體之打諢也。

李義山自開生面，兼擅臨摹；少陵、昌黎、下賢、昌谷無所不學，學無不似，近體亦往往別出心裁。《七月二十八日夜聽雨夢後》通篇不對，始創七律散體，用汪韓門《詩學纂聞》說。《題白石蓮華寄楚公》、《贈司勳杜十三員外》前半首亦用散體。

【補訂】五言律散體常有。如李白《夜泊牛渚懷古》、孟浩然《泊潯陽》、岑參《送杜佐下第歸陸渾别業》、《江上春歎》、《還高冠潭口留别舍弟》,皎然《過陸鴻漸不遇》等皆傳誦名什。元稹《水上寄樂天》:"眼前明月水,先入漢江流。漢水流江海,西江過庾樓。庾樓今夜月,君豈在樓頭。萬一樓頭望,還應望我愁";則以"聯錦"體爲散律(參觀韋莊《聯錦雜體》)。祖構有不止四韻者。高西園鳳翰《南阜山人詩集》卷七《九月八日早起聞雁,因訊今歲花事尚早,意思索寞。已而解姪江南書至,牽率言懷,漫成散律六韻》;金亞匏和《秋蟪吟館詩鈔》中常有散體五律,散體排律則如卷四《甲寅八月自湖熟移家至全椒》十六韻、卷五《得家信寄丹信東季符》十韻、卷六《閒居》八韻。七言排律散體昉於義山此篇;牧之《題桐葉》惟四韻散體,餘八韻皆偶體也。繼響極尠,余祇見祝止堂德鄰《悦親樓集》卷二十九《紀夢仿義山體寄寧圃》,平景孫《霞外捃屑》卷八下嘗嗤李、祝此兩篇爲"絶好彈詞"。止堂詩九韻,溢出義山原詩一韻;原詩有對偶一聯:"恍惚無倪明又暗,低迷不已斷還連",仿作步趨之:"恍惚疑逢終是别,迷離欲住又仍還。"四韻散體七律亦殊罕覯。兹舉宋、元、明、清、近世各一例。賀方回《慶湖遺老集·補遺·聞鶯有懷故園》:"海陵春後雨冥冥,耳聽鼃嗥鸛齒[鶴?]鳴。何意東亭好風景,流鶯忽作故園聲。故園千里常牽夢,老病三年不廢情。想見楊花收卷盡,緑苔池院落朱櫻。"王仲謀《秋澗大全集》卷十九《括九峯禹貢解北條北境之山》:"晉北諸山自代來,胚凝首自霍山開。連延脊脈爲壺口,南作析城王屋排。復折而西雷首出,一支北走大行崖。次又一支爲大茂,四條明白不須猜。"

五七　撦石萃古人句律之變

王伯安《王文成公全書》卷十九外集卷一《泗州寺》："渌水西頭泗州寺，經過轉眼又三年。老僧熟認直呼姓，笑我清癯只似前。每有客來看宿處，詩留佛壁作燈傳。開軒掃榻還相慰，慚愧維摩世外緣。"諸襄七《絳跗閣詩集》卷九《題信承之守瓶集》："用拙道人守瓶集，信名同格字承之。石破天驚李長吉，鑄金作佛在於斯。每從立意開眉爪，陡覺懷冰洗俗姿。賴是知交有璩植，今人中見古人詩"；一起即仿義山贈牧之詩。羅癭公惇㬊《癭庵詩集·叔進、翼牟與道階上人邀賞丁香，因憶甲寅公憶湘綺翁於此，今翁墓草宿矣》："憫忠寺裏花如雪，拂殿照天三百株。便與山僧同作主，相邀花下置行廚。昔年百客開佳會，危坐王翁飄白鬚。今日深春湘彦集，欲將紺宇比黃罏。"賀、諸二篇均尚有一聯對偶，猶崔顥《黃鶴樓》、李白《鸚鵡洲》也。

《當句有對》一首幾備此體變態，《子初郊墅》復增益以"看山對酒君思我，聽鼓離城我訪君"；雖韋元旦《人日應制》："青韶既肇人爲日，綺勝初成日作人"，李紳《江南暮春寄家》："洛陽城見梅迎雪，魚口橋逢雪送梅"，先有此格，而彌加流動。後來韓子蒼《送錢遜叔》之"北渚蕩舟公醉我，南湖張樂我留公"；趙章泉《月夜懷子肅昆仲》："荷侵水檻公懷我，桂合茅簷我憶公"；吴梅村《琴河感舊》第三首之"青衫憔悴"一聯；均從此出。《蠅蝶雞麝鸞鳳等成篇》五律又隱開山谷《演雅》、《戲題少游壁》七古之製。殘唐五代，杜荀鶴近體起結處最好反復拈弄字面，聯如《送李先輩從軍塞上》云："好隨漢將收胡土，莫遣胡兵近漢疆"；《讀張僕射詩》云："廉頗解武文無説，謝朓能文武不通"；《雋陽道中》云："争知百歲不百歲，未合白頭今白頭"；《空閑二公相鄙解之》云："念珠在手隳禪衲，禪衲被肩壞念珠。象外空分空外象，無中有作有中無”，顛之倒之，幾可入《璇璣碎錦》、《奚囊寸錦》等書矣。北宋則邵堯夫寄意於詩，驅遣文字，任意搬弄，在五七字中翻筋斗作諸狡獪。除當句對不計外，如《和吴沖卿》云：“人人可到我未到，物物不妨誰與妨”；《恨月吟》云：“欄干倚了還重倚，芳酒斟回又再斟”；《南園花竹》云：“因把花行侵竹種，且圖竹徑對花開”；《弄筆吟》云：“弄假像真還是假，將勤補拙總輸勤。因飢得飽飽猶拙，爲病求安安未真”；《喜春吟》云：“酒因春至春歸飲，詩爲花開花謝吟。花謝花開詩屢作，春歸春至酒頻斟”；《安樂窩中吟》云：“日月作明明主日，人言成信信由人”；

【補訂】康節此聯用拆字法，見《伊川擊壤集》卷十《安樂窩中吟》第九首。孫子瀟原湘工爲艷體詩，殆庶《香奩》《疑雨》二集，而論詩甚推康節（參觀《天真閣集》卷四十一《林遠峯詩集序》、卷四十三《跋擊壤集》），殊出意外。且見諸撏撦，非徒口説。如《天真閣集》卷二十九《送人》：“花賞半開留後約，酒霑微醉忍餘歡”，即本《安樂窩中吟》第七首：“美酒教飲微醉後，好花看到半開時”（參觀卷十二《飲酒》）；《天真閣外集》卷二《露立》：“言無人達難成信，秋上心來盡是愁”；又即撮合康節詩與夢窗詞之拆字也。古之讖記謡諺每託於拆字，《文心雕龍・明詩》所謂：“離合之發，則萌於圖讖。”如《後漢書・光武本紀》上建武元年六月章懷註引《春秋演孔圖》：“卯金刀，名爲劉。赤帝後，次代周”；《宋書・符瑞志》上引孔子《河雒讖》：“二口建戈不能方，兩金相刻發神鋒，空穴無主奇入中，女子獨立又爲雙”，釋之曰：“二口建戈，劉字也，空穴無主奇入中，爲寄字；女子獨立又爲雙，奴字。”孔文舉以此法作《郡姓名字詩》，雖有巧思，殊乏詩情，遂未傳誦。詞章中游戲狡獪，則似莫早於《玉臺新詠》卷十《古絶句》第一首："藁砧今何在，山上復有山。"詞中如黄山谷《虞美人》："你共人女邊着子，争知我門裏安心"；史梅溪《戀繡衾》："愁便是，秋心也"；陳德武《浣溪沙》："山上安山經幾歲，口中添口又何時"；吴夢窗《唐多令》："何處合成愁；離人心上秋"；以至厲樊榭《沁園春·詠心》："門裏輕挑，秋來暗合，閒悶閒愁特地生"；姚梅伯《沁園春·詠青》："照水能清，依人慣倩"；皆《玉臺》一絶之踵事增華也。陳仲醇《眉公詩録》卷六有《悲秋歌》六首，語殊鈍拙，而拆字頗多："何處合成愁，離人心上秋。若言非心也，悲秋何爲者"；"心曲有緣因，感恩慚負恩。展轉寸心生，無情終有情"；"插刀置心中，爲儂長忍儂。思儂儂不憐，荆棘栽心田"；"奴心復誰訴，訴之逢薄怒。回心將别去，怯怯還留住"；"各心防有口，向頭當恪守。良心少點虧，恨我我何辭"；"但儂視多忤，心偏子午錯，念彼二人心，小忍心莫分。"《四庫總目》卷一百九十七劉世偉《過庭詩話》提要引其書云："古樂府'山上山'乃字謎之祖。元人《正宫樂府》云：'拈起這紙來呵，好教我目邊點水言難盡，拈起筆來呵，好教我門裏挑心寫不成。'庶幾善學者。"拆"相思"字尤爲小説中常談。《醉翁談録》已集卷一梁意娘與李生《相思賦》："木傍目而漫極瞻視，田下心而徒勞忖度"；《金瓶梅》第八十三又九十八回、《警世通言》卷三十八《蔣淑真刎頸鴛鴦會》等皆有"害些木邊之目、田下之心"語。

《首尾吟》云："一盞兩盞至三盞，五題七題或十題。因月因花因興詠，代書代簡代行移。能知同道道亦得，始信先天天勿違。已著意時仍著意，未加詞處與加詞。”皆掉臂徑行，不受格律桎梏。後來白沙、定山雖亦步趨，都無此恣肆。且堯夫於律，匪特變化對聯，篇章結構亦多因革。如《首尾吟》起結語同；《四長吟》中間以“一編詩”、“一部書”、“一炷香”、“一樽酒”平頭鋪作兩聯；《春水》長律起四聯，又《花前勸酒》、《春秋》二首，均拈出兩字，於五律中參差反復，轆轤映帶，格愈繁密，而調益流轉。按此體唐人詩亦偶有之，如李伯魚《桐竹》詩、長孫佐輔《代別後夢別》、元微之《水上寄樂天》皆是。王荊公《兩山間》一首，回環交錯，調叶對妥，實即此製，編入五古，非是。吴梅村《避亂》第四首雖不字面連貫，而亦是五排，緣其他諸首皆五古，遂併入一題耳。古近體之分，通人往往混淆，如漁洋以東坡《出潁口初見淮山》詩選入七古；清館臣囿於試帖之見，自《大典》中輯別集，每以七言拗律編入七古，更不足道矣。倘有詩人，能善用諸格，未嘗不彬彬然可親風雅也。南宋則楊誠齋，顯好身手，得大自在。聯如《道逢王元龜閣學》云：“古誰云遠今猶古，公亦安知世重公”；《送周仲覺》云：“無夕不談談不睡，看薪成火火成灰”；《晴後雪凍》云：“本是雪前風作雪，卻緣雪後雪生風”；《閶門外登溪船》云：“絶壁入天天入水，亂篙鳴石石鳴船”；《水月寺寒秀軒》云：“低低簷入低低樹，小小盆盛小小花”；《再和謝朱叔正》云：“自慚下下中中語，祇合休休莫莫傳”；《賀胡澹菴新居》云：“卻入青原更青處，飽看黄本硬黄書”；《登多稼亭》云：“鷗邊野水水邊屋，城外平林林外山”；《紅錦黄花》云：“節節生花花點點，茸茸麗日日遲遲。”其中佳對，巧勿可階，而曲能悉達，使讀者忘格律之窘縛，亦詩之適也。此外如《歸田録》載楊文公句：“水底日爲天上日，眼中人是面前人"；司馬温公《續詩話》載丁晉公句："草解忘憂憂底事，花能含笑笑何人。"按此等句法皆出自韋莊之"印將金鎖鎖，簾用玉鉤鉤"，杜荀鶴之"舊衣灰絮絮，新酒竹篘篘"等句。石曼卿句："天若有情天亦老，月如無恨月長圓"；梅聖俞《和正仲寄酒》："欲比擬穌穌少色，曾持勸客客何人。"《侯鯖録》載東坡句："與我周旋寧作我，爲郎憔悴卻羞郎"；按《侯鯖録》卷一僅言東坡道此二句爲的對；《苕溪漁隱叢話》前集卷五十三引《王直方詩話》云，下句乃直方所對，想不誣也。胡侍《珍珠船》卷六引此聯，未具主名；趙甌北《陔餘叢攷》卷二十三"吾友沈佩蘭集聯"云云，則與古人暗合矣。以及明人如王次回《寄懷弢仲》云："見説人歸歸雁後，那堪淚落落花前"，又《箇人》云："承恩在貌非因貌，觸緒無歡衹爲歡"；王思任《壽陳眉公》云："帝欲見公公不見，蒙方求我我何求"；王叔聞《寄段季純》云："照水紫薇霞紫處，遶籬黄蝶葉黄時"；倪鴻寶《雪後》云："幽多多黯處，白最最高峰"，又《卜居》云："嗜酒酒泉郡，姓何何國人。"涉筆成趣，時復一遭。至錢蘀石而薈萃古人句律之變，正譎都備，格式之多，駸駸欲空掃前載。如《茗雲草堂曉起得雪》云："山山敗絮蒙頭我，樹樹空花過眼禪"；《茗雲草堂對雪得月》云："身即非魚方在水，心元如鏡況無埃"；《宜亭新柳》云："如何密密疏疏影，絆惹千千萬萬絲"；《曉寒》云："雪外來方知有雪，風前行不避多風"；《有懷故園親戚》云："采葛采蕭分采艾，于逵于木盍于磐"；《德安北山行雨》云："旱禾渴雨雨而雨，修樹藏山山復山"；《尊酒會》云："三揖三終三讓禮，杖鄉杖國杖朝人。句應胡、吉、盧、張匹，題或歐、韓、范、富頻"；《小南城》云："橋入秀巖巖幾疊，水環圓殿殿何名"；《題陳仲仁山水》云："苔點麓寒厚所厚，松陰雪活清其清”；《花朝》云：“老去閒情急花事，閒來老伴寡塵言”；《舟發南昌》云：“不住而住一宵雨，可行則行三板船”；《到家》云：“兒時我母教兒地，母若知兒望母來”；《和御製經畬書屋韻》云：“鄭箋孔傳苗莠莠，義種仁收富賚貧”；《和履郡王雪興》云：“粉蛺蝶飛藏凍雀，碧芭蕉敗壓高松”；《法源寺感徐太守》云：“丁令鶴歸歸亦恨，莊生蝶夢夢翻驚”；《樂遊原》云：“寧申岐薛亭臺里，車馬衣裳士女風”；《和御題文津閣》云：“二三四部六年竣，寫校編官親覽程”；《語永豐鄉人》云：“堰高作廟神斯妥，村近燒香衆所安。秋月郡東南白苧，石橋溪上下紅欄”；《晨起課桑》云：“杏萼原隨柳絲碧，麥苗須及菜花黄。天陰陰未雞頭鵲，日曖曖先雀口桑”；《祭掃張夫人墓》云：“樹有杉槐松柏檞，人多男女子孫曾。”多弄巧成拙，作法自苦，昔人弊止佻滑，此則趣歸鈍滯。蓋既無康節之天機洋溢，復輸香山、誠齋之風調輕逸，衹可與杜荀鶴分據東西屋兩頭耳。鈕玉樵《觚賸》續編卷一稱吴東里《中秋家讌》詩：“大烹豆腐瓜茄菜，高會荆妻兒女孫”，以爲句法奇創；蘀石《祭掃張夫人墓》一聯殆其苗裔耶。諸襄七爲蘀石鄉先輩，七律對仗亦好作新體，如《望嶽》之“高標衡、華、嵩、恆上，世閱齊、秦、漢、魏雄”；《聽客談武夷山》之“櫂轉菜瓜葵六曲，徑無蛇虎雉三斑”；《門神》之“由後視今今視昔，看輿臣隸隸臣僚”；《再答對松》：“折芳要菊梅蘭蕙，儲藥兼苓桂朮參”；《前韻酬和》之“似李似梅還似蝶，非球非璧亦非珠；虎龍狗異三分國，代厲秦横并屬蘇”，與蘀石諸聯如出一手。蘀石胸中所養，每如蠹食殘書，蠅鑽故紙；所作亦太半設客之曲，供官之詩。有詩膽而乏詩心，故僅就字面句眼上作諸變相，讀之徒覺其蠻做杜撰，煞費氣力。按蘀石手批厲樊榭詩集，評《觀陳洪綬合樂圖》云："字眼豈可杜撰，蠻做豈是才情。"清高宗七律對仗多糾繞堆疊，廷臣賡歌，每效其體。如彭辛楣之"六逢唐宋元明代，疊衍來昪仍耳人"；吴蓉塘之"得名位禄欣兼壽，多子孫曾喜及玄"；當時公卿集中，比比皆是。蘀石漫與閒吟，亦仿御製，幾如古來稗説所嘲於私室中行庭參、燕私時操官話矣。郭頻伽《樗園銷夏録》卷下言蘀石自書京師寓齋春帖云："三間東倒西歪屋，一個千錘百鍊人"，輕薄子書以糊鐵匠店中，傳以爲笑。

【補訂】《閱微草堂筆記》卷二十二記此聯乃張晴嵐門帖，彭信甫戲爲鐵匠書之，遂成怨隙。余嘗覩日人景印《中國名畫集》第三册第四十六頁徐文長《青藤書屋圖》，有自題句云："幾間東倒西歪屋，一個南腔北調人"；蘀石春帖似本徐語而稍竄易者。《隨園詩話》卷十二載魯亮儕門聯、《儒林外史》第十一回載楊執中客座聯則逕取青藤句而改"幾間"爲"兩間"、"三間"耳。

竊以爲此雖惡謔，亦殊有竅。昔人喻作詩，每取材於機人之織、玉人之琢，若蘀石則大類鐵匠之打而已。綜觀蘀石律詩中對格之新、古詩中章法句法之奇，其有志開拓詩界可見；惜僅在詞句上用工夫，興象意境，未能力破餘地，亦才之所限也。然生沈歸愚、袁子才之世，能爲程春海、鄭子尹之詩，後有漢高，則亦無慚於先驅之勝廣矣。

五八

蘀石詩秃筆淡墨，不側媚弄姿，不偏鋭取勝，故當時名輩，頗尠知賞。王述菴作《湖海詩傳》，甚不與之，至謂其“率然而作，信手便成，不加研錬”。吴思亭修以詩受知於蘀石，又爲蘀石子慈伯弟子，早有辯護。其《吉祥居存稿》卷一《書蘀石齋詩集後、并序》曰：“向閲王少寇《蒲褐山房詩話》，評公之詩云云。朱梓廬先生語修曰：少寇所論，適與翁詩相反。又閲《隨園詩話》，謂公吟詩云云，語意亦略同。似於《蘀石齋全集》全未研閲。袁王兩家並海内詩壇盟主，頗自負其辨眼，且與公皆有縞紵之好，而評論膚泛不切至此，可見文章知己之難。因作此詩，以質世之讀公詩者。”詩略云：“公詩精益求，於杜得縝密。韓蘇並沈酣，涪翁亦心折。氣勇怯千夫，脈細歸一髪。獲古不傳祕，皆於人所忽。二老未深味，如何漫稱述。不愁背面笑，無乃交臂失。”後人自負爲鍾期、桓譚者，多集矢於述菴；如《聽松廬詩話》、《石遺室詩話》等皆駁之。然空洞數語，稍足翻案，未能關異議之口也。黄霽青安濤《詩娱室詩集》卷十六《題蘀石齋集》云：“率意小心論不同，憑何幸苦證詩翁。晚年手稿多塗乙，須問當年老刻工”；自註：“嘉善東門外有劉子端者，剞劂老手也。

《擡石集詩》是其寫刻，親見手稿改易甚多，旁行斜註，幾有不可辨者。劉嘗爲先子言如此，此亦足見作者苦心矣。此段世無知者，爰題一絕志之。”郭則澐《匏廬詩存》卷七《題國朝名家詩集》亦曰：“猶有劂工識心苦，蘭泉、擡石本殊科。”夫必待劂工而後能識擡石作詩之慘淡經營，則諸君詩識亦已淺矣。擡石古體之章法句法、近體之對法字法，無往不立異出奇，自别時流。《浪跡叢談》卷十記翁覃谿云：“擡石説杜詩：‘今代麒麟閣，何人第一功’；必以麒麟與第一爲對偶”；用意苛細如此，豈率意漫與者。擡石歸田後詩，老手頽唐，則亦不免。如《小店》之“不成買醉忻然坐，摇鼓冬冬自賣糖”等句，不謂爲率易不可。然此種耄及之什不多。詩之率者必易；擡石體滯語悶，是拙也，非率也。潘四農《養一齋詩》卷首《題詞》一則云：“真率之辨，在厚與不厚”；竊以爲拙率之辨，在易與不易。以勤補拙，弄巧成拙，擡石實兼有之。試觀其自註中附早作詩，未嘗不求風神澹宕也；集中見存遊賞諸絕句，未嘗不求姿致冶麗也；而如蔗尾蜜房，渣滓多於滋味。王穀原《丁辛老屋集》卷六《看桃花》諸絕句尤與擡石祈嚮一致，而鬆秀之與滯鈍，較然可識，則情韻之差也。其哀逝悼舊之作，未嘗不欲由情生文，一洗仙而不哀之套語也。故《哭朱沛然》第一首曰：“載於倫紀地，至痛不能文。”顧皆黏著鋪敍，有同訃告，幾能聲徹天而淚徹泉哉。且擡石匪特短於才情，即其氣力，亦欠彌滿。查梅史《篔谷詩集》卷十《與積堂論詩得八絕句》之四云：“七字長城屹上游，單詞儷句若爲優。道人天眼分明在，齒冷江河萬古流。”自註：“擡石先生謂韓、杜、蘇、黄七古，皆一氣單行。二晁以外，始多用偶句，看似工整，其實力弱，藉此爲撑拄。一經拈出，便覺有上下牀之别，漁洋《古詩選》尚未能覰破也。”按蘀石之言精矣，而所作頗不副所言。五古多整齊作對仗，七古多轉韻，實未能一氣單行，貫注到底；故雖學昌黎，而天骨開張、磨揚巨刃之境界，概乎未有。亦賦稟所囿，須放鄭子尹出一頭矣。郭頻伽《靈芬館詩話》卷三云：“張渠齋以《蘀石齋集》見貽云：此公孤詣，人不能識，重俟足下鑑别之”；卷八云：“蘀石齋詩淳音古意，自成一家。視曝書亭較深，視樊榭山房較大，然知者蓋鮮。隨園與之同徵，亦但推其經學人品，未及詩也。集中古今體各有極至之處，亦皆有頹放自適者，終爲大家。《僮歸》十七首純乎漢魏，卻無一字摹仿。穀人祭酒《懷人詩》云：‘千詩槊鬱此胸襟，長水侍郎才調深。’著一深字，真蘀翁知己。”頻伽詩格風華，而能賞異量之美，作平心之論，雖不盡確，已是具眼。隨園亦道其詩，《詩話補遺》卷一稱爲“率真任意，有夫子自道之樂”；即頻伽所謂“頹放自適”，亦即述菴所謂“率然而作”。隨園明見四十九卷本《蘀石齋集》，而不能窺其慘淡經營，蓋草草摭取暮年兩詩，未從頭細閲耳。所謂“才調深”者，乃由頻伽、穀人之習於淺；較江左三家、吴中七子、常州五星，則蘀石自爲深穩；亦猶以蘀石比東原，未得爲通經之士，而隨園則竟以“經學”推之矣。《乾嘉詩壇點將録》評蘀石曰：“遠而望之幽倩漏，近而視之瘦透皺，不知者曰老學究”；“幽倩漏”切“蘀”，“瘦透皺”切“石”，皆本“深”字生發，與頻伽意合。雖然，六字談何容易。蔣超伯《通齋詩話》云：“英石之妙，在皺瘦透。此三字可借以論詩。起伏蜿蜒斯爲皺，皺則不衍，昌黎有焉。削膚存液斯爲瘦，瘦則不膩，山谷有焉。六通四闢斯爲透，透則不木，東坡有焉。支離非皺，寒儉非瘦，鹵莽滅裂非透。吁，難言矣。”竊不自揆，爲引申之曰：静而不囂，曲而可尋，謂之幽，蘇州有焉；直而不迫，約而有餘，謂之脩，彭澤有焉；澄而不淺，空而生明，謂之漏，右丞有焉。瘦透皺者，以氣骨勝，詩得陽剛之美者也；幽脩漏者，以韻味勝，詩得陰柔之美者也。擇石體秉陽剛，然無瘦硬通神之骨、靈妙寫心之語，凌紙不發，透紙不過，劣得"皺"字，每如肥老嫗慢膚多摺而已。自宋以來，詩用虚字，其弊有二：一則尖薄，乃酸秀才體，鍾伯敬、譚友夏、蔡敬夫是也；一則膚廓，乃腐學究體，邵堯夫、陳公甫、莊定山是也。擇石固亦老學究耳。孔子曰："温柔敦厚而不愚，則深於詩者"；擇石之愚，倘亦如甯武子之不可及耶。昔意大利文家塔松尼（Alessandro Tassoni）《雜感録》（*Pensieri diversi*）嘗申言醜女（le donne brutte）亦能姿媚動人，聖茨柏雷移以論文；參觀 Saintsbury：*History of Criticism*，vol，II，p. 417。吾國張山來《幽夢影》亦云："貌有醜而可觀者，有雖不醜而不足觀者；文有不通而可愛者，有雖通而極可厭者。"擇石齋詩姿媚可愛則未必，其醜而尚耐看者乎。

【補訂】沈汲民景脩《蒙廬詩存・外集》有《讀國朝詩集一百首》，論擇石云："前人依傍一空之，筆似粗疏脈似絲。别有莽蒼元氣在，蘭泉眼鉅未深知"；蘭泉即王述菴，"脈似絲"正本吴思亭詩之"脈細歸一髮"。當時推擇石詩如翁覃谿、汪厚石等，乃其友好。洪稚存不屬交親之列，《北江詩話》卷一云："近時九列中詩以錢宗伯載爲第一，紀尚書昀次之；宗伯以古體勝，尚書以近體勝"；又卷五云："世推袁、王、蔣、趙。平心論之，四家之傳及傳之久與否，均未可定。若必可不朽者，其爲錢載、施朝幹、錢澧、任大椿乎。宗伯之詩精深。"郭頻伽以吴穀人稱"長水侍郎才調深"，推爲"真擇翁知己"，則北江亦當與“真知己”之數；穀人此詩題爲《秋懷》，見《有正味齋詩集》卷八。管緘若《蘊山堂文集》卷六《錢蘀石先生祭文》稱其“賦詩”曰：“别有玄解，淺夫難究。出入雙單，知音乃授”；“淺夫”句即“深”之意也。頻伽於時人詩最心折黎二樵，《靈芬館三集》卷三《舟中讀五百四峯堂詩竟，用其讀黄仲則集韻題之》有云：“淳情吐澀語，庶幾錢老頑”，自註：“蘀石先生”，甚許蘀石，言外可見。黄培芳《香石詩話》卷三承張南山之説，稱蘀石“小心”。于辛伯源《鐙窗瑣話》卷七記刻工言蘀石詩稿多塗乙一則，即本黄霽青詩，蓋猶張文潛、張芸叟之言白香山詩稿也（參觀《宋詩選註》張耒篇註三）。諸家崇尚蘀石，張南山《藝談録》至歎其七律能“於唐、宋、元、明諸家外别開境界”，卻無片言及諸襄七者。《絳跗閣集》於《蘀石齋集》實導夫先路，七律尤然，揚搉即見；洪、吴、郭、張等年輩接近，若罔聞知，殆睫在眼前乎。《絳跗閣集》卷六有題蘀石《漵上讀書圖》絶句，卷十亦有酬蘀石詩，卷九《芍藥繡球》和章稱蘀石詩“深秀”。汪康古兄弟詩與蘀石音同笙磬，復與襄七誼均縞紵，康古《厚石齋詩》卷七《讀草廬先生近詩》云：“晤對無言獲賞心，拈來常語鐵成金。個中塗轍爭毫髮，聖處工夫見倚參。古調獨彈難索解，詞源三峽不窮斟。畫眉今日空時樣，甚欲相從問淺深”（參觀本書第459頁引康古《贈蘀石》五律）。此段文字因緣，足爲談藝之佐。故數錢而忘諸者，於浙派之承流枝附，闕有間矣。米元章《海嶽志林》品石四字：“瘦、秀、皺、透”，孔見素《至正直記》卷三品靈壁石三字：“瘦、皺、透”，略去“秀”字。

五九

英人 Arthur Waley 以譯漢詩得名。余見其 170 *Chinese poems* 一書，有文弁首，論吾國風雅正變，上下千載，妄欲别裁，多暗中摸索語，可入《羣盲評古圖》者也。

【補訂】《羣盲評古圖》即見《隨園詩話》卷十二："有人畫七八盲者，各執圭、璧、銅、磁、書、畫等物，作張口争論狀，號《羣盲評古圖》。"清初禹之鼎作《瞶瞶圖》，早寫斯意，參觀韓慕廬菼《有懷堂詩稿》卷四《題瞶瞶圖》二首並《序》。

所最推崇者，爲白香山，尤分明漏洩。香山才情，昭映古今，然詞沓意盡，調俗氣靡，於詩家遠微深厚之境，有間未達。其寫懷學淵明之閒適，則一高玄，按香山《題潯陽樓》稱淵明曰："文思高玄"。一瑣直，形而見絀矣。其寫實比少陵之真質，則一沈摯，一鋪張，況而自下矣。故余嘗謂：香山作詩，欲使老嫗都解，而每似老嫗作詩，欲使香山都解；蓋使老嫗解，必語意淺易，而老嫗使解，必詞氣煩絮。淺易可也，煩絮不可也。按《復堂日記補録》光緒二年八月二十二日云："閱樂天詩，老嫗解，我不解"；則語尤峻矣。西人好之，當是樂其淺近易解，凡近易譯，足以自便耳。惟篇末云："欲觀惡詩，須閱《隨園詩話》"，則殊具識力。自有談藝以來，稱引無如隨園此書之濫者。尤以卷八引青田才女柯錦機調郎五言絶，爲極糞土之汙。子才不惜筆墨，一至於斯。同卷謂“詩話作而詩亡”者，殆亦夫子之自道乎。然此書所以傳誦，不由於詩，而由於話。往往直湊單微，雋諧可喜，不僅爲當時之藥石，亦足資後世之攻錯。子才非目無智珠，不識好醜者，特乞食作書，聲氣應求，利名扇盪，取捨標準，自不能高。重以念舊情深，愛才心切，欲發幽光，遂及哇響，譏其道廣固可，見《詩話補遺》卷七許穆堂贈詩，稱其心慈亦無不可。如卷三于震事、卷八“選詩如散賑”語，卷十三引李穆堂語。自言顯微闡幽，寧濫毋遺。見補遺卷四。又曰：“徇一己之交情，聽他人之求請，余未能免。”卷十四“選詩七病”條。蓋已解嘲在先。若乃比論詩於選色，《補遺》卷一和周午塘詩、卷三“余好詩如好色”條，又《小倉山房尺牘》卷八《答彭賁園》。竊謂若據詩話而論，則隨園之好內，亦祇如《萍洲可談》卷三所記“濕活居士”，宜其自歎“買妾常如下第人”矣。而實託風雅爲狹邪，評頭論足，狎語媟言。例如《品花寶鑑》第五十五回寫侯石翁換扇題詩事，即本《詩話》卷三題薛筠郎遺稿、卷八郭秀才二條參觀《小倉山房集》卷二十《題高南澗哭筠兒詩後》、卷二十四《廬山觀瀑布、有少年奇雅郭姓名淳、誤易其扇、歸題二絶句》。點染而成。昔王漁洋《秦淮竹枝》以“吟詩紀阿男”爲殿，紀伯紫尚有失言之譏。子才佻達放肆，蕩檢踰閑，盛名之下，佔盡韻事，宜同時諸君之由羡生妒，由妒轉恨矣。故章實齋《文史通義》内篇五有《詩話》、《婦學》、《書坊刻詩話後》等篇；趙甌北有向巴拙堂控詞，載《兩般秋雨盦隨筆》卷一，謂“實乃名教罪人”；後來譚復堂至以兆東南大亂斥之。見《日記補録》同治七年九月一日，并斥爲“文妖”。參觀同治元年十月二十五日、十一年三月十四日、光緒五年五月十三日。實則甌北雖諷子才收女弟子，參觀《甌北詩鈔》中《謝鮑尊古》、《題駱佩香詩》諸絶句。而己亦見獵心喜，欲炙形色；好與翁悟情、駱佩香遊，《自焦山至揚州雜詩》且有"公然挾兩雌，狂煞老頭皮"之句。復堂以勸李蒓客講究微言大義，而復品定都門樂僮，刻《羣芳小集》，致爲李蒓客所譏。見《越縵堂日記》同治十二年五月二十五日，參觀《復堂日記補録》同治十年三月二十四日、四月二十一日、同治十三年四月初八日、又光緒四年七月二十八日以得見《燕蘭小譜》爲喜，光緒五年正月八日補註《懷芳記》。二君於子才，不啻尤而效之者也。俞曲園《春在堂隨筆》卷十論隨園紀遊册，亦甚不以子才之狎褻爲然；曲園之於子才行事，幾若曠世相師，惟左右風懷，則殊勿類，似不二色終其身者，此一端即可譏彈隨園而勿怍矣。

【補遺】按曲園《日記》殘稿："光緒壬辰三月十六日：有謂以鄙人比隨園，亦未敢退居其後。"汪康年《穰卿遺著》卷四《説名士》一文痛詆曲園，中謂："尤可恥者，則一生步趨隨園，而書中多詆隨園，亦見其用心之回邪也"云云。胡思敬《退廬文集》卷一《劉幼雲提學關中贈言》："舍道德而專求文章，不成則爲尤西堂、袁簡齋、俞曲園。"

實齋《題隨園詩話》十二絶句，人多知之。凌次仲廷堪《校禮堂詩集》卷七《絶句四首》有云："自怯空疏論轉嚴，儒林文苑豈能兼。不聞盧、駱、王、楊輩，朴學曾將賈孔嫌"；又云："何苦矜張村曲子，翻云勝得九成簫"；又云："删卻强顔支飾語，也應唤作小名家。"必爲隨園而發。次仲爲翁覃谿弟子，學人爲詩，與隨園詩派本相水火。參觀《詩話補遺》卷二"詩中有考據"條、卷三"今之詩流三病"條，《小倉山房詩集·論詩絶句》末首斥夫己氏"抄書作詩”，相傳即指覃谿。洪北江《詩話》自記誤聞覃谿噩耗，得一聯曰：“最喜客談金石例，略嫌公少性情詩。”而次仲作覃谿六十壽詩獨稱其排比金石，重開詩境，針鋒正復相對。《校禮堂文集》卷二十四《與江豫來書》，亦相發明。查梅史揆《篔谷詩集》卷十《論詩絶句寄屠琴塢》十二首，亦疑指隨園言；另有《與積堂論詩得八絶句》，其第五首自註明斥隨園爲“風雅罪人”。黄謙牧承吉《夢陔堂詩集》卷十八《憶某公》五古、卷二十二《戲題某君詩集》七律，亦必指隨園。實齋講義理，次仲治考訂，梅史攻詞章，謙牧治朴學而尤自負其詩，均與隨園生世相接，故諸作尤親切有味。《楚庭耆舊遺詩》後集卷八《茶村詩話》謂劉廣智曾撰《詩話》一卷，詆袁簡齋云云，余未之見；按之黄培芳《香石詩話》卷一、卷二，則廣智乃其弟子。《香石詩話》固力斥隨園而稱王漁洋、錢擇石者，劉殆承其師説爾。譚復堂亦自言作《正袁》數卷，旋毁其稿。陳杏孫昌紳嘗欲爲《小倉山房集》作註，蒐羅乾隆一朝文字掌故，積槀數十巨册，惜未刊行，無由借證。隨園説詩要指，衆所共曉，勿俟詳述。百許年來，不乏責難，大都學識勿足，心氣未平。竊不自揆，以《詩話》爲據，取前人論衡所未及者，稍事參稽。良以此書家喻户誦，深入人心，已非一日，自來詩話，無可比倫。故爲之批卻攻隙，復借以旁通連類，知言君子，倘有取歟。

【補訂】唐殷璠《河嶽英靈集》自序云：“大同至於天寶，把筆者近千人。除勢要及賄賂者，中間灼然可尚者，五分無二。豈得逢詩輒贊，往往盈帙。”子才詩話“盈帙”，亦幾乎“逢詩輒贊”。贊勢要，贊勢要之母及姬妾，贊打秋風時之東道主，贊己之弟妹姻親，贊勝流名輩，亦復贊後生新進與夫寒士窮儒。

真廣大教化主，宜《乾嘉詩壇點將録》擬之於“及時雨宋江”也。

【補正】唐顧陶《唐詩類選》自序云：“由是諸集悉閱，且無情勢相託，以雅直尤異成章而已”；又後序云：“嗟乎！行年七十有四，一名已成，一官已棄，不懼勢逼，不爲利遷”(《全唐文》卷七六五)。可與殷璠所謂“勢要及賄賂”相印證。蓋評選同代或近代詩者每不免借扢揚風雅爲媚“勢”牟“利”之資，唐人已深悉其弊。子才《詩話》卷一四論“選詩七病”云：“徇一己之交情，聽他人之求請，余未能免”，正亦直認不諱矣。

【補訂】劉聲木《萇楚齋續筆》卷九引林象鼎《樵隱詩話》云：“隨園之盛名，良由肯獎拔後進。感之者多，故譽之者廣。然則植人者，實植己也。”斯言得之。尚喬客鎔評子才語，都見所撰《三家詩話》，書雖不著，按索即知。乾嘉以來著作中尚有堪掇拾者數事。焦理堂循《雕菰集》卷十五《刻詩品序》：“嗟乎，詩道之敝也。用以充逢迎，供諂媚，或子女侏儒之間，導淫教亂。其人雖死，其害尚遺。一二同學之士，憤而恨之，欲盡焚其書。余曰：是不必校”；此必爲子才發，即《三家詩話》所云：“子才風流放誕，詩崇鄭衛。吴越間聰明兒女以之藉口，流弊無窮。”惲子居敬《大雲山房集》二稿卷四《孫九成墓誌》言子才“巧麗之詞，濟以博辯，傾倒一時。後生奉之，以詩爲利禄之途，身後則皆背之。獨蓮水之詩，子才不得不知，未嘗以詩得隨園毫髪之益，老而袒護其師不改。”《隨園詩話》卷一稱九成《咏小孤山》一絶，又《補遺》卷一引其《過琵琶亭》二句；短章斷什，詩既平常，評更率略。讀者過眼即忘，故子居謂“無補毫髮”。然《小倉山房尺牘》卷七

《與陳藥洲方伯》云:“孫韶秀才書來,蒙公噓拂,得黄州書記一席,賓主相安,孤寒得所,此皆推老人之讙諉,愛屋及烏”,韶即九成,九成《春雨樓詩略》有《赴南昌謁陳藥洲中丞途次寄簡齋先生》一律,腹聯云:“北海有書還薦禰,晉公多客舊憐韓”,正指此事。是子才嘗爲九成覓得噉飯地,豈徒“毫髮之裨”,子居言過矣。夫面諛而背毁,生則諛而死則毁,未成名時諂諛以求獎借,已得名後詆毁以掩攀憑,人事之常,不足多怪。子才聲氣標榜最盛,世態炎涼,遂尤著耳。方子嚴濬師《蕉軒隨録》卷五畧云:“王述菴致袁簡齋先生書曰:‘弟選《湖海詩存》,作詩话以發明之;中論大作謂如香象渡河,金翅擘海,足以推倒一世豪傑’云云。今閲《詩傳》,稱其‘無論貲郎蠢夫,互相酬答;汰其淫哇,删蕪雜,去纖佻,清新雋逸,自無慚於大雅’,云云。選僅二十首,隨意編録;‘香象渡河’數語全行删去,至拉出吴嵩梁謂其詩人多指摘。夫嵩梁少時,依隨園門牆,於隨園身後,竟爾逞其狂吠。嘉慶庚辰,先世父出守湖州,嵩梁贈詩,末云:‘我識碧瀾堂下路,願爲六客繼清遊’,推尊極矣;親書短軸以送,即索百金去,嗣刊詩集,此詩不存。”《隨園詩話·補遺》卷一“王蘭泉方伯詩”一則極稱述菴,卷二“獨愛吴嵩梁一首”一則至夢見蘭雪;是二人皆遂標榜之願矣。張仲雅雲璈見賞於雲菘,《甌北詩集》卷三十五《浙二子歌》,其一即仲雅也。仲雅《簡松草堂詩集》卷十《湖上喜晤簡齋先生因成長篇》於子才拳拳服膺,卷十六《聽人談袁簡齋先生詩文退而成篇》畧云:“我昨廣坐逢羣公,笑談四起生辯鋒。縱言至於《小倉山房集》,毁譽不肯相爲同。大都譽者阿,毁者謾,譽者不敵毁者半。傍有下士傾耳聽,不覺臨風動長歎。先生有才在善用，如將將兵偏以衆。生龍活虎在人間，幾個能擒復能縱。世人不識用筆精，毛舉細故供譏評。今我讀此心爲平，瑕瑜不掩留菁英。汰其四者存其六，此集自占千秋名。吁嗟乎，先生之名自不朽，先生之死惜不久。聲稱難愜衆人心，公論終憑後世口。李、杜、韓、蘇在昔時，也復有人説好醜。”仲雅所謂“汰其四”，即述菴所謂“汰淫哇，删蕪雜”，均韋端己《又玄集序》所謂：“沙之汰之，班、張、屈、宋亦有蕪詞，沈、謝、應、劉猶多累句。”食馬捨肝，烹魚去乙，兩人語意一揆；然王攻訐而張回護，貌同心異，一死一生，交情判矣。蔣子瀟《游藝録》卷下：“乾隆中詩風最甚。袁簡齋獨倡性靈之説，江南北靡然從之，自薦紳先生，下逮野叟方外，得其一字，榮過登龍。及其既卒，而嘲毁遍天下，前之以推袁自矜者，皆變而以駡袁自重。平心論之，袁之才氣，固是萬人敵也。胸次超曠，故多破空之論；性海洋溢，故有絶世之情。所惜根柢淺薄，不求甚解處多。所讀經史，但以供詩文之料，而不肯求通，是爲所短。若删其浮艷纖俗之作，全集僅存十分之四，則袁之真本領自出。二百年來，足以八面受敵者，袁固不肯讓人也。壽長名高，天下已多忌之；晚年又放誕無檢，本有招謗之理。《湖海詩傳》所選袁詩，皆非其佳者，此蓋有意抑之。”子瀟少日，詩師袁趙，吴巢松《鳳巢山樵求是二録》卷三《題蔣生湘南詩稿》至儆之曰：“推袁此事要尋思”；初心未昧，故持論平恕如是，且於述菴之選，有識砆棄璧之疑焉。朱庭珍《筱園詩話》醜詆子才，如卷二斥《隨園詩話》曰：“持論多無稽臆説，所謂佞口也”，因痛駁其“律詩如圍棋、古詩如象棋”、“詩何必貴厚賤薄”、“覽《聲調譜》而失笑”三則；又曰：“袁既以淫女狡童之性靈爲宗，魔道妖言，潰詩教之防。一盲作俑，萬瞽從風。其詩不講格律，不貴學問；其《詩話》又强詞奪理，小有語趣，無稽臆説，便於借口。流毒天下，至今爲梗”；卷四駁《隨園詩話》謂“應酬詩不可廢”乃“昧心之語，以飾己過”。朱氏此書湮没已久，未見有引用者。天目山樵（張嘯山文虎）《儒林外史評》卷下第三十三回：“這姚園是個極大的園”評：“此即後來隨園也。園亦不甚大，而稱極大，蓋借景於園外，簡齋固已自言之。然《詩話》中又冒稱即《紅樓夢》之大觀園，則又嚴貢生、匡超人、牛浦郎輩筆意也。”語殊冷雋；其園得入《紅樓夢》，乃子才之梢空，其人宜入《儒林外史》，則子才之行實矣。

六〇

子才論詩，於同時甚推商寶意。寶意《質園詩集》卷十《旅窗自訂新舊詩四十卷、因成長句》，有云：“不分畦畛忘年代，別有陶鎔屬性靈”；兩語幾可爲《隨園詩話》之提要鉤玄。然寶意作詩較隨園爲温潤流麗，隨園强攀同志，實不相同。觀《質園集》卷十二《論詩絶句》推漁洋爲“盟主”、歸愚爲“正宗”，此隨園所斷不肯言者。卷二十三《論詩示芳甸甥》云：“迦葉獨破顔，微笑機鋒中。詩學等禪宗，千古淵源共”；而子才卻力非滄浪、漁洋禪悟之説。斯又見兩人之和而不同。《隨園詩話》卷八言：“滄浪借禪喻詩，不過詩中一格。宜作近體短章，半吞半吐，以求神韻。若作七古長篇、五言百韻，即以禪喻，自當天魔獻舞，花雨彌空，造八萬四千寶塔不爲多，豈作小神通哉。”《補遺》卷三引梅沖《詩佛歌》仿此。《補遺》卷一言：“阮亭好以禪悟比詩，余駁之曰：毛詩三百篇，豈非絶調。不知爾時，禪在何處，佛在何方。”按：前之説淺嘗妄測，後之説强詞奪理。

【補訂】後説實本李玉洲重華《貞一齋詩説》：“嚴滄浪以禪悟論詩，阮亭因而選《三昧集》。試思詩教自尼父論定，何緣墮入佛事。”子才更伶牙俐齒耳。《隨園詩話·補遺》卷一駁“阮亭好以禪悟比詩”一則後，即引“李玉洲先生”論“讀書隸事”一則，復繼引“先生笑”答人問“大題目”一則，皆見《貞一齋詩説》，故知此則亦申演《詩説》也。玉洲爲子才館前輩，《貞一齋詩集》卷三有《送袁子才給假歸娶》七古。又按捷克形式主義論師謂“詩歌語言”必有突出處，不惜乖違習用“標準語言”之文法詞律，刻意破常示異(foregrounding, the intentional violation of the norm of the standard, distortion)；故科以“標準語言”之慣規，“詩歌語言”每不通不順(Jan Mukařovský：“Standard Language and Poetic Language”)。in Donald C. Freeman, ed. , *Linguistics and Literary Style*, 1970, 40 ff.. 實則瓦勒利反復申説詩歌乃“反常之語言”，於“語言中自成語言”（C' est bien le non-usage, c' est un langage dans un langage)。見 *Variété*, in *Oeuvres*, Bib. de la Pléiade, I, 1293, 1324。西班牙一論師自言開徑獨行(totalmente independiente)，亦曉會詩歌爲“常規語言”之變易(la poesía como modificación de la lengua o norma)，詩歌之字妥句適(la única expresión propia)即“常規語言”中之不妥不適(la “lengua” la expresión impropia)。詳見 Carlos Bousoño, *Teoría de la expresión poética*, 1952, 6ª ed. , 1976, I, 13-6, 113-5。當世談藝，多奉斯説。余觀李氏《貞一齋詩説》中一則云：“詩求文理能通者，爲初學言之也。論山水奇妙曰：‘徑路絶而風雲通。’徑路絶、人之所不能通也，如是而風雲又通，其爲通也至矣。古文亦必如此，何況於詩。”意謂在常語爲“文理”欠“通”或“不妥不適”者，在詩文則爲“奇妙”而“通”或“妥適”之至；“徑路”與“風雲”，猶夫“背襯”(background)與“突出處”也。已具先覺矣。參觀《管錐編》論《毛詩正義》第五四。

天魔之舞、天花之墜，亦須悟後方證此境。已得根本清凈靜慮，爲所依止，作意思惟；由定地所起作意，了知於意，了知於法，修輕舉、柔軟、空界等十二想，如是如是，修治其心，有時有分，發生修果五神通等。此聖神通也，非聖神通，猶如幻化，唯可觀見，不堪實用。參觀《瑜伽師地論》卷三十三。《五燈會元》卷三龐居士偈曰："心通法亦通，十八斷行蹤。但自心無礙，何愁神不通。"蓋靜心照物，宿命記持，種種分别，皆隨定力；悟心得道，既入佛位，萬行莊嚴，如大摩尼珠具十種性，若純取事相變幻，認爲神通，有違真趣，能障般若。參觀《宗鏡録》卷十五。以"天花天魔"取詩，則元相之稱杜詩"鋪張排比"，正遺山《論詩絶句》所謂："少陵自有連城璧，争奈微之識碔砆"者也。子才識趣，無乃類是。滄浪才力甚短，自有側重近體之病；故《詩法》篇謂："律難於古，絶難於律。"《詩辯》篇論詩九品，其五曰"長"，亦未必指篇幅之長而言；然長篇不盡神韻，非不須神韻，是則所謂"難"者，篇幅愈短，愈無回旋補救餘地，不容毫釐失耳。按蔣心餘好友張瘦銅商言《竹葉厂文集》卷九《題王阮亭禪悦圖》第一首畧云："嚴滄浪論詩，本色本妙悟。大約可小篇，吞吐含情素。"第二首略云："陶公千載人，吟成菽粟味。菽粟非禪悦，飽便充腸胃。唐賢諷諭尚，冗長詞則費。老杜生天寶，一飯作歔欷。此豈悟所爲，可以判品彙。"亦即隨園駁滄浪之旨。

【補訂】滄浪《詩法》篇之説未可厚非。張玉田《樂府指迷》云："詞之難於令、曲，如詩之難於絶句，一句一字閒不得"；賀子翼《詩筏》云："七言絶難於七言律，五言絶尤難於七言絶。蓋字句愈少，則巧力愈有所不及，此千里馬所以難於盤蟻封也。長篇難矣，短篇尤難；長篇易冗，短篇易盡，此其所以尤難也。數句之中，已具數十句不了之勢；數十句之後，尚留數十（?）句不了之味。”皆可佐滄浪張目。然作者殊列，聽其言而須觀其行。才小者挾恐見破，必言短篇難；使立誠不諱，當曰用長難矣。才粗者自張門面，必言長篇難；使立誠不諱，當曰用短難矣。滄浪及張、賀輩皆才力窘薄，其言不無爲自運回護耳。

屠琴塢倬作《菽原堂集序》，記查梅史論詩大旨，主乎“消納”，嘗謂：“滄浪香象渡河，羚羊掛角，只是形容消納二字之妙。世人不知，以爲野狐禪。金元以降冗弱之病，正坐不能消納耳。《唐書·元載傳》：胡椒八百斛，他物稱是。舉小包大，立竿表景，神而明之，存乎其人”云云。此真解人語，嘗試引申之。長短乃相形之詞。滄浪不云乎：“言有盡而意無窮”；其意若曰：短詩未必好，而好詩必短，意境悠然而長，則篇幅相形見短矣。

【補遺】按此意在吾國首發於《文心雕龍·隱秀》篇，所謂：“情在詞外曰隱，狀溢目前曰秀”，又謂：“餘味曲包。”少陵《寄高適岑參三十韻》有云：“意愜關飛動，篇終接混茫”；“終”而曰“接”，即《八哀詩·張九齡》之“詩罷地有餘”，正滄浪謂“有盡無窮”之旨。按少陵《灩澦堆》詩曰：“天意存傾覆，神功接混茫”，可參觀。《中州集》卷四周德卿詩曰：“子美神功接混茫”，又逕以喻水者喻詩矣。

【補訂】參觀《管錐編》論《太平廣記》第八八，又本書第41頁山谷詩註新補十引《詩筏》論鄭谷《淮上别故人》結句。近世法國一論師嘗謂其國舊日佳詩多意完詞足，緘閉完密，匡格周匝，煞尾警句，雖使全篇生色，而猶樹金柵欄爲闌隘然(de poèmes bien clos, bien encadrés, le dernier vers rehaussant tout ce qui précède et mettant au bas de l'oeuvre comme une barre d'or);象徵派以還,詩每能有盡而無窮,其結句如一窗洞啟,能納萬象(D'autres poèmes, définitifs, réussissent à infinir le fini. Leur dernier vers ouvre une fenêtre)。見 C.-L. Estève, *Études philosophiques sur l'expression littéraire*, 1938, 140。其言末句於篇章如閉幕收場,而於情韻仍如捲簾通顧,堪爲"篇終接混茫"之的解矣。當世波蘭論文鉅子英加頓有"具體化"(Konkretisation)之説。略謂小説中人物景象,縱描摹工細,而於心性物色,終不能周詳備悉,衹是提綱舉隅(ein schematisches Gebild),尚多"未分明、不確定處"(Unbestimmtheitsstellen),似空白然,待讀者擬想而爲填補(Ausfüllung)。抒情詩中"未分明、不確定處",亦須一番"具體化";詩愈"醇"則正説、確説愈寡,愈能不落言詮。(Und je "reiner" lyrisch das betreffende Gedicht ist, desto weniger—roh gesprochen—ist das, was im Text positiv gesagt wird, effektiv bestimmt; das meiste bleibt ungesagt)見 R. Ingarden, *Vom Erkennen des literarischen Kunstwerks*, in R. Warning, hrsg., *Rezeptionsästhetik*, 2. Aufl., 1979, 46。曰"未分明、不確定處",又幾如"隱"、"混茫"之釋義矣。

古希臘人 Theophrastus 早拈此義,見 Demetrius: *On Style*, § 222 (Loeb ed. p. 469): "Not all possible points should be elaborated, but something should be left to the comprehension and inference of the hearer, ... left unsaid" etc.. 爾後繼響寥寥。

【補訂】古希臘有諺云:"簡短與静默比鄰"(For brevity to

silence is next door— *Fragmenta Choliambica*："Proverbs", 4, in *Herodes*, *Cercidas and the Greek Choliambic Poets*, Loeb, 343)。嘗歎此言，可資談藝，而未覩有徵引者。近人薩德爾論列那爾(Jules Renard)爲文削斂省約云："渠以爲寡言最與默不言相近，故言而至約極簡，則雖言而猶默矣"(Il pensa que la brièveté dans le discours offrait l' image la plus rapprochée du silence et que la phrase la plus silencieuse était celle qui réalisait la plus grande économie)。見 J. -P. Sartre, *Situations I*, 1947, 296。不啻申説希臘古諺也。

J. H. W. Atkins 僅言莎士比亞所見略同而已。見 *Literary Criticism in Antiquity*, vol. I. p. 158, Vol. II, pp. 206－7。引莎士比亞語出 *Henry* V. Act I, Prolog。十九世紀作者復大申隱秀含蓄、不落言詮之旨。如卡萊爾論象徵曰："語言與静默協力"(Silence and speech acting together)。見 *Sartor Resartus* bk III, ch. 3。佩特論文曰："須留與讀者思量"(leave something to the willing intelligence of the reader)。見 *Appreciations*:"Style"。象徵詩派闡揚此義，殆無遺蘊。馬拉美反復致意於"無言無字之詩"(le poème tu, aux blancs),

【補訂】參觀本書第 246 頁補訂。馬拉梅詠禮拜堂窗畫，亦有"能以寂静爲音樂者"之語("Sainte"："Musicienne du silence")。見 *Oeuv coomp*., la Plèiade, 54。

即在篇終言外著眼也。愛倫·坡(Poe)祇求篇幅不長，參觀 *Works*, ed. Stedman and Woodberry, Vol. VI, pp. 3－4, Vol, VII, p. 30。馬拉美知詩之妙係乎情詞不盡，可謂搬皮見真矣。

【補訂】列奥巴爾迪力非長詩，謂真詩必短，一氣呵成(la

poesia sta essenzialmente in un impeto; i lavori di poesia vogliono pernatura esser corti)。見 *Zibaldone*, ed. F. Flora, II, 1181-2, cf. 1063。波德萊爾論十四行詩亦云:"長詩乃不能作短詩者之方便門也"。(Quant aux longs poèmes, nous savons ce qu'il faut en penser; c'est la ressource de ceux qui sont incapables d'en faire de courts)見 Lettre à Armand Fraisse, Fév. 18, 1860, *Correspondance*, Conard, 1948, III, 40。語雖偏宕,尚未黏滯。儒貝爾則云:"詩雖出於大手筆,而一日讀之不畢者,即有冗長之病";(Tout ouvrage de génie, épique ou didactique, est trop long, s'il ne peut être lu dans un jour)見 *pensees*, Tit. XXI. 42。愛倫·坡至謂好詩必可在一小時中讀竟。(a rhymed poem, not to exceed in length what might be perused in an hour)見 *Works*, ed. Stedman and Woodberry, VII, 30。此等主張,未可抹摋。故曼衍鋪排如惠特曼,亦自言愛倫·坡"詩不長"之説與己見契合也。(I was repaid in Poe's prose by the idea that there can be no such thing as a long poem. The same thought had been haunting my mind before, but Poe's argument work'd the sum and proved it to me)見 *Leaves of Grass*, Camden ed. ,III, 56。且愛倫·坡雖言詩不可長,復戒詩毋過短(improperly brief),甚短則韻味不深永(A *very* short poem never produces a profound or enduring effect)。不識渠倘以吾國五七言絶句爲太短否。近世一法國詩人云:"詩好難長。人賞愛日本詩三行,每過於名作《夏娃》詩三百頁"。(Il est difficile d'être longtemps beau. On peut préférer un poème japonais de trois lignes à l'*Ève* de Péguy, qui a trois cents pages.)見 Max Jacob, *Cornet à dés*, éd. corrigée, 1923, 13。二詩長短相形,不妨作此衡鑑。顧詩衹三行,愛倫・坡得無病其短而憾美中不足歟。覩記所及,吾國古人五七言長篇無過潘少白諮《林皐閒集・詩集》卷五《萬里游》,自序稱:"原有前後篇,後篇已失去,此其前篇,原千四百韻,删節存之。"其詩今得一千一百六十四韻,共一萬一千六百四十字。姚梅伯燮《復莊詩問》卷十有《雙酖篇》一千七百七十一字;宋人《鬼董》卷一載王氏女《妾薄命歎》,五言中雜七言三十四句,都二千六百五十八字,厲氏《宋詩紀事》、陸氏《補遺》均未採擷。韋端己《秦婦吟》不足一千七百字,尚少於《孔雀東南飛》百餘字、姚梅伯《詩問》卷五《椎埋篇》八十餘字也。然長如《萬里游》,讀之竟亦無須如坡所言歷"一小時"。

【補正】《晚晴簃詩匯》卷三四韓晶下《詩話》謂韓有《天樵子集》,"嘗自述生平始末爲一詩,長數萬言。"是其字數又倍於潘少白之《萬里游》,吾國五七言詩當無長逾此者,惜余未得而讀之。韓,清初大興人。所覩近人長篇,如寶廷《西山紀游行》二千九百二十二字,康有爲《六十自述》二千三百五十字;皆鋪敍拖沓,了無警拔可擷。然苟計字酬縑,則洵多文爲富矣。

【補訂】説詩者苟如買菜求益,市瓜揀肥(《開元天寶遺事》記李太白語:"小兒市瓜,不擇香味,唯揀肥大者"),則此等篇什固可以瀕耳嵬眼矣。

古人論文,有曰:"含不盡之意,見於言外";有曰:"讀之惟恐易盡。"果如是,雖千萬言謂之辭寡亦可,篇終語了,令人惘惘依依。少陵排律所謂"篇終接混茫"者,是也。否則雖短篇小什，亦覺詞費；以才窮意竭，而支扯完篇，明月已盡，夜珠不來，實不必作此閒言語也。隨園不悟“消納”之旨，宜其斤斤以篇幅爲言矣。悟乃人性所本有，豈禪家所得而私。一切學問，深造有得，真積力久則入，禪家特就修行本分，拈出說明；非無禪宗，即并無悟也。猶沈休文論四聲云：“靈均以來，此祕未覩。或闇與理合，非由思至。”伊川論《易》云：“未有《易經》時，天地間固已有易。”可見“思”未“至”、“經”未“有”時，理已先在霄壤間。故《五燈會元》卷二：“人問安國：達摩未來此土時，還有佛法也無。師曰：自己分上作麼生，干他來與未來作麼；他家來大似賣卜漢見汝不會，爲汝錐破，卦文纔生，吉凶盡在汝分上。”亦譬之兒時不識日月，知有“雞子黄”、“白玉盤”，豈二曜遂爲之滅没耶。且言“悟”亦非禪宗獨得之祕，前引陸桴亭《思辯録》，說此甚明。昔孫興公《喻道》以爲“覺”“佛”祇内外之異名，張思光《問律》比於“鳧”“乙”爲楚越之異稱。子才嘗自言：“孔子與子夏論詩，高岸深谷，泠泠然不見其裏，所謂深微。乃滄浪羚羊掛角之先聲。”《詩話》卷二。按此節見《韓詩外傳》卷二。孔子謂子夏言詩，見其表未見其裏，顔淵曰：“其表已見，其裏何有”，子因云云，“深微”當作“精微”。《孔叢子·論書》篇記此事作言“書”，非言“詩”。夫長篇之有神韻，正如高岸深谷之能微遠；孔子既先言之，則非盡爲祖師西來意，即以隨園之矛自攻其盾也可。子才好友程魚門《勉行堂文集》卷一《正學論》第二篇略謂：“虚靈復初之說本出儒家，非釋氏所創。如寶玉大弓，忽爲盜竊，及其既得，則依然内府之寶。”禪悟亦當作如是觀，子才豈並未聞魚門自張門面之論歟。不特此也。子才論成章不以神韻爲歸，而論作詩頗以妙悟爲主，與滄浪等持論冥契而不自知。

《滄浪詩話》謂："詩有别才，非關書也；有别趣，非關理也。然非多讀書，多窮理，不能極其至"，又謂："學詩者以識爲主。"按《隨園詩話》卷三曰："方子雲云：'學荒翻得性靈詩'，劉霞裳云：'讀書久覺詩思澀'。非真讀書能詩者不能道。"參觀卷六王夢樓云條。又曰："作史三長才學識，詩亦如之，而識爲最先。非識則才學俱誤，北朝徐遵明指其心曰：'吾今而知真師之所在。'識之謂歟。"卷四曰："陶篁村謂作詩須視天分，非關學習。磨鐵可以成針，磨磚不可以成針。"卷五曰："人有滿腔書卷，無處張皇，當爲考據或駢文，何必借詩賣弄。凡詩之傳者，都是性靈，不關堆垛。"卷六曰："司空表聖論詩，貴得味外味。余謂今之作詩者，味内味尚不能得，況味外味乎。"《補遺》卷一引李玉洲曰："多讀書爲詩家最要事，欲其助我神氣。其隸事與否，作者不自知，讀者亦不知，方謂之真詩。"與滄浪宗旨，有何不同。蓋性之靈言其體，悟之妙言其用，二者本一氣相通。悟妙必根於性靈，而性靈所發，不必盡爲妙悟；妙悟者，性靈之發而中節，窮以見幾，異於狂花客慧、浮光掠影。此滄浪之説，所以更爲造微。子才引司空表聖，尤機鋒洩漏，表聖固滄浪議論之先河；《與李生論詩書》所謂："味在酸鹹之外，遠而不盡，韻外之致"，即滄浪之神韻耳。子才所引徐遵明指心事，出《魏書・儒林傳》，酷肖禪宗不立階梯、直指心源之説。《補遺》卷三《詩佛歌》亦云："一心之外無他師。"彼法常言：迷心徇文，如執指爲月。《觀心論》中云："傷念一家門徒，不染内法，著外文字。偷記註而奔走，負經論而浪行。"《宗鏡録》卷九十二引。有檀越問安國："和尚是南宗北宗"，答云："我非南宗北宗，心爲宗"；又問："和尚曾看教否"，答云："我不曾看教。若識心，一切教看竟。"

《宗鏡録》卷九十八引，參觀卷九十四引證。與子才説詩，若合符節矣。《詩話》卷四復云："白雲禪師偈云：'蠅愛尋光紙上鑽，不能透處幾多難，忽然撞著來時路，始覺平生被眼瞞。'雪竇禪師作偈曰：'一兔横身當古路，蒼鷹纔見便生擒；後來獵犬無靈性，空向枯樁舊處尋。'二偈雖禪語，頗合作詩之旨。"參觀卷二："未有不學古人而能爲詩者，然而善學者得魚忘筌，不善學者刻舟求劍"云云。與"羚羊掛角"、"香象渡河"、"舍筏登岸"等宗門比案無以異，分明以禪説詩，何獨於滄浪、漁洋有非難哉。子才不好釋氏，或未讀其書，苟曾一檢《傳燈》兩録，必多所印可。譬如陶篁村"磨磚作針"語即本《傳燈録》卷五懷讓禪師"磨磚豈得作鏡，坐禪豈得成佛"之説；白雲之偈即本《傳燈録》卷九神贊禪師一日見其師在窗下看經，蜂子觸窗紙求出，乃曰："世界如此廣闊，不肯出，鑽他故紙，驢年去得"；雪竇之偈即本《傳燈録》卷十七道膺禪師曰："如好獵狗，只解尋得有蹤迹底；忽遇羚羊掛角，莫道迹，氣亦不識"。

【補訂】釋惠洪《林間録》卷上記雪竇與僧争辯趙州柏樹子，一行者立傍失笑，雪竇責之，行者呈偈云云，雪竇大驚，或云即承天宗禪師也。則子才所引"一兔横身"之偈，非雪竇作。陳眉公《晚香堂小品》卷六《題壁間偈》全襲此偈，當是眉公以古偈題壁，編者不察，猶卷五《春雨》之實爲東坡《寒食雨》第二首四句耳。《林間録》卷下記白雲端《蠅子透窗偈》首句作"爲愛尋光紙上鑽"。漁洋《香祖筆記》卷一亦引"古言"："羚羊無些子氣味，虎豹再尋他不著，譬如九淵潛龍、千仞翔鳳"；參觀《五燈會元》卷四黄蘗希運與僧獵犬羚羊問答。

子才不知禪，故不知禪即非禪，殊歸一塗，亦不自知其非禪而實契合於禪耳。余曩讀《世説新語・文學》篇云："客問樂令旨不至者，樂亦不復剖析文句，直以麈尾柄确几，曰：'至不。'客曰：'至。'樂因又舉麈尾曰：'若至者，那得去。'於是客乃悟服"；又云："殷荆州與遠公論《易》，遠公笑而不答"；又云："支道林造《即色論》，示王坦之，坦之都無言。支曰：'默而識之乎。'王曰：'既無文殊，誰能見賞。'"竊怪舉麈無言，機鋒應接，乃唐以後禪宗伎倆，是時達摩尚未東來，何得有是。後見宋劉辰翁批本《世説》，評樂令舉麈條云："此時諸道人卻未知此。此我輩禪也，在達摩前。"參觀《文海披沙》卷一論"旨"字當作"指"，《鬱岡齋筆塵》卷一駁禪機之説。歎爲妙解。未有禪宗，已有禪機，道人如支郎，即不能當下承當，而有待於擬議。《世説・言語》篇劉尹與桓宣武共聽講《禮記》，"桓公時有入心處，便覺咫尺玄門。"《北窗炙輠》卷下載周正夫云："淵明詩云：'山氣日夕佳，飛鳥相與還；此中有真意，欲辨已忘言。'時達摩未西來，淵明早會禪"云云。子才詰"禪在何處"，誠所見之不廣矣。夫典分内外，而斯道則如程子説地輿所謂："無處非中"；人有白黑，本《宋書・蠻夷傳》慧琳《均善論》，又《南齊書・張融周顒傳》。而此心則如陽明講良知所謂："其色正赤"。事見耿定向《權子・致知》則。梁武之詩賦"會教"，周武之觀築"通道"，未可全非，此學問之所以貴通方歟。即若傳燈之説，乃釋氏妙喻。《四十二章經》謂："覩人施道，譬如一炬之火，數千百人各以炬來分取，熟食除冥，此炬如故"；《智度論》、《華嚴經》、《維摩詰經》皆有"無盡燈"之譬，謂"如一燈燃百千燈，其本一燈，無減無盡"。《傳燈録》卷十三載首念禪師語："佛法似傳焰"，張平叔《悟真篇》外集《性地頌》有云："佛性非同異，千燈共一光。增之寧解益，滅著且無傷”。而古羅馬詩人愛尼厄斯(Ennius)句謂，導人出迷途者，如許人就燈取火，人得有光，而己光不減。（Quasi lumen de suo lumine accendat facit；/Nihilo minus ipsi lucet，cum illi accenderit）見 E. H. Warmington，*Remains of Old Latin*，Loeb，Vol，I，p. 372。按 Lucretius. Lib. II，79 亦有傳薪之喻，然意謂生生不已，世世相承，故曰：Vitae lambada tradunt，非法門無盡之恉。惟《俱舍論・破我品遮彼頌》論此生彼生，五蘊相續云："由中有相續，入胎如燈焰"，則取譬略近。儒貝爾論宗教曰："上帝之道如炬，一炬燃千萬炬，而光焰仍一。"（Dieu multiplie l' intelligence qui se communique comme le feu à l' infini. Allumez mille flambeaux à un flambeau，allumez en un million，sa flamme demeure la même.）見 *pensées*. ed. 1838，Art. I,17。使吾國禪家論此，非禪即己之禪也；而西方哲人論此，禪即其非禪也。負蠜非中國之蟲，鸜鵒乃夷狄之鳥，《史通・書志》篇尚譏爲"隅見"，況於要言妙道，心同理同，可放諸四海者耶。《隨園詩話》卷十六引鮑氏女聞鐘聲詩曰："是聲來枕畔，抑耳到聲邊"，子才以爲有禪理，與朱子"南安聞鐘"相似。亦屬道聽塗説。朱子《語類》卷一百四記少時同安聞鐘鼓，一聲未絶，而此心已自走作；乃指人心之出入無時，飄迅不測，鐘鼓動而有聲，然心之動更疾於鐘鼓之動。東坡《百步洪》詩所謂"坐覺一念逾新羅"是也。《莊子・秋水》曰："夔憐蚿，蚿憐蛇，蛇憐風，風憐目，目憐心"；蓋念纔及而心已至，神行絶迹，極宇宙間之速。按《明儒學案》卷四引夏東岩云："耳之聽止於數百步外，目之明止於數十里外，惟心之思則入於無間。雖千萬里之外與數千萬年之上，一舉念即在於此"云云，是莊子語好註脚。莊子謂"目憐心"，朱子意言"耳憐心"；雖莊子喜天機之自動，朱子惡人心之難静，指趣不同，而取喻一也。

【補訂】參觀《管錐編》論《史記會註考證》第一〇“云”。

流俗遂傳朱子聞鐘，覺此心把持不住，與伽耶舍那鈴鳴心鳴、《傳燈録》卷二。慧能旛動心動、同上卷五。本寂聞鐘曰：“打着吾心”，《五燈會元》卷十三。諸事略似，亦即《戰國策·楚策》一所謂：“寡人心摇摇如懸旌。”此於鮑氏女子詩，了無牽涉。《楞嚴經》卷三云：“汝更聽此祇陀園中，食辦擊鼓，衆集撞鐘。鐘鼓音聲，前後相續。此等爲是聲來耳邊，耳往聲處。”鮑女之句，蓋全襲此。

【補訂】子才所稱鮑氏女詩，實出顧黄公景星《白茅堂集》卷二十五《聞一道人》五古《序》，原作：“是聲來耳畔，抑耳往聲邊。”《隨園詩話》卷十六第二則稱引《白茅堂集》，第六則即鮑氏女詩，故知亦本顧集。元張伯雨《貞居先生詩集》卷三《聽雨樓》：“雨中市井迷煙霧，樓底雨聲無著處。不知雨到耳邊來，還是耳根隨雨去”；蓋《楞嚴》語早成詩家口頭禪矣。唐釋浄覺《楞伽師資記》第五師雙峰道信云：“當知人面不來入鏡中，鏡亦不往入人面”；宋葛魯卿勝仲《丹陽集》卷二十二《畫竹》第二首則本文益問僧公案：“眼到竹邊知未是，竹來眼裏亦全非。”西方古希臘哲人亦争辯眼中出物象抑物象入眼中。(whether this sight be caused *intra mittendo*, *vel extra mittendo*, *& c*. by receiving in the visible species, or of sending them out) 見 R. Burton, *Anatomy of Melancholy*, Pt I, sect. i, mem. ii, subs. 6, Bell, I, 18。參觀《管錐編》論《全上古三代秦漢三國六朝文》第一八“色授”。

《世説·文學》記殷謝諸人共集，謝因問殷：“眼往屬萬形，萬形來入眼不。”《傳燈録》卷四文益禪師指竹問僧曰：“見麽”，曰：

“見”，師曰：“竹來眼裏，眼到竹邊”；《五燈會元》卷三老宿見日影透窗，問惟政禪師“爲復窗就日、日就窗”；亦本《楞嚴》之旨而闇同《世説》之言。然鐘耳語遠遜竹眼語之妙。竹眼不過二物，鐘耳得聲而三，鐘耳之間，有聲爲介。竹貞固不移，聲流動不居，聲來枕畔，了不足異。聲本無涯際，而曰“耳到聲邊”，語意皆欠妥適，鮑女誠爲者敗之也。《隨園隨筆》卷二十七有《兩歧語自佳》一條，參觀《小倉山房尺牘》卷四《答唐静涵又一書》。引“食是相公的禄，不食是相公的福”，謂是大覺禪師答李林甫語，而不知乃馬祖對洪州廉使之言，《傳燈録》卷六。亦其不熟宗門語録之證。

六一

《楞嚴經》謂神珠非從外得，馬祖亦有“自家寶藏”之説。《傳燈録》卷六。故禪宗不甚主精修用功，以爲此所謂乾慧，無與根本。《傳燈録》卷二十六。阿難多聞，有“説食不飽”之悔；見《楞嚴經》。張生博覽，來“一尚不會”之嘲。《傳燈録》卷十九。隨園論詩主性靈，薄格律，亦曰：“詩是性情，近取諸身足矣。”《詩話補遺》卷一。初學讀《隨園詩話》者，莫不以爲任心可揚，探喉而滿，將作詩看成方便事。只知隨園所謂“天機湊合”，參觀卷二“村童牧豎皆吾師”條，卷三“詩境最寬有婦人女子村氓淺學”條，卷十五“下筆構思全憑天分”條。忘卻隨園所謂“學力成熟”；參觀卷四“蕭子顯自稱”條，卷五“詩有有篇無句者”條，又“作古體詩天籟須自人功求”條，《補遺》卷六“詩如射”條。粗浮淺率，自信能詩。故隨園此書，無補詩心，卻添詩膽。所以江河不廢，正由涯岸不高；惟其平易近人，遂爲廣大教主。錢梅溪《履園叢話》卷八云：“自太史《隨園詩話》出，詩人日漸多；自宗伯三種《别裁》出，詩人日漸少。”可以見矣。郭頻伽《靈芬館詩話》卷八云：“浙西詩家，頗涉餖飣。隨園出而獨標性靈，未嘗教人不讀書也。余見其插架之書，無不丹黄一過，《文選》、《唐文粹》尤所服習，朱墨圍毋慮數十遍。其用心如此。承學者既樂其説之易，不復深造自得，輕薄爲文者又從而嗤點之，此少陵所謂汝曹者也。”余按元微之《上令狐相公詩啓》云：“新進小生不知文有宗主，妄相仿效，而又從而失之。遂至於支離褊淺之詞，皆目爲元和詩體。”隨園輕俗，差類元白。按微之《酬孝甫見贈》十絶稱少陵云：“憐渠直道當時語，不著心源傍古人。”或有引此語以説隨園宗旨者，卻未確切。微之《樂府古題序》曰：“自風雅至於樂流，莫非諷興當時之事，以貽後代之人。沿襲古題，唱和重複，於文或有短長，於義咸爲贅賸。尚不如寓意古道，刺美見事，猶有詩人引古以諷之意焉。近代惟詩人杜甫《悲陳陶》、《哀江頭》、《兵車》、《麗人》等。即事名篇，無復依傍。予少時，與友人白樂天、李公垂輩謂是爲當，遂不復擬賦古題。”又《和李校書新題樂府序》曰：“世理則詞直，世忌則詞隱。予遭理世而君盛聖，故直其詞。”據此二節，則“直道時語、不傍古人”者，指新樂府而言，乃不用比興、不事婉隱之意，非泛謂作詩不事仿古也。是之者毋爲微之所謂“新進小生”，而非之者亦求免於少陵所謂“輕薄汝曹”，斯兩得矣。夫直寫性靈，初非易事。性之不靈，何貴直寫。即其由虚生白，神光頓朗，心葩忽發，而由心至口，出口入手，其果能不煩絲毫繩削而自合乎。心生言立，言立文明，中間每須剥膚存液之功，方臻掇皮皆真之境。【附説十六】往往意在筆先，詞不逮意，意中有詩，筆下無詩；亦復有由情生文，文復生情，宛轉嬋媛，略如謝茂秦《四溟詩話》所謂“文後之意者”，更有如《文心雕龍·神思》篇所云“方其搦翰，氣倍詞前，暨乎篇成，半折心始”者。曾滌生《求闕齋日記類鈔》下卷己未十一月云：“古文一事，寸心頗有一定之風格。而作之太少，不足以自證自慰”；辛未五月云：“每一作文，下筆之先，若有佳境，既下筆則一無是處”；辛西二月云："往年深以學書爲意，苦思力索，困心衡慮，但胸中有字，手下無字。近歲不甚思索，但筆不停揮，十年前胸中之字，竟能達之腕下，可見思與學不可偏廢。"

【補訂】參觀《管錐編》論《列子張湛註》第六"心手相應"、論《全上古三代秦漢三國六朝文》第一〇六"善鑒與善寫"及第一三八"物意文三聯"。《全唐文》卷四百八十二韓方明《授筆要説》論"筆居心後"、"意在筆前"，尚未知心中具此意而筆下未必成此字，有"前"梢不保即有"後"梢也。

此皆個中過來人甘苦有得之談。即隨園亦不得不言："天籟須自人工求"也。《詩話》卷四。學人每過信黄公度《雜感》第二首"我手寫吾口"一時快意大言，不省手指有巧拙習不習之殊，口齒有敏鈍調不調之别，非信手寫便能詞達，信口説便能意宣也。且所謂"我"，亦正難與非"我"判分。隨園每將"性靈"與"學問"對舉，至稱"學荒翻得性靈出"，即不免割裂之弊。吾儕不幸生古人之後，雖欲如"某甲"之"不識一字，堂堂作人"，而耳目濡染，終不免有所記聞。記聞固足汩没性靈，若《陽明傳習録》卷下所謂"學而成痞"者，然培養性靈，亦非此莫屬。今日之性靈，適昔日學問之化而相忘，習慣以成自然者也。神來興發，意得手隨，洋洋衹知寫吾胸中之所有，沛然覺肺肝所流出，人己古新之界，蓋超越而兩忘之。故不僅髮膚心性爲"我"，即身外之物、意中之人，凡足以應我需、牽我情、供我用者，亦莫非我有。參觀 W. James：*Principles of Psychology* Vol. I，p. 291："A man's self is the sum total of all that he can call his"。萬方有罪，湯曰"在予"；一人或溺，禹如由己。孟子"萬物皆備"，象山"六經相註"；昌黎所謂"詞必己出"之"己"正當作如是觀。《隨園詩話》卷十三曰："蠶食桑，而所吐者絲，非桑也；蜂采花，而所釀者蜜，非花也。讀書如吃飯，善吃者長精神，不善吃者生痰瘤"，故少陵"讀破萬卷，蓋破其卷，取其神，非囫圇用糟粕。"則庶幾明通之論，惜他處尚未盡化町畦耳。

【補訂】子才謂"讀書如吃飯"，爲詞章説法也。實則此乃道學家講性理時常喻。《朱子語類》卷一百二十一："或云：嘗見人説，凡外面尋討入來者都不是。曰：吃飯也是外面尋討入來；若不是時，須是肚裏做病，如何吃得安穩；讀書亦然。"《陽明傳習録》卷下："凡飲食只是要養我身，食了要消化。若徒蓄積在肚裏，便成痞了，如何長得肌膚。後世學者博學多識，留滯胸中，皆傷食之病也。"蓋"長得肌膚"，必須飲食，而"肚裏做病"，亦緣飲食；豈可矯枉過正、因饐禁食哉（參觀本書第 247 頁"補訂"引《大般涅槃經・如來性品》第四之五）。明釋德清《憨山老人夢遊集》卷二十九《大學綱目決疑》謂"致知格物"之"格"兼二義："鬬格"之"格"，物我相扞；"感格"之"格"，物化歸我。語妙諦圓，儒宗如晦菴、陽明，當頤頷首肯。黑格爾論人之學養，謂取見前事物爲己有，猶吞嗜而消納之，化無機體爲有機體（Die Bildung in dieser Rücksicht besteht，von der Seite des Individuums aus betrachtet，daβ es dies Vorhandne erwerbe，seine unorganische Natur in sich zehre und für sich in Besitz nehme）。見 *Phänomenologie des Geistes*，"Vorrede"，hrsg. J. Hoffmeister，27。亦取譬於飲食消化。諾瓦利斯逕云："學問之道與生理劇相類，不佳者與無用者徒成身心中積滯。故學猶食也"。（Kenntnis und Wissenschaft sind völlig dem Körper analog；ist er nicht schön oder brauchbar, so ist er eine Last. Daher hat Lernen soviel Ähnlichkeit mit Essen）見 *Fragmente*, hrsg. *E. Kamnitzer*, 173, §392。當世論師以唯心論與唯實論均常擬致知於飲食，遂嘲爲“口腹哲學”。（Normally every datum of sense is at once devoured by a hungry intellect and digested for the sake of its vital juices. Knowledge is not eating；G. Santayana, *The Life of Reason*, I, 75, 77. l'illusion commune au réalisme et à l'idéalisme, selon laquelle connaître, c'est manger. O philosophie alimentaire!）見 J.-P. Sartre, *Situations*, I, 31。朱王之言學，子才之言詩，殆亦不免貽譏耶。

自“同光體”起，諸老先倡“學人之詩”。良以宋人詩好鉤新摘異，炫博矜奇，故滄浪當日，深非蘇黄，即曰：“近代諸公乃作奇特解會，以才學爲詩。其作多務使事，用字必有來歷，押韻必有出處，唐人之風變矣”云云。東坡謂孟襄陽詩“少作料”，施愚山《蠖齋詩話》至發“眼中金屑”之歎；而清初時浙派宋詩亦遭“餖飣”之譏。加之此體鉅子，多以詩人而劬學博聞，揮毫落紙，結習難除，亦固其然。然與其言“學人”之詩，來獺祭兔園、抄書作詩之誚，不如言詩人之學，即《滄浪詩話》“别才非學而必讀書以極其至”之意，亦即《田間詩説》所云“詩有别學”是也。滄浪之説，周匝無病。朱竹垞《齋中讀書》五古第十一首妄肆詆諆，蓋“貪多”人習氣。李審言丈讀書素留心小處，乃竟爲竹垞推波張焰，作詩曰：“心折長蘆吾已久，别才非學最難憑。”本事見《石遺室詩話》卷十七。陳石遺丈初作《羅癭菴詩敍》，亦沿竹垞之訛；及《石遺室文》四集爲審言詩作敍，始謂：滄浪未誤，“不關學言其始事，多讀書言其終事，略如子美讀破萬卷、下筆有神也”云云。余按“下筆有神”，在“讀破萬卷”之後，則“多讀書”之非“終事”，的然可知。讀書以極其至，一事也；以讀書爲其極至，又一事也。二者差以毫釐，謬以千里。滄浪主別才，而以學充之；石遺主博學，而以才馭之，雖回護滄浪，已大失滄浪之真矣。滄浪不廢學，先賢多已言之，亦非自石遺始。宋小茗《耐冷譚》卷八曰：“少陵云：‘讀書破萬卷，下筆如有神’，此千古學詩者之極則。《滄浪詩話》云：‘詩有別才，非關書也；詩有別趣，非關理也；然非多讀書多窮理，則不能極其至。’持論本極周密。自解縉《春雨雜述》截取滄浪首四句，以爲學詩者不必讀書，詩道於是乎衰矣。僕昔有：‘滄浪漫説非關學，誰破人間萬卷書’之語，亦由少年無學，循習流俗人之説，使滄浪千古抱冤。”錢星湖《衎石齋紀事續稾》卷五《頤綵堂詩序》曰：“自嚴滄浪論詩曰妙悟，曰入神，後人不喻，輒曰何必博聞。此竹垞之所深斥也。顧吾觀嚴氏之説，謂：‘詩有別才，非關書也；詩有別趣，非關理也；然非多讀書，多窮理，則不能極其至。’是雖嚴氏亦何能廢書哉。”陳恭甫《左海文集》卷六《薩檀河白華樓詩鈔敍》曰：“嚴滄浪云：‘詩有別才，非關書也；詩有別趣，非關理也；然非多讀書，多窮理，則不能極其至。’卓哉是言乎。犛牛不可以執鼠，干將不可以補履；鄭刀宋斤、遷乎地而勿良，樝梨橘柚、相反而皆可於口。此別才之説也。五沃之土無敗歲，九成之臺無枉木；飲於江海，杯勺皆波濤；採於山藪，尋尺皆松樅。此多讀書之説也。解牛者目無全牛，畫馬者胸有全馬，造弓者擇幹於太山之阿，學琴者之蓬萊山，此多窮理之説也。世徒執別才一語，爲滄浪詬病，亦過矣。”謝枚如《賭棋山莊餘集》卷三引《屏麓草堂詩話》載何歧海説，謂："近世瞀儒摘别才不關書一語，以資掊擊。余考鍾嶸《詩品》曰：古今勝語，多非補假，皆由直尋，即滄浪别才不關書之説也。杜工部云：'讀書破萬卷，下筆如有神'；蘇文忠云：'博觀而約取，厚積而薄發'，又云：'退筆如山未足珍，讀書萬卷始通神'；即滄浪非多讀書不能極其至之説也。瞀儒所執以詆滄浪，爲皆滄浪所已言，可謂悖者之悖，以不悖爲悖者矣。"張亨甫《文集》卷三《答朱秦洲書》略謂："滄浪言别才别趣，亦言讀書窮理，二者濟美，本無偏頗。後人執此失彼，既昧滄浪之旨，復壞詩教之防。欲救今日爲詩之弊，莫善於滄浪"云云。亨甫所謂"今日詩弊"，乃指南袁、北翁而言。參觀《文集》卷四《劉孟塗詩稿書後》。一時作者，不爲隨園、甌北之佻滑，則爲覃谿、竹君之考訂；卷三《與徐廉峰太史書》。譬如不歸楊則歸墨，故欲以滄浪爲對症之藥。竊謂凡詩之空而以爲靈，塞而以爲厚者，皆須三復《滄浪詩辯》；漁洋未能盡滄浪之理，馮班《鈍吟雜録·糾繆》一卷亦祇能正滄浪考證之謬。錢牧齋《有學集》卷十五《唐詩英華序》、《唐詩鼓吹序》、卷十七《賴古堂合刻序》等痛詆滄浪，尤斥妙悟之説爲誤入針芒，較早作《馮己蒼集序》之極稱滄浪妙悟，不啻出爾反爾。至謂嚴氏以禪喻詩，無知妄論，聲聞、辟支，皆爲小乘，臨濟、曹洞，初無優劣；則陳眉公《偃曝談餘》卷下已譏滄浪爲"杜撰禪"，又先於牧齋。要之枝節舛錯，何損於卓識覃思，知言者毋以小眚掩大德。《柳南續筆》卷三引錢圓沙語謂牧齋詩病正緣不解滄浪之旨；《夢陔堂詩集》卷十七《偶題滄浪詩話》第三首亦曰："虞山嗤爾劣詩魔，彼自聲聞淺渡河"；反脣之譏，亦披卻之評也。

【補訂】黄石齋《黄忠端公全集》卷二十三《書雙荷菴詩後》：

“此道關才關識，才識又生於學。而嚴滄浪以爲詩有別才，非關詩也。此真瞽説，以欺誑天下後生，歸於白戰、打油、釘鉸而已。”孫豹人《溉堂後集》卷五《贈張山來》：“維昔杜陵翁，萬卷供下筆。謂詩不關學，豈非嚴之失。時賢吁可怪，讀書乃不必。”鄭荔鄉方坤《蔗尾詩集》有其兄石幢方城序：“若嚴滄浪所云詩不關學，則英雄欺人，反爲打油、釘鉸開一方便法門。予又不敢護桑梓之誼，請與天下共攻之。”吴漢槎騫《拜經樓詩集》有錢竹汀序，謂“詩與學果有二道乎哉”，因引朱竹垞斥滄浪語，稱之曰：“斯可謂先得我心者矣。彼哉滄浪子，以一孔之智，輒議論古人長短，援引禪語，熒惑聽者，袛見其未嘗學問而已。”崔旭《念堂詩話》卷一謂竹垞“但摘”滄浪“上二語譏之，徒欲自暢其説，厚誣古人”；張宗柟《帶經堂詩話・纂例》謂竹垞“截取”二句，“爲滄浪罪案，如墮渺茫”。張宗泰《魯巖所學集》卷十三《書潛研堂文集、甌北集後》謂竹垞“讀滄浪語未終，遽加排詆，輕於持論”，竹汀斥“别才别趣，只是依牆傍壁，亦非妙達詩理者。”

【附説十六】Lessing 劇本 *Emilia Galotti* 第一幕第四場有曰：“倘目成即爲圖畫，不須手繪，豈非美事。惜自眼中至腕下，自腕下至毫顛，距離甚遠，沿途走漏不少。”（Ha! daβ wir nicht unmittelbar mit den Augen malen! Auf dem langen Wege, aus dem Auge durch den Arm in den Pinsel, wie viel geht da verloren!）後來 Friedrich Schlegel 亦言“男女愛悦，始於接吻，終於免身，其間相去，尚不如自詩興忽發以至詩成問世之遠。”（Der Weg von der poetischen Inspiration bis zum gedrückten Gedicht noch weiter als der Weg vom ersten Kuβ bis zum Wochenbett）見 R. Müller-Freienfels：*Psychologie der Kunst*，Bd. I，S. 22.引。嘗歎兩言，以爲罕譬。Balzac 小說 *La Cousine Bette* 論造作云："設想命意，厥事最樂。如蕩婦貪歡，從心縱欲，無罣礙，無責任。成藝造器，則譬之慈母恩勤顧育，其賢勞蓋非外人所能夢見矣"。（penser，rêver，concevoir de belles oeuvres，est une occupation délicieuse，c' est mener la vie de courtisane occupée à sa fantaisie；mais produire！mais accoucher！mais élever laborieusement l' enfant！...un courage dont le vulgaire ne se doute pas）此皆謂非得心之難，而應手之難也。乃比來 Croce 氏倡爲新說，即吾國見事素遲，落人甚後，亦不乏隨聲附和者。以爲真藝不必有迹，心中構此想象，無須託外物自見，故凡形諸楮墨者，皆非藝之神，而徒爲藝之相耳。有曰："必手下能達得出，方心中可想得到。世人常恨不能自達胸中所有，實爲曶說，胸中苟有，定能自達；若難自達，必胸中無。大家之異於常人，非由於技巧熟練，能達常人所不能達；直爲想象高妙，能想常人所不能想。大畫師嘗云："畫以心而不以手，知言哉。"詳見 *Aesthetic*，Eng. tr. by D. Ainslie，pp. 8－11。

【補訂】顧黄公《白茅堂集》附其子昌《耳提録》一卷，即黄公語録。一則云："梅杓司嘗揚於衆曰：'吾於詩文，手不及人，眼輒高人數倍。'芝麓公屢舉其説。予曰：'不然。眼到即是手到，不見大悲菩薩千手千眼乎，一手隨具一眼。'"《大悲呪》卷首每繪千手千眼觀世音像，眼生掌中；《封神榜》第十七回言楊任"眼眶裏長出兩隻手來，手心裏生兩隻眼睛"，師此意也。黄公意謂既得於心，必應乎手，苟手不應，乃心未得，有能近取譬之妙。

【補正】《警世通言》卷三六皂角林大王神像“臉子是一個骷髏，骷髏眼裏生兩隻手來”，而大王現形，“眼如漆丸，嘴尖數寸”，則其“漆丸”之眼似亦如大悲菩薩及楊任之眼，生於掌中者。

【補訂】克羅采主張意象與表達二而即一之論(Croce, *Estetica*, 10ª ed., 1958, 11：“Ogni vera intuizione o rappresentazione è, insieme, espressione. L'attività intuitiva tanto intuisce quanto esprime”；14：“Intuire è esprimere：e nient'altro (niente di più, ma niente di meno) che esprimere.” Cf. T. S. Eliot, *On Poetry and Poets*, 1957, 98：“The poet does not know what he has to say until he has said it”)，正可以大悲菩薩之手眼一體示象焉。克羅采又引米開朗琪羅語：“畫以心而不以手”(si dipinge col cervello, non con le mani. 見 *ib.*, 13；cf. G. Milanesi, *Le lettere di Michelangelo Buonarotti*, 1875, 489：“Io rispondo che si dipinge col ciervello e non con le mani.”)；實即尚在心中之人物意象，已早以將來手下之繪畫跡象懸擬出之(the conceived medium)。參觀 R. Wollheim, *Art and its Objects*, Penguin Books, 1978, 57-9。偏其反而，則如凱勒小說所謂學畫者當視大自然爲畫苑，覩風景時，不作物象看，而作具有布局筆法之繪事看。(die ganze landschaftliche Natur nicht mehr als etwas rund in sich Bestehendes, sondern nur als *ein* gemaltes Bilder-und Studienkabinett, als etwas bloß vom richtigen Standpunkt aus Sichtbares zu betrachten und in technischen Ausdrücken zu beurteilen)見 G. Keller, *Dergrüne Heinrich*, III. ii, *Sämtl. Werk.*, Aufbau, 1958, IV, 379。意匠經營，外物已成心畫。克羅采專主意象(propriament estetico e davvero reale)，見

ib., 105. 抹摋迹象爲不足道，論既偏宕，亦且自違心手一體之教矣。但丁屢歎文不逮意、力不從心。(l' altra ineffabilità; cioé che la lingua non è di quello che l' intelletto vede, compiutamente seguace; 見 Il Convivio, III. 3, *Opere*, ed. E. Moore e P. Toynbee, 275。che molte volte al fatto il dir vien meno; 見 *Inferno*, IV, 147。chi poria mai pur con parole sciolte ecc.; 見 XXVIII, 1-6。s' io avessi le rime aspre et chiocce ecc.; 見 XXXII, 1-9。Nel ciel che più della sua luce prende ecc.; 見 *Paradiso*, I, 4-9。Trasumanar significar per verba non si porìa ec; 見 *ib.*, 70-1。vero è che, come forma non s' accorda/molte fiate all' intenzion dell' arte, /perchè a risponder la materia è sorda; 見 *ib.*, 127-9。Da quinci innanzi il mio veder fu maggio ecc.; 見 XXXIII, 55-63。omai sara più corta mia favella ecc.; 見 *ib.*, 106-8。oh quanto è corto il dire e come fioco/al mio concetto! ecc.; 見 *ib.*, 121 – 3。All' alta fantasia qui manco possa; *ib.*, 142。) 克羅采引本國畫聖語以自佐，而於本國詩聖道寸心得失之語，度外置之，竊所未解。其後來著作則道及詩家每苦心之精微，筆舌難宣 (questo tormento dell' inesprimibile)，且引孟佐尼 (Manzoni) 未刊稿中語曰："吾自覺入神之妙思，不受語言羈絆而脱然飛逝"。(Ch' io sento come il piú divin s' invola, /Né può il giogo patir de la parola) *La Poesia*, 5ª ed., 1953, 262. 鍾記室《詩品》下記袁嘏"詩平平"而"自謂能"，嘗言："我詩有生氣，須人捉著，不爾便飛去"；乃已成章句之誇誕，非未落言詮之悵惘也。抑此不僅構文造藝爲然，論文談藝，亦時有賈生《鵩賦》所謂"口不能言"之感，

克羅采嘗自述之。見 *ib.*, 131-2, caratterizzare una poesia ecc.. 蓋心手相乖，固作者述者所同歎耳。參觀《管錐編》論《老子王弼註》第二“語言文字爲人日用之所必須”一段迤後内容。

流俗以爲藝事有敲門磚，鴛鴦繡出，金針可度，衹須學得口訣手法，便能成就。此説洵足爲詩寮子、畫匠針砭。然矯枉過正，諸凡意到而筆未隨、氣吞而筆未到之境界，既忽而不論，且一意排除心手間之扞格，反使淺嘗妄作、畏難取巧之徒，得以直書胸臆爲藉口。夫藝也者，執心物兩端而用厥中。興象意境，心之事也；所資以驅遣而抒寫興象意境者，物之事也。物各有性：順其性而恰有當於吾心；違其性而强以就吾心；其性有必不可逆，乃折吾心以應物。一藝之成，而三者具焉。自心言之，則生於心者應於手，出於手者形於物，如《吕覽・精通》篇所謂：“心非臂也，臂非椎非石也，悲存乎心，而木石應之。”自物言之，則以心就手，以手合物，如《莊子・天道》篇所謂：“得手應心”，《達生》篇所謂：“指與物化，而不以心稽。”Croce 執心棄物，何其顧此失彼也。夫大家之能得心應手，正先由於得手應心。技術工夫，習物能應；真積力久，學化於才，熟而能巧。專恃技巧不成大家，非大家不須技巧也，更非若須技巧即不成大家也。“畫以心不以手”，立説似新，實則王子安“腹稿”、文與可“胸有成竹”之類，乃不在紙上起草，而在胸中打稿耳。

【補訂】雨果誨作者云：“多用心想，少用筆改。在頭腦中塗抹修削”(Écrivains, méditez beaucoup et corrigez peu. Faites vos ratures dans votre cerveau)。見 Hugo, *Littérature et Philosophie mêlées*, Albin Michel, 238。腦中塗抹堪與裴子野心中刊改、王子安腹中起稿，三語並傳。

其由嘗試以至成功，無乎不同。胸中所位置安排、删削增改者，亦即紙上之文字筆墨，何嘗能超越跡象、廢除技巧。紙上起草，本非全盤由手；胸中打稿，亦豈一切唯心哉。《朱文公集》卷四十五《答楊子直書》之一云：“身心内外，初無間隔。所謂心者，固主乎内。而凡視聽言動出處語默之見於外者，亦即此心之用，而未嘗離也。今於其空虚不用之處，則操而存之；於其流行運用之實，則棄而不省。此於心之全體，雖得其半，而失其半矣。”高攀龍《困學記》云：“心不專在方寸，渾身是心。”融澈之論，正可迻用。是以 G. C. Lichtenberg 游英，覩名伶 Garrick 演劇，嚬笑運爲，無不入妙，歎曰：“此人竟體肌肉中，無處非靈心”。(Sein Seele in allen Muskeln seines Körpers ist)見 *Theaterbriefe aus England*，轉引自 Schopenhauer，*Parerga und Paralipomena*，Kap. xxiii，§290。參觀 S. Alexander：*Beauty and Other Forms of Value*，p. 25：“It used to be said of a famous cricketeer that he bowled or batted with his head”。《梁書·裴子野傳》：“或問其爲文速者，子野答云：‘人皆成於手，我獨成於心’，雖有見否之殊，其於刊改一也。”此即“畫以心而不以手”之好註脚。E. Mach 論科學家推求物理，嘗標“經濟”爲原則，謂不每事實驗，而以推想代之(Gedankenexperiment)。乃所以節省精力。詳見 *Erkenntnis und Irrtum*，S. 183-200。致知造藝，心同此理爾。

六二

《隨園詩話》卷三論王漁洋云："唐之李、杜、韓、白，俱非阮亭所喜，因其名太高，未便詆毁。"誠窺見至隱。然子才詩學，亦於名家深而於大家淺；香山性分相近，太白、少陵聲名極高，故無甚後言，於昌黎則不免微詞。卷二謂："昌黎《羑里操》失之僞，豈不讀《大雅》。"又《自訟》云："落筆不經意，動乃成蘇韓。"卷五謂："温李方是真才，力量還在韓蘇之上。"卷六謂："昌黎鬬險，掇唐韻而拉雜砌之。"卷七引裴晉公笑韓昌黎"恃其逸足，往往奔放"。參觀卷四"凡事不能無弊"條、卷五"詩人家數甚多"條。至於宋之大家，若荆公、東坡、山谷輩，則放詞攻伐，無忌憚矣。卷一謂東坡《海棠》詩是"惡調"，又引魏道輔、林艾軒語以斥山谷。

【補訂】《艾軒集》卷五《讀韓、柳、蘇、黄集》："蘇黄之别，猶丈夫女子之應接。丈夫見賓客，信步出將去；如女子，則非塗澤不可。"漁洋《池北偶談》引作"譬如丈夫見客，大踏步便出去；若女子，便有許多粧裹。"子才隱本漁洋而增飾下一語爲："如女子見人，先有許多粧裹作相。"《小倉山房尺牘》卷七《與慶晴村都統》："昔人論詩，道蘇東坡如名家女，大脚步便出，黄山谷縮頭拗頸，欲出不出，有許多作態”；又申之曰：“孫壽本無顔色，又不肯安心梳裹，故爲齲齒笑、墮馬妝以惑梁冀、秦宫。”卷十《再答李少鶴》：“宋人詩話説：東坡如宦家女，大脚步便出；涪翁詩如小家女，拗項折頸，有許多做作。”蓋匪徒由“信步”而放足爲“大踏步”、爲“大脚步”，亦復由“丈夫”而變形爲“名家女”、“宦家女”，可厠卷五《答人求娶妾》中所謂“美人”焉。《晚晴簃詩匯》卷一百十一馬雨耕春田《讀黄山谷集》：“山谷老人人俊偉，餘事作詩愛譎詭。倩盼副笄皆所棄，最愛齲齒墮馬髻”；與子才揣稱闇合。馬與姚姬傳中表篤好，卻勿取山谷，和而不同。何蘭士道生於同時老輩中最推子才，《雙藤書屋詩集》卷五《讀宋元詩有述》：“豫章羞澀乏神駿，嬌如姹女工掠鬢”，則本子才“小家女”來。隨園著作風行，流俗輾轉稗販，全失艾軒原語之真。如俞蛟《潮嘉風月記》：“從古來歌詠美人，未嘗論及其足。昔人論東坡詩如名家女，大脚步便出。是女之美惡，不在足之大小”；顯襲子才。奭召南良《野棠軒詞集》卷三《沁園春·天足》：“吾含笑，笑貧家黄九，輸與坡仙”；則大類子才不僅謂“小家女拗項折頸”，抑且謂其纏脚束趾。語經三傳，其訛蓋遠甚於書經三寫矣。

卷二斥近時風氣詩好學大蘇，“筆太放縱”。卷三云：“東坡近體少藴釀烹煉之功，故言盡而意亦止，絶無言外之音，味外之味。”卷五云：“蘇黄瘦硬，短於言情。”卷六云：“杜甫長於言情，太白不能。永叔長於言情，子瞻不能”；又云：“荆公作文，落筆便古，荆公論詩，開口便錯。何也。文忌平衍，而公天性拗執，故琢詞迥不猶人；詩貴温柔，而公性情刻酷，故鑿險縋幽，自墮魔障。”“其生平最得意句云：‘青山捫虱坐，黄鳥挾書眠。’首句是乞兒向陽，次句是村童逃學。”卷七云：“東坡詩有才而無情，多趣而少韻；由於天分高，學力淺也。有起而無結，多剛而少柔；驗其知遇早，晚景窮也。”《補遺》卷三引《世説》，以坡詩比“王夷甫太鮮明”，以谷詩比“張茂先我所不解”；又云：“余不喜山谷詩，如果中百合，蔬中刀豆，畢竟少味”；又云：“荆公論詩，終身在門外”；又云：“魯直、聖俞詩俱無可愛，一粗硬，一平淺。”按宛陵、山谷之不能見好子才，尚在意中。荆公詩甚工致，雖以方虚谷之深惡新法，吴修齡之痛詆宋詩，於半山篇什，亦不得不稱道。是非之公，固難盡奪。子才僅舉“近無船舫猶聞笛，遠有樓臺只見燈”一聯，爲荆公生平傑構，可知其未窺全豹，故有魔障之謬説。集中明作“已無”，子才改爲“近無”，以對“遠有”，滯相減色。“青山”一聯僅載葉夢得《石林詩話》，半山集中所無；果爲得意語否，未可信也。高青邱集中《題樂圃林館》一聯則云：“山牕捫蝨坐，石榻枕書眠。”子才推服青邱，《詩話》卷九至倫之太白、飛卿、誠齋輩，謂“非人間凡響”；然使以施荆公者移之於青邱，摘一二語爲訕笑之資，“乞兒村豎”，亦即“非人間凡響”矣。子才詠史諸絶句，好作翻案語，宜有契於荆公論古之篇；乃以成見梗胸，不肯讀其全集，而妄肆詆諆，幾有瞽者無與文章之歎。《詩話》卷三力持女禍不至傾國，厥過實在男子，女寵未足爲患，因稱楊誠齋詩云：“但願君王誅宰嚭，不愁宫裏有西施。”按明人支允堅《軼史隨筆》謂：“飛燕、合德無損於漢，妲己、妹喜冤蒙不白”，已有子才此等議論；至所贊之誠齋詩，實荆公詠《宰嚭》七絶第三四句。好誠齋，遂欲天下之美盡歸之。惡荆公，至奪其佳作以與人，真可絶倒。

【補訂】參觀《管錐編》論《左傳正義》第三七、論《全上古三代秦漢三國六朝文》第二〇七“麗色功罪”。《詩話》卷三《女寵》條引“唐人詠明皇”二句，實乃宋張安道方平詩。羅隱（一作狄歸昌）《題馬嵬驛》：“馬嵬煙柳正依依，重見鑾輿幸蜀歸。泉下阿蠻應有語，者回休更怨楊妃”；又《西施》：“西施若解傾吴國，越國亡來又是誰。”韋莊《立春、庚子年冬大賀幸蜀後作》：“今日不關妃妾事，始知辜負馬嵬人。”張功父《南湖集》卷六《姑蘇懷古》：“宰嚭若能容國士，西施那解誤君王。”周公謹《草窗韻語》二稿《姑蘇臺》：“堪笑吴傖太癡絶，不仇宰嚭恨西施。”已成詠史翻案套語；子才以憐香惜玉自負，故尤樂爲“美人開脱”也。

論東坡語較平允，然“有才無情、多趣少韻”二語，適可自評。《補遺》卷七云：“東坡、山谷俱少情韻。今藏園、甌北兩才子詩，鬭險争新，余望而卻步；惟於情韻二字，尚少絃外之音”云云。蓋笑他人之未工，忘己事之亦拙。坡詩情韻不匱者匪少，如爲子由所賦詩，即什九情深文明，子才輕心易念，未嘗加意。蓋子才讀人詩，多注重近體，標舉句聯，而東坡之下筆開生面者，乃五七古，近體相形見絀。《詩話》卷七所云，直以卷三論東坡近體者，推以爲東坡全體耳。故卷十四云：“嚴冬友常誦厲太鴻《感舊》云：‘朱欄今已朽，何況倚欄人’；可謂情深。余曰：此有所本也。歐陽詹《懷妓》云：‘高城不可見，何況城中人。’”按詹此詩，題爲《初發太原途中寄所思》，原句曰：“驅馬覺漸遠，回頭長路塵。高城已不見，況復城中人。”明是綿綿思遠道，恨空間之阻隔，與太鴻之撫今追往，悵時光之消逝，大不相侔。東坡《法惠寺横翠閣》云：“雕欄能得幾時好，不獨憑欄人易老”；

苟曰太鴻《湖樓題壁》末二語“有所本”，當舉坡詩也。

【補訂】郭頻伽《靈芬館詩》初集卷四《鹿城感舊》：“不論橋上驚鴻影，兼失年時舊板橋”，亦此機杼。《詩話》卷十：“余最愛言情之作，讀如桓子野聞歌，輒唤奈何”，舉例中又有厲太鴻一絶，即《樊榭山房續集》卷六《與謝山偕往廣陵，予至吴門，疾作遽歸。謝山有詩惜别，次韻》：“生來僧祐偏多病，同往林宗又失期。兩點船燈看漸遠，暮江惆悵獨歸時。”誠回腸盪氣之什，然實脱胎於子才所不喜之昌黎、山谷。昌黎《送李員外》：“飲中相顧色，送後獨歸情”；《山谷外集》卷十四《放言》第六首：“黄鵠送黄鵠，中道言别離。送君不憚遠，愁見獨歸時”，又《送伯氏入都》：“送行不知遠，可忍獨歸時。”《後村大全集》卷一百七十四《詩話》引曾茶山句：“不堪相背處，何况獨歸時”；徐靈暉《贈徐璣》：“不來相送處，愁有獨歸時。”宋人詩中，幾成窠臼。趙雲崧《甌北詩鈔》七言律卷七《石菴還朝口占送别》：“送公千里終須别，剩我孤舟獨自歸”；遠紹昌黎，近承樊榭矣。夫客子遠役苦辛。旅程煩縟，煞費料量，人地生疏，重勞應接；而頓新聞見，差解鬱陶。故以離思而論，行者每不如居者之專篤，亦猶思婦之望遠常較勞人之念家爲深摯（參觀《管錐編》論《毛詩正義》第二五“士女鍾情之異”）。此所以“惆悵獨歸”，其“情”更淒戚於踽涼長往也。法國詩人(A. V. Arnault)舊有句云：“離别之惆悵乃專爲居者而設”(Les regrets du départ sont pour celui qui reste)。拜倫致其情婦(Teresa Guiccioli)書曰：“此間百凡如故，我仍留而君已去耳。行行生别離，去者不如留者神傷之甚也”。(Everything is the same, but you are not here, and I still am. In separation the one who goes away suffers less than the one who stays behind) 見 Leslie A. Marchand, *Byron*, II, 783。生離如是，死别尤甚。逝者已冥漠無知，惟存者心摧腸斷，子期思舊，安仁悼亡，此情難遣已。(Cf Börries Freiherr von Münchhausen:“Dunkeler Falter”:“Einer von uns muβ streun mit kalter Hand/Erde hernieder vom bretternen Grabesrand, /Einer von uns muβ gehn nach Haus allein, —/Lieber Gott, laβ mich der andere sein!”)見 W. Rose, *A Book of Modern German Lyric Verse*, 70。

《詩話》卷一稱于耐圃蔬香閣聯:“今日正宜知此味，當年曾自咬其根”；鄂西林亦有菜圃聯云:“此味易知，但須緑野秋來種；對他有愧，只恐蒼生面色多”；皆用真西山語。按山谷《别集·題徐熙畫菜》有云:“不可使士大夫不知此味，不可使天下之民有此色”；《東發日鈔》卷六十五、《墨莊漫録》卷二皆摘載，以爲美談。《鶴林玉露》卷二論真西山論菜云:“百姓不可一日有此色，不可一日不知此味”；亦忘山谷早有此語，於子才乎何尤。《詩話》卷二稱曹能始得家信詩:“驟驚函半損，幸露語平安。”按山谷《外集·薛樂道自南陽來入都留宿餞行》詩云:“每持君家書，平安覷款縫”；思路已及此，山谷固未可抹摋也。

【補訂】陸次雲《澄江集·得家問》:“久絶故鄉書，乍得心翻悸。未及啓封函，先看平安字。”亦本山谷、能始之句，而曰“未啓封函”者，當是聞毛大可之言。《西河詩話》卷二載“一客”評曹詩云:“露字不如賸字之當。大抵平安註函外，損餘曰賸；若内露，不必巧值此字矣。”

“永叔長於言情”，當非指其詩；卷六論歐公詩“學韓而頗似韓，所以不能自成一家”，似道聽塗説。歐公古詩不盡學昌黎，亦顯仿太白，五律往往似梅宛陵，夷陵詠風物排律又逼香山，七律開闔動盪，沈著頓挫，不特楊、劉、蘇、梅所未有，即半山、東坡、山谷亦每不及也。

六三

隨園論詩，深非分朝代、劃時期之説，重言申明。參觀卷六“詩分唐宋”條、卷七“詩區别唐宋”條、引楊龜山語條、卷十六引徐朗齋語條。潘彦輔不好隨園，而《養一齋詩話》卷五亦稱道此論，以爲不可廢。楊西禾撰《杜詩鏡銓》，固信崇盛唐者，其《九柏山房詩》卷十《論詩》三首必爲隨園而發。第一首云：“詩取道性情，亦必本經史。其言不雅馴，薦紳難言矣。如何一世才，出語近粗鄙”；第三首云：“高卑辨詩派，升降繫世風。唐宋界不分，此論殊未公。得毋所習偏，護短慮見攻。”泛言臆定，未足以折子才也。夫子才極推黄石牧詩，《詩集》卷二十七《仿遺山論詩》亦曰：“掃盡粗豪見靈活，唐堂真比稼堂工”；而似未讀石牧《唐堂集》卷九《中晚唐三傑詩苕穎集序》者。《序》力爲滄浪分期之説辯護，謂：“四唐之爲唐，猶四時之成歲。帝神遞嬗，温暑涼寒之旋斡無迹，而氣機蒸變於自然。及其至也，而晝然剖矣”云云，體會殊妙。《四庫總目》卷一百八十九高棅《唐詩品彙》提要有云：“寒温相代，必有半冬半春之一日，豈得謂四時無别哉”；此意唐堂已先發之矣。

【補訂】參觀《管錐編》論《全上古三代秦漢三國六朝文》第

七四“分而不隔”段。楊仲子鈞《草堂之靈》卷三載其師王壬秋書册頁云：“袁枚云：唐如周八百年，則無唐宋。此謬説也。周八百年，文體三變，而無闌入秦漢者；秦二世，隋亦二世，無闌入漢唐者。故嘗譬之，文分代，猶語分鄉；錢塘話不似富陽，湘潭話必非善化。相去半里，土俗殊音；但成朝代，即有風尚。九州隨之轉移，億兆同於格律，豈以年數而同異乎。”湘綺佚文，可供掇拾。所謂“袁枚云”，實即《隨園詩話》卷十六記徐朗齋嵩語：“倘唐朝亦如周家八百年，則宋、元、明三朝詩俱號稱唐詩。”朗齋後改名鑅慶，其《玉山閣詩選》卷一《下第》一首即《詩話》此條所引《咏唐寅畫像》絶句。《詩話》無端改易題目，詩句初不切唐子畏也。朗齋自註言“後場卷損補一字被貼”，《詩話》載“已定元矣，因三場策不到而罷”，亦乖事實。

余細按子才議論，知其胸中實未能化卻町畦，每執世之早晚，以判詩之優劣，此已與前説矛盾矣。且時而崇遠賤近，時而雄今虐古，矛盾之中，又有矛盾焉。如卷五稱吴西林語謂：“古人積貯深，元明無餘蘊，遞降而下，古勝於今”云云；按此非西林語，乃毛睿中語，見《臨江鄉人詩·自序》中。則似唐宋詩勝元明詩也。卷六論七律“始於盛唐，至中晚體格始備，至宋元愈出愈奇，明七子不知此理”云云；則不僅分别時期，抑且謂宋元邁出唐人也。同卷又一條論“選韻響啞，可據以分宋唐”；則似謂唐詩勝宋詩也。卷七論“三唐之詩文，金銀也，宋元以後，則攙銅錫”云云；則亦以唐詩爲勝宋元也。同卷論“近體須學中晚、宋、元諸名家，蓋李、杜、韓、蘇音節未協，中晚名家便清脆可歌”云云；則宋、元、中晚唐又後來居上也。所謂“名家”，不知何指。

摩詰、襄陽、少陵、東川輩近體，豈不協耶。如以少陵爲多拗調，故未協聲律；則陸魯望好作“吴體”，張文潛稱山谷詩近體“破棄聲律，如金石未作鐘磬”，元裕之七律平起句常拗第六字爲仄聲，楊廉夫所爲“俏唐體”，何莫非中晚、宋、元名家之作耶。子才於近體聲律，抑何拘耶。太白特不多爲七律，昌黎五七言近體皆整穩，不作詰屈語，子才倘僅見選本中昌黎古體，而臆必之耶。東坡近體之不爲勝絶，系乎詞氣，至其聲律，無不循規蹈矩也。“清脆可歌”，與“宋人選韻啞”，又自相違反矣。同卷論“唐以前無有不熟選理者，宋人以八代爲衰，一筆抹摋，而詩文從此平弱”云云；則復抑宋尊唐也。袒護唐人，遂以少陵之“精熟選理”，推爲公有。不知如姚合、許渾、曹唐、方干之流，於選理何與。少陵號精“選理”，而力變選體，所以爲大；杜陵杜撰，亦如白傅白描，此固非斤斤於“杜詩證選”者，所能知也。使杜詩妙處盡出於《選》，則得《選》已足，何貴有杜；假云亦須有杜之才，濡澤《選》理，然後大成，則倘無其才，縱精《選》學，祇傳李崇賢“書簏”而已。詩文平弱，毋寧曰由於才力卑遜，非盡關不治《文選》也。且北宋之初，本尚《文選》；《老學菴筆記》卷八謂慶曆以後，始洗厥習，《困學紀聞》卷十七謂熙豐而還，乃廢其學。袁褧《楓窗小牘》卷一謂楊億作《二京賦》成，好事傳寫，有輕薄子書其門曰：“孟堅再生，平子出世。《文選》中間，恨無隙地。”王得臣《麈史》卷中《神授》門記宋景文母夢朱衣人攜《文選》而生景文，故小字“選哥”；同卷《學術》門云：“予幼時，先君日課誦《文選》曰：‘我見小宋説，手鈔《文選》三過，方見佳處，汝輩安得不誦。’由是知前輩名公爲學，大率如此。”皆其證也。顧楊文公整飭而不古雅，宋景文精博而殊碎促，尚不如初唐駢文之安和中節。且景文晚歲竺志散文，悔其少作。《筆記》卷上自言："年過五十，被詔作《唐書》，精思十餘年，盡見前世諸著，乃知文章之難。取視五十前爲文，赧然汗下，知未嘗得作者藩籬。"又曰："余於爲文，似蘧瑗年六十始知五十九年非。每見舊作文章，憎之，必欲燒棄。"文集卷四十八《治戒》亦曰："吾生平語言，無過人者。謹無妄編綴作集，使後世嗤詆吾也。"然則《麈史》卷中載景文"少時好讀《大誥》，修《唐書》言艱思苦，蓋有所自"云云，亦近附會。景文明言因見唐世著作，而翻然改易塗轍也。《日知録》卷二十六據《新唐書》，論景文不喜對偶之文，《十駕齋養新録》卷十六《景文喜韓柳文》條，歷舉《新唐書》列傳爲證，而顧錢兩氏皆未引景文《筆記》卷上云："文有屬對平側用事者，供公家一時宣讀施行，不可施於史傳。以對偶入史策，如粉黛飾壯士，笙匏佐鼙鼓。"

【補訂】趙甌北《陔餘叢考》卷十一《新唐書文筆》條，譏景文："不欲以四六入文，則但摘其大意可矣。乃竟改作全篇散文，首尾完善，一似繙譯。私智自用。"亦未引景文《筆記》。卷上此則有曰："余修《唐書》，未嘗得唐人一詔一令可載於傳者。唯捨對偶之文，近高古，乃可著於篇"；蓋景文且以謹嚴自負也。

余按《史通·論贊》篇云："遠棄史班，近宗徐庾，飾彼輕薄之句，編爲史籍之文，無異加粉黛於壯夫，服綺紈於高士者矣。"景文之語顯出於此，所謂"見前世諸著乃知文章之難"者，此亦一證。且集中如《對太學諸生文》，全仿退之《進學解》，不上法《文選》之《解嘲》、《賓戲》，而甘作重儓，舍《選》學唐，的然可據。

【補訂】景文《筆記》卷上、卷中極推韓文，次則柳劉。卷中云："韓退之《送窮文》、《進學解》、《原道》等諸篇皆古人意思未到，可以名家矣。"《景文集·拾遺》卷六《讀退之集》："素瑟朱家［？絃］古韻長，有誰流水辨湯湯。東家學嗜蒲葅味，蹙頞三年試敢嘗。"

他如《胡文恭集》亦北宋初儷體名家，而外侈内枵，靡而不綺，豈復見《文選》沈思翰藻之妙，較柳開、穆脩輩之古文，魯衛之政耳。平心而論，安能勝歐、蘇、曾、王之散體哉。《舊唐書·武宗本紀》會昌四年、《新唐書·選舉志》上皆記李德裕對武宗曰："臣祖天寶末以仕進無他伎，勉彊隨計，一舉登第。自後家不置《文選》，蓋惡其不根藝實。"歐公即斥李論爲"偏異"。則是唐人抹摋《文選》，而宋人反不以爲然，子才敢斥《會昌一品集》爲平弱乎。"起八代之衰"與"以八代爲衰"，二語大相逕庭。盛必有衰，衰則必變，非概八代之盛而謂爲衰世。子才《答友人論文第二書》有曰："蓋震於昌黎'文起八代之衰'一語，而不知八代固未嘗衰也。文章之道，如夏、殷、周之立法，窮則變，變則通"云云。夫所謂"窮"，非即"衰"乎。如梁陳宫體仿古樂府諸作，陳陳相因，人人相襲，披恒河沙，難見金屑；曹、陶、阮、謝，流風欲沫。亦譬之斥曹唐、胡曾輩爲三唐之衰，非并李、杜、王、孟而抹摋也。東坡薄昭明，非薄其所選之文。故《志林》譏昭明不解淵明《閑情賦》，此正推崇魏晉之文章，而恨《文選》之未盡。至《答劉沔書》考李陵《答蘇武書》及蘇李贈别詩之僞，《書謝瞻詩》、《書文選後》皆力駁五臣而申善註，非留心選學而能若是耶。張戒《歲寒堂詩話》駁東坡，謂"《文選》雖昭明所集，非昭明所作"云云，可謂强作解事。東坡議論本極分明，初未以昭明之選文，與昭明所選文，混爲一談也。以昌黎爲“起八代之衰”，唐人早有此意，觀《容齋隨筆》卷八所輯“唐人論韓文語”一則可證。子才以爲始於宋人，亦未確。且八代之衰，八代末之人自知之，而亦嘗欲自矯之，子才豈未讀裴子野《雕蟲論》、李諤《上隋文帝書》、蘇綽《大誥》乎。《詩話·補遺》卷二謂：“詩之絶品，調必不拗，國風盛唐是也”；則似乎“清脆可歌”之中晚、宋、元名家，又落下乘矣。進退失據，有如此者。《詩話》卷七譏“阮亭胸中先有晚盛之分，不免耳食”云云，適堪反唇。蓋子才立説，每爲取快一時，破心奪膽，矯枉過正；英雄欺人，渠亦未必謂安。譬如卷四謂：“今人論詩，動言貴厚賤薄。不知宜厚宜薄，惟以妙爲主。以兩物論：狐貉貴厚，鮫綃貴薄。以一物論：刀背貴厚，刀鋒貴薄。安見厚者定貴，薄者定賤耶。古人之詩，少陵似厚，太白似薄，義山似厚，飛卿似薄，俱爲名家”云云。《淮南子·齊俗訓》早曰：“玉璞不厭厚，角觡不厭薄”，子才口角玲瓏，進而就“一物”發策。然詩之厚者，未必妙於薄者，而詩之妙者，必厚於不妙者。如子才所舉“名家”，飛卿自下義山一等；子才亦嘗自言：“少陵長於言情，太白不能”；卷六。論望溪阮亭，謂“一代正宗，才力自薄”；卷二。論荆公又曰：“詩貴温柔。”卷六。可見貴厚賤薄，渠心亦正同斯理。即就所譬而言，安見詩之非狐貉耶。刀之有背有鋒者，固勝於有鋒而無背者也。賈誼《新書·連語》記陶朱公論璧“側厚則價倍”，因曰：“牆薄咫亟壞，繒薄咫亟裂，器薄咫亟毁，酒薄咫亟酸。夫薄而可曠日持久者，殆未有也”云云。詩乃立言不朽之一，正須賈生所謂“曠日持久”耳。

六四

《詩話》卷一謂："古無類書、志書、字彙。故《三都》、《兩京賦》，言木則若干，言鳥則若干，必待搜輯羣書，廣采風土，然後成文。洛陽所以紙貴，自是家置一本，當類書郡志讀耳。故成之亦須十年五年。使左思生於今日，必不作此種賦"云云。章實齋《文史通義·書坊刻詩話後》痛駁之，至斥子才爲"一丁不識、一字不通之妄人"。然《文史通義·文理》篇謂："古鈎玄提要之書，果何物哉。蓋不過尋章摘句，爲撰文之資助耳。如左思十年而賦《三都》，門庭藩溷，皆著紙筆，得即書之。今觀其賦，並無奇思妙想，動心駭魄；所謂得即書者，亦必標書誌義，先掇古人菁英，而後足以供驅遣爾。"與隨園之說，又復大同，何必發聲徵色以罵乎。喬鶴儕松年《蘿藦亭札記》卷四論隨園此則云："近人謂《三都賦·序》明言：稽之地圖，驗之方志；笑隨園迷於眉睫。然隨園之語是詞不達意，若言是吴淑《事類賦》之先聲，故人争願先覩，則得之矣。但亦只可以言《三都》，若《兩京》則體大思精，不在比事也。"平情之論，亦見隨園說未可厚非矣。

【補訂】喬鶴儕所謂"近人"，指李小湖聯琇。參觀《管錐編》

六四　隨園論三都兩京賦

論《史記會註考證》第四九“繁類成豔”、論《全上古三代秦漢三國六朝文》第一二四“三都賦與類書”。

明艾千子論古文，力非前後七子之撏撦漢魏，故痛詆《文選》，推其用意，略同宋之劉辰翁。《天傭子集》卷二《王子鞏觀生草序》謂《上林》、《子虛》、《兩京》、《三都》“不過據《通考》、《類要》之書，分門搜索”云云，亦可與袁章二説印證。太沖《三都賦·序》李善註引臧榮緒《晉書》曰：“左思欲作《三都賦》，詣張載訪岷邛之事”，善註又曰：“《三都賦》成，張載爲註《魏都》，劉逵爲註《吴蜀》。”按左以蜀都事訪之張，則註蜀都者，不應爲劉；今本《文選·魏都賦》亦標劉註，而賦末“二客矍焉相顧”句下善註曰：“張以惓、先瓏反”，則《魏都賦》註，似確出張手。顧《世説新語·文學》篇註引《左思别傳》云：“皇甫謐西州高士，摯仲治宿儒知名，非思倫匹。劉淵林、衛伯輿並早終，皆不爲思賦序註也。凡諸註解，皆思自爲，欲垂其文，故假時人名姓也。”則不特張未註，亦並無劉註，乃左自註。衆説紛紜，不可究詰。子才深非詩文自註，《小倉山房尺牘》卷五《與楊蘭坡明府》載顧亭林詩自註見譏於毛西河事，傳以爲誡。《顔氏家藏尺牘》卷二載亭林所寄詩翰，《先妣忌日》七律“一經猶得備人師”句後，引《顔氏家訓》，明其來歷。此可證袁説不誣。倘知太沖《三都》亦出自註，必更以“類書”目之矣。

【補訂】參觀《管錐編》論《全上古三代秦漢三國六朝文》第一六八“自註”。

六五

卷一：“詩人陳製錦字組雲，居南門外，與報恩寺塔相近。樊明徵贈詩云：‘仰首陸離低首誦，長干一塔一詩人。’陳嫌不佳。余曰：若改‘仰首欲攀低首拜’，則精神全出。陳爲雀躍。”按洪稚存《北江詩話》卷一曰：“江寧詩人何士顒，居長干里。有友人投一詩曰：‘仰首欲攀低首拜，長干一塔一詩人。’”與隨園説異，當以隨園聞見爲較真。

六六

卷一："玉溪生：'隄遠意相隨'，真寫柳之魂魄。"按此語乃自《詩經》"楊柳依依"四字化出。添一"意"字，便覺著力。寫楊柳性態，無過《詩經》此四字者。

【補訂】參觀《管錐編》論《毛詩正義》第五〇。

六七

卷二：“吾鄉孝廉王介眉延年撰《歷代編年紀事》，夢見陳壽、習鑿齒，言其爲鑿齒後身。題六絶，醒記二句曰：‘慚無晉漢春秋筆，敢道前身是彦威。’”按《蘀石齋詩集》卷十二《題王學正延年紀夢詩後》即詠此事，有云：“風寒夢回記其二，一十四字懷珠璣。足成六章章四句，説夢向人人笑譏。”與隨園所載合。

【補訂】子才《子不語》卷六亦記王介眉紀夢詩事。又按《詩話》此卷稱引錢辛楣過安陽弔韓侂胄七律，而見於錢氏《潛研堂詩續集》卷二者，則七絶耳。平景孫《霞外攟屑》卷八上謂子才所録，殆辛楣初稿。

六八

卷三："毛西河詆東坡太過。或引'春江水暖鴨先知'，以爲是坡詩近體之佳者。西河云：'定該鴨知，鵝不知耶。'此言則太鶻突矣。若持此論詩，則《三百篇》句句不是。'在河之洲'者，斑鳩鳲鳩皆可在也，何必雎鳩耶。'止邱隅'者，黑鳥白鳥皆可止也，何必黄鳥耶。"按《西河合集·詩話》卷五有一則，記與汪蛟門論宋詩，略云："汪舉'春江水暖鴨先知'，不遠勝唐人乎。予曰：此正效唐人而未能者。'花間覓路鳥先知'，此唐人句也。覓路在人，先知在鳥，鳥習花間故也，先者，先人也。若鴨則先誰乎。水中之物皆知冷暖，必以鴨，妄矣。"頗能詭辯。王漁洋《居易録》及《漁洋詩話》遽概括西河言爲"鵝豈不先知"，遂成笑枋；西河弟子張文檒《螺江日記》卷六已力辯其誣。《隨園詩話》卷三論曹能始詩，曾引《西河詩話》，不應此處尚沿流俗之訛。所駁亦未爲不是，惜尚非扼要。東坡此句見題《惠崇春江晚景》第一首："竹外桃花三兩枝，春江水暖鴨先知。蔞蒿滿地蘆芽短，正是河豚欲上時。"是必惠崇畫中有桃、竹、蘆、鴨等物，故詩中遂遍及之。正鍾記室《詩品·序》所謂："思君如流水，既是即目；高臺多悲風，亦惟所見。""先"者，亦"先人”也。西河未顧坡詩題目，遂有此滅裂之談。張謂《春園家宴》：“竹裏行廚人不見，花間覓路鳥先知”，即西河所謂“唐人”。東坡詩意，實近梁王筠《雪裏梅花》：“水泉猶未動，庭樹已先知。”東坡《遊桓山會者十人》五古又云：“春風在流水，鳧雁先拍拍”；此意蓋數用也。

【補訂】王筠句乃謂“庭樹”“知”春信，“先”於“水泉”，非東坡詩意。余舊説未審。孟東野《春雨後》：“昨夜一霎雨，天意蘇羣物。何物最先知，虛庭草争出”；亦王詩之意。《苕溪漁隱叢話》後集卷二十四引《明道雜志》等書謂河豚必以蔞蒿、荻芽等物同煮，故梅聖俞《食河豚》詩首句曰“春洲生荻芽”；王漁洋《居易録》亦謂蔞蒿“江東用羹魚，故坡詩”云云。東坡見畫中蔞蒿蘆芽，遂思及河豚，莊生所謂“見彈思炙”也（參觀本書第187頁“補訂”）。蓋東坡此首前後半分言所畫風物，錯落有致，關合生情。然鴨在畫中，而河豚乃在東坡意中：“水暖先知”是設身處地之體會（mimpathy），即實推虛，畫中禽欲活而羽衣拍拍；“河豚欲上”則見景生情之聯想（association），憑空生有，畫外人如饞而口角津津。詩與畫亦即亦離，機趣靈妙。使西河得知全篇，必更曰：“定該河豚上，河魚不上耶。”王文誥《蘇詩編註集成》識解塵垢，筆語蕪穢，王壬秋閲之曰：“知世間書癡不少，又非科舉學堂所可盡”，“殊爲可笑”（《湘綺樓日記》宣統元年九月二十五日、二年三月二十二日）。卷二十六説此詩曰：“上上絶句，人盡知之，而固陵毛氏獨不謂然。凡長於言理者，言詩則往往别具肺腸，卑鄙可笑”；既不能道東坡苦心，復不肯引毛氏違言，“卑鄙”之訶，著語不倫，直是文理欠通耳。

【補正】丁敬身《硯林集拾遺·王容大浴鵝圖》:"池塘春漲緑參差，正是桃花對影時。曾記大毛公有語，暖回鵝也得先知。"即借漁洋所記西河語，點題了事，巧於偷懶者。

田綸霞《古歡堂雜著》卷四記客有謂:"汪蛟門詩學宋人，何也";答曰:"子幾曾見宋詩，只見得'雲淡風輕'一首耳。"按田氏《文集》卷二《鹿沙詩集序》亦有此説。此客亦必西河之類。《列朝詩集》丁十二譚元春傳後引吴門朱隗曰:"伯敬詩:'桃花少人事';詆之者曰:'李花獨當終日忙乎。'友夏詩'秋聲半夜真';則甲夜乙夜秋聲尚假乎"。

【補訂】伯敬《牛首道中看人家桃花》起句:"桃花没人事，青山又周之。"友夏《秋夕集周安期等柏鸞堂看月》三四句:"月性閒階滿，秋聲半夜真。"

又"鵝豈不先知"所紹述矣。

六九

卷三："或曰：詩無理語。予謂不然。《大雅》：'於緝熙敬止'，'不聞亦式、不諫亦入'，何嘗非理語。何等古妙。《文選》：'寡欲罕所缺，理來情無存'；唐人：'廉豈沽名具，高宜近物情'；陳後山《訓子》云：'勉汝言須記，逢人善即師'；文文山《詠懷》云：'疏因隨事直，忠故有時愚'；又宋人：'獨有玉堂人不寐，六箴將曉獻宸旒。'亦皆理語。何嘗非詩家上乘。至乃月窟天根等語，便令人聞而生厭矣。"按此節引詩，主名多誤；至以杜荀鶴《送舍弟》詩爲陳無己《訓子》詩，又改"聞"爲"逢"。姑置不論。子才好與沈歸愚爲難，如《詩話》卷一論王次回《疑雨集》，《文集》卷十七《與沈大宗伯二書》。此則亦似針對歸愚而發。然所舉例，既非詩家妙句，且胥言世道人情，並不研幾窮理，高者衹是勸善之箴銘格言，非道理也，乃道德耳。"月窟天根"，見邵堯夫《擊壤集》卷十六《觀物吟》："因探月窟方知物，未躡天根豈識人"，"乾遇巽時觀月窟，地逢雷處看天根"，又卷十七《月窟吟》："月窟與天根，中間來往頻。"固亦不佳，然自是説物理語，與隨園所舉人倫之規誡不同。

【補訂】子才所稱"詩中理語"，皆屬人事中箴規。賀黄公《載酒園詩話》卷一以駁嚴滄浪“詩有别趣非關理”開宗明義，曰：“然理原不足以礙詩之妙，如元次山《舂陵行》、孟東野《游子行》、韓退之《拘幽操》、李公垂《憫農詩》，真是六經鼓吹。”是亦衹以“理”作道德解會。黄白山《載酒園詩話評》卷上駁之曰：“滄浪理字原説得輕泛，只當作實事二字看，後人誤將此字太煞認真，全失滄浪本意”；卷下論陸魯望《自遣》七絶又曰：“此滄浪所謂無理而有趣者，理字只如此看，非以鼓吹經史、裨補風化爲理也。”其駁黄公解“理”字太隘，是也。然於“滄浪本意”未知得否。滄浪以“别才非書”、“别趣非理”雙提並舉，而下文申説“以文字爲詩，才學爲詩”，“多務使事，必有來歷出處”，皆“書”邊事，惟“以議論爲詩”稍著“理”字邊際。所數詩流之“江西宗派”，亦衹堪示以“書”爲作詩之例。南宋詩人篇什往往“以詩爲道學”，道學家則好以“語録講義押韻”成詩（參觀本書第 213 頁“補訂”）；堯夫《擊壤》，蔚成風會。真西山《文章正宗》尤欲規範詞章，歸諸義理。竊疑滄浪所謂“非理”之“理”，正指南宋道學之“性理”；曰“非書”，鍼砭“江西詩病”也，曰“非理”，鍼砭濂洛風雅也，皆時弊也。於“理”語焉而不詳明者，懾於顯學之威也；苟冒大不韙而指斥之，將得罪名教，“招拳惹踢”（朱子《答陳膚仲》書中語）。方虚谷尊崇江西派詩，亦必借道學自重；嚴滄浪厭薄道學家詩，卻衹道江西不是。二事彼此烘襯。余姑妄揣之，非敢如滄浪之“斷千百年公案”也。

堯夫别有好處，隨園稱賞之孫子瀟卻能知之。隨園不喜宋儒，遂大爲抹摋。抑隨園既言堯夫此等語，“聞而生厭”，則明認理語爲不可入詩矣，何以又謂不然。《詩話補遺》卷十稱梁元帝之“不疑行舫往，惟看遠樹來”，庾肩吾之“只認己身往，翻疑彼岸移”，爲見道悟境；梵志之“還你天公我，還我未生時”，爲禪家上乘。夫前兩聯不過寫舟行之景，如少陵之“稍知花改岸，始驗鳥隨舟”，並無涵蓋乾坤氣象，不知所謂“道”者何指。梵志之句，乃禪和子筋斗樣子之佻滑者，雖亦有理，不得爲詩。

【補訂】寫景語未嘗不可借用以説理，古人“賦詩”所謂“斷章”（參觀《管錐編》論《左傳正義》第四六“斷章取義”）。然在原詩祇屬流連光景，非由跡明本也。如《圓覺經》云：“譬如動目，能摇湛水。又如定眼，由迴轉火。雲駛月運，舟行岸移，亦復如是”；宗密作此經序亦云：“心本是佛，由念起而漂沈；岸實不移，因舟行而鶩驟。”庶幾子才所謂“見道悟境”，而其所引之“只認己身往，翻疑彼岸移”，則祇即事寫景耳。所引王梵志詩，參觀《管錐編》論《毛詩正義》第五三“詛祖宗”；王從之取説理語而烹煉以抒情耳。

隨園喜作風類己，遂標舉耳。且歸愚未嘗言詩不可見道明理。余嘗細按沈氏著述，乃知“理趣”之説，始發於乾隆三年爲虞山釋律然《息影齋詩鈔》所撰序，按《歸愚文鈔》中未收。略曰：“詩貴有禪理禪趣，不貴有禪語。王右丞詩：‘行到水窮處，坐看雲起時’；‘松風吹解帶，山月照彈琴’。韋蘇州詩：‘經聲在深竹，高齋空掩扉’；‘水性自云静，石中本無聲，如何兩相激，雷轉空山驚’。柳儀曹詩：‘寒月上東嶺，泠泠疏竹根’；‘山花落幽户，中有忘機客’。皆能悟入上乘。宋人精禪學者，孰如蘇子瞻；然贈三朵花云：‘兩手欲遮瓶裏雀，四條深怕井中蛇’。意盡句中，言外索然矣。”乾隆九年沈作《説詩晬語》，卷下云：“杜詩：‘江山如有待，花柳自無私’；‘水深魚極樂，林茂鳥知歸’；‘水流心不競，雲在意俱遲。’俱入理趣。邵子則云：‘一陽初動處，萬物未生時’，以理語成詩矣。王右丞詩不用禪語，時得禪理。東坡則云：‘兩手’云云。言外有餘味耶。”乾隆二十二年冬選《國朝詩別裁》，《凡例》云：“詩不能離理，然貴有理趣，不貴下理語”云云，分剖明白，語意周匝。乾隆三十六年冬，紀曉嵐批點《瀛奎律髓》，卷四十七《釋梵類》有盧綸、鄭谷兩作，紀批皆言：“詩宜參禪味，不宜作禪語”；與沈説同。

【補訂】參觀《管錐編》論《全上古三代秦漢三國六朝文》第一一九“理趣”。

隨園故持别調，適見其未嘗以虚心聽、公心辯耳。本歸愚之例，推而稍廣。則張説之之“澄江明月内，應是色成空”；《江中誦經》；太白之“花將色不染，心與水俱閑”；常建之“山光悦鳥性，潭影空人心”；朱灣之“水將空合色，雲與我無心”。《九日登青山》。皆有當於理趣之目。而王摩詰之“山河天眼裏，世界法身中”；按歸愚謂摩詰不用禪語，未確。如《寄胡居士》、《謁操禪師》、《遊方丈寺》諸詩皆無當風雅，《愚公谷》三首更落魔道，幾類皎然矣。孟浩然之“會理知無我，觀空厭有形”；劉中山之“法爲因緣立，心從次第修”；一作香山詩。白香山之“言下忘言一時了，夢中説夢兩重虚”；顧逋翁之“定中觀有漏，言外證無聲”；李嘉祐之“禪心起忍辱，梵語問多羅”；盧綸之“空門不易啟，初地本無程”；曹松之“有爲嫌假佛，無境是真機”；則祇是理語而已。李耆卿《文章精義》稱朱子三百篇後一人，其詩“音節從陶、韋、柳中來，而理趣過之”。然歸愚標“理趣”之名，或取《滄浪詩辯》“詩有别趣，非關理也”語，未必本諸耆卿。李獻吉《空同子集》卷五十二《缶音序》云：“夫詩比興錯雜，假物以神變者也。宋人主理，作理語。詩何嘗無理，若專作理語，何不作文而詩爲耶。今人有作性氣詩，取自賢於穿花蛺蝶、點水蜻蜓等句，此何異癡人前説夢耶。即以理言，所謂深深款款者何物耶。”

【補訂】空同“自賢”云云指伊川所言：“某素不作詩，亦非是禁止不作，但不欲爲此閑言語。且如今言詩無如杜甫，如云：‘穿花蛺蝶深深見，點水蜻蜓欵欵飛’；如此閑言語，道出做甚。”語見《河南程氏遺書》卷十八，參觀《河南程氏文集》卷十八伊川（一作明道）《答朱長文書》。《空同子集》卷六十六《論學》上篇稱杜詩“信手拈來，頭頭是道”，引“隨風潛入夜”、“水流心不競”、“出門流水住”等句爲例，亦隱謂杜詩非皆“閑言語”也。

胡元瑞《詩藪内編》卷二謂：“禪家戒事理二障，作詩亦然。蘇黄事障，程邵理障。”歸愚議論，肇端於此。竊謂理趣之旨，極爲精微，前人僅引其端，未竟厥緒。高彪《清誡》已以詩言理。此後有兩大宗。一則爲晉宋之玄學。如孫興公詩，不論哀逝贈友，必以“太極”、“太朴”、“太素”、“大造”作冒，真來頭大而帽子高者；董京《書壁》之詠兩儀剛柔，苻朗《臨終》之賦四大聚散。張君祖《詠懷》、庾僧淵《贈答》，數篇跳出，稍有滋味。而《詩品序》概譏之曰：“貴黄老，尚虚談，理過其詞，淡乎寡味”，“平典似道德論”；《續晉陽秋》亦曰：“詩騷體盡。”二則爲宋明之道學。堯夫之《打乖》、《觀物》，晦菴之《齋居》、《感興》；定山、白沙，詩名尤著。而《丹鉛總録》卷十九亦譏之曰：“《傳燈録》偈子，非詩也。”【附説十七】道士作詩，牛鬼蛇神，鋪陳排比，無道之玄，乃術之幻；如韓湘之“寶鼎存金虎，玄田養日鴉”；杜光庭之“丹竈海車休矻矻，蚌胎龜息自綿綿”；吕洞賓之"一粒粟中藏世界，二升鐺内煮山川"；比於眩人方士之大言。即詩人爲之，前若庾子山、韋渠牟《步虚》諸詞，後若陸務觀《道室》諸作，雲笈繙籤，仙圖開弔。按黄伯思《東觀餘論》卷上譏宋景文不識"弓"字，賦詩誤作"弔"字，今檢《武英殿叢書》本《景文集》卷八《和天休舍人奉祠太一宫見寄詩》，伯思所引"仙圖幾弔開"，刻作"幾卷開"，蓋已經後人改正。向《抱朴内篇》、《黄庭外景》中，搬取家當，煊染仙靈，亦未能免"霞冠珠佩"、"瓊漿玉酒"等俗態。

【補訂】紀曉嵐《點論李義山詩集》卷下評《戊辰會静中出貽同志二十韻》云："終恨有章呪氣"；《點論蘇文忠詩集》卷四評《讀道藏》云："作僧家詩，不可有偈頌氣；作道家詩，不可有章呪氣。此固未免於章呪。"

釋氏作詩，唐以前如羅什《十喻》、惠遠《報偈》、智藏《三教》、無名《釋五苦》、廬山沙彌《問道叩玄》，或則喻空求本，或則觀化決疑，雖涉句文，了無藻韻。居士林中爲此體者，若王融《淨行》、梁武帝《三教》《十喻》、簡文帝《十空》《四城門》之類，語套意陳，無當理趣。初唐寒山、拾得二集，能不搬弄翻譯名義，自出手眼；而意在砭俗警頑，反復譬釋，言俚而旨亦淺。後來仿作者，無過於鄭所南《錦錢餘笑》二十四首，腔吻逼肖，荆公輩所不及。寒山自矜曰："有人笑我詩，我詩合典雅"；拾得自矜曰："我詩也是詩，有人喚作偈"；惜詞費如此，論文已須點煩，論禪更嫌老婆舌矣。按寒山"詩合典雅"之説，見《困學紀聞》卷十八。寒山妥貼流諧之作，較多於拾得。如"杳杳寒山道"一律，通首疊字，而不覺其堆垛。説理亦偶有妙喻，如比人性精靈於經霜老樹曰："皮膚脱落盡，唯有真實在"，黄山谷、戴石屏等皆用以入詩。而予則激賞其"昨到雲霞觀"一首，譏道士求長生不死，即得大藥，仍未脱生死，【附説十八】因曰："但看箭射空，須臾還墜地"；深入淺出，真能使難達之情，如同目覩者也。

【補訂】六祖弟子元覺《永嘉集·永嘉證道歌》亦云："猶如仰箭射虚空，勢力盡，箭還墜。"

《古今禪藻集》所輯自支遁以下僧詩，乃釋子之詩，非盡釋理之詩，佳者即是詩人之詩。亦猶邵堯夫能賦"半記不記夢覺後，似愁無愁情倦時。擁衾側卧未欲起，簾外落花撩亂飛"；程明道能賦"不辭酒盞十分滿，爲惜風花一片飛"，又"未須愁日暮，天際是輕陰"；吕洞賓能賦"草鋪橫野六七里，笛弄晚風一兩聲。歸來飽飯黄昏後，不脱蓑衣卧月明"，按夏元鼎《金丹詩訣》卷上載此作鍾弱翁《題何山》，《漁隱叢話前集》卷五十八引《西清詩話》作吕仙《牧童》。雖皆學道之人，而詩不必專爲理語。僧以詩名，若齊己、貫休、惠崇、道濳、惠洪等，有風月情，無蔬筍氣；貌爲緇流，實非禪子，使蓄髮加巾，則與返初服之無本賈島、清塞周朴、惠銛葛天民輩無異。例如《瀛奎律髓》卷四十七謂惠洪詩"虚驕之氣可掬，自是士人詩、官員詩"，《弇州讀書後》卷六謂洪覺範乃"一削髮苦吟措大"，固不能以禪悦、道腴苛求諸家詩矣。唯禪宗公案偈語，句不停意，用不停機，口角靈活，遠邁道士之金丹詩訣。詞章家雋句，每本禪人話頭。如《五燈會元》卷三忠國師云："三點如流水，曲似刈禾鐮"；卷五投子大同云："依稀似半月，仿佛若三星"；皆模狀心字也。秦少游《南歌子》云："天外一鉤斜月帶三星"，《高齋詩話》謂是爲妓陶心兒作；《泊宅編》卷上極稱東坡贈陶心兒詞："缺月向人舒窈窕，三星當户照綢繆"，以爲善狀物；蓋不知有所本也。《五燈會元》卷十六法因禪師云："天上月圓，人間月半"；吾鄉鄒程村祗謨《麗農詞》卷下《水調歌頭·中秋》則云："剛道人間月半，天上月團圓"；死灰槁木人語，可成絶妙好詞。

【補訂】《夷堅志》支庚卷八《江渭遇二仙》則中一侍女曰："天上月圓，人間月半。教人似月，正在今宵。"董文友以寧《蓉渡詞》卷下《滿江紅·乙巳元夕述哀》："月正團圓，卻不道今宵月半。"端木鶴田國瑚《大鶴山人詩集》卷一《月謡》："天上一月，地上一月。天上月圓，地上月缺。"

斯亦禪人所謂"不風流處也風流"也。又往往富於理趣，佳處偶遭，未嘗不可爲風騷之支與流裔。如《五燈會元》十三龍光諲禪師云："千江同一月，萬户盡逢春"，以明法身之分而不減、散而仍一，妙諦曲包。

【補訂】《維摩詰所説經·佛國品》："各見世尊在其前，斯則神力不共法"；肇註："法身圓應，猶一月升天影現百水也。"唐譯《華嚴經·兜率宫中偈贊品》："譬如浄滿月，普現一切水。影象雖無量，本月未曾二。"元覺《永嘉證道歌》："一月普現一切水，一切水月一月攝。"惠洪《禪林僧寶傳》卷二贊弘明禪師曰："公之全體大用，如月照衆水，波波頓見而月不分，如春行萬國，處處同時而春無跡。"《朱子語類》卷十八論"格物"云："萬物各具一理，而萬理同出一源。釋氏云：一月普現一切水，一切水月一月攝；也窺見這道理"；即引"一宿覺"語。黄瑜《雙槐歲鈔》卷十《一月千江》則引明儒語，可參觀。餘見《管錐編》論《周易正義》第一六"比喻具多邊"。

故方虚谷撰《名僧詩話》一書，七佛偈、西天二十八偈皆預編摹；《桐江集》卷一此書《序》云："北宗以樹以鏡爲譬，而曰：

‘時時勤拂拭，不使惹塵埃’；南宗謂‘本來無一物，自不惹塵埃’，高矣。後之善爲詩者，皆祖此意，謂爲翻案法。”參觀尤西堂《艮齋雜説》卷六亦謂禪語與詩文翻進一層法同，舉例甚妙，梁茝林《浪跡叢談》卷十全襲其説。明通之論，足爲騎驛。蓋禪宗破壁斬關，宜其擅翻案；六祖翻神秀“卧輪”諸偈，破洪達之“法華轉”爲“轉法華”，皆此類也。而《桐江續集》卷三十三《清渭濱上人詩集序》曰：“偈不在工，取其頓悟而已。詩則一字不可不工”云云，意亦謂偈語每理勝於詞，質而不韻，雖同詩法，或寡詩趣也。故《少室山房筆叢》卷四十八集取禪機中絶類詩句者百數十句，而其中有滋味者不過十數語耳。夫言情寫景，貴有餘不盡。然所謂有餘不盡，如萬緑叢中之著點紅，作者舉一隅而讀者以三隅反，見點紅而知嫣紅姹紫正無限在。其所言者情也，所寫者景也，所言之不足，寫之不盡，而餘味深藴者，亦情也、景也。試以《三百篇》例之。《車攻》之“蕭蕭馬鳴，悠悠旆旌”，寫二小事，而軍容之整肅可見；《柏舟》之“心之憂矣，如匪澣衣”，舉一家常瑣屑，而詩人之身分、性格、境遇，均耐想象；《采薇》之“昔我往矣，楊柳依依。今我來思，雨雪霏霏”，寫景而情與之俱，征役之況、歲月之感，胥在言外。蓋任何景物，横側看皆五光十色；任何情懷，反復説皆千頭萬緒；非筆墨所易詳盡。倘鋪張描畫，徒爲元遺山所譏杜陵之“珷玞”而已。掛一漏萬，何如舉一反三。道理則不然。散爲萬殊，聚則一貫；執簡以御繁，觀博以取約，故妙道可以要言，著語不多，而至理全賅。顧人心道心之危微，天一地一之清寧，雖是名言，無當詩妙，以其爲直説之理，無烘襯而洋溢以出之趣也。理趣作用，亦不出舉一反三。然所舉者事物，所反者道理，寓意視言情寫景不同。言情寫景，欲説不盡者，如可言外隱涵；理趣則説易盡者，不使篇中顯見。徒言情可以成詩；“去去莫復道，沈憂令人老”，是也。專寫景亦可成詩；“池塘生春草，園柳變鳴禽”，是也。惟一味説理，則於興觀羣怨之旨，背道而馳，乃不泛説理，而狀物態以明理；不空言道，而寫器用之載道。拈形而下者，以明形而上；使寥廓無象者，託物以起興，恍惚無朕者，著述而如見。譬之無極太極，結而爲兩儀四象；鳥語花香，而浩蕩之春寓焉；眉梢眼角，而芳悱之情傳焉。舉萬殊之一殊，以見一貫之無不貫，所謂理趣者，此也。如心故無相；心而五蘊都空，一塵不起，尤名相俱斷矣。而常建則曰：“潭影空人心”，以有象者之能浄，見無相者之本空。在潭影，則當其有，有無之用；在人心，則當其無，有有之相。洵能擬摩虚空者矣。

【補訂】常建之“潭影空人心”，少陵之“水流心不競”，太白之“水與心俱閑”，均現心境於物態之中，即目有契，著語無多，可資“理趣”之例。香山《對小潭寄遠上人》云：“小潭澄見底，閒客坐開襟。借問不流水，何如無念心。彼惟清且淺，此乃寂而深。是義誰能答，明朝問道林”；意亦相似，而涉脣吻，落思維，祇是“理語”耳。

又如道無在而無不在，王維則曰：“行到水窮處，坐看雲起時”；以見隨遇皆道，觸處可悟。道無在者，“莫向虚空裏釘橛”是也，見《傳燈録》卷十。道無不在者，“將無佛處來與某甲唾”是也。見《傳燈録》卷二十七。道非雲水，而雲水可以見道，《中庸》不云乎：“詩曰：鳶飛戾天，魚躍於淵，言道之上下察也”；《傳燈録》卷十四載李翺偈，亦曰：“我來問道無餘説，雲在青天水在瓶。”此理固儒釋之所同窺也。

【補訂】《朱子語類》卷一百十八："壽昌問鳶飛魚躍，何故仁便在其中。先生良久，微笑曰：'公好説禪；這個亦略似禪，試將禪來説看。'壽昌對：'不敢。'曰：'莫是雲在青天水在瓶麽。'"參觀卷六十三論"鳶飛魚躍"云："形容道體，恰似禪家云：'青青緑竹，莫匪真如；粲粲黄花，無非般若。'"《捫蝨新話》卷十一論李翺問藥山、《困學紀聞》卷七引陳仲猷語可比勘。

宋之理學家論詩，未嘗不略悟斯旨。《河南程氏外書》時氏本《拾遺》記明道曰："石曼卿詩云：'樂意相關禽對語，生香不斷樹交花'；此詩形容得浩然之氣。"張九成《横浦心傳録》卷上曰："讀子美：'野色更無山隔斷，天光直與水相通。'凡悟一道理透徹處，往往境界皆如此也"；

【補訂】"野色"一聯非杜子美詩；《横浦日新》復引此聯，謂是鄭毅夫獬詩，是也，見《鄖溪集》卷二十七《月波樓》。《竹坡詩話》引之，誤作滕元發詩，"通"字作"連"，又嫌"直"字"著力近俗"，易以"自"字。

又卷中稱杜詩曰："水流而心不競，雲在而意俱遲，則與物初無間斷，氣更混淪。"吴子良《林下偶談》卷四曰："葉水心詩義理尤過少陵。'花傳春色枝枝到，雨遞秋聲點點分'；此分量不同，周匝無際也。'江當闊處水新漲，春到極頭花倍添'；此地位已到，功力倍進也。'萬卉有情風暖後，一筇無伴月明邊'；此惠和夷清氣象也。'包容花竹春留巷，謝遣荷蒲雪滿涯'；此陽舒陰慘規模也。"《鶴林玉露》卷八曰："杜少陵絶句云：'遲日江山麗，春風花草香；泥融飛燕子，沙暖睡鴛鴦。'上兩句見兩間莫非生意，下二句見萬物莫不適性。大抵古人好詩，在人如何看，在人把做甚麽用。如‘水流心不競，雲在意俱遲’；‘野色更無山隔斷，天光直與水相通’，‘樂意相關禽對語，生香不斷樹交花’等句。只把做景物看，亦可不把做景物看。”魏鶴山《黄太史集序》曰：“山谷晚歲詩，所得尤深。以草木文章，發帝機杼，按指《雨絲》詩。以花竹和氣，驗人安樂。”按指《斌老病起遊東園》詩。明王鏊《震澤長語》卷下《文章》門曰：“‘水流心不競，雲在意俱遲。’人與物偕，有吾與點也之趣。‘片雲天共遠，永夜月同孤’；又若與物俱化。謂此翁不知道，殆未可也。”清尤侗《艮齋雜説》卷二亦曰：“杜詩云：‘水流心不競，雲在意俱遲。’邵堯夫詩云：‘月到天心處，風來水面時。’子美非知道者，何與堯夫之言若有合也。予爲集一聯云：‘水流雲在，月到風來。’對此景象，可以目擊道存矣。”按此等方是以理入詩，既非“太極圈兒”、“先生帽子”，亦非子才所舉之修齊格言。《詩藪·内編》卷五云：“曰仙、曰禪，皆詩中本色。惟儒生氣象，一毫不得著詩，儒者語言，一字不可入詩。而杜往往兼之，不傷格，不累情，故自難及。”

【補訂】黄東發《日抄》卷六十四評荆公《孔子》詩云：“孔子豈是文人詩料。”鄭荔鄉《全閩詩話》卷四引謝在杭《小草齋詩話》云：“作詩第一對病是道學。何者：酒色放蕩，禮法所禁，一也；意象空虚，不踏實地，二也；顛倒議論，非聖非法，三也；議論杳渺，半不可解，四也；觸景偶發，非有指譬，五也。宋時道學諸公，詩無一佳者。黄勉齋登臨詩開口便云：‘登山如學道，可止不可已’；此正是‘譬如爲山’註疏耳。”

説杜詩固得間中肯矣，參觀《榕村語録》正編卷三十論杜“不自知不足，乃一大病”。蓋自道學家觀之，杜尚非儒者也。而謂仙與禪皆詩中本色，則猶指詞藻言，未知仙道、禪理之未必宜詩也。程明道《秋日偶成》第二首云：“道通天地有形外，思入風雲變態中”，乃理趣好註脚。有形之外，無兆可求，不落迹象，難著文字；必須冥漠沖虚者結爲風雲變態，縮虚入實，即小見大。具此手眼，方許詩中言理。如朱子學道有入，得句云：“等閑識得東風面，萬紫千紅總是春。”按此朱子《春日》絶句下半首。朱子作此詩，方學道精進，故此詩前後絶句自《困學》一題起，皆自喻心得。如《春日偶作》則曰：“誰識乾坤造化心”，《觀書有感》則曰：“昨夜江邊春水生。”陸象山《年譜》淳熙十五年十二月聞朱子《春晴》詩：“不如抛卻去尋春”，色喜曰：“元晦至此有覺矣。”蓋宋儒論道，最重活潑潑生機，所謂乾也、仁也、天地之大德曰生也，皆指此而言。春即其運行流露也。故明道稱石曼卿詩能寫浩然之氣。《鶴林玉露》卷十八載尼悟道詩云：“盡日尋春不見春，芒鞋踏遍隴頭雲。歸來笑撚梅花嗅，春在枝頭已十分。”正可與朱子詩比勘。湯若士《牡丹亭》刻劃陳最良道學迂腐云：“六十多歲，並不曾曉得傷個春。”蓋不知朱子亦嘗曰：“書卷埋頭何日了，不如抛卻去尋春”；感春亦道學家分内事也。《静志居詩話》載若士自言：“諸君言性，我獨言情”，宜其昧於性理宗風矣。屈翁山《廣東新語》卷十二論陳白沙以道爲詩，略謂：“道之生生化化，其妙皆在於物。物之外無道。學者能於白沙詩深心玩味，即見聞之所及者，可以知見聞之所不及者。物無愛於道，先生無愛於言。然江門詩景，春來便多，除卻東風花柳之句，則於洪鈞若無可答者，何耶。蓋涵之天衷，觸之天和，鳴之天籟，油油然與天地皆春，非有所作而自不容已”云云。亦道學家於春别有會心之證。又楊誠齋《雨霽》詩云：“不須苦問春多少，暖幕晴簾總是春”；較朱子“萬紫千紅”語不着色滯相。詩雖凡近，略涵理趣，已大異於“先天一字無，後天著工夫”等坦直説理之韻語矣。

【補訂】劉起潛壎主象山之學，故《隱居通議》卷二《朱陸》之一、卷三《近道障道》皆引《春晴》二句爲朱服陸之證。《宋詩紀事補遺》卷四十引《興化縣志》載陳豐《尋春》，與《鶴林玉露》所載尼詩僅數字異。《山谷内集》卷五《柳閎展如、蘇子瞻甥也，作詩贈之》第八首："八方去求道，渺渺困多蹊。歸來坐虚室，夕陽在吾西"；天社註："孟子：'子歸而求之，有餘師。'法眼禪師《金剛經四時般若頌》曰：'理極忘情謂，如何有喻齊。到頭霜夜月，任運落前溪。菓熟兼猿重，山長似路迷。舉頭殘照在，元是住居西。'此用其意，謂道在邇而求之遠也。"《别集》卷上《題學海寺》："一段秋蟬思高柳，夕陽元在竹陰西"；史季温註亦引法眼此頌，"山長"作"山高"，"元是"作"元在"。尼詩即法眼頌意（參觀《管錐編》論《老子王弼註》第一五）。安公石磐《頤山詩話》："楊月湖方震選陳公甫、莊孔暘二家詩，謂其别出新格，高處不論唐人。二公詩本學堯夫；公甫興致儘高，孔暘一味怒駡，較之堯夫安閒弘闊，已不同矣。月湖云：'子美穿花蛺蝶一聯，視孔暘溪邊鳥共天機語，擔上梅挑太極行，尚隔幾塵；以是知工於詞而淺於理者之未足貴也。'予謂不然。蛺蝶之穿花，蜻蜓之點水，各具一太極，各自一天機，亦鳶飛魚躍之意也。奚必待天機太極，始謂之言理哉。'擔挑太極'，全不成語。"伊川斥少陵"閒言語"，即舉"穿花"一聯。楊氏於伊川拾唾承竅；推崇白沙，而拋《白沙集》於腦後，渾不理會《白沙集》卷一《次王半山韻詩跋》："予嘗愛看子美、後山等詩，蓋喜其雅健"，又卷五《隨筆》第六首："子美詩之聖"等語，楊氏若無覩聞。

“太極”即指“擔上梅”；蓋梅花形圓，而周茂叔《太極圖》亦畫圓圈（參觀《野獲編·補遺》卷三《太極》則），《定山集》卷四《孤鶴翁過訪》所謂“老懷太極一圈子”，故二者可以擬象。南宋方巨山《秋崖小稿》卷六《觀荷》第四首早云：“自憐尚與梅花隔，曾識先生太極圖。”《定山集》中以梅花與太極比類語，連行接頁。卷一《和司馬提學倡和詩韻》：“白頭坐中太極圈，醉點梅花歸未得”；卷二《題畫》：“太極吾焉妙，圈來亦偶誇。此翁江閣路，騎雪玉梅花”，又《梅花》：“周子不知天亦妙，乃畫太極與人知”；卷五《雪中和趙地官》：“許誰太極圈中妙，不向梅花雪裏求”；均點出“圈”字。《官場現形記》第四十二回賈制台畫梅花有“訣竅”，其一爲“圈兒畫得圓”，因取“沙殼子小錢鋪在紙上，叫管家依着錢畫，没有不圓的了”。此謔堪箋定山“擔上”句，及卷二《梅花》：“一花太極一丸春”，卷三《雪中和懷玉》：“梅花太極圖”等語。《白沙子全集》卷四《病中詠梅》第四首：“何處梅梢月，流光到枕屏。江山都太極，花草亦平生”；以月圓與梅圓牽合，集中詠梅他作，未嘗道“太極”。白沙又嘗以程明道詩與康節詩並稱，謂皆“天生温厚和樂一種好性情”，見《全集》卷一《批答張廷實詩箋》。余觀明人汪廷訥院本《獅吼記》，寫陳季常懼内事者；第五齣東坡、季常挾妓春郊聯句，則全襲明道《郊行即事》七律，白沙倘見之，當以爲瀆侮大儒，未必欣奇文之有共賞也。

僧達觀撰惠洪《石門文字禪序》曰：“禪如春也，文字則花也。春在於花，全花是春。花在於春，全春是花。而曰禪與文字有二乎哉。”余因悟黑格爾所謂實理（Idee），即全春是花、千江一月、

“翠竹黃花皆佛性”按此司空曙《寄衛明府》詩。之旨，以說詩家理趣，尤爲湊泊。柏拉圖言理無迹無象，超於事外，遂以爲詩文侔色繪聲，狃於耳目，去理遠而甚失真。亞理士多德智過厥師，以爲括事見理，籀殊得共；其談藝謂史僅記事，而詩可見道，事殊而道共。黑格爾以爲事託理成，理因事著，虛實相生，共殊交發，道理融貫迹象，色相流露義理（Das Schöne bestimmt sich dadurch als das sinnliche Scheinen der Idee）。見 *Vorlesungen über Ästhetik*, Aufbau Verlag, 1955, s. 146; cf. s. 82。取此諦以說詩中理趣，大似天造地設。理之在詩，如水中鹽、蜜中花，體匿性存，無痕有味，現相無相，立說無說。所謂冥合圓顯者也。

【補訂】參觀《管錐編》論《周易正義》第二“理賾義玄”段、論《楚辭洪興祖補註》第一五“賦秋色”。

或曰：梅聖俞《金針詩格》云：“有內外意；內意欲盡其理，外意欲盡其象。內外含蓄，方入詩格。”此殆理趣之說耶。答曰：是則貌同而心異也。胡元任《漁隱叢話》後集卷三十四引聖俞《詩格》及所舉例曰：“如‘旌旗日暖龍蛇動，宮殿風微燕雀高’；旌旗喻號令，日暖喻明時，龍蛇喻君臣，宮殿喻朝廷，風微喻政教，燕雀喻小人。”乃洪覺範《禁臠》、張天覺《律詩格》之流；故胡氏亦譏爲穿鑿如商度隱語。蓋不過《國風》、《離騷》“比興”之舊解，非謂理趣也。子夏《詩序》以“哀窈窕”爲“思賢才”；王逸《離騷章句》謂：《離騷》之文，“依詩取興，引類譬喻。故善鳥香草以配忠貞，惡禽臭物以比讒佞，靈修美人以媲於君，宓妃佚女以譬賢臣，虬龍鸞鳳以託君子，飄風雲霓以爲小人。”述者之明，既以此說詩。張衡《四愁詩序》云：“鬱鬱不得志，爲《四愁詩》。效屈原以美人爲君子，以珍寶爲仁義。”作者之聖，復以此成詩。按高似孫《緯略》卷七："李嘉祐詩：'宋玉怨三秋，張衡復四愁。'蓋以四愁比騷也，可謂善言詩"云云。風氣既開，囿人難拔。香艷之篇什，淆於美刺之史論。至吾州張氏兄弟《詞選》，闡"意内言外"之旨，推"文微事著"之原，比傅景物，推求寄託，"比興"之説，至是得大歸宿。西方文學有"寓託"（Allegory）之體，與此略同。希臘斯多噶學派已開後來比擬附會之風，參觀 E. Egger, *Essai sur l'histoire de la Critique chez les Grecs*. P. 62。但丁本當時讀《聖經》引申商度之法，推而至於談藝，絶似子夏叔師輩手眼。所異者：吾國以物喻事，以男女喻君臣之誼，喻實而所喻亦實；但丁以事喻道，以男女喻天人之際，喻實而所喻則虚。一詩而史，一詩而玄。顧二者均非文章之極致也。言在於此，意在於彼，異牀而必曰同夢，仍二而强謂之一；非索隱註解，不見作意。

【補訂】參觀《管錐編》論《毛詩正義》第三四"含蓄與寄託"。古希臘哲人斥荷馬史詩虚妄不根；其詩之苦心衛護者，曲解爲寓言寄意，謂假人事以明天道(Theologie)，於是詞章義理，兩全兼美。E. R. Curtius, *Europäische Literatur und lateinisches Mittelalter*, 2. Aufl., 1954, 210-2, die Homerallegorie. 蓋略如吾國談藝，每箋風懷詩爲風刺詩，借詠史以爲言情張門面而添聲價也。厥説既大行，託寓詩遂爲最資教化之體，善誘潛移，愛賞其詞者，濡染其理。塔索嘗喻如於苦藥甌邊塗甘露，誘病小兒飲之，裨得平善。(così a l'egro fanciul porgiamo aspersi/di soavi licor gli orli del vaso:/succhi amari ingannato in tanto ei beve, /e da l'inganno suo vita riceve)見 *Gerusalemme liberata*, I. 3, *Poesie*, Ricciardi, 4。有襲用此喻者，舉藥製櫻桃爲例(a medecine of cherries)。見 Sidney:"An Apology for Poetry", in *English Critical Essays: 16th, 17th, and 18th Centuries*, "World's Classics", 26。《大智度論》卷三十五《釋習相應品》第三:"譬喻爲莊嚴論議,使人信著。以眼見事喻所不見,譬如苦藥,服之甚難,假之以蜜,服之則易";卷八十七《釋三次第學品》第七十五下:"譬如小兒服藥,須蜜乃下";

【補正】《高僧傳》三集卷二五《少康傳·系》亦曰:"康所述偈贊,皆附會鄭衛之聲,變體而作。譬猶善醫以餳蜜塗逆口之藥,誘嬰兒之入口耳。"

【補訂】 即斯意也。約翰生極稱託寓體詩誨人亦復娱人,大有益而甚有味。(Allegory is perhaps one of the most pleasing vehicles of instruction)見 *Rambler*, no. 121, J. E. Brown, *The Critical Opinions of Samuel Johnson*, 5。後來德·桑克提斯則逕斥託寓詩體爲"討厭詩體"(Poesia allegorica, poesia noiosa)。兩語相校,可以覘文章時會矣。克羅采有文論此體,援據詳實("Sut concetto dell' allegoria"),見 *Filosofia, poesta, storia*, 336-41. 甚資考鏡。微恨其於黑格爾前,未引莫禮茨。莫禮茨讀密爾頓詩中寫夏娃風貌語,(Her lovliness, so absolute she seems/And in herself compleat)見 *Paradise Lost*, VIII, 547-8。會心有悟,因謂藝之佳者,自身完足具備(etwas in sich selbst Vollendetes),絶待而空依傍,託寓則有所憑藉,故非藝之至也("Über die Allegorie")。見 Karl Philipp Moritz, *Schriften zur Ästhetik und Poetik*, hrsg. H. J. Schrimpf, 1962, 112-3. 正堪助克羅采張目云。

若夫理趣,則理寓物中,物包理内,物秉理成,理因物顯。賦物以明理，非取譬於近(Comparison)，乃舉例以概(Illustration)也。或則目擊道存，惟我有心，物如能印，内外胥融，心物兩契；舉物即寫心，非罕譬而喻，乃妙合而凝(Embodiment)也。【附説十九】吾心不競，故隨雲水以流遲；而雲水流遲，亦得吾心之不競。此所謂凝合也。鳥語花香即秉天地浩然之氣；而天地浩然之氣，亦流露於花香鳥語之中，此所謂例概也。試以洞山《五位頌》言之：詩中寫景而不寓理，乃背理就事之“正中偏”也；言理而無趣，乃舍事入理之“偏中正”也；理趣則“兼中到”也。今人愛略脱(T. S. Eliot)論英國十七世紀玄學詩派(Metaphysical School)，謂能以官感領會義理。(A direct sensuous apprehension of thought.)見 *Selected Essays*, 3rd ed, 1953, p. 286。實即黑格爾説之緒餘。玄學詩派以巧於取譬(Conceits)著名，顧尚多以事擬理，非理趣之即事即理。如斯派宗祖約翰唐(John Donne)名篇(To sir Henry Wotton)，説萬物皆備於身，方之蝸牛戴殼，隨遇自足，著處爲家。(Be thou thine own home, and in thy selfe dwell; /Inn any where, continuance maketh hell. /And seeing the snaile, which every where doth rome, /Carrying his owne house still, still is at home.)見 *Complete Poetry and Selected Prose*, ed. J. Hayward, pp. 153-4。新妙貼切。

【補訂】古希臘詩人呼蝸牛曰“戴屋者”(housecarrie)；見 Hesiod, *Works and Days*, 569, Loeb, 45; cf Anaxilas: “Snails in distrust carry their houses about with them”. —Athenaeus, *The Deipnosophists*, II § 63, Loeb, I, 275。吾國古時長途遠役，每不得逆旅投止，而向人家借宿，有諺曰：“出門人不帶著屋子走”；《水滸》第二回王進向史家莊“假宿一宵”，史太公所謂：“不妨，如今

世上人那個頂著房屋走哩。”

【補正】《平妖傳》第五回野狐精借宿道觀，賈道士亦曰：“説那裏話！誰個頂著房子走。”

【補訂】蝸牛戴屋而行，遂爲曲謹庸懦之象，如陸道威世儀《桴亭詩集》卷九《五蟲吟和陸鴻逵》第四首《蝸以牛名》：“引重原從利物稱，如君祗足戴家行”，自註：“蝸名戴家。”英國古小説言埃及婦女足不出户，“有如蝸牛頂屋，不須臾離”。（wo-emen should be euer like yt Snaile, which hath euer his house on his head）見 Lyly, *Euphues*, *in Complete works*, ed. R. W. Bond, I, 223-4。法、意詩家以蝸牛諷宴安墨守之自了漢、戀家鬼（Chez soi comme en prison, /Vieillir, de jour en jour plus triste:/C'est l'histoire de l'égoïste/Et celle du colimaçon；見 A.-V. Arnault, *Fables*, I, 4。contenta ai comodi/che Dio la fece, /può dirsi il Diogene/della sua specie; /per prender aria/non pass a l'uscio; /nelle abitudini/del proprio guscio/sta persuasa/e non intasa:/viva la chiocciola/bestia da casa. 見 G. Giusti:“La chiocciola”。）與約翰·唐欲人師法蝸牛戴殼之無往而不自適者，喻邊同而喻柄異矣（參觀《管錐編》論《周易正義》第一六）。

然蝸牛如孟子所謂“食壤飲泉”之蚓，初未能無求於外；故取足於身，可以蝸牛戴殼爲比譬，而蝸牛戴殼，未是取足於身之例證。寒山之射箭墜地以喻長生，亦復如是。高箭終落，可以擬長生必死，然人之生理，並不能包物之動態。皆以事擬理，而非即事即理。龍光詩則不然，法身現此世界，而不生不滅，不增不減；千江也，萬户也，月也，春也，觀感所著，莫非法身之顯相也。《五燈會元》卷三慧海所謂：“應物現形；青青翠竹，總是法身，鬱鬱黄花，無非般若。”又如少陵詩魚樂鳥歸，即不違生理之一端；水心詩包容花竹，自是陽舒，謝遣荷蒲，正爲陰慘。皆即《中庸》説鳶飛魚躍之意。其在世也，則是物本爲是理之表見(Manifestation)；其入詩也，則是物可爲是理之舉隅（Instance）焉。非若玄學詩派每牽合漠不相涉之事，强配爲語言眷屬也。

【附説十七】按升菴之説非也。白沙、定山詩格，與《傳燈録》偈子絶不類。偈子句每俚淺，而意甚悠渺，不易索解，待人冥思自悟。白沙、定山，意盡言中，一望可了，不待商度。禪宗以不落言詮爲尚，世尊拈花，迦葉微笑，遂得正法眼藏。《傳燈録》卷三記道副以“不執文字，不離文字”爲道用，達摩僅許其“得皮”；慧可無言説，禮拜後依位而立，達摩乃許其“得髓”。

【補遺】如《大方廣寶篋經》卷上云：“不著文字，不執文字”。《説無垢稱經·聲聞品》第三云：“法無文字，語言斷故。法無譬説，遠離一切波浪思故。諸有智者於文字中，不應執著，亦無怖畏。一切言説，皆離性相。”《除蓋障菩薩所問經》卷十云：“此法唯内所證，非文字語言而能表示，超越一切語言境界。”《大智度論·釋天主品》第二十七論此尤詳。實爲神秘主義之常談，西籍中亦多有之。

理學家則不然，以爲常道可道。堯夫詩曰：“天且不言人代之”，白沙詩曰：“天不能歌人代之。”《擊壤集》與《傳燈録》大本乖迕，升菴混爲一談矣。李賓之之於定山、白沙，升菴之於定山，弇州之於白沙，皆能披沙簡金，不予抹摋。然所論尚有未盡。二家之師《擊壤集》，夫人皆知。《白沙集》卷五《隨筆》所謂：“子美詩中聖，堯夫更别傳”，又卷六《次韻廷實見示》所謂：

“擊壤之前未有詩”；《定山集》卷四《與王汝昌魏仲瞻雨夜小酌》所謂：“贈我一杯陶靖節，答君幾首邵堯夫。”白沙閒澹，定山豪放；閒澹者止於腐，豪放者不免粗，故定山詩笑枋稍多。白沙偶學後山，余已考論。定山則頗效劉静修，當是喜其粗豪類己，故《宿伯顯家》五律引静修句；《壽祁侍御母》曰：“江山不了劉因句”；《和堯獄》曰：“歌盡劉因一卷詩”；亦復線索可尋。世所譏“太極圈兒大，先生帽子高”，蓋出《定山集》卷四《游茆山》：“山教太極圈中闊，天放先生帽頂高”；白沙《寄定山》亦曰：“但聞司馬衣裳大，更見伊川帽桶高”，真唱予和汝矣。孫子瀟詩聲淫詞冶，《外集》五卷，上配《疑雨》，而爲文好作道學家性理語，《長真字説》亦取之周子《通書》。《天真閣集》卷四十三《跋擊壤集》云：“俯拾即是，與道大適。其風韻勝絶處，後來惟陳白沙得其元微。此可爲知者道，難爲俗人言也”；卷四十一《林遠峰詩序》亦極賞白沙論詩之語。詞賦罪人而有此好，更奇於白沙之好後山矣。

【補訂】鄭禹梅梁爲黄梨洲弟子，而詩才遠過其師，爽利直白處每近誠齋。其論詩極推白沙、定山。《見黄稿詩删》卷二《借得白沙子集賦寄》：“熙甫文章公甫詩，有明作者更推誰”；《余嘗有“詩到白沙財入聖、文除熙甫總還疏”之句。見者譏余成癖，且以兩老舉人相戒。笑而答此》：“一生倘得追雙甫，兩榜寧還想九科”；《書定山詩鈔》：“明朝詩學推公甫，若語仙才拜定山。闊海空天那見律，吟風弄月幾同頑。從來學到無心妙，似此詩寧有意孄。子美、堯夫應共許，太倉、歷下或能删。”

《濂洛風雅》所載理學家詩，意境既庸，詞句尤不講究。即詩家長於組織如陸放翁、劉後邨，集中以理學語成篇，雖免於《擊壤集》之體，而不脱山谷《次韻郭右曹》、《去賢齋》等詩窠臼，亦寬腐不見工巧。自宋以來，能運使義理語，作爲精緻詩者，其惟林肅翁希逸之《竹溪十一稿》乎。肅翁得艾軒、網山、樂軒性理之傳，參觀所作《樂軒詩筌序》，見《隱居通議》卷三。於莊、列諸子，皆著有《口義》，又熟宗門語録。其爲詩也，雖見理未必甚深，而就詞藻論，要爲善於驅遣者矣。如“那知剥落皮毛處，不在流傳口耳間”；“剗盡念頭方近道，掃空注脚始明經”；“但知絶迹無行地，豈羡輕身可御風”；“蛇生弓影心顛倒，馬齕萁聲夢轉移”；“須信風幡元不動，能如水鏡卻無疵”；“醯鷄甕中世界，蜘蛛網上天機”；按“天機”與“蛛絲”雙關，故與簡齋之“天機衮衮山新瘦”、定山之“溪邊鳥共天機”語不同。“蚯蚓兩頭是性，桃花一見不疑”；“非魚知魚孰樂，夢鹿得鹿誰誣”；“若與予也皆物《莊子》，執而我之則愚《關尹子》”。無不字斟句酌。有爲理語詩摘句圖者，斯焉取斯。其《自題新稿》云：“斷無子美驚人語，卻似堯夫遣興時”，蓋亦自居“濂洛風雅”。從來無道及其人者，故標舉於此。

【補訂】《十一稿詩選》有《讀黄詩》：“平生所敬涪江翁，知翁不特哦詩工。逍遥頗學漆園吏，下筆縱横法略同。生前忍苦琢詩句，飄泊不憂無死處。今人更病語太奇，哀公不遇今猶故。”末二句當參觀《竹溪鬳齋十一稿續集》卷三《三十年前，曾與陳剛父論詩云：本朝詩人極少，荆公絶工緻，並非當行；山谷詩有道氣，敖臞菴諸人只是俠氣。余甚以爲知言。追懷此友，因以記之》：“文人縱有詩人少，俠氣不如道氣多。”劉潛夫序肅翁詩，正用此意發策，《後村大全集》卷九十四《竹溪詩序》：“本朝則文人多，詩人少。”敖器之陶孫乃學江西派者，“今人”“俠氣”等語亦可與遺山“拜涪翁”而不入“江西社裏”一絶映發。“道氣”即謂山谷詩每作理學語，《續集》卷一《書窗即事》：“涪翁語忌隨人後，康節圖看到畫前”；性理之學，“道氣”之詩，可覘志事焉。後村與肅翁投分不淺，唱酬甚多，於並時詩人最推崇者，趙南塘外，則肅翁耳。

【附説十八】寒山此詩，比喻固妙，而議論仍是黨同伐異之常。《南齊書·高逸傳》載明僧紹《正二教論》，謂：“佛明其宗，老全其生；守生者蔽，明宗者通。今道教謂長生不死，名補天正，大乖老之本義”云云，即寒山之意。然釋氏末流亦言天堂地獄，修福而不修慧；以較道家末流之言不死飛昇，養生而不達生，宜如同浴者不得相譏裸裎。道家之方士衹可與釋家之俗僧，挈短論長。僧紹、寒山心存偏袒，遽折以佛法本源，適見其擬不於倫耳。《魏書·崔浩傳》記浩不好老莊，斥爲矯誣，然修服食養性之術，師道士寇謙之，受其《袖中録圖新經》。陶穀《清異録·藥門》載韓退之服餌“火靈庫”，按白香山“退之服硫黄”句，孔毅夫《雜説》、陳後山《詩話》皆謂指昌黎，後山《嗟哉行》復曰：“韓子作志還自屠，白笑未竟人復吁。”洪慶善《韓公年譜》引方崧卿《辨證》，據《李千墓誌》，謂指衛退之，《韓門綴學》卷五、《十駕齋養新録》卷十六亦云然。李季可《松窗百説》第四十五則據《李千墓誌》謂昌黎被誣，而未言衛退之。然孔陳書皆已引《李誌》，特未及《清異録》所載耳；崔東壁《考信録提要》卷上駁宋人雜説，記昌黎服硫黄事，自註即指《孔氏雜説》，而亦未引《清異録》，蓋崔氏不喜雜家小説者。退之固亦攘斥佛老者；《謝自然》、《誰氏子》、《桃源圖》、《華山女》諸詩痛言道士求仙之荒唐，而竟以丹石自戕。足徵道德之與方術，初不相關。老莊本意，實與佛説生滅滅已、寂滅爲樂，無乎不同。羅大經《鶴林玉露》卷十引老子“大患有身”、莊子姬艾之泣、髑髏之對，以證道釋元不爲二，而方士鍊丹形解，適與老莊背道而馳；復力駁歐陽永叔“道家貪生、佛家畏死”之言。其論可以闢僧紹、寒山等門户之見矣。

【補訂】參觀《管錐編》論《老子王弼註》第七“一者欲吾有身”段、論《列子張湛註》第八“貴身而賤物”及“吝惜一毛”。明儒羅整菴欽順《困知記》卷三：“今之道家，蓋源於古之巫祝，與老子殊不相干。老子誠亦異端，然道德五千言具在，於凡祈禳、禜禱、經呪、符籙等事，初未有一言及之。而道家立教，乃推尊老子，置之三清之列，以爲其教之所從出，不亦妄乎。今之所傳，分明遠祖張道陵，近宗林靈素輩，譸張爲幻，又老子之所不屑爲也。欲攻老氏者，須爲分二端。”竊謂末流累及始祖，有二端焉。確出師承，而歷久傳訛，乖本加厲，如父殺人則子行劫，韓非、李斯之於荀卿是也。初無授受，而私借高名，僭居法嗣，如暴發户、新貴人之攀附强宗華胄，亦猶虎威狐假然，五斗米之於五千言是矣。詩文宗派，亦復爾耳。

然釋老之言雖達，胸中仍有生死之見存，故有需於自譬自慰。莊生所謂“懸解”，佛法所謂“解脱”，皆尚多此一舉。參觀胡致堂《斐然集》卷十九《崇正辯》論。聖人以生死爲分内事，佛氏皇皇以死爲一大事。王陽明《傳習録》卷下論佛氏著相，吾儒不著相，又論仙家説虚，從養生上來，佛氏説無，從出離生死上來，都於本體上加卻這些子意思在。非胸中横梗生死之見，何必作達。非意中繫念生死之苦，何必解脱。破生死之執矣，然未并破而亦破也；忘生死之别矣，然未即忘而亦忘也。宋儒所謂放心而未心放者是也。《論語·里仁》孔子曰：“朝聞道，夕死可矣”，明知死即是死，不文飾自欺，不矜誕自壯，亦不狡黠自避，此真置死於度外者。《先進》孔子答季路問死曰："未知生，焉知死"，尤能斬絶葛藤。宋儒如張子《西銘》曰："存吾順事，没吾寧也"；已是《莊子·養生主》口氣，失孔門之心法矣。

【附説十九】狀詩人心與物凝之境，莫過華兹華斯（Wordsworth：Preface to the 1814 edition of the *Excursion*："How exquisitely the individual Mind... to the external World is fitted：—and how exquisitely，too... the external World is fitted to the Mind；and the creation... which they with blended might accomplish"；cf. Coleridge：*Biographia Literaria*，ch. xiii）。吾國詩人吟風弄月，涉目怡情，幼輿之置身邱壑，《世説·品藻》又《巧藝》。簡文之會心濠濮；《世説·言語》。烟霞逸興，山水清音，過而不留，運而無積。初不若西方浪漫詩人之著力用意，向"風月景山水"中五字見《南齊書·謝莊傳》。安身立命，進德悟道，有若《雲仙雜記》卷二所載，陶淵明聞田水聲而歎爲"勝吾師丈人"也。按此與Wordsworth："The Table Turned"一詩詞意相參。惟宋明理學諸儒，流連光景，玩索端倪，其工夫乃與西土作者沆瀣一氣。附説九已引孔子"樂山樂水"之言，以見宣尼於美學移情之理，深有解會。《論語·先進》記曾晳浴沂風雩，孔子與之。按李習之《論語筆解》謂"浴"當改作"沿"，周三月、夏正月，安有浴理；蓋隱本《論衡·明雩》篇之説。竊謂倘改作"沿"，愈得遊觀賞心之趣矣。更爲後世儒者，開一方便門。邵堯夫《皇極經世》反復論觀物之旨。如《觀物外篇》云："不我物，則能物物"；又云："易地而處，則無我也。"《漁樵問答》云："以我徇物，則我亦物也；以物徇我，則物亦我也。萬物亦我也，我亦萬物也。"故葉水心《習學記言序目》卷四十七評堯夫云："邵某以玩物爲道，非是。孔子之門惟曾皙。"然儒者未嘗不可以樂此，故程明道《偶成》詩極言"雲淡風輕"、"望花隨柳"之趣。明道云："自再見周茂叔後，吟風弄月以歸，有吾與點也之意"；又云："周茂叔窗前草不除去，問之云：與自家意思一般。"司馬温公《傳家集》卷二《邵興宗南園草盛不剪》詩云："於間置取舍，豈得見天真。不若任其然，同受雨露恩。"張横浦云："程明道書窗前有茂草覆砌，或勸之芟，曰：'不可，欲常見造物生意。'又置盆池，畜小魚數尾，時時觀之，或問其故，曰：'欲觀萬物自得意'"。

【補訂】《鶴林玉露》卷九言"古人觀物，每於活處看"，因引"鳶飛魚躍"、"逝者如斯"、"山梁雌雉"、"觀水有術"、"源泉混混"及程明道語爲例。皆儒家言也。

趙季仁云："朱子每經行處，聞有佳山水，雖迂途數十里，必往遊焉。"諸如此類，見之語録詩文者，不勝枚舉。迄乎有明，陽明心學既行，白沙、定山莫不以玩物爲道。陽明自作詩，如《外集》卷二《次欒子仁韻送别》："悟到鳶魚飛躍處，工夫原不在陳編"；又"正須閉口林間坐，莫道青山不解言"；《碧霞池夜坐》："潛魚水底傳心訣，棲鳥枝頭説道真。"《文心雕龍·明詩》曰："莊老告退，山水方滋"；

【補訂】龔定菴《續集》卷三《金孺人畫山水敍》："嘗以後世一切之言皆出於經。獨至窮山川之幽靈，嗟歎草木之華實，是不知其所出。嘗以叩吾客。客曰：是出於老莊耳。老莊以逍遥虚無爲宗，以養神氣爲用，故一變而山水草木家言。昔者劉勰論魏、晉、宋三朝之文，亦幾幾見及是。"此節可補箋《文心》。

而今人論西方浪漫主義之愛好自然，祇引道家爲比擬，蓋不知儒家自孔子、曾晳以還，皆以怡情於山水花柳爲得道。亦未嗜胾而謬言知味矣。譬之陶公爲自然詩人之宗，而未必得力於莊老。羅端良願始發此意，《鄂州小集》卷三《陶令祠堂記》嘗謂，陶公"言論所表，篇什所寄，率書生之素業，或老農之常務。真風所播，直掃魏晉澆習。諸人祖莊生餘論，皆言淳漓朴散，翳周孔禮訓使然，孰知魯叟將以淳之耶"。《真西山題跋》卷三《跋黄瀛甫擬陶詩》云："予聞近世之評詩者曰：淵明之詞甚高，而其指則出於莊老；康節之詞若卑，而其指則原於六經。以余觀之，淵明之學，正自經術中來，故形之於詩，有不可掩。榮木之憂，逝川之歎也。貧士之詠，簞瓢之樂也。《飲酒》末章有曰：'羲農去我久，舉世少復真；汲汲魯中叟，彌縫使其淳。'豈玄虚之士可望耶。"屈悔翁《翁山文外》卷一《游白仁巖記》謂靖節中年聞道，"庶幾顔子之卓爾"；南昌蘇桓嘗以靖節爲"周公、孔子之徒，雖與遠公交游而不赴其社，守道獨立，入焉不緇"。李恕谷《年譜》三十九歲選陶淵明集，題詞曰："淵明生六朝異端盛行之日，士皆放誕成習，溺談虚空。淵明詩曰：'羲農去我久，舉世少復真；汲汲魯中叟，彌縫使其淳。'又曰：'耕種有時息，行者無問津。'又曰：'終日馳車走，不見所問津。'全集無一言及於佛老，可不謂志道者歟。觀其將遊廬山，聞東林寺鐘聲，蹙眉而返；則世所傳《三笑蓮社圖》，必佞佛好事之徒爲之也。"李安溪《榕村語録》卷三十謂陶詩"包含義藴"，如"羲農去我久"一首，識見"超出尋常"，因詳爲敷説；又曰："靖節詩推周孔處甚多，其逃於酒者，避劉宋耳。"《語録續編》卷八云："觀《飲酒》詩六首，惓惓六籍，希聖不在韓公下也。"姜湛園《西溟文鈔》卷二爲王丹麓作《敦好齋》記，亦謂齋名本陶公"詩書敦宿好"之義，

“陶公爲學道者，憤世俗之好黄老。故曰：‘洙泗輟微響，漂流逮狂秦；詩書復何罪，一朝成灰塵；如何絶世下，六籍無一親’”云云。周荇農《思益堂日札》卷五《書淵明集後》亦稱其“無一字涉及二氏”。皆不相沿襲，而所見大同。

【補訂】包宏父恢《敝帚稿略》卷二《答曾子華論詩》：“後世詩之高者，陶之沖澹閒静。‘羲皇去我久’一篇又直歎孔子之學不傳而竊有志焉。”李獻吉《空同子集》卷六十六《論學篇》下：“趙宋之儒，周子、大程子别是一氣象，胸中一塵不染，所謂光風霽月也。前此陶淵明亦此氣象；陶雖不言道，而道不離之。”安公石《頤山詩話》：“陶淵明有志聖賢之學，人或不能知也。其詩曰：‘先師遺訓，余豈云墜；四十無聞，斯不足畏。’又曰：‘朝與仁義生，夕死復何求。’又曰：‘羲農去我久，舉世少復真；汲汲魯中叟，彌縫使其淳。’又曰：‘先師有遺訓，憂道不憂貧；瞻望邈難逮，轉欲志長勤。’予謂漢魏以來，知遵孔子而有志聖賢之學者，淵明也。故表而出之。”韓慕廬《詠懷堂文稿》卷三《菊社清吟集序》：“晋時崇尚虚遠，劉阮輩皆遺放於酒以自豪，而淵明獨非酒人。其言曰：‘得知千載事，正賴古人書’；又曰：‘羲農去我久，舉世少復真；汲汲魯中叟，彌縫使之淳。’自漢董子而後無此言，其於少陵盗跖何有之語，不大遠哉。”譚復生《譚瀏陽文集》卷上《報劉淞芙書》之二：“陶本悲歌慷慨之士，而得力經術，涵養深純。”蓋儒家性理有契於山水，道家玄虚亦有契於山水；而恣情山水者，可託儒家性理之説張門面，亦可借道家玄虚之説裝鋪席。一致百慮，同歸殊塗，人心善巧方便，斯其一端也（參觀《管錐編》論《全上古三代秦漢三國六朝文》第一一一“學説殺人”）。孫豹人《溉堂文集》卷四《書陶淵明集後》稱其“出處之節最可觀”，乃緣其“讀《論語》極熟”，亦可參觀。

按陶公詩又云：“先師有遺訓，憂道不憂貧”；又云：“朝與仁義生，夕死復何求”；又云：“周生述孔業，祖謝響然臻。道喪向千載，今朝復斯聞。老夫有所愛，思與爾爲鄰。”蓋矯然自異於當時風會。《世説·政事》註引《晉陽秋》記陶侃斥老莊浮華，淵明殆承其家教耶。明人郎仁寶《七修類稿》卷十七論陶詩，至欲語語以性理求之。近人沈子培《寐叟題跋》上册有論支謝詩三則，深非劉勰“莊老告退、山水方滋”二語，以爲“六朝詩將山水莊老，融併一氣。謝康樂總山水莊老之大成，支道林開其先，模山範水，華妙絶倫。陶公自與嵇阮同流，不入此社”云云。沈氏知作詩“以莊老爲意，山水爲色”，頗合“理趣”之説。《世説》一書所載曲阿、印渚、華林園、山陰道等游觀諸語，皆老莊風氣中人所説；孫興公“齋前種松，楚楚可憐”，亦幾有濂溪、明道愛翫階草之意。然支道林存詩，篇篇言理，如《八關齋》、《述懷》、《詠懷》、《利城山居》等作，偶點綴寫景一二語，呆鈍填砌，未見子培所謂“模範華妙”者。子培好佛學，故論詩蠻做杜撰，推出一釋子，强冠之康樂之上，直英雄欺人耳。以山水通於理道，自亦孔門心法，子培必欲求之老莊，至不言讀《論語》，而言讀皇侃疏，豈得爲探本窮源乎。陶公不入此社，固也，與嵇阮亦非同流。陶尊孔子，而《擬古》肯稱莊周爲“此士難再得”；阮學老莊，而《達莊論》乃大言莊周不足道。子培之言，誠爲淆惑矣。顔魯公《詠陶淵明》以張良、龔勝比淵明。山谷《懷淵明》詩略云：“歲晚以字行，更始號元亮。淒其望諸葛，忼𢡟猶漢相。時無益州牧，指揮用諸將。”真西山《跋黄瀛甫和陶》稱其

“有長沙公之心而力未逮”。盧摯《題淵明歸去圖》以留侯、武侯相比。王述菴《書淵明傳後》稱有經略用世之志。龔定菴《己亥雜詩》中讀陶詩三首稱其有“俠骨”而“豪”。蓋皆韓昌黎《送王秀才序》所謂:“阮籍、陶潛爲事物是非相感觸,有託而逃”。

【補訂】辛稼軒《賀新郎》:“看淵明,風流酷似卧龍諸葛。”《朱子語類》卷一百四十:“淵明自豪放,但豪放得來不覺耳。其露出本相者,是《詠荆軻》一篇”;又:“隱者多帶氣負性,陶欲有爲而不能者,又好名。”朱竹垞《明詩綜》卷三選張志道以寧《題海陵石仲銘所藏淵明歸隱圖》:“昔無劉豫州,隆中老諸葛。所以陶彭澤,歸與不可遏。豈知英雄人,有志不得豁。高詠《荆軻》篇,竦然動毛髮。”孫太初《太白山人漫稿》卷二《三隱逸詩》:“淵明豪傑人,出處亦有道。昔讀《荆軻》詩,彷彿見懷抱。”董若雨説《豐草菴前集》卷二《書桃花源記後》:“不能爲報韓之子房,則當法避秦之楚客。陶氏《詠荆軻》與《桃花源記》異用而同體;慨然欲爲荆軻不可得,然後徙而爲桃源避秦之謀。嗚呼悲哉。”顧亭林《日知録》卷十九《文詞欺人》:“栗里之徵士,淡然若忘於世,而感憤之懷,有時不能自止而微見其情者,真也。”王禹卿文治《夢樓詩鈔》卷十《彭澤》第三首:“人愛陶令逸,我知陶令豪。易水咏荆軻,寒水暮蕭蕭。垂天有奇翮,豈在騰扶摇。古來世外人,經濟乃更饒。商綺息漢争,魯連解齊囂。”定菴以淵明“詩喜説荆軻”而歎“江湖俠骨”,著眼與朱子等相同;又稱淵明“酷似卧龍豪”,自註:“語意本辛棄疾”,實則山谷詩已發此意矣。

余復拈出其儒學如左,以見觀人非一端云。

【補訂】補論《詩話》卷三:“詩不可不改,不可多改。不改,則心浮；多改，則機窒。桐城吴某告予云：［方］扶南三改《周瑜墓》詩，而愈改愈謬。其少作云：‘大帝君臣同骨肉，小喬夫婿是英雄’；可稱工矣。中年改云：‘大帝誓師江水緑，小喬卸甲晚粧紅’；已覺牽强。晚年又改云：‘小喬粧罷胭脂濕，大帝謀成翡翠通’，真乃不成文理。方知存幾句好詩，亦須福分。”此子才之道聽塗説。方息翁世舉《春及堂二集·江北懷古》三十首之第一首《周公瑾墓》頸聯即子才所謂“少作”之聯，赫然具在，未嘗“薄福”而不存。息翁此作頗負時譽，子才老友商寶意盤《質園詩集》卷二十《讀桐城方息翁江北懷古詩》至曰：“牧齋死後阮亭亡，一代稱詩得大方”；曰“大方”者，以息翁弟貞觀世泰亦有詩名也。《春及堂四集》聲華黯淡，若存若亡，而“少作”此聯獨膾炙人口。梁退菴《楹聯叢話》卷四論周瑜祠楹聯，極稱《桃符綴語》所載“大帝君臣”云云之“落落大方”，蓋已不知其出息翁詩矣。袁潔《蠡莊詩話》卷七譏子才詩話“擇焉不精甚夥”，亦舉此則爲例，謂：“今集中原詩具在，何嘗改易；不知此語奚自，隨園遽信爲實。”然子才記息翁改詩之事洵誣，其言改詩之理則未可厚非。《詩話》卷六自記改《引泉》五律，孔南溪見謂“求工反拙”，遂“憶四十年來，將詩改好者固多，改壞者定復不少”；可相參印。詩文固須勤改，然痛改乃至手滑，苦思漸入魔道，“求工反拙”，亦復有之。《詩人玉屑》卷八《鍛鍊》門廣載古人論詩不厭改語，如吕居仁《童蒙詩訓》謂“文字頻改，工夫自出，有終篇不留一字者”，或韓子蒼《陵陽室中語》至謂“賦詩十首，不如改詩一首”；然卷六引《蔡寬夫詩話》則曰：“詩語大忌用工太過。蓋鍊句勝則意必不足，語工而意不足，則詩力必弱”，卷八又引蔡書曰："天下事有意爲之，輒不能盡妙，而文章尤然。文章之間，詩尤然；世乃有日鍛月鍊之説，此所以用功者雖多，而名家者終少也。"鄭克柔《板橋詞鈔·自序》："爲文須千斟萬酌，以求一是，再三更改無傷也。然改而善者十之七，改而謬者亦十之三，乖隔晦拙，反走入荆棘叢中去。要不可以廢改。是學人一片苦心也。"與子才同心之言矣。柯爾律治亦謂："詩苟多改痛改，猶學僮常遭塾師扑責，積威之下，易成鈍兒"。(Poetry, like schoolboys, by too frequent and severe corrections, may be cowed into Dullness)見 *The Notebooks of S. T. Coleridge*, ed. K. Coburn, I §35。西方論繪事，常申此義。普林尼記古希臘有畫師(Callimachus)修改不已，人稱爲"加工減色手"(catatexitechnus)，精益求精而不知適可而止者，當引作鑑戒；(memorabili exemplo adhibendi et curae modum)見 Pliny, *Natural History*, XIV, 19, Loeb, IX, 194。又記兩大畫師齊名競爽，其一人(Appelles)自言能抑制手筆勿加工，故出一頭地(sed uno se praestare, quod manun de tabula sciret tollere)，蓋刻意用力，過則害事也(nocere saepe nimiam diligentiam)。*ib*. XXXV. 36, *op. cit*., IX, 320. 意大利文藝復興時代名著《藝人傳》謂初稿時興酣揮灑，寥寥數筆，寫心宣妙；而苦於不知住手，每破費工夫，潤飾描繪，神氣遂爾索然。(pare che nelle bozze molte volte, nascendo in un subito dal furore dell'arte, si esprima il suo concetto in pochi colpi, e che, per contrario, lo stento e la troppa diligenza alcuna fiata toglia la forza e il sapere a coloro che non sanno mai levare le mani dall' opera che fanno)見 Vasari, nella Vita di

Lucca della Robbia，quoted in L. Pareyson，*Estetica*：*teoria della formatività*，2ªed.，1960，104。十九世紀法國一畫家有“經驗之談”兩句：“須多改，莫過改”。(Il y a deux choses que l'expérience doit apprendre：la première，c'est qu'il faut beaucoup corriger；la seconde，c'est qu'il ne faut pas trop corriger)見 Eugène Delacroix，*Journal*，8 mars 1860。詩畫一律，與隨園、板橋之論，出門合轍。西諺有云：“更好乃恰好之怨對”。(Le mieux est le mortel ennemi du bien)見 Montesquieu，*Cahiers*，Bernard Grasset，96；cf. H. J. Jones，*Samuel Butler*，1919，II，334。

【補正】十七世紀意大利科學家(Francesco Redi)曰：“吾常謂天下與‘好’爲仇之大敵，可畏莫過於求‘更好’之一念”。(lo soglio dire che in questo mondo non v'è il maggiore e più terribile nemico del bene che il voler star meglio.)見 L. Russo，*Antologia della critica letteraria*，2a ed.，1958，II，388。

【補訂】詩文斟酌推敲，恰到好處，不知止而企更好，反致好事壞而前功拋。錦上添花，適成畫蛇添足矣。

七〇

卷四："相傳康熙間，京師三前輩主持風雅，士多趨其門。王阮亭多譽，汪鈍翁多毀，劉公㦷持平。方望溪先生以詩投汪，汪斥之。次以詩投王，王亦不譽。乃投劉，劉笑曰：'人各有性之所近，子以後專作文，不作詩可也。'方以故終身不作詩。"按姚南菁《援鶉堂筆記》卷四十三評望溪《翰林院編修查君墓誌銘》，因記曹古溪言："望溪嘗以詩質於他山，他山曰：'君於此事，便可不煩留意。'"姚姬傳《惜抱軒文後集》卷五《劉海峯先生傳》亦曰："方侍郎少時，嘗作詩以視海寧查侍郎，查侍郎曰：'君詩不能佳，徒奪爲文力，不如專爲文。'方侍郎從之，終身未嘗作詩。"桐城鄉獻，聞見應較隨園爲切，然初白未官侍郎，姬傳豈誤歟。望溪《鳶青山人詩序》却曰："童時侍先君子，與錢杜諸先生以詩相唱和，欲竊效焉。先君子戒曰：'是雖小道，非盡心以終世，不能企其成，而耗少壯有用之心力，非躬自薄乎。'遂絶意於詩。"則是望溪服膺庭訓，有所不爲，非沮於劉查，爲而不能。望溪好佔身分，張門面，自言或反不如人言之可信。

【補訂】王阮亭《香祖筆記》卷八記康熙初，士人挾詩文遊京師，"即謁汪苕文、劉公㦷及余三人。陽羨陳緯雲維嶽，其年之弟也。初入都，手寫行卷三通，置桌上。友人問所請，曰：吏部劉公、户部汪公、禮部王公也。友人曰：吾爲子預卜之；汪必摘其瑕疵而駁之，王必取其警策而揚之，劉則一覽擲去，無所可否。已而果然。予聞之，笑謂公戫曰：兄此一擲，最不易到。”則子才謂“劉公戫持平”者，非也。計甫草東《改亭文集》卷二《汪蛟門詩集序》：“苕文性情急，不能容物，意所不可，雖百賁育不能掩其口也。其所稱述，於當世人物之衆，不能數人焉。阮亭性和易寬簡，好獎引氣類。然人以詩文投謁者，必與盡言其得失，不稍寬假。”此可與阮亭自記參印。杭大宗《道古堂文集》卷九《鄭筠谷詩鈔序》記“望溪爲詩，見哂於劉西谷”。

【補正】姚南菁記查夏重謂方望溪詩“不能佳”，勸其無作；鮑倚雲謂望溪所撰夏重墓誌，“何足以傳”夏重。《望溪集》卷一〇《翰林院編修查君墓誌銘》道及夏重之詩者，衹云：“朋齒中以詩名者皆若爲君屈。……及與交久長，見其於時賢中，微若自矜異，然猶以詩人目之。”豈夏重不許望溪能詩，望溪耿耿於懷，遂勿願稱夏重之工詩耶？夫夏重以詩名家，兹乃不正寫大書而涉筆旁襯，且先出以疑詞曰“若爲屈”，則夏重之詩未必果勝“時賢”也，繼復語氣輕藐，似“詩人”之“目”卑不足道，而夏重亦“微若”不甘自命者。微詞曲筆，直是刺譏，豈徒“不足以傳”而已。隻字勿道夏重規其無作詩事，倘隱衷芥蒂，言之有忸怩歟？然望溪敍事濶略，必有詞自解。卷六《與孫以寧書》力辨所撰孫奇逢傳中不詳其“講學宗旨”、“平生義俠”、“門牆廣大”，以爲“此皆末迹”，“事愈詳而義愈隘”，且引《史記·留侯世家》語爲己張目，謂其“明示後世綴文之士以虚實詳略之權度”。文過飾説，似是而非。夫史公云：“留侯所從容與上言天下事甚衆，非天下所以存亡，故不著”，專指留侯所“言天下事”中之瑣小者，界域甚明。不然，“老父予書”，史公詑其事“可怪”；“圖狀如好女”，史公歎人不可“貌取”；此等豈“天下之所以存亡”，何以悉“著”不遺哉？作詩之於查夏重，講學之於孫夏峰，正如“功力”之於留侯，傳誌中安能草率默爾乎？唐人如陳子昂《率府録事孫君墓誌銘》隻字不道過庭之書（《祭率府孫録事文》則稱其“墨妙”），李華《故翰林學士李君墓誌銘》隻字不道太白之詩，李邕《故雲麾右武衛大將軍贈秦州都督彭國公謚曰昭公李府君神道碑》隻字不道思訓之畫，李商隱《刑部尚書致仕贈尚書右僕射太原白公墓碑銘》隻字不道居易之詩。相形之下，望溪《編修查君墓誌》已非含毫邈然矣。此類碑誌，庶足資望溪援例解嘲，然望溪未必知，即知又或不屑也。

謝枚如《稗販雜録》卷一痛譏望溪《論古》諸詩，采藻既不足取，而議論尤谿刻迂闊；蓋並不能爲經生學人之詩也。鮑倚雲《退餘叢話》卷二有一則略云：“望溪集經術弘深，義藴充實，而持論近刻，文品過削，可畏而不見其可愛。文章關乎性術，竊聞之外人曰：‘此公頗僞’；又曰：‘此公頗薄。’僞與薄吾不敢知，竟集評語溢美護短，什九自撰，而嫁名他氏，此則先生之不能欺余也。又庸行舉不足傳，而能納交於望溪者爲奇行；他技藝舉不足名，而能誦法望溪之文者爲不可朽之名。如宋山言、汪武曹、吴宥函諸墓表，似厚實薄，似謙實傲。先生不能詩，而嫉詩人如仇；不知書，而以書名者不掛齒頰。如《查夏重墓誌》，何足以傳夏重；汪退谷與兄武曹不相能，而大書於《武曹墓表》曰：

‘弟某某，皆以君故知名’，是果足以服退谷耶。一藝可名，一節可紀，自不礙其可傳。先生自命固高，亦何至一字褒人，等於華袞耶。讀其集而懍懍乎有殺機焉。”讀《望溪集》者，不可不知此則及《援鶉堂筆記》卷四十三諸評。論望溪嫉詩人及所作《查初白墓誌》語，尤可與南菁所記相發明。南菁又力駁望溪《李剛主墓誌》自記剛主聞己言，“立起自責，取經説中不滿程朱語，削之過半”云云，以爲誇言不實；恕谷之書具在，其毁程朱之言，猶班班也，何嘗鐫削。竊謂望溪文中，本留遁詞餘地，削之過半者，初非全删；此老深文，固字字用心也。按《李恕谷年譜》，四十五歲、“王崑繩延先生與方靈皋論學。靈皋尊程朱者也，聞先生言歎服，然囑議論宜平允。先生謝之”；六十五歲、“徐蝶園、張桐城擬徵先生，而靈皋以老病阻之。時先生未嘗老病也，一生志在行道，非石隱之流也。靈皋與先生學術不相合，先生侃侃正論，靈皋無能置詞，則遁詞以免；暨作墓誌，巧論諞諞，欲没先生之學以自見”；六十九歲、“靈皋聞先生排宋儒書，憮然曰：願先生急著《治平書》以爲世法，則正學興，彼學退矣。”恕谷孫鍇按語云：“靈皋之言，遁詞也。”以此三節，合之望溪《剛主墓誌》所言，心術尚堪問乎。惜南菁未之見也。

七一

卷五："孟東野詠吹角云：'似開孤月口，能説落星心。'月不聞生口，星忽然有心，穿鑿極矣。而東坡贊爲奇妙，所謂好惡拂人之性也。"按潘德輿《養一齋詩話》卷一亦云："東野聞角詩云云，東坡云：'今夜聞崔誠老彈曉角，始知此詩之妙。'東坡不喜東野詩，而獨喜此二句，異矣。此二句乃幽僻不中理者，東野集中最下之句也。"竊謂句之美惡固不論，若子才所説，則"山頭"、"水面"、"石脚"、"河口"等，皆爲穿鑿。杜老《遊道林二寺》詠山謂"重掩肺腑"，《絶句》六首謂"急雨梢溪足，斜暉轉樹腰"；任蕃題《葛仙井》謂"脈應山心"；皇甫持正讃顧況爲"穿破月脅天心"，尤當懸爲禁忌。又何拘耶。桂未谷《札樸》卷三嘗論木以"頭"稱，蓋取義於人。隨園不解近取諸身之義，識在經生之下。如宋末朱南杰《學吟·垂虹亭》詩有曰："天接水腰"；明郁之章《書扇》至曰："石枯山眼白，霞射水頭紅"；則真"不中理"耳。且東野此二句見《曉鶴》詩，並非詠角；故有曰："既非人間韻，枉作人間禽。"東坡誤而二君沿之。"月口"非謂月有口，乃指口形似月；"星心"非謂星有心，乃指星形類心。鶴喙牛角皆彎鋭近新月，東坡殆因此致誤。

七一　孟東野吹角詩

【補訂】劉石菴墉《文清公遺集》卷二《讀孟東野詩用東坡韻》第二首："曉角有佳句，意外得奇語"；用坡之韻何必沿坡之誤乎。雖言"讀東野詩"，亦如未讀耳。〇《詩話》此卷"有某太史以哭父詩見示，余規之"云云，參觀《管錐編》論《全上古三代秦漢三國六朝文》第一一九"親喪作詩"。清初人尚不戒哭親詩，如《翁山詩外》卷九《述哀》五律十首、《癸酉秋懷》五律十五首皆哭母者，所謂"昨日猶孩笑，萱堂匕筯邊"，"白頭思殉母，黄口忍捐兒"。南屈之哭母詩，亦猶北屈《弱水集》卷九《啽菊》之爲哭父詩矣。〇《詩話》同卷："錢稼軒司寇之女，名孟鈿，嫁崔進士龍見。嚴侍讀從長安歸，夫人厚贈之，曰：'無他求，只望寄袁太史詩集一部。'有《浣青集》行世，欲兼浣花、青蓮而一之也。"按《小倉山房尺牘》卷六有《寄浣青夫人》一箋。管緘若《韞山堂詩集》卷七《再送竹初南歸次表妹浣青韻》、卷十三《西溪清影圖爲表妹錢浣青題》、《晡食詩和韻》，皆爲浣青作。而卷十三《寓江寧日、有客勸謁袁簡齋者、詩以謝之》："耆舊風流屬此翁，一時月旦擅江東。寸心自與康成異，不肯輕身事馬融"；不屑與子才交往，矯然自異於其表妹及其同鄉友好洪稚存、孫淵如輩焉。然緘若以與浣青唱和，得掛姓名於《詩話》卷十三，當非意計所及。〇《詩話》同卷："崔念陵進士詩才極佳，惜有五古一篇，責關公華容道上放曹操一事，此小説演義語也，何可入詩。何屺瞻作札，有'生瑜生亮'之語，被毛西河誚其無稽，終身慚悔。某孝廉作關廟對聯，竟有用'秉燭達旦'者，俚俗乃爾。"此等處亦徵子才論詩文尚多禁忌，初非破執解縛、遊方之外者也。唐宋人已以文言小説入詩及駢文，而不以入古文，尺牘題跋等小品則可通融。晚明白話小説大行，與文言小説均不特入詩而且入古文。平景蓀《霞外捃屑》卷七下論明末清初人“犯”以“小説俚言闌入文字”之“病”，所舉例僅《三國演義》、《封神榜》、《水滸傳》，未及如曾異撰《紡授堂文集》卷六《羅山法海寺勸化普度疏》、廖柴舟《二十七松堂文集》卷七《八卦爐記》、又卷十《與陳牧霞》、牛運震《空山堂文集》卷一《與顔清谷索胡廣文脯果啟》等之用《西遊記》也。康雍以後，文律漸嚴，詩可用文言小説而不可用白話小説，古文則並不得用文言小説。子才之評不外此旨，余童時聞父師之教亦爾。未著明文，或成墜緒，拈出以補記載之闕。子才言何義門用“生瑜生亮”語，必有所據；王東溆《柳南續筆》卷一則譏王漁洋、尤西堂兩人文用此語，《霞外捃屑》卷七下復舉金正希、孫豹人文二例。“秉燭達旦”事不僅見於楹聯，亦復勒石刊珉。尚喬客《持雅堂文集》卷二《關廟碑辨》記許昌關廟有碑謂廟即“秉燭達旦”故址，因歎“好觀小説”之誤人。《水滸》、《封神》中人物多不見經傳，事跡亦奇譎荒唐，士大夫尠以爲信史。《三國志》則不然，彌近似而大亂真，讀者忘其不實無稽，誤以野語爲雅馴之言。故陸祁孫《合肥學舍札記》卷一：“余深惡演義《三國志》，子弟慎不可閲。嘗見京朝官論蜀漢事，有誤引演義者，頗遭訕笑。甚至裒然大集，其中詠古之作，用及挑袍等事，笑柄流傳。”章實齋《丙辰劄記》謂周倉見《三國演義》，“儒者所弗道；如桃園等事，學士大夫直作故事用”；而其《外集》卷二《華陀墓》七律二首即用《演義》七十八回、二十三回事，又以吉平誤爲華陀，正復躬自蹈之，豈非《演義》浸染之深哉。嚴元照《蕙櫋雜記》：“王文簡《雍益集》有《落鳳坡弔龐士元》詩；元人撰漢壽廟碑云：

‘乘赤兔兮隨周倉。’皆出《三國演義》。”所謂“元人”，當是魯起元貞，《四庫總目》卷一百六十八《桐山老農文集》提要云：“如《武安王廟迎神詞》中有：‘蘭佩下兮桂旗揚，乘赤兔兮從周倉’句。考周倉之名，不見史傳，是直以委巷俚言鐫刻金石。”可與實齋《劄記》語印證。余嘗謂《後村大全集》卷四十三《釋老》第四首：“取經煩猴行者，吟詩輸鶴阿師”，爲《西遊記》故事入詩之創例（下句用孟東野《戲贈無本》第一首中語）；魯起元此篇之“乘赤兔兮從周倉”，當亦《三國演義》故事入古文之創例歟。

【補正】姚伯昂《竹葉亭雜記》卷八：“雍正間札少宗伯因保舉人才，舉孔明不識馬謖事。憲皇帝怒其以小説入奏，責四十，枷示。”原奏語不識如何措詞，若夫孔明忽先主遺誡，不察馬謖之“言過其實”，致貽後悔，事見《蜀書》謖本傳，非《演義》肊造也。雍正知小説有之，而渾不知正史亦有之，足見其曾讀小説，復見其未曾究正史。挾人主之尊，淺學自雄，妄作威福，其不信《演義》與京朝士夫之誤信《演義》，楚固失而齊亦未爲得矣。此段掌故是《演義》膾炙衆口之一證，雍正與札某君臣均熟讀斯書也。十七世紀英國一貴人（Duke of Marlborough）擅軍旅之事，而未嘗學問，一日與學士（Bishop Burnet）談國史，所言前朝故事，悠謬離奇（advancing some anachronisms and strange matters of fact）。學士聞所未聞，大怪之（in a great astonishment at this new history），亟詢由來。答曰：“得自莎士比亞劇本耳”。見 James Sutherland, *The Oxford Book of Literary Anecdotes*, Pocket Book ed., N. Y., 1976, 18。猶吾國士夫之爲《演義》所誤也。

七二

卷六："時文之學，有害於詩，而暗中消息，又有一貫之理。余案頭置某公詩一册，其人負重名。郭運青侍講來讀之，引手横截於五七字之間，曰：詩雖工，氣脈不貫，其人殆不能時文者耶。余曰：是也。後與程魚門論及，程韙其言。余曰：韓、柳、歐、蘇俱非爲時文者，何以詩皆流貫。程曰：韓、柳、歐、蘇所爲策論應試之文，即今之時文也；不曾從事於此，則心不細而脈不清。余曰：然則今之工時文而不能詩者何故。程曰：莊子有言，仁義者，先王之蘧廬也，可以一宿而不可以久處；今之時文之謂也。"參觀卷八《程魚門云時文有害古文》條。按漁洋早有此論。《池北偶談》卷十三謂："予嘗見一布衣有詩名者，其詩多格格不達，以問汪鈍翁。鈍翁云：此君坐未嘗解爲時文故耳；時文雖無與詩古文，然不解八股，即理路終不分明。近見王惲《玉堂嘉話》一條，鹿厂先生曰：作文字當從科舉中來，不然而汗漫披猖，是出入不由户也。亦與此言同。"《帶經堂詩話》卷二十七張宗柟附識復申論漁洋之意。鹿厂語見《玉堂嘉話》卷二。汪、程兩家語亦中理，一言蔽之，即：詩學(poetic)亦須取資於修辭學(rhetoric)耳。五七字工而氣脈不貫者，知修辭學所謂句法(composition)，而不解其所謂章法(disposition)也。

七三

卷六："周櫟園論詩云：學古人者，只可與之夢中神合，不可使其白晝現形。至哉言乎。"按倪鴻寶《倪文貞公文集》卷七《陳再唐海天樓書藝序》云："夫用古如懷遠人，可使其夢中神合，不可使其白晝形見魅出。"櫟園襲用其語。吴澹川《南野堂筆記》卷一記子才不喜作擬古詩云云，逕以此爲子才語；宋咸熙《耐冷譚》卷九又以此爲王惕甫語；皆訛。

七四

卷六："王荆公矯揉造作，不止施之政事。王仲至：'日斜奏罷長楊賦，閒拂塵埃看畫牆'；最渾成。荆公改爲奏賦長楊罷，以爲如是乃健。劉貢父：'明日扁舟滄海去，卻從雲裏望蓬萊'；荆公改雲裏爲雲氣，幾乎文理不通。唐劉威詩云：'遥知楊柳是門處，似隔芙蓉無路通'，荆公改爲：'漫漫芙蓉難覓路，蕭蕭楊柳獨知門'；蘇子卿詠梅云：'袛應花是雪，不悟有香來'，荆公改爲'遥知不是雪，爲有暗香來'；活者死矣，靈者笨矣。"按此四事須分别言之。前二事是爲他人改詩。《詩話總龜》前集卷八引《王直方詩話》載之。《漁隱叢話》前集卷五十二引《西清詩話》載王仲至事，並荆公語曰："詩家語如此乃健。"《侯鯖録》卷二《泊宅編》卷上記仲至詩，則上一語作"宫簷日永揮毫罷"。《滹南詩話》卷三論荆公改筆，即曰："語健而意窒。"按子才不知曾覩《滹南集》否。《詩話》所駁周德卿"文章驚四筵適獨坐"云云，即出《滹南文辯》；然斥山谷時，遍引魏道輔、林艾軒而未及專詆山谷之《滹南詩話》，何耶。蓋唐人詩好用名詞，宋人詩好用動詞，《瀛奎律髓》所圈句眼可證；荆公乙"賦"字，非僅倒粧字句，乃使"賦"字兼爲動詞耳。《捫虱新話》卷八記荆公欲改杜荀鶴"江湖不見飛禽影，嚴谷惟聞折竹聲”，爲“禽飛影”、“竹折聲”，其理正同。劉貢父詩今載《彭城集》卷十八，題曰《題館壁》。按《宋詩紀事》引《彭城集》，題曰《自校書郎出倅泰州作》，疑據本事臆定。“雲裏”正作“雲氣”，可見貢父已采用荆公改筆，非如《道山清話》記貢父論荆公改杜詩所謂“只是怕他”者。《侯鯖録》卷二言親聞貢父向顧子敬誦此詩，亦曰：“卻從雲氣望蓬萊”，與《彭城集》中句同，是貢父服改，的然可據。《詩話總龜》卷八引《王直方詩話》載貢父原詩，作“卻將雲表”，《漁隱叢話》前集卷五十五亦引《王直方詩話》，作“卻將雲裏”。《宋詩紀事》僅選貢父詩，無引徵。夫蓬萊宫闕，本縹渺五雲之間；今玉皇案吏既遠謫而不得住蓬萊矣，於是扁舟海上，回首雲深，望觚棱而戀魏闕，此貢父之意也。“將雲表”所以不妥者，在雲之表，雲遠而蓬萊更遠，可見雲而不可見表，故不得將而望也。“將雲裏”所以不妥者，在雲之裏，雲外而蓬萊内，雲可見而裏不可見，故不得將而望也。“從雲裏”所以不妥者，似乎身在天上，從雲中望出，非身浮海上，從雲外望入，詞意欠明晰也。“卻從雲氣望蓬萊”者，謂姑從雲氣而想望蓬萊宫闕，望者想望也，深得逐臣依國，慰情勝無之用心，何不通之有。

【補訂】竊疑貢父原作已用“雲氣”，荆公改字事乃出附會。貢父兄原父《公是集》卷十三《十二月二十一日雪中早朝》：“我本江湖人，雲端想華闕”；又卷二十三《初雪朝退與諸公至西閣》：“真有燭龍浮渤澥，卻占雲氣認蓬萊。”王直方、胡元任等胥未檢原父集，遂若貢父尊野鶩而輕家雞矣。范純父祖禹《范太史集》卷三《八月十一夜玉堂對月》亦云：“蓬萊想像皆雲氣，宫殿虚無盡水精。”是“望見”“雲氣”而“認”“想”

“蓬萊”，在當時正屬常言，苟荆公果有改“裏”爲“氣”之事，亦不得譏爲私智立異也。《三朝北盟會編·炎興下帙》卷四十四載紹興元年《遥拜太上皇表》：“鴻雁雖賓，莫附帛書於沙漠；風濤中阻，徒瞻雲氣於蓬萊”；“瞻”即貢父詩之“望”。《史記·封禪書》言蓬萊、方丈、瀛洲三神山，“未至，望之如雲”，是此等詩文來歷；“船交海中”，遥“望”蓬萊，“如雲”氣然。“從雲裏”則真“文理不通”，子才似忘卻《史記》矣。

後二事所改句，皆即見荆公本集中。改劉威《遊東湖處士園林》一聯，見《段氏園亭》七律；改蘇子卿“梅花落”二句，見《梅花》五絶。此則非改他人句，而是襲人以爲己作，與王劉兩事，迥乎不同。以爲原句不佳，故改；以爲原句甚佳，故襲。改則非勝原作不可，襲則常視原作不如，此須嚴别者也。荆公詩精貼峭悍，所恨古詩勁折之極，微欠渾厚；近體工整之至，頗乏疏宕；其韻太促，其詞太密。又有一節，不無可議。每遇他人佳句，必巧取豪奪，脱胎换骨，百計臨摹，以爲己有；或襲其句，或改其字，或反其意。集中作賊，唐宋大家無如公之明目張膽者。本爲偶得拈來之渾成，遂著斧鑿拆補之痕迹。子才所摘劉蘇兩詩，即其例證。《能改齋漫録》卷八載五代沈彬詩：“地隈一水巡城轉，天約群山附郭來”，荆公仿之作“一水護田將緑遶，兩山排闥送青來”。《石林詩話》載荆公推少陵“開簾宿鷺起、丸藥流鶯囀”爲五言模楷，因仿作“青山捫蝨坐，黄鳥挾書眠”。《漁隱叢話》後集卷二十五謂荆公選《唐百家詩》，有王駕《晴景》云：“雨前初見花間蕊，雨後兼無葉底花。蛺蝶飛來過牆去，應疑春色在鄰家”；想愛其詩，故集中亦有詩云：“雨來未見花間蕊，雨後全無葉底花。蜂蝶紛紛過牆去，卻疑春色在鄰家”，改七字，“語工意足”。他若《自遣》之“閉户欲推愁，愁終不肯去。底事春風來，留愁不肯住”，則“攻許愁城終不破，盪許愁城終不開。閉户欲推愁，愁終不肯去。深藏欲避愁，愁已知人處”之顯形也。《徑暖》之“静憩鷄鳴午，荒尋犬吠昏”，則“一鳩鳴午寂，雙燕話春愁”之變相也。《次韻平甫金山會宿》之“天末海門横北固，烟中沙岸似西興。已無船舫猶聞笛，遠有樓臺只見燈”，則“天末樓臺横北固，夜深燈火見揚州”之放大也。《鍾山即事》之“茅簷相對坐終日，一鳥不鳴山更幽”，按《老樹》七古亦有“古詩鳥鳴山更幽，我意不若鳴聲收”之句。則“蟬噪林逾静，鳥鳴山更幽”之翻案也。《閒居》之“細數落花因坐久，緩尋芳草得歸遲”，則“興闌啼鳥换，坐久落花多”之引申也。五律《懷古》、七律《歲晚懷古》則淵明《歸去來辭》等之捃華也。此皆雁湖註所詳也。他如《即事》：“我意不在影，影長隨我身。我起影亦起，我留影逡巡”，則太白《月下獨酌》：“月既不解飲，影徒隨我身。我歌月徘徊，我舞影零亂”之摹本也。《自白土村入北寺》：“獨尋飛鳥外，時渡亂流間。坐石偶成歇，看雲相與還”，又《定林院》：“因脱水邊屨，就敷巖上衾。但留雲對宿，仍值月相尋”，則右丞《終南别業》：“行到水窮處，坐看雲起時”，及《歸嵩山作》：“流水如有意，暮禽相與還”之背臨也。《示無外》：“鄰雞生午寂，幽草弄秋妍”，則韋蘇州《遊開元精舍》：“緑陰生晝静，孤花表春餘”之仿製也。《次韻吴季野題澄心亭》：“躋攀欲絶人間世，締構應從物外僧”，則章得象《巾子山翠微閣》：“頻來不是塵中客，久住偏宜物外僧”之應聲也。《春晴》：“新春十日雨，雨晴門始開。静看蒼苔紋，莫上人衣來”，則右丞《書事》：“輕陰閣小雨，深院晝慵開。坐看蒼苔色，欲上人衣來”之效顰也。子才所舉荆公學劉威一聯，曾裘甫《艇齋詩話》已言之，雁湖亦未註。按與公唱酬之葉濤《望舊廬有感》："已愧問人纔識路，卻悲無柳可知門"，自註："《江令尋宅》詩云：見桐猶覓井，看柳尚知門。"荆公詩蓋兼用此意，曾袁僅知其一。又如荆公晚歲作《六年》一絶句，其三四句云："西望國門搔短髪，九天宫闕五雲深"，竊疑即仿所改劉貢父之"明日扁舟滄海去，卻將雲氣望蓬萊"也。《次韻平甫金山會宿》又演楊公濟《陪裴學士遊金山回》一聯爲兩聯，蓋漁獵並及於時人，幾如張懷慶之生吞活剥矣。子才譏荆公《梅花》五絶，《誠齋集》卷一百十四《詩話》已云："蘇子卿云：'祇言花是雪，不悟有香來'，介甫云：'遥知不是雪，爲有暗香來。'述者不及作者。陸龜蒙云：'殷勤與解丁香結，從放繁枝散誕春'；介甫云：'殷勤爲解丁香結，放出枝頭自在春。'作者不及述者。"語甚平允。而方虚谷《瀛奎律髓》卷二十齊己《早梅》下批曰："一字之間，大有逕庭。知花之似雪，而云不悟香來，則拙矣。不知其爲花，而視以爲雪，所以香來而知悟。荆公似更高妙。"曲爲回護，辛弘智、常定宗之争"轉"字，惜未得此老平章。唐東方虬詠《春雪》云："春雪滿空來，觸處似花開。不知園裏樹，若個是真梅"；仿蘇子卿，又在荆公以前。公在朝争法，在野争墩，故翰墨間亦欲與古争强梁，佔盡新詞妙句，不惜挪移采折，或正摹，或反仿，或直襲，或翻案。生性好勝，一端流露。其喜集句，並非驅市人而戰，倘因見古人佳語，掠美不得，遂出此代爲保管，久假不歸之下策耶。

【補訂】《詩人玉屑》卷六引《陵陽室中語》謂劉威詩"意勝而語不勝"，故荆公"用其意而易其詞"。查悔餘《初白庵詩評》卷中："半山最熟於唐詩，往往與古人句法暗合，如'漫漫芙蓉'云云，豈不從'冥冥蒲葦不知村'來耶。"模仿有正反兩種。效西施之顰，學邯鄲之行，此正仿也。若東則北，若水則火，猶《酉陽雜俎》載渾子之"違父語"，此反仿也。

【補正】《古詩十九首》："胡馬依北風，越鳥巢南枝"，而范雲《贈沈左衛》："越鳥憎北樹，胡馬畏南風。"此詩家"反仿"古例之尤佳者。

【補訂】參觀第202頁"補訂"論荆公《竹裏》詩、又《管錐編》論《太平廣記》第一一四"詩詠保護色"。英國一小名家(Sidney Dobell)嘗評其吟侶(Alexander Smith)作詩多蹈襲，曰："非作抄胥之謂，乃取名章佳句爲楷模，而故反其道，以示自出心裁，此尤抄襲之不可救藥者"。(not so much plagiarism *totidem verbis* as that most fatal plagiarism whose originality consists in reversing well-known models)見letter quoted in George Gilfillan, *A Gallery of Literary Portraits*："Alexander Smith"。又有學士謂尼采議論視若奇創，實則"取古人成説，是其所非，非其所是，顛倒衣裳，改換頭面，乃假借之一法耳"。(that particular kind of borrowing which thinks to disguise itself by inserting or extracting "nots")見G. Saintsbury, *History of Criticism*, III, 591。蓋翻案亦即反仿之屬。曩日羣學家考論人群嬗變，標"以反爲仿"之目，G. Tarde, *Les lois de l'imitation*, 270 ff, "la contre-imitation"，未識其爲詞章中習見事也。〇《詩話》同卷："錫山鄒世楠過孟廟，夢懸對句云：'戰國風趨下，斯文日再中。'覺而異之，徧觀廊廡，無此十字。後數年過蘇州，得黄野鴻集讀之，乃其集中句也。豈孟子愛之，而冥冥中書以自娱耶。黄以論詩忤沈歸愚，故吴人多擯之。"按此節記事亦

影響之談。十字乃黄子雲士龍《長吟閣詩集》卷二《孟廟》頸聯，集弁首有蕭翀《序》云：“鄒庶常歸涇在館，一夕夢請假歸，過孟廟，見堂上懸戰國十字，醒而寄語野鴻曰：子詩見賞幽冥。”初非真過孟廟，亦無“徧觀廊廡”、“數年後過蘇州”等事。《歸愚詩鈔》卷六《懷人絶句》第九首即爲野鴻作，稱其“説詩一卷多創論”；《國朝詩别裁》卷三十選野鴻詩多至十一首，且稱爲“天賦俊才，少作詩無一語平庸，無一字輕浮，真堪壓倒元白”。子才謂“忤”而被“擯”，其詞不無過甚。又《詩話》卷三稱野鴻“布衣能詩，有某中丞欲見之，黄不可，題一聯云：‘空谷衣冠非易覯，野人門巷不輕開’”。按《長吟閣詩集》卷三《沈大德潛偕山塘諸君過舍》七律中有此一聯，非題門拒貴客者。蕭翀《序》云：“乾隆初詔舉鴻博，或以野鴻名達諸中丞高公，因物色之，野鴻堅不應，有詩空谷”云云，似亦事後之附會增飾。此詩作於乾隆甲寅，同卷另有乾隆癸丑《唐二符自洛中致書勸應明詔卻答》一律也。〇《詩話》同卷，“童二樹名鈺，少所許可，獨於隨園詩，矜寵太過。聞其臨終時，簾開門響，都道余之將至。所以殷殷望余者，爲欲校定其全稿而加一序故也。余感其意，爲編定十二卷，作序外，録其《黄河》”云云。按章實齋《文史通義内篇》五《書坊刻詩話後》以爲此則“誣枉清白”，童乃其鄉“高士”，視“纖佻儇俗”如子才者“若糞土然”，決不屑與作緣。子才所定十二卷本二樹集，余未得覩。《二樹今體詩》有子才弟香亭長跋，集中《自贈》五律有香亭評語；《二樹詩略》卷四《題香亭觳音集》第二首：“楚中昔日稱三道，吴下如今有二袁”，上句謂公安三袁，下句謂子才、香亭。《詩話》所記雖不脱夸飾自譽之習，《通義》言其必誣，則未免挾成見而武斷也。二樹詩可入摘句圖者不少，子才擷取，都非其至，似草率了事，有負二樹忍死以待之意矣。二樹學詩於王弇山霖，觀《弇山詩鈔》卷十二爲二樹所作諸詩可知，子才未道此段淵源；然《二樹今體詩》冠以弇山《題詞》云：“余贈其詩，有：‘近日詩家惟二樹，同時識者有三山’；蓋謂商小山盤、劉楓山鳴玉，余亦忝與焉”，《弇山詩鈔》卻未存此篇。

七五

卷九:“吾鄉詩有浙派,好用替代字,蓋始于宋人,而成於厲樊榭。廋詞謎語,了無餘味”云云。按此條即譏浙派宋詩之餖飣也。魏泰《臨漢隱居詩話》謂山谷“好用南朝人語,綴葺成詩”,蓋早以摘冷鉤新爲病。末流泛濫,至矜替代字爲風騷祕旨。惠洪《冷齋夜話》卷四《詩言其用不言其名》一條、《漁隱叢話》前集卷三十七又《詩人玉屑》卷十引《漫叟詩話》記陳本明語一條,《叢話》前集卷十二引吕氏《童蒙詩訓》一條皆以不直説爲文章之妙。夫徐彦伯、宋子京等澀體,如“野禽”狡兔、“葦杖”蒲鞭、“筱驂”竹馬、“虬户”龍門“宵寐”夜夢、“弘休”大吉之類,僅以難字换習見字;而此則舉物之用,以名其物,於修辭之道,較爲迂曲。《曲洧舊聞》卷四記山谷熟觀宋子京《唐史》稿竄易句字用意所在,文章大進;然江西派詩代名多於换字,及明人詩文,遂多换字澀體矣。參觀《七修類稿》卷四十九《换字詩》條、《湧幢小品》卷十八《近日名家文字多用换字法》條、《陔餘叢考》卷二十二《文章忌假借》條。《老學菴筆記》卷八有言:“國初尚《文選》。當時文人專意此書,故草必稱王孫,梅必稱驛使,月必稱望舒,山水必稱清暉,至慶曆後始一洗之”云云。然慶曆、元祐以來,頻見“雲間趙盾”、“淵底武侯”、“青州從事”、“白水真人”，“醋浸曹公”、“湯燖右軍”、“平頭”、“長耳”、“黄孏”、“青奴”、“蒼保”、“素娥”、“鵝黄”、“鴨緑”、“此君”、“阿堵”，莊季裕《鷄肋編》卷上至載“左軍”爲鴨、“泰水”爲妻母之笑枋。況之選體，踵事加厲。冷齋、漫叟輩尤沾沾焉惟此是務也。劉辰翁爲西江餘閏，《須溪集》卷六《歐氏甥植詩序》略謂：“選體復有宜戒，如漢稱朱光，魏稱黄祚，月曰朏魄，雷雨曰解作，以解作對升長爲草木，初仕謂之牽絲手，三十謂之既立，長夜謂之廣宵。又如‘雖抱中孚爻’，‘偶與張邴合’，‘莊念昔曾存’，‘案無蕭氏牘’，‘庭有貢公綦’，至今亦不知其所指某爻、某張、某莊、某貢、某蕭也”云云。亦似笑他人之未工，忘己事之已拙，衹以“選體”爲厲禁，渾忘西江亦有“不言名”之教也。《丹鉛總録》卷二十曰：“辰翁評選詩云：詩至《文選》爲一厄。此言大本已迷，須溪乃開剪截羅緞鋪客人，元不曾到蘇、杭、南京機坊。”蓋不知辰翁有激矯枉，遂因噎廢食耳。竊謂淵明《讀山海經》詩：“亭亭明玕照，落落清瑶流”，即是言用不言體佳例。韓退之《贈同遊》詩：“唤起窗全曙，催歸日未西”，以二鳥名雙關人事。柳子厚《郊居》詩：“蒔藥閒庭延國老，開樽虚閣待賢人”，以“國老”代甘草、“賢人”代濁酒。李適之《罷相》詩：“避賢初罷相，樂聖且銜杯”，“賢”是賢才，“聖”則清酒，一虚一實。蘇子瞻《雪》詩：“凍合玉樓寒起粟，光摇銀海眩生花”；以“玉樓”代肩，以“銀海”代目。雖皆詞格纖巧，而表裏二意均可通，即不作二鳥、甘草、濁酒、肩、目解，亦尚詞達。駱賓王《秋日送尹大赴京》詩：“竹葉離樽滿，桃花别路長”，又《送吴七遊蜀》詩：“桃花嘶别路，竹葉瀉離樽”；“桃花”代馬，“竹葉”代酒，已祇有裹意。劉夢得《送盧處士歸嵩山别業》詩：“藥爐燒姹女，酒甕貯賢人”，則“煑熟王逸少”之先聲矣。若李義山之以“洪爐”代天，《有感》：“未免怨洪爐”，《異俗》：“不信有洪爐。”以“倏忽”代虺；《哭蕭侍郎》：“暫能誅倏忽。”黄山谷之以“青牛”代老子，《送顧子敦》：“何人更解青牛句。”用意既偏晦可哂，字面亦欠名雋，宜其雖出大家，而無人沿用也。子才此條道及陶秀實《清異録》。其書依託五代遺事，巧立尖新名目，然舍《伐檀集》卷上詠《雪》、《攻媿集》卷三《白醉閣》詩等以外，宋詩人運用者殊不多。舍張端義《貴耳集》卷中、卷下四則，按《園丁種梨》、《芃最盛》、《閩士赴科》、《水族加恩簿》四則皆不言出自何書，實則本之陶氏也。周密《齊東野語》卷四《負暄》條即引攻媿《白醉軒》。外，筆記亦尠稱道。尚於稗販中存信而好古之意，不屑借底下倚託之書，爲斯文捷徑也。代名之體在歐洲文學早成風會，Somaize：*Grand Dictionnaire des Précieux* 所載，Molière：*Les Précieuses ridicules* 所譏，厥例甚繁。英國十八世紀作詩，最講“詩藻”（poetic diction），甚類惠洪等所云也。始作俑者殆爲古羅馬之 Virgil，其 *Aeneid* 史詩中，每不曰麵包（panem）而以稷神名代之，如卷一第一七七行之 Cererem corruptam，亦猶吾國詩人之言“福習枯黄靈殖焦”也；每不曰酒（vinum），而以釀神名代之，如卷一第二一五行之 veteris Bacchi，亦猶吾國詩人之言“解憂惟杜康”、“杜康咥吾胃”也。餘仿是。後來 Vida《詩法》（*Ars poetica*）則力非直言人名物名，而以迂迴代换爲貴。參觀 J. A. Spingarn：*Literary Criticism in the Renaissance*, p. 127 所引。新古典主義作者以 Virgil 爲楷模，本 Vida 之議論，此風遂靡歐洲矣。

【補訂】《漫叟詩話》載陳本明所謂“言用勿言體”，與《冷齋夜話》、《童蒙詩訓》所言，絶非一事。余皮相而等同之，殊憒憒。陳氏云：“前輩謂作詩當言用，勿言體，則意深矣。若言冷，則云：‘可嚥不可漱’，言静，則云：‘不聞人聲聞屨聲’。”兩例皆東坡詩，分别出《棲賢三峽橋》、《宿海會寺》。“言體”者，泛道情狀；“言用”者，舉事體示，化空洞爲坐實，使廓落有著落。吴夢窗《風入松》詞：“黄蜂頻撲秋千索，有當時纖手香凝”；正以“蜂撲”之“用”，確證“香凝”之“體”（參觀《管錐編》論《楚辭洪興祖補註》第一五“賦秋色”）。蓋描摹刻劃之法，非用“替代字”。此類描繪亦可流爲“替代字”；如言“佳人”者，以“用”顯“體”、以果明因曰：“一顧傾人城，再顧傾人國”，浸假則“傾城”、“傾國”成姝麗之“替代字”。然鑄詞本意，初非避“名”，固已直言“北方有佳人”矣。“替代字”略判二類。《冷齋夜話》稱荆公詩“言用不言名”，不言“水”、“柳”、“絲”、“麥”，而言“鴨緑”、“鵝黄”、“白雪”、“黄雲”；乃擬狀事物之性態，以代替事物之名稱。韓、孟《城南聯句》以“紅皺”、“黄團”代“棗”、“瓜”，長吉《吕將軍歌》以“圓蒼”代“天”，《雁門太守行》以“玉龍”代“劍”，即屬此類。《童蒙詩訓》論“文章之妙”，如“不説作賦，而説‘雕蟲’，不説寄書，而説‘烹鯉’，不説寒食，但云‘禁火’”，乃徵引事物之故實，以代事物之名稱（參觀《宋詩選註》論晏殊）。子才所譏“浙派”用“替代字”，多屬此類。一就事物當身本性，一取事物先例成語，二者殊途同揆，均欲避直言説破，而隱曲其詞（periphrasis）耳。Cf. H. Lausberg, *Handbuch der literarischen Rhetorik*, 1960, 307: die mythologische Periphrase, die metonymisch-abstrahierende Periphrase, die metaphorische Periphrase.

六朝詩文，隸事爲尚，借古申今，詞歸“替代”（參觀《管錐編》論《全上古三代秦漢三國六朝文》第二一〇、第二三〇“駢偶之文”）。流俗風氣，亦相揚扇。《顔氏家訓·勉學》至譏：“江南閭里間，强事飾詞，呼徵質爲周鄭，謂霍亂爲博陸，言食則餬口，道錢則孔方，問移則楚丘，論婚則宴爾，及王則無不仲宣，語劉則無不公幹。凡有一二百件。”同篇譏詞繁無要，引諺云：“博士買驢，書券三紙，未有驢字”；此中倘亦有“驢”之“替代字”歟。《陶菴夢憶》卷五記吴人好掉文者，《赤壁賦》有“少焉月出”語，呼“月”爲“少焉”；割裂不通，然與論婚則“宴爾”，或少陵《岳麓山道林二寺行》之“山鳥山花吾友于”等，實亦百步五十步爾。唐范攄《雲溪友議》卷下：“《楊柳枝詞》作者雖多，鮮覩其妙。杜牧舍人云：‘巫娥廟裏低含雨，宋玉堂前斜帶風’；滕邁郎中云：‘陶令門前羅接罥，亞夫營裏拂朱旗’；但不言‘楊柳’二字，最爲妙也。姚合郎中道傍亭子云：‘南陌游人回首去，東林道者杖藜來’；不謂‘亭’稱，奇矣。”後來詞曲家言詠物，均以是爲度人之金針。沈義父《樂府指迷》：“鍊句下語，最是緊要。如詠桃，不可直説破桃，須用紅雨、劉郎等字。如詠柳，不可直説破柳，須用章臺、灞岸等字。又如銀鉤空滿，便是書字了，不必更説書字。玉筯雙垂，便是淚字了，不必更説淚字。絲雲繚繞，隱然髻髮，困便湘竹，分明是席。正不必分曉，如教初學小兒，説破這是甚物事”；又：“詠物詞最忌説出題字，如清真梨花及柳詞，何曾説出一個梨柳字。”“銀鉤”、“玉筯”，當是意中有唐女冠李季蘭《得閻伯鈞書》：“莫怪闌干垂玉筯，只緣惆悵對銀鈎”，或晏叔原《河滿子》：“對鏡偷匀玉筯，背人學寫銀鉤”，周美成《風流子》：“想寄書中銀鉤空滿，斷腸聲裏玉筯還垂”；吴梅村《琴河感舊》：“故向閑人偷玉筯，浪傳好語到銀鉤”，下句是“書”而上句是“筯”非“淚”，屬對不稱矣。王驥德《曲律》卷三《論詠物》：“毋得罵題，却要開口便見是何物。不貴説體只説用；佛家所謂不即不離、是相非相。”皆一脈相承。王静菴《人間詞話》嘗譏“桂華流瓦”，即不直説出月，而以月中桂示意，“不即”是月，而復“不離”於月(synecdoche，metonymy)也。岳倦翁珂《玉楮集》卷三《饅頭》：“公子彭生紅縷肉，將軍鐵杖白蓮膚”；上句用彭生“豕人立”事，謂猪肉餡，下句借麥鐵杖之姓，謂麵裹。樊榭同派丁龍泓敬《硯林詩集》補遺卷三《火肉糉歌》：“羅含孤黍春膎熟，彭生曲股紅肖肉”；“羅”字當作“稽”，蓋誤憶。北宋人詩的然用《清異録》者，余僅見《山谷外集》卷七《謝張泰伯惠黄雀鮓》：“蜀王煎藙法，醢以羊彘兔”，自註：“俗謂亥卯未餛飩”；本《清異録》卷四《饌羞門》記魏王繼岌事，而青神未註。若東坡《新城道中》：“樹頭初日掛銅鉦”，沈文起補查初白註謂其本《清異録》之“金鑼騰空”，尚爲疑似臆測（參觀《管錐編》論《太平廣記》第一一五“詩取鄙瑣物為喻”)。《北江詩話》卷五謔云：“銅鉦湊韻，用《庚》韻故曰銅鉦，若《元》韻必曰銅盆，《寒》韻必曰銅盤，《歌》韻必曰銅鍋。”《歌》韻亦可曰“銅鑼”也。《清異録》取事物性能，侔色揣稱，立爲名號，而復杜撰故實，俾具本末而有來歷，思巧詞纖，一新耳目。擬雪於“天公玉戲”，想像靈幻，“空際撒鹽”之舊喻相形見絀矣。呼雁曰“書空匠”，點化成語，使“書空咄咄”生色增華，“雁足繫書”等故實黯然無色矣。以笱爲

“甘鋭侯”，茶爲“不夜侯”之類，與韓退之以筆爲“中書君”、“管城子”，司空表聖以鏡爲“容成侯”、王景文以枕爲“承元居士”（《雪山集》卷十）等，意度不異。西方十七世紀之《命婦爾雅》（A. B. de Somaize，*Dictionnaire des précieuses*）中替代字，每相彷彿。故作詩而擷取《清異録》，非徒如子才所謂用“僻典及零碎故事”，亦實喜其名目之尖新、比擬之慧黠也。子才云：“董竹枝云：偷將冷字騙商人，責之是也。”此與《補遺》卷十引“董竹枝”嘲喫烟二首，當均指董耻夫偉業《揚州竹枝詞九十九首》，阮芸臺《淮海英靈集》丙集卷三記董以《竹枝詞》得禍，鄭克柔《板橋詩鈔·絶句二十三首》自言愛玩其《詞》，“小楷鈔謄枕祕隨”。然子才未嘗不隱使《清異録》中“冷字”。《小倉山房詩集》卷二十一《齒疾半年，偶覽唐人小説有作》：“耳中騎馬兜玄國，齒内排衙活玉窩”；按“兜玄國”出《玄怪録》，“騎馬”當作“駕犢”，“活玉窩”即見《清異録》卷四《妖門》，非出“唐人小説”，“窩”當作“巢”。顧書宣圖河《雄雉齋選集》卷四《楊妃病齒圖》：“小都郎得安身地，偷住楊家活玉巢”，已先用此事，準確無訛。樊榭詩自有“絶調”，《詩話·補遺》卷十固言之；餖飣“替代”，乃其珷玞，而精細不苟。子才見獵技癢，亦“用僻典及零碎故事”，却敗闕如此，恐未渠能“騙商人”也。亞理士多德《修詞學》早言文詞之高雅者（loftiness of style），不道事物之名而寫事物之狀。（use of the description instead of the name of a thing）見 *Rhetoric*，VI，i，Loeb，375。古羅馬修詞學大師昆體良謂詞達（perspicuitas）首須正名（primus enim intellectus est sua cuisque rei appellatio），顧事物之褻穢鄙俗者（obscena et sordida et humilia)，其名不宜筆舌，必代以婉曲之言。見 Quintilian, *Institutio oratoria*, VIII. ii. 12, Loeb, III, 196-8。偉達《詩法》諄諄教人詩中賦詠事物，不可明白説破，當襯託隱約，傍示側指：如稱穀神、酒神、海神之名，而不直言穀、酒、海，稱父之名以謂子，稱地之名以寓土著。(But ne'er the subject of your work proclaim/In its own colours and its genuine name; /Let it by distant tokens be convey'd, /And wrapt in other words, and cover'd in their shade. /.../They now name Ceres for the golden grain, /Bacchus for wine, and Neptune for the main: /Or the father's name point out the son; /Or for her people introduce a town. /.../Whene'er your image can lay no claim/To a fix'd term, and want a certain name; /To paint one thing, the licens'd bard affords/A pompous circle, and a crowd of words)見 Vida, *De Arte poetica*, tr. Christopher Pitt, in Alexander Chalmers, *English Poets*, XIX, 639, 646, 648。與吾國之"言劉必公幹"、"杜康解憂"、"天吴效順"、"魏武子孫"、"青箱世業"、"烏衣子弟"、"蘇小鄉親"之類，一何相似。少陵《寄岳州賈司馬六丈、巴州嚴八使君》："賈筆論孤憤，嚴君賦幾篇"，謂賈誼、嚴助；岑嘉州《宿關西客舍寄山東嚴許二山人》："灘上思嚴子，山中憶許由"，謂嚴光、許由。皆以兩古人名爲兩今人同姓者之"替代字"，明詩中尤成科臼。如李于鱗《集徐子與席上懷梁公實》："即看徐孺能懸榻，豈謂梁鴻更出關"；王元美《送蔡子木》："一去蔡邕誰倒屣，可堪王粲獨登樓"，關合尤巧。西詩僅"稱父以示子"，未識此種通譜蹊徑也。十七世紀西班牙詩人貢哥拉(Góngora)等所作，巧

立譬喻，博使典故，言用以代體，擬狀以當名，(el arnontonamiento de metáforas，alusiones grecolatinas，hipérbatos，perífrasis y cultismos)見 C. Bousoño，*Teoría de la expresión poética*，6ª ed.，1976，I，468。在彼土幾如“用替代字”之集大成。然持較吾國“選體”之文、“崑體”之詩，尚猶小巫之見大巫而已。十八世紀末里伐洛(Rivarol)曰：“詩衹宜描繪事物之狀，不得稱道事物之名”(La poésie doit toujours peindre et ne jamais nommer)；quoted in Sainte-Beuve，*Les grands écrivains français*，études classées et annotées par Maurice Allem，X，289.此新古典派之常經也。十九世紀末馬拉美(Mallarmé)曰：“詩之佳趣全在供人優柔玩索，苟指事物而直道其名，則風味減去太半。隱約示其幾，魂夢斯縈”；(*Nommer* un objet，c' est supprimer les trois quarts de la jouissance du poème qui est faite du bonheur de deviner peu à peu；le *suggérer*，voilà le rêve)見“Sur l'évolution littéraire”，*Oeuv. comp.*，la Pléiade，1945，869。*allusion* je sais，*suggestion*；見“Crise de vers”，*ib.*，366。此象徵派之要旨也。兩家綱領未嘗不似鷄犬聲之可相聞，而兩家篇什則洵如馬牛風之不相及。以文論爲專門之學者，往往僅究詔號之空言，不徵詞翰之實事，亦猶僅據競選演説、就職宣言，以論定事功操守矣。

七六

卷九：“世有口頭俗句，皆出名士集中”一條。以“易求無價寶，難得有情郎”，爲女真蕙蘭詩。蕙蘭爲魚玄機字，集中作《寄鄰女》詩，《北夢瑣言》謂是怨李億詩，《太平廣記》卷百三十引《三水小牘》謂是玄機獄中作。以“今朝有酒今朝醉，明日無錢明日愁”，爲羅隱詩。羅隱《甲乙集》中《自遣》一絶固有此二句，然《全唐詩》第八函第十册載權審詩全同，宋吴曾《能改齋漫録》亦據《抒情集》，謂是權審詩，不知果誰屬也。以“晚飯少吃口，活到九十九”，爲出古樂府，所據者《七修類稿》。《朱子語類》卷一百三十八謂出《古樂府三叟詩》，蓋魏應璩《三叟詩》也；略云：“陌上見三叟，何以得此壽。上叟前致詞，内中嫗貌醜。中叟前致詞，量腹節所受。下叟前致詞，夜卧不覆首。”以“黄泉無客店，今夜宿誰家”，爲唐人逸詩。實五代時江爲詩，《全唐詩》載之；爲代故人草表投吴越，事發并誅，臨刑賦云：“街鼓侵人急，西傾日欲斜。黄泉無旅店，今夜宿誰家。”又卷一：“有人哭一顯者云：‘堂深人不知何病，身貴醫争試一方。’説盡貴人患病情狀。”實劉後村《哭梁運管伋》：“堂深外不知何病，醫雜人争試一方。”卷三引宋人詩云：“老僧只恐雲飛去，日午先教掩寺門。"《容齋三筆》卷十二載僧惟茂住天台山詩云："四面峯巒翠入雲，一溪流水漱山根。老僧只恐山移去，日午先教掩寺門"；後來高青邱《虎邱》云："望月登樓海氣昏，劍池無底鎮雲根。老僧只恐山移去，日落先教鎖寺門"，蓋全襲此；而南宋俞桂《漁溪詩稿》卷二《虎邱》云："寺僧未晚山門閉，不放閒雲一片飛"，子才誤合二詩詞意爲一耳。明俞弁《山樵暇語》卷四駁容齋，謂此乃張籍虎邱詩，余檢《司業集》未見。卷九："偶見晚唐人辭某節度前四句云云，惜不能記其姓名。"此黄滔《辭刑部鄭郎中誠》詩，陸以湉《冷廬雜識》已言之。卷十："徐爽亭年九十許，有句云：'造物與閒還與健，鄉人知老不知年。'"此陸放翁《村居》詩，倪鴻《桐陰清話》、吴仰賢《小匏菴詩話》皆已言之。卷九："閨秀李金娥詠路上柳云：'折取一枝城裏去，教人知道是春深。'"按徐㶿《筆精》卷五、《列朝詩集》閏六皆以此爲日本人詩，實則元貢性之《湧金門見柳》名句，安容别有主名，貢詩見顧俠君《元詩選》二集辛集。《補遺》卷一稱張雲翼句，實潘雪帆詩，則《雪橋詩話》卷四已舉正。《詩話》卷四以月鹿夫人爲黄莘田室，又《補遺》卷三誤以莘田顧二娘硯絶句爲劉慈作，則王元麟《秋江集註》卷二、卷六已糾之。卷六金質夫遺詩僅得一律一聯，按《瑟榭叢談》卷上復得《榆林土木二首》。

七七

卷九：“晁君誠詩、‘小雨愔愔人不寐，卧聽羸馬齕殘芻。’真静中妙境也。黄魯直學之云：‘馬齕枯萁喧午夢，誤驚風雨浪翻江。’落筆太狠，便無意致。”按《養一齋詩話》卷七亦有此論。本事蓋出《石林詩話》：“外祖晁君誠善詩，黄魯直嘗誦其小雨愔愔云云，愛賞不已。他日得句：馬齕枯萁云云，自以爲工。以語舅氏無咎曰：吾詩實發於乃翁前聯。余不解風雨翻江之意；一日憩於逆旅，聞旁舍有澎湃鞺鞳之聲，如風浪之歷船者，起視之，乃馬食於槽，水與草齟齬於槽間，而爲此聲。方悟魯直之好奇，殆適相遇而得之。”竊謂石林所記，即可盡信，亦未得此詩作意。《山谷内集・六月十七日晝寢》云：“紅塵席帽烏鞾裏，想見滄洲白鳥雙。馬齕枯萁喧午枕，夢成風雨浪翻江。”天社註曰：“聞馬齕草聲，遂成此夢也。《楞嚴》曰：如重睡人，眠熟牀枕，其家有人，於彼睡時，擣練舂米；其人夢中聞舂擣聲，别作他物，或爲擊鼓，或爲撞鐘。此詩略采其意。以言江湖之念深，兼想與因，遂成此夢”云云。真能抉作者之心矣。夫此詩關鍵，全在第二句；“想見”二字，遥射“夢成”二字。“滄洲”二字，與“江浪”亦正映帶。第一句晝寢苦暑，第二句苦暑思凉，第三句思涼聞響，第四句合湊成夢；意根緣此聞塵，遂幻結夢境，天社所謂“兼想與因”也。脈絡甚細，與晁氏之僅寫耳識者，迥乎不同。諸君不玩全篇，僅知摘句，遂覺二語之險怪突兀耳。風聲本似吞啖之聲，韓退之《祭張署文》早曰：“風饕”；東坡《次韻山谷畫馬試院中作》亦曰：“卧聞齕草風雨聲”；清王芥子太岳《青虚山房集》卷五《高平行記》爲當時名文，有曰：“廐馬干蹏，齕草聲如空山夜壑，風泉撞摐。”“風雨翻江”；初無不可解處。況山谷以“想見”“夢成”四字爲伏筆乎。此種作法，山谷詩中屢有之。如《次韻吉老十小詩》之八云：“南風入晝夢，起坐是松聲”；《答少章聞雁》云：“霜雁叫羣傾半枕，夢回兄弟綵衣行”；而以此絶線索最爲分明。他若韓退之《陪杜侍御遊湘西兩寺獨宿有題》曰：“山樓黑無月，漁火燦星點。夜風一何喧，杉檜屢磨颭。猶疑在波濤，怵惕夢成魘。”汪遵《詠酒》云：“秋宵睡足芭蕉雨，又是江湖入夢來。”王介甫《秋風》云：“揫斂一何饕，天機亦自勞。江湖豈在眼，昨夜夢波濤。”陳簡齋《風雨》云：“風雨破秋夕，梧葉膍前驚。不愁黄落近，滿意作秋聲。客子無定力，夢中波撼城。覺來俱不見，微月照殘更。”楊誠齋《聽雨》云：“歸舟昔歲宿嚴陵，雨打疏篷聽到明。昨夜茅檐疏雨作，夢中聽作打篷聲。”范石湖《病中絶句》云：“病中心境兩俱降，猶憶江湖白鳥雙。今夜雨聲鳴紙瓦，聽成飛雪打船窗。”陸放翁《夜聞松聲有感》七古云：“松聲驚破三更夢，猶作當時風浪聽。”均與山谷絶句機杼略同；“猶疑”也，“無定力”也，“昔年”也，“猶憶”也，皆伏根語，猶山谷之言“想見”耳。紀文達批東坡詩，至《舟中夜起》七古：“微風蕭蕭吹菰蒲，開門看雨月滿湖”；知其脱胎自僧無可《宿西林寄賈島》詩：“聽雨寒更盡，開門落葉深”，極口稱妙。山谷此詩，作意相類。

【補訂】參觀《管錐編·列子張湛註》卷第四則論山谷此詩。李義山《柳》：“柳映江潭底有情，望中頻遣客心驚。巴雷隱隱千山外，更作章臺走馬聲。”《無題》言“車走雷聲”，此篇則言“雷轉車聲”；巴山羈客，悵念長安遊冶，故聞雷而觸類興懷，聽作章臺走馬。義山詩言醒時之想因結合，心能造境也；山谷詩言睡時之想因結合，心能造境也。適堪對照。屠琴塢倬《是程堂集》卷十《二絶句》之一：“輕雷隱隱溜奔泉，消受新涼過雨天。午夢黑蛟翻水立，醒來人卧古藤邊”，亦此機杼，而言因略想。魏默深《古微堂詩集》卷六《江舟聽雨吟》：“篷窗一夜瀟瀟雨，盡作夢裏譙樓鼓；鼓中如報兵合圍，號令森嚴刁斗齊。小鬟濃睡呼不醒，花院落子聞争棋。不知舟人水鳥夢，又認何聲互相鬨。醒鐙寒白悄無言，惟有岸蘆涼響共。前聲前境盡茫然，天冥地寂江帆重。”一雨聲耳，而衆生心事迥殊，同因異想，夢境遂别；默深此作謀篇命意，突破前修窠臼，累句小眚，不足掩大德也。〇《詩話》卷九某公子詩：“自憐病體輕於葉，扶上金鞍馬不知。”按《夜航船》卷四《七字千金》記此事，“自”作“可”，“體”作“骨”；《兩般秋雨菴隨筆》卷一則作：“比來一病輕於燕，扶上雕鞍馬不知。”

七八

卷十："山陰布衣茅商隱《山行》云：'郭外髑髏眠野草，墳前翁仲戴山花。'"按茅名逸，此詩見《兩浙輶軒録》卷二十八，題曰《郭外》，五律非七律也，無"郭外"、"墳前"四字。又按卷五："揚州轉運使朱子潁，佳句云：'一水漲喧人語外，萬山青到馬蹄前。'"按此聯見《海愚詩鈔》卷六《雨後過超渡》，當時傳誦，紀曉嵐、姚惜抱、王夢樓、王述菴皆賞之。而《兩浙輶軒録》卷十六載邵坡《送王耘渠入蜀》詩云："秦樹碧分鴻爪外，蜀山青到馬蹄前"；邵乃康熙壬子舉人，在海愚前。海愚全集衹此一聯跳出，餘皆膚廓語；惜抱許以"雄才"，疑阿私也。

七九

卷十："學問之道：四子書如户牖，九經如廳堂，十七史如正寢，雜史如東西兩廂，類書如廚櫃，説部如庖井，諸子百家詩文詞如書舍花園，皆不可偏廢"云云。章實齋《書坊刻詩話後》痛詆之。按此本明田藝蘅《玉笑零音》："人之爲學：四書其門牆也，五經其堂奥也，子史其廊廡也，九流百家其器用也。居不可以不廣，學不可以不博。"

【補訂】《詩話》卷十一至卷十四尚有舊所未論及者數則，補插此間。〇卷十一："有僧見阮亭先生，自稱應酬之忙，頗以爲苦。先生戲云：和尚如此煩擾，何不出家。聞者大笑。余按楊誠齋有句云：'袈裟未著嫌多事，著了袈裟事更多。'"按此子才之道聽塗説。鈕玉樵琇《觚賸》續編卷一《禪諷》："大汕常攢眉而言兩臺延召之頻，三司應酬之密，六時並無暇逸。吴園次［綺］曰：汝於此間，受諸苦惱，何不出了家。"朱文寧國楨《湧幢小品》卷十七："一大貴人奉六齋，嫌味薄，怒捶廚人。貴人之姪，余主其家，一日飯素，亦怒甚，嚇廚人，凡易十餘品，皆不稱。余笑曰：何不開齋。"王阮亭《香祖筆記》卷九以朱言與吴言連類並記，非自"戲"語僧也。誠齋詩見《誠齋集》卷二十三《送德輪行者》，“嫌”字當作“愁”；其意則數見唐宋人贈僧詩中，誠齋口角尤俊利耳。昌黎《和歸工部送僧約》：“汝既出家還擾擾，何人更得死前休”；張喬《宿齊山僧舍》：“若言不得南宗要，長在禪牀事更多”；《劍南詩稿》卷五《化成院》：“肥僧大腰腹，呀喘趨迎官。疾走不得語，坐定汗未乾。高人遺世事，跏趺穴蒲團。作此望塵態，何如返巾冠”；《宋詩啜醨集》卷四林景逸《答山中侃上人》：“無髮得高閒”，祖夢巖批：“但今日無髮更忙，君知之乎。”與子才齊名友好之趙雲崧《甌北詩鈔》五古卷一《偶得》第六首：“山僧例趨勢，向我發歎嗟。苦道酬應冗，身不脱袈裟。方參達官署，又迎貴客車。廚催香積飯，爐選頭綱茶。其詞若有憾，其意實自誇。一笑語山僧：毋乃路已差；爾既厭煩囂，何不出了家”；則逕取《觚賸》所載吴園次語入詩矣。〇卷十一：“皇甫古尊得金字扇，乃前朝名妓徐翩翩所書，求題於厲太鴻先生，得《賣花聲》一闋云云。余讀之，不覺魂消，亦以揮扇士女圖索題，先生爲填《南鄉子》”云云。按《樊榭山房集》，題徐翩翩扇詞見卷九，題揮扇士女圖詞見卷十，皆未言應誰之屬。子才姓名不得與壽門、堇浦、尺凫輩並掛太鴻集中也。〇卷十三：“桐城二詩人，方扶南與方南塘齊名。魚門愛扶南，余獨愛南塘，以其詩骨清故也。扶南苦學玉溪、少陵兩家，反爲所累，夭閼性靈。”按桐城二方詩勝於其鄉後輩劉耕南、姚惜抱，而嘉道以後，聲稱翳如。方息翁世舉即扶南，以評註昌黎、昌谷詩，學者尚能道其姓名。《國朝詩別裁》中不著息翁；《春及堂詩》四集有《沈歸愚宗伯方選今詩，聞以余入，放言有作，寄而止之》兩律，第二首云：“天下聲名須後定，故人嗜好恐阿私。”

《别裁》凡例明言："人必論定於身後，采取均屬已往之人"，息翁誤於傳"聞"，實多此一舉矣。方貞觀世泰即南堂，則幾無知者，《别裁》卷二十八採其詩六首。《南堂詩鈔》不分卷本有方宜田觀承序，謂二方"兄弟持論每多不合，當時謂春及所患在才多，南堂窘於邊幅"。程魚門乃息翁詩弟子，《勉行堂文集》卷五有《南堂詩鈔跋》、《春及堂詩鈔跋》兩篇，謂二人趨向不同，南堂專主中晚唐，息翁尤嗜杜蘇，因言："余之詩蓋出於桐城兩方，兼採其説而學焉"，似非子才所記作左右袒也。《春及堂詩》斷自雍正甲辰以後，盡删少作，不見其"苦學少陵、玉溪"者何在。竊疑子才實未嘗稍讀息翁集，第 585 頁"補訂"駁《詩話》卷三妄言息翁改詩事，可爲徵驗。請復佐證之。《詩話》卷三："隨園有對聯云：'此地有崇山峻嶺、茂林修竹；是能讀三墳五典、八索九邱。'故是李侍郎因培所贈，懸之二十餘年"；復云"岳大將軍鍾琪"子夢亡父導遊隨園，使覩此對聯，且囑其求"園主人"作傳。通神搗鬼，言之津津。《春及堂詩》四集《謝觀補亭少司馬重書舊聯》五律自註："初南歸，王儼翁爲集古書楹帖：'此地有崇山峻嶺、茂林修竹；是能讀三墳五典、八索九邱。'雨漏久壞。"是子才不得專此聯，且當怵息翁之爲其先也。又《詩話》卷十稱南塘六十娶妾詩："我已輕舟將出世，得君來作掛帆人。"按不分卷《南堂詩鈔》中《戲示小婢》七律結云："好似遠行舟楫具，得卿來作掛帆人"；汪廷璋刻四卷本《方貞觀詩集》未收此詩。〇卷十四："馬相如有《漁父》詩云云，真王孟也。有人傳其：'月影分明三李白，水光蕩漾百東坡'；則弄巧而反拙矣。"按此聯出馬相如朴臣《報循堂詩鈔》卷一《秦淮水閣醉歌》。子才評近人詩，多憑耳食，一斑片羽，未識厥全。歸愚《别裁》卷二十七選相如詩三首，子才所言兩首皆在焉；“月影”一聯極爲歸愚所賞，“有人傳”者，微詞也。相如與方南堂同鄉同調，《南堂詩鈔・答馬相如書問近況》：“自入秋來常中酒，一從君去斷吟詩”；想見投分不淺。《報循堂詩鈔》中如《客中書懷》：“驚回鄉夢如新别，細讀家書抵暫歸”，《醉後放言》：“思量墮地一聲哭，領取爲人萬種難”；《蠹書中檢得舊時小照慨然書尾》：“形神寧道子非我，鬚鬢今成弟與兄”；此類當皆恰投子才所好，渠苟從容披覽，亦必以“詩骨清”相許，而無取於其僞“王孟”語矣。〇卷十四：“汪東山繹，精星學。自知不壽，自贈云：‘生計未謀千畝竹，浮生只辦十年官。’”按《秋影樓詩集》卷六《庚辰臚傳後赴順天府宴，馬上得句云：‘歸計未謀千畝竹，浮生只辦十年官。’歸舟試筆，忽憶前語，遂足成八絶句》。此二語見第七首，蓋自明淡於宦情，非“自知不壽”。子才又易“歸”爲“生”，一聯中“生”字重犯，亦粗疎矣。

【補正】《隨園詩話》記汪東山事，疑亦本之《國朝詩别裁》，正如其論馬相如詩也。《别裁》卷一汪繹條註：“殿撰於臚唱日，馬上得句‘歸計’云云。癸未假歸，未十年卒，知詩讖之早成矣!”隨園進而以無意之“詩讖”爲“不壽”之“自知”也。

又卷十四：“唐荆川云：‘詩文帶富貴氣，便不佳。’余謂不然”，因舉金德瑛檜門《郊西柳枝》爲例：“長是至尊臨幸地，世間離别不曾知。”按吴仰賢《小匏菴詩話》卷一亦稱檜門此絶，謂其似義山《咏柳》：“後庭玉樹承恩澤，不信年華有斷腸。”按咏柳用斯意者，唐以來數見不鮮。《花間集》卷五毛文錫《柳含煙》第二首：“河橋柳，佔芳春。映水含煙拂路，幾回攀折贈行人，暗傷神。　樂府吹爲横笛曲，能使離腸斷續。不如移植在金門，近天恩”；第三首“章臺柳，近垂旒。低拂往來冠蓋，朦朧春色滿皇州，瑞煙浮。　直與路邊江畔别，免教離人攀折。最憐京兆畫蛾眉，纖葉時。”宋李質《艮嶽百詠·柳岸》：“牽風拂水弄春柔，三月花飛滿御溝。不似津梁供悵望，一生長得繫龍舟”（《宋詩紀事》卷四〇），“離别”、“攀折”見於言外。清人如嚴蓀友《秋水集》卷五《萬柳堂竹枝詞》之二：“問訊平泉金柳枝，陌頭飛絮可同時？移根獨近金莖露，不向春風管别離”；厲太鴻《樊榭山房集》卷七《西湖柳枝詞》之六：“路旁烟態罥朱樓，長送行人千里游。願作湧金門外柳，生來渾不識離愁”；梁山舟《頻羅菴遺集》卷一《玉河柳枝詞》之六：“争向東風拜舞頻，六龍此日度龍津。生來不解銷魂事，只送鑾輿不送人。”皆亦早向義山夜半傳衣，或與平珪夢中神遇矣。然宋之問首拈此意以賦蓮花，《全唐文》卷二四〇載其《秋蓮賦》，有云：“御橋之西，玉池清冷，紅蕖菡萏。謬履扃闥，自春徂秋。見其生，視其長，覩其盛，惜其衰。得終天年而無夭折者，良以隔礙仙禁，人莫由窺。向若生於瀟湘洞庭，溱洧淇澳，即有吴姬越客，鄭女衛童，芳心未成，採擷都盡。”移以咏柳，可牽合攀枝贈别一事，遂饒情致矣。

八〇

卷十四："詠始皇者，朱排山云：'詩書何苦遭焚劫，劉項都非識字人。'"按此本唐章碣《焚坑》詩："坑灰未冷山東起，劉項原來不讀書。"《梅磵詩話》卷中引楊文公《始皇》詩曰："儒坑未冷驪山火"，又蕭汎之《讀秦紀》曰："凄涼六籍寒灰裏，宿得咸陽火一星。"蕭詩亦本唐彥謙《新豐》之"一星遺火下燒秦"。

【補訂】《詩話》卷一稱羅兩峰詠始皇亦云："焚書早種阿房火，收鐵還留博浪椎"；卷九稱梁藥亭句"詩書餘火竟燒秦"，謂其仿"唐人：'一星遺火下燒秦'"。

朱氏改"讀書"爲"識字"，語殊有病。項王"學書不成"，豈勿"識字"者；《古文苑》載漢高祖《手敕太子》，且自言："書不大工，亦足自辭解"也。又按《梅磵詩話》并載蕭冰崖詠秦詩云："燔經初意欲民愚，民果俱愚國未墟。無奈有人愚不得，夜思黄石讀兵書"；袁中郎《經下邳》云："枉把六經灰火底，橋邊猶有未燒書"；陳元孝《讀秦紀》云："夜半橋邊呼孺子，人間猶有未燒書。"此又焚書之另一翻案也。

八一

卷十五："曹震亭與史梧岡潛心仙佛，好爲幽冷之詩。曹有句云：'秋陰連朔望，黯黯白雲平。似聽前村裏，呼雞有婦聲。'"按《西青散記》卷一卷三皆載此詩，謂是趙闇叔作《秋日》詩，非曹震亭也。《詩話》卷一云："趙仁叔一聯：'蝶來風有致，人去月無聊。'一生只傳此二句。"實即闇叔句，亦見《散記》卷一，又見史氏《華陽散稿》卷下《程静齋小傳》，謂程喜吟闇叔此聯。二句大類《松陵集》中皮襲美《秋晚題魯望郊居》之"秋花如有恨，寒蝶似無聊"，及陸魯望酬詩之"池平鷗思喜，花盡蝶情忙"；亦頗似梅宛陵《春寒》之"蝶寒方斂翅，花冷不開心"。《散記》所載律詩，佳者不過造此境而止。震亭詩多作門面語，雖與梧岡、闇叔交善，而所作絶非幽冷纖秀，出入松陵、竟陵者；《隨園詩話》卷十三遊黄山條，已譏其詩矣。

【補訂】史梧岡《華陽散稿》卷下《松槐雙蔭初稿序》記曹震亭語云："詩、瀹性靈也，汰俗套。潰漢魏之糟粕，錮唐宋之桎梏，摹擬愈工，性靈愈蝕，非解脱法也。"論詩與子才一致同歸，而作詩異趣分途，爲子才所"不慊"。談藝不可憑開宗明義之空言，亦必察裁文匠筆之實事，此一例也。楊亨壽訂本法時帆《梧門詩話》卷一、卷三各摘震亭兩句，稱其“頗得宋人三昧”，“時有拔俗之致”，以示“隨園不喜震亭詩”之非公道。震亭詩筆庸滯，可取者實尠，子才“不甚慊意”，亦良有以。余覩《歸愚詩鈔》餘集卷六《懷舊詩十三章》第十首爲震亭作，稱“文宗庾信工金玉”。意震亭當能駢文，嘗得《香雪文鈔》閲之，則濫俗陳腐，大類村學究排綴兔園册子，又遠在其詩之下。《文鈔》題：“沈歸愚夫子鑒定”，蓋震亭乾隆戊辰禮闈出歸愚門下。子才《子不語》卷二十四《漢江冤獄》記震亭事，可參觀《西青散記》卷四記震亭“俠骨”雪誣。

又《西青散記》卷四史與曹遊西山戒壇，見石上有五言絶句云：“一峯兩峯陰，三更四更雨。冷月破雲來，白衣坐幽女。”子才引以爲史作，亦誤。

八二

卷十六："陳楚南句云：'天不欲人别，星辰分方隅。地不欲人别，山河界道塗。吁嗟古聖賢，乃造舟與車。'"按此與賀拉斯送維吉爾詩，語意全同，畧謂："彼蒼慮密，設海爲防。天塹所限，剖地分疆。唯人罔上，欲以舟航"。（Nequicquam deus abscidit/prudens oceano dissociabili/terras，si tamen impiae/non tangenda rates，transiliunt vada）見 Horace：*Carmina*，Lib. I，iii："Ad Navem qua vehebatur Virgilius"。又卷八："詩雖新，似舊纔佳。尹似村云：'得句渾疑是舊詩'；陳古漁云：'得句渾疑先輩語。'"按此境即濟慈（Keats）與友論詩第一要義（axiom）所謂"好詩當道人心中事，一若憶舊而得者"。（Poetry should strike the Reader as a wording of his own highest thoughts and appear almost a Remembrance.）見 Letter to Taylor，27 Feb. 1818，H. E. Rollins，ed.，*Letters* I，238。方德耐爾（Fontenelle）亦云："至理之入人心，冥然無迹；雖爲新知，而每如忽憶夙習者"。（La vérité entre si naturellement dans l'esprit que quand on l'apprend pour la première fois，il semble qu'on ne fasse que s'en souvenir）見 Préface à *L'Histoire de l'Académie Royale*。實皆柏拉圖語録《菲德洛斯篇》（Phaedrus）、《米諾

篇》(Meno)所論宿記(Anamnesis)之旨，濟慈通之於詞章耳。

【補訂】 前人亦曾道此體會。《莊子·則陽》取譬於“舊國舊都，望之暢然”者也。《真誥》卷八《甄命授》：“學道譬如萬里行，比造所在，寒暑善惡，草木水土，無不經見也”；《五燈會元》卷六神照本如偈：“處處逢歸路，頭頭達故鄉。本來成現事，何必待思量”；張子韶《橫浦心傳録》卷上：“見道者如見故物，則他物不能易；聞道者如聞妻兒聲，則他人聲自不相投”；言義理也。王伯良《曲律》卷三《論句法》：“我本新語，而使人聞若是舊句，言機熟也”；言詞章也。均證斯境。西方作者，不乏同心之言。如約翰生甚賞葛雷(Thomas Gray)憑弔墟墓詩(Elegy Written in a Country Churchyard)中四節，曰：“創闢嶄新，未見有人道過，然讀之衹覺心中向來宿有此意。”(They are to me original：I have never seen the notions in any other place；yet he that reads them here persuades himself that he has always felt them.)見 *Lives of the Poets*, ed.,B. Hill, III, 442。聖佩韋重讀古希臘牧歌宗工(en relisant Théocrite)，因曰：“此真經典之作也。讀之使人如覓獲夙心，如棖觸舊事”。(Voilà les vrais classiques：en les lisant，il semble qu'on retrouve son âme d'autrefois，on se resouvient)見 Sainte-Beuve，*Mes Poisons*，ed. V. Giraud，II。德·桑克提斯評雨果一詩集(*Les Contemplations*)文中言此尤妙：“好詩可比氣味投合之人，覿面傾心，一見如故，有似曾相識之感。其意態初不陌生，彷彿偶曾夢見，或不記何時底處嘗一經眼，今賴詩人昭示，赫然斯在。柏拉圖所持宿記論，苟削其荒唐寓言，未嘗不深入情理也。”(Le belle poesie sono come certe persone simpatiche，che appena vedete amate gia，e dite tra voi：—Ecco una vecchia conoscenza！—Quelle immagine non vi pare al tutto nouva：vi sembra di averla talora intraveduta ne' vostri sogni，di averla gia conosciuta altra volta，e non vi ricordate dove e quando，ed ora che il poeta ve la fa brillare davanti，voi la ravvisate e dite：—È dessa！—. La teoria platonica della reminiscenza，spogliata del suo lato mitico，ha un profondo senso）見 De Sanctis，*Saggi critici*，a cura di L. Russo，1963，II，46。此皆述者自言也。作者自言，亦復印可。海涅曰："新意萌生，輒如往事憶起；畢達歌拉斯嘗云，宿生轉世爲今生而一靈不昧，詩人得句時，頗有此感"。（Dichter—während des Dichtens wird ihm zumute，als habe er，nach der Seelenwandrungslehre der Pythagoreer，in den verschiedensten Gestalten ein Vorleben geführt—ihre Intuition ist wie Erinnerung）見 Heine，*Aphorismen und Fragmente*，in *Werke und Briefe*，Aufbau，1962，VII，381。霍姆士託爲書中人語曰："吾生平每得一佳句，乍書於紙，忽覺其爲百年陳語，確信曾在不憶何處見過"。（Now I never wrote a "good" line in my life，but the moment after it was written it seemed a hundred years old. Very commonly I had a sudden conviction that I had seen it somewhere）見 O. W. Holmes，*The Autocrat of the Breakfast-Table*，ii。

【補正】《五燈會元》卷九溈山靈祐章次記百丈海誨之曰："時節既至，如迷忽悟，如忘忽憶，方省己物不從他得。"柯爾律治亦曰："苦思冥搜，創見出新，而隱覺如久拋腦後或深藏心中之真理忽然省得記起"。（I seem rather to be seeking，as it were *asking*, a symbolical language for something within me that always and forever exists, than observing anything new. Even when that latter is the case, yet still I have always an obscure feeling as if that new phenomenen were the dim Awakening of a forgotten or hidden Truth of my inner Nature...)見 Coleridge, *Notebooks*, ed. K. Colburn, 1959, II, § 2546。

【補正二】柯爾律治《筆記》一節,可以箋釋黑格爾《哲學史》中論"記憶"語。黑格爾謂"記憶"(Erinnerung)有深淺二諦:常解爲前曾有之觀感在心中重現(man eine vorstellung reproduziere, die man zu einer anderen Zeit schon gehabt hat),膚説無當;按德語字根,記憶乃化爲自心、進入自心之意(Aber Erinnerung hat auch anderen Sinn, den die Etymologie gibt: den sich-innerlich-machen, Insichgehen),普遍概念之認識祇是進入内心,即記憶也(daβ das Erkennen des Allgemeinen nichts sei als eine Erinnerung, ein Insichgehen.)。見 *Geschichte der Philosophie*, Suhrkamp Taschenbuch, 1986, II, 44。原引海涅言詩人"新意萌生,輒如往事憶起",大似闡其師説,詞章義理,心運通軌。亦《莊子·則陽》之觸類引緒也。

【補訂】子才所拈尹似村蘭、陳古漁穀兩句,實能妙契文心,而向來無留意者。故復標舉數家,以補舊引濟兹語而博其趣焉。《紅樓夢》第三回寶玉初見黛玉云:"雖没見過,卻看著面善;心裏倒像是舊相認識,恍若遠别重逢的一般";詞章愜心賞心,與男女傾心同心,若是班乎。

【補正】西方詩文寫男女一見生情,亦常道此境,希臘古小説即言之,皆柏拉圖之緒餘也(Ils [Théagène et Chariclée] se regardèrent longuement, profondément, comme s' ils se connaissaient ou comme si, s'étant connus auparavant, ils se cherchaient dans leur souvenir. —Héliodore, *Les Éthiopiques*, tr. E. Bergougnan, 82. Cf. Schiller:"Das Geheimnis der Reminiszenz"; Coleridge: "Recollections of Love"; D. G. Rossetti:"The House of Life", xi, "The Birth-Bond"; Luigi Carrer: "La Sorella" : "Quel ch' io provassi la prima volta/ che di vederti m'accadde, ascolta. /Pareami averti scontrato ancora, /maignoti il loco m' erano el' ora.")。見 L. Baldacci, *Poeti minori dell'ottocento*, I, 192。

【補訂】○《詩話》卷十六:"高南阜《泰州題壁》:'角觸那信有神羊。'按觸字韻本無平聲。惟毛西河引《西京賦》:'騤瞿奔觸,失歸妄趨',作平聲押。其博學如此。"按孫貽穀志祖《讀書脞録》卷七引此條而駁之,謂《西京賦》此二句"觸字、趨字俱押去聲。下文尚有:'投輪關輻,不邀自遇';其不讀平聲可知"。貽穀即《小倉山房尺牘》卷七《寄奇方伯》稱爲"博雅君子",欲"託"其"校檢"《隨園隨筆》者。○《補遺》卷一稱賞姚姬傳近體詩"絶妙"。所引《出金陵留示故舊》一律見《惜抱軒詩集》卷八,字句小異,當是據初稿。引《哭劉耕南》:"别來書到長安少,死去才教天下空",則粗心誤讀。《惜抱軒詩集》卷七《送朱子穎知泰安府》:"文筆人間劉海峯,牢籠百代一時窮。别來書到長安少,死去才令天下空。傳説足疲登陟罷,尚應舌在笑談雄。君懷師友頻郵置,消息淮南幾次通。"明言久不與耕南通聞,殊念其衰年暮景,端賴子穎爲殷洪喬。豈哀挽之作哉。子才摘句而忘章,甚至不顧題目,亦笑枋也。姚仲實永樸《惜抱軒詩鈔釋》卷四釋“死去”句曰：“甚言其未可死耳。海峯時年七十七。”此篇以散行之章法，運儷偶之句法，開闔承轉，一氣貫注，乃極用意之作。惜抱教學詩者取則明七子，堪舉爲例，於何大復《得獻吉江上書》、《懷寄邊子》、或徐昌穀《贈别獻吉》等篇，不啻青出於藍也。◯《補遺》卷二採馮懷朴《題韓文公集》：“一檄投溪旋徙窟，聽言猶覺鱷魚賢”，稱其“託詞冷雋”。按《白沙子全集》卷六《讀鱷魚文》：“刺史文章天下無，海中靈物識之乎。如何皇甫兼逢吉，不及潮州一鱷魚。”陳美鱷魚之知文，馮美鱷魚之承教，此物此志也。

八三

隨園甚推楊誠齋。《詩話》卷一即引其論風趣之語；卷八稱爲“一代作手”，又謂不好山谷而好誠齋；卷九比誠齋於青蓮、飛卿、雁門、青邱，謂“非人間凡響”。雖爲具眼，微嫌擬不於倫。誠齋篇什，匙所援引，恐衹看担上之花，拾牙餘之慧，實未細讀。《補遺》卷一稱邵元直“車前細雨織成簾”，爲能寫路中雨景。按誠齋寫雨絶句，幾無篇不妙，其《小雨》一首云：“雨來細細復疏疏，縱不能多不肯無。似妒詩人山入眼，千峯故隔一簾珠。”又《補遺》卷八稱押“多”字妙句。引趙雲松憎蚊云：“一蚊便攪人終夕，宵小由來不在多。”按誠齋《宿潮州海陽館獨夜不寐》云：“隴前蚊子已能歌，揮去還來奈爾何。一隻攪人終夕睡，此聲原自不須多。”《莊子·天運》早曰：“蚊虻噆膚，則通昔不寐”；《鶡冠子·天權》亦曰：“一蚋噆膚，不寐至旦”，改用“一”字，精彩頓出，然苟善睡如東坡，則飛蚊遶鬢，仍能腹摇鼻息也。

八四

《補遺》卷三載《梅沖詩佛歌》尊子才教化之廣，法力之大，即取子才論滄浪語而加以發揮。蓋不知道與術有别。

【補訂】子才同時人爲法時帆式善作詩，亦如梅沖此歌誇言佛“法力”之“大”。曾賓谷燠《賞雨茅屋詩集》卷二《寄題法梧門祭酒詩龕圖》：“詩家往往借禪喻，此道亦復多神通。飛騰綺麗才百變，鏡象一語安能窮。”何蘭士道生《雙藤書屋詩集》卷四《題時帆山寺説詩圖》：“宋嚴羽説詩，好以禪取譬；大旨歸虚空，曰不可思議；羚羊角無迹，鏡花象孤寄。此殆悟後言，非徒自標置。然而所見偏，要義轉不備。譬諸佛菩薩，亦各區地位。或豎精進幢，詣力趨猛鷙。或放光明燈，神通儘游戲。或調伏虎龍，或驅使魑魅。拈花或微笑，低眉或悲涕。如來一人耳，應相三十二。苟不極幻化，胡爲大智慧。苟不現變相，胡以覺塵世。”《隨園詩話》卷十四自記王夢樓嘗面譽之曰：“佛家重正法眼藏，不重神通。心餘、雲松詩專顯神通，非正法眼藏；惟隨園能兼二義，故我獨頭低。”梅沖此歌專以“神通”爲子才“重”，是未得爲善頌善讚也。子才樂聞諛詞，來斯受之，渾忘夢樓語矣。

滄浪所言者，道也；徒誇神通法術，其識見與《閱微草堂筆記》卷十七所譏粵東學仙鉅商何異乎。按 Henri Hubert et Marcel Mauss: *Esquisse d'une théorie générale de la Magie* 論 Religion 與 Magie 之别，最爲明晰；紀文達論道術之别，頗相契合。《品花寶鑑》中之侯石翁即影射子才，第五十五回論石翁云："時人皆稱之爲詩佛，亦廣大法門之意"云云；梅沖歌中"所到無不化"、"頑石皆點頭"等語亦此意。嘉應李光昭《鐵樹堂集》有《詩禪吟示同學》七古一首，伍崇曜《楚庭耆舊遺詩》前集卷二十一、劉彬華《嶺南羣雅》二集卷三皆載之，兹録之以廣其傳。詩云："喻詩以禪始嚴氏，作詩能令佛天喜。但云水月鏡花似，滄浪且未知禪理。浮光掠影下乘禪，積健爲雄真種子。或疑象教主空寂，大雄何以標宗旨。佛生已具不凡骨，勵行焚頂還燒指。九年面壁絶見聞，大千雲遊豁目耳。尋師渡海託枯槎，毒龍飢蛟立角齒。祇憑佛力千臂健，得破禪關百重峙。亦如詞客攻詩城，嘔出心肝渠乃已。此後乾坤頓軒豁，大光明鏡開塵裏。二莖草化丈六身，火目珠眉瓔珞體。摩睺入拜獅王迎，金剛攔門夜叉跪。琉璃宫殿七寶塔，富貴奚啻王侯擬。羽葆幢幢天女招，雨花四散紛紅紫。栴檀初爇震鐃鼓，白虎蒼龍作人起。廣施法雨潤人間，四海蒼生迴槁死。誰云佛法大縹緲，我見其才絶雄偉。俱由苦海浮航來，盆火栽蓮蓮結蕊。世儒争取詩喻禪，云非關學言非是。片時妙悟生風旛，露電流光寧久恃。天聲風雷人嘯歌，天色雲霞詩藻采。波瀾壯闊氣崢嶸，化爲崇山兼大海。觀其下筆如有神，豈識鑽聟遍圖史。即詩即佛妙從心，爲甘爲苦難告爾。十年孤立擢胃腸，一日長歌泣神鬼。"此詩詞藻音節，皆有疵累；議論實與滄浪相合，而自命是正滄浪，蓋尚誤於俗説，未細究滄浪之書也。

【補訂】《楚庭耆舊遺詩》前集卷二十一又採李氏《羅浮南無心聲大乘佛塔歌》，自誇："鏡花水月譏荒唐，一拳打蹶嚴滄浪。"

"喻詩以禪始嚴氏"云云，亦非探本知源。宋人多好比學詩於學禪。如東坡《夜直玉堂携李之儀端叔詩百餘首，讀至夜半，書其後》云："每逢佳處輒參禪。"《詩人玉屑》卷十五引范元實《潛溪詩眼》論柳子厚詩有云："識文章當如禪家有悟門。夫法門百千差别，要須自一轉語悟入。如古人文章直須先悟得一處，乃可通於他處。"按亦見《漁隱叢話》前集卷十九。又《漁隱叢話》前集卷五亦引《潛溪詩眼》云："學者先以識爲主，禪家所謂正法眼藏。"韓子蒼《陵陽先生詩》卷一《贈趙伯魚》七古末四句云："學詩當如初學禪，未悟且遍參諸方。一朝悟罷正法眼，信手拈出皆成章。"《詩人玉屑》卷五引子蒼《陵陽室中語》云："詩道如佛法，當分大乘、小乘、邪魔、外道。"《滄浪詩話》開首："禪家者流，乘有小大，宗有南北，道有邪正"等數語，與此正同。《詩人玉屑》卷一又載趙章泉、吴思道、龔聖任三人"學詩渾似學參禪"七絶九首，按都元敬《南濠詩話》亦有和作三首。陸放翁《贈王伯長主簿》詩云："學詩大略似參禪，且下工夫二十年。"葛天民《寄楊誠齋》云："參禪學詩無兩法，死蛇解弄活鱍鱍。氣正心空眼自高，吹毛不動全生殺。"戴石屏《題鄒登龍梅屋稾》云："鄒郎雅意耽詩句，多似參禪有悟無。"吴可《藏海詩話》云："凡作詩如參禪，須有悟門。"蓋比詩於禪，乃宋人常談。

【補訂】兩宋以禪喻詩者復舉似數家。李端叔之儀《姑溪居士前集》卷二十九《與李去言》："説禪作詩，本無差别，但打得過者絶少"；《後集》卷一《兼江祥瑛上人能詩又能書，爲賦一首》:“得句如得仙,悟筆如悟禪”,上句指詩,下句指書,互文同意,即余所謂“工夫可比之參禪,亦可比之學仙”也。東坡《書端叔詩後》:“每逢佳句輒參禪”,查初白註引《詩眼》謂“端叔用意太過”,此句“所以儆之”。竊疑未必然;端叔持“説禪作詩無差别”之論,東坡本地風光,即舉似以還品其詩耳。晁沖之《具茨詩集》卷三《送一上人還滁州瑯玡山》:“上人法一朝過我,問我作詩三昧門。我聞大士入詞海,不起宴坐澄心源。禪波洞澈百淵底,法水蕩滌諸塵根。迅流速度超鬼國,到岸捨筏登崑崙。無邊草木悉妙藥,一切禽鳥皆能言。化身八萬四千臂,神通轉物如乾坤。山河大地悉自説,是身口意初不喧。世間何事非妙理,悟處不獨非風旛。羣鵝轉頸感王子,佳人舞劍驚公孫。風飄素練有飛勢,雨注破屋空留痕。惜哉數子枉玄解,但令筆墨空騰騫。”宋人以禪喻詩之什,此篇最爲鉅觀。顧其意謂悟雖一緒,事乃萬族,初非參禪可得而專,因舉王右軍覩鵝轉項(參觀《管錐編》論《全上古三代秦漢三國六朝文》第一〇八“書法通於畫法”)、張長史覩舞劍器而悟書法等事爲喻,且惜諸賢“玄解”之僅局於書而未通諸詩。其言“化身”、“神通”,亦猶梅沖“歌”、李光昭“吟”用意也。李巽伯處權《崧菴集》卷二《戲贈巽老》:“學詩如學佛,教外别有傳。室中要自悟,心地方廓然。悟了更須坐,壁下三十年。”張彦實擴《東窗集》卷一《括蒼官舍夏日雜書》第五首:“説詩如説禪,妙處要懸解。我友吕居仁,句法入三昧。”王民瞻庭珪《瀘溪集》卷六《贈曦上人》:“學詩真似學參禪,水在瓶中月在天。夜半鳴鐘驚大衆,斬新得句忽成篇。”曾吉甫幾《茶山集》卷二《東軒小室即事》第四首:“烹茗破睡境，炷香玩詩編。問詩誰所作，其人久沉泉。工部百世祖，涪翁一燈傳。閒無用心處，參此如參禪"；又陳起《前賢小集拾遺》卷四載吉甫《讀吕居仁舊詩，有懷其人，作詩寄之》："學詩如參禪，慎勿參死句。縱横無不可，乃在歡喜處。又如學仙子，辛苦終不遇，忽然毛骨换，政用口訣故。"前一首可參東坡《書李端叔詩後》之"每逢佳句輒參禪"，後一首可參同卷載周信道《洪致道屢來問詩，作長句遺之》："始循規矩後變化，如以金丹蜕凡骨"，及端叔《贈祥瑛上人》之不别"仙""禪"。張安國孝祥《于湖居士集》卷十一《贈鹿苑信公詩禪》："詩卷隨身四十年，忙時參得竹篦禪。而今投老湘西寺，卧看湘江水拍天"；又："句中有眼悟方知，悟處還同病著錐。一個機關無兩用，鳥窠拈起布毛吹。"陳唐卿造《江湖長翁集》卷二《次韻徐秀才》第七首："鈎妙如悟禪，去瑕等居仇。學詩得是法，善刀無全牛。"史直翁浩《鄮峯真隱漫録》卷一《贈天童英書記》："學禪見性本，學詩事之餘。二者若異致，其歸豈殊途。方其空洞間，寂默一念無。感物賦萬象，如鏡懸太虚。不將亦不迎，其應常如如。向非悟本性，未免聲律拘。"林肅翁希逸《竹溪十一稿》續集卷三《即事》："澈底書須隨字解，造微詩要似禪參。"姚述之勉《雪坡舍人集》卷三十七《再題俊上人詩集》附七律："詩亦如禪要飽參，未須容易向人談。陣無活法徒奔北，車恐迷途在指南。悟後欲知新句長，讀時須見舊詩慚。江湖浪走知何益，歸看秋空月印潭。"《南宋羣賢小集》第二十三册釋紹嵩亞愚《江浙紀行集句詩·自序》："永上人曰：禪、心慧也，詩、心志也。慧之所之，禪之所形；志之所之，詩之所形。談禪則禪，談詩則詩"；又楊夢信題詞：

"學詩原不離參禪，萬象森羅總現前。觸著現成佳句子，隨機飣餖便天然。"《宋詩記事補遺》卷八十張汝勤《戲徐觀空》："學詩如學禪，所貴在觀妙。肺肝劇雕鏤，乃自鑿其竅。冥心遊象外，何物可供眺。空山散雲霧，仰日避初照。曠觀宇宙間，璀璨同輝耀。但以此理參，而自足詩料。持以問觀空，無心但一笑。"皆言作詩之參悟工夫，非言成詩之神韻境界。故如晁、吕、曾輩，乃滄浪所擊排之江西派中人，亦未嘗不津津言作詩如參禪也。《詩人玉屑》卷一載龔聖任絶句："學詩渾似學參禪，語可安排意莫傳"，"會意欲超聲律界，初無言句與人傳"；謂詩外有工夫，作者須深造自得，初無師説，供稗販方便。亦非滄浪所謂鏡花水月之"不可湊泊"也。

李氏歌中之"詩禪"，亦不過此等用意，安得以滄浪爲濫觴乎。然諸家皆著重詩學之工夫，比之參禪可也，比之學道學仙，亦無不可也。山谷《贈陳師道》云："陳侯學詩如學道"；後山《答秦少章》云："學詩如學仙，時至骨自换"；鮑慎由《答潘見素》云："學詩比登仙，金膏换凡骨"；方勺《泊宅編》卷九記簡齋稱後山詩"如養成内丹"；放翁《夜吟》第二首云："六十餘年妄學詩，工夫深處獨心知。夜來一笑寒燈下，始是金丹换骨時。"詩可比於禪，而不必拘於禪，即援陸桴亭語比於儒家之格物致知，何獨不可。

【補訂】李端叔、曾吉甫説學詩，亦均以參禪與修仙等類齊觀。趙章泉"學詩渾似學參禪"絶句早爲《詩人玉屑》卷一所採，其《淳熙稿》卷七《諸君皆和詩再和韻并屬湛挺之》第六首復曰："渾忘詩似禪"；而卷十《和折子明文閒居雜興》第八首乃曰："曷日仙能至，何時彈比圓"，蓋喻仙喻禪，初無固必也。

姜特立《梅山續稿》卷四《和趙太中覓詩》："每歎學詩如學仙，未能換骨謾成篇。"趙崇鉘《鷗渚微吟·學詩》："學詩如學仙，吞霞潔塵滓。"王鎡《月洞詩集》卷下《題友人詩集》："學詩玄妙似參禪，又似凡人去學仙"；兼收無擇，要言不煩。周少隱紫芝《太倉稊米集》卷五十八《見王提刑書》："具茨元不伐勳、太史黄公客也。具茨一日問作詩法度，向上一路如何。山谷曰：如獅子吼，百獸吞聲。他日又問，則曰：識取關捩。具茨謂魯直接近後進，門庭頗峻，當令參者自相領解。"曾季貍《艇齋詩話》："後山説换骨，東湖説中的，東萊説活法，子蒼説飽參，其實皆一關捩，要知非悟入不可"；實胥本山谷説"識取關捩"。滄浪以前"喻詩以禪"，用意不過如艇齋所言而已。

滄浪别開生面，如驪珠之先探，等犀角之獨覺，在學詩時工夫之外，另拈出成詩後之境界，妙悟而外，尚有神韻。不僅以學詩之事，比諸學禪之事，並以詩成有神，言盡而味無窮之妙，比於禪理之超絶語言文字。他人不過較詩於禪，滄浪遂欲通禪於詩。胡元瑞《詩藪·雜編》卷五比爲"達摩西來"者，端在乎此，斯意似非李氏所解也。如韓子蒼之言"悟罷而信手拈出"，趙章泉之言"要保心傳與耳傳"，吴思道之言"竹榻蒲團不計年"，陸放翁之言"且下功夫二十年"，皆指功力説。《藏海詩話》舉"悟門"之例曰："少從榮天和學，嘗不解其詩云：'多謝喧喧雀，時來破寂寥。'一日於竹亭中坐，忽有羣雀飛鳴而下，頓悟前語。自爾看詩，無不通者。"則亦不過山谷所謂"詩文不可鑿空强作，待境而生，便自工耳"；放翁《題蕭彦毓詩卷》所謂："法不孤生自古同，癡人乃欲鏤虚空"；遺山《論詩絶句》所謂："眼處心生。"

與滄浪貌同心異，界隔仙凡。戴式之《石屏詩集》卷七《昭武太守王子文日與李賈嚴羽共觀前輩一兩家詩及晚唐詩，因有論詩十絶》第六首云："欲參詩律似參禪，妙趣不由文字傳"；更似滄浪持論。石屏與滄浪本友善，兩家集中姓氏互見。《石屏集》卷一《祝二嚴》詩，稱滄浪曰："風雅與騷些，歷歷在肺腑。持論傷太高，與世或齟齬"；《論詩十絶》題中又明及滄浪，或即本滄浪之説成此。如第二首云："時把文章供戲謔，不知此體誤人多"；又與滄浪《詩辯》"罵詈爲詩"一節相近也。禪悟可通於藝術，唐人爲僧侣之有才情者作詩文，每申此旨。即闢佛如韓退之，《送高閑上人序》末段亦以浮屠淡泊治心之學，比勘草書法；馬永卿《嬾真子》卷二記王抃語，至據此文爲退之深明佛法之證。權載之《送靈澈上人廬山迴歸沃州序》曰："心冥空無，而迹寄文字。故語其夷易，如不出常境，而諸生思慮，終不可至。讀其詞者，知其心不待境静而静。"楊巨源《贈從弟茂卿》云："吾家驥足楊茂卿，性靈且奇才甚清。海内方微風雅道，鄴中更有文章盟。扣寂由來在淵思，搜奇本自通禪智。王維證時符水月，杜甫狂處遺天地。"劉夢得《秋日過鴻舉法師院便送歸江陵引》曰："梵言沙門，猶華言去欲也。能離欲，則方寸地虚，虚而萬景入，入必有所泄，乃形乎詞，詞妙而深者，必依乎聲。故自近古而降，釋子以詩聞於世者相踵。因定而得境，故翛然以清；由慧而遣詞，故粹然以麗。"按晁以道《嵩山集》卷十八《題黄龍山僧送善澄上人詩卷》亦引夢得此文，以爲善論僧家之詩。顧繼謂夢得"知其正而未知其助，翛然粹然，蓋得學士大夫之助"云云，則又節外生枝矣。皆以詩心禪心，打成一片，不特如李氏歌所謂以禪喻詩而已。

【補訂】退之《送高閑上人序》實謂禪之與藝，扞格不入，故倘書跡能工，必禪心未定；諷詰高閑，詞意章然。宋人曲解，適得其反。姜白石《續詩譜·情性》："藝之至，未始不與精神通，其説見於昌黎《送高閑序》"；語欠分雪。使指前半論張長史語，則非此序主腦；使指後半論浮屠"泊與淡相遭"，則大乖昌黎立説矣。余以退之序與權載之序、劉夢得引、楊巨源詩並舉，蓋爲馬永卿輩所惑也。皎然《詩式》卷一《文章宗旨》稱謝客云："康樂公早歲能文，性穎神徹，及通内典，心地更精。故所作詩，發皆造極，得非空王之道助耶"；庶幾與三家言合。元微之《見韓舍人近律戲贈》："輕新便妓唱，微妙入僧禪"；下句可參東坡《書李端叔詩後》所謂"每逢佳句輒參禪"。然詩與禪之異趣分途，詩僧初不諱説。皎然雖推謝客"作詩得空王之助"，而《詩式》卷一《中序》云："顧筆硯而笑曰：我疲爾役，爾困我愚。予將放爾，各還其性"；是學佛人作詩，乃出位非分，白樂天《題道宗上人十韻》即言皎然"爲詩"無與"佛智"。齊己《寄鄭谷郎中》："詩心何以傳，所證自同禪。覓句如探虎，逢知似得仙"，與曾吉甫、龔聖任詩相似，非融通詩禪；《自題》："禪外求詩妙，年來鬢已秋"，更顯以詩與禪溝而二之。尚顏《讀齊己上人詩》："詩爲儒者禪，此格的惟仙"；則逕視詩爲外學之參悟。

【補正】宋初九僧中保暹《早秋間寄宇昭》："詩來禪外得，愁入静中平"（《瀛奎律髓》卷四七）。可參觀齊己所謂"禪外求詩妙"。

【補訂】釋文珦《潛山集》卷四《遣興》："平生清淨禪，猶嫌被詩汙"；同卷《哀集詩稿》："吾學本經論，由之契無爲。書生習未忘，有時或吟詩。聊以識吾過，吾道不在兹"；卷八《山房》：

“詩魔以靜降”；卷九《閒房》：“無因廢得吟”；卷十《野寺》：“拈弄詩章非俗事，斷除禪病是良方”；卷十二《閒居多暇、追敍舊遊》：“連環資講貫，涵泳藉詩篇。覓句歸陶謝，觀空體竺乾”，明知詩足“汙”禪，而欲罷不能，遂“覓句”“觀空”，雙行二本也。《華嚴經·十通品》第二十八：“能於一切離文字法中，生出文字。與法與義，隨順無違；雖有言説，而無所著。”僧徒作詩，雖可藉口，然私衷自知未克造此境界，祇是犯綺語戒，在文字海中漂没而已。杜少陵《謁真諦寺禪師》言詩爲佛法所不許：“問法看詩妄。”柳子厚《送方及師序》斥釋子耽詞章：“代之遊民，文章不能秀發者，則假浮圖之形以爲高；其學浮圖不能愿慤者，則又託文章之流以爲放。”韓致堯謂禪非使文機活，乃所以使詩心死；《殘春旅舍》：“禪伏詩魔歸靜域。”劉後村謂主張“詩禪”之説猶欲東食、西宿，而實乃南轅北轍，尤足申昌黎《送高閑序》之義；《大全集》卷八《題何秀才詩禪方丈》：“能將鉛槧事，止作葛藤看”，又卷九十九《題何秀才詩禪方丈》：“詩之不可爲禪，猶禪之不可爲詩也。何君合二爲一，恐君之禪進而詩退矣”（參觀第 237 頁“補訂”）。《元遺山詩集》卷十《答俊書記學詩》：“詩爲禪客添花錦，禪是詩家切玉刀”；下句正後村所謂“將鉛槧事作葛藤看”，須一刀斬斷，上句言詩於禪客乃贅疣也。清法梧門“詩龕”命名，略比“詩禪方丈”；張皋聞《茗柯文》三編《詩龕賦》亦曰：“禪之有語言文字，下也。梧門奚取焉。”故禪師於門下詩僧，輒以爲非吾徒衆，欲鳴鼓而攻。王景文《雪山集》卷十四《弔法空》自註：“從妙喜參禪，妙喜甚恨其障深也，見空來，即曰：拽出死屍著。蓋以屍爲詩，提撕剖擊力矣。空竟坐詩爲魔。”

《夷堅乙志》卷十三記釋慶老能爲詩，人比之於湯惠休、洪覺範，“亦嘗從佛日宗杲參禪，杲不印可，曰：‘正如水滴石，一點入不得’，蓋以言語爲之祟然。”朱喬年《韋齋集》卷一《贈覺師》所謂：“唯餘章句習，心境時相惱。”詩有進境，則禪難入門，蓋“鉛槧”即是“葛藤”爾。求既標文苑嘉名，復居法席上首，欲熊而勿捨魚，得隴而仍望蜀，巧詞飾説，則不外兩途。或曰：權借翰藻，弘宣般若，爲佛事方便；或曰：言而無言，非文之文，是諸法解脱。兹舉數例，《管錐編》論《老子王弼註》第一六“白居易之嘲”段已引者從略。《全唐文》卷三百十九李遐叔《杭州餘杭縣龍泉寺故大律師碑文》：“又以翰墨者、般若之笙簧，詞賦者、伽陀之鼓吹；故博通外學，時復著文。在我法中，無非佛事”；卷三百二十遐叔《揚州龍興寺經律院和尚碑》：“以文字度人，故工於翰墨；法皆佛法，兼採儒流。”白樂天《題道宗上人十韻》序云：“予始知上人之文，爲義作，爲法作，爲方便智作，爲解脱性作，不爲詩而作也。恐不知上人者，謂爲護國、法振、靈一、皎然之徒”；詩云：“是故宗律師，以詩爲佛事。精潔霑戒體，閑淡藏禪味。從容恣語言，縹緲離文字。先以詩句牽，後令入佛智。不似休上人，空多碧雲思。”杜荀鶴《贈休禪和》：“祇道詩人無佛性，長將二雅入三乘”；上句述休語，下句道休自運。釋贊寧《高僧傳》三集卷十五《靈一傳》：“示人文藝，以誘世智”；同卷《清江傳》：“系曰：江嘗爲《七夕》詩，或謂之四背中一背也，通曰：惠林《怨别》、陸機《牽牛星》、屈原《湘夫人》，豈爲色耶。皆當時寓言興類而已。若然者，言火則焚口、説食則療飢也矣。實爲此詩警世無常，引令入佛智焉”；卷二十九《皎然傳》："文章儁麗，莫非始以詩句率勸，令入佛智焉。"正以樂天所不與惠休、靈一、皎然者許三僧也，"四背"語見《雲溪友議》卷上，《皎然傳》悉本福琳所撰傳，《全唐文》卷九百十九收之。惠洪《石門文字禪》卷二十六《題珠上人所蓄詩卷》："余於文字，未嘗有意，遇事而作，多適然耳，譬如枯株，無故蒸出菌芝"；參觀卷七《和遊谷山》："我慚衰老亦作詩，譬如菌芝出朽木"，卷十三《次韻閭資欽》："應憐妙語如芝菌，不吐青林吐卧槎"；謂句妙非出意匠，雖斐然有作，而廓然無營，猶《豫章黄先生文集》卷十六《福州西禪暹老語録序》云："蓋亦如蟲蝕木，賓主相當，偶成文爾。"惠洪喻本東坡《次韻吕梁仲屯田》："空虚豈敢酬瓊玉，枯朽猶能出菌芝"；山谷喻本《大智度論·如是我聞總釋論第三》："諸外道中，設有好語，如蟲食木，偶得成字。"山谷此處以"蟲蝕木"爲褒詞，而《山谷内集》卷八《次韻冕仲考進士試卷》："少年迷翰墨，無異蟲蠹木"，又以爲貶詞，一喻之兩柄也（吕居仁《東萊先生詩集》卷十一《贈益謙兄弟》："爾來所爲文，宛轉蟲蛀木"，亦褒詞）。釋曉瑩《羅湖野録》卷二載則禪師《滿庭芳·牧牛詞》，因回護曰："或譏其徒以不正之聲，混傷宗教。然有樂於謳吟，則因而見道，亦不失爲善巧方便、隨機設化之一端耳。"

【補正】劉祁《歸潛志》卷一載李純甫《重修面壁庵記》贊禪祖達磨曰："道冠儒履，皆有大解脱門；翰墨文章，亦爲遊戲三昧。此師之力也。"

【補訂】釋圓至《牧潛集》卷一《次韻答許府判見嘲詩癖之什》："君不見蓬萊仙人五雲深，興來忽起塵寰心。手拈造化作一劇，世上瓦礫皆黄金。又不見珠宫靈娥睡新起，賽喫雲漿賭骰子。

驀然發笑成電光，不料陰陽噓頬齒。道人文章亦如斯，落筆心手不相知。豈如曲士拾蠹紙，堯桀滿腹堆羣疑”；昌黎以浮屠“心無所起”，疑其未必能工翰墨，此則詡浮屠揮毫落紙，無所用心，即《華嚴經》所謂“離文字法中生出文字”也。詩僧詩禪，古來熟知慣道，至其事尚有曲隱，煞費斡旋，則尠留意者。故稍述舊聞，備一段公案焉。

楊巨源不爲僧侣作詩，亦謂詩禪相通，尤難能可貴。清張商言《竹葉厂文集》卷九《題王阮亭禪悦圖》二首，皆駁滄浪，第一首有云：“詩品不言禪，水月禪之趣”；自註：“流水今日，明月前身；余謂以禪論詩，無出此八字之妙”云云。八字出司空表聖《詩品・洗鍊》，張氏不知楊氏早云：“王維證時符水月”也。東坡《送參寥》有云：“頗怪浮屠人，誰與發豪猛。細思乃不然，真巧非幻影。欲令詩語妙，無厭空且静。静故了羣動，空故納萬境。鹹酸雜衆好，中有至味永。詩法不相妨，此語當更請。”“静了羣動”，闇合載之之意，“空納萬境”，明同夢得之言；“鹹酸中有至味”，又本司空表聖《與李生論詩書》之旨。東坡《書黄子思詩後》極推表聖論詩，而表聖固滄浪之先河；東坡此篇殊可玩味。

八五

《補遺》卷五引祝芷塘一絶云："目笑眉愁遮酒波，厭厭長夜奈卿何。摩登伽自無神呪，不是阿難定力多。此意即 La Rochefoucauld：*Maximes*，cxxii："Si nous résistons à nos passions，c' est plus par leur faiblesse que par notre force." 按此《悦親樓集》卷二十三《即席》第四首。《甌北詩鈔》七絶卷一《漫興》第一首云："泥絮風情久不狂，如何竿木又逢場。阿難自是無禪定，不爲摩登呪力强。"芷堂似有意翻乃師詩案。

【補訂】《補遺》卷五："夢謝山侍郎詩亦奇偉，惜多累句。惟《廣武原》一詩最佳。"按夢謝山麟七言古詩爲當時所推，余則喜其仿古樂府。如《夢喜堂詩》卷一《短歌行》之"對酒當歌，無聲奈何"云云，《車遥遥篇》之"觸石折軸，車輪無聲。白日欲落，風吹馬鳴"云云，皆能與古爲新，擬議變化。近體詩實非所擅。子才獨賞其五律一首，可謂嗜好殊酸鹹矣。《詩話》卷十四論"選近人詩"七病，其一爲不"通觀"全集，而"捃摭一二，管窺蠡測"；其七爲"徇交情，應求請"。子才自言："末一條余作《詩話》亦不能免。"實則第一條正復不免，其評夢謝山詩是一例也。○《補遺》卷五："顔鑑堂希源有

《百美新詠圖》，官鹽大使，蓋隱於下位者也。”按顔氏此詠，爲後來吾國勝流所不屑道。子才假以齒牙，當是喜其詠“美人”，亦復憫卑官而小有才也。英人猥陋，遽以與《花箋記》合譯成一編(P. P. Thoms，*The Chinese Courtship*，1824)，歌德得而寓目焉，取資詩材(*Chinesich-deutsche Jahresund Tageszeiten*)。顔書附驥借重，可謂“物離鄉貴”；晚近談者似未知其名曾掛《隨園詩話》也。蓋隨園此編亦幾如漆園《南華》之成“僻書”矣。

八六

《補遺》卷六："乾隆己丑，今亞相劉崇如出校江寧，風聲甚峻，人望而畏之。相傳有見逐之信，鄰里都來送行。余故有世誼，聞此言，偏不走謁，相安逾年。公託廣文劉某要余代撰江南恩科謝表，備申宛款，方知前説都無風影。旋遷湖南觀察，余送行有一聯云：'月無芒角星先避，樹有包容鳥亦知。'不存稿，久已忘矣。今年公充會試總裁，猶向内監試王葑亭誦此二句，王寄信來云，故感而志之。"按《小倉山房詩集》卷二十一有《誤傳予避人歸杭州者、賦詩曉之》七律，卷二十二有《送劉石菴觀察之江右》五古一篇，略云："客秋當此時，蜚語羣相嗾。道公逐李斯，不許少留逗。果然逢佸言，風影皆訛謬。南國有表章，羣儒已製就。公獨掉頭言，必須某結構。"《外集》卷一有《代江南士紳謝萬壽恩科表》。而章實齋《題隨園詩話》第十二首乃云："堂堂相國仰諸城，好惡風裁流品清。何以稱文又稱正，《隨園詩話》獨無名"；指子才見惡於石菴事也。失之毫釐，謬以千里。石菴謚"文清"，謚"文正"者，爲石菴父爾純；實齋誤以子爲父。《隨園詩話》固明載石菴欲相逐事也。

【補訂】劉石菴於《隨園詩話》中雖非"無名"，然名得掛而詩未被采。《劉文清公遺集》中詩固未成家，顧遠勝於“尹望山尚書”、“奇麗川方伯”、“孫補山公相”、“惠瑶圃中丞”、“和希齋大司空”之流所作。子才置之不論不議，當是有餘慊焉，亦或存戒心焉。《詩話》卷十六欲搜録“近日十三省詩人佳句”，無遠弗届。當日“十三省詩人”中，粤東黎二樵簡生面别開，幽蹊獨往；屠琴塢《是程堂二集》卷四《題黎簡民集》至曰：“並世幾人容闊步，平生此老合低頭。”二樵亦雅負時譽，與黄仲則神交相思，與孫平叔、許周生推襟送抱；子才《詩話》中所及勝流如翁覃谿、王述菴、洪稚存皆稱賞之，郭頻伽則極口推崇之。子才又嘗遊粤東，不應不聞斯人。余嘗謂實齋“《隨園詩話》獨無名”之句，尤堪爲二樵誦，心竊怪之。後見譚宗浚《荔村隨筆》云：“子才到粤，攜劉霞裳，將遊西樵。二樵與友人書云：‘聞浙人某將作樵遊，且攜孌童而來，足令林慚壑耻，殊穢名山；聞此公又欲選余詩，余亦雅不欲以詩卷供采摭。’子才抵西樵，果有聚觀而譟者，踉蹌走。”則子才受侮不少，非如聞石菴欲“逐”而終乃“相安”以至“申欵”者，宜其於二樵不著一字也。《詩話》卷七稱孫淵如“詩近昌谷”，又謂“清才多，奇才少”，淵如乃“天下之奇才”；二樵《五百四峯堂詩鈔》卷二十一《贈别沈見亭廣文奎還長洲》亦自詡“我宗昌谷頗能仙”。二子相形，淵如脈張聲嘶，血指汗顔，又每似使酒裝瘋，不若二樵之奇崛而能安閑。“奇才”之目，當在黎而不在孫耳。

實齋痛詆子才，不遺餘力。其《丙辰劄記》有引譚友夏言山人一條，引方孟式論閨秀一條，引朱楚生論閨秀一條，無耻妄人一條，皆爲子才發。當時戚鶴泉學標《景文堂詩集》卷二《袪惑》

五古一首，主張最與實齋相近。略云："臨汝有才子，二十聲騰騫。少年志易滿，不惜踰短垣。一旦鳳池奪，乃有當路援。出入芙蓉府，謝去州縣煩。非吏亦非隱，車馬填其門。園亭恣游宴，姬侍供盤飧。晚益自任誕，夥頤爲大言。名教有樂地，渠欲一力翻。人品不足齒，詩文亦何論。況觀所論著，無一究根源。腦脂遮俗眼，盡如古井眢。欲舉其人書，拉雜盡燒燔。一掃輕薄習，得見古道敦。淫邪義當闢，楊墨非有冤。"可謂勇於衞道、嚴於嫉惡者，"臨汝"、袁氏郡望也。然實齋論學大義，與隨園説詩要指，實如月之印潭，土之就範，無甚差異。隨園以性靈識力爲主，學問爲輔。《詩話》卷六、《補遺》卷三復重言申明著作與考據之别，一約一博，文集《與程蕺園書》亦闡此意。

【補訂】《小倉山房文集》卷二十四《策秀才文》第四道、《詩集》卷三十一《考據之學莫盛於宋，而近今爲尤。余厭之，戲倣太白嘲魯儒一首》、卷三十三《遣興》第二十一首亦可參觀。以清人"考據之學"爲纘宋人之緒，後來如張佩綸《澗于日記》光緒十八年六月二十九日、馮煦《蒿菴隨筆》卷二、王國維《静菴文集》續編《宋代之金石學》等皆持此論。子才法語之不足，復出以滑稽。《續子不語》卷五《麒麟喊冤》託爲齊諧志怪，以明上帝亦尊詩文而賤"瑣屑考據、迂闊講學"。又寫"四人扛一大桶，上放稻草千枝，曰此稻桶也"，以譏理學家之争"道統"；口角輕薄，卻非文獻無徵。黄春谷承吉《夢陔堂詩集》卷三十一《題楊體之欲仁同年擔稻圖》自註："體之究心理學，意蓋以'稻'爲'道'。余考《春秋》，左氏《經》：'會吴於善道'，公、穀皆作'稻'。"何日愈《退厂詩話》卷一記其高伯祖吾騶《題二泉書院》云："兩儀幾空桶，道義塞中邊。"

【補正】孫子瀟甚推子才，《天真閣集》卷二六《鴻儒歌》略云："天生聰明墮雲霧，舍却性靈攻考據。自誇碩學繼馬鄭，却鄙詞章揮李杜。我有聰明自發議，上窮九天下九地。要令後人考據吾詩文，何爲日與前人作奴隸！"純乎袁氏議論。

而實齋《原道》下篇云："訓詁名物，將以求古聖之迹也；而侈記誦者，如貨殖之市矣。撰述文詞，欲以闡古聖之心也；而溺光采者，如玩好之弄矣。"《博約》上、中、下三篇略謂：博聞多識，可以待問，未可以爲學，問是功力，學本性情；又引王氏"致良知"之説。《説林》謂：絶學孤詣，性靈獨至；又謂：考據之體而妄援著作之義；又謂："文詞猶三軍，志識其將帥。文詞猶品物，志識其工師。文詞猶金石，志識其鑪錘。文詞猶財貨，志識其良賈。"《答客問》謂：獨斷高出於比次。《立言有本》篇謂：汪容甫有聰明而無識力，散於萬殊，而未能定於一貫。《與周永清論文書》謂：功力可假，性靈必不可假。《爲梁少傅撰杜書山時文序》謂：理出於識，學以練識。《答沈楓墀論學》謂：考訂、詞章、義理即才、學、識，亦即記性、作性、悟性。諸如此類，與隨園議論不謀自合。《小倉山房文集·史學例議序》云："古有史而無經，《尚書》、《春秋》，今之經，昔之史也。《詩》《易》者，先王所存之言；《禮》《樂》者，先王所存之法。其策皆史官掌之。"參觀《隨園隨筆》卷二十四《古有史無經》條，所引劉道原語，見道原《通鑑外紀自序》。則《文史通義》"六經皆史"之説也。【附説二十】又《小倉山房文集·釋名》云："名非聖人意也，《書》《詩》之作，詠歌紀載，蓋以傳聖人之名，而非以自爲其名也。故《堯典》、《禹貢》、《關雎》、《葛覃》，皆不著作者姓名；

作《論語》者，卒無姓氏。”則《文史通義·言公》之旨也。【附説二十一】《隨園詩話》卷三云：“詩稱家數，猶官稱衙門。衙門自以總督爲大，典史爲小；然以總督衙門之擔水夫，比典史衙門之典史，則典史雖小，尚屬朝廷命官，擔水夫衙門雖尊，與他無涉。今之學杜韓不成，而矜矜然自以爲大家者，不過總督衙門之擔水夫耳。”又卷五云：“抱韓杜以凌人，權門託足。”《小倉山房尺牘》卷五《與羅甥》云：“摹韓學杜，自負大家，則又如趙文華夸在太師門下，舉以傲人。而不知他人之門面，不足以爲自己之牌坊也。”而《文史通義》内篇四《説林》云：“王公之僕圉，未必貴於士大夫之親介也。而是僕圉也，出入朱門甲第，詡然負異，而驕士大夫曰：吾門大。學問不求自得，而矜所託以爲高，王公僕圉之類也。”立喻一何相似。

【補訂】《小倉山房詩集》卷二十五《題宋人詩話》又云：“附會杜與韓，瑣屑爲誇張。有如倚權門，凌轢衆老蒼。”此喻夙見而亦屢見。黄梨州《南雷文案》卷二《李杲堂文鈔序》斥自稱由何李以溯秦漢及由歸唐以入歐曾者云：“此如奴僕掛名於高門巨室之尺籍，其錢刀阡陌之數、府藏筐篋所在，一切不曾經目，但虚張其喜怒，以恫喝夫田騶纖子。高門巨室顧未嘗知有此奴僕也。”焦理堂《家訓》卷上：“釋經不能自出性靈，如投入富貴有勢力家爲奴，假勢凌人。”樂蓮裳《青芝山館詩集》卷二十《論詩和覃谿先生》：“稱詩託大家，有似侯門隸。主尊身則卑，趨走借餘勢。”皆譏切作詩文者也。談藝者亦有“託大家”、“倚權門”之習，侈論屈原、杜甫或莎士比亞、歌德等，賣聲買譽，了無真見，以鉅子之“門面”，爲渺躬之“牌坊”焉。

若二家論漢賦意見，則前已爲溝通矣。蓋並生乾嘉樸學大盛之日，而皆特立獨行，未甘比附風會，爲當世之顯學；所學不同，而所不學同，宜其響應於不自覺。隨園主性靈爲詩，而曰："識力最難"；《詩話》卷三《作史三長》條。實齋主識力爲學，而曰："性靈獨至。"《説林》。一以爲無性靈而持模擬堆砌，參觀《詩話》卷十三引嚴冬友論"空語"，又《文史通義·詩話》篇論"學問之有考據，猶詩文之有事實"。不足爲詩；一以爲無識力而持記誦才辯，不足爲學。皆欲以内持外，寓實於虚，老子所謂："無之以爲用"也。實齋之攻隨園，固出於頭巾氣盛，門户見深；後人紛紛作左右袒，亦似於司馬談所言"百慮一致"，劉子玄所謂"貌異心同"，概乎未有知也。

【附説二十】按"六經皆史"之説，劉道原《通鑑外紀序》實未了了。王伯厚《困學紀聞》卷八始引《文中子·王道》篇、陸魯望《復友生論文書》載其説，未下斷語；卷十二亦引劉道原此數語。王陽明《傳習録》卷一、王元美《藝苑卮言》卷一、"天地無非史而已，六經、史之言理者也。"胡元瑞《少室山房筆叢》卷二、"夏商以前，經即史也。周秦之際，子即集也。"按實齋《易教》《文集》兩篇議論，四語囊括。同卷稱鄭漁仲《校讎略》皆前人未發；復屢引漁仲《通志》，又與實齋有同嗜。卷十三云："才學識三長，未足盡史；有公心，有直筆。"實齋《史德》《文德》兩篇指歸，已爲抉發。不知實齋曾讀元瑞書否。文芸閣《純常子枝語》卷二十六疑實齋《校讐通義》有襲祁承㸁《書目略例》而諱之者。竊謂實齋記誦簡陋，李愛伯、蕭敬孚、李審言、章太炎等皆曾糾其疏闕；然世人每有甘居寡學，以博精識創見之名者，陽爲與古人夢中闇合，實則古人之白晝現形，此亦仲長統"學士第二姦”之變相也。實齋知博學不能與東原、容甫輩比，遂沾沾焉以識力自命，或有怵人先我，掩蔽隱飾。姑存疑以俟考定。顧亭林《日知録》卷三“孟子曰：其文則史。不獨《春秋》也，六經皆然。”皆先言之。而陽明之説最爲明切。略謂：“以事言曰史，以道言曰經。事即道，道即事。《春秋》亦經，五經亦史。《易》是庖犧之史，《書》是堯舜以下史，禮樂即三代史，五經亦即是史。史以明善惡，示訓戒，存其迹以示法”云云。“《春秋》亦經”，闇合董子《春秋繁露》之緒；“五經亦史”，明開實齋《易教》上之説。陽明極稱《文中子》，《傳習録》卷上推爲“賢儒擬經之作，聖人復起，不可復易。”按《中説·王道》篇云：“聖人述史三焉。其述《書》也，帝王之制備，故索焉而皆獲。其述《詩》也，興衰之由顯，故究焉而皆得。其述《春秋》也，邪正之跡明，故考焉而皆當。”陽明“五經亦史”之説，殆有所承，而與程、朱之論，則如炭投冰。《程氏遺書》卷二上云：“《詩》《書》載道之文，《春秋》聖人之用。五經之有《春秋》，猶法律之有斷例。《詩》《書》如藥方，《春秋》如用藥治疾。”《朱子語類》卷一百二十一云：“或問《左傳》疑義。曰：公不求之六經《語》《孟》之中，而用功於《左傳》；《左傳》縱有道理，能幾何。吕伯恭愛與學者説《左傳》，嘗戒之曰：《語》《孟》六經多少道理不説，恰限説這個；縱那上有些零碎道理，濟得甚事。”《語類》卷一百十六訓淵、卷一百十八斥鄭子上、卷一百二十答器遠等均申此意。蓋以經與史界判鴻溝也。程子亦以史爲存迹示法，而異於陽明者：存迹示法，法非即迹，記事著道，事非即道。陽明之意若謂：經史所載雖異，而作用歸於訓戒，故是一是二。説殊淺陋。且存迹示法云云，衹説得事即道，史可作經看；未説明經亦是史，道亦即事，示法者亦衹存迹也。嘗試言之。道乃百世常新之經，事爲一時已陳之迹。《莊子·天運》篇記老子曰："夫六經，先王之陳迹也，豈其所以迹哉"；《天道》篇記，桓公讀聖人之書，輪扁謂書乃古人糟粕，道之精微，不可得傳。《三國志·荀彧傳》註引何劭爲《荀粲傳》，記粲謂："孔子言性與天道，不可得聞，六籍雖存，固聖人之糠粃"云云。是則以六經爲存迹之書，乃道家之常言。六經皆史之旨，實肇端於此。

【補訂】參觀《管錐編》論《全上古三代秦漢三國六朝文》第一〇四"糠粃經典"。《淮南子·汎論訓》："聖人所由曰道，所爲曰事。道猶金石，一調不變；事猶琴瑟，每弦更調。"其言道與事，猶宋明儒者言經與史。張子韶《横浦心傳録》卷中："經是法，史是斷，我是守法斷事者。"何元朗良俊《四友齋叢説》卷三："六經如醫家《素》《難》，而諸史則下藥安方也。"皆二程之旨。林鬳翁《竹溪鬳齋十一稿》續集卷七《讀史》："有人讀史不讀經，史在目前經杳冥。有人讀經不讀史，經有道腴史泥滓。我云經史無異同，八窗四面俱玲瓏。經爲律兮史爲案，古來已斷與未斷。"則如通二程、陽明之郵，承先啟後。郝伯常經《陵川文集》卷十九《經史論》："古無經史之分。六經自有史耳。故《易》即史之理也，《書》、史之詞也，《詩》、史之政也，《春秋》、史之斷也，《禮》樂經緯於其間矣。何有於異哉。"劉夢吉《静修文集》卷一《敍學》："古無經史之分，《詩》、《書》、《春秋》皆史也。"又"六經皆史"之旨。載道之經乃"法律"，記事之史乃"斷例"，猶曩日西人常言："歷史乃哲學用以教人之實例"（History is philosophy teaching by or learned from examples）耳。

【補正】參觀 A. O. Lovejoy，*Essays in the History of Ideas*，Capricorn Books，177。

經本以載道，然使道不可載，可載非道，則得言忘意之經，盡爲記言存迹之史而已。且道固非事，然而孔子言道亦有“命”，道之“墜地”，人之“弘道”，其昌明湮晦，莫非事與迹也。道之理，百世不易；道之命，與時消長。此宋儒所以有道統之說，意謂人事嬗遞，初無間斷，而斯道之傳，每曠世而後續，經也而有史矣。按“道統”之“統”匪特傳統系統之統，而亦一統正統之統。故擯斥異端，以爲非道，此所謂正統也；而復包括異端，謂其說不外吾道，此所謂一統也。李元綱《聖門事業圖》第一圖曰：“傳道正統”，拈出“正”字，大可玩味。張伯行《道統録・總論》引古來緒論，起自《論語・堯曰》章，然李氏此圖、朱子《中庸章句序》皆明立“道統”之名者，竟缺而不載。唐文如杜牧之《書處州韓吏部孔子廟碑陰》、皮襲美《請韓文公配饗太學書》、《請立孟子爲學科書》、《文中子碑》，最足與程朱議論相發，亦未收入。石徂徠集中尤多此意，張氏嘗編定石集，不應不見也。至桑民懌《道統論》有曰：“夫子傳之我”，蓋與“宗元小子”等語，如出一轍；張氏知之，必且駭怒，又不特作营蒯之棄而已。夫言不孤立，託境方生；道不虚明，有爲而發。先聖後聖，作者述者，言外有人，人外有世。典章制度，可本以見一時之政事；六經義理，九流道術，徵文考獻，亦足窺一時之風氣。道心之微，而歷代人心之危著焉。故不讀儒老名法之著，而徒據相斫之書，不能知七國；不究元慶祐元之學，而徒據繫年之録，不能知兩宋。龔定菴《漢朝儒生行》云：“後世讀書者，毋向蘭臺尋。蘭臺能書漢朝事，不能盡書漢朝千百心。”斷章取義，可資佐證。陽明僅知經之可以示法，實齋僅識經之爲政典，龔定菴《古史鉤沈論》僅道諸子之出於史，概不知若經若子若集皆精神之蜕迹，心理之徵存，綜一代典，莫非史焉，豈特六經而已哉。

【附説二十一】按“言公”有二意。一謂言由公出，非創於一人；一謂言爲公立，不矜乎一己。前者無著作主名，如風謡民歌是；後者即具著作主名，而不擅著作主權。實齋論“言公”所云：“古人立言爲公，不矜文詞爲私有以争名”，蓋多指後意而言。

【補正】《隨園詩話·補遺》卷一稱賞張雲翼一聯：“明月到樓方是夜，桃花無水不成春。”按此出傳訛。二語乃明遺民潘問奇《清明二日湖上即事》頸聯，見《拜鵑堂詩集》卷一。

【補訂】考論《補遺》中三則，插入此間。〇卷八：“王元章西湖詩云：‘湖邊欲買三間屋，問遍人家不要詩。’近有以詩干人而索值者，余戲書此以示之。”按此金房皡《别西湖》詩，見《河汾諸老詩集》卷五。〇卷九：“前人弔張江陵相公云：‘恩怨盡時方論定，封疆危日見才難。’”按《池北偶談》、《漁洋詩話》皆述李天生説荆州張江陵故宅有人題詩一聯云云，即子才所引，“封”當作“邊”。葉廷琯《鷗陂漁話》卷四考爲王啟茂作，并載全詩。〇卷十：“嚴遂成太行山云：‘孕生碧獸形何怪，壓住黄河氣不驕。’氣體沉雄，名下無虚。”按《海珊詩鈔》卷四此詩作“孕生碧獸跪而乳”，亦如“形何怪”之與下句極不稱。當是先有下句，思窘才竭，支吾湊出上句耳。成章之次序適與得句之次序相反。黄白山《載酒園詩話評》論“佳聯而上下句工力不能均敵”云：“必是先得一好句，徐琢一句對之。上句妙於下句者，必下句爲韻所縛也；下句妙於上句者，下句先成，以上句湊之也。”瓦勒利（Paul Valéry）謂作詩得句，有“贈與句”（les vers donnés），若不假思功、天成偶得者也，有“經營句”（les vers calculés），力索冥搜，求其能與“贈與句”旗鼓當而銖兩稱者也（qui ont pour conditions initiales d'abord les vers donnés, et ensuite la rime, la syntaxe, le sens déjà engagés par ces données.）。見 *Littérature*, in *Oeuvres*, Bib. de la pléiade, II, 551。即白山所言“先得句”、“後得句”。“先得”之“贈與句”張本立標，“後得”之“經營句”成章濟偉。如“池塘生春草”，“壓住黄河氣不驕”，先得之贈與句也；“園柳變鳴禽”，“孕生碧獸形何怪”，則後得之經營句也。謝客下句之於上句，尚未如合璧之相得益彰，海珊上句之於下句，則直似續貂之相形愈絀矣。參觀《管錐編》論《全上古三代秦漢三國六朝文》第一三八“短韻猝音之成瑕”。

【補正】《瀛奎律髓》卷六姚合《武功縣中》：“夜犬因風吠，鄰雞帶雨鳴”；方虚谷批謂上句“好”，下句“似乎因而成對”。即謂出語乃“先得”之“贈與”句，對語乃“後得”之“經營”句也。幸二句工拙相形，尚未爲懸殊耳。

八七

右論《隨園詩話》各則，非敢好謗前輩，求免貽誤來學。袁氏才辯縱横，筆舌伶俐，二百年來，公論已定，若夫記事之不可盡信，則讀伍拉訥子《批本隨園詩話》可知。章實齋《書坊刻詩話後》已疑隨園記童二樹事之誣，吾郡虞石渠書遊隨園、甌北之門，所作《燕石詩集》有七古，題云：《讀甌北集中，有子才書來，稱桐鄉秀才程春廬拱字畫拜袁揖趙哭蔣三圖，先生詩以復之。後閲春廬詩，始知未嘗有此圖，補畫實隨園言。然則隨園之爲是云，其意蓋有在矣。作長歌呈雲崧先生一粲》。歌長不録。

【補訂】《甌北詩集》卷三十二有《子才書來，有松江秀才張鳳舉畫拜袁揖趙哭蔣三圖。可謂癖好矣。書此以復子才，并託轉寄張君》七古；卷三十五《浙二子歌贈張仲雅、程春廬兩孝廉》則言繪圖者爲程，《甌北詩鈔》選前篇，亦改張爲程。《隨園詩話》卷四記松江張興載云："桐鄉有程拱字者，畫《拜袁揖趙哭蔣圖》，其人非三人之詩不讀。"按程春廬同文《密齋詩集》卷一《同文少時，喜讀簡齋、雲菘、心餘三先生詩，嘗欲繪三人像，張之座右，未果也。他日讀〈甌北集〉，見有古詩一首，題曰：〈得子才書，述同文曾手繪拜袁揖趙哭蔣圖〉。此不知何人所傳，果若此，亦佳話也。行當作一圖以實其事，先次韻奉答》：“拜袁揖趙哭蔣圖，錯傳何必非初意”云云。蓋不闢謡辨妄，而欲就錯成真。平景蓀《樵隱昔寱》卷十題程氏《密齋文集》論此事曰：“集中力辨其無，讀者疑之。余謂隨園盛時，三方鼎峙，依附者不可僂數，若宗丞本無此圖，袁妄夸張，則於其庚戌召試未通籍前，袁已名滿九州，何假一廩生之拜，沾沾自喜。近出後生學子得志後，率惡人追話其未遇時受某人獎借牙慧。”後生得志，惡人追話其賴前輩吹嘘，洵多有之，然不切春廬此事。《密齋文集》未嘗“力辨其無”，《密齋詩集》且顧證其有。子才聞張氏子所傳，“沾沾自喜”，正在情理中。渠好名樂諛，細大不捐，如《詩話》卷六記衡山縣令僕張彬“以得見隨園叟爲幸”，《補遺》卷四記如皋“寒士”沙竹嶼“應試不售”，棄書漫遊天下，“所推重惟隨園一人”，莫不言之津津。況春廬年事尚少，名位難量，香山《戲贈户部李巡官》所謂：“男兒未死争能料，莫作忠州刺史看”，子才安敢斷其終於“一廩生”乎。且子才衹言程之“拜”己，於程初無一字之褒，惡得謂程“受”子才“獎借”哉。《密齋詩文集》中舍次韻甌北一首外，無片言及袁、蔣、趙。所作《方長青山静居詩集序》云：“於時東南言詩之士，相率爲性靈之説，日趨於淫靡佻薄”，因詳駁“言性靈而必以不用事爲貴”之“偏”；指斥子才，雖未稱名道姓，幾乎發聲徵色矣。《序》末又云：“余嘗悟詩法於長青，又知長青不肯自伐，而相知無有氣力能譽人者，故世之稱長青詩者蓋尠”；隱示己非隨園詩派，而長青亦不屑求知於“東南言詩之士”。《詩集》卷四《王實齋譏其鄉人某曰：渠但有紅紅緑緑兩句詩耳。余感斯語，作詩記之》：

"紅緑姸然意有餘，一花一月弄清虚。尋常拈得成新句，才子原來不讀書"；猶夫《山静居詩集序》之譏"偏"重"性靈"也。余觀春廬次韻甌北詩，初非無意與子才通聲氣、相標榜者，然似桃投而乏李報，子才之酬響嗣音缺如。春廬觖望而滋悔藴怒，可以想見；與甌北唱和之作，早已流傳，欲蓋彌彰，遂存集中以志少年之過，竊疑"少時"二字乃後來增入也。至若平氏《霞外捃屑》卷七上指摘袁氏碑傳"書事失實"，諸篇記一事者自相矛盾，則至當不可易。

據梁山舟《頻羅菴遺集》，其《游仙詩》本十首，隨園誤作十三首，因補三首，以足其數；蓋與春廬作圖以實隨園言，厥事略同。然一則無心誤筆，一則有意沽名，品斯下矣。且子才之無徵不信，匪特瑣記叢話爲然；即高文典册，宜信今而傳後者，亦俗語不實，布之方策。王述菴《春融堂集》卷二十四《長夏懷人絶句》曰："小倉詩境儘芳菲，鉅製穹碑稍見譏。原與時賢供拊掌，休將國史論從違"；《湖海詩傳》卷七袁枚條云："孫君淵如又謂其神道碑、墓誌銘諸文，紀事多失實。予謂豈惟失實，並有與諸人家狀多不合者。即如朱文端公軾、岳將軍鍾琪、李閣學紱、裘文達日修，其文皆有聲有色。然予與岳、裘二家之後，俱屬同年；而穆堂先生爲余房師李少司空友棠之祖；且予兩至江西，見文端後裔，詢之，皆云：未嘗請乞，亦未嘗見所作文。蓋子才游屐所至，偶聞名公卿可喜可愕之事，著爲志傳，以驚襮時人耳目，初不計信今而傳後也。"按此條尚有曰："謝世未久，頗有違言。吴君嵩梁謂其詩、人多指摘"云云。方濬師極服膺隨園者，其《蕉軒隨録》卷五《生諛死訕》一則即專爲述菴此條而發，所舉述菴阿諛隨園語，見《續同人集》，同卷蔣心餘致隨園兩書，亦見《續同人集》。方氏怪心餘集中未載，以爲失漏，録示心餘孫，屬其補刊，而不言本之何書。蓋不知當面輸心，覆手爲雨，逢迎竿牘，語不由衷，“米湯大全”中物，作者本不欲存也。謝枚如甚薄隨園，而《課餘偶録》卷一引述菴此則而駁之云：“與家狀不合，即是失實，述菴此語難解。”述菴所纂《湖海文傳》，朱公等四篇俱在；如果不合，不應入選，如可入選，不應有此議刺之言。蓋述菴與子才以收召門徒相軋，見《漢學師承記》，心有所蔽，不覺其言之兩歧耳。彭尺木《二林居文集》卷四《與袁子才先輩論小倉山房文集書》，亦駁其傳狀諸文，舉敍淆訛。至謂：“采道路之傳聞，剽搢紳之餘論，或援甲以當乙，或取李而代桃”；且曰：“抑凡古人碑志之作，未有不俟其子孫之陳乞，而漫然爲之者。無子孫爲之徵，本末不具，是非眘亂。愚意大集諸碑誌，非有子孫陳乞者，削之。其本末具者，或爲傳，或爲狀；不具者，或别爲書事”云云。按述菴選尺木此文入《湖海文傳》卷四十四。子才載筆不實，爲人所窘，觀《小倉山房尺牘》卷六《答靖海侯書》可知。王笠舫《緑雪堂遺文》卷二十補編《隨園古文論》亦譏子才“一碑一傳，好爲神見夢幻之談，取裁《北史》以爲新”云云。蓋誇者必誣，所以自伐也；諂者亦必誣，所以阿人也；誇者亦必諂，己所欲而以施諸人也。争名於朝、充隱於市者，鑄鼎難窮其類，畫圖莫盡其變，然伎倆不外乎是。子才粧點山林，逢迎冠蓋；其爲人也，兼誇與諂，則其爲書也，不盡不實，復奚足怪。

八八

一九二五年法國神甫白瑞蒙（Henri Brémond）夙以精研神祕主義文獻得名，刊《詩醇》講義，一時耳目爲之更新。其書發揮瓦勒利（Valéry）之緒言，貴文外有獨絶之旨，詩中蘊難傳之妙（l'expression de l' inéffable），由聲音以求空際之韻，甘回之味。舉凡情景意理，昔人所藉以謀篇託興者，概付唐捐，而一言以蔽曰："詩成文，當如樂和聲，言之不必有物"（cette expression vide de sens... Poésie，musique，c'est même chose）。見 *La Poésie pure*，p. 23。陳義甚高，持論甚辯。五十年來，法國詩流若魏爾倫（Verlaine）、馬拉美（Mallarmé）以及瓦勒里輩談藝主張，得此爲一總結。"詩醇"之名，亦即本諸瓦勒里文也。参觀 Valéry：*Variétés*. I. p. 104："La poésie pure"；p. 105："La pureté dernière de notre art"。英國評家李特（Herbert Read）繼作《詩態》（*Phases of English Poetry*）一書，謂《詩醇》緒論，英美文人已先發之；因拈雪萊（Shelley）《詩辯》（*Defence of Poetry*）、坡（Poe）《原詩》（*Poetic Principle*）、佩特（Pater）《論畫派》文（"School of Giorgione"）三者爲例。按白瑞蒙《詩醇》本文曾引佩特，附説（Eclaircissement）中引坡，按 René Lalou："L'idée de poésie pure en France"文中亦引

The Rationale of Verse："Verse, which cannot be better designated than as an inferior or less capable music"謂是馬拉美之科律，波德萊爾則異於是，見 *Défense de l'homme*, p. 74, 85。一九二六年又刊《祈禱與詩》(*Prière et poésie*)，爲《詩醇》之續，復引雪萊；原未自矜創見。李特窮氣盡力，無補毫末。即如佩特同時人柯耐(Edmund Gurney)所撰《不可名言》(*Tertium Quid*)一書，論詩以悦耳(ear pleasure)與饜心(mind pleasure)並舉，而歸之於"不落理路、神幻無方"(unreasonable or magical element)。與白瑞蒙議論，尤天然湊泊，如先河之於後海，亦未溯及。《祈禱與詩》重申不落理路(le rationnel)之旨，自柏拉圖、亞理斯多德以來之古典主義，皆遭排斥。以爲即一言半語，偶中肯綮，均由闇合，非出真知；須至浪漫主義大行，而詩之底蘊，始漸明於世。若馬仰(Charles Magnin)之言詩本靈感(instinct divinatoire)，安諾德(Matthew Arnold)之言詩具魔力(natural magic)，皆其嚆矢。見 *Prière et Poésie*, ch. vii："Le Romantisme et la restauration de la poésie"。參觀白瑞蒙 *Pour le romantisme* 自序。克洛岱爾(Paul Claudel)謂吾人性天中，有妙明之神(anima ou l'âme)，有智巧之心(animus ou l'esprit)；詩者、神之事，非心之事，故落筆神來之際(inspiration)，有我(moi)在而無我(je)執，皮毛落盡，洞見真實，與學道者寂而有感、感而遂通之境界無以異(un état mystique)。見 ch. x, xii。【附説二十二】神祕詩祕(le mystère poétique)，其揆一也。藝之極致，必歸道原，上訴真宰，而與造物者遊；聲詩也而通於宗教矣。見 p. III："Ainsi tous les mysticismes naturels ébauchent en cela des surnaturels — toutes ces expériences ineffables nous montrent obscurément l'Invisible même, l'Être des êtres"。昔亞理斯多德談藝，特標情欲宣洩(catharsis)之目，古

今聚訟，宜以宗教家言(connotation religieuse)明之，即齋心潔己(purification)，以對越上帝是也。見 ch. xvi。故詩中之音韻腔調，發而中節，足使誦者心氣平和，思慮屏息，亦深合心齋之旨。見 p. 205："La rime，les allitérations，la répétition des phrases，les refrains produisent chez le lecteur un apaisement，une purification analogue"。要而言之。詩人之與神祕，特有間未達(mystique évanescent ou manqué)，見 p. 208。讀者奇文欣賞，心境亦遂與祈禱相通云。見 p. 218。"Chez le parfait poète lui - même，l'expérience poétique tend à rejoindre，mais ne rejoint pas la priàre；chez nous，elle la rejoint sans peine，grâce au poète. Étrange et paradoxale nature de la poésie：une prière qui ne prie pas et qui fait prier"。白瑞蒙繁徵廣引，自佐厥説。於英國作者，舍雪萊、佩特外，華慈華斯(Wordsworth)、濟慈(Keats)、牛曼(Newman)、白極德(Bagehot)、湯姆生(Francis Thompson)、羅斯金(Ruskin)、邁爾斯(Frederic Myers)、恩特喜爾(Evelyn Underhill)、墨瑞(J. M. Murry)等十許人，皆所援據；尤推服布拉德萊(A. C. Bradley)，稱其爲詩而詩(Poetry for poetry's sake)之説，即自作《詩醇》所本，生平得力於斯人爲多。見 p. 64。可見李特之僅舉三家，真爲淺測矣。論因詩見道，未采柏德穆(Coventry Patmore)之《詩人宗教》(*Religio poetae*)；按書中第一第三第十二第十三各篇，多可與白瑞蒙説相發明。"Peace in art" 一篇，與白瑞蒙解 catharsis，實皆自亞奎訥斯(Thomas Aquinas)論美物能使人清心平氣息欲來。參觀 Bosanquet：*History of Aesthetic*，p. 148。柏德穆爲名詩人，與白瑞蒙同屬舊教，似交臂失之。

【補訂】柏德穆謂藝之至者，終和且平，使人情欲止息，造寧静之境；此境高於悦愉，猶悦愉高於痛快也。(in *peace*—

which is as much above joy as joy is above pleasure, and which can scarcely be called emotion, since it rests, as it were, in final good, the *primum mobile*, which is without motion—we find ourselves in the region of "great art".)見C. Patmore, *Principle in Art* 1889, 29. Cf. J. Joyce, *A Portrait of the Artist as a Young Man*, N. Y. 1916, 240, 243, "arrest", "stasis"; T. Gilby, *Poetic Experience*; *An Introduction to Thomist Aesthetics*, 1934, 81, 108, "peace and joy", "desire at rest"。持此論者不必盡奉舊教，余於德昆西著作中，即見其反復言之(Poets of the highest class, whether otherwise delighting or not in the storm and tumultuous agitation of passion, ...yet have all agreed in tending to peace and absolute repose as the state in which only a sane constitution of feelings can finally acquiesce...Peace, severe tranquillity, the brooding calm...is the final key into which all the storms of passion modulate themselves in the hands of the great poets.)。見"Dr Samuel Parr", *Collected Writings*, ed. D. Masson, V, 103, 106. Cf "Letter to a Young Man", X, 45 n., "repose"; "Notes on Gilfillan's *Literary Portraits*", XI, 380 n., "the counter-state of repose"。竊謂荷爾德林誨後生作詩所云"惟美斯靜"(Lieben Bruder! es reift unsere Kunst vieleicht, /Da, dem Jünglinge gleich, lange sie schon gegärt, /Bald zur Stille der Schönheit),見"An die jungen Dichter", *Samtliche Werke*, Stuttgarter Hölderlin-Ausgabe, I, 253。可以要括，而歌德名篇發端所云："萬峯之顛，羣動皆息"(Über allen Gipfeln/Ist Ruh),見"Wandrers Nachtlied", ii。可以借喻。《詩·邶風》不云乎："静女

其姝”，復可斷章焉。吾國首拈以論文者，殆爲李文饒；《會昌一品集》外集卷三《文章論》曰：“猶絲竹繁奏，必有希聲窈眇，聽之者悦聞；如河流迅激，必有洄洑逶迤，觀之者不厭。從兄翰嘗言：文章如千兵萬馬，風恬雨霽，寂無人聲，蓋謂是也。”歐陽永叔《黄夢昇墓誌銘》引夢昇哭其兄子庠之詞曰：“子之文章，電激雷震。雨雹忽止，闃然滅泯”；永叔自撰《祭蘇子美文》亦曰：“子之心胸，蟠屈龍蛇。風雲變化，雨雹交加。忽然揮斧，霹靂轟車。人有遭之，心驚膽落，震仆如麻。須臾霽止，而回顧百里，山川草木，開發萌芽。子於文章，雄豪放肆，有如此矣。”陸農師《陶山集》卷十三《祭王元澤待制墓文》：“形於談辯，雄健俊偉。又如白日，雲霧斗起；風裂雨驟，雷震霆厲。倏忽斂氛，澄霽娬媚。”宋景濂《圭齋文集序》：“君子評公之文，意雄而詞贍。如黑雲四興，雷電恍惚，而雨雹颯然交下，可怖可愕，及其雲散雨止，長空萬里，一碧如洗。”均輾轉本李翰詞意。惲南田《甌香館集》卷十一《畫跋》引黄山谷論文語：“蓋世聰明，驚彩絶艷，離卻静、淨二語，便墮短長縱横習氣。”鍾伯敬、譚友夏尤重言申明“詩以静好柔厚爲教”。《詩歸》鍾序：“察其幽情單緒，孤行静寄於喧雜之中，而乃以其虚懷定力，獨往冥遊於寥廓之外”；譚序：“夫人有孤懷，有孤詣，而世有一二賞心之人，獨爲之咨嗟傍皇者，此詩品也。彼號爲大家者，終其身無異詞，終其古無異議，而反以此失獨坐静觀者之心。”《古詩歸》卷三唐山夫人《安世房中歌》：“粥粥音送，細齊人情”，譚評：“與《大雅》有聞無聲，同一静想”；卷五：《練時日》：“相放悲，震澹心”，譚評：“六字不可言，不可言，惟静者默吟得之。”《唐詩歸》卷十五鍾評李太白："讀太白詩，當於雄快中察其静遠精出處，有斤兩，有脈理"（參觀同卷《紫極宫感秋作》譚評）；卷二十八鍾評元微之："看古人輕快詩，當另察其精神静深處。"譚友夏《東坡詩選》卷七《書王定國所藏烟江疊嶂圖》評："坡結句之妙者，亦只是議論挽束得有味耳。含不盡於言外，息羣動於無聲，如管絃之乍停、瀑布之不收者，未有也。"錢牧齋《列朝詩集》丁集卷十三《胡梅傳》引曹能始序胡詩語："白叔之爲詩，避俗套如湯火，驅使已意如石工之琢碪巖，篙師之下灘瀨。所未免者，有斧鑿痕及喧豗聲耳"；亦可參觀。鍾序《詩歸》謂讀者之"獨往冥遊"，庶幾邂逅作者之"孤行静寄"，幾如西方古神祕宗師所言"孤子與獨一之遇合"（la recevoir seule à seul；fuir seul vers lui seul）；見 Plotin，*Énn éades*，VI. vii. 34 et ix. 10，tr. É. Bréhier，t. VI，ptie ii，107 et 188。或擯萬事，息萬籟，始聞心聲而聆神告（dormimos a las cosas temporales y callamos dentro en nosotros；un olivido aún de nosotros mismos，con una total conversacion de nuestro hombre interior a sólo Dios. 見 Francisco de Osuna，in E. Allison Peers，*Spanish Mysticism*，189–90。The word lies hidden in the soul in such a way that one does not know it or hear it. Unless room is made in the ground of hearing，it cannot be heard；indeed all voices and sounds must go out，and there must be absolute silence there and stillness. 見 Meister Eckhart，*Sermon* VIII，in James M. Clark，*Meister Eckhart*，162）。西方近世談藝有謂讀者内心萬籟皆寂，如屏人與作者幽期獨對（Noi sentiamo la poesia soltanto quando tutto tace dentro di noi，etc.）；見 A. Momigliano，quoted in L. Russo, *La Critica letteraria contemporanea*, 3^a ed., 1954, II, 107, cf. 113-4。The reading of literature should, like prayer in the Gospels, step out of the talking world of criticism into the private and secret presence of literature, etc.. 見 N. Frye, *Anatomy of Criticism*, 1957, 27。則復類譚序之言"獨坐静觀"、"静者默吟"。李義山《會昌一品集序》有警句曰:"静與天語";讀者以静心默契詩篇静境,殊堪借李句揣稱也。

夫《詩醇》、摭華之書也,《祈禱與詩》、探本之書也;相輔足爲經緯。然考鏡源流,殊未詳覈。佩特謂諸藝造妙皆嚮往於音樂之空靈澹蕩(All arts aspire to the condition of music),其説由來者漸。西洋談藝鼻祖亞理斯多德云:"樂在諸藝中最近自然"(Most imitative of arts.)一語已伏厥根。參觀 S. H. Butcher: *Aristotle's Theory of Poetry and Fine Art*, p. 122; Bosanquet: *Three Lectures on Aesthetic*, p. 53 於此語之解釋。白瑞蒙言自浪漫主義行,而詩之真藴始宣。然所引英國浪漫派諸家語,皆衹謂詩尚音節,聲文可以相生,未嘗云舍意成文,因聲立義,如白瑞蒙之主張偏宕,踵事而加厲也。與白瑞蒙相視莫逆者,乃德國之浪漫派先進(ältere Romantik),兹略徵引,以資參驗。瓦根洛特(W. H. Wackenroder)稱音樂爲百凡藝術之精神命脈,宣達性情,功邁文字。

【補訂】參觀《管錐編》論《毛詩正義》第四"德國浪漫主義"條"增訂"。

蒂克(Tieck)説詩,倡聲調即可以寫心言志,謂情與思理相距綦遠,故情之落想結念,悉託聲音(Liebe denkt in süssen Tonen, / Denn Gedanken stehn zu fern);又謂詩何必言之有物,豈無物便不得有言耶。(Warum muβ denn Inhalt der Inhalt eines Gedichtes sein?)見 F. Strich, *Deutsche Klassik und Romantik*, s. 130 引，參觀 S. 184 引文。議論更與法國詩流相近。

【補訂】"詩醇"或"純粹詩"(die reine Poesie, die—rein poetische Welt)之名，早見蒂克著作中（參觀 R. Haym, *Die romantische Schule*, 4 Aufl., besorgt von O. Walzel, 129 引文）。列奧巴爾迪亦稱抒情詩爲"真正純粹詩"(vera e pura poesia in tutta la sua estensione—*Zibaldone*, a cura di F. Florio, II, 1063)。故瓦勒利非首命此名者，特使之傳播耳。（參觀 M. H. Abrams, *The Mirror and the Lamp*. 1953, 86, 351 引 Joseph Warton, Richard Hurd。）

蒂克同輩諾瓦利斯(Novalis)才思尤奇逸，所撰《碎金集》(*Fragmente*)第二千零六十四則云："敍事一凭聯想，如夢中景物，宛轉關生，不加組織。作詩亦然，僅有聲音之諧、文字之麗，不見意詮安排。"又云："詩之高境亦如音樂，渾含大意；婉轉而不直捷。"(Erzählungen, ohne Zusammenhang, jedoch mit Assoziation, wie Traume. Gedichte, bloβ wohlklingend und voll schöner Worte, aber auch ohne allen Sinn und Zusammenhang... Höchstens kann wahre Poesie einen allegorischen Sinn im groβen haben und eine indirekte Wirkung, wie Musik usw. tun. —*Fragmente*, hrsg. E. Kamnitzer, S. 667.)與白瑞蒙語若合符節。白瑞蒙謂詩如樂無意，諾瓦利斯謂詩如樂含意，二説似相反而實相成；惟其本無意，故可含一切意，所謂"詩無達詁"，以免於固哉高叟者也。【附説二十三】第一千九百十九則云："人常譜詩入樂矣，何爲不以樂入詩耶。"(Wenn man manche Gedichte in Musik setzt, warum setzt sie nicht in Poesie?)見 S. 611。《詩醇》宗旨，一

語道盡。第二千零六十則云:"詩之感通於神祕之感,皆精微祕密,洞鑑深隱,知不可知者,見不可見者,覺不可覺者。如宗教之能通神格天,發而爲先知預言也。"(Der Sinn für Poesie hat viel mit dem Sinn für Mystizism gemein. Er ist der Sinn für das Eigentümliche, Personelle, Unbekannte, Geheimnisvolle... Er stellt das Undarstellbare dar. Er sieht das Unsichtbare, fühlt das Unfühlbare...Der Sinn für Poesie hat nahe Verwandtschaft mit dem Sinn der Weissagung und dem religiösen, dem Sehersinn überhaupt)。見 S. 665。第一千四百八十七則謂:"真詩人必不失僧侶心,真僧侶亦必有詩人心。"(Der echte Dichter ist aber immer Priester, so wie der echte Priester immer Dichter geblieben)見 S. 475。此非《祈禱與詩》之一言以蔽乎。瓦根洛特亦以藝術爲宗教梯航。至謂畫苑可作禮拜堂(Bildersäle sollten Tempel sein),讀畫(Cenuβ der Kunstwerke)如祈禱(Gebet)。見 R. Haym, *Die romantische Schule*, 4. Aufl., S. 122 引。於白瑞蒙宗旨,囊括無遺矣。《碎金集》第一千八百八十七則謂"詩之爲詩,不可傳不可説(unbeschreiblich und indefinissabel)",

【補訂】諾瓦利斯此語全文云:"吾人性地中,於詩有別識,自具詩心。詩始終須親切體會,不可方物,不可名言。苟無直覺頓悟,則思議道斷。詩即詩耳,與修詞學邈如天壤"。(Es gibt einen speziellen Sinn für Poesie, eine poetische Stimmung in uns. Die Poesie ist durchaus personnell und darum unbeschreiblich und indefinissabel. Wer es nicht unmittelbar weiβ und fühlt, was Poesie ist, dem lässt sich kein Begriff davon beibringen. Poesie ist Poesie. Von Sprach-oder Redekunst himmelweit verschieden.）見 Novalis，*Fragmente*，III，§379，*Schriften*，hrsg. J. Minor，II，299。

亦遠在蘭波（Rimbaud）《文字點金》（*Alchimie du verbe*）自詡"傳不可言傳"（Je notais l'inexprimable）以前。抑德國浪漫派先進之説，源出於普羅提諾（Plotinus）。普羅提諾者、西方神祕主義之大宗師，其言汪洋芒忽，棄智而以神遇，抱一而與天遊，彼土之莊子也。白瑞蒙雖基督教神甫，而所主張，實出於教外别傳。參觀 Maisie Ward：*Wilfrid Ward and the Transition*，vol. II，chap. ix 記舊教中人疑白瑞蒙爲異端，欲擯之出會。《詩醇》中固未道普羅提諾，顧爲其支與流裔，則無疑義。基督教屏棄一切世間法，詩歌乃綺語妄語，在深惡痛絶之列。故中世紀僧侣每儕羅馬大詩人於狗曲，偶欲檢維吉爾或賀拉斯之篇章，必搔耳作犬態示意。見 I. Disraeli：*Curiosities of Literature*，I，p. 18；S. R. Maitland：*Dark Ages*，p. 403；W. E. H. Lecky：*History of European Morals*，vol. II，p. 202。奥古斯丁（Augustine）少日好讀維吉爾史詩（*Aeneid*），長而有意淫（committed fornication）之悔，又力詆文章之侔色揣稱，以爲彌近似而大亂真（mental fictions）。見 *Confessions*，tr. by E. B. Pusey，Bk. I。德爾圖良（Tertullian）亦以文學華言無實（unreal），好之不啻行奸（adultery）；伊西獨爾（Isidore of Seville）戒基督教徒毋讀詩，詩能亂心曲而長淫欲（mentem excitant ad incentiva libidinum）。二則見 Spingarn：*Literary Criticism in the Renaissance*，p. 5 引。戴迷陽（Pierre Damien）至謂識字即畔道之階，蓋始以文字啓蒙者，厥唯魔鬼也。見 É. Gilson：*Christianisme et philosophie*，p. 13 引。《舊約全書・創世紀》第三章第五節載魔鬼誘人祖食智慧果云："汝食之後，將與諸神等"（Eritis sicut Dii）；夫神一而已（Deus），而曰諸神，易單爲多，即隱授人以文法也。余按 Goethe：*Faust* 第一部書齋（Studiezimmer）節，魔鬼化身爲浮士德，接見學生，詖詞巽語，爲書手册，亦引“將與神等”一語拉丁文，而改多數爲單數。惜戴迷陽不及見。普羅提諾則不然。以爲世間萬相，皆出神工而見天心，正可賴以爲天人間之接引，烏可抹摋。故作書深非宗教家（Gnostics）之斷視絶聽，空諸緣藴。見 *Enneads*，II：9：“That the World and the Creator are not evil”（Eng. tr. K. S. Guthrie，I，p. 606-7，又 V：8：1 Guthrie，I. p. 552）。

【補遺】余近復細究其書，乃知渠意見頗自相矛盾，蓋神祕主義中每藴此矛盾。道既超越（transcendent），又徧在（immanent）。徧在，故曰：“道在矢溺”，“將無佛處來與某甲唾”（God is in the mouse as well as in the angel）。超越，故又曰：“視之不見，聽之不聞，摶之不得”，“不可以聲色等求見如來”（theology of negation）。由前之説，則色相不必揀擇；由後之説，則色相必須破除。世親菩薩《金剛仙論》卷九云：“法身雖不以色聲見聞，而向者色聲，即此法身妙有體上有彼色聲”；Dionysius the Areopagite 謂上帝“多名”（Many-named）而亦“無名”（Nameless），即此意，有相斯有名矣。

【補訂】參觀《管錐編》論《周易正義》第一七。譯普羅提諾爲法語之哲學史家嘗言神祕主義者述體驗，既覺上帝與己親接如良師好友，儼有色相跡象，復覺上帝無窮無垠，無可方物。自語相違，渾然莫省。（Jamais un mystique n'a jugé contradictoire，dans son expérience personelle la vision concrète et parfois grossièrement matérielle d' un Dieu qui converse avec lui comme un ami，on le conseille comme un maître，avec le sentiment de l' Etre infini et illimité dans lequel l'extase le plonge.）見 E. Bréhier，*Les Idées philosophiques et religieuses de Philon*，éd. rev.，1925，77。斯又神祕主義相反相成之一端也。而謂好聲色者藉感官之美，求道理者以思辯之術，莫不可爲天人合一之津梁。參觀 *Enneads*，I：3：1（Guthrie，I，p. 270–1）。普羅提諾之所以自異於柏拉圖者，在乎絶聖棄智。柏拉圖之"理"（Idea），乃以智度；普羅提諾之"一"（One），祇以神合。參觀 *Enneads*，VI ix，8–9。必須疏瀹而心，澡雪而精神，掊擊而智，參觀 *Enneads*，I：6：5，Guthrie，I，p. 48 ff.；IV：7：10，I. p. 80ff.；IV：8：1；V：8：10–11；VI：9：11 I，p，169 論 Purification，Ecstasy，Stability 等。庶幾神明往來，出人入天。白瑞蒙之論旨無不於焉包舉矣。然則窮其根柢，白瑞蒙與德國浪漫派先進同出一本，冥契巧合，不亦宜乎。白瑞蒙嘗游學英國，雖於英國文學，造詣匪深，參觀前引 Maisie Ward 書同章載白瑞蒙作 *Mystère de Newman*，誤解"He will cut me"，爲人所糾，憤而大争事。尚熟其文獻而似未嘗一究近代德國文學。按 *Prière et poésie*，p. 54 僅一道 Schiller 之名，而曰："其書牘（Correspondances）中雖有瓌寶（trésors），惜余無暇領略（pas de temps de me les assimiler）"，自註指 Lucien Herr 法文譯本而言。未見有補隙拾遺者，竊不自揆，聊爲申說。白瑞蒙謂詩之音節可以釋躁平矜，尤與吾國詩教"持情志"而使"無邪"之説相通。其講詩樂相合，或有意過於通，第去厥偏激，則又儼然嚴儀卿以來神韻派之議論也。《滄浪詩話》曰："禪道惟在妙悟，詩道亦在妙悟。詩有别趣，非關理也。"按蘭波謂詩人須修天眼通（se faire voyant）；馬拉美謂詩乃一祕密藏（Un poème est un mystère）；白瑞蒙以詩祕與神祕並舉，謂詩不涉理，本於神而非本於心。即此旨也。《滄浪詩話》曰："以文字爲詩，以議論爲詩，以才學爲詩，終非古詩。"陸仲昭《詩鏡》曰："古人佳處，不在言語間。氣太重，意太深，聲太宏，色太厲，佳而不佳。詩不患無材，而患材之揚；不患無情，而患情之肆；不患無言，而患言之盡；不患無景，而患景之煩。”王漁洋《居易録》論《唐賢三昧集》引洞山云：“語中無語，名爲活句”，又達觀云：“纔涉脣吻，便落意思。並是死門，故非活路。”按諾瓦利斯《碎金集》第一千九百零四則謂：“詩人於意理，稍着邊際而已”；(Der Dichter hat bloß mit Begriffen zu tun)見 S. 607。魏爾蘭《詩法》(*Art poétique*)謂：“巧言雄辯，詩人所忌，須迴避而斷絶之。”(Fuis du plus loin la pointe assassine...Prends l'éloquence et tords-lui son cou!)白瑞蒙《詩醇》謂：“教誨、敍記、刻劃，使人動魄傷心，皆太著言説，言之太有物。是辯才，不是真詩。”(Enseigner, raconter, peindre, donner le frisson et tirer des larmes—impure, en un mot, l'éloquence, entendant par là non pas l'art de beaucoup parler pour ne rien dire, mais bien l'art de parler pour dire quelque chose.)見 *La Poésie pure*, pp. 22-3。即此旨也。《滄浪詩話》曰：“詩有别才，非關書也。”按魏爾倫謂：“舍聲(musique)與影(nuance)而言詩，衹是掉書袋耳。”(Et tout le reste est littérature)即此旨也。《滄浪詩話》曰：“語忌直，脈忌露。”漁洋《師友詩傳續録》曰：“嚴儀卿以禪理喻詩，内典所云：不即不離，不脱不黏，曹洞所謂參活句，是也”；《香祖筆記》曰：“余嘗觀荆浩論山水而悟詩家三昧。其言曰：遠人無目，遠水無波，遠山無皴。”

【補訂】參觀《管錐編》論《太平廣記》第八八。
按魏爾蘭謂：“佳詩貼切而不黏著，如水墨暈。”(Rien de plus cher que la chanson grise/Où l'Indécis au Précis se joint)即此旨

也。《滄浪詩話》曰：“不涉理路，不落言詮。羚羊掛角，無跡可求。妙處瑩徹玲瓏，不可湊泊，如空中之音，相中之色，水中之月，鏡中之象。按《賓退録》卷二載張芸叟“評本朝名公詩”：“王介甫如空中之音，相中之色，欲有尋繹，不可得矣。”《困學紀聞》卷十八紀欒城論文，“以不帶聲色爲妙”。

【補訂】《苕溪漁隱叢話》後集卷三十三載張芸叟《評詩》作：“王介甫之詩，如空中之音，相中之色，人皆聞見，難可著摸。”《朱子語類》卷一百四十稱：“韋蘇州詩高於王維、孟浩然諸人，以其無聲色臭味也。”

言有盡而意無窮，一唱三歎之音。”《詩鏡》曰：“詩被於樂，聲之也。聲微而韻悠然長逝者，聲之所不得留也。凡情不奇而自法，景不麗而自妙者，韻使之也。食肉者不貴味而貴臭，聞樂者不聞響而聞音。”與前所引法德兩國詩流論詩妙入樂不可言傳云云，更如符節之能合。魏爾蘭比詩境於“蟬翼紗幂之後，明眸流睇（C'est des beaux yeux derrière les voiles），言其似隱如顯，望之宛在，即之忽稀，正滄浪所謂“不可湊泊”也。

【補訂】魏爾蘭以面紗後之美目喻詩境之似往已迴，如幽非藏。景物當前，薄障間之，若即而離，似近而遠，每增佳趣。謝茂秦《四溟山人全集》卷二十三《詩家直説》：“凡作詩不宜逼真，如朝行遠望青山，佳色隱然可愛，妙在含胡，方見作手。”董玄宰《容臺别集》卷四《畫旨》：“攤燭作畫，正如隔簾看月，隔水看花，意在遠近之間，亦文章法也。”《全唐文》卷五百二十八顧逋翁《右拾遺吴郡朱君集序》稱其作曰：“如山深月清，中有猿嘯。復如新安江水，文魚彩石，歷歷可數。其杳敻倏颯，若有人衣薜荔而隱女蘿”；正以亦隔亦透、不隱不顯品其文也。

【補正】郭熙《林泉高致·山水訓》:"山欲高。畫出之,則不高;烟霞鎖其腰,則高矣。水欲遠。畫出之,則不遠;掩映斷其脈,則遠矣。"此可以釋韓拙《山水純全論·觀畫别識》論"韻"所謂"隱露立形";"烟霞"之"鎖","掩映"之"斷",皆"隱"也,亦即謝茂秦所謂"妙在含胡"也。參觀《管錐編》論《全上古三代秦漢三國六朝文》第一八九"韓拙論畫山水"條"增訂"。美國女詩人有一篇言冪面之紗使人難窺全貌,遂足以添姿增媚,故美人不願揭示真容(A Charm invests a face/Imperfectly beheld.../The Lady dare not lift her Veil/For fear it be dispelled...//But peers beyond her mesh.../And wishes... and denies.../Lest Interview... annul/a want/That Image...satisfies...)。見 Emily Dickinson, *Complete Poems*, ed. Thomas H. Johnson, 1960, 421。猶魏爾蘭之取喻於"紗冪後美目"(des beaux yeux derrière les voiles)矣。

【補訂】古羅馬詩人馬提雅爾嘗觀賞"葡萄在玻璃餅幪中,有蔽障而不爲所隱匿,猶紗縠内婦體掩映,澄水下石子歷歷可數。"(condita perspicua vivit vindemia gemma/et tegitur felix nec tamen uva latet:/feminineum lucet sic per bombycina corpus,/calculus in nitida sic numeratur.)見 Martial, VIII. xlviii. 5-8, Loeb, II, 52。十七世紀英國詩人赫里克《水晶中蓮花》一首發揮此意尤酣暢,歷舉方孔紗下玫瑰、玻璃杯内葡萄、清泉底琥珀、紈素中婦體,而歸宿於"光影若明若昧"之足以添媚增姿。(You have beheld a smiling Rose/When Virgins hands have drawn/O'r it a Cobweb-Lawne:/And here, you see, this Lilly shows,/Tomb'd in a Christal stone,/More faire in this transparent case, /Then when it grew alone; /And had but single grace.//...//You see how Amber through the streams/More gentley stroaks the sight, /With some conceal'd delight; /Then when he darts his radiant beams/Into the boundlesses aire...//Put Purple Grapes, or Cherries in-/To Glasse, and they will send/More beauty to commend/Them, from that cleane and subtile skin, /Then if they naked stood...//So though y'are white as Swan, or Snow, /And have the power to move/A world of men to love: /Yet, when your Lawns and Silks shal flow; /And that white cloud divide into a doubtful Twilight; then/Then will your hidden Pride/Raise greater fires in men.)見"The Lilly in a Christall", R. Herrick, *Poetical Works*, ed. L. C. Martin, 75-6; cf. 516, Commentary。參觀第385頁"補訂"論遺山《汎舟大明湖》:"看山水底山更佳。"近世奥地利詩人霍夫曼斯塔爾謂藝術之善寫後景者,得光影若明若昧之祕,猶花園圍以高籬,外人覷扶疏蓊蔚,目窮而神往(ANTONIO: Darum umgeben Gitter, hohe, schlanke, /Den Garten, den der Meister lieβ erbauen, /Darum durch üppig blumendes Geranke/Soll man das Auβen ahnen mehr als schauen... BATISTA: Das ist die groβe Kunst des Hintergrundes/Und das Geheimnis zweifelhafter Lichter.)。見 H. von Hofmannsthal, *Der Tod des Tizian*, Prolog, *Gesammelte Werke*, Fischer Taschenbuch, 1979, I, 254。"水晶中蓮花"、"玻璃後葡萄"、"清泉下文石琥珀",皆望而難即,見而仍蔽,取譬與鏡中花、水中月相似,滄浪所云"妙處不可湊泊",劉

辰翁所云“欲離欲近”（參觀第265頁“補訂”）是也。
儒貝爾(Joubert)嘗云：“佳詩如物之有香，空之有音，純乎氣息”；（Les beaux vers sont ceux qui s'exhalent comme des sons ou des parfums）見 *pensées*, Titre xxi, 25。又曰：“詩中妙境，每字能如絃上之音，空外餘波，嫋嫋不絶。”（Dans le style poétique, chaque mot retentit comme le son d'une lyre, bien montée, et laisse toujours après lui un grand nombre d'ondulations）*Ibid*. 38. 正滄浪所謂“一唱三歎”，仲昭所謂“味之臭、響之音”也。

【補訂】參觀《管錐編》論《全上古三代秦漢三國六朝文》第一八九“韻取音樂為喻”。

白瑞蒙雖未道儒貝爾，而儒貝爾固象徵詩論之遠祖。參觀 Saintsbury: *History of Criticism*, Vol. III. p. 120; Jules Lemaître: *Les contemporains*. Vie série: “Joubert”。《祈禱與詩》第九十五頁有引儒貝爾半句，全不緊要。蓋弘綱細節，不約而同，亦中西文學之奇緣佳遇也哉。伊薩克斯(J. Isaacs) 論當世英國詩派，開宗明義乃引十二世紀中國一批評家語，見 *Contemporary Movements in European Literature*, ed. by William Rose & J. Isaacs. p. 24。以爲頗切今日。予按其文，即譯《滄浪詩話》中“近代諸公作奇特解會”一節；儀卿之書，洵足以放諸四海、俟諸百世者矣。

【補訂】滄浪《答吴景仙書》自負：“以禪喻詩，莫此親切，是自家實證實悟者。”夫“大抵禪道惟在妙悟，詩道亦在妙悟”，尚屬泛言；詩“入神”境而文外獨絶，禪徹悟境而思議俱斷，兩者觸類取譬，斯乃“親切”矣。滄浪“不涉理路，不落言詮者，上也”，猶《五燈會元》卷十二曇穎曰：“纔涉脣吻，便落意思，盡是死門，終非活路。”即瓦勒利論文所謂：“以文字試造文字不傳之境界”（La littérature essaye par des “mots” de créer l' “état du manque du mot”）。見 *Instants*, *op. cit.*, I, 374—5。然詩之神境，“不盡於言”而亦“不外於言”，禪之悟境，“語言道斷”，斯其異也（參觀第 237 頁“補訂”）。當世西方談士有逕比馬拉美及時流篇什於禪家“公案”（koan）或“文字瑜珈”（linguistic yoga）者；參觀 F. Kermode, *Puzzles and Epiphanies*, 1962, 43。有稱里爾克晚作與禪宗方法宗旨（die Grundtatsachen der Methode und Ziedlsetzung im Zen）可相拍合者；參觀 D. Bassermann, *Der andere Rilke*, hrsg. H. Morchen, 1961, 203。有謂法國新結構主義文評鉅子潛合佛説，知文字之爲空相，“破指事狀物之輪迴”（released from this chain of verbal karma of reference and representation），得“大解脱”（nirvana）者。參觀 T. K. Seung, *Structuralism and Hermeneutics*, 1982, 245。余四十年前，僅窺象徵派冥契滄浪之説詩，孰意彼土比來竟進而冥契滄浪之以禪通詩哉。撰《談藝録》時，上庠師宿，囿於馮鈍吟等知解，視滄浪蔑如也。《談藝録》問世後，物論稍移，《滄浪詩話》頗遭拂拭，學人於自詡“單刀直入”之嚴儀卿，不復如李光照之自詡“一拳打蹶”矣。兹贅西方晚近“詩禪”三例，竊比瀛談，聊舒井觀耳。

【附説二十二】白瑞蒙謂作詩神來之候，破遣我相，與神祕經驗相同。立説甚精。以余覩記所及，西方詩人中布萊克（Blake）道此綦詳。其《密爾敦》（*Milton*）一詩，反復言“破我”、“滅我”之義，如“ I, in my selfhood, am that Satan”，又“The Negation... is a selfhood which must be put off and annihilated away”。且亦通之

於作詩。如“I come in Selfannihilation and the grandeur of Inspiration”；“To cast off the rotten rags of Memory by Inspiration”；“To cast aside from Poetry all that is not Inspiration”。破我之説，東西神祕宗之常言。《莊子·齊物論》所謂“吾喪我”，《大宗師》所謂“庸詎知吾所謂吾之乎”，《秋水》所謂“大人無己”。《瑜珈師地論》卷六破十六種“不如理異論”，其四爲“計我論”；略謂：“於諸行中假設有我，一爲令世間言説易故，二爲欲隨順諸世間故，三爲欲斷除謂定無我諸怖畏故，四爲宣説自他成就功德過失，令起决定信解心故。如執有實我，則所計我爲即於所見事起薩埵覺，爲異於所見事起薩埵覺耶；爲即於蘊施設有我，爲於諸蘊中，爲蘊外餘處，爲不屬蘊耶；爲與染浄相應而有染浄，爲不與染浄相應而有染浄耶；爲與流轉相相應而有流轉，爲不與流轉相相應而有流轉及止息耶。曰唯曰否，兩不應理。”《成唯識論》卷一亦謂：“實我實法，都無所有，但隨妄情而施設，故説之爲假。五蘊相赴，自心相分別計度，執爲實我。”按釋氏破我，論證與休謨要義相同，而立説宗旨則大異。參觀 Hume：*Treatise of Human Nature*, Bk. I, pt. iv. sect.6 and 7。

【補訂】休謨謂“我”（Personal identity，Self）初非整體常住，乃先後相續之無數部分（a succession of parts），*Treatise*, ed. L. A. Selby-Bigge，255。猶《楞嚴經》卷二波斯匿王言：“沉思諦觀，剎剎那那，念念之間，不得停住。”休謨謂辨論“我”之有無，乃文法上之疑難，而非哲學上之疑難（grammatical rather than philosophical difficulties），則猶《大智度論·我聞一時釋論》第二云：“問曰：若佛法中言一切無有吾我，云何佛經初頭言如是我聞。答曰：佛弟子輩雖知無我，隨俗法説我，非實我也。”偶檢五十年前盛行之英國文學史鉅著，見其引休謨言

"自我不可把捉"（I never can catch myself）一節，論之曰："酷似佛教主旨，然休謨未必聞有釋氏也"（The passage is remarkably like a central tenet of Buddhism，a cult of which Hume could hardly have heard）。見 O. Elton，*A Survey of English Literature*：1730—1780，1928，II，163。喜吾説與合，標而出之。

基督教神祕宗大師愛克哈脱（Eckhart）謂我死（Abgeschiedenheit）乃入道之門；《德意志神學》（*Theologia Germanica*）開卷即以破絶我相爲天人感會第一義（Soll das Vollkommene in einer Kreatur bekannt werden，das muβ Kreatürlichkeit，Geschaffenheit，Ichheit，Selbstheit und dergleichen alles verloren gehen und zunichte werden）。見 F. Paulsen：*Einleitung in die Philosophie*，S. 315 引。

【補遺】 兹據 E. T. C. de B. Evans 英譯本。*Sermon* III："Let go thyself"（Vol. I，p. 18）；*Tractate* II："Forget thyself and Flow into the abyss of the First Cause".（I，p. 287；*Sayings* ix："Renounce thyself and win the prize" I，p. 419.）

帕斯卡（Pascal）力言："我最可恨"（Le moi est haïssable）；又曰："虔事上帝，斷滅我相"（La piété chrétienne anéantit，le moi）。見 *Pensées*. Ptie II，art. XVii，§81。白瑞蒙所謂"有我在而無我執"，釋典中亦明此義。佛法"三印"，其二曰："諸法無我"，謂"人空無我，法空無我"；其三曰："涅槃寂静"，則又以"常樂我浄"四事爲境地。《成唯識論》卷十論"大涅槃"，謂此雖"本來自性清浄"，而"由客障，覆令不顯。真聖道生，斷彼障故，令其相顯，名得涅槃。一切有情皆有本來自性清浄涅槃。"《宗鏡録》卷三十四云："佛初出世，便欲説圓常之妙門，真我之佛性，爲一切外道皆妄執神我偏十方界，故云無常無樂無我無浄。又二乘及權假菩薩皆住無我之理以爲究竟，世尊又愍不達，遂乃具説常樂我浄”；又引《大涅槃經》謂：“真我佛性，喻如浄刀。諸人或以刀爲羚羊角，或以刀爲黑蛇，爲斷如是諸邪見，按見《大般涅槃經·如來性品》第十二。故如來示現，説於無我。”莊子屢言“忘我”，而《在宥》篇託廣成子論得道者曰：“吾與日月參光，吾與天地爲常。當我緡乎，遠我昏乎，人其盡死而我獨存乎。”印度《奥義書》論破小我(Gïvaātman)，參觀 *Khhādogya Upanishad*，vi Prāpathaka，iii Khaṇḍa，2。按 Max Müller 在 *Sacred Books of the East*，Vol. I，pp. 94－5 譯爲“Living self”。以證大我(Paramātman)參觀 *Brihadāranyaka*，iii Adhyāya. i Brahmana。按 Max Müller，Vol，IV，p. 121 譯爲“Highest Self”。之義，尤爲詳盡。至有分我爲五，重重膜裹，必須剥蕉抽繭，褪蜕浄盡，由外而内，以得妙樂莊嚴不可思議之我(Anandamayātman)。*Taittriyaka Upanishad*，i-vi Anavâka，*ib*，Vol. XV，pp.54－8.參觀 *Khhāndogya*，viii Prapāthaka，vii-xii Khaạḍa論 Prajňātman，*ib*. Vol. I，pp. 134－142。白瑞蒙二我之説，略當斯義。消除偏執之假我，而見正遍之真我，不獨宗教家言然。吾國陸王心學本出於禪，西方叔本華(Schopenhauer)則得力《奥義書》者甚深，按叔本華論致知窮理最高之境(“die Ideen-Erkenntnis”，“die Betrachtungsart der Dinge unabhängig vom Satze des Grundes”)，其我(das reine Subjekt der Erkenntnis)越宇宙而泯主客(參觀 J. Volkelt：*Schopenhauer*，S. 133)，即《奥義書》大我之變相也。同流合轍，固置不論。孔子言“克己復禮，天下歸仁”，而又言“爲仁由己”；仁所由爲之己，與夫克以使天下歸仁之己，分明有二己矣。參觀焦弱侯《筆乘》續編卷一《讀論語》、卷二《支談》下答方子及問，又方植之《漢學商兑》卷中之上。康德(Kant)論一心同理，超我以爲公我(die transzendentale Einheit des Selbstbewuβtseins, das allgemeinen Selbstbewuβtsein),參觀 *Krit. d. reinen Vernunft*:"Transz. Ded. d. r. Verstandesbegriffe"［nach Ausg.］§16。柏格森(Bergson)論"寄生我"(Moi parasite)非"根本我"(Moi fondamental),參觀 *Les données immédiates de la conscience*, p. 97-8。識得根本我,端賴直覺。白倫許維克(L. Brunschvicg)論人宜自身體情欲之我(Le moi organique, psychologique, intérieur ou *homo phaenomenon*),進而至於德足以順人情、智足以窮物理之我(Le moi spirituel ou *homo nooumenon*)。參觀 *Le progrès de la conscience dans la philosophie occidentale*, t. II,ch. xxii,sect.1-2,以 Ego sum 與 Ego sum Cartesius 相較(見 p. 708),二我之別尤顯。

【補遺】詹姆士亦分 I 與 Me。詳見 *Princ. of Psych*. Vol, I, p. 371 ff.。按 Lalo:*L'Expression de la vie dans l'art*, p. 77 謂白瑞蒙之 moi, 格郎榮(Grandjean)謂之 je, 白瑞蒙之 je, 格郎榮謂之 moi。余觀詹姆士 I 與 Me 之別,同格郎榮説,而適爲白瑞蒙説之反。

此數家者,派別迥異,平時持論,或相矛盾攻錯;又其立説,不爲宗教。蚌鏡内照,犀角獨喻,乃出而與宗教中神祕經驗脗合,豈神祕經驗初非神祕,而亦不限於宗教歟。與白瑞蒙論詩始合終離之瓦勒利(Valéry),言藝術家創作,鍥而不舍,慘澹經營中,重重我障(personnalité, individualité),剥除無餘(se perçoit comme nu et dépouillé),而後我之妙浄本體始見(ce moi le plus nu, le moi pur, la conscience pure, la puissance sans objets),參觀 *Introduction à la Méthode de Léonard de Vinci*, §I。則又與白瑞蒙不求合而自合。

【補訂】參觀柯爾律治論莎士比亞撰作時,"無我而有綜蓋之我"(Shakespeare in composing had no *I*, but the *I* representative)。見 *Biographia Literaria*, ed. J. Shawcross, I, 213 note。

然則神祕經驗，初不神祕，而亦不必爲宗教家言也。除妄得真，寂而忽照，此即神來之候。藝術家之會心，科學家之物格，哲學家之悟道，道家之因虚生白，佛家之因定發慧，莫不由此。《奥義書》屢以“睡眠”（Samprasāda，Svapna）爲超識入智之門。參觀 *Khhāndogya*，vi Prapāthaka，vii Khanda：1–2，*op*，*cit*.，Vol.I，pp. 98–9。《西京雜記》卷二載司馬相如爲《子虚》、《上林》時，“意思蕭散，不復與外事相關。忽然如睡，焕然而興”。

【補訂】西班牙古神祕宗師（Bernardino de Laredo）亦謂靈魂睡眠時，心行都寂（el sueño espiritual，en el cual adormidas las potencias de estas ánimas），天人融會，入極樂之黑甜鄉（este bendito dormir que junta el ánima a Dios）。見 E. Allison Peers，*Spanish Mysticism*，78–9。

《成唯識論》卷五云：“云何爲定。於所觀境，令心專注不散爲性。依斯便有抉擇智生。”蓋調息制感，定入三昧，自然生慧；以不落思惟爲體者，有不可思議之用也。《莊子·人間世》曰：“仲尼曰：一若志，惟道集虚。虚者、心齋也。顔回曰：回之未始得使，實自回也；得使之也，未始有回也，可謂虚乎。子曰：盡矣。聞以有知知者矣，未聞以無知知者也。虚室生白，吉祥止止，徇耳目内通而外於心知，鬼神將來舍。”又《大宗師》顔淵自道坐忘曰：“墮肢體，黜聰明，離形去知，同於大通。”又《天道》曰：“萬物無足撓心，故静。水静猶明，而况精神。虚則静，静則動，動則得矣。”《莊子》書中此類語甚多。“未始有回”，即無我也；“以無知知，去知而同大通”，“静則動，動則得”，即定生慧也。無我而有我，相反相成，德拉克洛瓦（H. Delacroix）論神祕經驗所謂“似明如昧”（clarté-obscurité）、“似作如受”

(activité-passivité)。參觀 *La religion et la foi*, p. 247。致知窮理，亦莫不然。

【補訂】參觀僧肇《寶藏論·廣照空有品》第一："若言其明，杳杳冥冥。若言其昧，朗照澈明。若言其空，萬用在中。若言其有，闃然無容"云云。

其求學之先，不著成見，則破我矣；治學之際，攝心專揖，則忘我矣。《關尹子·一字》謂："道無人無我。如魚見食，即而就之，魚釣斃焉，不知我無我。逐道者亦然。"《五燈會元》卷十七泐潭善清章次記黃龍祖心曰："子見貓兒捕鼠乎。目睛不瞬，四足據地，諸根順向，首尾一直，擬無不中。子誠能如是，心無異緣，六根自静，默然而究，萬無一失也。"按《禮記·射義》："以貍首爲節"，皇侃謂舊解云："貍之取物，則伏下其頭，然後必得。言射亦必中，如貍之取物矣。"黃龍語是其的解。皆喻此境。及夫求治有得，合人心之同然，發物理之必然；雖由我見，而非徒己見，雖由我獲，而非可自私。放諸四海，俟諸百世。譬如鑿井及泉，鑽石取火；鑽與鑿，我力也，而泉與火，非我力也，斯有我而無我也。故每曰"神助"，莊子所謂"鬼神將來舍"。蓋雖出於己，而若非己力所及，陸士衡《文賦》所謂："雖茲物之在我，非余力之所勠"，是矣。

【補訂】參觀《管錐編》論《全上古三代秦漢三國六朝文》第一三八"文機利滞"。哈葛德(H. Rider Haggard)日記載吉卜林(Rudyard Kipling)言得意之作，實非自出，乃别有所受，借書於己手耳。"吾儕猶傳聲之電話線而已。即如君之《三千年艷屍記》，君亦自知於己無與，有憑依者而假手於君焉"(We are only telephone wires. You didn't write *She*, you know. Some one wrote it through you!)。見 quoted in *TLS*,

Aug. 8, 1980, p. 888。布盧阿日記云："人稱我有文才，我亦自言之，然我初不解何謂也。偶取己所撰著，閲讀數葉，乃識作書之我高出我多多許，驚愧無地"（Quand on me parle de mes dons d'écrivains ou que j'en parle moi-même aux autres, je ne comprends absolument pas. Il m'est arrivé de relire certaines pages de mes livres et d'être écrasé par le sentiment de l'épouvantable supériorité sur moi de celui qui écrit ces pages.）。見 Léon Bloy, *Mon Journal*, août 17, 1898, p. 124。

《宗鏡録》卷六十五謂："聖人正知，雙照有空，不住内外。似谷答聲而絶慮，如鏡鑒象而無心。全色爲眼，常見色而無緣；全眼爲色，恒稱見而非我。眼是我，能見，今全爲色，正見之時，即非我也。"帕斯卡論窮理之功能曰："雖在我而非我也。"（Un être qui soit en nous et qui ne soit pas nous）見 *Pensées*, Ptie II, Art. xvii, § 49。

【補遺】愛克哈特亦申明此意。參觀 *Sermon* III. "Know then, the ideas of these acts are not thine own. Lay no claim thereto...Thou receivest it temporarily"（Evans, Vol. I, p. 117）。

德比朗(Maine de Biran)曰："顯真明理之作用，雖在於我，不同於我"（L'esprit de vérité pouvait être en nous sans être nous-mêmes, ou sans s'identifier avec notre propre esprit, notre *moi*）。見 Naville: *Maine de Biran, sa vie et ses pensées*, p. 377 引。參觀 J. E. Downey: *Creative Imagination*, p. 171。所舉詩人小説家創作時若非己出(not oneself)諸例。世間學問所證，至有我無我、在我非我一境而止。心宗神祕家言，更增無我乃是有我、非我而是真我一境，

【補遺】普羅提納屢言之(cognition and vision as self-consciousness)。參觀 *Enn*. V: 3: 4 Guthrie, II, p. 10、96; V: 8: 11

Guthrie, I, p. 570。

《奥義書》所謂“我即梵”(This Self is Brahman, omnipotent and omniscient); *Brihadāranyaka*, II Adhyāya, v Brāhamana 19, *op. cit*, Vol. XV, P. 117. 釋氏所謂“不於心外見法”。故白瑞蒙謂詩祕爲未具足之神祕也。蓋出世宗教注重虚静，面壁絶緣，以見不斷滅之清净自性；如净眼人，遠離眩翳，以見净眼本性。見《瑜珈師地論》卷七十六。守定此心，故所得亦不外此心；先伏一法身真我，故雖破我而仍歸於我耳。夫洗心藏密，息思止欲，乃有意求無意，決心欲息心，如避影而走日中。《東山談苑》記伊川過漢江遇風，老父謂“心存誠敬，不若無心”。《二程遺書》卷二上曰：“司馬子微嘗作坐忘論，是所謂坐馳也。”《朱子語類》卷九十六論心“操之則存、舍之則亡”，曰：“司馬子微坐忘論，是所謂坐馳也。他只要得恁地虚静都無事，但只管要得忘，便不忘，是坐馳也。”又卷一百十八云：“纔著個要静底意思，便是添了多少思慮。”爲釋老之學者，未嘗無見於斯弊。東坡《送柳子玉兼寄其兄子璋道人》七律云：“説静故知猶有動，無閑底處更求忙”，即程、朱之意。又《戲錢道人》兩七絶曰：“首斷故應無斷者，冰銷那復有冰知。主人若苦教儂認，認主人人竟是誰”；“有主還須更有賓，不如無鏡自無塵。只從夜半安心後，失卻當年覺痛人。”

【補訂】《朱子語類》卷一百十四又云：“纔要閒便不閒，纔要静便不静。”先秦子書早道此意。《韓非子·解老》：“夫故以無爲無思爲虚者，其心常不忘虚，是制於爲虚也。虚者、謂其意無所制也。今制於爲虚，是不虚也。”辣手快刀，斬斷葛藤。參觀本書第246頁“補訂”、又《管錐編》論《老子王弼註》第一三、論《列子張湛註》第三“遣其遣”、論《全上古三代秦漢三國六朝文》第一六七“屢空”。

三祖僧璨《信心銘》曰：“止動歸止，止更彌動。”六祖聞卧輪斷思想以長菩提之偈，以爲徒加繫縛，因示偈云：“慧能没伎倆，不斷百思想。對境心數起，菩提作麽長。”道家《定觀經》偈曰：“起心欲息知，心起知更煩。”調息静坐，爲者敗之；忘不待坐，心不勞安。心者以動爲性，以實爲用。非静也，凝而不紛，鍥而不舍。心專則止於所注之物，非安心不動，乃用心不移。如大力者轉巨石，及其未轉，人石相持，視若不動，而此中息息作用、息息消長也。亦非虚也，聚精會神，心與心所注者融會無間，印合不賸；有所寄寓，有所主宰，充盈飽實，自無餘地可容雜念也。陳器之《潛室語》云：“明道言中有主則實，實則患不能入；伊川言心有主則虚，虚則邪不能入。其所主不同，何也。蓋有主則實，謂有主人在内，先實其屋，外客不能入，故謂之實。有主則虚，謂外客不能入，只有主人自在，故又謂之虚。知惟實故虚。”見《宋元學案》卷六十五引。

【補訂】參觀《管錐編》論《全上古三代秦漢三國六朝文》第一九五“瀉瓶”，又本書第 143 頁“補訂”。朱子反復申説此意。《朱文公集》卷四十五《答廖子晦》之十：“自其内欲不萌而言，則曰虚。自其外誘不入而言，故曰實”；《朱子語類》卷一百十三：“有主則實，此實字是好，蓋指理而言也。無主則實，此實字是不好，指私欲而言也”（參觀卷九十六論“有主於中”四條）。《阿含經》及《二程遺書》均以瓶器滿盛水喻心之有主則實，馬丁·路德亦能近取譬，其《語録》第六百五十四則云：“吾遭逢大不如意事，急往飼牧吾猪，不欲閒居獨處。人心猶磨坊石磑，苟中實以麥，則碾而成麵；中虚無物，石仍轢轉無已，徒自研損耳。人心倘無專務，魔鬼乘虚潛入，挾惡念邪思及諸煩惱以俱來，此心遂爲所耗蝕矣。”(When I am assailed with heavy tribulations, I rush out among my pigs, rather than remain alone by myself. The human heart is like a millstone in a mill; when you put wheat under it, it turns and grinds and bruises the wheat to flour; if you put no wheat, it still grinds on, but then'tis itself it grinds and wears away. So the human heart, unless it be occupied with some employment, leaves space for the devil, who wriggles himself in, and brings with him a whole host of evil thoughts, temptations and tribulations, which grind out the heart.) 見 Martin Lutber, *Table Talk*, tr. W. Hazlitt, "Bohn's Library", 275。

【補正】馬丁·路德以磨坊石礚擬人心之喻，十七世紀德國詩人嘗采入所撰“警句”(Ein Mühl und ein Menschenherz wird stets herumgetrieben;/Wo beides nichts zu reiben hat, wird beides selbst zu reiben... Friedrich von Logau, *Sinngeschichte: ein Auswahl*, by U. Berger, 1967, 109)。

故順世學問，不事三昧心齋者，亦每證此境。《管子·心術》曰：“静乃自得，聖人得虚道。去欲則宣，宣則静，静則精，精則獨，獨則明，明則神”；又曰：“思之思之，思之不得，鬼神教之。非鬼神之力也，其精氣之極也。”參觀《吕覽·博志》：“精而熟之，鬼將告之。”《荀子·解蔽》曰：“治之要在於知道。何以知道，曰心。心何以知，曰虚一而静。心未嘗不臧也，然而有所謂虚；心未嘗不滿也，然而有所謂一；心未嘗不動也，然而有所謂静。”參觀《關尹子·五鑑》云：“無一心；五識並馳，心不可一。無虚心；五行皆具，心不可虚。無静心；萬化密移，心不可静。借能一，則二偶之；借能虚，則實滿之；借能静，則動摇之。”劉原父《公是弟子記》論“見天地之心”一條有云：“復静者，言得一也，非死且寐之謂也。”周子《通書·聖》第四曰：“寂然不動者，誠也。感而遂通者，神也。動而未形有無之間者，幾也。”明道《定性書》曰：“所謂定者，動亦定，静亦定，無將迎，無内外。烏得以從外者爲非，而更求在内者爲是也。”朱子《答江德功書》曰：“格物可以致知，猶食所以爲飽。佛老之學欲致其知，而不知格物所以致其知，不免於蔽隔離窮之失。”黄式三《儆居集·經説》卷二《静説》云：“静非冥寂。《月令》：事欲静。類推之，《詩》：琴瑟静好，籩豆静嘉，皆以事言。《詩》：静言思之。類推之，《大學》：定而后能静，《經解》：潔静精微，皆以思言。《樂記》：人生而静，天之性也，感於物而動，性之欲也。好惡無所感於外，不思而渾全之，固静矣；思之得正，好惡不繫於物，亦静矣。”斯數説也，不特深明心之體用，而亦切中神祕經驗之病痛。試以前引管子、莊子二家之説相較，則出世間宗教之神祕經驗與順世間學問之神祕經驗，異同之處，皎然可識。管子所謂“鬼神教之”，即莊子所謂“鬼神將來舍”也。顧管子曰：“思之思之，精氣之極”；莊子曰：“以無知知，外於心知。”蓋一則學思悟三者相輔而行，相依爲用；一則不思不慮，無見無聞，以求大悟。由思學所得之悟，與人生融貫一氣，不棄言説，可見施行。而息思斷見之悟，則隔離現世人生，其所印證，亦祇如道書所謂“視之不見，聽之不聞；搏之不得”，佛書所謂“不可説，不可説”而已。按 *Enneads*, V, V, 6 謂“真一”(one)不可言説，(*op. cit.*, vol. V, p. 585)《奥義書》中屢以不可知覺、不可思議等語形容大我(Atman)與梵(Brāhman)。見

Brihadāranyaka, II Adhyāya, i Brahmana; i iii Brahmana, 6; III Adhyāya, iv Brahmana, 2; vii Brahmana, 23; viii, Brahmana, 8; ix Brahmana, IV Adhyāya, ii Brahmana, 4; iv Brahmana; 22; v Brahmana, 15 (*op. cit.*, Vol, XV, pp. 100-5, 108, 129, 136, 137-8,139-51, 160, 179-80, 185); *Kaṭḥa*, I Adhyāya, iii Vailli, 12(*op, cit.* Vol, XV, p. 13)。參觀P. H. Wickstead: *Reactions between Dogma and Philosophy*, pp. 287ff.論 Theology of Negation 又 Delacroix: *La religion et la foi*, p. 250 謂神祕經驗當分 l'extase utilitaire 與 l'extase lyrique 二種。前者求神通法術。尚非神祕真諦。後者所證，不落言説影象(vide d'images et de formes)乃爲至境。不絶見聞，則思有物而悟有主，朱子所謂食可得飽也。

【補訂】《禮記・祭統》:“齊［齋］之爲言齊也，齊不齊以致齊者也。不齊，則於物無防也，嗜欲無止也。故記曰：齊者不樂，言不敢散其志也。定之之謂齊。齊者，精明之至也，然後可以交於神明也。”即釋道所謂“定生慧”、“虚室生白”也。《朱子語類》卷一百二十論“打破那黑底虚静，换做個白底虚静”，卷一百二十一論“只守得塊然的虚静，裏面黑漫漫地，不曾守得那白底虚静，濟得甚事”。詞意大類並出之“虚室生白”。參觀卷十二論“有死敬，有活敬”，卷一百十五論“心在此應事，不可謂之出外”。

屏絶内外，抑遏興會；以陶鍊生金之法，除垢銷貭，攝受調柔；醫治癰疽之法，利刀剖，周𨂂搦，帖塞團帛，求圓滿純浄之心。見《瑜珈師地論》卷十三、卷五十八。《四十二章經》比之磨鏡煅鐵，西方謂爲剥葱法(Peeling the onion)。見 Inge: *Philosophy of Plotinus*, vol. II, p. 146。

【補訂】鍊金之喻早見《奥義書》(As a goldsmith, taking a piece of gold, turns it into another, newer and more beautiful shape, so does this Self, after having thrown off this body, make unto himself another... like Brahman)。見 *Brihadranyaka*, Ⅳ. iv. 4, *Sacred Books of the East*, XV, 175-6。《分别六界經》等均有之。唐譯《華嚴經·十地品》第二十六之一亦云:"譬如金師,善巧錬金,數數入火,轉轉明浄,調柔成就,種種堪用。"《奥義書》復以蘆莖抽髓爲喻(Let a man draw that Self forth from his body with steadiness, as one draws the pith from the reed)。見 *Katha I*. vi. 17, *ib*., XV, 23-4。可與"剥葱"之喻比勘。易卜生一名劇中主角號"自我之帝皇"而欲覓處世應物之"自我",則猶剥玉葱求其核心然,層層揭浄,至竟無可得(*Peer Gynt*, IV. xiii, Begriffenfeldt: "Long live the Emperor of Self!"; V. v, Peer: "There's a surprising lot of layers [in the wild onion]! /Are we never coming to the kernel? /There isn't one! To the innermost bit/It's nothing but layers, smaller and smaller...")。見 Everyman's Library, 171, 201-2。苟休謨破我爲冥契佛旨,則易卜生此節大類佛之逸經。釋典言車成於聚材,拳成於合指,皆無自體(參觀《管錐編》論《老子王弼註》第一二"老子喻言有輿也"段);玉葱之喻,不啻"如是我聞"。法國新文評派宗師言誦詩讀書不可死在句下,執著"本文";所謂"本文",原是"本無",猶玉葱層層剥揭,内藴核心,了不可覓(It would be better to see it [the text] as an onion, a construction of layers (or levels, or systems) whose body contains, finally no heart, no kernel, no secret, no irreducible principle, nothing except the infinity of its own envelopes which envelop nothing other than the unity of its own surfaces.)。見 Roland Barthes:“Style and Its Image”, in S. Chapman, ed. *Literary Style: A Symposium*, 1971, 10。即六祖所謂:“心迷《法華》轉,心悟轉《法華》”;其破“本文”亦猶釋宗密《原人論》之證人乃“五陰和合”,初無自體。此又當世西方談藝中禪機一例。祖師禪歟,野狐禪歟,抑冬瓜印子蝦蟆禪歟,姑置勿論可也。

空洞超脱,必至以無所見爲悟,以不可有爲得,以冥漠混沌爲其清浄洞澈。如《莊子·知北遊》光曜所謂“有無無無”;《傳燈録》卷三神光曰:“我心未寧,乞師與安。”達摩曰:“將心來與汝安”。曰:“覓心了不可得。”曰:“我與汝安心竟。”卷三慧能偈曰:“本來無一物,何假拂塵埃。”卷四道信問懶融曰:“在此作什麼”,曰:“觀心。”曰:“觀是何人,心是何物。”卷七僧問道在何處,惟寬曰:“汝有我故,所以不見。”曰:“無我還見否。”曰:“無我阿誰求見。”卷二十九龍牙頌云:“悟了還同未悟人”,又答僧問悟後景象曰:“如賊入空室。”卷三十僧璨《信心銘》云:“不用求真,唯須息見。”譬如恐多食致腹疾,乃絶飲食,移帶孔,使忘飢也。至於爲己太甚而克己,視物太重而絶物,端身正願,安住背念,作青瘀膿爛胮脹骨鎖諸觀,以息泉塞徑,止煙滅火。病徵幻覺,往往因之而起矣。按心析學派以宗教神祕經驗爲人欲(libido)變相,Jung論phantasy thinking不自主、離實際、乏效用、超言詮(hypologisch),見*Psychology of the Unconscious*, Eng. tr. by B. M. Hinkle, pp. 5-11。皆與宗教神祕經驗有符。所舉例證多出印度及基督教經典,《奥義書》雖亦在徵引,似未細讀。*Brihadāranyaka*, V. vi,真我居心中,小如黍米,而爲萬物主宰(Vol. XV, p. 192)。*Khhāndogya*, III. xiv, 3真我居心中,小於米粒芥子,而大於天地(Vol. I, p. 48)。*Katha*, I, ii, 18-21真我無生滅,小於至微,大於至鉅,寓人心中,息而能行遠,止而能無不至;同書I, vi, 17真我居心中,不過如拇指大(the person not larger than a thumb);又同書 II,iv,12 有人居我中，纔如拇指(The person of the size of a thumb)(Vol. XV. pp. 10－1, 16, 22)。*śvetāsvatara*, V. 8 有人不過拇指大(Not larger than a thumb)(Vol. XV, p. 257)。Jung 書中僅引小於至微大於至鉅一節，説爲馬藏相之變態(phallus or "dwarfed God")，且舉伊甸拇指(Idaean dactyli)爲比（見英譯本 p. 73)。其説之是非姑置不論，而《奥義書》中明有拇指之喻，胡不引爲論據耶。*Brihadāranyaka*, IV, iii, 21: "Now as a man, when embraced by a beloved wife, knows nothing that is without, nothing that is within, thus this person, when embraced by the intelligent Self, knows nothing that is without, nothing that is within."(Vol. XV, p. 128)復比神祕經驗於男女歡媾，了無忌諱。Jung 竟失之眉睫，何哉。竊謂《奥義書》稊米等語，當與孟子"養吾浩然之氣充塞乎天地之間"，程子"放之則彌六合、卷之則退藏於密"參觀。然出世宗教無所用心而悟，世間學問用心至無可用，遂亦不用心而悟。按此即 Wallas 所謂 Incubation,參觀 *Art of Thought*, pp. 88－91又 Keats's Letter to G. and Georgiana Keats, March 19. 1819。言作詩中此境最妙者爲 Tennyson："Perfection in art is perhaps more sudden sometimes than we think, but then the long preparation for it, that unseen germination, *that* is what we ignore and forget."出世宗教之悟比於闇室忽明，世間學問之悟亦似雲開電射，按神祕宗教家如 Bonaventura 所謂 Scintilla 及 Eckhart 所謂 Fünkelein，皆可與前引科學家 Helmholtz 所謂 Geistesblitz 参觀。F. Baldensperger: *Littérature*, p.19, p. 23 亦引 Michelet 言 L'éclair de Juillet，又 Buffon 言 Un petit coup d'éléctricité,詞意均脗合,《五燈會元》卷十九載佛眼撥爐見火而悟、卷二十自回鑿石見火而悟、祖元見剔燈而悟，亦資比勘。心境又無乎不同。

【補遺】近讀柏拉圖書牘第七函，有論熟思而後悟一節，乃知西籍中厥喻肇始於此。*Thirteen Epistles of Plato*, tr. L. A.

Post, p. 94："Acquaintance with truth must come suddenly, like a blaze kindled by a leaping spark."

【補訂】《朱子語類》卷十八論"致知節目"云："逐節思索，自然有覺。如諺所謂：冷灰裏豆爆。"尼采自道其"烟士披里純"(was Dichter starker Zeitalter *Inspiration* nannten)之體驗云："心所思索，忽如電光霍閃，登時照徹，無復遁形，不可遊移。"(wie ein Blitz leuchtet ein Gedanke auf, mit Notwendigkeit, in der Form ohne Zögern.) 見 *Ecce Homo*, in *Werke*, hrsg. K. Schlechta, II, 1131。

蓋人共此心，心均此理，用心之處萬殊，而用心之塗則一。名法道德，致知造藝，以至於天人感會，無不須施此心，即無不能同此理，無不得證此境。或乃曰：此東方人説也，此西方人説也，此陽儒陰釋也，此援墨歸儒也，是不解各宗各派同用此心，而反以此心爲待某宗某派而後可用也，若而人者，亦苦不自知其有心矣。心之作用，或待某宗而明，必不待某宗而後起也。

【補訂】有論神祕經驗非一宗一派所得而專，取譬於黄金可鑄各種貨幣，通用雖異，而本質無殊(But the gold from which this diverse coinage is struck is always the same precious metal)。見 Evelyn Underhill, *Mysticism*, 12th ed., 96。

上舉釋、道、儒、法，皆切己體察之言，初不相爲源委也。余前引陸桴亭謂"禪人所謂悟，儒者喚作物格知至，看得平常"，洵爲通人卓識，惜其不知道家、法家等皆言此境，只是亦"别立名目"耳。詹姆士(William James)論宗教有派别之異，而所證神祕經驗，則同具四種徵象，見 *Varieties of Religious Experience*, pp. 380－2。惜其不知神祕境界初不限於宗教耳。按詹姆士書 p. 389,

p. 417又 E. Spranger：*Lebensformen*，S. 252-3皆謂黑格爾辯證法，即以神祕經驗納之於論理方式。參觀 J. B. Bury：*Later Roman Empire*. I，p. 13 稱 Proclus 爲“新柏拉圖主義中之黑格爾”。又 W. Wallace：*Logic of Hegel* p. 386-7；T. Whittaker：*The Neo-Platonists*，2nd ed.，p. 253。

【補遺】Kierkegaard 早言黑格爾欲於論理方式中納置跳越經驗(statuierte den Sprung in der Logik)，宜其失敗。*Der Begriff der Angst*，übersetzt von C. Schrempf，S. 24.

【補訂】歌德早言神祕主義乃“心腸或情感之辯證法”(Ein geistreicher Mann sagte，die neuere Mystik sei die Dialektik des Herzens；der Mystizismus ist die Scholastik des Herzens，die Dialektik des Gefühls. 見 *Spruchweisheit*，in *Sämtl. Werke*，“Tempel-Klassiker”，III，338，343)，即别之於頭腦或思想之辯證法也（參觀《管錐編》論《全上古三代秦漢三國六朝文》第七四“哀亦訓愛悦”段。今人闡釋黑格爾，甚稱美國哲學家羅伊斯(Josiah Royce)語：“情感深巨，則其消息皆合辯證之理”(All the great emotions are dialectical)。見 W. Kaufmann，*Hegel*：*Reinterpretation*，*Texts*，*and Commentary*，1965，170。實則歌德此言，已見端倪。詩人如柯爾律治、列奥巴爾迪皆體察情感之成虧生剋，筆之日記（參觀《管錐編》論《全上古三代秦漢三國六朝文》第一三“樂極生悲”)。近世心理學家闡發古希臘哲人赫拉克利特(Heraclitus)所標“反轉”(enantiodromia)之説，謂意識中有偏向，則潛意識中能生相剋之反向(the emergence of the unconscious opposite whenever an extreme and one-sided tendency dominates the conscious life)。見C. G. Jung，*Psychological Types*，tr. H. G. Baynes，541-2。有人至稱情感之辯證，視觀念之辯證更純全

正準，抒情詩作者具此相反相成之體會(An die Stelle der Dialektik des Begriffs tritt immer reiner und bestimmter die Dialektik des Gefühls：die zugleich einheitliche und gegensätzliche Weltempfindung des Lyrikers)。見 E. Cassirer，*Idee und Gestalt*，1922，152。往日浪漫主義論師嘗謂，抒情詩之謀篇悉符辯證法之自正而反而合(Der Gang der lyrischen Poesie ist besonders idealistisch—das Fortschreiten durch Thesis，Antithesis und Synthesis—das Zyklische—das Potenzierte)。見 F. Schlegel，*Literary Notebooks*，ed. H. Eichner，167-8，§1678；cf. 124，§1176。其拈示“情感之辯證法”，亦親切著明矣。

諸凡心注情屬，凝神忘我，涣然徹然，願償志畢，皆此境也。參觀 *Philosophy of Plotinus*，vol. II，p. 154：“The mystical experience is not necessarily associated with meditation on the being and attributes of God. Any concentrated mental activity may produce it”。故古德有參苕帚、竹篦、石磨而悟道者。按王陽明《傳習録》卷下言：“曾實用晦菴格物之説，與錢友早夜同格亭前竹子。極心思而不得其理，錢友三日致疾，余亦七日致疾。”陽明《年譜》弘治五年下亦言：“官署多竹，即取竹格之，沈思其理不得，遂遇疾。”蓋陽明以禪人參公案之法，求外物之理，南轅北轍，宜其於順世間學問之悟與出世間宗教之悟，兩無所得也。羅整菴《困知記》卷下自言：“聞老僧舉禪語佛在庭前柏樹子，爲之精思達旦，攬衣將起，則恍然而悟。後官南雍，潛玩儒書，乃知前所見者，此心虚靈之體，非性之理也。”陽明格竹而致疾，整菴參柏而得悟，二事相反而正相成，用陽明格竹之道，充類至盡，亦祇見自心之體，非格外物之理。故《傳習録》卷下謂“花不在心外”，“草木有人良知”也。《瑜珈師地論》卷三十論“九種心住”，攝録其心；繫在於内，令不散亂，“調順寂静，專注一趣。"《朱子語類》卷百二十四云："如禪家乾屎橛等語，其上更無意義，又不得别思義理。將此心都禁遏定，久久忽自有明快處，方謂之得。"又卷一百二十六云："禪只是一個呆守法，如麻三斤、乾屎橛，他道理初不在這上。只是教他麻了心，只思量這一路，專一積久，忽有見處，便是悟。"參觀 Plotinus："The Soul must forsake all that is external, and turn itself wholly to that which is within; it will not allow itself to be distracted by anything external... it will not even know itself"（Inge：*The Philosophy of Plotinus*, vol, II, p. 136）。

【補遺】《雜寶藏經》卷九即有二例。一爲老比丘，朽邁昏塞，諸少比丘戲弄之，以皮毱打其頭上而語之言："此是須陀洹果"；老比丘聞已，繫念不散，即得四果。二爲女人求道，請老比丘説法；比丘自知愚闇，俟彼女人閉目静坐，棄之而走，女人深心思惟，即得初果。英詩人丁尼生常言自思其名字，繫念不散(thinking intently of his own name)，能得神祕經驗，詳見 *Tennyson*：*a Memoir*, by his Son. 1897 Vol. II, p. 473-4。

【補訂】《朱子語類》卷一百二十六又云："麻三斤之類看來看去，工夫到時，恰似打一個失落一般。莊子亦云：'用志不紛，乃凝於神'；也只是如此教人。"參觀卷一百十五訓人傑云："平日工夫，須是做到極時，四邊皆黑，無路可入，方是有長進處"；又卷九論司馬君實"念個中字"條。

【補正】英詩人丁尼生嘗道自兒時始，即常"出神"或"入定"。閒居獨處，默呼己名不已，集念專注自我，忽覺自我消亡，與無涯涘之真元融合，境界昭晰，了不模糊，而語言道斷(...a kind of "waking trance" this for lack of a better word: I have frequently had quite up from boyhood when I have been all alone. This has often come upon me through repeating my own name to myself silently, till all at once as if it were out of the intensity of the consciousness of individuality the individuality itself seemed to dissolve and fade away into boundless being...and this not a confused state but the clearest of the clearest, the surest of the surest, utterly beyond words... where Death was an almost laughable impossibility...the loss of personality[if so it were]seeming no extinction but the only true life.)。見 R. B. Martin, *Tennyson: the Unquiet Heart* (1980, 28-9)。不啻述“念‘驢’字”、“麻了心”等之禪悟也。

而《捫虱新語》卷十《佛家悟入》條謂:“治世語言亦可悟入。”晁文元《法藏碎金録》好言“文字般若”,每引詩句以明禪悦,庾闡、杜牧、張蠙、周賀之什無不掎摭,取於白香山者尤多,卷七取李白《夜懷》詩:“宴坐寂不動,大千入毫髮”;潘佑《獨坐》詩:“凝神入混茫,萬象成空虚”;以爲“入道深密”。卷六復兩引潘佑此語及貫休“融神出空寂”兩句,以爲“一則學道之初,一則學道之成”。

【補訂】包宏父《敝帚稿略》卷二《答曾子華論詩書》亦云:“李之‘宴坐寂不動,湛然冥真心’,杜之‘願聞第一義,回向心地初’。雖未免雜於異端,其志亦高於人幾等矣。”杜句出《謁文公上方》詩,李句亦即出晁文元所引《廬山東林寺夜懷》詩。李詩末四句云:“宴坐寂不動,大千入毫髮。湛然冥真心,曠劫斷出没”,可參觀宋之問《雨從箕山來》之“深入清净理,妙斷往來趣”。均智者所謂“止觀”也。

竊觀禪人接引話頭,每取詩人名句爲之。《五燈會元》卷二十袁覺至謂客曰："東坡云：'我持此石歸，袖中有東海。'山谷云：'惠崇烟雨蘆雁，坐我瀟湘洞庭；欲唤扁舟歸去，傍人謂是丹青。'此禪髓也。"

【補訂】釋曉瑩《羅湖野録》卷二載辯禪師聞僧舉佛眼以"揚子江頭楊柳春"一詩發明罽賓王斬獅子尊者話，默有所契。楊有仁編《太史升菴全集》卷七十三記元徐士英《金剛經口義》解"一相無相"分"四果"，以杜詩"山梨結小紅"、"紅綻雨肥梅"、"四月熟黄梅"、"掛壁移筐果"一一分證，謂爲"詩禪"。參觀本書第246頁"補訂"。

可見不必參禪，而亦能證禪境。《莊子·達生》、《列子·黄帝》論全於酒；《法藏碎金録》卷三稱"酒功德，醉人内外兩全"；波德萊爾自云食麻醉品，可臻人神融合（l' homme-dieu）之境。參觀 *Du vin et du haschisch*, iv, v; *Paradis artificiels*, iii, iv。《奥義書》以出世間神祕經驗比於男女歡媾，見前引。近日勞倫斯復自男女愛欲中，得出世間神祕經驗。參觀 *Letters of D. H. Lawrence*. Introduction by A. Huxley, p. ix ff. "Materialistic mysticism"。

【補訂】參觀《管錐編》論《列子張湛註》第八"昏黑沉酣宗"。皇甫松《勸僧酒》亦云："勸僧一杯酒，共看青青山。酣然萬象滅，不動心印閑。"

此真布萊克所云："一切情感，充極至盡，皆可引人入天（All emotion, if thorough enough, would take one to heaven）。"《支諾皋》卷下載村人爲僧紿，日念"驢"字，遂具神通。白瑞蒙知以詩歌通之神祕境界，而於神祕境界，未能如桴亭之看作平常（Omnia exeunt in mysterium），余故不憚煩而爲推演也。或曰："既平常，則何以自己不常覺，他人不常道。"曰：平常非即慣常。譬如人莫不飲食，而知味者則鮮。凝神忘我而自覺，則未忘我也；及事過境遷，亡逋莫追，勉强揣摹，十不得一。微茫渺忽，言語道窮，故每行而不能知，知而不能言，不知其然而然。《莊子・天道》篇輪扁之對桓公，《達生》篇吕梁丈夫之答孔子，非誕説也。詹姆斯論神祕經驗特徵，一曰“易消失”（transiency），但丁言神祕經驗不可記憶，如作好夢，醒後模糊，僅覺喜悦。見 *Paradiso*, canto XXXIII, 55-63。按 Inge: *Philosophy of Plotinus*, Vol. II. p. 156-7亦引是節，而著眼處與余大異。

【補訂】山谷茶詞《品令》：“口不能言，心下快活自省”，大可借以檃括但丁道神祕經驗之憶不真、說不得，而餘甘在心（Da quinci innanzi il mio veder fu maggio/che il parlar nostro ch' a tal vista cede, /e cede la memoria a tanto oltraggio. /Qual è colui che somniando vede, /che dopo il sogno la passione impressa/rimane, e l' altro alla mente non riede, /cotal son io, ché quasi tutta cessa/mia visione, ed ancor mi distilla/nel cor lo dolce che nacque da essa）。見 *Paradiso*, XXXIII, 55-63, *La Divina Commedia*, Riccardo Ricciardi, 1189-90; cf. *paradiso*, I, 4-9, pp. 781-2。普羅提諾言：“與神遇接時，人不及言亦不能言；事過境遷，庶擬議之”（Au moment du contact on n'a ni le pouvoir ni le loisir de rien exprimer; c'est plus tard que l' on raisonne sur lui.）。見 *Ennéads*, V, iii, 17, tr. É. Bréhier, V, 73。聖奥古斯丁言：“事後祇戀戀而不了了，彷彿曾遇美食，而僅得聞香，未能嘗味”（nou mecum ferebam nisi amantem memoriam et quasi olefacta desiderantem, quae comedere nondum possem）。見 *Confessions*, VII. xvii, Loeb, I, 386。聖貝爾納（St. Bernard）謂神祕境界之體驗，“其事甚罕，

其時甚暫，其況超絶語言文字。(Dulce commercium，sed breve momentum et esperimentum rarum；sed heu，rara hora et parva mora；nec lingua ualet dicere，nec lettera exprimere. quoted in É. Gilson，*Les idées et les lettres*，48-9)。聖戴萊莎(St. Theresa)謂："記憶力擾人如蚊子，入定時則此蟲聲銷跡滅" (in the state of rapture that troublesome gnat，the memory，is completely obliterated. quoted in R. A. Vaughan，*Hours with the Mystics*，II，169.)。華兹華斯詩亦寫靈魂出定後，祇憶曾覺如何，而不省所覺是何(The soul/Remembering how she felt but what she felt/Remembering not，retains an obscure sense/of possible sublimity)。見 *Prelude*，Bk. II，11. 315ff。釋典所言有異乎是者。唐譯《華嚴經·十定品》第二十七之二："此三昧名爲清浄深心行。菩薩摩訶薩於此三昧入已而起，起已不失。譬如有人，從睡得寤，憶所夢事。覺時雖無夢中境界，而能憶念，心不忘失。菩薩摩訶薩入於三昧，見佛聞法，從定而起，憶持不忘，而以此法，開曉一切。"謝勒(Max Scheler)分神祕經驗爲"冷静明覺"(die kühle,helle Intellektuellenmystik)與"冥墨沈酣"(die dunkle vitale Rauchmystik)二宗（參觀《管錐編》論《列子張湛註》第八"昏黑沉酣录"），蓋爲此也。

亞理斯多德論有創造力之思想，亦云："無時間性，變易不居，勿滯於物，不可記憶"(This creative reason thinks eternally. Of this unceasing work of thought，however，we retain no memory，because this reason is unaffected by its objects)。見 *Aristotle's Psychology*，with Introduction and Notes，by E. Wallace，p. 161，p. 272。且日常人生中，固無事不可凝神忘我。龐居士所謂："神通并妙用，

運水及搬柴"；招賢所謂："困即睡，倦即起。夏天赤骨力，冬寒須得被。"而真能凝神忘我者，卻不多見。《傳燈録》卷六源律師問慧海禪師曰："和尚修道，還用功否。"師曰："飢來吃飯，困來即眠。"曰："一切人總如師用功否。"師曰："不同。他吃飯時不肯吃飯，百種須索；睡時不肯睡，千般計較。"

【補訂】《朱子語類》卷九十六論"無適之謂一"曰："只是不走作。且如在這裏坐，只在這裏坐，莫思量出門前去；在門前立，莫思量别處去；讀書時只讀書，著衣時只著衣。聖人説：'不有博弈者乎，爲之猶賢乎已。'博弈豈是好事。與其營營膠擾，不若但將此心放在博弈上。"姚園客旅《露書》卷二説"不有博弈者"二句，亦曰："蓋以操心者斂志凝神，若鷄伏卵，常静常覺，不寂不馳。弈者專心致志，雷霆發而耳不聞，泰山崩而目不瞬，珍味不假於口，絲竹不淫於心。心斂在弈，有類於操存，故孔子稱其猶賢。"蓋以《孟子·告子》論弈語通之《論語·陽貨》此節也。

勞倫斯亦謂世人男女歡愛亦心有二用，須索計較，故匙能證如悶如墨，冥漠渾沌(nocturnal)至高之境。是以事雖平常，而不易證也。參觀 Plotinus："All have，but few use"。(*Enneads*，I：6：8 in Guthrie's tr.，Vol. I，p. 523)惟出家修行者，專務静坐默照，故證會較多且易耳。

【附説二十三】樂無意，故能涵一切意。吾國則嵇中散《聲無哀樂論》説此最妙，所謂："夫唯無主於喜怒，無主於哀樂，故歡戚俱見。聲音以平和爲主，而感物無常；心志以所俟爲主，應感而發。"奧國漢斯立克(E. Hanslick)《音樂説》(*Vom musickalisch Schönen*)一書中議論，中散已先發之。

【補訂】參觀《管錐編》論《全上古三代秦漢三國六朝文》第

八九“聽樂與聞樂”、第九一“聲無哀樂”。

此土古籍中言樂理者，如《左傳》襄二十九年季札觀樂；《樂記》論感物形聲；《吕氏春秋·精通》篇鍾子期論擊磬；《尸子》下論擊鐘鼓；《史記·孔子世家》師襄子鼓琴；《關尹子·三極》篇論善琴者悲思之心，符於手物；《列子·湯問》篇鍾子期論伯牙鼓琴；《中説·禮樂》篇釣者論文中子鼓琴；《譚子化書·術化》篇論聲氣；及其他見諸詩文集者，莫不以爲聲音可以寫意達情，知音者即能觀風達意之人也。至知聲無哀樂之理者，中散以後，寥寥無幾。《金樓子·立言》篇謂擣衣聲悲人，“此乃秋士悲於心，内外相感，苟無感，何嗟何怨。”《舊唐書》卷二十八《音樂志》、《新唐書》卷十一《禮樂志》皆載貞觀二年定雅樂，太宗答杜淹曰：“悲喜在心，非由樂也。”張九齡《聽筝》云：“豈是聲能感，人心自不平。”劉蜕《文泉子集》卷二《山書》十八篇之一詳説物無常聲，定其悲歡者，在心不在耳。崔塗《聲》詩云：“歡戚由來恨不平，此中高下本無情。韓娥絶唱唐衢哭，盡是人間第一聲。”《子華子·執中》篇亦舉撞鐘彈弦，謂主憂樂者，在内不在外。此外恐無多例。前乎中散者，則劉向《説苑·善説》篇雍門子周以琴説孟嘗君，謂鼓琴不能使之悲，“必先憂戚盈胸，然後徐動宫徵，微揮羽角，則流涕沾衿矣”，頗透露中散之意。然中散此文，妙緒紛披，勝義絡繹，研極幾微，判析毫芒，且悉本體認，無假書傳。自言“推類辨物，當先求之自然之理，理已自定，然後借古義以明之耳。今未得之於心，而多恃前言，以爲談證，自此以往，恐巧曆不能紀”云云。其匠心獨運，空諸依傍，誠亦無愧此言。黄石齋《聲無哀樂辯》見《黄忠端公全集》卷十四。謂“聲不能使人哀樂，非聲自無哀樂”，實未足以折中散也。

八九

狄奥尼修斯《屬詞論》首言詩中用人名地名之效。

【補訂】狄奥尼修斯書第十六章論此，舉荷馬史詩（*Iliad*, II, 494－501）爲例。見 Dionysius of Halicarnassus, *The Arrangement of Words*, tr .w. Rhys Roberts, 167。西塞羅《修詞學》論拉丁詩一句云："此句得雄偉地名之力，光氣大增"（locorum splendidis nominibus illuminatus est versus）。見 *Orator*, XLIX.cxliii, Loeb, 440。

儒貝爾論文，亦以善用人名地名爲本領（la science des noms）。見 *Pensées* Tit. XXII,10。白瑞蒙説詩，貴思維道斷，意行處絶，《詩醇》中曾摘法國詩斷句，以示詩中極玄至高之境，如杜·倍萊（Du Bellay）之 Telle que dans son char la Bérecythienne,

【補訂】此句出龍沙（Ronsard）詩（Antiquetez de Rome），白瑞蒙誤以屬杜·倍萊。

拉辛（Racine）之 La fille de Minos et Pasiphaë，内爾法爾（Gerard de Nerval）之 Le Prince d' Aquitaine à la tour abolie，皆與標舉。復引 Lorsque Maillart, juge d' enfer, mcnoit 一句按此乃 Clément Marot 詠 Semblancay 被縊首句。而爲之説曰："一見此人名，詩味即

油然自生”(Remarquez cette chose singulière: il semble que pour s’accumuler et éclater ainsi, le courant poétique ait eu besoin de rencontrer le nom de Maillart)。見 *La Poésie pure*, p. 20。墨立(J. M. Murry)談藝，爲白瑞蒙諍臣，顧亦略師其意，引彌爾敦 Jousted in Aspramont or Montalban 一句。見 *Countries of the Mind*, 2nd Series:“Pure Poetry”。李特(H. Read)《詩態》(*Phases of Poetry*)復增廣舉柯爾律治 In Xanadu did Kubla Khan 及白郎寧 Childe Rolande to the Dark Tower came 等句，論之曰：“此數語無深意而有妙趣，以其善用前代人名、外國地名(exotic names)，使讀者悠然生懷古之幽情、思遠之逸致也。”余按神祕經驗中，常有此事。詹姆斯即云：“每有一單字(single words)而能使人倏然若冥接神明者”；舉 Philadelphia 一地名之於一德國老婦，Chalcedony 一地名之於神學家福斯脱（Foster）爲例。見 *Varieties of Religious Experience*, p. 383。白瑞蒙不過舊事翻新，移以説詩耳。英國成語(Mesopotamia ring)謂古有老媪，事天甚虔，一日聞 Mesopotamia 一地之名，驚爲奇字，奉持念誦，乃得極樂(That blessed Word Mesopotamia)。文家史梯芬生(R. L. Stevenson)自言兒時聞 Jehovah Tsidkenu 一名，不解何義，而神移心悦。推厥心理，正復相同。斯亦詩祕通於神祕之一證也。吾國古人作詩，早窺厥旨。宋長白《柳亭詩話》卷十三《地理》條云：“金長真曰：詩句連地理者，氣象多高壯”，因舉庾開府、江令、杜工部、儲太祝五言聯爲例，謂“皆氣象萬千，意與山川同廓矣。”卷二十四《明句》條云：“金觀察云：唐人詩中用地理者多氣象。余謂明人深得此法”，因舉高季迪等十數聯。卷十一《中聯》條謂“句句填實，不肯下一游移字面，氣象輝皇”，而所舉例句中，則“天潢華嶽”

也，“赤社黄河”也，“梁園漢節”也，“恒山太嶽”也，“元王宋玉”也，“二陝三秦”也，“函關華嶽”也，皆人地專名也。蓋明人學盛唐，以此爲捷徑。爲江西詩者則不好用人地名，參觀《瀛奎律髓》卷二十四司空曙《送曹桐椅》紀批，又四十七吴融《寄貫休》原批。此亦唐宋之分界也。

【補訂】皎然《詩式》卷二云：“三字物名之句，仗語而成，用功殊少。如襄陽孟浩然云：‘氣蒸雲夢澤，波撼岳陽城。’自天地二氣初分，即有此六字；假孟生之才，加其四字，何功可伐。”蓋於此聯，不得不道佳，而嫌襄陽趁現成、落便宜，不願以美歸之。足徵欲詩好而不費力者，可乞靈於地名也。

唐人作詩，尚有用意，非徒點綴。如陳子昂《度荆門望楚》起四句云：“遥遥去巫峽，望望下章臺。巴國山川盡，荆門煙霧開”；每句一地名，而行程層次井然，不爲堆垛。明人學唐，純取氣象之大、腔調之闊，以專名取巧。於是“桑干斜映千門月，碣石長吹萬里風”，“大漠清秋迷隴樹，黄河日落見層城”，爲之既累累不休，按之則格格不通。吴修齡醜詆於前，詳見《圍鑪詩話》卷六。嚴海珊微諷於後。《海珊詩鈔》卷八《南行懷古》之五《邢臺》云：“日離滄海遠，雲入太行微。”題下註：“滄溟登邢州城樓詩：‘紫氣東盤滄海日，黄河西抱漢關流’；弇州過邢州黄榆嶺詩：‘倚檻邢臺過白雲，城頭風雨太行分。’及身履其地，方知此景了無涉，習爲大聲耳。”陳卧子結有明三百年唐詩之局，其名聯如“禹陵風雨思王會，越國山川出霸才”，《錢唐東望》。“左徒舊宅猶蘭圃，中散荒園尚竹林”，《重游弇園》。“九天星宿開秦塞，萬國梯航走冀方”，《送張玉笥》。及《香祖筆記》卷二所稱之“四塞山河歸漢闕，二陵風雨送秦師”，“石顯上賓居柳市，竇嬰别業在藍田”。皆比類人地，爲撑拄開闔。

【補訂】宋轅文徵輿與卧子同鄉同調，又同選《皇明詩選》。其《古意》云：“碧玉堂西紅粉樓，樓中思婦憶涼州。咸陽橋上三年夢，回樂峰前萬里愁。秦地煙花明月夜，胡天沙草白雲秋。離魂不識金微路，願逐交河水北流。”沈歸愚《國朝詩別裁》卷二稱賞之，謂“酷似楊升菴《塞垣鷓鴣詞》”。升菴此作選入《明詩別裁》卷六：“秦時明月玉弓懸，漢塞黄河錦帶連。都護羽書飛瀚海，單于獵火照甘泉。鶯閨燕閣年三五，馬邑龍堆路十千。誰起東山安石卧，爲君談笑靖烽煙。”兩詩皆佳，與沈佺期“盧家少婦鬱金香”一篇風格相似，而楊用地名、朝代名、人名共八，宋用地名七，愛好遂貪多矣。按楊句脱胎於皇甫冉《春思》（一作劉長卿《賦得》）：“鶯歌燕語報新年，馬邑龍堆路幾千。”

七子之矯矯者，若空同、大復、庭實、于鱗、元美、茂秦之流，試檢其五七言律詩，幾篇篇有人名地名，少則二三，多至五六。王漁洋《池北偶談》卷十八取徐禎卿《在武昌作》云：“洞庭葉未下，瀟湘秋欲生。高齋今夜雨，獨卧武昌城。重以桑梓念，淒其江漢情。不知天外雁，何事樂長征”；稱爲“千古絶調，非太白不能作”。而李蓴客《越縵堂日記》同治三年十一月十三日云：“禎卿此詩，格固高而乏真詣。既云洞庭，又云瀟湘，又云江漢，地名錯出，尤爲詩病。”

【補訂】漁洋《香祖筆記》卷五以徐禎卿此詩與謝玄暉“洞庭張樂地”、李太白“黄鶴西樓月”、劉綺莊“桂楫木蘭舟”三篇並推爲“奇作”，而徐詩“尤清警”。實則禎卿此篇亦假借韋蘇州《新秋夜寄諸弟》：“高梧一葉下，空齋秋思多”及《聞雁》：“故園渺何處，歸思方悠哉。淮南秋雨夜，高齋聞雁來”，漁洋、越縵均未細究也。七子模擬，爲人詬病；吕晚村《萬感集·子度歸自晟舍以新詩見示》至云："依口學舌李與何，印板死法苦不多。"然世祇覩其粗作大賣而已，若其琢磨熨貼，幾於滅迹刮痕者，則鮮窺見。如李于鱗《滄溟集》卷五《歲杪放歌》，余所愛諷，《皇明詩選》卷六、《明詩别裁》卷八皆甄取之，足徵共賞，而迄無識其全出依仿者。李詩云："終年著書一字無，中歲學道仍狂夫。勸君高枕且自愛，勸君濁醪且自沽。何人不説宦遊樂，如君棄官亦不惡。何處不説有炎涼，如君杜門復不妨。終然疎拙非時調，便是悠悠亦所長。"唐張謂（一作劉慎虚）《贈喬琳》云："去年上策不見收，今年寄食仍淹留。羡君有酒能便醉，羡君無錢能不憂。如今五侯不愛客，羡君不問五侯宅。如今七貴方自尊，羡君不過七貴門。丈夫會應有知己，世上悠悠何足論。"兩詩章法、句樣以至風調，無不如月之印潭、印之印泥。李戴張冠，而寬窄適首；亦步亦趨，而自由自在。雖歸摹擬，了不撏撦。"印板死法"云乎哉，禪家所謂"死蛇弄活"者歟。禎卿此律，亦其亞也。

然漁洋聞蕁客語，必以爲大殺風景；蓋漁洋所賞，正在地名之歷落有致。故《古夫于亭雜録》稱温飛卿"高風漢陽渡，初日郢門山"，以爲有初唐氣格，高出"雞聲茅店月，人迹板橋霜"一聯之上。《池北偶談》嘗賞梅宛陵，而所標者，不過"扁舟洞庭去，落日松江宿"。《香祖筆記》卷二所舉七律佳聯，"神韻湊泊"，如高季迪之"白下有山皆遶郭，清明無客不思家"，曹能始之"春光白下無多日，夜月黄河第幾灣"，程松圓之"瓜步江空微有雨，秣陵天遠不宜秋"，自作之"吴楚青蒼分極浦，江山平遠入新秋"；作吴天章詩集序，最稱其"泉遶漢祠外，雪明秦樹根"，

“至今堯峰上，猶上堯時日”等句。皆借專名以助遠神者。《池北偶談》卷八又云：“世謂王右丞雪裏芭蕉，其詩亦然。如‘九江楓樹幾回青，一片揚州五湖白’，下連用蘭陵鎮、富春郭、石頭城諸地名；皆遼遠不相屬。大抵古人詩畫，只取興會神到”云云。【附説二十四】由是觀之，明七子用地名而不講地理，實遥承右丞。右丞詩如《送崔五太守》七古，十六句中用地名十二。漁洋自作詩，亦好搬弄地名。故吴西穀《竻庵詩》卷八《讀漁洋集戲題》云：“秦祠漢冢知多少，動費先生雪涕零”；張南山《聽松廬詩·讀漁洋集》云：“一代正宗兼典雅，開編惟覺地名多。”豈知“典雅正宗”，多賴“地名”乎。《居易録》、《漁洋詩話》皆記孫仲儒駁所作《蜀道》詩：“高秋華嶽三峰出，曉日潼關四扇開”之語，而笑孫爲鼈廝踢。蓋衹取遠神，不拘細節，亦荆浩論山水、右丞畫芭蕉之意矣。按“三峰、四扇”之對，隱襲東坡《華陰寄子由》：“三峰已過天横翠，四扇行看日照扉。”紀曉嵐《點論李義山詩集》卷中《隨師東》一首評語有曰：“漁洋倡爲神韻之説，其流弊乃有有聲無字之誚。”夫“有聲無字”，以求“神韻”，非《詩醇》之議論乎。

【補訂】漁洋被“有聲無字”之誚，又獲“清秀李于鱗”之稱，二事一致。《皇明詩選》卷四宋轅文評語云：“于鱗之於漢魏十九首也，不求其義而求其情，不求其情而求其聲，斯有針乳之合焉。”于鱗《古今詩删》中唐詩諸卷，明世單行而稍損削篇目，題爲《唐詩選》，余憶見一本卷五岑嘉州《送李司馬歸扶風别墅》：“到來函谷愁中月，歸去嶓溪夢裏山”，有批語云：“是三昧語，最要頓悟。”竊疑漁洋《唐賢三昧集》標目，實此評啟之。屈翁山《廣東新語》卷十二《詩社》記鄺湛若露曰：

“詩貴聲律，如聞中宵之笛，不辨其詞，而遠雲流月，自是出塵之音”；此真“有聲無字”之的喻矣。嘗試論之，重“聲”輕“義”原是明七子宗旨。何仲默《大復集》卷十二《明月篇·序》：“四子者雖工富麗，去古遠甚，至其音節，往往可歌。乃知子美辭固沉著，而調失流轉，雖成一家語，實則詩歌之變體也”；卷三十二《與李空同論詩書》：“絲竹之音要眇，木革之音殺直。獨取殺直，而并棄要眇之聲，何以窮極至妙、感精飾聽也”（參觀《升菴大全集》卷十三《華燭引》張愈光跋、卷五十七《螢詩》條）。吴兆騫漢槎《秋笳前集》卷五有侯元泓研德序云：“究其所撰《明月篇》，聲浮於情。學者從是矯宋元之過，相與規步唐音，趨摹格調，而天下之情隱者，亦大復爲之戎首也。數十年以來，聲盛者情僞，情真者聲俗”（《書影》卷七記侯研德語實出此）。漁洋《論詩絶句》卻云：“接跡風人《明月篇》，何郎妙悟本從天；王、楊、盧、駱當時體，莫逐刀圭誤後賢”，推其“妙悟”能“接跡風人”，而戒後生之毋誤認謂其“逐”王、楊、盧、駱；“有聲無字”者固當喜“聲浮於情”也。然李獻吉《空同子集》卷五十二《缶音序》：“詩至唐，古調亡矣。然自有唐調可歌詠，高者猶足被管絃。宋人主理不主詞，於是唐調亦亡。夫詩、其氣柔厚，其聲悠揚，其言切而不迫，故歌之者心暢而聞之者耳動也。”是則何李譚藝正復沆瀣，皆主聲音，李言“心暢耳動”，猶何言“感精飾聽”；特李求揚抑頓挫，何欲流動圓轉，斯大同中之小異耳。《空同子集》卷十八《漢京篇》、《楊花篇》、《明星篇》、《去婦詞》、《蕩子從軍行》等，亦如《大復集》之有《明月》《流螢》等篇，隱示分己餘事，亦能爲大復之所欲爲。齊名並駕，而至争名競勝，事之常也。席勒與友人書云：“作詩靈感，每非由於已得題材，新意勃生；乃是情懷怦然有動，無端莫狀，而鬱怒噴勃，遂覓取題材，以資陶寫。故吾欲賦詩，謀篇命意，常未具灼知定見，而音節聲調已先蕩漾於心魂間”（Ich glaube，es ist nicht immer die lebhafte Vorstellung eines Stoffes，sondern oft nur ein Bedürfnis nach Stoff，ein unbestimmter Drang nach Ergießung strebender Gefühle，das Werke der Begeisterung erzeugt. Das Musikalische eines Gedichtes schwebt mir weit öfter vor der Seele，wenn ich mich hinsetzte，es zu machen，als der klare Begriff von Inhalt，über den ich oft kaum mit mir einig bin）。見 An Gottfried Körner，*Schillers Werke in drei Bänden*，VEB，II，142. Cf. Valery：“Au sujet du *Cimetière marin*”，Oeuvres，Bib. de，la Pléiade，I，1503，“une figure rhythmique vide”；T. S. Eliot：“The Music of Poetry”，“a particular rhythm before expression in words”，J. Isaacs，*The Background of Modern Poetry*，Dutton Paperback，102；S. Spender，*The Making of a Poem*，60。是以尼采謂席勒之言詩也，不貴取象構思之有倫有序、理順事貫，而貴聲音要眇，移情觸緒（nicht etwa eine Reihe von Bildern，mit geordneter Kausalität der Gedanken，sondern vielmehr eine musikalische Stimmung）。見 *Die Geburt der Tragödie*，in *Werke*，hrsg. K. Schlechta，I，36-7。加爾杜齊亦嘗明詔大號曰：“聲音乃詩之極致，聲音之能事往往足濟語言伎倆之窮”（O creatori，il suono è di per sè l'etere del verso e certe volte effetua ciò che la parola non potrebbe）。見 N. Busetto，*Giosuè Carducci：l'uomo，il poeta，il critico，il prosatore*，

328。魏爾倫論詩曰："音調爲首務之要"（De la musique avant toute chose），尤成熟語。皆與七子以來之重"聲"輕"義"，相印可焉。

余前言漁洋作詩爲"清秀李于鱗"，而論詩乃"蘊藉鍾伯敬"。《詩歸》評詩，動以"説不出"爲妙，固亦雅似《詩醇》莫名其妙（l'inéffable）之旨；而鍾譚衹知向意思深幽中求神，撇下聲韻不顧，宜其差毫釐而去千里。《尺牘新鈔》二集卷十五雷士俊《與孫豹人》云："鍾譚論説古人，情理入骨，亦是千年僅見。而略於音調，甚失詩意。譬之於人，猶瘖啞也。"《四庫提要》謂陸仲昭《詩鏡·總論》中譏晉人"華言"、"巧言"，實"隱刺鍾譚"；余按《詩鏡·總論》一條云："專尋好意，不理聲格，此中晚唐絶句所以病"，亦甚切鍾譚之弊。漁洋則勿然，以神韻合之聲調，不求情思之深切，雖人地名之羌無意義者，亦摭取以助氣象，《柳亭詩話·明句》條詩訣，固漁洋所優爲也。西方詩人善用專名者，以海錫渥特（Hesiod）之《神譜》（*Theogony*）爲最先，昆體良（Quintillian）《修辭學原理》卷十第一章第五十二節論此詩；即有專名滿篇之譏（Magna pars eius in nominibus est occupata）。彌爾頓之《失樂園》以能用專名著稱，吾國北京之名（Cambalu，seat of Cathaian Can）亦在驅遣中。參觀 Hazlitt："On Milton's Versification"，Hunt："Far Countries"二文。又 *Tennyson*：*A Memoir*，vol. II，p. 251。惟 Landor：*Imaginary Conversation*："Southey and Landor" 則殊不以其"點名簿"（rollcalls of proper names）爲然。巴斯卡（Pascal）、伏爾泰（Voltaire）皆善用人名（le goût des noms propres，l'exploitation de leurs physionomies et de leurs sonorités）。參觀 G. Lanson：*L'art de la Prose*，p. 80，p. 153，p. 171。雨果尤濫雜。參觀 P. Lasserre：

Le Romantisme français, p. 246-247。古典派祖師布瓦洛(Boileau)《詩法》(*Art poetique*)第三篇亦論希臘古人名尤宜入詩(Là tous les noms heureux semblent nés pour les vers:/Ulysse, Agamemnon, Oreste, Idomenée, /Hélène, Ménélas, Paris, Hector, Enée)。史梯芬生《游美雜記》(*Across the Plains Tuesday*)有論美國地名云:"凡不知人名地名聲音之諧美者,不足以言文"(None can care for literature in itself who do not take a special pleasure in the sound of names)。古爾蒙(Remy de Gourmont)《天絨路》(*Chemin de velours*: L'ivresse verbale)亦云:"人名地名而聲弘指僻,動人勝於音樂香味"(Quelle musique est comparable à la sonorité pure, ô Cyclamor? Et quelle odeur à tes émanations vierges, ô Sanguisorbe?)。亞爾巴拉(Antoine Albalat)《回憶録》(*Souvenirs de la vie littéraire*)記莫雷亞斯(Jean Moréas)好專名之聲音圓朗者,每日反復呼喚至二十遍(Il répétait vingt fois par jour de simples noms propres dont l' harmonie le ravissait, comme"Don Diego Hurtado de Mendoza")。普羅斯特(Marcel Proust)小説中於專名之引人遐思,尤具玄解。參觀 J. Vendryes, *Choix d'études linguistiques et celtiques*, pp. 80-8:"Marcel Proust et les noms propres"。近見白立治斯(Robert Bridges)一詩(*Ero and Psyche*),十一行用神名三十三,搜神記耶,點鬼簿耶。參觀 E. Thompson: *Robert Bridges*, 34-6稱之爲彌爾頓後用專名第一人。

【附説二十四】按《九江》諸句,見右丞《同崔傅答賢弟》詩。雪裏芭蕉見沈括《夢溪筆談》卷十七;然《筆談》所引張彥遠《畫評》謂:"王維畫物,不問四時;桃杏蓉蓮,同畫一景"

云云，則今本《歷代名畫記》中無如許語也。都穆《寓意編》有云："王維畫伏生像，不兩膝著地用竹簡，乃箕股而坐，憑几伸卷。蓋不拘形似，亦雪中芭蕉之類也。"雪中芭蕉一事，自宋以還，爲右丞辯護者綦多。宋朱翌《猗覺寮雜記》謂右丞不誤，"嶺外如曲江，冬大雪，芭蕉自若，紅蕉方開花。知前輩不苟"。明俞弁《山樵暇語》論此事。引陸安甫《蓑殘録》云："郭都督鋐近在廣西，親見雪中芭蕉，雪後亦不壞也。"明王肯堂《鬱岡齋筆麈》卷二云："王維畫雪中芭蕉，世以爲逸格。梁徐摛嘗賦之矣：'拔殘心於孤翠，植晚翫於冬餘；枝横風而色碎，葉漬雪而傍枯。'則右丞之畫，固有所本乎。松江陸文裕公深嘗謫延平，北歸，宿建陽公館，時薛宗鎧作令，與小酌堂後軒。是時閩中大雪，四山皓白，而芭蕉一株，横映粉牆，盛開紅花，名美人蕉。乃知冒雪著花，蓋實境也。"清尤侗《艮齋雜説》論此云："頃見王阮亭《南海集》，丁雁水甓園木樨、玉蘭、紅白梅一時皆花。安知畫之不爲真乎。"清俞正燮《癸巳存稿》云："南方雪中，實有芭蕉。梁徐摛《冬蕉卷心賦》云：'枝横風而色碎，葉漬雪而傍枯。'王維山中，亦當有之。《夢溪筆談》、《嬾真子》、《冷齋夜話》稱其神悟云云，此種言語，譬西施之顰耳。西施是日，適不曾顰也。"而明謝肇淛《文海披沙》卷三獨曰："作畫如作詩文，少不檢點，便有紕繆。如王右丞雪中芭蕉，雖閩廣有之，然右丞關中極寒之地，豈容有此耶。畫昭君而有帷帽，畫二疏而有芒蹻，畫陶母剪髮而手戴金釧，畫漢祖過沛而有僧，畫鬥牛而尾舉，畫飛雁而頭足俱展，畫擲骰而張口呼六，皆爲識者所指摘，終爲白璧之瑕。"此最爲持平之論。漁洋之引右丞，别有用意，趙秋谷《談龍録》云："閻百詩是正《唐賢三昧集》誤字之有關地理者，故阮翁《池北偶談》謂詩家論興會，道里遠近不必盡合云云，以自解也。”按閻語見《潛邱劄記》卷五與秋谷書。

【補訂】參觀《七綴集·中國詩與中國畫》第五節。《風月堂詩話》卷下引晁沖之《三月雪》云：“從此斷疑摩詰畫，雪中自合有芭蕉。”李長蘅流芳《檀園集》卷一《和朱修能雪蕉詩》：“雪中蕉正緑，火裏蓮亦長”；按鳩摩羅什譯《維摩詰所説經·佛道品》第八：“火中生蓮華，是可謂希有”，蓋亦“龜毛兔角”之類；故張謂《長沙失火後戲題蓮花寺》云：“樓殿縱[總?]隨烟焰盡，火中何處出蓮花”，即取釋氏家當，就本地風光利口反詰。“雪蕉”、“火蓮”兩者皆“不可能事物”(adynata，impossibilia)，長蘅捉置一處，真解人也。

九〇

余曩遇南北數老宿，皆甚稱陳太初沆《詩比興箋》。取而觀之，異乎所聞。其書以寄託爲高，示詩之不苟作；陳祚明《采菽堂古詩選》導厥先路，實不出吾郡學者之緒餘而已。常州詞派世所熟知，宋于庭《洞簫樓詩紀》卷三《論詞絶句》第一首云："引申自有無窮意，端賴張侯作鄭箋"；自註："張皋文先生《詞選》申太白、飛卿之意，託興縣遠，不必作者如是。是詞之精者，可以仁者見仁，智者見智也。"

【補訂】常州詞派主"寄託"，兒孫漸背初祖。宋于庭言稱張皋文，實失皋文本旨。皋文《詞選》自《序》曰："義有幽隱，並爲指發"；觀其所"指發"者，或揣度作者本心，或附會作詞本事，不出漢以來相承説《詩》、《騷》"比興"之法。如王叔師《離騷經序》所謂："善鳥香草，以配忠貞，飄風雲霓，以爲小人"云云，或《詩·小序》以《漢廣》爲美周文王，《雄雉》爲刺衛宣公等等。亦猶白香山《與元九書》所謂："噫，風雪花草之物，《三百篇》豈捨之乎。假風以刺威虐也，因雪以愍征役也，感華以諷兄弟也，美草以樂有子也。皆興發於此而義歸於彼。"皆以爲詩"義"雖"在言外"、在"彼"不在

"此"，然終可推論而得確解。其事大類西方心析學判夢境爲"顯見之情事"與"幽藴之情事"，圓夢者據顯以知幽(Stellen wir *manifesten* und *latenten Trauminhalt* einander gegenüber usw.)。見 Freud，*Die Traumdeutung*，6. Aufl.，1921，95。"在此"之"言"猶"顯見夢事"，"在彼"之"義"猶"幽隱夢事"，而説詩幾如圓夢焉。

【補正】心析學亦喻夢於謎。猶一謎面打一謎底然，圓夢衹以一解爲正(Der sinn des Rebus *ist* der Klartext, und dieser klartext ist eindeutig.)。見 *Klassiker der Hermeneutik*，ed. U. Nassen，1982，224。

【補訂】《春秋繁露·精英》曰："詩無達詁"，《説苑·奉使》引《傳》曰："詩無通故"；實兼涵兩意，暢通一也，變通二也。詩之"義"不顯露(inexplicit)，故非到眼即曉、出指能拈；顧詩之義亦不游移(not indeterminate)，故非隨人異解、逐事更端。詩"故"非一見便能豁露暢"通"，必索乎隱；復非各説均可遷就變"通"，必主於一。既通(dis-closure)正解，餘解杜絶(closure)。如皐文《詞選》解歐陽永叔《蝶戀花》爲影射朝士爭訌，解姜堯章《疏影》爲影射靖康之變，即謂柳絮、梨花、梅花乃詞所言"顯見情事"，而范希文、韓稚圭、徽欽二帝本事則詞所寓"幽藴情事"，是爲詞"義"所在。西方"託寓"釋詩，洞"言外"以究"意内"，手眼大同（參觀第570頁"補訂"），近人嘲曰："此舉何異食蘋婆者，不嗜其果脯而咀嚼其果中核乎"（For one can only "interpret" a poem by reducing it to an allegory—which is like eating an apple for its pips）。見 G. Orwell，*Collected Essays*，*Journalism and*

Letters, 1968, I, 72。聞皋文之風而起者，充極加厲，自在解脱。周止菴濟《介存齋論詞雜著》第七則曰："初學詞求有寄託，有寄託則表裏相宣，斐然成章。既成格調，求無寄託，無寄託則指事類情，仁者見仁，知者見知"；《宋四家詞選目録序論》又曰："非寄託不入，專寄託不出。意感偶生，假類畢達。萬感横集，五中無主。"譚仲修獻《復堂詞話》（徐仲可珂輯）第四十三、四十六、八十六則反復稱引止菴此説，第二十四則曰："所謂作者未必然，讀者何必不然"；《復堂詞録序》又曰："側出其言，傍通其情，觸類以感，充類以盡。甚且作者之用心未必然，而讀者之用心未必不然。"宋于庭《論詞絶句》第一首得二家語而含意畢申矣。蓋謂"義"不顯露而亦可游移，"詁"不"通""達"而亦無定準，如舍利珠之隨人見色，如廬山之"横看成嶺側成峰"。皋文纘漢代"香草美人"之緒，而宋、周、譚三氏實衍先秦"賦詩斷章"之法（參觀《管錐編》論《左傳正義》第四六"斷章取義"），猶禪人之"參活句"，亦即劉須溪父子所提撕也（參觀第 246 頁"補訂"）。諾瓦利斯嘗言："書中緩急輕重處，悉憑讀者之意而定。讀者於書，隨心施爲。所謂公認準確之讀法，初無其事。讀書乃自由操業。無人能命我當何所讀或如何讀也。"（Der Leser setzt den Akzent willkürlich; er macht eigentlich aus einem Buche, was er will. Es gibt kein allgemeingeltendes Lesen, im gewöhnlichen Sinn. Lesen ist eine freie Operation. Was ich, und wie ich lesen soll, kann mir keiner vorschreiben.）見 *Fragmente* III, § 247, *Schriften*, hrsg; J. Minor, II. 248-9。瓦勒利現身説法，曰："詩中章句並無正解真旨。作者本人亦無權定奪"；又曰：

"吾詩中之意，惟人所寓。吾所寓意，祇爲我設，他人異解，並行不倍"（il n'y a pas de vrai sens d'un texte. Pas d'autorité de l'auteur. Mes vers ont le sens qu'on leur prête. Celui que je leur donne ne s'ajuste qu'à moi, et n'est opposable à personne.）。見"Au sujet de 'Cimetière marin'"，"Commentaire de 'Charmes'"，*op. cit.*，I，1507，1509。足相比勘。其於當世西方顯學所謂"接受美學"（Rezeptionsästhetik），"讀者與作者眼界溶化"（Horizontverschmelzung）、"拆散結構主義"（Deconstructivism），亦如椎輪之於大輅焉。

【補正】普魯斯脱謂，讀者所讀，實非作者，乃即己也；作者所著祇是讀者賴而得以自知之津逮耳(En réalité，chaque lecteur est，quand il le[l'écrivain] lit，le propre lecteur de soi-même. L'ouvrage de l'écrivain n'est qu'une espèce d'instrument optique qu'il offre au lecteur afin de lui permettre de discerner ce que，sans le livre，il n'eût peut-être pas vu en soi-même.）。見 Marcel Proust，*Le Temps retrouvé*，iii，A *la recherche du temps perdu*，Bib. de la Pléiade，III，911，cf. 1033。愛略脱謂，詩意隨讀者而異，儘可不得作者本意，且每或勝於作者本意(A poem may appear different things to different readers，and all of these meanings may be different from what the author thought he meant. The reader's interpretation may differ from the author's and be equally valid. ...it may even be better.）。見 T. S. Eliot，*On Poetry and Poets*，1957，30-1。視瓦勒利更進一解矣。皆所謂"作者未必然，讀者何必不然。""詩無通故達詁"，已成今日西方文論常談(complete，liberty of interpretation...)，

見 R. Wellek, *A History of Modern Criticism*, VI, 1986, p. 296。吾國古人所主“寄託”，祇是一端耳。

【補訂】吴沖之省欽《白華前稿》卷十二《勉齋詩序》云：“詩者、學之一端。有所言在此，所感在彼，如《晨風》之悟慈父，《鹿鳴》之感兄弟同食也。所言在此，反若不必在此，則鏡花水月、與夫羚羊掛角之喻也。古之詩人，原本性情，讀者各爲感觸，其理在可解不可解之間。”意亦“無寄託”之“詩無通故達詁”，而取禪語爲“喻”也。竊謂倘“有寄託”之“詩無通故達詁”，可取譬於蘋果之有核，則“無寄託”之“詩無通故達詁”，不妨喻爲洋葱之無心矣（參觀第696頁“補訂”）。

按張翰風《宛鄰文》卷一《古詩録自序》謂：“詩道之尊，由於情深文明，言近指遠”；陸祁孫《合肥學舍札記》卷二、卷三、卷五，載與翰風説古樂府、陶淵明、江文通、庾子山、李義山、吴梅村詩各則，亦見常州派説詩説詞，同一手眼也。包慎伯於詩幾無所解，而好妄言詩，每引翰風以自重，《藝舟雙楫》中與翰風書及爲時人詩序，皆高談詩教，尚微言諭志，而不取聲色。蓋當時隱成風會。然屬詞比事，鉤深索隱，即稍可徵信者，正因傅會拘泥。輾轉轇轕。枚乘所謂：“銖銖而稱，至石必差；寸寸而度，至丈必過。”固哉高叟，以頭巾氣而成羅織經矣。宋朱鑑《詩傳遺説》卷一引朱子云：“陳君舉兩年在家中解詩。近有人來，説君舉解詩，凡詩中所説男女事，不是説男女，皆是説君臣。未可如此一律。”以比興説詩者，不可不聞是言。太初之書，殊苦穿鑿。玆舉其評論之誤人者一條，以概其餘。太初論庾信，略云：“令狐德棻撰《周書》，稱子山文浮放輕險，詞賦罪人。第指其少年宫體，齊名孝穆者耳。使其終處清朝，致身通顯，不過黼黻雍容，賡和綺豔。遇合雖極恩榮，文章安能命世。而乃荆吴傾覆，關塞流離，冰蘖之閱既深，豔冶之情頓盡。湘纍之吟，包胥之哭，鍾儀土風，文姬悲憤，固當六季寡儔，奚惟孝穆卻步。斯則境地之曲成，未爲塞翁之不幸者也。又考滕王逌作序所云：昔在揚都，有集十四卷，值太清罹亂，百不一存；及到江陵，又有三卷，即重遭軍火，一字無遺；今之所撰，止入魏以來，爰洎皇代，凡所著述，合二十卷。則是早歲靡靡之音，已燼於冥冥之火，世厄其遇，天就其名。少陵詩云：'庾信文章老更成'，'暮年詞賦動江關'。有以也。"按此段議論，全襲《四庫總目》，而加以截搭。《總目》卷一百四十八謂："庾信駢偶之文，集六朝之大成，導四傑之先路，爲四六宗匠。初在南朝，與徐陵齊名。故李延壽《北史·文苑傳》稱徐庾意淺文匿，王通《中説》亦謂徐庾誇誕，令狐德棻《周書》至斥爲詞賦罪人。然此自指臺城應教之日，二人以宫體相高耳。至信北遷以後，閲歷既久，學問彌深，所作皆華實相扶，情文兼至，抽黄對白，變化自如，非陵之所能及矣。杜甫詩曰：'庾信文章老更成。'則諸家之論，甫固不以爲然矣。"陳氏所謂"境地曲成，未爲不幸"，即趙甌北《題元遺山集》："國家不幸詩家幸、賦到滄桑句便工"之意。《總目》引杜詩，專論子山駢文；陳氏以之説子山詩，蓋又本於楊升菴。《丹鉛總録》卷十九云："庾信之詩，爲梁之冠絶，啓唐之先鞭。史評其詩曰：綺豔，杜子美稱之曰：清新，又曰：老成。綺豔清新，人皆知之，而其老成，獨子美能發其妙。余嘗合而衍之曰：綺多傷質，豔多無骨，清而不薄，新而不尖，所以爲老成也。"

【補訂】田山薑《古歡堂雜著》卷二論庾子山一節全襲升菴語，

易“多傷”、“多無”爲兩“而有”而已。陳氏“境地曲成”之說，參觀《管錐編》論《太平廣記》第二七則“西方史學鼻祖”條“增訂”。

陳氏牽合諸意，曲爲之説，無徵失據，不堪一駁。今傳子山集，已絶非滕王逌之舊，在南篇什，亦經蒐拾，如和梁簡文帝《山池》《同泰寺浮屠》等詩，開卷皆是。倪魯玉註子山集《題詞》第一則即言此，何得謂早作盡付寒灰乎。見存詩中，研字鍊句，如沈歸愚《古詩源》所舉“精麗圓妥”之聯，居十之七八，幾乎俯拾即是。若其語洗鉛華、感深冰蘗者，數既勿多，體亦未善。竊謂子山所擅，正在早年結習詠物寫景之篇，鬥巧出奇，調諧對切，爲五古之後勁，開五律之先路。至於慨身世而痛家國，如陳氏所稱《擬詠懷》二十七首，雖有骯髒不平之氣，而筆舌木强，其心可嘉，其詞則何稱焉。蓋六代之詩，深囿於妃偶之習，事對詞稱，德鄰義比。上爲“太華三峰”下必“潯陽九派”；流弊所至，意單語複。《史通·敘事》篇所譏：“編字不隻，捶句皆雙，一言足爲二言，三句分爲四句。如售鐵錢，以兩當一”；文若筆胥然。例如：“宣尼悲獲麟，西狩泣孔丘”；“雖好相如達，不同長卿慢”；“千憂集日夜，萬感盈朝昏”；“萬古陳往還，百代勞起伏”；“多士成大業，群賢濟洪績”。彦和《麗詞》笑爲“駢枝”，後來詩律病其“合掌”。子山此詩，抗志希古，上擬步兵，刮除麗藻，參以散句。而結習猶存，積重難革，失所依傍，徒成支弱。如：“誰知志不就，空有直如絃”；“憒憒天公曉，精神殊乏少”；“對君俗人眼，真興理當無”；“誰言夢蝴蝶，定自非莊周”；“古人持此性，遂有不能安”；“由來千種意，并是桃花源”；“懷生獨悲此，平生何謂平”；“洛陽蘇季子，連衡遂不連”；“寓衞非所寓，安齊獨未安”；“吉人長爲吉，善人終日善”。按子山頗喜爲此體，幾類打諢。如《傷王司徒褒》云：“定名於此定，全德所以全”；《傷心賦》云：“望思無望，歸來不歸。從宦非宦，歸田不田。”

【補訂】參觀《管錐編》論《老子王弼註》第一七。《啟顔録》中不乏此類，如王元景謂奴曰：“汝字典琴，何處有琴可典”，僧法軌嘲李榮曰：“姓李應須李，言榮又不榮。”王壬秋《圓明園詞》之“至今福海寃如海，不信神州尚有神”，倘亦子山體歟。

皆稚劣是底言語。與平日之精警者迥異。其中較流利如“榆關斷音信”一首，而“纖腰減束素，别淚損横波；恨心終不歇，紅顔無復多”等語，亦齊梁時豔情别思之常製耳。若朴直淒壯，勿事雕繪而造妙者，如：“步兵未飲酒，中散未彈琴。索索無真氣，昏昏有俗心”；“摇落秋爲氣，南風多死聲”；“陣雲平不動，秋蓬卷欲飛”；“殘月如初月，新秋似舊秋”；“無悶無不悶，有待何可待。昏昏如坐霧，漫漫疑行海”；“壯冰初開地，盲風正折膠”；“其面雖可熱，其心長自寒。匣中取明鏡，披圖自照看。幸無侵餓理，差有犯兵欄。”在二十七篇中寥寥無幾。外惟《寄徐陵》云：“故人倘思我，及此平生時。莫待山陽路，空聞吹笛悲”；沈摯質勁，語少意永，殆集中最“老成”者矣。子山詞賦，體物瀏亮、緣情綺靡之作，若《春賦》、《七夕賦》、《燈賦》、《對燭賦》、《鏡賦》、《鴛鴦賦》，皆居南朝所爲。及夫屈體魏周，賦境大變，惟《象戲》、《馬射》兩篇，尚仍舊貫。他如《小園》、《竹杖》、《邛竹杖》、《枯樹》、《傷心》諸賦，無不託物抒情，寄慨遥深，爲屈子旁通之流，非復荀卿直指之遺，而窮態盡妍於《哀江南賦》。早作多事白描，晚製善運故實，明麗中出蒼渾，綺縟中有流轉；窮然後工，老而更成，洵非虚説。至其詩歌，則入北以來，未有新聲，反失故步，大致仍歸於早歲之風華靡麗，與詞賦之後勝於前者，爲事不同。《總目》論文而不及詩，説本不誤。陳氏所引杜詩，一見《詠懷古跡》："庾信哀時更蕭瑟，暮年詞賦動江關"，一見《戲爲六絶句》："庾信文章老更成，凌雲健筆意縱横。今人嗤點流傳賦，不覺前賢畏後生"；皆明指詞賦説。若少陵評子山詩，則《春日懷李白》固云："清新庾開府。"下語極有分寸。楊升菴英雄欺人，混爲一談，陳氏沿襲其訛，不恤造作事實，良可怪歎。《總目》謂子山北遷以後，文遂與徐孝穆異格，亦未公允。孝穆賦才，自在子山之下，而七言樂府，宛轉多姿。集中《與楊僕射》、《與王僧辯》、《報伊義尚》、《在北齊與宗室》諸書，意致縱横，詞氣憤激，曲折盡意，噴薄宣情，亦本家國交集之感，作聲淚俱下之文，如子山之有《哀江南賦》、《擬連珠》也。如子山《擬連珠》云："譬之交讓，實半死而言生；如彼梧桐，雖殘生而欲死"；又《慨然成詠》云："交讓未全死，梧桐唯半生。"即孝穆《與王僧辯書》所謂："遊魂已謝，非復全生；餘息空留，非爲全死。同冰魚之不絶，似蟄蟲之猶蘇。"而徐語爲更警切。摛文振金石之聲，懷歎極禾黍之感，庾所寄於詩賦者，徐則盡見諸文焉。老而更成，徐亦同然，豈始終爲臺城應教體哉。《提要》所云，亦隅見而非圓覽也。子山以工於語言，世間有"罪人"之稱，地獄亦斷爲罪人，作龜身受苦，令狐德棻豈亦死作閻羅耶。可發一笑。

【補訂】參觀《管錐編》論《太平廣記》第四七。

六代之文，舍簡帖小品外，皆安於儷偶，不能爲單散，亦若詩然。裴子野《雕蟲論》、李諤《上書論文體》胥力斥駢文，而兩作仍以駢文行之。周文帝、孝閔帝詔誥皆仿《尚書》，而明帝以後，浸假仍沿時習。一代文章，極“起衰”之大觀者，惟蘇綽《大誥》。細按之，貌若點竄典謨，實則排比對偶。《尚書》本有駢語，如：“慎徽五典，五典克從。納於百揆，百揆時敍”；“流共工於幽州，放驩兜於崇山”；“九州攸同，四隩既宅”之類。或四字對四字，六字對六字，未嘗錯綜長短爲對；陳叔方《潁川語小》卷下謂其“有四六語”，過矣。《大誥》則不然。“允文允武，克明克乂”；“天地之道，一陰一陽。禮俗之變，一文一質”；“匪惟相革，惟其救弊。匪惟相襲，惟其可久”；此等對句，固無論矣。“惟時三事，若三階之在天。惟慈四輔，若四時之成歲”；“不率於孝慈，則骨肉之恩薄。弗惇於禮讓，則争奪之萌生”；此非駢文排調而何。蓋不特遠遜新莽《大誥策命》，即視夏侯孝若《昆弟誥》，亦益加整齊；非昌黎《進學解》論《尚書》所謂“渾噩詰屈”之風格。幾見其能糠粃魏晉、憲章虞夏哉。

九一

一手之作而詩文迥異，厥例甚多，不特庾子山入北後文章也。如唐之陳射洪，於詩有起衰之功，昌黎《薦士》所謂“國朝盛文章，子昂始高蹈”者也。而伯玉集中文，皆沿六朝儷偶之製，非蕭、梁、獨孤輩學作古文者比。宋之穆參軍，於文首倡韓柳，爲歐陽先導；而《河南集》中詩，什九近體，詞纖藻密，了無韓格，反似歐陽所薄之“西崑體”。英之考萊（Abraham Cowley）所爲散文，清真蕭散，下開安迭生（Addison）；而其詩則纖仄矯揉，約翰生所斥爲“玄學詩派”者也。參觀 *Lives of the Poets*：“No author ever kept his verse and his prose at a greater distance from each other”。且不特著述爲爾，即議論亦往往一人之説，是丹非素，時無先後，而判若冰炭。譬如顧亭林，《日知録》談藝欲“一代有一代之文”，而論政乃不欲一代有一代之治。按既有《詩文代變》條，而《書法詩格》條乃言“真書不足爲字、律詩不足爲詩”，亦牴牾也。朱竹垞論詩，抑宋尊唐，而論文，又抑唐尊宋。參觀《與李武曾論文書》。

【補訂】王從之《滹南遺老集》卷三十七早云：“散文至宋人始是真文字，詩則反是矣。”吴梅村《致孚社諸子書》：“弇州先生專主盛唐，力還大雅，其詩學之雄乎。風雅一道，舍開元大曆，其將誰歸。至古文詞，則規先秦者，失之模擬，學六朝者，失之輕靡。震川、昆陵扶衰起敝，崇尚八家，而鹿門分條晰委，開示後學，若集衆長而掩前哲，其在虞山乎。”屈元孝《翁山文外》卷二《荆山詩集序》：“詩之衰，至宋元而極矣。明興百餘年，李獻吉崛起而後風雅之道復振”；《于子詩集序》：“明三百年巨匠莫如空同”；卷九《書淮海集後》：“詩莫醜於宋人”；而卷二《廣東文選·凡例》：“爲文當以唐宋大家爲歸，若何、李、王、李之流，僞爲秦漢，斯乃文章優孟，非真作者。”

袁子才言詩，力主新變，因時從俗，而論文又復古墨守，循蹈成規。參觀《與孫俌之秀才書》、《與邵厚菴太守論杜茶村文》書。萊辛(Lessing)既尊沙士比亞爲作劇之登峰造極，參觀 *Hamburgische Dramaturgie*, Den 12ten Februar, 1768。而復稱亞理斯多德之論劇爲顛撲不破。(Unfehlbares) *Ibid*. Den 19ten April, 1768. 參觀 Den 9ten Februar, 1768: “Diese [Sophokles, Euripides und Shakespear] sind selten mit den wesentlichen Forderungen des Aristoteles in Widerspruch: aber jene [Corneille, Racine, Crebéillon und Voltaire] desto öftere”。伏爾泰(Voltaire)，一切議論莫不摧枯拉朽，與舊更始，而言文則抱殘守闕。參觀 Saintsbury: *History of Criticism*, vol. II, p. 518。夏多勃里昂(Chateaubriand)於文爲詞場之急進，論治爲政局之遺頑。參觀 Babbitt: *Masters of Modern French Criticism*, p. 61。拜倫(Byron)論詩最推古典派宗師蒲伯(Pope)，而自作詩爲浪漫派魁首。參觀 Beers: *History of English Romanticism in the Nineteenth Century*, pp. 69 *et seq*。佩特談藝，以爲入神之藝必通於樂，而最不好以樂爲詩之魏爾倫。參觀Arthur

Symons: *Figures of Several Centuries*: "Pater"。一身且然，何況一代之風會、一國之文明乎。故若南宋詞章之江西詩派，好掉書袋，以讀破萬卷，無字無來歷，大詔天下；而南宋義理之象山學派，朱子所斥爲"江西人横説"者，尊性明心，以留情傳註爲結塞支離，幾乎説到無言，廢書不讀。二派同出一地，並行於世。

【補訂】《象山全集》卷七《與程帥》極稱江西詩派："至豫章而益大肆其力，包含欲無外，搜抉欲無祕，體制通古今，思致極幽眇，斯亦宇宙之奇詭也"（參觀卷十七《與沈宰》之二）；卷十二《與饒壽翁》之五："'著察磨礪'四字，不可連用。孟子之'行矣而不著焉'、'習矣而不察焉'，此乃著察字出處。其義尤分明。此用字之疵也"，又卷三十五《語録》："文纔上二字一句，便要有出處。"是象山言詞章尊尚山谷，幾主張"無字無來歷"。然象山論義理，則深非"乾没於文義間"，斥爲"蠹食蛆長"（卷一《與姪孫濬》、卷十四《與胥伯先》）。故道學家之出朱子門下者，如陳安卿淳《北溪全集》第四門卷二十一《答西蜀史杜諸友序文》譏象山爲禪學，至曰："江西之學不讀書。"象山所稱"程帥"，名叔達，《楊誠齋集》卷一百二十五《贈進程公墓誌銘》即爲其人作（參觀卷六十六《答盧誼伯書》、卷七十九《江西宗派詩序》）。

有明弘正之世，於文學則有李何之復古模擬，於理學則有陽明之師心直覺，二事根本牴牾，竟能齊驅不倍。按王龍溪《曾聖徵別言》記陽明初從李何倡和，既而棄去。

【補訂】董玄宰首拈出陽明義理與何李詞章之歧出而並世。《容臺集·文集》卷一《合刻羅文莊公集序》："成弘間師無異道，士無異學。程朱之書立於掌故，稱大一統，而修詞之家墨守歐曾，平平爾。時文之變而師古也，自北地始也，理學之變而師心也，自東越始也”；《重刻王文莊公集序》：“公仕於弘正之朝，是時海内談道者，東越未出，談藝者北地未著。”黄黎洲《明文授讀》卷三十六李夢陽《詩集自序》評語云：“其時王文成可謂善變者也。空同乃摹倣太史之起止、左國之板實，初與文成同講究之功。文成深悟此理，翔於寥廓，反謂文成學不成而去。空同掩天下之耳目於一時，豈知文成掩空同之耳目於萬世乎。”蓋謂詞章之真能“復古”者亦即義理師心之王陽明，道統文統，定於一尊。黄氏此論，固能一新耳目，其心無乃亦欲盡“掩耳目”耶。

在歐洲之十六世紀，亞理斯多德詩學大盛之年，適爲亞理斯多德哲學就衰之歲。按爲一五三六年。見 Spingarn：*Literary Criticism in the Renaissance*, p. 137。十九世紀浪漫初期，英國文學已爲理想主義之表現，而英國哲學尚沿經驗派之窠臼。參觀 C. Bradley：*A Miscellany*：“English Poetry and German Philosophy in the Age of Wordsworth.” 又 A. N. Whithead：*Science and the Modern World*, p. 93(Pelican Books)：“To literature we must look if we hope to discover the inward thought of a generation” etc.。法國大革命時，政論空掃前載，而文論抱殘守闕。參觀 L. Bertrand：*La fin du classicisme*, pp. 300 *et suiv*。又 Baldensperger. *Litterature*, pp. 85 *et suiv*。“詩畫一律”，人之常言，而吾國六義六法，標準絶然不同。學者每東面而望，不覩西牆，南向而視，不見北方，反三舉一，執偏概全。將“時代精神”、“地域影響”等語，念念有詞，如同禁呪。夫《淮南子·氾論訓》所謂一哈之水，固可以揣知海味；然李文饒品水，則揚子一江，而上下有别矣。知同時之異世、並在之歧出，

【補訂】此書成後十許年，始知余所謂“同時之異世、並在之歧出”，亦今日西方文學史家所樹義。德國論師（W. Pinder）嘗標“同時人之不同時性”（die Ungleichzeitigkeit der Gleichzeitigen），或譬於時鐘之鳴刻同而報點不同（On peut aussi penser à des montres qui battent en même temps, mais qui ne disent pas la même heure）。見 J. Pommier, *Questions de critque et d'histoire littéraire*, 1945, 9。揚榷二十世紀文藝者，别“當世”與“現代”，“當世”文流每不入“現代”文派（the twentieth-century artistic tradition is made up of two roughly antithetical strands; the "moderns" and the "contemporaries"），見 M. Bradbury and J. McFarlane, ed., *Modernism*, 1976, 24. Cf. H. Focillon, *La Vie des formes*, 1934, 82: "L'histoire est généralement un conflit de précocités, d'actualités et de retards"; F. Strich, *Kunst und Leben*, 1960, 22: "Zeitgenossen nenne ich nur die, welche aus innerster und eigenster Not und Notwendigkeit die neue Wahrheit ihrer Zeit verspüren und den Weg, der Not tut, suchen"。即此旨爾。

【補正】參觀當世德國論師論“同時代者之不同時代性”、“同時代者與不同時代者之並存”（die faktische Ungleichzeitigkeit des Gleichzeitigen, das Koexistenz des Gleichzeitigen und des Ungleichzeitigen）。見 H. R. Jauss: "Literaturgeschichte als Provokation", in R. Warning, ed., *Rezeptionsästhetik*, 2nd ed., 1979, 145-6。十八世紀意大利文學史家（l'abate Gerolamo Tiraboschi）早識同時（simultaneità）非即並世（conteporaneità）之義，特明而未融耳。Dante della Terza: "La storia della letteratura italiana", in R.

Antonelli *et al*, ed., *Letteratura italiana*, IV, *L'interpretazione*, Einaudi, 1985, 311.

於孔子一貫之理、莊生大小同異之旨，悉心體會，明其矛盾，而復通以騎驛，庶可語於文史通義乎。

重排後記

《談藝録》於一九四八年六月在上海開明書店出版時，書後即附了《補遺》。此後作者又進行過三次修訂，其中以中華書局一九八四年出版的《談藝録（補訂本）》改動最大，補訂的篇幅幾乎與開明初版相當。一九八七年該書重印時，增入《談藝録補訂補正》。一九九三年第五次重印時，又增入《談藝録補訂補正之二》。以往每次增訂，都是不動開明初版內容，僅將新增部分綴於書後。此次重排，根據作者意願，我們將前述四次增訂內容全部排入開明初版相關章節。開明版排宋體，增訂部分排楷體，以示區别。各次增訂均另起段落，並分别冠以“補遺”、“補訂”、“補正”、“補正二”字樣。此次重排以中華書局一九九六年一月第六次印刷本爲底本，並參照作者在自存本上對部分內容所做校正，做了相應修改。

生活·讀書·新知 三聯書店

一九九九年十月

此次再版，將上下卷併爲一册；開明初版內容仍用宋體排版，各次補訂内容由楷體改爲仿體，《補遺》部分因隸屬開明版，而改爲宋體。我們還訂正了三聯書店初版中少量的文字和標點訛誤，並對個別補訂、補正的插入位置略做調整。趙秀亭先生對本次再版的編輯工作多有幫助，在此深表感謝。

生活·讀書·新知三聯書店

二〇〇七年八月